国家出版基金项目
NATIONAL PUBLICATION FOUNDATION

中国文化遗产
ZHONGGUO WENHUA YICHAN

中国文物志编纂委员会 编

董保华 总编纂

何 洪 副总编纂

人物传

中国文物志

文物出版社

图书在版编目（CIP）数据

中国文物志．人物传/中国文物志编纂委员会编；董
保华总编纂．—北京：文物出版社，2024.3
ISBN 978-7-5010-8045-8

Ⅰ．①中⋯　Ⅱ．①中⋯　②董⋯　Ⅲ．①文物工作—科
学工作者—生平事迹—中国—现代　Ⅳ．① K87

中国国家版本馆 CIP 数据核字（2023）第 083773 号

中国文物志・人物传

编　　者：中国文物志编纂委员会
总　编　纂：董保华
副总编纂：何　洪

封面题签：苏士澍
责任编辑：王霄凡
责任印制：张道奇
封面设计：谭德毅
出版发行：文物出版社
社　　址：北京市东城区东直门内北小街2号楼
邮　　编：100007
网　　址：http://www.wenwu.com
经　　销：新华书店
印　　刷：文物出版社印刷厂有限公司
开　　本：889毫米×1194毫米　1/16
印　　张：27.5
版　　次：2024年3月第1版
印　　次：2024年3月第1次印刷
书　　号：ISBN 978-7-5010-8045-8
定　　价：300.00元

《中国文物志》编委会

主 任

励小捷　刘玉珠

顾 问

吕济民　张德勤　张文彬　单霁翔　谢辰生
郑欣淼　吕章申　王春法　王旭东

常务副主任

董保华　顾玉才　关　强

副 主 任

童明康　顾玉才　宋新潮
刘曙光　胡　冰　关　强

编委会委员

（以姓氏拼音为序）

安泳锝　蔡小莉　曾建勇　曾颖如　柴晓明　陈　红　陈　瑶
陈爱兰　陈成军　陈名杰　陈培军　陈文宝　陈永志　陈远平
褚晓波　丁　辉　丁新权　段　勇　段天玲　冯乃恩　傅柒生
顾　航　郭俊英　何长风　胡劲军　解　冰　金旭东　黎朝斌
李　游　李耀申　梁　刚　梁立刚　刘　洋　刘谨胜　刘铭威
刘润民　刘世忠　柳　河　柳士发　龙家有　娄　玮　陆　琼
罗　静　马玉萍　孟祥武　宁虹雯　牛　军　桑　布　盛春寿
舒　琳　舒小峰　司才仁　宋宏伟　孙旭光　谭　平　唐　炜

编纂团队

总编纂

董保华

副总编纂

张自成　李　季　刘小和　董　琦
黄　元　乔　梁　何　洪

本编副总编纂

何　洪

方志专家通稿

齐家璐

初稿撰写与审核

中国历史研究院考古研究所： 陈星灿　高江涛　靳枫毅　庞小霞　唐际根　王明辉
　　　　　　　　　　　　　王世民　王　巍　谢保成　徐自强　许　宏　朱延平
中国科学院古脊椎与古人类研究所： 高　星　黄慰文
中国国家博物馆： 宋亚文　朱亚光
故宫博物院： 丁　孟　董健丽　郭福祥　梁　科　刘　榕　毛宪民　王晶晶　于庆祥
北京鲁迅博物馆： 常　楠　刘　静　秦　硕　王　霞　赵丽霞
中国钱币博物馆： 戴志强
文物出版社： 何　洪
中国文物交流中心： 任　杰　张易婷　周　明
北京大学： 崔嘉宝　黄蕴平　刘　绪　王幼平　韦　正　李崇峰

中央美术学院：曲康维

南开大学：梁金鹏　刘　阳

吉林大学：段天璟　何景成

复旦大学：吕　静　姚一青

南京大学：刘兴林　杨晓春

山东大学：方　辉　王安琪　栾丰实

郑州大学：王星光

武汉大学中国三至九世纪研究所

西北大学：陈　跃　张　峰

北京市：北京市文物局　北京市东城区文化和旅游局　白晓璇　陈　平　丁　霏
　　　　韩凤伟　李继宝　李建忠　刘　名　刘　昱　宋惕冰　徐庆平　虞海燕
　　　　张如兰　赵福生

天津市：陈　雍　李家璘　孟　婷　王　璐　徐春苓

河北省：陈晓菲　胡金华　刘连强

山西省：李　琳

内蒙古自治区：张文平　毕世才　汪英华　苏日娜　党　郁

辽宁省：华玉冰　李　理　李　燕　李宇峰　李仲元　刘　韫　孙　力

吉林省：王　巍　王　则　徐　坤　闫立群

黑龙江省：黑龙江省文物局

上海市：方思圆　冯雨程　胡礼芳　金建平　李　兰　凌利中　陆明华　马今洪
　　　　沈　骅　章　灵

江苏省：江苏省文物局

浙江省：高利翔　何小英　王海明　王小红　张书恒

安徽省：操礼龙　杨益峰　张宏明

福建省：陈丽华　林　枚　罗　薏　肖振家

江西省：施由明

山东省：李勇慧　刘友智　乔晓婷　王国庆　由少平　朱承玉

河南省：李英华　王莉娜

湖北省：汤琪琪　汤强松　王纪潮

湖南省：阊四秋　周　英

广东省：李　岩　易西兵　曾玲玲

广西壮族自治区：黄　念　梁达华

重庆市：雷雯佳

四川省：陈　成　魏　崴　谢　凌

西藏自治区：梁　伟

陕西省：路　远　吴晓丛

甘肃省：马　德　徐　缨　赵建龙　赵声良

青海省：丁向英　苟小勇　孟青生　张　磊

宁夏回族自治区：母少娟

新疆维吾尔自治区：巴姗姗　贾应逸　李文瑛　吴　敏　张玉忠

不忘来时路　扬帆新征程

　　历史是现实的源头活水。习近平总书记指出，历史是最好的教科书。以史为鉴，可以知兴亡之根本，可以察民心之所盼，可以明资政之方略。一切向前走，都不能忘记走过的路；走得再远、走到再光辉的未来，也不能忘记走过的过去，不能忘记为什么出发。不忘来时的路，才能走好前行的路。学习、总结历史对党和国家事业改革发展重要作用如此，对行业和区域的改革发展重要作用亦如此。

　　编志修史是中华民族悠久的历史文化传统。新中国成立后，党和国家高度重视社会主义新方志的编修工作。早在六十多年前，王冶秋局长就提出过编修中国文物志的设想。改革开放后，国家先后启动了两轮新方志编修，一些省市地方志或在资源卷中记述文物资源，或设置文资源分卷。近年来，部分省市县三级文物部门，根据工作需要陆续编修了一些区域性文物资源志，有关行业协会、文博机构相继推出了工作年鉴、博物馆志等志书类出版物。所有这些，都为中国文物志的编修做了业务储备和人才准备。在这种背景下，不少领导、专家先后提出过编修国家级文物志的设想和建议。

　　习近平总书记对文物工作发表了系列重要论述，作出系列重要指示批示，就我国考古最新发现及其意义、深化中华文明探源工程和用好红色资源、赓续红色血脉等主持中央政治局集体学习，多次考察文物博物馆单位，要求加大文物和文化遗产保护力度，用好考古和历史研究成果，让文物活起来，走出一条符合国情的文物保护利用之路，正确反映中华民族文明史，推出一批研究成果。进入新时代，党和国家前所未有重视关怀文物工作，事业体系逐步健全，专业队伍不断壮大，重要成果层出不穷，学术研究和技术发展水平持续提高，国际学术话语权明显提升，社会关注度、参与度空前高涨。

　　国家文物局因时应势，2014年起组织编纂《中国文物志》。各地文物部门、文博单位和有关高校、科研机构积极参与，文博专家、方志专家悉心指导。总编纂董保华同志组织带领数百人的编纂团队青灯黄卷，孜孜以求，爬梳剔抉，删繁就简，钩沉拾遗，披沙拣金，历经七年的不懈努力，呈现出一部资料翔实、内容丰富、记述有序的大型志书——《中国文物志》。

修志为用，存史资政。《中国文物志》系统反映了我国文物资源状况和重要价值，翔实记述了我国文物工作的发展历程和文物事业的辉煌成果，生动呈现了一代代文物工作者不畏艰辛、筚路蓝缕、求真务实、守正创新的精神风貌。翻阅厚厚的志稿，深感七十余年来文物事业因应时代之需、人民之需，伴随着中华民族从站起来、富起来到强起来的历史飞跃，从配合重要基础建设艰难启程时的"重点保护、重点发掘""既对基本建设有利，又对文物保护有利"，到适应改革开放不断深入、经济社会高速发展形势的"保护为主、抢救第一、加强管理、合理利用"，再到新时代以来贯彻新发展理念、构建新发展格局、推进高质量发展的"保护第一、加强管理、挖掘价值、有效利用、让文物活起来"，走过非凡的发展历程。文物法律法规体系逐步形成并日趋完善，财政投入持续加大，文物资源管理质效大幅提升，文物保护力度明显加强，博物馆公共文化服务效能充分彰显，文物考古研究阐释不断深化，文物领域科技支撑能力有力提升，文物国际交流合作持续拓展，文物传播力影响力显著增强，中国特色文物保护利用之路正越走越宽。

彰往而察来。《中国文物志》即将出版，回望事业发展历程，我们深知文物作为国家文明"金色名片"的重要性，更感文物工作职责使命之光荣。殷切希望广大文物工作者学好用好《中国文物志》，传承好、发扬好事业发展宝贵经验，汲取智慧，深刻把握文物事业发展规律，切实增强文物工作者的历史使命感和责任感。学习先辈择一事、终一生奋斗精神，坚守使命，甘于奉献，求真务实，激发创新创造活力，全力推进新时代文物保护利用工作。做好志书宣传，利用新媒体多渠道充分挖掘文物和文化遗产的多重价值，传播更多承载中华文化、中国精神的价值符号和文化产品，增强全社会文物保护意识，营造发展传承中华文明的浓厚氛围。不忘来时路，扬帆新征程，为全面建设社会主义文化强国、实现中华民族伟大复兴而团结奋斗。

文化和旅游部副部长、国家文物局局长　李　群

2023 年 10 月

谨终如始　善作善成

盛世修典，鉴往知来。为深入贯彻习近平总书记关于文物工作重要论述和重要指示批示精神，全面落实国务院第五次全国地方志会议精神和《全国地方志事业发展规划纲要（2015—2020年）》部署，2014年6月，国家文物局正式启动《中国文物志》编纂工作。

2015年，《中国文物志》编纂工作全面展开。国家文物局高度重视，将《中国文物志》编纂工作纳入《国家文物事业发展"十三五"规划》和年度工作重点，定期听取工作汇报、部署推进编纂工作。局机关各司室主动协调、指导相关志稿内容设置和修改。全国文博单位鼎力支持，积极提供资料，确定撰稿人员，确保撰稿质效。文物出版社作为项目承担单位，切实加强管理，做好各项保障工作。

编纂委员会办公室和编纂团队紧紧依靠国家文物局及有关文博单位、各地文物部门和相关高等院校、科研院所，充分发挥文博专家和方志专家作用，克服专职人员不足、撰稿人员分散、资料基础薄弱等困难，根据章节内容细分撰稿任务，形成责任清单；编制撰写说明，明确撰稿要求；创新推进形式，组织审稿专家与撰稿人对接研讨，及时发现解决问题、督促进度；聘请文博专家审改专业内容、方志专家统顺体例，切实保障志稿质量。

编纂团队始终坚持大局意识、正确导向，重大问题及时向国家文物局请示汇报，确保志书的国家高度和专业水准；始终坚持精品意识、质量优先，严格按照志书编纂体例要求，组织撰写，确保志书稿件统一规范；始终坚持守正创新、突出特色，创设"管理编"记述文物工作的艰辛历程，创设"事业编"记述文物事业的发展成就；始终坚持勤俭节约、严格管理，确保编纂工作规范推进。

"无冥冥之志者，无昭昭之明；无惛惛之事者，无赫赫之功。"总编纂董保华同志带领编纂团队秉持初心、甘于奉献，组织数百名专业人员撰写初稿、百余名专家审改稿件，经过七年艰辛努力，圆满完成了包括总述、大事记、不可移动文物编、可移动文物编、文物管理编、文物事业编、人物传、文献辑存8个部类16分册1200多万字、7000余张图片的大型国家志书——

《中国文物志》的编纂工作。

2021年3月，国家文物局组织完成了《中国文物志》书稿的终审。事非经过不知难。一路相伴走来，我们深切体会编纂工作筚路蓝缕的艰辛、善作善成的坚忍和文稿告竣后的喜悦。衷心祝贺《中国文物志》付梓出版！

值此全面建设社会主义现代化国家开启新征程、向第二个百年奋斗目标进军的重要历史节点，《中国文物志》的出版，必将能够发挥为党立言、为国存史、为民修志的作用，为推动新时代文物事业发展、建设社会主义文化强国做出应有贡献。

国家文物局原局长　刘玉珠

2023年10月

修志存史　正当其时

官修志书是中华民族悠久的文化传统。新中国成立以来，党和政府十分重视志书编修工作，党和国家领导人多次倡导、指导志书编修工作。改革开放以来，国务院颁布《地方志工作条例》，先后启动了两轮新志书编修工作。2014年2月25日，习近平总书记在首都博物馆考察时明确要求："要在展览的同时高度重视修史修志，让文物说话，把历史智慧告诉人们，激发我们的民族自豪感和自信心，坚定全体人民振兴中华、实现中国梦的信心和决心。"同年4月19日，国务院召开第五次全国地方志工作会议，会议强调要把地方志作为重要的文化基础事业切实抓好。

国家文物局认真贯彻落实习近平总书记重要指示和第五次全国地方志工作会议精神，决定组织编纂《中国文物志》，立足行业、面向社会、服务公众，全面反映我国文物资源状况，翔实记述文物事业发展历程。2014年6月，国家文物局设立中国文物志编纂委员会及其办公室，特聘编委会顾问和指导专家，组建编纂团队，聘任董保华同志为总编纂。同年7月21日，中国文物志编纂委员会第一次全体会议召开，确立《中国文物志》行业志书的基本定位及内容框架，明确记述地域范围和记述时限，并作出工作部署，要求各省级文物行政部门、各参编单位加强组织领导、强化责任落实，把《中国文物志》作为文物事业发展的重大文化典籍工程抓实抓好。编纂工作正式启动。

编纂委员会办公室依托文物出版社组建秘书处，承担组织协调和相关保障工作；依照文物资源、文物管理、文物事业等各编内容设置，结合资料基础和工作实际，以订单形式向参编单位搜集资料，开展业务培训，明确编撰要求，组织初稿撰写；建章立制，规范管理，保障编纂工作有效运行。

经过七年编纂、两年编校，《中国文物志》付梓在即，可喜可贺。全书体大虑周、内容丰富，见物见事见人，是文物行业老、中、青三代学者的智慧荟萃与精神传承，对于存史资鉴、探究文物事业改革发展规律、弘扬传承中华优秀传统文化具有重要而深远的意义。

　　值此新的历史起点、开启新的百年征程之际,《中国文物志》的编纂出版正当其时,必将在加强文物保护利用、推动文物事业高质量发展中发挥独特作用!

原文化部副部长、国家文物局原局长　励小捷

2023 年 10 月

《中国文物志》凡例

一、指导思想

本志编纂坚持以毛泽东思想、邓小平理论、"三个代表"重要思想、科学发展观、习近平新时代中国特色社会主义思想为指导，运用辩证唯物主义和历史唯物主义的观点方法，客观记述中华人民共和国境内文物资源状况和文物管理、文物事业的历史与现状，发展与变化。为经济社会提供资政存史的国情资料，为人民群众提供爱国主义和革命传统教育的人文素材。

二、主体内容

本志以文物资源状况和文物管理工作、文物事业发展为主体内容。全书共设《总述》《大事记》《不可移动文物资源》《可移动文物资源》《文物管理》《文物事业》《人物》《文献辑存》八个部分。

三、记述时限

本志记述时间范围，上限不限，下限截至 2017 年 12 月 31 日，重点反映 1949 年中华人民共和国成立以来文物资源的变化，以及文物管理和文物事业的发展历程。

四、记述范围

本志记述中华人民共和国境内（不包括香港、澳门特别行政区及台湾地区）的文物资源、文物管理与文物事业，以及对文物事业有突出贡献的已故人物。并辑存重要文献。

五、体裁结构

本志体裁形式为述、记、志、传、图、表、录七种体裁，以志为主。为增强志书的整体性，全志设总述，篇设综述，章设简述。图与表，随文插入相关章节。

本志采用大编体式，主体为篇章结构，设置篇、章、节、目四个层次，个别章依据记述需要，可增设子目层次。本志采用语体文、记叙体。

六、编纂原则

本志总述、综述采用述议结合的记述方法；大事记采用编年体记述方法；主体志坚持横分门类，纵述史实，详近略远，述而不论的原则；人物传坚持生不立传的原则；文献辑存采用分类以时为序收录原文的做法。

七、行文规则

记述语言要求朴实、简洁、流畅。标题做到简短精练、题盖文意。

文字书写一律以1964年中国文字改革委员会规定的《简化字总表》和文化部、文字改革委员会联合发布的《第一批异体字整理表》为准。志稿中的古籍引文和姓氏、地名、专用名，如果简化后容易引起误解或失去原意的，可以仍用繁体字或异体字。

本志执行2011年12月中华人民共和国国家质量监督检验检疫总局和中国国家标准化管理委员会发布的中华人民共和国标准《标点符号用法》（GB/T 15834—2011）。

本志使用的数据，以国家统计部门公布的法定数据为准。统计部门没有统计的，可采用文物主管部门的统计数据。数字书写，以中华人民共和国国家标准《出版物上数字用法的规定》（GB/T 15835—2011）为准。

本志使用的量、单位及名称，原则采用国家法定计量和单位名称、符号，以1993年国家技术监督局公布的中华人民共和国国家标准《量和单位》（GB3100—3102—93）为准。

称谓要简洁明确。志稿行文，一般使用第三人称。机构名称、人员身份等术语，第一次出现可使用全称，并括注简称，以后出现时均使用简称。地名一律使用现行标准地名。

清代以前要使用历史纪年，并括注公元纪年。民国时期要使用民国纪年，并括注公元纪年。1949年中华人民共和国成立以后，一律使用公元纪年。时间一律写具体的年、月、日；不使用不确切的时间概念，

外国的国名、地名、人名、党派、机构、团体、报刊等译名，以新华通讯社的译名为准，如无，则用国内通用译名，并在第一次出现时，在其后用括号标注外文名称

八、资料使用

本志资料，均来自历史档案和各级文物管理部门提供的文字资料及社会调查、座谈会等口碑资料，经考证后入志，一般不注明出处。特定事物或尚属存疑的，采用夹注和页末注。

本书编纂说明

一、入志原则。入志人物为在中国文物博物馆事业中取得显著成绩、做出突出贡献的代表性人物，兼及部分清末至民国中国文物事业初创时期代表性人物。

本传坚持志书生不立传原则，收录人物逝世日期截至 2017 年 12 月 31 日。

二、收录数量。本传共收录在中国文物博物事业中做出重要贡献的人物 270 人。包括文化部、国家文物局等国家机关及所属单位 58 人、各省（自治区、直辖市）文化厅文物局 146 人、科研机构 23 人、高等院校 35 人，另收入民国重要学者 8 人。

三、编撰流程。本传收录人物标准、撰写说明和初稿示例由编委会办公室拟定，国家文物局审定。

文稿初稿由各参编单位撰写，副总编纂统编统改，方志专家审读修改，总编纂审阅后，国家文物局最终审定。

四、内容构成。传记文字主要由传主的基本信息、生平经历、重要业绩和学术思想及成果构成。遵循志书述而不评的一般要求，入志人物的评价性文字为转述官方文件或已有公认评价。

1. 基本情况包括：姓名、字号、生卒年月、性别、民族、籍贯、出生地；政治面貌、学历，工作单位，职务（职称）；分类专家（如考古学家、金石学家、博物馆学家等），以及主要社会职务、荣誉称号等。其中，诸如性别为男性、民族为汉族、学历在大学以下、政治面貌为群众等要素，在正文中不记。

2. 生平经历和重要业绩依时间顺序记述，主要包括学习、工作和活动简历、相关贡献等；突出记述与文物博物馆事业有关的主要工作业绩和贡献影响。

3. 学术思想及成果主要记述传主的重要论著、学术思想、突破性先进技术、重要政策的推进实施等。

五、限于收集方式、资料情况，入志人物、记述内容等难免存在遗漏或不够准确之处，恳请方家不吝赐教。

目 录

陈介祺 字寿卿，号伯潜，又号簠斋。山东潍县人。清嘉庆十八年（1813年）十月十日出生。清道光进士，曾任翰林院编修，金石学家、古文字学家、收藏家、鉴定家。

陈介祺自幼勤奋好学，聪颖强记。青少年时随父（陈官俊，清嘉庆进士，先后任兵部尚书、礼部尚书、工部尚书、吏部尚书、协办大学士、上书房总师傅、道光帝师）在京求学。

道光十一年（1831年）开始收藏青铜器及古玺印，先与掖县金石文字学家翟云升相识交往，后结识并追随对其步入金石学领域影响最大、最直接的人物吴式芬。从此，翟云升与吴式芬、何绍基、汪喜孙、王筠等金石学家的通函与联系，皆由陈介祺转达。期间，陈介祺与吴式芬等金石学家讨论古文字、考订金石，并收藏部分青铜器、造像石刻及古印等。

道光十九年（1839年），陈介祺从北京古董市场购得曾伯霱簠。是年冬天，翁大年为其刻"簠斋"印，此后陈介祺遂自号"簠斋"。道光二十三年（1843年），天亡簠、毛公鼎在陕西岐山出土，陈介祺从西安古董商苏兆年处购得天亡簠。

道光二十五年（1845年），陈介祺中进士。

此后十年间一直供职翰林院，官至翰林院编修。期间，陈介祺广收文物，特别注重金石文字的搜集与考证。这一时期他与何绍基、吴式芬、鲍康、王筠、翁大年等许多金石学家往来的书函，成为其金石学研究的重要组成部分。

咸丰元年（1851年），陈介祺在吴式芬、刘喜海、吕佺孙、王筠、李璋煜等人的资助下，出版印谱《簠斋印集》。印集共12册，收录官印317方、私印1931方、封泥137方，并附虎符、鱼符等。集中所录古印除百余方为刘喜海所借，其余皆为陈介祺自藏。咸丰二年（1852年），陈介祺不惜重金购得毛公鼎，并作毛公鼎铭文且撰有后记，成为考释毛公鼎铭文的第一人。毛公鼎为西周宣王时物，鼎有铭文32行497字，是所知青铜器铭文中最长的一篇。陈介祺收藏、鉴赏、考释、研究毛公鼎达五十多年。咸丰三年（1853年），其金石至交刘喜海去世前，将所藏邢仁钟、兮仲钟、纪侯钟、虢叔旅编钟等重器赠予陈介祺。

咸丰四年（1854年），陈介祺丁忧返回故里，不再做官。回到潍县后，他更加嗜好收藏文物，生活极为俭朴，收藏则不惜重金，尤重收藏有文字的铜器、石刻、陶器、砖瓦、造像等。期间，他所收文物，如汉代纪年铜镜、淮阳玉玺等都是文物精品。他醉心金石研究，每得一器一物，必查其渊源，考其价值，解奇释疑，一丝不苟。陈介祺尤擅墨拓技艺，其手拓的铜器、陶器、玺印、石刻等拓片在海内外享有盛名，其所著《簠斋传古别录》记载了他对传拓技艺的改进与创新。

同治十年（1871年），陈介祺将自己的习字经验编成《习字诀》，讲笔法、墨法、结体、行款，尤重说笔法，对后学影响甚广。其书法以颜体为本，融会金石篆籀之风，形成"簠斋金石书体"，为书法界所推崇。

同治十一年（1872年），陈介祺得即墨古县所出带有文字的陶器残片，对其上文字进行鉴定、考释、研究，成为发现陶文价值的第一人。从此，陶文作为与吉金文字、古玺印等并重的珍贵遗存，成为金石学的一个重要门类。其所著《簠斋陶释》成为中国陶文研究最重要的文献。此后十余年，陈介祺与潘祖荫、王懿荣、吴云、吴大澂等金石学家书信来往密切，围绕鉴古、传古、吉金文字考释与辨伪以及封泥考释等问题进行切磋交流，共同研究和传播金石文化。

光绪二年（1876年），潍县大旱，饥荒严重，陈介祺捐巨资在城隍庙设粥厂，每天亲率子孙前往施粥，连续八个月不间断，拯救万人。为表彰其善行功德，朝廷赏其二品顶戴。同年，陈介祺与女婿吴重熹经过多年考订、校识，基本完成《封泥考略》的编录。同年，陈介祺资助的寒门学子曹鸿勋高中状元。27年后与曹鸿勋同住一条胡同的学子王寿彭再中状元，潍县一条胡同出了两名状元，成为当地美谈，此后状元胡同之说在民间广为流传。

光绪九年（1883年），陈介祺经过30年筹备，在多位金石挚友的协助下，完成印谱巨著《十钟山房印举》。该书收录六朝及之前的古

玺印10402方，分30举194册，规模之大，前无古人。此书一出，学界轰动，被誉为"印谱之冠，印学之宗"，成为篆刻家和金石学家的必备书。

陈介祺一生著述极为丰富，除《簠斋陶释》《十钟山房印举》《封泥考略》外，另有《簠斋藏古目》《簠斋藏古册目并题记》《簠斋传古别录》《簠斋古金录》《簠斋金文考释》《簠斋藏镜》《簠斋藏镜全目抄本》《簠斋藏古玉印谱》等十余种，还有后人辑的《陈簠斋尺牍》。1964年，其后人将陈介祺未曾发表的著述手稿十几种捐献给国家。陈介祺收藏的文物多为稀世珍品，数量也堪称近代收藏家之冠。他因藏有商周古钟11件，取整数名其室曰"十钟山房"；因集有三代及秦汉古印7000余方、封泥548方、瓦当926件、陶文残片500余件，名其宅曰"万印楼"。他的金石收藏闻名天下，印学界就有"北万印，南西泠"的美称，其故乡也被海内外誉为金石圣地。他收藏的大量文物和其著作，为后人进行历史、文化、艺术等方面研究提供了丰富的学术资料。

陈介祺晚年与曾国藩、李鸿章、张之洞、张兆栋、丁宝桢等书信来往，关心时政，为国家前途担心，为列强入侵忧虑，并作《海防说》《铁路说》，多有真知灼见。

光绪十年（1884年），陈介祺在潍县病逝。

王懿荣 字正儒，又字廉生，晚号养潜居士，谥号文敏。山东福山人。生于清道光二十五年六月初八（1845年7月12日）。金石学家，收藏家，书法家，甲骨文的首位发现者与断代者，爱国志士。

王懿荣出身官宦世家，6岁入私塾，读书勤奋。15岁随父进京，拜翰林院编修崔清如、礼部主事周孟伯等人为师，广涉经史，尤其潜心于金石文字之学。青年王懿荣"不屑章句帖括"，而"笃好旧椠本书、古彝器、碑版、图画之属"。他曾遍访山东、河北、陕西、河南、四川等地，搜求文物古籍，"凡书籍字画、三代以来之铜器印章、泉货残石片瓦无不珍藏而秘玩之，钩稽年代，补证经史，搜先达所未闻，通前贤所未解"。他花费大量心血，有时不得不"典衣求之，或质他种以备新收"。对铜器、石刻、古钱、汉印、刻本、书画等文物典籍都做过较深的研究。王懿荣曾拜访收藏家、金石学家潘祖荫、吴大澂、缪荃孙等人，同他们探讨研究，编写了《汉石存目》《南北朝存石目》《六朝石存目》《王廉生古泉精选拓本》等书。他的500多方秦汉印后为刘鹗所得，成为《铁云藏印》材料的主要来源。

光绪六年（1880年），王懿荣中进士，选庶吉士。光绪九年（1883年）任翰林院编修。光绪十四年（1888年），王懿荣在翰林院贡职时将戚继光的《止止堂集》送交时任山东巡抚的张勤果重印并亲为作序，宣扬反抗外来侵略的爱国主义精神。王懿荣留心乡土人文，曾搜求山东先哲遗著，计划编辑《海岱人文》，又以福山旧志印行较久，欲重修《福山县志》，后未成书，仅存《福山金石录》残稿。他的著作还有《攀古楼藏器释文》《古泉选》《天壤阁杂记》《正亭读诗》等十几种。现存《王文敏公遗集》八卷。

光绪二十年（1894年），中日甲午战争爆发。这一年的十月初十（11月7日）是慈禧太后的六十整寿。为举行"万寿庆典"，朝廷花费白银不下一千万两。王懿荣对在战争吃紧之际仍大办"万寿庆典"很不以为然。于九月初一（9月29日）奏上《吁请暂停点景但行朝贺疏》，着重陈述时局动荡不安，应以国家安危为重，其爱国之情显露无遗。同年十一月初四（11月30日），王懿荣又奏上《详度夷情审量时局疏》，陈述自己主战，并希望勿轻许议和的主张。

光绪二十一年（1895年），日军在山东荣成的落凤港登陆，攻陷荣成县城。消息传到北京，王懿荣忧心如焚，寝食俱废。特别是日本军舰对登州府进行炮击之后，王懿荣上疏请求回籍兴办团练，以御倭寇。光绪皇帝批准他的奏请，并拨给饷银二千五百两。他当即赶赴济南，会同山东巡抚李秉衡商酌防务，随后赶赴登州周览形势，联络乡团，在短时间内组成一支初具规模的抗日团练。《马关条约》签订，王懿荣深以"未能为国家尽一力"而遗憾。他变卖家产，缴还国家发给的饷银。返京后王懿荣悲愤作诗曰："岂有雄心辄请缨，念家山破自魂惊。归来整旅虾夷散，五夜犹闻匣剑鸣。"

光绪二十五年（1899年）夏，王懿荣在服用中药时发现其中一味名"龙骨"的药材上有刀刻纹路，似为古文字。他对此非常重视，嘱咐药店掌柜，如再有送售"龙骨"的商贩，请代为引见。同年秋，药店掌柜引"龙骨"商贩至王宅，王懿荣购得"龙骨"12版，从而发现甲骨文。此后，王懿荣又陆续购得甲骨1000余片。通过释读，王懿荣认为甲骨上所镌符号是商代中后期文字，早于篆籀文，是中国最古之文字，内容大都是商王室的档案。

光绪二十六年（1900年）七月，八国联

军入侵北京，王懿荣被任命为京师团练大臣。8月13日，侵略军攻入东便门，王懿荣"率勇拒之"，终因寡不敌众，败回私宅。8月15日，他对家里人说："吾义不可苟生。"随即书绝命辞："主忧臣辱，主辱臣死。于止知其所止，此为近之。"遂投井殉国。

王懿荣殉难后，他所收藏的甲骨大部分转入其密友刘鹗之手。光绪二十九年（1903年），刘鹗将收集到的甲骨进行整理分类，拓印1058片，分成6册，出版了中国第一部甲骨文著作《铁云藏龟》。

张謇 字季直，号啬庵。江苏常熟人。清咸丰三年五月二十五日（1853年7月1日）出生于江苏海门。民族实业家、教育家，南通博物苑创建人。

张謇青年时期曾执教于崇明瀛洲书院、南京文正书院、安庆经古书院。光绪二十年（1894年）张謇中状元，授六品翰林院修撰。次年，张謇奉张之洞之命，总理海通一带商务，同年加入康有为在上海创办的强学会。二十五年（1899年），张謇创办的大生纱厂历经重重挫折，终于建成投产。二十七年（1901年），张謇成立中国历史上第一个以招股集资方式建立的农业公司——通海垦牧公司。

张謇积极倡导清政府在京师建立博物馆，先后撰拟《上南皮相国请京师建设帝国博览馆议》《上学部请设博览馆议》，要求清政府尽出内府所藏历代文物珍宝，在京师设帝室博览馆，并详细论及博览馆建筑、藏品征集、陈列及管理等工作，但未被朝廷采纳。张謇就在家

乡亲自实践，个人出资征收土地2.7万亩，迁移坟墓上千座、民房30多家，于光绪三十一年（1905年）创办南通博物苑，这是中国第一座现代博物馆。博物苑分南、中、北三馆。中馆是博物苑内最早的建筑，始称测候所，安置测候天气的仪器，每日发布天气预报。之后建设南馆，始称博物楼，是苑内的主要陈列馆。当时在南馆楼下展出动植物标本，楼上陈列历史文物。宣统三年（1911年），在中馆北面中轴线上建立北馆。北馆楼下放置一具鲸鱼骨架，楼上陈列书画。此外，张謇还在苑内广植花草树木，精心设置假山、荷花池、风车、水塔等，丰富苑景。到民国2年（1913年），博物苑已初具规模，成为一座占地2.6万平方米，融植物园、动物园于一体的园林式综合博物馆。同年，张謇发表《国家博物院图书馆规划条议》。为建设博物苑，张謇不仅捐献出自己所藏，还广泛搜集中外动植物以及矿物标本、金石文物、先贤遗文，并制图设计陈列柜架。张謇是南通博物苑首任总理，先后为博物苑撰写《通州博物馆敬征通属先辈文集书画及所藏金石古器启》《博物苑观览简章》等文。

民国3年（1914年），南通博物苑经过10年的经营，各项工作均已步入正轨。此间编印的《南通博物苑品目》分上、下两册，上册为天产部，下册为历史、美术、教育三部。两册共列藏品2973号，每号均有一至若干件。随着近代南通的发展，南通博物苑逐渐成为富有特色的地方文化场所，先后接待了梅兰芳、黄炎培、马相伯、梁启超等艺术家、学者及外宾，推进博物馆观念深入人心。

随着资本的不断积累，张謇又创办一系列工业、交通、银行等企业，同时兴办文化、教育及社会福利事业，包括师范、中小学、盲哑学校、纺织学校、伶工学校、医校、农校、商校、图书馆、气象台等。辛亥革命后，他担任南京临时政府实业总长、袁世凯政府农林商总长。民国4年（1915年），袁世凯复辟帝制明朗化，张謇辞职南归，开始创办实业教育，走上实业救国、教育救国的道路。

民国11年（1922年），在北京、上海报纸的成功人物民意测验中，投票选举"最景仰之人物"，张謇得票最多，这一年正好是他七十大寿。也正是这一年，爆发了棉纺织业危机，导致他的事业全面崩盘，南通博物苑也因为经费的减少而走向衰落。

民国15年（1926年）8月24日，张謇在南通病逝。

中华人民共和国成立后，张謇创办的南通博物苑得到国家和地方政府的珍视。经过几代人的努力，南通博物苑在大体保留初建格局的基础上，扩大了面积并新建现代化展馆。1988年1月13日，南通博物苑被国务院公布为全国重点文物保护单位。2008年5月18日，南通博物苑被评为国家一级博物馆。

罗振玉 字叔蕴，又字叔言，号雪堂，又号贞松老人。祖籍浙江上虞。清同治五年（1866年）生于江苏淮安。金石学家。

罗振玉出身上虞县学，少年时代即喜好金石铭刻。成年后，适逢殷墟甲骨、西域简

牍、敦煌遗书和大量古代器物的陆续发现。他广泛收集各种新发现的文物资料，分门别类进行整理研究，成为近代金石学家中的集大成者。中日甲午战争后，罗振玉与人在上海合办学农社和《农学报》，又设东文学社，翻译介绍日本和欧美农学著作。光绪三十二年（1906年）起，罗振玉相继任学部参事官、京师大学堂农科监督等职，并着手搜集甲骨。宣统二年（1910年），他撰写《殷商贞卜文字考》，首先考订甲骨出土地安阳小屯为殷墟，并判明甲骨属"殷室王朝的遗物"。辛亥革命后，罗振玉长期侨居日本。

罗振玉收集甲骨总数近2万片，成为早期收藏甲骨最多的藏家。其编著的《殷虚书契前编》（1912年）、《殷虚书契菁华》（1914年）、《殷虚书契后编》（1916年）、《殷虚书契续编》（1933年）四书，共收录甲骨5000余片，是殷墟正式发掘前零星出土甲骨的最重要集录。此外，罗振玉还著有《殷虚书契考释》一书。在金石铭刻和古器物资料方面，罗振玉做了大量整理、汇编、出版工作。以金文为主的有《秦金石刻辞》（1914年）、《殷文存》（1917年）等；器物图录有《殷虚古器物图录》（1916年）、《梦郼草堂吉金图》（1917年）和《贞松堂吉金图》（1935年），对于古器物范、古明器、古镜、瓦当、玺印等，都曾先后编印专集。罗振玉还按地区汇编石刻资料。

罗振玉根据法国汉学家沙畹所提供的英国斯坦因在甘肃敦煌和新疆罗布淖尔等地盗掘的汉晋简牍资料，与王国维合著《流沙坠简》（1914年），这是中国近代学者研究简牍

的开端。他还将伯希和提供的敦煌石室遗书照片，进行整理、校勘，并陆续影印出版。包括：《鸣沙石室佚书》（1913年，收书18种），《鸣沙石室遗书续编》（1917年，收书4种），均为宋以后已佚之书；《鸣沙石室古籍丛残》（1917年，收书30种），有今本可相对照。这三部书几乎囊括了敦煌遗书中最重要的部分。其详细的校订和题跋文字，大部分收录于《雪堂校刊群书叙录》卷下。

罗振玉于光绪三十四年（1908年）和民国11年（1922年）两度抢救内阁大库档案，集资回收。民国8年（1919年），罗振玉由日本回国。民国10年（1921年），他参与发起组织敦煌经籍辑存会。次年3月，罗振玉在北京书肆发现洪承畴的《洪文襄揭帖》和朝鲜国王贡品表，得知这些文献来自内阁大库，系由当时的历史博物馆出售给废纸商人。罗振玉追踪找到纸品店，以高价悉数买下，使这批珍贵的史料免于化为纸浆。他的其他论著和序跋文字，先后汇集为《永丰乡人稿》《辽居杂著》及《贞松老人遗稿》。民国19～23年（1930～1934年），罗振玉命其子罗福颐助编《贞松堂集古遗文》16卷、《贞松堂集古遗文补遗》及《贞松堂集古遗文续编》各3卷。罗振玉在金石学方面影响最大的著作是《三代吉金文存》二十卷（1937年），该书仍由罗福颐助编，集录罗氏家藏商周金文拓本4831器。

日本帝国主义制造的伪满洲国傀儡政权成立后，罗振玉曾任伪参议府参议及满日文化协会会长等职。

民国29年（1940年）5月14日，罗振玉于辽宁旅顺逝世。

蔡元培 字鹤卿，号子民。浙江绍兴人。清同治七年（1868年）出生。教育家、革命家。

蔡元培为清光绪十八年（1892年）进士，曾任翰林院编修。光绪三十年（1904年），蔡元培创立光复会。次年中国同盟会成立，光复会并入同盟会，蔡元培为同盟会上海负责人。光绪三十三年（1907年），蔡元培远赴德国留学，研究心理学、美学、民族学等。

民国元年（1912年），中华民国临时政府在南京成立，蔡元培任南京临时政府教育总长。他主持制定新的教育方针，改革学制，修订课程，推行社会教育，设立社会教育司，主管博物馆、图书馆、美术馆及搜求古物等工作。同年2月，蔡元培发表《对新教育之意见》一文，提出以军国民教育、实利主义、公民道德、世界观教育和美育教育为内容的新教育方针，其中美育思想的提出，为美术展览、博物馆、图书馆等机构的社会教育工作奠定了理论基础。同时蔡元培对教育部机构加以调整，改五司为三司，博物馆归属社会教育司管辖，在行政上确立博物馆社会教育机关的地位。蔡元培聘请对美学、美育有见地的鲁迅担任社会教育司第二科科长，主管博物馆、图书馆、美术馆等事宜。同年7月，在蔡元培的关心和鲁迅、胡玉缙（历史博物馆筹备处主任）等人的奔走下，以"搜集历史文物，增进社会教育"为宗旨的国立历史博物馆筹备处在北京国子监成立，标志着中国第一座国立博物馆的诞生。它也是后来的中国历史博物馆、中国国家博物馆的前身。

民国6年（1917年）1月，蔡元培就任国立北京大学校长，实行"兼容并包、思想自由"的办校方针，对北京大学进行改革，聘请陈独秀、胡适等任教，使北京大学成为一所思想活跃、蓬勃向上的现代大学，对北京大学日后成为新文化运动的中心和五四爱国运动的发祥地起到重要作用。

民国9年（1920年）11月，蔡元培赴欧美等国考察大学教育，同时考察、参观各国博物馆，进一步加深了对博物馆的认识。回国后，蔡元培一方面通过著述、演讲论述博物馆的价值，强调建设博物馆的重要性，另一方面利用自己的声望与地位，努力把博物馆纳入中国文化教育系统，积极促成各类博物馆的建立，支持博物馆事业的发展。

民国11年（1922年）1月，在蔡元培的积极提倡和规划下，北京大学研究所国学门成立。研究所国学门设考古学陈列室一间，用来存放古迹古物调查会搜集到的古物，供学者参考研究；设风俗陈列室一间，用来陈列风俗物品；又用十个房间来摆放北洋政府拨归北京大学整理的明清档案。所有这些古物、风俗物品及明清档案，除国学门同人可以研究参考外，还公布于社会，欢迎学者、民众前往参观。研究所国学门因此兼具民俗博物馆、考古陈列室及档案馆的性质，成为综合性的历史博物馆。

民国16年（1927年），蔡元培提议设立大学院为全国最高学术教育行政机关，并就任大学院院长。次年，蔡元培任中央研究院院长。在此期间，他决定成立自然历史博物馆，并聘请李四光、钱天鹤等人为博物馆筹备处筹备委员。民国18年（1929年）1月，中央研究院自然历史博物馆正式成立。同年8月，蔡元培在青岛倡议成立水族馆，并为水族馆的建立多方筹措资金，使青岛水族馆成为亚洲第一座水族馆。同年，蔡元培担任中华教育文化基金会董事长，期间，中华教育文化基金会每年补助故宫博物院3万元。民国19年（1930年），中华教育文化基金会拨款15万元，用于故宫建造防火险的延禧宫库房。据统计，民国16～22年（1927～1933年），中华教育文化基金会共补助故宫博物院32万元，占所有教育文化团体补助总额的五分之一。民国20年（1931年），蔡元培以中央研究院院长的身份，向中英庚款董事会正式提案，请求补助中央博物院和中央图书馆建设费各150万元。民国初年，美国、法国、英国等陆续表示了退还庚子赔款的意向，蔡元培非常希望这些款项能够用在兴办教育、图书馆、博物馆等事业上。他向国外文化界、政治界呼吁："吾人日望平民大学之发起，图书馆之完备，科学美术陈列馆、音乐院、动物植物院、民族历史及其他种种博物馆之建设，剧场演戏馆之改良，而限于经费，未能行也。"希望各国能够将庚子赔款退还，用于北京、南京、四川、广东四地的图书馆、博物院建设。在蔡元培的关注和支持下，不少博物馆从各国退还赔款中获得资助，得以维持日常运转和兴建场馆。民国24年（1935年），中英庚款董事会拨款150万元用于修建中央博物院建筑，即南京博物院历史陈列馆。此外，蔡元培还为北平天然博物馆争取到中法教育基金会的资助，建立各国风俗陈列馆。

九一八事变后，华北告急。为确保国宝

不落入敌人之手，故宫博物院理事会决定把院藏精品南迁。蔡元培认为时势动荡，没人能保证日本不再进一步行动，平津时刻处在危险之中，故宫文物均属中国数千年来的国粹，必须妥善保存，不能抱丝毫侥幸心理，力主文物南迁，并公开在报纸上发表关于文物南迁必要性的讲话。民国23年（1934年）4月，蔡元培被推举为故宫博物院理事长。据故宫博物院理事会条例，理事会为故宫博物院议事及监督机关，决议及监督一切重要事项的进行。蔡元培面临的主要问题就是如何妥善保存故宫南迁文物。次年9月，南京朝天宫保存库工程完工，不久后"存沪古物移京存入新库"，运沪文物的查点也于次年6月完成。至此，故宫文物南迁的第一阶段顺利完成，南迁文物得到妥善保存。

民国29年（1940年）3月5日，蔡元培在香港病逝。

朱启钤 又名启纶，字桂辛，晚号蠖公。贵州开州人。清同治十一年十月十二日（1872年11月12日）出生于河南信阳。清末及民国初年官员、学者、实业家、收藏家，中国营造学社创建者和社长。

朱启钤早年丧父，在外祖父家长大，练就一定的办事才干，虽曾随名师修习举业，但一生未应科举。20岁时，朱启钤随任四川学政的姨父瞿鸿禨入川，开始宦途生涯，在瞿鸿禨幕中代其阅卷。这期间，朱启钤开始接受变法维新思想，阅读大量变法维新书籍，并与张劭熙、章士钊、杨笃生、唐才常等维新派人士有往来。光绪二十九年（1903年），朱启钤任京师大学堂译学馆监督。次年，经徐世昌举荐，在袁世凯属下任职，历任蒙务局督办、津浦铁路北段总办等职。辛亥革命后，朱启钤历任北洋政府交通总长、代理国务总理、内务总长兼京都市政督办。民国3年（1914年），任京都市政督办期间，朱启钤开始经办一些与古建工程相关的事务，对中国古代建筑的重要意义和价值有了基本认识。为开通皇城东西两侧通路，疏导交通，并为北京市民提供游乐休息的场所，朱启钤决定开放天安门西侧的社稷坛为中央公园，这是北京现代史上的第一座公园。为建设及维护中央公园，朱启钤组织董事会筹集资金，逐年添置景物。经营30余年后，由政府接管。

民国5年（1916年），时任内务总长兼交通总长的朱启钤初至北戴河海滨，爱其林木葱郁、景色宜人，又痛感外国势力猖獗，于是发起组织自治公益会，并自任会长。一方面遏制外国势力，另一方面募集资金、修桥筑路、建立医院、兴办学校、修植苗圃、栽培树木、修缮名胜古迹、公布管理制度，仅十余年便将北戴河海滨建设得井井有条。

朱启钤曾参与袁世凯复辟帝制，袁世凯死后他引咎辞职，从事实业及文化活动。民国8年（1919年），他任南北议和北方总代表，和谈破裂后退出政界。

在长期主持古建工程事务的过程中，朱启钤逐渐萌生向世界介绍中国古代建筑的想法，但苦于缺乏文献资料，一直未能实现。民国8年，朱启钤赴上海参加南北议和路过南京时，在江南图书馆发现一部影印宋版的《营造法式》，非常感兴趣，后来就用石印法对其进行刊印。《营造法式》是北宋官修的一部建筑工程书籍，流传至今的为北宋哲宗时李诚重新修订的版本。

民国10年（1921年），朱启钤受徐世昌委派访问法国时，得知中国留法勤工俭学学生的生活甚为艰苦，当即捐款国币5万元，直接交给留法勤工俭学的学生们。多年后徐特立特为此事辗转表达对朱启钤的感谢。

朱启钤从欧美访问归来后，开始组织人力整理材料进行营造学研究。民国14年（1925年），朱启钤创办营造学会，从事营造图书、图纸的搜集，并且制作一些古建筑模型，还开始编写与古代建筑有关的著作，如《哲匠录》《漆书》等书的初稿。民国17年（1928年），朱启钤在中央公园举办了一次展览会，展出历年收集的古建筑图书、图纸和制作的模型。这次展览引发了社会各界对古建筑研究的重视，中华教育基金会也表示愿意拨款补助。

朱启钤还十分重视对丝绣文物的收藏，所藏尤以辛亥革命后恭王府斥卖的丝绣精品最为珍贵。民国17年（1928年），他刊成《存素堂丝绣录》一书，著录收藏的丝绣珍品，并加以考证。同年，朱启钤的家庭经济发生困难，打算出售这批丝绣，但拒绝了日商大仓喜八郎的收购而将这批丝绣通过张学良售与东北边业银行，条件是今后这批丝绣不得售与外国人。后来伪满政权强占这批丝绣并将其图案印成《纂组英华》行世。抗日战争胜利后，朱启钤经过种种努力，将这批丝绣从沈阳转运至北京交故宫博物院保管。

民国19年（1930年）2月，朱启钤自己出资在北平组织中国营造学社，这是中国第一个专门从事古代建筑研究的学术团体。此后，刘敦桢、梁思成先后加入中国营造学社，从事古建筑研究。中国营造学社致力于调查各地尚存的古建筑，实地测绘，刊印专辑、图册，开展一系列学术活动，培养古建筑研究人才。七七事变后，华北沦陷，梁思成等率部分中国营造学社同仁先后赴云南昆明、四川宜宾李庄继续进行中国古建筑的调查工作，并在原有资料的基础上进行整理研究。抗日战争期间，朱启钤蛰居北平，对日伪的拉拢不为所动，甚至在日伪强征自己住宅时，仍称病不出。民国34年（1945年），中国营造学社的资金运转发生困难，梁思成又率部分同仁赴北平清华大学，创办清华大学营建系。从此，中国营造学社停止工作。

中华人民共和国成立后，朱启钤将自己珍藏的56件岐阳王世家文物捐献给国家。为表彰朱启钤的义举，文化部予以嘉奖，并在故宫博物院举办"朱桂莘（启钤）捐献明盱眙（岐阳）李氏文物特展"。朱启钤曾任中央文史研究馆馆员，兼任北京文物整理委员会及古代建筑整修所顾问，第一届北京市政协委员，第二、三、四届全国政协委员。

1964年6月26日，朱启钤在北京逝世。

傅增湘 字沅叔、润叔，别署双鉴楼主人、藏园居士、藏园老人等。四川江安人。清同治十一年（1872年）出生。藏书家、版本目录学家。

傅增湘出身书香世家、官宦门庭。祖父

傅诚,曾为河北通判;父亲傅世榕,亦曾为河北藁城及怀安知县。傅增湘9岁即随父出川,定居天津受学。光绪十四年(1888年),傅增湘应顺天府乡试,一举得中举人。光绪二十四年(1898年),傅增湘又进京赴殿试,获二甲第六名进士,选翰林院庶吉士,散馆授编修,并与维新派人士刘光第、杨锐有往来。光绪二十八年(1902年),傅增湘应袁世凯邀请,入其幕府,负责协助办理文教事务。光绪三十一年(1905年),傅增湘在天津创办北洋女子师范学堂、天津女子公学和高等女学等三所女子学堂,并亲任北洋女子师范学堂总办。光绪三十四年(1908年),傅增湘又在北京兴建京师女子师范学堂,担任第一任总理(校长),并兼任直隶提学使。在任三年间,他大力推广小学教育,又在保定、天津、邢台、滦州四地创设初级师范学堂。

辛亥革命后,傅增湘曾参与南北议和。民国6年(1917年),傅增湘又应北洋政府内阁总理王士珍邀请,出任教育总长。在任期间积极整顿全国各级学校,尤重推广师范及实业教育。五四运动爆发,北洋政府认为北京大学校长蔡元培策动、包庇学生,逼蔡离职。傅增湘极力抵制,也被迫辞去教育总长之职。从此,傅增湘定居北京石老娘胡同,专心藏书校书,取苏轼"万人如海一身藏"诗意,将所居园林命名为"藏园",自号"藏园居士",开始其作为访书、藏书大家的生涯。

从宣统三年(1911年)起,傅增湘着力于古籍收藏,除去北京琉璃厂、隆福寺等著名书肆外,对路边书摊也多加注意,还不时专程赴扬州、南京、苏州、上海、杭州、宁波等地寻访古籍和藏家。由于他学识渊博、独具慧眼,往往能从一些蒙尘的旧书中发现善本珍品。著名的景祐本《史记集解》,就是他在当时京津地区藏书名家都不看好的情况下,以平价从一书商处购得。民国5年(1916年),傅增湘收得前清两江总督端方旧藏南宋绍兴二年(1132年)两浙东路盐茶司刊本《资治通鉴》,与自己原来所藏的元刊本《资治通鉴音注》相配,并称"双鉴",以示纪念。民国17年(1928年),北京琉璃厂书商出售南宋淳熙十三年(1186年)宫廷写本《洪范政鉴》,该书是南宋内廷遗留的一部完整的古籍写本,从南宋至清末于内府保存700余年,民国初年流落民间。由于要价奇高,他人皆望而却步,傅增湘为筹措购得此书的资金,将自己珍藏的三箧日本、朝鲜古刻本卖出。自此,《洪范政鉴》取代《资治通鉴音注》成为"双鉴"之一。傅增湘性格豪爽、交游广阔,他与同时代的邓邦述、袁克文、周叔弢等藏书家均有密切交往,他们或互通有无,或相互馈赠,或代为搜书。经过数十年努力,端方、盛昱、徐坊、景朴孙、李鸿裔、唐翰题、吴重熹、缪荃孙、费念慈等清末藏书大家的精品先后收归双鉴楼。双鉴楼所藏,计有宋、金刊本约150种,4600余卷;元刊本数十种,3700余卷;明刊本及各名家抄校本3万卷以上,总计收藏达20万卷以上,成为民国藏书界重要的后起之秀。

傅增湘不仅藏书,且能校书,以校勘与传播古籍为己任。因傅增湘手中孤本、善本极多,所以他每校一书,必兼收众本,以采各家之长。为校勘群书,傅增湘数十年间足迹遍布全国各地著名图书馆与藏书楼。民国16年

（1927年），傅增湘出任故宫博物院图书馆馆长。为了解日本收藏中国古籍的情况，他于民国18年（1929年）赴日本，遍观日本宫内省图书馆、内阁文库、岩崎氏静嘉堂、前田氏尊经阁所藏宋、元刻本，勘出不少伪书。回国后，他撰写《藏园东游别录》4卷，并发表自己的校勘见解，引起当时日本学者的高度重视。辛亥革命后，傅增湘曾规定自己每天至少校书30页，白天时间不够便延至夜间，以致校书成痴。傅增湘晚年，仍终日伏案校书。千卷巨著《文苑英华》，就是他在70岁后才校勘完成的。他伏案50余年，校书800种16300卷。其校书之精，在历代藏书家、校勘学家中极其罕见。此外，他还是近代成果卓著的目录学家，所撰《双鉴楼善本书目》4卷、《双鉴楼藏书续记》2卷、《藏园群书经眼录》19卷、《藏园订补邵亭知见传本书目》23卷、《藏园群书题记》20卷、《张元济傅增湘论书尺牍》1卷、《藏园游记》16卷等均已公开出版，共计450余万字。这些著述在辨版本之异同，校字句之谬误，穷搜宋代刻工姓名和避讳字样等方面，均为可靠而翔实的资料。傅增湘思想开明，并未将所藏古籍视为私物，而是乐于传播，不仅个人集资刊刻"双鉴楼丛书""蜀贤丛书"和《周易正义》《资治通鉴》等近10种自己收藏的善本古籍，还与商务印书馆负责人张元济合作，为商务印书馆涵芬楼提供古籍善本数十种影印出版。极负盛名的"百衲本二十四史"，便有多种底本取自双鉴楼。

傅增湘在收藏、校勘古籍之际，亦不忘提携人才，保护文物。早在民国7年（1918年），时任教育总长的傅增湘就曾在遭受徐悲鸿误解的情况下，仍然不计前嫌，为徐悲鸿争取到赴法国学习美术的资格。徐悲鸿为此终生感念，并为傅增湘作画像一幅。民国22年（1933年），傅增湘慧眼相中中学肄业的启功，并将启功推荐到时任辅仁大学校长的陈垣门下受教，并教授启功版本目录学和古籍善本方面的知识，为日后成为文物鉴定家的启功开启了学术之门。民国26年（1937年），恭王后裔溥心畲为操办母亲丧事，打算出售家传国宝《平复帖》，为防止国宝流失国外，傅增湘积极斡旋，最终介绍溥心畲将《平复帖》出售给收藏家张伯驹，成功使这件国宝留在国内。中华人民共和国成立后，张伯驹将《平复帖》捐献给国家，藏于北京故宫博物院。

民国33年（1944年），73岁的傅增湘突患脑血栓，半身瘫痪，卧病在床，傅家生活日渐窘迫。为生计，傅增湘不得不将珍藏的部分古籍出售。北平和平解放后，张元济探望病重的傅增湘，并致函中共领导人，希望能对傅增湘予以关照。但当政府于1949年10月20日委派专人持函前往探望时，傅增湘已病逝于藏园家中。傅增湘去世后，家人遵其遗嘱，将包括"双鉴"在内的宋、金、元善本，明、清精刻、名钞、名校本及傅氏手校本，捐赠给北京图书馆。后又将傅增湘所藏另一批古籍计3万余册捐赠给故乡四川，分藏于重庆图书馆和四川大学。

朱子桥 名庆澜，字子桥，浙江山阴人。清同治十三年（1874年）正月生于山东长清。爱国将领、社会慈善家。

朱子桥19岁赴东北从

军，曾任内统带绥靖营三营统领、奉天陆军第二标标统等职，于编练新军、靖边安疆多有贡献。后朱子桥入蜀任川军第三十三混成旅协统、第十七镇统制。武昌起义爆发，朱子桥在四川通电响应，拥护共和。此后，朱子桥任四川大汉军政府副都督。民国5年（1916年），朱子桥任广东省省长，次年离任。民国11年（1922年），由孙中山举荐，朱子桥任东北特区行政长官兼中东铁路护路军总司令。民国15年（1926年），朱子桥在天津组织慈善团体，从此以社会福利、赈灾救济为主要事业。他先后担任华北慈善联合会会长，长江水灾救济委员会常务委员、工作组主任，国民政府赈济委员会委员长、常务委员，黄龙山垦区管理局局长等职。

民国16年（1927年），山东、河南旱灾严重，朱子桥亲赴哈尔滨劝募赈粮，又联合平津地区各慈善团体，募得180万元，购粮运往灾区，救济灾民逾百万人。民国18年（1929年），西北中原大旱，陕西尤其严重。朱子桥闻讯，即亲赴陕西调查灾情，以华北慈善团体联合会的名义，联合东北慈善团体、华洋义赈会以及佛教团体等，提出"三元钱救一命"的口号，得到众团体和民众响应，获救者不计其数，人称"慈善将军"。他又促请冯玉祥让出兵营300余间，先后在西安、扶风筹建"灾童教养院"，收养灾区无助幼孤数百人。抗日战争爆发后，他在北平设立辽、吉、黑、热四省民众后援会，奔走呼吁，劝募物资，支援东北义军抗日。由于国土沦丧，华北、东北难民大量流入陕西。朱子桥于国内外积极募款，于民国28年（1939年）成立黄龙山垦区管理局，亲

任局长，实行以垦代赈，安置灾民难民5万余人。其时有民谣唱道："黄龙山，是桃园，良田美景满山川。子桥象九恩情宽，灾民来黄反身安。"表达出灾民对朱子桥等人赈灾救困的善行义举的感激之情。

因赈灾事业的需要，自民国18年（1929年）始，朱子桥居陕多年，亲见陕西各地城乡无数文物古迹在兵燹天灾中被损毁的惨状，甚感痛心，乃倾注大量心血，极力修葺保护。民国21年（1932年），他莅陕救灾，见著名的大慈恩寺已是"佛寺陵夷，一塔巍然，题名碑碣，半委荒榛"的颓败景况，便规划经营，筹措工料资金，在寺内新建"献殿五楹，观堂一座，寮房、香积、方丈十余间。修补钟鼓二楼，墙垣数十堵，基正浮图七级"。他在黄龙山筹办垦区时游览白水仓颉庙，见庙宇破败，不仅筹款修缮建筑，还在庙后的仓颉衣冠冢周围新砌雕花砖墙，并为庙宇东、西两个侧门题写对联。此外，当时由他先后倡导并募资修缮或扩建的古迹遗存有长安兴教寺、千福寺，西安大兴善寺、青龙寺，泾阳惠果寺（又称泾阳大寺、太壶寺），岐山太平寺，扶风龙光寺等。民国27~28年（1938~1939年），他联合李组坤、李组材兄弟等实业人士和当地士绅，通过功德主出资和"以工代赈"的办法，对扶风法门寺及其宝塔进行大规模维修。在整个修缮过程中，成立专门的工程保管委员会，精心管理，以确保寺内和塔身上下的造像、经卷、供养器物等文物不致流失损毁。当施工人员发现塔基下地宫入口向他报告时，他立即命工人原样封砌，并嘱知情者严守秘密。

民国30年（1941年）1月13日，朱子桥在

西安逝世，葬于陕西省长安县杜曲竹园村。其碑文和墓志铭分别由冯玉祥和于右任撰写。朱德派代表祭奠并送布匾，题曰"仁勇慈祥"。

 **俞同奎** 字星枢，号聚五。浙江德清人。清光绪二年九月二十五日（1876年11月10日）出生于福建闽侯。化学教育家，中国化学教育的开拓者。

俞同奎少年时，考入美国教会办的福州英华学校，打下良好的英语基础。毕业时，因父母双亡，他赴苏州投靠叔祖父俞曲园（学者、文学家），在他指导下攻读国文。光绪二十九年（1903年），俞同奎考入京师大学堂（北京大学前身）师范馆。次年，沙俄侵占东北三省，全国爆发抗俄运动。京师大学堂的学生集会抗议，谴责清政府的卖国投降政策，俞同奎也积极参加这一活动。慈禧太后闻之，下令镇压这班学生。管学大臣张百熙尽力保护，献策建议将"捣乱分子"赶出国去，获得慈禧的批准，便选出47名优秀学生出国留学，其中俞同奎等16人被派赴西欧各国，于光绪三十一年（1905年）启程。俞同奎先在英国利物浦大学化学系学习，获硕士学位，又到德国、法国、意大利和瑞士深造。宣统二年（1910年），俞同奎回国后到京师大学堂任化学门教授，主讲无机化学和物理化学。

民国元年（1912年），京师大学堂改称北京大学，俞同奎任化学系教授兼化学系主任。民国3年（1914年），北京大学成立教科书编委会，俞同奎任化学教科书主编。民国9年（1920年），俞同奎任北京工业专门学校校长，兼任有机化学教授。同时，俞同奎还兼任北京大学教授，主讲"定量分析"等课程。民国11年（1922年），俞同奎与陈世璋等发起成立中华化学工业会，创办《中华化学工业会会志》，并任总编辑。

民国13年（1924年）9月起，俞同奎先后任北洋政府教育部专门司司长、交通部技正、国立北平大学第一工学院院长。同年11月，兼任清室善后委员会委员。故宫博物院成立后，任理事会理事兼古物馆副馆长。民国18年（1929年）兼任故宫博物院总务处长，民国20年（1931年）专任故宫博物院总务处长。期间，俞同奎发表《对于清室善后委员会的希望》一文，他认为查点只是善后的第一步，审查与保管则是第二步、第三步，同样是善后委员会不可逃避的责任，并提出应即刻筹划"永久保管所有权的方法""不仅为清室善其后，兼为故宫房屋及点查的东西善其后"，这办法就是筹建图书馆和博物馆。他还详细阐述筹办图书馆和博物馆的设想，包括办馆经费如何筹措等问题。他说："我们必得贡献出三百余年皇帝的宝藏，为全社会所公有共享，这方含有真的革命意味，方才对得起民国政府，方才对得起清室，方才对得起委员会的本身。"民国22年（1933年）11月，俞同奎任南京国民政府全国经济委员会技正。民国27年（1938年）后，俞同奎先后任液体燃料管理委员会长沙、贵阳、昆明办事处主任，负责后方液体燃料的技术研究、质量管理和运输工作。民国35年（1946年）10月，俞同奎又回到故宫。民国36年（1947年），俞同奎任北平文物整理委员会（文整会）秘书。

中华人民共和国成立后，他继续任北京文物整理委员会秘书，兼文献组组长。在此期间，他对北京132处名胜古迹进行考察和研究，并对首都的新城规划、古建筑和名胜古迹的保护问题，提出许多很有价值的意见和看法。他提出要做到不让一处"横遭破坏"，也不让一处"滥竽充数"，提出五条必须保留的古建筑标准：具有悠久历史的宫殿、苑囿和名胜古迹；与革命有关的建筑；明代以前的原建筑；建筑式样特殊，可供学术研究与参考者；建筑内部附有不可分离的文物，具有高等艺术价值者。他还组织文整会技术骨干对山海关、沈阳故宫大清门、农安塔等濒危建筑进行抢修，对河北省古建筑进行考察，参与组织由文化部社会文物管理局举办的古建培训班等。

1956年，北京文物整理委员会改为古代建筑修整所，俞同奎担任所长，直到1958年退休。这时他已年逾八旬，仍为维修和整理中国文物古迹辛勤筹划，不遗余力。尤其是对北京地区的一些重要文物古迹，认真组织普查、修复工作，无论是宫殿园林还是坛宇寺庙，他都亲自勘察、访问，提出维修方案和保护措施。他认为从一个民族的建筑艺术，可以看出其文化水平。中国是一个历史悠久的文明古国，前人给我们留下了许多珍贵的可供研究的民族文化遗产，如不加以珍惜、保护，这些遗产势必逐渐毁灭。俞同奎对古建筑的寿命、损坏原因、保存原则、保存方法，现存古建筑的破坏情况以及古建筑工程等问题做过较为深入的调查研究，所提出的一些见解和做法，至今仍有重要参考价值。

1962年2月28日，俞同奎病逝于北京。

王襄 字纶阁。浙江绍兴人。清光绪二年（1876年）出生于天津。中共党员，金石学家、甲骨学家。

王襄出生于天津东门里仓门口一书香世家，其父王恩瀚是光绪十一年（1885年）举人。王襄7岁开始读书，11岁入樊荫慈家塾读书，18岁又师从王守恂学古文诗词。樊、王皆为当时名士，王襄在良好的学习环境中诵习经史十余年，为日后的金石研究打下坚实基础。王襄20岁时开始研究金石学。光绪二十四年（1898年），古董商范寿轩到天津，向孟广慧、王襄介绍安阳出骨版中有文字之事。孟广慧是天津近代书法家，通金石学，认为此骨版即古代文字简册，要求范寿轩回安阳收购携来天津。次年秋，范寿轩携骨版至津。因价格昂贵，孟广慧、王襄未能全部收购，其余骨版被范转售给王懿荣。宣统二年（1910年），王襄毕业于北京农工商部高等实业学堂，民国2年（1913年）毕业于天津民国法政讲习所。此后，王襄曾在天津、福建、广东、四川、浙江、湖北等省盐务稽核所任职多年。王襄从青年时代就开始研究整理甲骨文字，相继编纂撰写多部重要甲骨学著作。民国9年（1920年），天津博物院出版了王襄的《簠室殷契类纂》，这是一部非常重要的甲骨字汇书。王襄在注意吸取他人研究成果的同时，又在体例上有创见。每字之下既有原文、释义，还引有卜辞作为辞例，方便读者研读。此书被公认为中国最早的甲骨文字典。民国14年（1925年），天津博物院出版的《簠室殷契征文》一书收录王襄收藏的甲骨精品1000余版，每条卜辞皆有考释，并根据贞卜事项将卜辞分为十二类，基本概括卜辞的内容，为之后学者的分类提供了借鉴。卜辞印本之后，又附有《考释》两册，以利研读。民国16年（1927年）及次年间，王襄重订《簠室殷契类纂》，新识、勘误27字，增补异文11字，于民国18年（1929年）再版重印。民国20年（1931年），王襄完成《秦前文字韵林》的编著，采商周卜辞、金文、石鼓文、陶文、玺文、币文之可识者，依《佩文韵府》之例辑为五编。民国36年（1947年），王襄编成《古陶今释》，该书分上、下两册，收2300余件有铭文的陶器。相较于当时很多金石家重金文、简牍而轻陶文，王襄对陶文研究意义的认识是宝贵的。1949年，王襄又编成《古陶今释续编》上、中、下三册，收陶文1300余件，以建德周霖陶文及萍乡文民瓦削文为主。1953年成书的《殷代贞史待征录》，用卜辞断代法，举贞人87名，将每名贞人及其活动进行排比，是王襄晚年的重要著作。

王襄在古文字学、金石学等方面的著作还有：《簠室古甬》，中国第一本著录古代明器的图册，共收俑、兽、室、井、灶等64件，图版14页，序言和说明14篇；《古文流变臆说》，以甲骨、金文为例释古文字的著作；《古镜写影》，收周至明古镜近600面，论证周代已有镜的观点；《两汉文物举例》，取刘邦建国至刘秀中兴时期文物为一卷、新莽时期文物为一卷，附图录两卷，将不同时代文物集中排比分析，便于参看各时代的文物特征。

中华人民共和国成立后，王襄历任天津市文史研究馆馆长、中国科学院历史研究所《甲骨文合集》编辑委员会委员、天津市书法研究会会长等职，还是天津市政协委员。1956年，王襄以81岁高龄加入中国共产党。王襄长期从事金石学、甲骨学研究，是甲骨文最早的发现者之一。他多年收集、保存甲骨，数次拒绝出售。中华人民共和国成立后，王襄将珍藏的甲骨捐献给国家。

王襄长年研读摹写古文字，其书法自成风貌，甲骨、金文、篆书、楷、行都有其独特的风格。

1965年1月31日，王襄病逝于天津。

王国维 字静安，又字伯隅，号礼堂，又号观堂。浙江海宁人。生于清光绪三年十月二十九日（1877年12月2日）。历史学家、金石学家。

王国维出身海宁州学，光绪二十四年（1898年），王国维进入罗振玉在上海创设的东文学社，半工半读。光绪二十七年（1901年），王国维随罗振玉任职湖北农务学堂，由罗振玉资助去日本留学。次年回国后，因罗振玉的推荐在上海、南通、苏州任教，讲授心理学、伦理学等。辛亥革命后，王国维随罗振玉旅居日本京都，在罗振玉的影响下转治经史金石之学。民国5年（1916年），王国维回到上海，在英商哈同所办仓圣明智大学编辑《学术丛编》。民国11年（1922年），王国维被聘为北京大学研究所国学门通信导师。民国12年（1923年），在退位清帝左右任南书房行走。次年，王国维任清华国学研究院导师，讲授"古史新证"及《尚书》《说文解字》《仪礼》等文献。

王国维在考古学方面的主要贡献是在甲骨文、金文、简牍及度量衡等方面的研究。他治学的突出特点是注重新发现、采取新方法。在治学方法上，他将西方的科学方法，同清代乾嘉学派的传统考据方法成功地结合起来，创立并提倡著名的"二重证据法"。王国维入宫任职，得到了与故宫文物直接接触的难得机会，从而在考古学上取得独特成就。

王国维研究商代甲骨，最早突破文字考释的范围，将其作为原始的史料，用以探讨商代的历史、地理和礼制，其著作有《殷卜辞中所见先公先王考》《殷卜辞中所见先公先王续考》《殷虚卜辞中所见地名考》《殷周制度论》《殷礼征文》及《古史新证》等。他第一次证实了《史记·殷本纪》所载商王世系的可靠性，并根据卜辞加以纠正，又提出商周之际礼制截然不同的独到看法。他还是从称谓判断卜辞年代和进行甲骨缀合的第一人。

王国维的金文研究，从编辑《宋代金文著录表》和《国朝金文著录表》入手，对宋代以来著录的金文资料进行全面整理，又作《两周金石文韵读》和《两汉金文韵读》。他不仅先后撰写数十篇重要器铭的跋语，而且将金文资料用于西周历史和有关问题的研究，著有《生霸死霸考》《明堂庙寝通考》《古诸侯称王说》等。

在简牍研究方面，他根据文献记载作《简牍检署考》，讨论古代的简册制度。后与罗振玉合著《流沙坠简》一书，曾撰写长序论述敦煌和西域所出汉晋木简的学术价值。

王国维还进行古代度量衡的研究，曾为宋代著录的晋前尺、日本正仓院收藏的唐尺、钜鹿古城出土的宋尺以及新莽嘉量等撰写跋语。

王国维撰《明堂庙寝通考》和《胡服考》，考证古代的建筑制度和服饰制度。又撰《魏石经考》，首先讨论汉、魏石经的经数和石数。

王国维早年的学术论文，多收入其自编的《观堂集林》一书。他逝世后，罗振玉选编其著作42种为《海宁王忠悫公遗书》，商务印书馆又辑印《海宁王静安先生遗书》。

民国16年（1927年）6月2日，王国维在北京颐和园昆明湖自沉身亡。

康耀辰 字乐山。陕西城固人。清光绪五年（1879年）出生。陕西省历史博物馆首任馆长。

康耀辰世居汉中，出生于当地望族，家学渊源。他早年中秀才，就学于汉中汉南书院。光绪二十九年（1903年），康耀辰考入三原宏道书院。清末陕西学政衙署设在三原，宏道书院为陕西教育重镇，于右任、李仪祉、吴宓、张奚若、范紫东、张季鸾等近代陕籍名人，均曾求学于此。光绪三十一年（1905年），康耀辰考取赴日本官费留学生，入日本东京高等师范学校学习地质博物馆专业。在日期间，康耀辰结识孙中山，加入中国同盟会。民国2年（1913年），康耀辰学成回国，旋即受北京政府教育部委派，重返日本考察实业和教育，民国6年（1917年）回国，以考察所得撰成《日本教育考察记》和《日本实业考察记》。其后康耀辰回西安，先后任教于陕西省立一中、省立二中、省立三中，曾任校长、省视学。民国11年（1922年），康耀辰返回故乡，出任汉中联立中学校长，整修校舍，聘请优秀教师，购置教学设备，致力于地方教育。民国26年（1937年），康耀辰出任陕西省教育厅督查专员。次年，他受聘于西北联大（时校址在城固、南郑），任生物系教授。民国31年（1942年），他出任陕西省立图书馆（时称西京图书馆）馆长。抗日战争时期，该馆图书、文物疏散搬迁。他上任后，西京图书馆、西京图书馆城固分馆及西京图书馆杜曲阅览处，均开始战时图书阅览服务工作。此后，他又将存于眉县的部分图书和杜曲的全部图书迁回西安，对外开放，并举办宣传抗日战争和科学知识的图片展览。

民国33年（1944年）6月，康耀辰受命筹建陕西省历史博物馆，并出任馆长，馆址设在西安碑林。上任后接收西安孔庙及孔庙文物、碑石。同年10月，他呈书陕西省教育厅提出建馆计划，建议陕西省历史博物馆由古文化研究部、地质矿产部、植物园、动物园、农产部及家畜部、新式工艺部等六部分组成，即建立一个集历史、地质矿产、自然、科技于一身的综合性博物馆，反映出他对陕西博物馆事业合乎世界潮流的思考。当年底，康耀辰辞职返回汉中，任教于汉中中学。中华人民共和国成立后，曾任陕西省文史馆馆员。

康耀辰毕生以科学教育和社会文化为事业，著述甚丰，有与教育和实业相关的《日本教育考察记》《日本实业考察记》《陕西省联合县立汉中中学校志》，有与地质矿产相关的《梁山煤矿调查记》《梁山化石考察记》《留坝大坝沟铁矿调查记》《城固盐井坝盐沙矿考察记》《天台山地质矿产考察记》，以及《毕原考古记》《陕西关中道历史博物馆考察记》等文物博物馆著作。

1953年夏，康耀辰在陕西汉中逝世。

朱希祖 字逷先（又作逖先）。浙江海盐人。清光绪五年（1879年）出生。历史学家、文献学家、藏书家。

宣统元年（1909年），朱希祖肄业于日本早稻田大学。在日本时，他曾受教于章太炎。归国后，他先后就任杭州浙江两级师范学堂、嘉兴第二中学教员，海盐县民政长（后改称民事长、知事），不久任职于浙江省教育厅。民国2年（1913年）1月，朱希祖就聘北京大学预科教授（不久，由预科转文科）。次年，朱希祖就聘清史馆编修，次年初便因清史馆总纂赵尔巽赞成袁世凯称帝愤而辞职。民国8年（1919年），朱希祖在《新青年》上发表倡导和支持新文化运动的文章《白话文的价值》等。次年夏，北京大学校长蔡元培推荐他担任史学系主任，同年与沈雁冰、郑振铎、叶圣陶等12人发起成立文学研究会。民国11年（1922年），他同蔡元培、沈兼士等一起为北京大学争取到原历史博物馆所藏明清内阁档案的委托整理权，成立明清史料整理会。民国15年（1926年）夏，朱希祖改任清华学校和辅仁大学教授。民国17年（1928年），他重返北京大学，任史学系主任，并发起中国史学会，当选为主席。民国19年（1930年），朱希祖辞去北京大学史学系主任一职，改任中央研究院历史语言研究所研究员。民国21年（1932年）9月，朱希祖就聘国立中山大学史学系主任、教授。11月，他又兼文史研究所主任。在广州，朱希祖还兼广东通志馆纂修。

民国23年（1934年）1月，朱希祖就聘为国立中央大学史学系主任、教授，同年6月，兼任中央古物保管委员会委员。江苏南京、句容、丹阳一带数十处六朝帝王陵墓神道石刻，是最为重要的六朝时期地面文化遗存，且保存较好，具有极高的历史、艺术价值。在南京期间，朱希祖投入大量精力进行六朝史研究。他多次考察南京和附近地区的六朝陵墓神道石刻，勘察南京的萧梁五铢钱范出土地址。参与调查的还有其子朱偰及同是中央古物保管委员会委员的滕固、黄文弼等学者。民国24年（1935年）10月，朱希祖完成《六朝陵墓调查报告》一书，书中共收录7篇文章，分别为朱希祖《六朝陵墓调查报告书》《六朝建康冢墓碑志考证》《天禄辟邪考》《神道碑碣考》《驳晋温峤墓在幕府山西说》和滕固《六朝陵墓石迹述略》、朱偰《六朝陵墓总说》。其中以朱希祖《六朝陵墓调查报告书》最为重要，篇幅也最长。该文不但对当时查知的六朝陵墓旧址及遗存进行了文字、地图、照片等多种手段的完整记录，还系统梳理了历代有关六朝陵墓的文献记载，就墓主等问题进行精细考订，是六朝陵墓研究的奠基之作。朱希祖还参与其他的文物调查和管理工作，如决议彻底审查故宫古物办法、勘察夫子庙后的尊经阁旧址、审

查古物出口取缔规则等。民国24年（1935年）10月起，朱希祖还兼任国民政府考试院考选委员会高等考试典试委员。民国26年（1937年）8月13日淞沪会战爆发，南京危急。同年10月，中央大学开始西迁重庆，11月，朱希祖随学校到达重庆，朱希祖仍任中央大学史学系主任。民国28年（1939年）1月，国民党召开五届五中全会，由朱希祖代国民党中央执行委员张继起草筹办总档案库和国史馆的议案。民国29年（1940年）2月，国史馆筹备委员会于重庆成立，朱希祖兼任国史馆筹备委员会秘书长（后称总干事），负责具体筹划，撰述《国史馆筹备委员会组织大纲》等。同年3月，朱希祖又任国民政府考试院考选委员会委员，并辞去中央大学史学系主任及教授职务。后又辞去国史馆筹备委员会总干事，改为顾问，专任考选委员会委员。民国32年（1943年）4月，中国史学会在重庆成立，朱希祖当选为理事及常务委员。

朱希祖的史学研究，领域宽广，上起战国，下迄明清，从具体的史实考订、辨析到史学理论的探讨，还大量涉及文学史、民族史、文献学、金石学等诸多方面。除《六朝陵墓调查报告》外，还著有《杨幺事迹考证》《伪齐录校补》《伪楚录辑补》《中国史学概论》诸书，其中《伪齐录校补》《伪楚录辑补》二书是为隐刺伪满和汪伪政权而作。后学者整理出版《汲冢书考》《明季史料题跋》以及《朱希祖先生文集》6册、《南京图书馆藏朱希祖文稿》7册、《朱希祖文集》6册等。

民国33年（1944年）7月5日，朱希祖于重庆病逝。

易培基 字寅村，号鹿山。湖南善化人。清光绪六年正月十九日（1880年2月28日）出生。教育家，故宫博物院创建人之一。

易培基早年毕业于湖南优级师范学堂、武昌湖北方言学堂。他曾留学日本，后参与武昌起义。中华民国建立，黎元洪任副总统兼湖北都督时，易培基担任黎元洪的秘书。民国2年（1913年）7月，孙中山、黄兴发动讨袁战争，黎元洪伙同袁世凯镇压革命，易培基愤而弃职。他回到湖南，先后在湖南高等师范学校、长沙县立师范学校、湖南省立第一师范学校任教，并担任湖南省教育委员会委员长、湖南第一师范学校校长、湖南省立图书馆馆长、湖南省省长公署秘书长等职。他的学生有毛泽东、蔡和森、何叔衡、萧三、任弼时等。

民国11年（1922年），易培基受孙中山之聘，南下广州，担任孙中山顾问。次年，孙中山任命他为"孙大元帅驻北京接洽各国退还庚子赔款事宜全权代表"。次年，易培基担任黄郛摄政内阁教育总长、清室善后委员会委员及所属图书博物馆筹备会主任。民国14年（1925年）10月10日，故宫博物院成立，易培基担任理事兼古物馆馆长，同时兼任北京女子师范大学校长。次年，易培基受到北洋政府通缉，次年被迫离京，经沪返回长沙。民国16年（1927年）9月，他担任上海劳动大学校长。次年6月，国民革命军进入北京，国民政府任命易培基接管故宫。易培基全面接管故宫工作后，于民国17年（1928年）10月组织制定并公布《故

宫博物院组织法》及《故宫博物院理事会条例》。民国18年（1929年）2月，他被任命为故宫博物院首任院长，民国20年（1931年）又兼任古物馆馆长。易培基任内，故宫博物院各项机制逐步完善，在组织、修葺、典守及陈列开放、研究出版等各方面都颇有建树。

组织方面，根据《故宫博物院组织法》设立三馆两处：西三所的古物馆、寿安宫的图书馆、南三所的档案馆和总务处、秘书处，"掌理故宫及所属各处之建筑物、古物、图书、档案之保管、开放及传播事宜"。他在担任清室善后委员会委员时，聘请蒋梦麟、胡适、钱玄同、王星拱、顾孟余、马裕藻、沈尹默、陈垣、马衡、皮宗石、吴瀛、朱希祖、徐鸿宝、单不庵、顾颉刚、罗宗翰、严智开、袤善元、罗庸、黄文弼、周树人（鲁迅）、王斧、邓以蛰、陈宗汉、徐炳昶、李宗侗、胡鸣盛、欧阳道达、唐赞襄、李柏荣等专家学者担任故宫博物院顾问。他担任故宫博物院院长后，又聘请庄蕴宽、吴瀛、李宗侗、俞同奎、马衡、沈兼士、袁同礼等担任院内重要职务，并邀请大批专家学者如钱玄同、俞平伯、刘半农、傅斯年、容庚等到院兼职。

修葺方面，他主持接受各界捐款，完成故宫多处宫殿的修复。如接受美国陆佛勒捐款修缮慈宁宫花园的咸若馆、吉云楼等处建筑；接受英国大维德爵士捐款修葺景阳宫作为瓷器陈列室；接受美国摩登捐款修缮景仁宫作为铜器陈列室；接受美国柯洛齐将军夫妇，中山公园董事会及周作民、倪幼舟捐款，修理东、西、南三面城台马道并东南、西南两角楼；接受美国艾乐敦捐款修缮斋宫作为玉器陈列室；接受

英国公使蓝璞捐款修缮咸福宫作为乾隆珍赏物陈列室；接受中华教育文化基金会、中法教育基金会捐款建设延禧宫文物库房。

易培基还主持制定严格的提取库藏文物的制度。就任院长当年，故宫博物院颁布"特制提取物品三联单办法"，分为提单、收据、存单三联。每次提取文物，都要由本馆、秘书处、驻院警察三方共同进行。文物提到各馆后，还要鉴别真伪、等级，考量是否适宜展陈、是否需要修补清洗，登记明确后再移交库房。每件文物的提取都要经过十几道手续。

易培基还主持创办《故宫周刊》，随后又陆续出版四五种期刊，如《故宫月刊》《故宫旬刊》《国立北平故宫博物院年刊》。

九一八事变后，平津告急，此时故宫博物院领导在文物应否迁移的问题上发生分歧和冲突，以易培基为代表的一部分院领导认为战争期间，故宫文物难以幸免，国土沦陷尚可收复，但文物不可复得，因此主张避敌南迁。从民国22年（1933年）2～5月，13427箱又64包文物分五次南迁。同年，易培基因"盗卖故宫文物"的莫须有罪名受到弹劾，辞去院长职务，避居上海。

民国26年（1937年）9月，易培基在上海病逝。

陈垣 字援庵。清光绪六年（1880年）生于广东新会。历史学家、教育家。

陈垣出生于药商家庭，自小聪颖好学。青年时曾参加科举，因不会八股程式而落榜。光绪三十一年（1905年），陈垣在广州与几位青年同道共同创办《时事画报》。后又与康仲荦创办《震旦日报》，进行反清宣传。民国元年（1912年），陈垣曾当选为众议院议员，定居北京。后因时局混乱，潜心治学。

在陈垣的学术活动中，文物工作是十分重要的组成部分。他积极投身文物保护及研究工作，先后参与有关遗迹遗物、藏品、文献以及古建筑的研究、整理、抢救及修缮工作。民国7年（1918年），陈垣与友人同游云冈石窟，经查阅大量古籍史料，写成《记大同武州山石窟寺》一文，提出云冈石窟的开凿年代为北魏兴安二年（453年）的观点，是早期研究云冈石窟的重要论著。民国9年（1920年），陈垣在张宗祥等人的协助下查点文津阁《四库全书》并掌握其基本情况。民国11年（1922年），陈垣任京师图书馆馆长，整理馆藏敦煌遗经8000余卷，于两年后完成《敦煌劫余录》初稿。民国13年（1924年），陈垣在缪荃孙所藏金石拓片的基础上，编成大型道教碑刻资料集《道教金石略》。同年11月，时任清室善后委员会委员的陈垣，参与清点故宫内物品。次年10月，故宫博物院成立，陈垣任理事会理事，主管文献部并任故宫博物院图书馆馆长。期间，陈垣发现有一批清军机处档案于辛亥革命时期被迁出故宫，已损毁严重，立即与当时的北洋政府总理许世英商议，起草并向北洋政府提交公函，及时将这批档案调回故宫，使这批宝贵的历史文献资料得以保存。民国16年（1927年），叶恭绰等人集资修缮北京西城区砖塔胡同万松老人塔。修缮过程中，就整修计划征求陈垣的意见，陈垣特意到砖塔胡同勘察，对整修提出意见，建议将万松老人的《答通玄百问》刻在塔壁之中以利流传。民国18年

（1929年），陈垣又撰写《云冈石窟寺之译经与刘孝标》一文，提出沙门昙曜不仅主持开凿云冈石窟，亦是石窟寺译经的创始者。

陈垣先后在私塾、小学、中学任教，曾任北京大学、北平师范大学、辅仁大学教授。陈垣自民国18年起担任大学校长达43年之久，其中1929～1952年任辅仁大学校长，1952～1971年任北京师范大学校长。他努力树立先进的教育理念，对高校教学进行了许多有益的改革，并开设全新的教育课程，培养出一大批栋梁之材，为中国教育事业作出重要贡献。

陈垣的研究范围广泛，在宗教史、元史、文献学、中外交通史等多个领域都取得杰出的成就，作出开创性贡献，是中国20世纪著名的历史学家之一，中共中央主席毛泽东称他是"国宝"。他的代表性学术著作有《元也里可温考》《元西域人华化考》《校勘学释例》《史讳举例》《二十史朔闰表》《中西回史日历》及《通鉴胡注表微》等。

民国37年（1948年），陈垣当选中央研究院院士。中华人民共和国成立后，陈垣还曾担任中国科学院历史研究所第二所所长，并曾当选为第一、二、三届全国人大常委会委员。

1971年6月1日，陈垣在北京逝世。陈垣还爱好收藏，对笔墨丹青、金石拓本收藏颇丰，家人遵照遗嘱，将其所藏的4万册图书、4万元稿费及文物全部捐献给国家。

曹仲谦 字符谦。陕西长安人。清光绪六年（1880年）出生。文史专家。

曹仲谦父曹建业，号勤斋，曾受业于名儒刘古愚门下，交游甚广，收藏颇丰。曹仲谦自幼耳濡目染，倾心于古物金石。光绪三十四年（1908年），毕业于陕西两级师范学堂优级选科博物科。不久考取官费赴日留学生，入东京同文书院学习地质博物馆学。留学期间，曹仲谦遍访日本各地博物馆和古迹名胜，有感于中国历史悠久却博物馆寥寥，立志归国后以博物馆为事业。宣统三年（1911年），曹仲谦学成回国，逢辛亥革命，时局动荡，遂任长安县督学。其后，曾先后任教于陕西省立一中、省立二中、省立三中。民国18年（1929年）宋联奎主持纂修《咸宁长安两县续志》，他被聘为分纂。民国23年（1934年），宋联奎任陕西通志馆馆长，主持纂修《续修陕西通志稿》，又聘他为通志馆文牍。参与编纂县志、省志，使曹仲谦有机会浏览大量旧学典籍，遂对版本目录学产生兴趣。此时新学兴起，旧学没落，古籍善本流落散失，他通过书商和友人引荐，大量搜购关中文献，常常不惜重金，对保护陕西乡邦文献贡献颇多。

民国27年（1938年）5月，西安碑林整修工程竣工，西安碑林管理委员会成立，曹仲谦任该委员会主任干事，协助主任委员张鹏一处理日常事务。抗日战争时期，为避免日本侵略军空袭破坏，民国28年（1939年）8～10月，西安碑林管理委员会对碑林第一室《石台孝经碑》，第二室《开成石经》全部，第三室唐代名碑全部，采取防护措施。此时张鹏一因年迈避居富平，工程由曹仲谦具体负责实施，将碑石以土坯铺泥四面包裹，用青砖砌固，展室四周窗心用青砖砌封。民国29年（1940年）6月，曹仲谦又主持将原计划运至眉县埋藏的《鸳鸯七志斋藏石》之大部，就地挖坑深埋于碑林东院。民国34年（1945年）4月，曹仲谦接替康耀辰任陕西省历史博物馆（馆址在西安碑林）馆长。上任后，曹仲谦主持制定《陕西省历史博物馆组织规程》《工作大纲》《设计委员会组织规程》《研究委员会组织规程》等多种规章制度，设置机构，使馆务进入正轨。曹仲谦任馆长期间，该馆于民国36年（1947年）将唐《马璘残碑》、五代后周《重修文昌台残碑》等，由西安市社会路原清布政司署迁至西安碑林。同年8~9月，将埋藏于碑林东院的《鸳鸯七志斋藏石》全部起出，重新嵌置于第八室楼下。民国37年（1948年）6~7月，曹仲谦主持将原新城小碑林所藏汉《武都太守等题名残碑》、唐《颜勤礼碑》等38种碑石移置西安碑林。其任职期间，该馆铅印出版《西京碑林藏石目录》《陕西省历史博物馆概况及藏品照片册》，并完成《鸳鸯七志斋藏石》的录文，编成《鸳鸯七志斋志石汇编》（曾出油印本）。

1949年5月，中国人民解放军进入西安。7月，西安市军管会接收陕西省历史博物馆，曹仲谦留任馆长。1950年5月，改馆名为西北历史文物陈列馆，隶属西北军政委员会文化部，曹仲谦仍担任馆长。1950年2月，西北历史文物陈列馆举办包括原有名碑在内，并有《鸳鸯七志斋藏石》与各种革命文物照片的文物展览。1951年10月1日，西北历史文物陈列馆举办"抗美援朝文物书画义卖捐献展览会"，展出期间收到捐献文物232件。1952年7月，曹仲谦调任西安市文史研究馆馆员、副馆长。曹仲谦有志于文物博物馆事业，精于版本目录学，工书，能诗，善治印，富于金石书画和古籍善

本的收藏。1952年，他将毕生收集的1.8万余册藏书，无偿捐献给西安市文史研究馆。

1959年，曹仲谦于西安病逝。

马衡 原名裕莊，字叔平，号无咎，又号凡将斋主人。浙江鄞县人。清光绪七年五月二十四日（1881年6月20日）出生。金石学家，中国近代考古学和博物馆事业的开拓者。

马衡于光绪二十七年（1901年）肄业于南洋公学（上海交通大学前身）。曾学习经史、金石诸学，精于汉魏石经，注重文献研究与实地考察。民国6年（1917年），马衡任北京大学附设国史编纂处征集员，次年任北京大学文学院国文系讲师。民国10年（1921年），马衡被聘为北京大学研究所国学门委员会委员。次年，国学门设考古研究室，马衡任主任，兼任导师，同时在史学系讲授金石学，并在清华学校、国立北京师范大学校、北京女子高等师范学校兼课。民国12年（1923年），马衡曾赴河南新郑、孟津调查周代铜器出土地点。次年，马衡前往洛阳朱家垱调查汉晋太学遗址，同年参加清室善后委员会工作。民国14年（1925年）10月，故宫博物院成立，马衡任临时理事，兼任故宫博物院古物馆副馆长，负责清点和审查鉴别藏品，其中最重要的工作就是将各类古物进行集中并分类整理。民国17年（1928年），南京国民政府接收故宫博物院，马衡被任命为接收委员，仍任古物馆副馆长。马衡对古物馆内机构设置、业务划分等都有周密考虑，依文物性质，馆内又设书画

（书画碑帖）、金石（铜器、玉器、石器等及各种文具）、陶瓷（陶瓷器、珐琅器、玻璃料器等）、织绣（织绣品及其材料）、雕嵌（雕刻或雕嵌的牙、骨、竹、木、漆等器）、杂品六部，主要业务为登录、编撰、流传、展览、典藏、装潢等。马衡还拟写《故宫博物院古物馆办事规则》，对馆内九课分掌事务进行详细规定。民国19年（1930年），马衡任燕下都考古团团长。在发掘燕下都时，马衡与职工约法三章，包括出土古物不得遗失或损坏；农民出售古物时，由考古团购买，个人不得私购等。民国22年（1933年）7月，马衡出任故宫博物院代理院长，次年4月正式出任院长。任院长后，马衡提议由62名专家组成专门委员会，以备学术咨询，兼鉴定本院藏品。古物一经鉴定，即登录编目、造账簿，作为藏品档案收入库房。为介绍本院藏品，他还组织编印周刊（画报）、月刊、旬刊、年刊、特刊、专集，发行出售。民国24年（1935年），马衡与博物馆界同仁发起成立中国博物馆协会，被推选为会长。次年，马衡被聘为上海市立博物馆董事，并组织在青岛召开中国博物馆协会第一届年会。九一八事变后，东北沦陷，华北告急，国民政府决定将故宫古物珍品装箱南迁。但挑选古物和装箱难度大。如国之重宝石鼓，体量大，而且鼓上的文字稍有不慎就会脱落；又如瓷器，有的轻薄如纸，有的厚重如缸，而且易破碎。在马衡的领导下，故宫同仁克服重重困难，挑选出63735件古物，共装13427箱又64包，分五批南迁。马衡亲自押运第二批南迁文物。从民国22年（1933年）后半年到民国34年（1945年）抗日战争胜利的12年中，马衡带领故宫同仁，在社会有关方面的有力支持下，为保护文物安全竭尽心力，制定一系列规则和章程，组成文物分类整理委员会，对全院文物认真分类整理，办理文物审查，查出不少清室善后委员会点查时遗漏的重要文物，或者载于清室旧目但从未被发现的文物，均进行重新记载登录。抗日战争胜利后，马衡迁返院藏文物，主持故宫博物院复原工作。在他的主持下，故宫陆续接收大批流散文物，如溥仪留在天津的各类文物1085件、清宗人府遗存玉牒及各类档簿834件、汉印501件等。民国37年（1948年），南京行政院电令北平故宫将珍品尽快装箱，分批空运到南京。马衡采取各种拖延手段，拒不执行南京国民党政府将故宫文物"应变南迁"的计划，始终驻院坚守岗位，确保故宫建筑和文物的安全。同时，他与社会名流呼吁当局避免战火，保护北平文化古城。

中华人民共和国成立后，马衡带领全院职工努力清除旧时代的影响，改造陈列展览，整顿库房管理，使故宫博物院的进一步发展有了良好的开端。1952年，马衡辞去故宫博物院院长职务。1954年，马衡任北京市文物整理委员会主任。

马衡在金石、经史方面成就卓然，被尊为"中国金石学第一人"。马衡的主要著述有《中国金石学概要》《凡将斋金石丛稿》等。他的许多研究结论至今仍为学界定论。

马衡还是一位收藏家，他收藏颇丰。20世纪50年代，他生活比较拮据，子女曾劝他卖掉一些文物补贴家用。但他明确表示不会变卖所藏，也不会将所藏传给子孙后代。他认为这些文物应当归于国家，才能起到最大作用。1952

年，马衡将自己收藏的大量甲骨、碑帖等文物捐献给故宫博物院。

1955年3月26日，马衡在北京病逝。他的亲人遵照他的遗愿，将他所有的藏书、拓片、手稿、印章等共计1万余件遗物全部无偿捐献给国家。

李煜瀛　字石曾，笔名真民、真、石僧，晚年自号扩武。河北高阳人。清光绪七年（1881年）生于北京。社会教育家、故宫博物院创建人之一。

光绪二十八年（1902年），李煜瀛赴法国留学，先后入蒙达迪埃农校、巴斯德学院、巴黎大学学习和从事研究。光绪三十二年（1906年），李煜瀛加入中国同盟会。

李煜瀛是中国留法勤工俭学运动的倡导者和实际组织者。中华民国成立后，李煜瀛在北京创办留法勤工俭学会，设留法预备学校。民国3年（1914年），李煜瀛赴法与蔡元培组织西南维持会，救助中国留法学生；又设勤工俭学会，发起法华教育会，创《旅欧杂志》。民国6年（1917年），李煜瀛回国，任北京大学生物学、社会学教授。民国8年（1919年），李煜瀛组织留法勤工俭学会，先后协助大批学生赴法工读。次年在北京创办中法大学，并在法国里昂创办分校，曾任董事长、理事长兼代理校长。

民国13年（1924年），李煜瀛参与驱逐溥仪出宫，清室善后委员会成立后，任委员长。同年12月20日，李煜瀛召开善后委员会第一次会议，通过《点查清宫物件规则十八条》，建立严格的监督机制和责任制。他冲破阻挠，组织专家全面清点宫内文物、图书、物品，同时筹建故宫博物院。民国14年（1925年）9月29日，李煜瀛召集清室善后委员会会议，讨论并通过《故宫博物院临时组织大纲》及《故宫博物院临时董事会章程》《故宫博物院临时理事会章程》，决定尽快成立故宫博物院。规定博物院设古物、图书两馆，采取董事会监督制和理事会管理制，并对董事会、理事会的职权与义务作出详细规定。同年10月10日故宫博物院成立，李煜瀛为临时董事兼理事会理事长。

民国15年（1926年），李煜瀛遭北洋政府通缉，被迫离开北京。民国17年（1928年），故宫博物院重新组成理事会，李煜瀛仍为理事长，并兼任中央古物保管委员会委员、国立北平大学校长等职。次年筹建北平研究院，任院长。民国20年（1931年），李煜瀛被派为指导整理北平市文化委员会副会长，次年任国民党北平政治分会常务委员。

抗日战争时期，李煜瀛从事外交活动。抗日战争胜利后，曾回国主持北平研究院学术会议大会。1949年，李煜瀛去台湾，从事国际文化活动，1956年在台北定居。李煜瀛著有《石僧笔记》，遗稿有《扩武自述》《石僧随笔》等，留法时著有《大豆的研究》。

1973年9月30日，李煜瀛在台北逝世。

徐森玉　名鸿宝，字森玉，以字行。浙江吴兴人。清光绪七年（1881年）出生。金石学家、文物鉴定家、版本目录学家。

徐森玉出生于一个古籍

刊刻世家。3岁时，随父亲到江苏泰州，开始接受写得一手好字的母亲闵氏的诗书教育。光绪十四年（1888年），徐森玉父亲去世，母亲携带他和弟弟投奔任江西九江知县的本家叔父。

两年后，徐森玉考入白鹿洞书院，师从国学大师于式枚。在于式枚的教导下，徐森玉贯通经史，尤工骈俪，科举考试得中举人。光绪二十六年（1900年），徐森玉考入山西大学堂攻读化学，撰写《定性分析》与《无机化学》两书，得到该校监督宝熙的赏识。宝熙为清室皇族，精于鉴古，亦熟知清宫掌故，徐森玉便追随他研习鉴别古物及版本学。

辛亥革命以后，徐森玉进入北京大学图书馆，担任图书馆馆长，继而在教育部任职，和鲁迅同为佥事。他和鲁迅经常一起关起门来摆弄"黑老虎"（古碑拓片）。鲁迅收藏的许多碑拓，都是经他们两人共同研究过的。

民国13年（1924年），徐森玉参加清宫文物的清点工作。次年10月，故宫博物院成立，徐森玉以清室善后委员会委员身份参加组建工作，主持古物清点。民国22年（1933年），徐森玉任故宫博物院古物馆馆长。同年，范成法师发现《赵城金藏》，这一长达4000余卷的金代古刻，是已知最早的大藏经刻本。次年，徐森玉特地赴山西赵城广胜寺，鉴别无误，又在周边老百姓家加以收集，共得5500余卷，后与广胜寺住持和尚订立借约，以赠送广胜寺所缺的《碛砂藏》影印本一部及借资300元为条件，选借可印之经，运至北平，并在北平图书馆展出，供世人观摩，轰动一时。民国24年（1935年），徐森玉和叶恭绰等选择其中一部分影印，由北京三时学会编成《宋藏遗珍》出版。

九一八事变之后，国民政府决定将故宫文物南迁，徐森玉参与主持。文物迁至贵阳后，徐森玉即奔波于昆明与贵阳之间，在昆明郊区为北京图书馆寻找存放善本古籍的地方时，不幸股骨受折，腿部从此落下残疾。

七七事变爆发后，作为西北科学考察团常务理事的徐森玉，参与考察团在额济纳河流域发掘的万余枚简牍，即通称的"居延汉简"的保护活动。他指导和全力协助考察团理事会干事沈仲章，将简牍和相关资料自北平经天津、青岛、上海秘密运往香港。汉简运到香港后，徐森玉与当时在香港大学任教的许地山教授联系，将汉简存入香港大学，并整理和照相。民国29年（1940年）10月，徐森玉又协调各方，几经周折将汉简运到美国华盛顿中国大使馆。20年后，经台湾当局与美方接洽，居延汉简于1965年11月原封未动地被运到台湾。

上海成为"孤岛"后，江南一些家藏珍版秘籍的故家旧族，无暇顾及先辈藏书，纷纷抛售善本。上海商务印书馆的张元济、暨南大学校长何炳松、暨南大学文学院院长郑振铎、光华大学校长张寿镛等人，纷纷致电重庆，要求当局出面挽此危局。民国28年（1939年）底，重庆方面成立文献保存同志会；次年，徐森玉受命冒险潜往上海，参加这一抢救工程。那段时间里，他和郑振铎天天出入上海藏书大家的书斋和书库进行版本鉴定以及保存和运出工作。7个月中，他完成9份书面报告，详细记录收书的过程，并亲自携带82部502册宋元古本于民国30年（1941年）回到重庆。太平洋战争爆发后，上海彻底沦陷，文献保存同志会的文献抢救工作被迫停止。在两年不到的时间内，他们购得善本3800余种，仅宋元刊本就有3000多种。明清善本先后捆扎成2000多个邮包，邮寄到香港，由叶恭绰和许地山负责存在香港大学冯平山图书馆内。

民国37年（1948年）9月，国民政府决定将故宫南迁文物运往台湾，将遴选文物的任务交给徐森玉，并明确指令，尽量将南京文物全部运往台湾，如果实在带不走，也要选择一类文物，将二类文物留下。年已70岁的徐森玉处于进退两难的境地。为了保证文物的安全，他与跟随他多年的庄尚严说："现在这些文物要分开了。从今以后，我负责看管这一半，你负责看管那一半。你要代我到台湾去，看管好这批家当，有你人在，就要有这些文物在。我在这里也是这样，只要有我人在，文物也在。"庄尚严含泪应允。

中华人民共和国成立后，徐森玉历任华东军政委员会文化部文物处处长，上海市文物管理委员会副主任委员、主任委员，中央文史研究馆副馆长，全国第二中心图书馆主任委员，国务院古籍整理三人领导小组成员和上海博物馆馆长。期间，他主持创办上海博物馆和上海图书馆，为国家征集、鉴定大量有重要价值的文物。包括晋王献之《鸭头丸帖》、唐怀素《苦笋帖》、宋司马光《宁州帖》、宋苏轼《文同合卷》、宋拓孤本《凤墅帖》和《郁孤台帖》，以及明天启年间刻《萝轩变古笺谱》等稀世珍品。特别可贵的是，徐森玉参与从香港英国汇丰银行赎回王献之的《中秋帖》和王珣的《伯远帖》。1962年，经徐森玉动议和督促，从故宫博物院找出密封在铁箱内30多年的宋刻龙舒本《王文公文集》玻璃底片，由中华书局上海编辑所影印出版。

由于徐森玉对文博工作的重要贡献，文化部于1962年12月21日向徐森玉颁发嘉奖。在1964年第三届全国人民代表大会上，周恩来总理握住徐森玉的手，称他为"国宝"。

徐森玉曾当选为第二、三届全国人大代表。

1971年5月14日，徐森玉在上海逝世。

关百益　原名葆谦，曾用名益谦，字百益，后以字行。满族，河南开封人。清光绪八年（1882年）出生。考古学家，河南博物馆馆长。

光绪三十三年（1907年），关百益毕业于京师大学堂师范科，曾任北京第三中学堂校长、北京第一中学堂校长兼八旗高等学堂校长。民国2年（1913年），以故宫太和殿、保和殿、中和殿为基础，成立北京内务部古物陈列所，关百益任该所参事。民国6年（1917年），关百益返回河南，初任河南省教育厅科员，后历任河南省立高等师范学校校长、河南省立第一中学校长、河南省省长公署秘书。民国12年（1923年）8月，新郑县城关镇李家楼一座古墓中，出土各种古器物700余件，其中完整的青铜器百余件。据鉴定，古物皆为郑国宗庙祭祀遗物。当时，靳云鹗等人曾用4个月草著《新郑出土古器图志》公布于世。因书系速成，器物定名不准，且原器物未及修整，残破不堪，图版亦不清晰。关百益认真审视这批古物，反复进行研究，又补充一些续收器物，分别于民国14年（1925年）和民国18年（1929年）编成《郑冢古器图考》和《新郑古器图录》两书。《郑冢古器图考》以三礼名物制度与新郑出土古器物对比，对新郑出土的60件古铜器的尺寸、造型、纹饰及用途进行详细考证。此书还把王国维、马吉樟持不同观点的文章收入书中，以供读者参考。《新郑古器图录》共收录完整器物93件，分摄成57图。民国16年（1927年），关百益任重修河南通志处纂修。民国18年（1929年），关百益编纂《石华》（2集8册），选取龙门石窟北魏至唐代石刻造像精华，是研究龙门石窟的重要参考书。

民国19年（1930年）12月，关百益任河南博物馆馆长。在任期间，他组织成立博物馆理事会，制定《河南博物馆组织条例》，明确博物馆的宗旨为："一、发扬固有文化；二、提倡学术研究；三、增长民众知识；四、促进社会文明。"他关注专业人员的培养，当时馆中有古物研究员、植物搜集研究员、动物搜集研究员、植物和动物练习生及一些技术员。河南博物馆共设19个专题陈列部，有岩石部、民族部、杂品部、偶俑部、植物部、动物部、甲骨部、古物部、石刻部、经卷部、仪器部、特别陈列室等。关百益特别重视博物馆的科学研究工作，他以身作则，带领全馆人员，对田野调查发掘资料及馆藏文物标本积极开展研究，在自然、考古、历史各个方面均取得丰硕成果。民国18年（1929年）和民国19年（1930年），河南博物馆对殷墟进行两次发掘，共得甲骨3656片，其中带字甲骨983片。关百益从中精选800片，编辑为《殷墟文字存真》（1～8集）。此书拓印精细、图版清晰，是研究甲骨文字的宝贵资料。他还将殷墟两次发掘所得的金、石、玉、陶、甲、骨、牙、角、

贝壳等器物进行整理、研究，编成《殷墟器物存真》（1～3集），此书前有关百益序，中间为图版，后有对各种器物的文字考释。民国19年（1930年）9月，关百益编著出版《南阳汉画像集》。民国21年（1932年），关百益得汉残石百余块，经筛选，择其精华，选1～9字者60余块，以每行字数多少为序，编成《汉熹平石经残字谱》。当时，关百益为传播新文化，成立文化传薪社，有两台石印机和铅印机，并有摄影图片制版室，大量印制开封地方文化小册子，如《繁塔》《龙亭》等。关百益还对魏《三体石经》进行研究，著有《魏正始石经残石影本附跋》《魏石经考》《魏三体石经残石释证》《魏正始石经春秋尚书残石跋》等。民国24年（1935年），他编著的《伊阙石刻图表》出版。该书中的造像图，皆采自光绪三十年（1904年）法国人沙畹所摄百余幅图片，是龙门石窟最早、最完备的摄影图片，其中有文字著录者2200余品，保存了龙门石窟遭受破坏、洗劫前的面貌。关百益重视文物的征集和收藏工作，设立保管部、搜集研究部。当时，河南博物馆馆藏文物种类有青铜器、甲骨、陶器、瓷器、玉器、牙角器等。关百益任馆长的五年间，收集文物数千件，各方还赠送博物馆动物、植物、矿物标本等藏品。其中馆藏的新郑古铜器中，有8件被送往英国参加伦敦"中国艺术国际展览会"，展出3个月，这是河南博物馆馆藏第一次出国展览。这批文物在出国前曾在上海展览6个星期，自英国伦敦返回后又在南京展出4个星期，深受国内外观众的赞赏。民国25年（1936年），关百益曾应晨光读书社邀请，主讲"考古学大意"，对考古学的

定义、范围、方法等进行较全面、系统的论述。他把中国考古学的历史分为汉代、宋代及现代三期。他将考古学理论与考古实践相结合，写出《考古学大意》，发表在《河南博物馆馆刊》1936年第一、二集上。同年，关百益再次赴龙门考察。他按山逐洞摄影，发现一些新佛像和唐碑，此次共摄影300余幅，他以此为基础编著《伊阙古迹图》。

民国25年（1936年），关百益任河南通志馆纂修。民国27年（1938年）6月，开封沦陷，关百益为保护文化珍品滞留开封。抗日战争胜利后，经张钫介绍，关百益赴西北大学历史系任教授，讲授考古学、先秦史、民俗学等。

1956年1月16日，关百益在西安去世。

唐醉石　原名源邺，字李侯，小字仆佣，号醉农、醉龙、韭园，别署醉石山农，中年后以醉石行世。湖南长沙人。清光绪十二年五月十三日（1886年6月14日）出生。中国现代篆刻家，西泠印社初创时期的重要成员。

唐醉石8岁丧父，13岁时离开长沙去往浙江杭州，投靠外祖父李辅耀生活。李辅耀曾任浙江候补道，后定居杭州，博学多才，工诗善画，尤精汉隶，工篆刻。唐醉石与外祖父朝夕相处，观书读印，深得教益，从此醉心于金石、书法，留心印材，每得治印上佳石材，必摩挲把玩不止。

光绪三十年（1904年），年仅18岁的唐醉石参与西泠印社的发起筹备，这是近现代中国成立最早的全国性印学社团，以"保存金石，研究印学，兼及书画"为宗旨。在筹办西泠印社的过程中，唐醉石结识一批一流的篆刻艺术家，扩大了自己的艺术眼界与心胸，并与浙派篆刻家王福庵结为终身至交。

民国7年（1918年），唐醉石在北京出任中华民国北洋政府印铸局第一科科长，与王福庵、冯康侯等规划、监制政府机关、部队的公章印信，再由技工铸为铜印。民国15年（1926年），故宫博物院成立后不久，在西泠印社旧友、故宫博物院古物馆副馆长马衡的邀请下，唐醉石与王福庵、吴瀛一同拓印清乾隆时搜集的秦汉官私铜玺印及杂印1300余方，拓为24部，命名为《金薤留珍》，留存了珍贵的清宫旧藏秦汉玺印资料。民国17年（1928年），唐醉石应南京国民政府之邀，举家迁往南京，任中华民国南京国民政府印铸局技正。民国21年（1932年），西泠印社编印《唐醉石印存》，收录唐醉石创作的篆刻精品120枚，对唐醉石中年以前的篆刻艺术进行初步总结。

民国26年（1937年），日本发动全面侵华战争，唐醉石举家迁往重庆，后因斥责国民党顽固派倒行逆施而遭到嫉恨，被迫辞去公职，之后又遭到通缉。民国29年（1940年），唐醉石被迫举家离开重庆前往浙江温州，在瑞安暂居。次年，唐醉石最终以"异党叛逆"的罪名被诬入狱，被关进上饶集中营，在狱中备受折磨，但仍不屈不挠，后经友人营救出狱。抗日战争胜利后，唐醉石在上海定居，以治印、鬻字为生。国民党当局曾派人邀请唐醉石重进印铸局任职，被唐醉石拒绝，并刻"为五斗米折腰"细朱文印自嘲。民国37年（1948年），唐醉石辑录历年自刻印鉴为《醉石山农印稿》一册，系统整理了自己以往的篆刻艺术成果，此书亦为唐醉石篆刻艺术的鼎盛之作。

中华人民共和国成立后，唐醉石投身到文博事业中。1951年，他应湖北省文教厅厅长李实之邀赴武汉，担任湖北省文物管理委员会主任委员，参与制定保护文物条例，指导文物征集、鉴定工作，还与有关部门研究制定土地改革中保护文物的条例，并撰写《土改工作中必须重视文物古迹，加强保护管理》宣传册，使大量文物古迹在土地改革运动中得到较好保护。1952年初，唐醉石兼任湖北省博物馆筹备处主任。他引进人才，将国学大师章太炎幼弟章劲宇从杭州邀请至武汉，又从中南军政委员会文化部请来金石学家薛楚凤等人，形成了一支学有专长、知识层次较高的专业队伍。同时，唐醉石注重对年轻文博人才的培养，1952年，唐醉石先后选拔青年文博工作者17人，组织他们向老专家学习，参加文化部在长沙组建的长沙近郊古墓葬清理工作队，学习田野考古知识，还分4次派出10人到北京大学全国考古工作人员训练班学习。这些青年文博工作者后来均成为湖北省文博事业的骨干。

唐醉石非常重视文物保护工作。一次，他获悉天门城关及岳口发现了重要石刻文物，便立刻前往现场，发现一件北宋宣和年间的刻石，上刻有篆书"玉笋"二字，十分珍贵。经考证，此石为北宋后期墨妙亭石刻之一，是当时所知唯一存世的墨妙亭石刻。唐醉石当即决定将此石从天门运回武汉，珍藏于湖北省博物馆。1954年，长江中下游出现百年罕见的长期大雨，致使荆江下段江湖暴涨，唐醉石不顾年老体衰，年近七旬仍奔赴荆江分洪一线，并组织回收各类散失民间的珍贵文物1000多件。

在文物捐献方面，唐醉石将自己在民国时期收藏的一批玺印无偿捐献给国家，其中有元末农民起义领袖韩林儿颁发的"管军万户府印"圆形大印一枚，有很高的历史价值。

唐醉石在公务之余，依然对篆刻艺术痴心不已。1961年，唐醉石在武汉倡导成立东湖印社，并当选首任社长，他创作了大量以毛泽东诗词和革命烈士诗抄为主题的印鉴。

1969年4月，唐醉石在武汉逝世。

沈兼士 名坚士，浙江吴兴人。清光绪十三年（1887年）七月出生于陕西汉阴。语言学家、文献档案学家、教育家。

光绪三十一年（1905年），沈兼士19岁时与兄沈尹默自费东渡日本求学，入东京物理学校。时章太炎居东瀛，沈兼士拜其门下，并加入中国同盟会。民国元年（1912年），沈兼士归国之后，先后受聘于北京大学、清华学校、厦门大学、辅仁大学等多所高校，任国文教授，历任北京大学研究所国学门主任、厦门大学国学研究院主任、辅仁大学文学院院长等职。沈兼士曾与其兄沈士远、沈尹默同在北大任教，有"北大三沈"之称，他是中国新诗倡导者之一，也是新文化运动的积极参与者。

沈兼士是近代最早认识到明清档案文献的学术与文化价值，并积极领导明清档案文献保护、整理和研究工作的学者之一。他认为，只有及时保护本国珍贵的档案材料，才能将国学发扬光大，从而在世界学术界争得一席之地。他在北京大学研究所国学门、故宫博物院文献馆等多个近代学术文化机构主持领导和实际参与明清档案文献的整理工作，为近代明清档案文献整理作出开创性贡献，并对故宫博物院的建立和发展起到积极作用。民国11年（1922年）1月，北京大学研究所国学门成立，沈兼士为国学门主任，委员会由蔡元培、顾孟余、李大钊、沈兼士、马裕藻、朱希祖、胡适、钱玄同、周作人9人组成。国学门下设登录室、研究室、编辑室，以及歌谣研究会、明清史料整理会、考古学会、风俗调查会、方言研究会。同年5月，北京大学呈文教育部，请求将历史博物馆收藏明清内阁档案拨归北京大学整理。北京大学接收这批档案后，即由明清档案整理会为主规划和主持档案整理工作，由沈兼士负责。在两年时间里共整理出52.32万件和200多册档案。

民国13年（1924年），沈兼士担任清室善后委员会委员。次年3～8月参与清宫物品点查，任组长或监视员。同年10月故宫博物院成立，沈兼士先后担任文献部主任、文献馆馆长。在北京女子师范大学学潮中，沈兼士同鲁迅、马幼渔、钱玄同等人站在一起，发表7人签名的《对于北京女子师范大学风潮宣言》，声援北京女子师范大学同学的正义斗争。沈兼士在故宫期间，参与并主持故宫文献馆明清档案的整理和开发利用工作。在整理工作中，他及时公布整理中发现的有重要价值的史料，出版《整理清代内阁档案报告（要件）》《整理清代内阁档案报告（题本）》《整理明清史料要件报告》《清九朝京省报销册目录》等。沈

兼士非常重视档案的出版工作，他认为，文献馆既要满足学术界对明清档案急切研究的需要，又要保存文献，长久地留传史料。在他的主持下，文献馆编辑了《掌故丛编》《文献丛编》和《史料旬刊》等期刊，并在编辑期刊的基础上，出版多种专题性档案文献汇编书籍，如《清代文字狱档》《清三藩史料》《清代外交史料》《故宫俄文史料》《清季教案史料》等。沈兼士十分重视档案的史料作用，他认为"档案是修史取材的大宗来源，可以说是没有掺过水的史料""良以档案为未加造作之珍贵近代史料，固等于考古家之重视遗物遗迹也"。他提倡将档案用于学术研究和编史修志。在北京大学时他就明确表示"国学门搜集及整理所得之各种材料，完全系公开的贡献于全校、全国以至于全世界的学者，可以随意地作各种之研究，绝对无畛域之限制"。在收集、整理、保存大量档案史料的工作中，沈兼士不断总结档案整理的方法，为后来的故宫博物院以及专门档案收藏保管机构提供了宝贵经验。

民国16年（1927年）初，瑞典人斯文·赫定计划组织中亚探险队到中国绥远、甘肃、新疆地区进行考察，已获外交部同意。沈兼士得知后以北京大学研究所国学门的名义召集北京各学术团体研究此事，并致函外交部要求停发斯文·赫定等人的护照，又致函绥远、甘肃、新疆等省，要求阻止斯文·赫定的调查。直到斯文·赫定同意遵守中国各学术团体规定的各项原则，即组织联合调查，采集的文物在中国保存，不得侵犯中国主权，采集材料要科学进行，如有损坏要依法惩办等，才由中瑞双方组团进行联合考察。

民国26年（1937年）7月，北平沦陷后，沈兼士即辞去故宫博物院文献馆馆长职务，只担任教会学校辅仁大学文学院院长，表示不与日本侵略者合作。当时伪组织"治安维持会"请他继续担任故宫博物院文献馆馆长，被他严词拒绝。为抗日救国，沈兼士与辅仁大学部分师生秘密组织抗日组织炎社（取顾炎武的"炎"，表示抗日）。民国28年（1939年）夏，组织扩大，炎社改名为华北文教协会，简称"文协"，沈兼士为主任委员。这以后，文协成为整个华北沦陷区文化界的地下抗日斗争总部，在天津、济南、开封、太原设立分会，在总会领导下进行地下抗日斗争工作。其主要活动是在课内外宣传爱国思想；向后方输送愿做抗日工作的青年知识分子；组织各种抗日斗争活动；出版各种抗日书刊。因为参加这些活动，沈兼士成为日伪要逮捕的黑名单上的第一人，他不得不转移至西安。民国34年（1945年）10月，沈兼士被任命为教育部平津区特派员，负责接收日伪文化教育机关及国立北平故宫博物院。

沈兼士在训诂、文字、音韵等领域独有所识，建树颇丰，著有《文字形义学》《广韵声系》《段砚斋杂文》等。

民国36年（1947年）8月，沈兼士因脑出血病逝于北平。

胡小石 名光炜，字小石，号倩尹、夏庐，晚年别号子夏、沙公。浙江嘉兴人。清光绪十四年七月九日（1888年8月16日）生于江苏南京。文学家、史学家。

胡小石自幼受家风熏陶。父亲胡伦叔（字季石）是晚清举人，曾受教于清代名儒刘熙载，长于古文、书法，家藏文物、典籍甚丰。胡小石5岁即在其父引导下诵读《尔雅》等书。光绪三十三年（1907年），胡小石考入两江师范学堂农博分类科，学习生物、地质、农学等，为学堂监督、晚清进士出身的李梅庵（瑞清）所赏识，传授其国学。民国7年（1918年），胡小石去上海李梅庵家任塾师，受李梅庵影响，学识日益精进，又向晚清名儒沈曾植、郑文焯、王国维等学习碑帖、书画、金石、甲骨，撰有《金石蕃锦集》两册（震亚书局石印）。民国9年（1920年）由陈中凡引荐，胡小石受聘北京女子高等师范学校教授、国文部主任，讲授文学史、修辞学与诗歌创作，并研究甲骨学。期间，他与李大钊过从甚密，思想受其影响颇深。

民国11～13年（1922～1924年），胡小石先后任武昌高等师范学校、西北大学国文系教授兼系主任。民国13年（1924年）因母病，胡小石回南京，任金陵大学教授兼国文系主任，讲授楚辞、杜诗、甲骨文等。次年起又兼任东南大学教授、文理科长。民国16年（1927年），他任国立第四中山大学（次年易名国立中央大学）专职教授、系主任、中文研究所主任，讲授文学史、甲骨文、金文等。出版《甲骨文例》，这是国内外第一部从文法角度研究甲骨卜辞的专著，对卜辞语法和甲骨文研究有先导之功，被公认是甲骨文法研究的开山之作。

民国20年（1931年），胡小石在中央大学讲授甲骨文、金文，提出铜器铭文的变化与纹饰密切相关，应将文字、纹饰作综合研究，在中央大学《文艺丛刊》第1期发表《古文变迁论》，将金文字体分为四期。民国25年（1936年）8月，胡小石任蔡元培为会长的吴越史地研究会理事。

抗日战争时期，胡小石随中央大学西迁重庆，兼任白沙女子师范学院国文系教授，住江津白沙镇，便中调查当地方言，著《江津县方言志》一册。在《金陵学报》发表《声统表》，将语音声转分为递转及对转二系，探求递转、对转的规律，成为音韵学研究的重要突破。民国27年（1938年），胡小石成为国民政府教育部部聘教授。民国33年（1944年），中央大学文科研究所中国文学部成立，胡小石任主任。

民国35年（1946年）蒋介石六十寿辰，胡小石不畏权贵，拒绝"民意机构"为蒋介石作寿文的请托，为学界所敬仰。次年五二〇运动，南京学生举行反内战、反饥饿、反迫害游行，胡小石关心学生安危，坐吉普车紧随游行队伍，并积极参与营救被捕青年学生的工作。民国37年（1948年），南京国民政府教育部指令国立编译馆将图书资料集中南迁福州，胡小石支持进步馆员开展护馆运动，鼓励学生参加护馆委员会，阻止南迁。1949年1月，中央大学教授会投票选举胡小石、欧阳翥、梁希等11人为中央大学校务维持会委员，胡小石是文学院的代表，并作为主持应变的三人领导小组成员，在战乱和动荡时期，最大限度地稳定教学秩序，保护学校财产。

1949年8月，国立中央大学改名为国立南京大学，胡小石与梁希、张江树等21人曾当选为校务委员会委员，并任文学院院长。同年，

他兼任南京市文物保管委员会委员。1950年，他任国立南京大学教授，兼任金陵大学教授，并当选为南京市各界人民代表会议代表。

胡小石长于器物考证、文字考释、字画鉴定，同文博学界联系密切。1949年12月到次年3月，他应当时的国立中央博物院邀请，与朱偰、贺昌群、王振铎、金宗华等一起参加南京附近六朝遗迹的系统调查，胡小石为调查报告的撰写提出许多精到的意见。1950年3月，国立中央博物院易名国立南京博物院（简称南京博物院），胡小石与向达、徐森玉等一起受聘为顾问，定期到博物院鉴定收购的各种字画、文物。1950年5月，胡小石应南京博物院院长曾昭燏之邀，一同前往南京中华门外东善桥考察古墓，协助考释墓中出土的玉哀册，确定两座墓为五代十国南唐皇帝李昇、中主李璟与皇后合葬的钦陵和顺陵。祖堂山南唐二陵的发掘是中华人民共和国成立后第一次发掘帝王陵墓，而墓主的确认为帝陵制度的研究找到了突破口。1951年3月，胡小石又应南京博物院之邀共同调查江宁湖熟镇史前文化遗址，发现和确认多处台形遗址，在此基础上，考古学界将该文化命名为"湖熟文化"。

1952年，全国高校院系调整，南京大学和金陵大学的文理学院合并成为南京大学，胡小石是南京大学筹备委员会成员，任新成立的南京大学的教授兼图书馆馆长。1952年12月，曾昭燏邀请胡小石、罗尔纲、潘菽等共同调查、鉴定并确认南京堂子街太平天国东王杨秀清属官衙署建筑绘画，南京市文物保管委员会随即对该建筑进行保护和整修。1956年，胡小石担任江苏省文物管理委员会第二届主任委员，主

持江苏省文物保护单位的认定和全省的文物、考古工作。1960年，胡小石协助考证南京西善桥新出土的"竹林七贤"砖印壁画，提出若干有启发性的意见。胡小石与南京博物院关系密切，曾受曾昭燏之邀为西周重器毛公鼎拓片题字。他为南京博物院所题院名至今还镌刻在博物院大门一侧。

胡小石还是诗人、书法家，晚年任江苏省书法印章研究会主席，多次为社会各界作书法史、文化史讲座，与林散之、高二适、萧娴并称当代书画艺术"金陵四家"。

1962年3月16日，胡小石因病在南京逝世。他生前遗言，藏书赠予南京大学图书馆，所藏文物捐赠南京博物院。

徐旭生 原名炳昶，后以字行，笔名虚生、遯庵。河南唐河人。清光绪十四年（1888年）出生。历史学家、考古学家、教育家。

光绪三十二年（1906年），18岁的徐旭生赴北京入河南公立旅京豫学堂，是年冬，考入京师译学馆学习法文，宣统三年（1911年）毕业。民国元年（1912年），徐旭生到河南彰德府中学教授算学和法文，同年，他考取公费留学法国资格。民国2年（1913年）春天，徐旭生远赴法国，在巴黎大学度过6年的留学生涯，学习哲学并开始接触马克思主义。

民国8年（1919年）春，徐旭生回国，在开封第一师范学校和河南留学欧美预备学校任教，主讲法语和西洋哲学史。五四运动后，他积极参加学生的集会运动。次年秋，他被推举为河南教育界反对督军赵倜的代表赴京请愿，后来受到河南反动势力的阻挠滞留北京。

民国10年（1921年）秋，留居北京的徐旭生受聘任北京大学哲学系教授，讲授西洋哲学史。民国14年（1925年），徐旭生主编具有进步倾向的《猛进》杂志，与鲁迅建立友谊。期间他因支持当时的学生运动及争取关税自主的游行示威，被军警打落两颗门牙。为声援北京女子师范大学学潮，他与鲁迅等一道为学生义务授课，三一八惨案后参加天安门集会，吊唁死难烈士，慰问受伤学生。次年秋，徐旭生任北京大学教务长。

民国16年（1927年）5月，徐旭生辞去北京大学教务长，与瑞典学者斯文·赫定共同率领中国西北科学考察团，前往内蒙古、新疆地区进行综合性科学考察，任中方团长。民国19年（1930年），《徐旭生西游日记》一书出版，书中记载著者作为西北科学考察团中方团长到大西北考察的情况，对当年一些重大事件如勒柯克劫掠新疆文物等亦有记载和分析。受此次考察活动的影响，徐旭生开始致力于考古工作和古史传说研究。

民国18年（1929年）12月，徐旭生任国立北平大学第二师范学院（女师大）院长，不久倡导创办《女师大学术季刊》。他还提倡进行科学研究并成立研究所，亲任所长。次年，徐旭生在发表于《女师大学术季刊》第1卷第1期的《阻卜非鞑靼辨》中提出关于阻卜的假设，指出漠南阻卜不与鞑靼同牧，阻卜为唐古特人，这种观点的提出甚至该文的写作缘起，显然和他当年参加科考团，在内蒙古额济纳河的考察是分不开的。

民国20年（1931年）2月，徐旭生任合并后的国立北平师范大学校长，同年九一八事变爆发后，他与北大校长蒋梦麟约请北平各大学校长，紧急商讨反对日本侵略中国的问题。11月，他赴南京请求增加北师大经费，因当局拒不接见，愤而辞去校长职务。次年，徐旭生任北平研究院史学研究会考古组组长，同年任北平研究院史学研究会编辑，后任研究员。

民国22年（1933年），徐旭生开始在陕西地区开展田野考古。次年春到达陕西后，徐旭生协调当地政府和文人名士共同组建陕西考古会。考古会主要是在渭水流域开展大规模的调查活动，目的是调查周、秦民族的早期文化，但在实际工作中也发现了新石器时代的文化遗存。民国23年（1934年），徐旭生主持发掘宝鸡斗鸡台遗址。在陕西的调查活动中，他撰有《陕西调查古迹报告》《唐王岐县及宝山调查报告》《陕西最近发现之新石器时代遗址》等。

民国25年（1936年）7月，北平研究院史学研究会改为研究所，下设考古组和历史组，徐旭生任研究所所长兼考古组组长。

日本发动全面侵华战争后，斗鸡台遗址发掘被迫停止。民国27年（1938年）1月，徐旭生与唐河县社会名流刘莪青回乡开展抗日救亡宣传，曾被唐河县政府聘为唐河县立师范校长，在校做"紧急动员起来，做好抗日救亡工作"演讲。2月，他倡导开办唐河县抗日救亡游击干部训练班，对唐河县抗日救亡运动影响很大。抗日战争期间，徐旭生曾任国民参政会参政员。

20世纪30年代徐旭生撰著的《中国古史的传说时代》，是第一本系统研究古史传说的重要著作，书中对学术界影响最大的观点是，中国古代部族可分为华夏、东夷、苗蛮三大集团，三个集团通过争斗、融合渐渐形成后来的汉族。同时他对先秦诸多典籍中出现的重要氏族逐一剖析，指出他们各自活动的区域并分别归入这三大集团。徐旭生还有一个很重要的观点，就是关于中国古史轮廓的认识，认为从氏族林立至部落联盟是古代史上的第一个巨大变化。随后的帝颛顼宗教改革是中国古代史上的第二个巨大变化。继而由于共工、大禹治理洪水渐致氏族制度解体，变成有定型、有组织的王国，是中国古代史上的第三个巨大变化。徐旭生对中国古代国家形态演进的看法，在一定程度上促进了早期国家与文明起源这一重大课题的研究。

1950年，北平研究院史学研究所并入中国科学院考古研究所，徐旭生任考古研究所研究员，并于1957年加入中国共产党。他曾当选河南省第一、二、三届人大代表和第三届全国人大代表。

1958年后，中国科学院考古研究所开始有计划地探索夏文化。1959年，徐旭生以年逾七旬的高龄，前往豫西的登封、禹县一带，进行以探寻"夏墟"为目标的考古调查，并且亲临偃师二里头遗址。徐旭生回到考古研究所报告考察情况时，虽然认为二里头遗址可能是商汤西亳，但指出其年代与夏代紧接，发掘研究对夏文化当有裨益。此次调查的重要意义在于发现二里头遗址，并且意识到二里头遗址的重要性。此后二里头遗址成为考古研究所田野工作的重点。夏代是文献记载上中国的第一个王朝，对夏文化的探索与研究实际上已触及中国文明起源问题研究的实质。

1976年1月4日，徐旭生病逝于北京。

刘定之 原名家豫，字春泉。江苏句容人。清光绪十四年（1888年）出生。古代书画装裱、修复专家，上海博物馆文物修复工场裱画组技术顾问。

刘定之祖父刘卓堂，为邑诸生，因变卖田产资助灾民而闻名乡里，入祀乡贤祠，其父刘小山早逝。刘定之幼年痴迷书画，因父亲早逝，母亲无力负担家庭开支，故15岁开始到苏州拜师学习裱画。期间，他勤勉好学，掌握了苏派装裱技能。25岁时，刘定之独立在苏州城内宫巷开设裱画店"晋宜斋装池"。民国21年（1932年），他到上海开设"刘定之装池"，闻名海上，有"装潢圣手"之誉。刘定之继承苏派装裱"擅精裱纸本及绢本，虽数百年不损也"的优良特点，还擅长配料，注意收集有年代的古锦和轴头等装裱原料，为装裱名贵书画提供物质基础。在上海经营裱画铺，刘定之非常注重网罗有技术特长的一流裱画高手，其所裱画作工艺独特，挖镶工艺精湛，画心修补技术高超。在裱画过程中，他用料讲究，且不计工本，满足客户要求。不久，在裱画铺林立的上海滩，刘定之装池脱颖而出，成为上海滩最大、最具名望的裱画铺，书画收藏大家吴湖帆、纺织大王刘靖基等都是刘定之装池的常客。谢稚柳称其"执牛耳于海上者垂三十年"。收藏家吴湖帆经常将自己所藏书画送刘定之装裱。刘定之除对吴氏家传的法书名画进行重新装潢修复外，也负责装裱修复吴氏新购

买的古书画。吴湖帆见有破损古画，往往以廉价购之，然后委托刘定之精裱修复，随后吴湖帆再对破损处填补加笔，如此则了无痕迹，使古画神采奕然。经刘定之装裱修复过的法书名画包括黄公望《剩山图》卷、倪瓒《汀树遥岑图》、唐棣《雪江渔艇图》、隋《常丑奴墓志》等。此外，由于长年接触古代书画作品和装裱修复材料，刘定之在实践及与吴湖帆的长期交往中，逐渐练就不凡的书画鉴别本领，他在装裱修复书画的同时，也进行一些书画经营和交易。

1955年，刘定之67岁时，吴湖帆等海上书画家、文化名人为其合作《刘定之像》，并为之题诗作跋。吴湖帆、郑慕康、俞子才、周炼霞、陆俨少、何遂等联手作画，叶恭绰、吴湖帆、冒广生、黄葆戉、谢稚柳、沈尹默、陈半丁、姚虞琴、向迪琮等书画家、鉴藏家赋诗作跋，吴湖帆在题跋中赞刘定之为"书画神医"。1956年，在手工业合作化高潮中，刘定之装池以及沪上其他著名的私人裱画铺都被并入上海裱画生产合作社。1960年，裱画生产合作社并入上海博物馆，刘定之进入上海博物馆任文物修复顾问。此后由于北京故宫博物院建立装裱修复部门的需要，刘定之又北上故宫。当时，北京故宫、上海文管会所藏的法书名画大都是在刘定之的指导下装裱修复的，如上海博物馆藏唐代孙位《高逸图》卷、宋代梁楷《八高僧图》卷、宋代李嵩《西湖图》卷等。刘定之还培养了不少后继者，如马王堆帛画的修复者窦治荣即刘定之的高徒，北京故宫博物院保存修复部的张耀选亦出于刘定之门下。

1964年，刘定之逝世。

翁文灏 字咏霓，浙江鄞县人。清光绪十五年六月二十九日（1889年7月26日）出生。学者、地质学家、博物馆重要活动家，中国早期自然类博物馆的重要创建者。

翁文灏出生绅商家庭，13岁中秀才，17岁考入上海震旦学院，19岁赴比利时鲁汶大学学习，民国元年（1912年）获地质学博士学位。回国后，翁文灏先在农商部任事，在该部所属的地质研究所任讲师、教授。民国5年（1916年），翁文灏与丁文江一起创办农商部地质调查所地质矿产陈列馆。该馆除地矿展览外，还将安特生在河南、甘肃所获考古资料进行展示，使其成为中国较早有考古展陈的博物馆。翁文灏主编的《中国古生物志》，发表了众多重要的关于旧石器时代考古的文章。民国9年（1920年），他在《中国古生物志》发表《中国之石器时代》，是他的第一篇考古文章，同时也是中国考古学史上最早用中文发表的考古学及旧石器时代文化研究论文。他在文章中探讨了中国石器、玉器、铜器、铁器时代对应的古史和绝对年代。民国15年（1926年）后，翁文灏兼任北京大学、清华大学、北京高等师范学校（北京师范大学前身）教授，并任清华大学地学系主任。同年，翁文灏与李济等多位学者联名致函中英庚款董事会，请求从庚款基金中拨款建设一所中国人类学和考古学博物馆。民国17年（1928年），翁文灏参与筹备古物保管委员会，任委员。民国18年（1929年），翁

文灏推动地质调查所与协和医院合作创办新生代研究室，开始组织周口店的发掘工作，同时进行全国的新生代地层和古生物研究。同年，裴文中在周口店发现北京人头盖骨。民国19年（1930年），翁文灏发表《北京猿人学术上的意义》一文。次年，翁文灏任清华大学校长。民国22年（1933年）4月，中央博物院筹备处在南京成立，拟设人文、工艺、自然三大馆，翁文灏任自然馆筹备主任。次年，翁文灏任中央博物院建筑委员会委员长，民国25年（1936年）任该院理事。翁文灏还担任旧都文物整理委员会委员。此外，翁文灏还兼职于故宫博物院，先后被聘为理事会理事（1934年）、理事会秘书（1936年）、常务理事（1938年）、理事长（1948年）。

民国32年（1943年），中国西部科学院联络中央研究院动植物研究所、气象研究所、中央地质调查所等12个单位，筹组中国西部科学博物馆，翁文灏被推举为筹备委员会主任委员。该馆于民国33年（1944年）正式向公众开放。次年，翁文灏当选为该馆第一届理事会理事长。民国37年（1948年），翁文灏当选为中央研究院第一届院士。

20世纪30年代，翁文灏逐渐进入国民党政府高层，历任国防设计委员会秘书长，行政院秘书长，经济部部长兼资源委员会主任委员，工矿调整处处长，战时生产局局长，行政院副院长、院长，总统府秘书长等职。

1949年，翁文灏脱离国民党政府，1951年由法国经香港回到北京。翁文灏曾任第二、三届全国政协委员，又兼任中国国民党革命委员会中央常务委员、对台工作委员会副主任委

员。政务之余，翁文灏主要从事著述、翻译等工作。他的代表作有《中国矿产志略》《甘肃地震考》《地震》《椎指集》等。

1971年1月27日，翁文灏在北京病逝。

李则纲 安徽枞阳人。清光绪十七年五月二十七日（1891年7月3日）出生。中国民主同盟成员，历史学家，安徽省博物馆首任馆长，安徽省文博事业的奠基人。

李则纲出生于一个耕读之家，自小读私塾。宣统元年（1909年），李则纲入桐城南乡白鹤峰学堂，宣统三年（1911年）考入安徽初级师范，民国5年（1916年）毕业后执教于舒城县立第一高级小学。民国7年（1918年），他考入国立武昌高等师范学校史地系，一学期后辍学，经教育家李光炯、阮仲勉推荐，任教于桐城中学。之后先后受聘于安徽第一女子师范学校和安徽女子中学。

民国16年（1927年），李则纲经同学章伯钧介绍，奔赴武汉投身大革命洪流，先后任国民革命军总政治部考试委员会书记、政治部宣传干事。同年秋，因大革命失败，他又回到安庆第一女子中学执教。不久，经同学徐中舒介绍，至上海任暨南大学华侨事务委员会编辑。次年秋，再回安庆第一女中任教。民国18年（1929年）春，因受安庆高中学生章理佩、章宣德在全省教育大会上散发反蒋传单牵连（传单印于李则纲寓所），李则纲避往上海，就任暨南大学讲师，后兼中国公学大学部教授。民国21年（1932年）2月，一·二八淞沪抗战爆发，两校遭日本侵略军破坏，李则纲复回安庆，执教于安徽大学及安庆高级中学。

民国27年（1938年）6月，李则纲携家避于岳西。同年8月，任该县难民收容所所长，萌发采集革命文献之志，致信国民党安徽省政府，建言设立专门机构采集战时资料。民国28年（1939年）1月，李则纲任安徽省抗日民众总动员委员会委员，随后历任新成立的安徽省战时文化事业委员会委员，兼专司战时史料采集的采集组组长、安徽省临时政治学院教务长及史地系主任、安徽省抗战史料征集委员会副主任委员。

民国32年（1943年）1月2日，日本侵略军突袭立煌县城区，当时临时省会的很多房屋、图籍、物资等遭焚，而抗战史料征集委员会的图书史料与文物，全赖李则纲的预先收藏才幸免于难。民国36年（1947年），李则纲加入中国民主同盟。抗日战争时期，安徽省图书馆（原设在安庆市）保存的700多件楚器（1933年寿县朱家集李三古堆出土）在中央博物院的帮助下，被装成40大箱运至重庆，得避兵燹。抗日战争胜利后，这批文物也随该院回迁而运抵南京，并暂存于该院。解放战争后期，李则纲为防止国民党将其运往台湾，多方奔走求援，终于使这批文物完整地运至芜湖，后来成为安徽省博物馆的重要藏品。

1950年1月，李则纲任新成立的皖南区革命文物收集委员会副主任委员，同年5月，原文献委员会改组为皖南人民文物馆，李则纲任馆长。李则纲还曾担任安徽大学教授、皖南行署委员、民盟芜湖市分部主任委员。作为中华人民共和国成立初期安徽省文物管理机构负责人，李则纲积极抢救、搜集文物。1950年11月下旬，他组织皖南人民文物馆的人员分成三组随皖南土改工作队前往徽州、贵池、宣城采集和抢救文物图籍，经数月努力，共获得文物、字画数千件，图书文献20多万册，还有一些十分珍贵的革命文物。在随后的国家大规模经济建设过程中，李则纲十分重视文物的抢救和保护，仅1952年一年左右的时间，就在芜湖的张家山、月牙山等地发现数十座汉魏六朝时期的古墓，出土了许多文物。

1952年8月，李则纲任安徽省人民政府委员，1953年2月，任安徽省博物馆筹备处处长，同年任安徽省文化局副局长。期间，他在组织合并皖北科学馆、皖北区革命历史文物陈列所、皖南科学馆、皖南人民文物馆的同时，多次率领工作人员深入皖北和皖西革命老区大别山区征集文物，特别是在1955年5月，因治淮在寿县西门内发现蔡侯墓，李则纲现场指挥发掘工作，出土铜器及玉骨漆器等500多件珍贵文物，成为随后成立的安徽省博物馆的基本馆藏。

1956年11月，李则纲任新成立的安徽省博物馆馆长，还当选为民盟安徽省支部副主任委员、民盟中央候补委员。1957年，在反右派斗争中，他被错划成右派，遂被迫离开安徽省博物馆馆长岗位，转而致力于安徽历史研究。他历时3年，完成50多万字的《安徽历史述要》书稿。此后，几经修改，直到逝世前他仍抱病进行局部修改，精益求精。《安徽历史述要》一书于1982年由安徽省地方志办公室编辑出版。

1977年3月29日，李则纲在合肥逝世。

周叔弢 原名暹，字叔弢，以字行。安徽建德人。清光绪十七年六月十三日（1891年7月18日）出生。民族工商业者、古籍收藏家、文物鉴赏家。

周叔弢少年居扬州，其父为光绪十八年（1892年）进士，颇喜藏书。受家庭影响，周叔弢少年时代就喜爱书籍，自16岁开始买书。起初只是按照张之洞《书目答问》买些普通书籍，宣统年间，他买到一部《邵亭知见传本书目》，是日本人根据版本学家莫友芝批校本排印的，其中多记宋、元、明刊本，他由此扩大了眼界，开始其研究古籍版本的生涯。民国初年，他移居天津，无意中以廉价收到天禄琳琅（清代皇宫书库）旧藏的宋本《寒山子诗》，此为其收集宋本之始，因起"寒在堂"斋名以记之。周叔弢身为居士，最常使用的藏书室名是根据佛经中"佛庄严，我自庄严"之意取名的"自庄严堪"。在长达半个多世纪的藏书生涯中，他将一生经营所得大多用于购买图书文物，聚书约4万册，其中很多是宋元明精本，多有珍品。"自庄严堪"的收藏和近代李盛铎（木斋）的木犀轩、傅增湘（沅叔）的双鉴楼齐名。

周叔弢对善本古籍的收藏，有"五好"标准，即"版刻字体好，等于一个人先天体格强健；纸墨印刷好，等于一个人后天营养得宜；题识好，如同一个人富有才华；收藏图识好，宛如美人薄施脂粉；装潢好，像一个人的衣冠整齐"。当然他的藏书不是每一本都具备"五好"条件的，他特地请了一位修整书籍的专家，亲自指导，不惜材料与工夫，修理受损书籍。他对书的爱护也是无微不至，遵循赵子昂归结的"勿卷脑，勿折角，勿以爪侵字，勿以唾揭幅，勿以作枕，勿以夹刺，随损随修，随开随掩"的护书原则。

周叔弢对于收回流出国外的中国古籍也曾投入不少力量。民国时期，大量古籍善本面临即将流出国外的境地，他总是不惜金钱设法买下，以免奸商图利，盗卖给外国人。已经流传出去的，他总是想方设法购买回来。如他收藏的华氏真赏斋藏宋本《东观余论》、士礼居藏宋本《山谷诗注》、汲古阁抄本《东家杂记》等书籍，都是以高价从日本买回的。当时有一部宋本《通典》，为东京文求堂主人田中庆太郎所得，索价极高，他一时无法买下，后来这部书被日本文部省定为"国宝"，不准再行出口，遂使一部宋刊珍品永沦异国。这是他一生的遗憾。

周叔弢藏书并不只是为保存善本，他还把所收藏的珍本加以复制流传。如珂罗版宋书棚本《鱼玄机诗集》、书棚本《宣和宫词》、元本《庐山复教集》、相台岳氏本《孝经》和木版仿宋本《寒山子诗集》等十数种，纸、印皆力求精美。

周叔弢精于文物鉴藏，对名人书画、古代玺印、敦煌经卷等古代文物多有收藏，其中颇多精品，如敦煌卷子唐《曲子词》1卷，价值极高。所藏书画中如宋人《盥手观花图》，明宋克《急就章》卷、项圣谟《且听寒响》卷、钱贡《城南稚集》卷等，均极为珍贵。

周叔弢是中国北方民族工商业的代表人物，曾任唐山华新纱厂、天津华新纱厂经理，

启新洋灰公司总经理。民国25年（1936年），他拒绝与日本人合作，愤然离职。民国31年（1942年），他在手订的书目上记下留给子孙的话："此编固不是与海内藏家相抗衡，然数十年精力所聚，实天下公物，不欲吾子孙私守之。四海澄清，宇内无事，应举赠国立图书馆，公之世人，是为善继吾志。倘困于衣食，不得不用以易米，则取平值也可，勿售之私家，致作云烟之散，庶不负此书耳。"解放战争时期，他拥护中国共产党和平建国、召开新政协的主张，出席中国人民政治协商会议第一届全体会议，积极参加国家的政治生活和经济建设。

中华人民共和国成立后，周叔弢化私藏为公有，将藏品悉数捐献国家，实现自己的夙愿。1952年，他将生平所收藏珍贵罕见的宋、元、明三代的刊本、毛抄、黄校等715种2672册捐献给国家，藏于中国国家图书馆。其中，他捐赠的元延祐七年（1320年）南阜书堂刻本《东坡乐府》、元大德三年（1299年）广信书院刻本《稼轩长短句》，被称为"宋词双璧"。苏东坡和辛弃疾同为宋代著名词人，两种刻本又都刻梓精良，从内容到版本价值都无愧双璧之称。时任文化部社会文化事业管理局局长的郑振铎写信给他说："（张）葱玉、（赵）斐云回京，将来先生捐献之善本图书，琳琅满目，美不胜收。北京图书馆增加了这么重要的一批宝藏，不仅现在的中国印刷发展史展览大为生色，即将来刊印《善本书目续编》，亦是会内容充实丰富，大为动人也。谨代人民向先生致极恳挚谕意，至于将来学者们如何在这个宝藏里吸取资料，则尤在意中，化私为公，造福后

人，先生之嘉惠，尤为重要也。"

1953年，周叔弢将所藏"二百兰亭斋"全部玺印捐赠故宫博物院。1954年，他率先将所经营的启新洋灰公司实行公私合营。同年，周叔弢又把一些书籍分别捐献给天津市人民图书馆和南开大学图书馆。这些大部分都是丛书和清代刻本精印书。他还分别于1952年、1955年和1961年，三次将所藏书画珍品捐赠天津市文化局。1973年，他又把最后剩下的数千册书籍捐给天津市人民图书馆，包括他为研究清代版刻史而专门收集的清代铜、泥、木活字本书籍700余种，使这一极冷僻而难搜寻的研究资料也归于国家保存。同年，又将所藏敦煌写经256卷、玺印910方及其他文物近500件全部捐赠天津市艺术博物馆。

周叔弢历任全国政协委员、天津市副市长、天津市工商联主任委员、全国工商联副主任委员，曾当选为天津市人大常委会副主任，第一至五届全国人大常委会委员，第二届全国政协常务委员，第六届全国政协副主席。

1984年2月14日，周叔弢在天津逝世。

郭沫若 原名开贞，字鼎堂，四川乐山人。清光绪十八年九月二十七日（1892年11月16日）出生。中共党员。文学家、历史学家、古文字学家。

民国3年（1914年）1月，郭沫若赴日本留学，民国7年（1918年）考入日本九州帝国医科大学。民国8年（1919年）夏，郭沫若与留日同学响应五四运动，组织抵日爱国社团夏社，并开始文学创作。民国10年（1921年），他的诗集《女神》出版，同年与成仿吾、郁达夫等人共同创建文学社团创造社。民国12年（1923年），郭沫若毕业于日本九州帝国大学医科。民国15年（1926年），郭沫若参加北伐战争，任国民革命军总政治部副主任。次年，他参加南昌起义，并于南下途中加入中国共产党。

大革命失败后，郭沫若于民国17年（1928年）旅居日本，进行中国古代史和甲骨文、金文研究。次年夏，他先后写成互为表里的《甲骨文字研究》和《卜辞中的古代社会》。前者通过对甲骨文中一系列疑难字词的考释，来解读商代的生产方式、生产关系和意识形态。后者则对商代的生产状况和社会组织进行理论性的概括。同年，他初步完成西周金文研究著作《周代彝铭中的社会史观》，之后相继出版《殷周青铜器铭文研究》（1931年）、《两周金文辞大系》（1932年）、《金文丛考》（1932年）、《金文余释之余》（1932年）、《古代铭刻汇考》（1933年）、《古代铭刻汇考续编》（1934年）、《两周金文辞大系图录》（1935年）、《两周金文辞大系考释》（1935年）。他在《两周金文辞大系》中，将中国青铜器时代按铜器形制、花纹、文字（包括文体和字体）三方面的特点，划分成四期。他认为商代末期青铜器制作"已臻美善"，中国青铜器的滥觞时期"尚必在远古"，其余三期约当商代后期至战国末年，并对各期发展进行概括的论述。他还创造了标准器断代法，对两周有铭铜器，特别是西周铜器进行整理研究。民国22年（1933年），郭沫若编辑出版《卜辞通纂》，精选已见著录和部分未见著录的甲骨。全书所录甲骨除"别录"部分收录他在日本征集到的129片外，正编所收800片分干支、数字、世系、天象、食货、征伐、畋游、杂纂8项，逐片进行简明考释，还在每项之后进行小结。民国26年（1937年），郭沫若编辑出版《殷契粹编》，从刘体智所藏甲骨中选录1595片，按与前书大体相同的类别进行考释。两书集中了殷墟科学发掘以前出土甲骨的珍贵部分，所作考释有很多新的成果。

抗日战争全面爆发后，郭沫若回国参加抗日工作。民国27年（1938年）4月，郭沫若担任国民政府军事委员会政治部第三厅厅长；同年，当选中华全国文艺界抗敌协会理事。次年，他的论著《石鼓文研究》出版。民国29年（1940年）9月，郭沫若辞去第三厅厅长职务；11月，任文化工作委员会主任委员。此后至民国32年（1943年），他连续完成《棠棣之花》《屈原》《虎符》《高渐离》《南冠草》等富有时代意义的历史剧。民国33年（1944年）春，他完成论著《甲申三百年祭》。民国37年（1948年），他当选第一届中央研究院院士。

中华人民共和国成立后，郭沫若任中央人民政府政务院副总理兼文化委员会主任、中国科学院院长等重要职务，并参与中央人民政府关于建立文物机构和考古研究机构的决策性部署，参与设立文化部文物局和中国科学院考古研究所。1952年，为适应大规模建设形势下保护古代文物的迫切需要，郭沫若出席由文化部社会文化事业管理局、中国科学院考古研究所和北京大学联合举办的考古工作人员训练班开班仪式并讲话，他勉励学员在新中国的考古事业中做出成绩。1953年举办的第二期考古工作人员训练班上，郭沫若给学员上课。

1954年，郭沫若当选全国人大常委会副委员长。同年，他兼任中国科学院第一历史研究所所长。1956年2月，中国科学院和文化部联合召开全国考古工作会议。郭沫若出席开幕式，并发表题为"交流经验，提高考古工作的水平"的讲话，表示要争取在12年内使中国考古工作接近世界先进水平，他还强调田野考古工作与历史研究工作不能分离，从事田野考古工作者必须掌握辩证唯物主义和历史唯物主义，以便优秀遗产"挹之以益今"，坚决不能为考古而考古。1968年，郭沫若遵照国务院总理周恩来的指示，派遣中国科学院考古研究所专业人员，会同河北省文物考古工作者，进行满城汉墓考古发掘，并前往发掘现场指导工作，帮助解决问题和困难。1971年7月，故宫博物院重新开放，郭沫若受周恩来委托，主持《故宫简介》的编写和修改工作。他还写报告向周恩来请求举办出土文物出国展览，恢复"文化大革命"初停刊的《考古学报》《文物》《考古》三种刊物。1972年，马王堆汉墓发掘时，他曾细致地审查发掘方案，密切关注发掘工作的进展情况，尤其对清理棺椁和解剖女尸的工作都有所指示。在开棺前，他特别电话叮嘱，千万注意棺内尸体多年腐化，会有剧毒，其他物质腐化，也会产生毒气，不要发生中毒事件。

郭沫若曾任《甲骨文合集》主编，领导这部中国现代甲骨学方面的集成性资料汇编的编辑。

郭沫若是第九至十一届中共中央委员会委员，第一至五届全国人大常委会副委员长，第一、二、三届全国政协副主席，曾任中国科学院哲学社会科学部主任、中国人民保卫世界和平委员会主席、中日友好协会名誉会长，第一、二、三届中国文联主席。他曾分别被授予匈牙利科学院、波兰科学院、苏联科学院院士，保加利亚科学院名誉院士，捷克斯洛伐克科学院外国院士等。

1978年6月12日，郭沫若在北京逝世。

 **陈万里** 原名鹏，又名冥鸿、夷初，字万里，以字行。江苏吴县人。清光绪十八年（1892年）出生。陶瓷专家，故宫博物院研究员。

民国6年（1917年），陈万里毕业于国立北京医学专门学校，毕业后在北京大学校医院工作。从民国8年开始，陈万里迷上摄影，民国8～10年（1919～1921年），北京大学连续三年举办摄影作品展，他都是主要组织者之一。民国12年（1923年）冬，陈万里等发起组织成立艺术写真研究会，不久改为光社，次年举办第一次摄影作品展，陈万里将自己的参展作品选出12幅制成珂罗版，出版中国第一本摄影作品专集《大风集》。民国13年（1924年），冯玉祥发动北京政变，将末代清帝溥仪驱逐出故宫，陈万里参加清室善后委员会，担任摄影工作，拍摄了许多溥仪被逐出皇宫时宫殿原状的照片，出版《民十三之故宫》摄影专集。民国14年（1925年）春，陈万里被北京大学研究所派去参加美国哈佛大学考古队赴敦煌考察活动。此次西行是北京大学研究所国学门暨考古学会第一次实地调查，是中国人调查千佛洞之始。考察团于2月16日从北京出发，7月31日回到北京，历时五个半月。返京后，陈万里把沿途的见闻整理成日记体的游记《西行日记》。

《西行日记》内容丰富，集考古学、历史学、地理学、民俗学、语言学资料于一书，内容涉及山西、陕西、甘肃等广大地区。书中所记陕西邠州大佛寺；甘肃泾川南石窟寺和丈八寺，兰州白塔山、五泉山、黄河铁桥、金天观，敦煌千佛洞，安西东千佛洞等极具价值的文化遗迹，在这部日记发表之前，由于缺乏实地考察，许多内容以讹传讹，以致史书里留有许多错误，经陈万里实地调查，辨明方位，改正了许多史书记载的错误。如作者游历甘肃武威时对《西夏天佑民安碑》所在寺院进行考证，认为此碑应在大云寺，清应寺为错误的记载并指出《甘肃新通志》中对于西夏碑的著述有遗漏。民国15年（1926年），陈万里离开北京大学，任厦门大学国学院考古学导师，同年在上海举办个人摄影展。

20世纪20年代起，陈万里开始对中国陶瓷进行研究。他是中国近代第一位走出书斋，运用考古学方法对古窑址进行实地考察的学者。他为考察浙江龙泉青瓷，自民国17年（1928年）起曾"八去龙泉，七访绍兴"，搜集大量瓷片标本，进行排比研究，开辟一条瓷器考古的新途径。同年，陈万里发表《调查龙泉青瓷报告》，这是他有关古陶瓷研究的第一篇论文。民国19年（1930年），陈万里被派往欧洲考察卫生行政事宜，历南斯拉夫、捷克斯洛伐克、波兰、匈牙利、奥地利、丹麦、英国、荷兰、法国等。近一年的考察，使他有机会接触到西方考古学。从此，他自觉运用考古学对古陶瓷进行科学研究。民国24年（1935年），陈万里到浙江余姚上林湖考察，同年发表《青瓷之调查和研究》。次年，他编著的《越器图录》由中华书局出版。民国34年（1945年），他担任江苏省卫生署署长。次年，他撰写的《瓷器与浙江》由中华书局出版，全书分两个部分22个专题，从考古学的角度，以纪年墓出土物或墓葬出土器物的有关文字记载为依据，与窑址实地考察相印证，从而最先揭示出唐代越窑的面貌。

1949年5月，陈万里奉调到故宫博物院专门从事陶瓷研究工作，任研究员，是故宫博物院古陶瓷研究部首任主任。20世纪50年代，他在花甲之年，仍不顾交通不便和窑址环境的恶劣，带领故宫陶瓷组的工作人员遍访大江南北，特别是中原地区的古陶瓷窑址。每到一地，陈万里可以享受的"特殊待遇"，就是被准许租一头牲口骑着。骑着牲口去窑址捡瓷片，成为后来人们关于陈万里的一种美谈。期间，他先后出版《陶枕》《宋代北方民间瓷器》《中国青瓷史略》《陶俑》等专著。其中1956年出版的《中国青瓷史略》一书将以往杂乱无章的中国青瓷发展史整理得条理清晰，许多论点独到精辟，具有较高的学术价值。长篇论文《中国历代烧制瓷器的成就与特点》，对中国瓷器的工艺特点和艺术成就进行了系统总结。20世纪60年代初，他又对北方瓷窑最为集中的河南、河北两省进行调查，发表《调查平原、河北二省古代窑址报告》与《邢、越二窑及定窑》《谈当阳峪窑》《禹州之行》《我对耀瓷的初步认识》《建国以来对于古代窑址的调查》等文章。其中《建国以来对于古代窑址的调查》一文是他对20世纪50年代陶瓷考古的一个基本总结。

陈万里还精心培养了一大批中国陶瓷研究人才。故宫博物院自20世纪50年代开始的对全国144处古窑址的调查研究，就是在陈万里的指导和带领下进行的，之后的故宫博物院古陶瓷研究中心也是在此基础上建立起来的。

陈万里曾将历年来收集的55件青釉陶瓷捐献给故宫博物院。这批陶瓷从汉晋至唐宋，其中的精品青釉陶楼出土于西晋永康二年（301年）墓中，黄釉大陶盘和陶壶是鲜见的汉晋六朝时期的精品，此举受到文化部的奖励。

1969年3月，陈万里在北京去世。

黄文弼 字仲良。湖北汉川人。清光绪十九年三月初八日（1893年4月23日）出生。考古学家，新疆考古的开拓者和西北史地专家。

民国4年（1915年），黄文弼考入北京大学哲学门，适逢蔡元培执掌校政，革除旧习，倡导新风，发起成立进德会，黄文弼为该会最早的会员之一，由此奠定其从事学术事业的思想基础。

民国7年（1918年），黄文弼从北京大学哲学门毕业，留校任研究所国学门助教（后历任讲师、副教授），先治宋明理学，著有《二程子哲学方法论》等，后转治目录学，著有《续四库书目略说明》《中国旧籍新分类法纲目》等，在中国古籍目录研究方面有所贡献。继而北京大学研究所国学门在主任沈兼士的领导下成立古物陈列室，黄文弼参与古物整理工作。他还是北京大学考古学会的最早会员，对古物研究有着浓厚的兴趣。

民国16年（1927年）初，曾几次进入新疆的瑞典探险家斯文·赫定又来到中国，企图再次前往新疆等地考察，中国学术团体协会为捍卫国家主权与之反复交涉，协议由中瑞双方合组中国西北科学考察团，采集的标本均归中国。黄文弼自告奋勇参加该考察团，成为考察团的五名中方学者之一，同时他也是第一位专事新疆考古的中国学者。中方考察团员不仅进行各自学科的专业考察，而且肩负暗中监督外方的维权任务。他们在中方团长徐旭生、瑞方团长斯文·赫定的率领下，于民国16年5月从北京出发，先到内蒙古西部，在额济纳河流域考察汉代烽燧遗址，民国17年（1928年）年初到达新疆。黄文弼在历时3年的考察中，主要调查塔里木盆地和吐鲁番盆地周围，以及罗布泊地区。他曾从塔里木河畔的沙雅出发，以一个月零六天的时间，穿越塔克拉玛干大沙漠到达于田。他在宽达500千米，寸草不生、滴水皆无的大沙漠中，冒着生命危险，骑驼前行，沿途发现众多古代遗址，采集了丰富的古代遗物。他于民国17年春和民国19年（1930年）春两次前往吐鲁番地区，主要考察哈拉和卓的高昌故城、雅尔湖的交河故城，并在交河故城城西的麹氏高昌豪族墓地进行发掘。在墓地获得百余方北魏至唐代的墓志砖，以及800余件颇具特色的随葬彩绘陶器，取得丰富的收获。黄文弼在对吐鲁番考古资料进行整理时，根据高昌墓砖中的记载，排比麹氏高昌的纪年和国王世系；按照墓砖透露的官职升迁轨迹，探讨高昌的官制；研讨高昌的疆域和郡城，进行《亦都护高昌王世勋碑》的复原与校勘；对高昌墓葬出土陶器进行研究，论证新疆彩陶的断代。凡此种种，都是高昌历史文化研究的奠基性工作。

民国19年春，黄文弼又在罗布泊地区第一次留下中国学者的足迹，发现一处西汉时代的烽燧遗址，并采集数十枚西汉简牍，这也是已发现的汉通西域后年代最早的一批简牍。他还找到与西汉黄龙元年（公元前49年）木简同出的一块麻纸，为中国造纸史的研究提供了实物证据。他所作《罗布淖尔汉简考释》多有创见，例如"释官"部分，弄清了一些史籍不载或含混难解的西域职官，如戊己校尉及其属官等；"释地"部分，对"居卢訾仓"从地望到释文，都纠正了前人之失；"释简牍制度及书写"部分，对王国维的名作《简牍检署考》有新的补充。黄文弼结束第一次新疆考察后，于民国19年秋返回北平，一方面仍在北大研究所国学门进行考察资料的整理研究，一方面在北平女子师范大学等校任教。次年出版《高昌陶集》和《高昌砖集》。

民国22年（1933年），黄文弼在教育部的资助下，以西北科学考察团理事的身份，第二次前往新疆。这次他主要由偏西的一条道路进入罗布泊地区工作，除前次考察过的西汉烽燧遗址又有新的收获外，他还在罗布泊北面找到一段丝绸古道，以及古渠遗址和屯垦遗迹。次年黄文弼返回北平。

民国24年（1935年），黄文弼以中央古物保管委员会委员的身份派驻西安，任该会西京办事处主任，主持整理碑林工作。他邀请梁思成设计碑林的建筑布局，克服重重困难，终于以三年时间完成任务。期间，他还兼任西北科学考察团的专任研究员，利用夜晚的时间，继续整理西北考察资料。

民国27年（1938年），黄文弼应聘为西北联合大学历史系教授，随后又兼任四川大学历史系教授，并接受中英庚款董事会的资助，继续从事新疆考古报告的写作。当时，西北联合大学在陕西城固，四川大学在成都附近，相距数百公里，黄文弼往返奔波，不胜辛劳。而两地都没有电灯，也没有煤油灯，他或点土蜡烛，或点菜籽油灯，坚持在一灯如豆的暗夜，通宵达旦奋力工作。他先后开设过秦汉史、魏晋南北朝史、美术史、蒙元史、西北边疆史等方面课程。除编写讲义外，他还撰写了许多关于西北史地的文章。民国31年（1942年），黄文弼出任西北大学历史、边政二系的系主任，又于次年受西北大学委托，第三次赴新疆考察，一年后返回。

民国36年（1947年），黄文弼任北平研究院史学研究所研究员，次年出版《罗布淖尔考古记》，这是中国学者撰写的第一部新疆考古报告，受到国内外学术界的重视。

中华人民共和国成立后，黄文弼任中国科学院考古研究所研究员、学术委员会委员，继续编写新疆考察的报告。1956年，他结束了昔日考察资料的整理工作，先后出版《高昌砖集（增订本）》、《吐鲁番考古记》《塔里木盆地考古记》三部著作。

1957年夏，年已65岁的黄文弼以多病之躯，率领中国科学院考古研究所的一支考古队，第四次前往新疆考察。他在一年多的时间里，行程万里，跑遍天山南北，特别是对过去没有进行过多少工作的北疆进行了广泛踏查，对北方游牧民族的遗迹有不少新发现。他还在哈密、伊犁、焉耆、库车等地，调查发掘新石器时代晚期遗址、金石并用时代墓葬、魏晋至

元代城址和佛寺，以及乌孙、突厥墓葬等，取得大量新收获。考察期间，他无限关心西北考古事业的发展，不知疲倦地向后辈学者，特别是少数民族干部传授历史考古知识，鼓励他们边干边学，继往开来。他还曾在乌鲁木齐发表公开演讲，以大量的历史事实清晰地论述，新疆自汉唐以来就是祖国领土不可分割的部分。

1964年，黄文弼任第四届全国政协委员。

1966年12月18日，黄文弼在北京逝世。

袁复礼 字希渊。河北徐水人。清光绪十九年（1893年）生于北京。地质学家、考古学家，中国地貌学、第四纪地质学的创始人，仰韶文化的发现人之一。

袁复礼的父亲袁笃修曾中过秀才，因病致使家境困难。他祖母彭氏出身苏州名门世家，读过私塾，为供几个孙子上学，先后到天津师范学校和奉天师范学校教书。光绪三十四年至民国元年（1908～1912年），袁复礼就读于天津南开中学，民国2年（1913年）考入清华学校高等科，民国4年（1915年）以优异的成绩被保送赴美留学深造。旅美期间，袁复礼先在纽约建筑学校的暑期学园学习，后进入布朗大学学习英文、世界史、生物学和植物学等。世界史的老师是一位考古学家，袁复礼跟他学到许多考古知识。民国6年（1917年），袁复礼转入哥伦比亚大学地质系学习地质学。民国9年（1920年），他获得美国哥伦比亚大学硕士学位。

民国10年（1921年）10月，因母病，袁

复礼提前回国，被农商部地质调查所聘为技师。同年10月27日至12月1日，他同农商部顾问瑞典地质学家安特生到河南渑池仰韶村发掘新石器时代遗址，开始中国史前遗址的考古发掘工作，他在美国学到的考古知识在发掘工作中发挥了很大作用。他们发掘到带土的实物十余箱，其中有许多石器、骨器和陶器。袁复礼除参加发掘工作外，还测绘了仰韶村遗址地形图和仰韶村南部等高线图，这是中国考古史上最早的一幅等高线图。该区域后来的考古调查和发掘工作多以这些图为依据。对于袁复礼的工作，安特生表示赞赏："在整个发掘期间，北京地质调查所的地质学家袁复礼先生一直帮助我进行工作，他不仅进行遗址的全面测量，还担任同地方人士和当局的交涉，由于为人机智，并善于待人接物，我们的发掘从未遇到任何阻难。"安特生后撰《中华远古之文化》一文，概述考古方法和此次发掘成果，又比较仰韶文化与中亚的安诺文化和特里波列文化的异同，从彩陶纹饰的近似而认为有文化传播的可能性，这一假说引起国际学术界的注意。袁复礼为该文作汉语节要，在推动近代考古学的发展上起到积极作用。仰韶文化遗址的发掘，揭开了中国史前社会研究的序幕。

民国11年（1922年）1月，中国地质学会成立，袁复礼为26位创立会员之一，并在学会成立会上被推选为《中国地质学会会志》编辑。同年春，应李四光之邀，袁复礼到北京大学地质系兼课，开始他的教学生涯。

民国14年（1925年）冬和次年深秋，袁复礼和清华大学国学研究院李济等青年学者组织的一支小型田野考古队，两次前往山西夏县西阴村进行考古，袁复礼承担发掘和测量两项工作。这次发掘采集到76箱出土文物，采用"三点记载法"和"层叠法"等方法逐件登记。这是中国历史上第一次由中国人自己主持、用现代考古方法进行的遗址发掘。

民国15年（1926年）末，瑞典探险家、地理学家斯文·赫定组织大型远征队第四次到中国，准备单独到西北考察，不让中国学者参加，激起中国学术文化界的义愤。袁复礼作为北京大学考古学会的代表，参加由北京大学考古学会、历史博物馆、故宫博物院、清华研究院等十几个学术团体组成的中国学术团体协会，与斯文·赫定进行谈判。采集品的归属是中瑞双方谈判时争论激烈的一项，最后议定采集品属中国所有，由中方团长负责运回北京。在谈到人员名额时，瑞方只同意中方派5名学者参加，并为每名学者每月补贴150美元，为能让更多的学生参加考察活动，中方学者黄文弼和袁复礼不领补贴，两位团员降低补贴，增加5名学生。最终达成中瑞联合组队到西北考察的新协议。谈判中，袁复礼和李四光等兼任口头和文字翻译。民国16年（1927年）5月12日，袁复礼以清华大学教授的身份，参加西北科学考察团，从北京乘火车赴包头，靠骑骆驼和步行开始考察工作。袁复礼和瑞典学者贝格曼在内蒙古地区沿途327个地点采集到细石器，在新疆乌鲁木齐柴窝堡、吐鲁番辛格尔、哈密庙儿沟等地采集到新石器时代遗物。次年9月下旬至10月末，袁复礼率领的团队在新疆三台以南10千米的大龙口，连续工作一个多月，发掘到分属42个个体的二叠纪和三叠纪爬行动物化石，其中有7个保存完整。消息公布后，轰动国内外学术界。

根据外国人韩雷在香港采集到的25件石器和12件陶片，袁复礼进行深入研究，并于民国17年（1928年）发表《香港新石器之研究》。文章具体分析了斧、锛的分类标志，并逐件测量记录其长、宽、厚的指数和刃角，以作较精密的观察分析。同时还指出，与香港发现器物相似的磨制石斧、石锛曾广泛见于中国云南、广西及广东雷州半岛一带，而香港位于其分布的东沿，并暗示东南亚一带在史前时期有着一定的文化交流。

民国21年（1932年）5月起，袁复礼在清华大学地学系继续任教。抗日战争全面爆发后，学校被迫南迁，清华大学、北京大学和南开大学在长沙成立临时大学，他在极端困难的条件下坚持开课。南京失守后，长沙危在旦夕。民国27年（1938年）2月20日，他和教授闻一多、黄子坚、李继侗、曾昭抡等11位教师组成辅导团，随同200多名学生组成的湘黔滇旅行团，跋山涉水，步行68天，行程1663千米，于4月28日抵达昆明。一路上，他不顾旅途劳累，指导学生采集标本，观察地质现象，测绘路线地质图。

在西南联大任教期间，他曾到西康、四川和云南的许多地方勘查矿产，支援抗战，写下《湘东湘西金矿视察报告》《西康冕宁县麻哈金厂勘察记》《会理凤山营马鞍山金矿勘察记》《云南武定罗次二县境内之铁矿》和《云南横路横格锌矿》等矿产勘查报告。他还应邀到个旧锡矿、东川铜矿、易门铁矿、富源锌矿和一平浪煤矿等矿山去考察地质和指导工作，对矿区的开发提出建议，特别对金矿的开采和经营管理，提出有利于支援抗战的系统意见。

抗日战争胜利后，袁复礼于民国35年（1946年）8月回到北平，继续担任清华大学地学系主任。

中华人民共和国成立初期，经济建设急需地质人才，袁复礼接受燃料工业部的委托，领导清华大学地学系和北京大学地质系合作，培养一大批新型地质人才。1950年，他被聘为燃料工业部顾问，1951年担任河北省政府工业厅顾问，就中国石油和煤炭资源的前景和勘探方向发表意见，并对河北省铜铁资源的普查和勘探进行指导。1952年全国高等学校院系调整，他又参与创办北京地质学院，并在该校任教授。

1987年5月22日，袁复礼在北京逝世。

郭宝钧 字子衡。河南南阳人。清光绪十九年（1893年）出生。商周考古学家，中国科学院考古研究所研究员。

民国11年（1922年），郭宝钧毕业于北京高等师范学校国文系，后返回家乡邀约友人创办南阳中学，因成绩斐然，被调至河南省教育厅任职。

民国17年（1928年），中央研究院历史语言研究所开始在安阳殷墟进行考古发掘，郭宝钧即以河南省教育厅代表身份参与其事，先后参加第一、四、五次发掘，主持第八和第十三次发掘。民国19年（1930年），郭宝钧正式在中央研究院历史语言研究所就职，先后任调查员、编辑员、通信研究员。同年，郭宝钧参加山东历城龙山镇城子崖遗址的发掘，后与梁思永等编撰中国第一部大型考古报告《城子崖》。民国20年（1931年），在安阳殷墟第五次发掘中，郭宝钧负责的B区，首次辨识出地下埋藏的夯土遗存，肯定了殷墟宫殿建筑遗迹，从而纠正殷墟漂没说等错误认识。民国21年（1932年）和次年春、秋两季，郭宝钧在河南浚县辛村主持西周卫国墓地的四次发掘。民国24年（1935年），他主持河南汲县山彪镇战国墓的发掘。同年秋和民国26年（1937年）春，他主持河南辉县琉璃阁战国墓的发掘。在这些发掘工作中，他开始接触两周时期的车器和车迹，为进行研究而研读《考工记》的车制各节及清代学者有关著作，如孙诒让《周礼正义》的"轮""舆"部分，曾辑成《两周车制考略》一篇。随着20世纪50～60年代若干保存较好的殷周时期车马坑被完整地揭露，郭宝钧得以更好地对照文献记载进行研究。作为考古学界研究殷周车制的第一人，他将自己40多年的研究心得总结为《殷周车器研究》一书，又出版《浚县辛村》《山彪镇与琉璃阁》两书。民国25年（1936年），郭宝钧主持的殷墟第十三次发掘中发现埋藏1.7万片刻辞甲骨的127号坑，这是历年殷墟发掘中出土甲骨最多的一次。

民国30年（1941年），郭宝钧应国立北平图书馆的约请，撰写《中国古器物学大纲——铜器篇》（又名《中国古铜器学大纲》），既系统总结了金石学家研究铜器的成绩，又开创了在考古资料基础上研究铜器的新路，是一部承前启后的著作，但此书在其生前未能问世，1981年遗稿由邹衡、徐自强整理出版。民国35年（1946年），郭宝钧晋升专任研究员。

1950年春，郭宝钧率领中国科学院派遣的发掘团前往安阳，恢复因抗日战争中断十余年的殷墟发掘工作，发掘武官村殷代大墓，从而引起历史学界对人殉问题的关注，促进了关于殷周社会性质的讨论。此后，他发表《一九五○年春殷墟发掘报告》。同年8月，中国科学院考古研究所成立后，郭宝钧任研究员。10月，他作为副团长，协助团长夏鼐率领考古所的发掘团前往河南辉县，进行考古所成立后的第一次大规模发掘。1950～1952年，郭宝钧三次前往辉县，参与琉璃阁、固围村、赵固、百泉等地点的发掘。其中他亲手发掘的固围村1号大墓和并列的另外两座大墓，是当时所知规格最高的战国时代贵族墓葬。该墓出土的铁质生产工具，是当时所知中国年代最早的铁器，受到学术界的普遍重视。此后，他与夏鼐等一起，编撰《辉县发掘报告》。20世纪50年代初，考古所曾在北京历史博物馆举办关于殷墟和辉县发掘的展览，均由郭宝钧负责并撰写展览说明书。

1952年，郭宝钧与夏鼐等一道，带领第一届考古工作人员训练班学员，在郑州和洛阳两地进行考古发掘实习，发掘商代早期的郑州二里冈遗址及洛阳东郊的西周和唐代墓葬，发表《一九五二年秋季洛阳东郊发掘报告》。

1952～1955年，郭宝钧为文化部、中国科学院和北京大学合办的第一至四届考古工作人员训练班，以及北京大学历史学系考古专业讲授商周考古学。1956年8月，河北省文管会人员发掘邢台曹演庄商代遗址时，郭宝钧曾前往现场指导。

1954～1955年，郭宝钧为探寻具有重要意义的周代王城，在洛阳西郊涧河两岸广泛开展勘探工作，发现与王城关系密切的汉河南县城遗址，并主持进行大面积发掘，为继续寻找王城打下基础，发表《洛阳涧滨古文化遗址及汉墓》和《一九五四年春洛阳西郊发掘报告》。

1959年，中国历史博物馆在天安门广场东侧落成，郭宝钧主持进行中国通史陈列中奴隶社会部分的设计工作，后被聘任为该馆特约研究员、学术委员会委员。

20世纪60年代前期，郭宝钧著成《商周铜器群综合研究》一书。他以中国历史博物馆所藏600件铜器为基础，兼及自己过去发掘和历年参观的器物，以及各单位提供的资料，合计2000余件（含有175个分群），基本囊括了1966年以前出土情况明确的成群商周铜器，进行考古学方法的综合研究。1963年，郭宝钧出版《中国青铜器时代》一书，这是他用历史唯物主义观点复原古代社会状况的一种尝试。该书从生产、生活、社会组织、精神文化四个方面，将考古资料和文献记载充分结合起来，进行全面论述，有助于加深对商周考古资料的理解和对古代社会状况的认识。

1964年，郭宝钧被选为第四届全国政协委员。

1971年11月1日，郭宝钧在北京病逝。

孙瀛洲　河北冀县人。清光绪十九年（1893年）出生。收藏家、古陶瓷鉴定专家，故宫博物院顾问。

光绪三十二年（1906年），孙瀛洲到北京谋生，先后在同春永、宝聚斋、铭记等古玩铺任学徒、伙计、采购、副经理等职。民国12年（1923年），他在北京东四南大街创办自己的古玩铺敦华斋，因研究深入，经营有方，成为北京著名的古董商和鉴定家。他对经手的文物都要一一仔细观察、记录，综合比较，找出规律，逐渐积累起丰富的鉴定经验。他后来将经营方向集中在中国古陶瓷上，尤其对明清瓷器情有独钟，大量收藏，并进行深入研究。为了解明清瓷器制作工艺，弄清鉴定真伪的规律，他多次到景德镇仿烧明清瓷器。多年的探索和研究使孙瀛洲对历代陶瓷了如指掌，能够先于他人准确鉴别宋代五大名窑瓷器，以及元代至明代永乐、宣德、成化、弘治等时期的瓷器。如对宋代官、哥窑瓷器的鉴定，他仅用手指捏瓷器的圈足就可判定窑别，对成化斗彩瓷器的鉴定也有独到的见解。

中华人民共和国成立以后，孙瀛洲在经营古玩生意的同时从各地寻访收购众多瓷器、青铜器、犀角杯等文物。1950年，他为支援抗美援朝拿出一批珍贵文物义卖，将所得钱款全部捐给国家。1956年，他更是将自己精心珍藏的各类精品文物2900余件，全部捐献给故宫博物院，其中仅陶瓷类文物就有2000多件，从晋、唐、宋、元时期各名窑到明清时期各朝景德镇御窑瓷器，自成体系，被定为一级文物的瓷器便有20余件。其中宋哥窑弦纹瓶、元红釉印花云龙纹高足碗、明成化斗彩三秋杯等均是绝世佳品。其他如明代永乐、宣德、成化、弘治和清代历朝官窑瓷器中也有不少鲜见之物。孙瀛洲所捐献的陶瓷不仅为故宫博物院增添藏品，也丰富了国内其他博物馆的馆藏。捐献品中有70件由故宫博物院调拨支援全国20个博物馆永久收藏。孙瀛洲的爱国义举，受到国家的奖励和表扬。

1956年4月，孙瀛洲受聘到故宫博物院专门从事古陶瓷研究、鉴定工作，曾任研究员、顾问。面对故宫数以万计的陶瓷藏品，孙瀛洲如鱼得水，他曾说："活到60多岁，没想到还能为人民做一点事，内心是很乐意接受这一工作，并愿意把我几十年在文物认识上的一点经验贡献给祖国的文化事业。"孙瀛洲带领陶瓷组的工作人员，对故宫博物院所藏陶瓷进行重新鉴定，一丝不苟地逐一甄别，发掘出多件被埋没的珍品。在鉴定工作中，他采取科学有效的方法。以明清瓷器为例，这时期的墓葬出土瓷器很少，带纪年的更少，造型不像唐宋及更早期的瓷器那样有相对固定的标准，瓷器的品种又繁杂，连续性又较强。因此明清瓷器的鉴定有自己的特殊性，对其进行精确的断代是非常困难的。面对上述问题，孙瀛洲另辟蹊径，他以带年款的明清官窑瓷器作为标准器，把不同朝代的瓷器所具有的不同时代特征排比出来，经过研究归纳，将这些特征提到理论化的高度再用以指导鉴定实践，为明清瓷器的科学鉴定奠定了基础。他因此成为中国采用类型学方法对明清瓷器进行排比研究的第一人，使明清瓷器的鉴定从"朦胧"走向"清晰"。

进入故宫工作以后，孙瀛洲致力于陶瓷鉴定经验的理论总结，发表了一批精辟阐述文物鉴定与辨伪的论文，如《谈哥汝二窑》《试谈明代永乐、宣德景德镇官窑瓷年款》《成化官窑彩瓷的鉴别》《我对早期青花原料的初步看法》《瓷器辨伪举例》《元明清瓷器的鉴定》等，其中《元明清瓷器的鉴定》对该时期瓷器的鉴定具有指导意义。此外，他还对明代永乐、宣德、成化、正德等各朝御窑瓷器上的年款反复推敲，精编成口诀，对国内外开展中国古陶瓷研究具有指导性意义。

孙瀛洲身为古陶瓷界德高望重的专家，却从不摆架子，热心培养青年一代，毫无保留地将自己的知识、经验传授给年轻的陶瓷工作者，培养出一大批文物鉴定人才，当年得到孙瀛洲真传的弟子，已分布在全国各地，大都成为古陶瓷鉴定领域的专家学者。

文化部副部长、故宫博物院院长郑欣淼说："孙瀛洲先生从学徒到经营者，从经营者到收藏家，从收藏家到文物鉴定专家，从文物鉴定专家再成为文物捐赠大家，这是一条自学成才的道路，也是由小我到大公的升华过程。"

1964年，孙瀛洲任第四届全国政协委员。

1966年7月14日，孙瀛洲在北京去世。

吴湖帆 初名翼燕，后更名万，又名倩，字湖帆、东庄、倩庵，号邃骏、窑豀、丑豀、止敬室主人、湖静楼主、崇阳居士、西原居士、嵩山居士，别署拎砥等。江苏吴县人。清光绪二十年七月初二（1894年8月2日）出生。书画家、收藏家、书画鉴定家。

吴湖帆祖父吴大澂，号恪斋，为同治七年（1868年）进士，历任广东巡抚、湖南巡抚，善诗文，精于金石，著有《恪斋诗文集》《恪斋集古录》《古玉图考》等书。吴大澂中风卧床时，仍每日将湖帆叫到床前，以平生藏物名目相授，并细观其悟性。吴湖帆对此类名目过目不忘，应对如流。于是吴湖帆继承了吴大澂的所有字画及所藏彝鼎。

光绪二十五年（1899年），吴府为吴湖帆延师发蒙，课余，吴湖帆随祖父的幕僚、清代晚期画家陆恢摹习花鸟。光绪三十三年（1907年）春，吴湖帆入苏州草桥学舍，学画于胡石予、罗树根等。同学有顾颉刚、叶圣陶、郑逸梅等人。在草桥学舍求学期间，吴湖帆与过云楼第三代主人顾鹤逸等往来，参加怡园画社活动。

民国4年（1915年），吴湖帆与苏州名门潘氏女潘静淑成婚。潘家有攀古楼，所藏金石书画甚丰。潘氏过门，奁中陪嫁有宋拓欧阳询《化度寺塔铭》《九成宫醴泉铭》《皇甫诞碑》三帖，而吴家有宋拓欧阳询《虞恭公碑》，于是吴湖帆将其书房题名为"四欧堂"。其四个子女也均以"欧"来命名。

民国6年（1917年），吴湖帆在怡园生平首次进行鉴定活动，他将客人携来的一卷王翚稿本定为真迹，并以祖父的山水八帧和盂鼎拓片换得，赢得前辈肯定，其极高的悟性也开始为业内所认识。

民国23年（1934年），南京国民政府为伦敦"中国艺术国际展览会"成立筹备委员会，吴湖帆受当时故宫博物院院长马衡之邀，受聘为专门审查委员会书画审查委员，主要负责故宫所藏唐、五代、宋、元、明、清书画的甄选，自10月开始，至次年春工作完成，最终选出175件参展品。在此过程中，大内所藏之物竟被他检出有一半以上皆为赝品，而且能指出某画是某人伪作，某画经某人修补，所下断语，皆有根据，参与者无不折服。民国24年（1935年）4月，故宫藏品赴伦敦之前在上海举行预展，吴湖帆作为审查委员负责整理。为配合展览，当局编辑出版四本精美图录，《美术

生活》也发专刊登载部分图片予以介绍。吴湖帆在《美术生活》伦敦展览专集上发表一篇长文《国际艺展之所见》："但为普及艺术计，价钱稍廉，使贫家好学子弟不致缺憾，当更妙耳。希提倡文化当局于古物回国展览时注意之，尤所馨香祷祝者也。……此次展览，公诸观众，使专门学者多资参考，据实批评，于中国艺术史上不无裨益。希当局诸公广为倡导，多设此种艺术展览会，将中国将断未泯之艺术，重加振扬，亦未始非世界艺术之幸也。"

民国26年（1937年）4月，吴湖帆被聘为第二次"全国美术展览会"筹备委员和审查委员。为配合展览，吴湖帆与潘静淑取出宋代汤叔雅《梅花双雀图》和梁楷《睡猿图》等几件藏品交付展览。

抗日战争时期，国民政府为避兵燹，将故宫重要文物分批南迁寄存上海，后又迁至南京故宫新建库房，其中书画8000余件，吴湖帆于民国22～26年（1933～1937年）数次观摩研究，并作《目击编》和《烛奸录》两本笔记，详细阐述他对故宫所藏书画真伪的看法。吴湖帆题跋过的作品达600多件，还有1500多件作品通过他散落各处的鉴定文字流传下来。

吴湖帆善画山水，青绿、水墨皆长，亦能画花卉、走兽、竹石，功力深厚，笔墨清拔。山水先从"四王"，又深研董其昌，后取法宋人，苍茫深隽，遍涉各家，别饶古趣。又精于临摹，能融汇前人诸家之长，娴熟自如，如《仿元四家山水卷》《仿明四家山水卷》等，颇尽各家体势。山水尤精于烟云之法，花卉亦瘦润秀丽，早年受陆廉夫（陆恢）影响，继而上承恽寿平，直溯宋人笔意，如《荷花翠鸟

图》《雨后春笋》，雅隽无比。其书法亦清超雄健，工于行草，初学董其昌，中年得瘦金体笔意，晚年则浸淫于米芾《多景楼诗》手迹。间作篆刻，摹吴熙载、黄牧甫等人，其得意之作辄钤"待五百年后人论定"闲章。吴昌硕任西泠印社社长期间，吴湖帆成为社员。他又精于诗词，曾结午社，刊行《午社词集》，出版有词集《联珠集》《佞宋词痕》等。

20世纪30～40年代，吴湖帆在书画鉴定方面有"一只眼"之称。他饱览历代名迹，学书画又多从前人真迹入手。到上海后，他在研治书画之余，非常注意收揽字画碑帖文物，如逢财力不逮，则或以古器皿易之，或以自己的力作交换。加上家传藏品，数年之间，他的斋室所藏满目琳琅、异常宏富，著名的有宋佚名《樱桃黄鹂图》、梁楷《睡猿图》、王晋卿《巫峡清秋图》、宋高宗赵构《千字文》，元倪云林《秋浦渔村图》、吴镇《渔父图》、鲜于枢《张彦享行状稿卷》等。吴湖帆有系统地对所藏所见书画各个流派、各个阶段代表人物的风格、笔墨、斋号别署以及绢、纸、印钤、印泥等用具的时代特点进行细致研究。由于他的特殊身份和画名，海内大家纷纷以所藏之画求他题识，以其一言而为信证，这又进一步为他提供了广开视野的机会。

国内外公私博物馆许多重要书画上都留下了吴湖帆的明确鉴定意见。比如台北故宫博物院最有名的两件书画作品，黄公望的《富春山居图》两卷，一真一伪，范宽的《溪山行旅图》一真一伪，其定论即源自吴湖帆。吴湖帆还是近现代中国古书画鉴定学理论的奠基者。他还影响培养了像张珩、沈剑知、徐邦达、王季迁等一批书画鉴定家。

中华人民共和国成立后，吴湖帆曾任上海文史馆馆员、上海市政协委员、上海中国画院画师、中国美术家协会上海分会副主席等职。他的许多藏品陆续出售或转让各地文博单位。此间，他的画风更趋深厚，创作出《江山多娇》《浙东小景》《谢朓青山李白楼》等一批佳作。

吴湖帆有《梅景书屋画集》《梅景画集》《吴氏书画集》《吴湖帆画辑》《吴湖帆画集》等画集行世。

1968年8月11日，吴湖帆在上海逝世。

容庚 原名肇庚，字希白，号容斋，又号颂斋。广东东莞人。清光绪二十年八月初六（1894年9月5日）出生。考古学家、古文字学家。

容庚生于晚清仕宦世家。祖父容鹤龄、外祖父顾蓉镜，均为同治年间进士。父容作恭，为光绪二十三年（1897年）拔贡。容庚5岁起，即在家塾延师读"四书"；后又授读《左传》《礼记》《四书集注》《皇宋通鉴长编纪事本末》等书。宣统元年（1909年），容氏举家迁居广州，容庚进入启明小学接受现代教育。宣统三年（1911年），容庚入教忠学堂，次年入广东高等师范学校附属中学，后转入东莞中学。期间，容庚随长辈系统研读《说文解字》《说文古籀补》《缪篆分韵》等文字学著作。民国5年（1916年），容庚中学毕业后从叔父容祖椿学习书画。民国8年（1919年），容庚在《小说月报》发表研习篆刻之作《雕虫小言》。民国10年（1921年）9月，容庚应聘为东莞中学国文教员，讲授"文字源流"与"习字"两门课。

民国11年（1922年）6月23日，容庚北上京师。7月3日过天津，拜谒罗振玉，以所著《金文编》书稿请正，罗振玉对其奖掖有加，并尽出所藏彝铭拓本以助容庚增补是书。同年秋，经罗振玉引荐、马衡介绍，容庚入北京大学研究所国学门为研究生，专攻文字、音韵学。民国13年（1924年），容庚于北京大学《国学季刊》第1卷第4号发表《甲骨文字之发现及其考释》，对当时甲骨文发现和研究情形进行较为全面的总结。次年《金文编》出版。该书共收商周金文1804字，附录1165字，依《说文解字》部首排列；《说文解字》所无而见于其他字书的字，或有形声可识的字，都附列于各部之末；图形文字不可识的列为附录上，有形声而不可识的列为附录下。民国15年（1926年），容庚受聘为燕京大学教授，讲授古文字学。同年底，容庚受聘为北平古物陈列所鉴定委员会委员，专门从事故宫所藏古代青铜器的鉴定与清理工作。他因此有机会接触故宫收藏铜器原物，有感于清代金文真伪杂糅，开始有计划清理传世铜器。他先后编印《宝蕴楼彝器图录》《武英殿彝器图录》《海外吉金图录》等，总计800器，都是从众多的青铜器中去伪存真地逐件筛选出来。容庚著录青铜器的特点在于注重全器，其将器物、纹饰与文字彼此关联，借助照相技术，尽力保留器物的原始形貌，一改旧式绘图摹印的著录方法，使青铜器不仅真形毕现，而且更有纹饰图像为参照，开启青铜器器形、纹样与铭文款识共同著

录的风气。民国18年（1929年）7月，容庚受聘为中央研究院历史语言研究所特约研究员，9月受聘为清华大学讲师，为国文系学生讲授古文字学。

容庚曾发起并参与于民国20年（1931年）4～8月在冀、鲁、豫三省开展的文物古迹调查。民国22年（1933年），他又与商承祚、徐中舒、董作宾等商议成立金石学会，该学会由考古学家和金石学家组成，以古器物学研究及材料流通为初衷。次年9月，学会正式成立，容庚被推选为执行委员。九一八事变后，容庚曾与顾颉刚、吴文藻等组织抗日救国十人团和燕京大学中国教职员会，主编不定期爱国刊物《火把》，发起抗日宣言签名活动。

容庚以8年时间，专事商周青铜器研究，于民国30年（1941年）完成《商周彝器通考》这部开创性的巨著。此书分上、下两编，上编为通论，下编为分论，正文近30万字，另配图版逾千幅。上编系统论述青铜器的起源、发现、类别、时代、铭文、花纹、铸造、价值、去锈、拓墨、仿造、辨伪、销毁、收藏、著录等内容。其中前六章评述《考古图》以来铜器分类及年代考订的具体情况，并提出新的思考，对不同时期铜器铭文的特点进行讨论，对70余种铜器纹饰及流行时代详加梳理。下编分论食器、酒器、水器、杂器及乐器等青铜器，对各种器类所涉57种铜器，先定器用之宜、制作之由，进而结合铭文所在位置及器形大小，对器物的共名、别名等作详尽分析和系统阐发，并依时代先后，列举典型器类作为例证，征引彝器凡1031件。该书以传世铜器资料为本，对青铜器研究所涉及的问题进行系统研

究，突破以前青铜器研究专就一端的局限，以贯通的视野建立中国古代青铜器的研究体系。

抗日战争胜利后，容庚离开北平南下。民国35年（1946年），他先到桂林的广西大学，但因校务停顿，无课可上，迅即离开。同年7月，他到广州受聘为岭南大学中国文学系教授，兼任系主任，并担任《岭南学报》主编，曾主讲"前四史"及"文字学"等课程。1952年，岭南大学并入中山大学，容庚转任中山大学中文系教授，讲授"中国文学史""中国文字学""说文"等课程。1954年，应中山大学历史系和中文系多位教师之请，容庚为两系青年教师开设青铜器知识讲座，授课内容经张维持整理为《殷周青铜器通论》，由容庚与张维持二人共同署名，于1958年出版。容庚课余仍继续从事古文字和古铜器的研究，著有《甲骨文概况》《清代吉金书籍述评》等。他还对书画法帖有研究，主要著作有《记竹谱十四种》《倪瓒画之著录及其伪作》等。20世纪60年代以后，他把主要精力集中到《丛帖目》《历代名画著录目》和《颂斋所藏所见书画小记》这三部大型工具书的编纂上。

容庚还是一位收藏家，其收藏以金石、丛帖最具特色、最为丰富。中华人民共和国成立后，他将历年所得的大批青铜器，包括栾书缶等捐给国家。20世纪70年代，他又将珍藏的字画、古董分批献出，其中包括宋人《云山图》及明代祝枝山、倪元璐等人的字画。1980年更将1万多册古文字、金石、考古、书画方面的书籍捐给中山大学图书馆，其中许多是难得的拓本和罕见的珍品。

容庚曾任第四、五届全国政协委员，第一至四届广东省政协常务委员，广东省及广州市文物管理委员会委员，国务院古籍整理出版规划小组顾问，中国考古学会名誉理事，中国古文字研究会理事，广东省书法篆刻委员会主任，广东省语文学会理事。

1983年3月6日，容庚于广州逝世。

董作宾 原名作仁，字彦堂，一字雁堂，自号平庐或平庐老人。河南温县人。清光绪二十一年二月（1895年3月20日）生于河南南阳。甲骨学家、历史学家。

董作宾5岁初入私塾，从陈文斗受业开蒙，少年时便博览四书、五经及诸子百家学说。董作宾11岁时，其母患病，为"冲喜"娶钱曼珍，因为年幼遭乡邻嘲讽，自以为耻，故与钱氏并不和睦。宣统二年（1910年），董作宾入南阳北关玄妙观办的元宗小学，未及一年因弟猝死而遵父命废学经商。民国4年（1915年）春，董作宾以第二名考取南阳县县立师范讲习所。次年冬，董作宾师范毕业，列最优等第一，并留任为教员。民国7年（1918年）春，董作宾至开封，考入河南育才馆。在馆学习期间，由"河南地志"课程中始知安阳有出土甲骨文字。次年冬，董作宾自育才馆毕业，筹办《新豫日报》，任编辑校对，并在河南省实业厅任调查委员。

民国10年（1921年）冬，董作宾离开河南至北京求学深造。次年入北京大学作旁听生，读沈兼士、钱玄同所授文字学，影摹罗振玉《殷墟书契前编》中的甲骨拓本，初学甲骨文字。民国12年（1923年），北京大学研究所国学门成立，董作宾入所为研究生，同年加入新成立的考古学会为会员，并兼任《歌谣周刊》编校，依靠所得津贴维持食宿。民国13年（1924年）冬，董作宾参加点查故宫工作，并加入北京大学方言调查会、风俗调查会为会员，发表《为方言进一解》《北京方言化的地名》等文。

民国14年（1925年）春，董作宾至福州，任福建协和大学国文系教授。上海"五卅"惨案后，董作宾随学校师生至福州市区游行示威。同年冬，董作宾辞职返回南阳。次年春至民国16年（1927年）春，董作宾在开封国立第五中山大学文学院任讲师，并兼任河南省立甲种工业学校和北仓女子中学校的国文教员。同年夏，董作宾返回北京大学，任研究所国学门干事。同年秋，张作霖派刘哲为教育总长，合并国立九校，董作宾乃偕友赴广州，任国立中山大学副教授。

民国17年（1928年），中央研究院历史语言研究所成立，傅斯年为所长，聘董作宾为编辑员。8月，遵傅斯年安排，董作宾抵达安阳调查甲骨。经过调查准备，10月13日，董作宾主持的第一次殷墟发掘正式开始。甲骨文自光绪二十五年（1899年）被发现后，经历近30年的私挖乱掘、大肆炒卖时期，至此方进入到科学发掘、整理的阶段。民国18年（1929年）春、秋，中央研究院历史语言研究所考古组主任李济主持殷墟第二、三次发掘工作，董作宾参与其中。在第三次发掘中，出土著名的"大龟四版"。通过对其进行研究，董作宾在《安阳发掘报告》（第三期）上发表《大龟四版考释》提出"贞人说""贞人集团"，这是甲骨文研究的重大突破，解决了之前的诸多问题和争论，被学界评价为"考古学上开荒之盛举""划时代的创见"。民国18年冬，中央研究院历史语言研究所从广州迁到北平北海静心斋。董作宾自安阳返回北平。次年11月，董作宾被山东古迹研究会聘为委员，前往济南参加城子崖遗址的第一次发掘。民国20年（1931年）2月，董作宾筹划举办安阳殷墟及城子崖出土文物的展览。董作宾在中央大学作题为"甲骨文之厄运与幸运"的演讲，引起社会各界的极大关注。

民国20～21年，董作宾先后参加第四至七次殷墟发掘。期间，他对甲骨文的研究又有重大突破。民国21年（1932年），董作宾的《甲骨文断代研究例》发表于中央研究院为蔡元培祝寿出版的《庆祝蔡元培先生六十五岁论文集》中。《甲骨文断代研究例》提出把自盘庚迁殷至帝辛失国的八世十二王的卜辞分为五期，这是甲骨分期研究的开端。而文中提出的关于甲骨断代的"世袭、称谓、贞人、坑位、方国、人物、事类、文法、字形、书体"十项标准，成为此后甲骨断代的主要理论依据。民国23年（1934年），董作宾主持第九次殷墟发掘工作。在这次发掘中，殷墟的发掘范围进一步扩大，开始侯家庄西北冈殷墟王陵遗址的大规模考古发掘。同年秋，南京中央古物保管委员会成立，董作宾被聘为委员。次年春，董作宾完成《殷墟文字甲编》的编写。

民国26年（1937年）春，董作宾赴杭州调查黑陶出土情况，同年夏至登封，计划周公测景台修建工程。随后，他又到安阳视察第十五次殷墟发掘工作，这也是董作宾最后一次到安阳。同年7月，抗日战争全面爆发，董作宾携家由桂林取道安南至昆明，居北郊龙泉镇龙头村，准备资料并着手撰写《殷历谱》。民国29年（1940年）春，董作宾代理中央研究院历史语言研究所所务。同年冬，董作宾携全家随历史语言研究所迁入四川宜宾南溪县李庄。民国34年（1945年）4月，董作宾完成《殷历谱》写作。《殷历谱》借卜辞中有关天文历法的记录推算殷商年代，是甲骨文研究的重大突破，成为研究甲骨文和殷商史的重要参考书。傅斯年在《殷历谱序》中说："彦堂之书出，集文献之大小总汇，用新法则厥信史向上增益三百年，孔子叹为文献无征者，经彦堂而有征矣。"《殷历谱》对上古史研究的意义可见一斑。

民国36年（1947年）初，董作宾受邀至美国芝加哥，任芝加哥大学中国考古学客座教授，授"中国考古学研究""中国古文字学"等课。课余撰写《殷墟文字甲编自序》《殷墟文字乙编自序》《殷历谱后记》等文。次年4月，董作宾当选中央研究院第一届院士。同年12月，董作宾回国。不久，董作宾携眷迁至台湾，被聘为台湾大学文学院、台湾省立师范学院教授。1951年春，董作宾任"中央研究院"历史语言研究所所长。1955年8月，董作宾接受香港大学东方文化研究院的聘约赴香港就任。在香港期间，董作宾编著《中国年历总谱》。该书分上、下两编。上编起自黄帝元年，下至汉哀帝元寿二年（公元前1年）；下编起自汉平帝元始元年（公元1年），下迄公元2000年。两编共计4674年，编后另附历代帝系等各种对照表，检索极便。

1958年，董作宾辞去在香港的一切职务返回台湾，任台湾大学考古人类学系教授。

1963年11月23日，董作宾病逝于台北。

戴葆庭 号足斋。浙江绍兴人。清光绪二十一年（1895年）生。钱币学家。

戴家祖居绍兴陈家葑，世代务农。戴葆庭之父戴炳荣是扇庄画工。因家境清寒，戴葆庭只读过两年私塾。清光绪三十一年（1905年），戴葆庭到米店当了学徒。几年后开始做舂米、送米的体力活。

民国9年（1920年）前后，浙东收藏钱币的风气由宁波传到绍兴，绍兴大街上也有人打出画满古钱图样的招牌，收罗古钱。戴葆庭总要抽时间前去察看，并因此了解到不同古钱有着不同的价值，觉得其中大有学问。于是他辞去米店行当，走上了收集和研究钱币的道路。

开始一两年，戴葆庭主要在绍兴附近寻访古钱，他挑担步行，短则十来天，长则个把月，风餐露宿。因为江浙地区文化底蕴丰厚，他虽然吃苦受罪，却也多有所获，这极大增强了他的信心。他几十年如一日，为收罗古钱，长途跋涉于穷乡僻壤，风雨无阻，寒暑不恤，走遍全国20多个省市。他几乎每天都和钱币打交道，一过手便是几十、几百甚至几千枚，在长期的实践中积累起丰富的经验，在钱币鉴定方面有着高超的水准，在钱币学界与骆泽民并称"南戴北骆"。他收集钱币，目的是收藏和研究，而不是为了牟利，只要有可供研究的实物，他就已经知足，故此自号"足斋"。

民国14年（1925年）4月，戴葆庭在江西鄱阳乡下，发现几个小姑娘踢的毽子的底座是"大齐通宝"铜钱，此钱因被钻有四个小孔，得名"四眼大齐"。这枚古钱是南唐前期铸币，为世间孤品，后来被古钱收藏大家张叔驯重金购去，张叔驯得此钱后十分喜爱，秘不示人，取室名为"齐斋"。

20世纪30年代，戴葆庭著有《足斋泉拓》2册。晚年又整理出《珍泉集拓》和《戴葆庭集拓中外钱币珍品》（上下册），这两部书在他故世以后，分别由新华出版社和中华书局出版，后者被授予当代钱币学最高学术奖——"金泉奖"。

戴葆庭曾在上海江西路67号开设粹源古玩店（1945年10月28日改为戴葆记）。

民国29年（1940年），戴葆庭在上海福州路杏花楼旁的大新街口开设源昌钱庄，专门买卖稀有古钱。5月，为联络和团结分散在各地的钱币界人士，戴葆庭协同丁福保、罗伯昭、郑家相、王荫嘉等人在上海成立中国泉币学社，并创办《泉币》双月刊。他担任会计，并负责学社和社刊的日常事务，兼任评论员、撰稿人，还联络组建了北京分会。从《泉币》杂志的每期财务报告中，可见他做事的勤恳认真。王荫嘉在学社成立一周年纪念时，曾撰文说："统计全年例会中，当推葆庭最为勤恳，虽风雨未尝间断……"10月，戴葆庭又参与组成寿泉会，编印《寿泉集拓》。

戴葆庭为人忠厚老实，人缘口碑极好，又对历代古钱币很有研究。当时，他开店经营古钱币是全国闻名的，几乎所有大藏家如张叔驯、陈仁涛、李荫轩、罗伯昭都得到了他的帮助，各地凡出现珍稀品种古钱，泉商也会拿来请教，或出让给他。所以，戴葆庭一生中经手了许多珍稀古钱币。罗伯昭在四川所记的《泉友录》中，亦称戴葆庭为人"知足不辱，古君子也"。

20世纪40年代初，丁福保编撰《古钱大辞典》《历代古钱图说》《古钱学纲要》等书时，戴葆庭鼎力相助，尤其在古钱的取舍、鉴定方面，主要靠他裁定。20世纪50年代，彭信威著《中国货币史》，涉及钱币学方面的论述，经常找戴葆庭请益，他俩几乎每周都要叙面畅谈，戴葆庭提供资料，从无保留。

中华人民共和国成立以后，戴葆庭一直供职于上海文物商店，享受专家待遇，负责培养学生，讲授钱币学。期间，他还在上海博物馆、中国历史博物馆等单位鉴定钱币，提出文物定级意见。

20世纪50年代初期，中国人民银行上海分行兑换处从收得的银圆中（当时兑换价为每枚银圆一元人民币），发现了一枚"大清光绪十五年江苏省造一元"银币，可惜此币币面已被银行工作人员为检查银圆成色横锉一刀。后来此币被拿到戴葆庭店里请教，断定为真品，是国宝级的稀世孤品。

1959年，戴葆庭将包括"平靖胜宝当千"钱等孤品在内的119枚太平天国珍稀钱币捐赠给中国历史博物馆，受到文化部的嘉奖。他毕生搜集的珍泉名品，后归入中国国家博物馆、上海博物馆、天津博物馆等单位收藏。

1976年，戴葆庭逝世。

傅斯年 字孟真。山东聊城人。清光绪二十二年二月十三日（1896年3月26日）出生。历史学家。

民国2年（1913年），出身书香世家的傅斯年考入北京大学预科。民国5年（1916年），傅斯年预科毕业升入北京大学国文门。民国7年（1918年），他与同学罗家伦、杨振声等组织新潮社。民国8年（1919年）1月1日，《新潮》杂志创刊。五四运动爆发，傅斯年是5月4日游行时北京大学集会的主席、游行示威总领队。

民国8年秋，傅斯年考取山东省官费留学生，赴英国留学。民国15年（1926年）冬，傅斯年从欧洲回国，就任国立中山大学文学院院长，兼国文、史学系主任，次年秋，创立中山大学语言历史学研究所。民国17年（1928年），傅斯年受中央研究院院长蔡元培所托，筹立中央研究院历史语言研究所，11月，傅斯年辞去中山大学教务，专任历史语言研究所所长兼《中央研究院历史语言研究所集刊》主编，聘请陈寅恪为历史组主任，赵元任为语言组主任，李济为考古组主任。

傅斯年在研究历史时，十分注重第一手材料，并提出"史学的工作就是整理史料"的思想。正是在这一思想指导下，傅斯年领导的历史语言研究所在筹备之初，就对清朝内阁大库流失的8000麻袋档案展开积极抢救和整理工作。清朝内阁大库档案包括诏令、奏章、则例、移会、贺表、三法司案卷、实录、殿试卷及各种簿册等，是极珍贵的第一手史料。从宣统元年（1909年）库房损坏搬出存放后，几经迁徙、几易主人，潮湿腐烂、鼠吃虫蛀，损失极为严重。后来，这8000麻袋总计15万斤的档案大部分由李盛铎收购。民国17年（1928年）春，马衡致函傅斯年，告知李盛铎将转卖这批明清档案，时任中山大学教授的傅斯年当即找校长和副校长商议买下这批档案。同年9月，傅斯年致函中央研究院院长蔡元培，建议筹资购买这批档案，由历史语言研究所整理，他认为这样做的好处："一、此一段文物，不至失散，于国有荣。二、明清历史得而整理。三、历史语言研究所有此一得，声光顿起，必可吸引学者来合作，及增加社会上（外国亦然）对之之观念。"在筹足款项后，傅斯年派历史语言研究所有关人员与李盛铎商洽后，最终以1.8万元的价格将这批几乎要进造纸厂的档案买下。

傅斯年不仅通过多方努力，抢救这批档案，还组织领导这批档案材料的整理与编纂工作。为方便这批档案的整理，他把历史语言研究所由广州迁至北平，继而又把平津两地档案集中在一起，存放在紫禁城午门西翼楼上，并组织20余人在此进行档案整理工作。傅斯年拟定了一个庞大的出版计划，准备一边整理、分类、编目，一边刊布印行，公之于世。他在历史语言研究所成立明清史料编刊会，由他与陈寅恪、朱希祖、陈垣、徐中舒5人为编刊委员，预计陆续刊印《明清史料》10编，每编10册，1949年以前出版了甲、乙、丙3编，共30册，余下60册，至1975年陆续出齐。

在抢救清代大内档案的同时，傅斯年还领

导组织河南安阳殷墟的考古发掘工作。他抨击中国传统的考古学为"纸上的考古"，呼吁中国考古学走田野考古的新路子，提出"上穷碧落下黄泉，动手动脚找东西"的口号。民国17年，历史语言研究所考古组还在筹备期间，傅斯年就派董作宾前往安阳殷墟进行初步的调查和试掘。次年，傅斯年在安阳洹上村设立办事处，并请求地方政府派驻部队进行保护，以便在洹上村开展正式发掘。

为保障历史语言研究所考古组在安阳殷墟的顺利发掘，傅斯年从确定发掘地点到延聘招揽人才，从发掘的整体规划到发掘的具体实施，事必躬亲，绝不敷衍。此外，他担负最大部分的行政交涉与经费筹划责任，克服种种阻力和困难。当时不少人把考古发掘看作挖坟盗宝的不义之举，从心理和行动上抵制考古发掘，考古发掘面临地方势力、古董商人、军阀混战等种种干扰。甚至当时的河南省政府也插手干预，组织了一支队伍，声言安阳考古不容外省人越俎代庖，致使历史语言研究所的考古工作不能正常开展。傅斯年为此到开封去交涉达3个月之久。直到傅斯年直接找到蒋介石，才把这个问题解决，使得安阳的田野考古工作顺利进行下去。

民国17～26年（1928～1937年）的10年间，殷墟共进行大小15次发掘，傅斯年数次到安阳现场指导。作为中国第一次以国家学术机构的名义组织进行的考古活动，安阳殷墟发掘从一开始就是国家行为，使考古学在中国获得正统地位。在中国近代科学考古史上，傅斯年作出巨大贡献。

七七事变爆发后，北方几所大学奉命南迁，傅斯年建议教育部将北京大学、清华大学和南开大学合并，成立联合大学。民国27年（1938年），国立西南联合大学在昆明成立，傅斯年兼任西南联合大学教授。抗日战争胜利后，傅斯年负责北京大学回迁北平复校工作，一度代理北京大学校长。1949年1月，傅斯年出任国立台湾大学校长，同时继续兼任历史语言研究所所长。

1950年12月20日，傅斯年突发脑出血，在台北逝世。

李济 字济之。湖北钟祥人。清光绪二十二年六月二日（1896年7月12日）出生。考古学家，中国最早独立进行田野考古工作的学者。

民国7年（1918年），李济毕业于清华学校，随即被派往美国留学。曾在克拉克大学学习心理学和社会学专业。民国9年（1920年），他以《人口质的演变研究》论文获得社会学文学硕士学位，随后入哈佛大学人类学专业，民国12年（1923年）获哲学博士学位。他的博士论文《中国民族的形成》是中国人种研究的第一部著作。归国后，李济在天津私立南开大学担任人类学、社会学教授。民国13年（1924年），李济开始从事田野考古，赴河南新郑对春秋铜器出土地点进行调查清理，出版《新郑的骨》调查报告。次年，他任清华学校国学研究院人类学讲师，讲授民族学、普通人类学、人体测量学、考古学、古器物学等。同时受聘于清华国学研究院的还有"四大导师"——王国维、梁启超、陈寅恪、赵元任。民国15年（1926年），李济主持发掘山西夏县西阴村遗址，写出《西阴村史前的遗存》发掘报告，这是中国学者第一次自行主持的考古发掘。

民国18年（1929年）初，李济应聘为中央研究院历史语言研究所考古组主任，并着手主持河南安阳殷墟的考古发掘工作，从此开始其一生中最重要的考古学事业。民国17～26年（1928～1937年），考古组在李济的领导下，按照严格的科学方法，对殷墟遗址进行了15次发掘，发现了殷商故都，发掘出许多重要墓群和遗址，获得大量甲骨文字和重要器物及科学资料，弄清了小屯文化、龙山文化、仰韶文化的层位关系。殷墟的研究，使殷商历史从传说变为信史。在李济主持的第二次殷墟发掘中，他提出任何考古工作人员不准购买文物，不准私藏文物；在发掘时对遗址、各种遗迹现象和遗物要进行科学命名，并全部登记编号；发掘结束后要立即发表发掘报告，并随时发表研究文章的要求。

民国19～20年（1930～1931年），李济所领导的考古组还对山东章丘龙山镇城子崖遗址进行发掘，发现龙山文化。民国21年（1932年），李济发掘河南浚县辛村和辉县琉璃阁等遗址。李济重视田野调查发掘，注意发现和培养田野考古人才，这使他所领导的安阳殷墟等发掘工作逐渐走上科学的轨道，也造就了中国第一批田野工作水平较高的考古学家。民国23～36年（1934～1937年），李济兼任中央博物院筹备处主任，从民国24年（1935年）起，他还兼任中央研究院评议员。在安阳殷墟发掘后期，他的工作重点放到整理、保藏、维护出土文物的工作上，并开始室内研究、撰写发掘报告和研究报告，以及筹建现代化博物馆。抗日战争全面爆发后，中央研究院历史语言研究所由南京西迁，李济率领考古组人员携带珍贵而沉重的古物，走长沙，经桂林，至昆明，最后到达四川的李庄，经历艰辛的跋涉。抗日战争胜利后，李济等又回到南京。

民国27年（1938年），李济被英国皇家人类学会推选为名誉会员。民国35年（1946年），他以专家的身份，参加中国政府驻日代表团的工作，使战时被日本侵略军劫掠的古代文物部分归回祖国。民国37年（1948年），李济被中央研究院推选为第一届院士。同年底，国民党政府将中央研究院院部和历史语言研究所强行迁往台湾，他也长期滞留台湾。1949～1950年，李济曾兼任台湾大学教授，并组织成立考古人类学系。1955～1972年，李济任"中央研究院"历史语言研究所所长等职。

李济在学术上的主要成就，是以殷墟发掘资料为中心，进行专题和综合研究，其中花费精力最大的是对殷墟陶器和青铜器的系统研究。著有《殷墟器物甲编：陶器》上辑。在与他人合著的《古器物研究专刊》第1～5本中，他对殷墟发掘所获170件青铜容器进行了全面探讨。李济的其他中文论著有《西阴村史前的遗存》《李济考古学论文集》等，英文论著有《中国民族的起源》《中国文明的起源》和《安阳》等。《中国现代学术经典·李济卷》收录《西阴村史前的遗存》《中国文明的开始》《安阳》。

1979年8月1日，李济在台北逝世。

于省吾 字思泊，号双剑誃主人、泽螺居士、夙兴叟。辽宁海城人。清光绪二十二年十一月十九日（1896年12月23日）出生。古文字学家、训诂学家、古器物学家。

于省吾7岁入私塾，17岁考入海城县中学，民国8年（1919年）毕业于国立沈阳高等师范学校国学专修科。毕业后，于省吾曾先后担任安东县县志编辑、西北筹边使署文牍委员、奉天省教育厅科员兼临时省视学等职。民国17年（1928年），张学良和杨宇霆筹建专讲国学的奉天萃升书院，他受聘为院监。九一八事变后，萃升书院停办，于省吾在事变前夕感到形势危急，遂移居北平，先后任辅仁大学讲师、教授，燕京大学名誉教授，北京大学兼职教授，均讲授古文字学。

于省吾移居北平后，开始研究古器物和古文字。为鉴定古器物和古文字的真伪，于省吾动用大部分的资产，甚至不惜变卖夫人首饰，搜罗商代甲骨文、商周时代的古器物共200余件，其中精品多属兵器，如吴王夫差剑、少虞错金剑、吴王光戈、楚王酓璋错金戈、秦商鞅镦、秦相邦冉戟等，遂以"双剑誃"为斋名。于省吾对自己收藏的文物进行了精心的整理，潜心研究青铜器的时代特征，注重"考其时代，定其名称，辨其文字"，并认为"当据其制度文字与其时代之典籍相发明"，从而达到"补其史实"的目的。他在20世纪30～40年代先后出版《双剑誃吉金文选》《双剑誃吉金图录》《双剑誃古器物图录》。

于省吾将罗振玉、王国维以来考释甲骨文字的方法加以继承和发展，在20世纪40年代先后完成《双剑誃殷契骈枝》《双剑誃殷契骈枝续编》《双剑誃殷契骈枝三编》。

在研究先秦古文字的同时，于省吾对先秦文献也进行研究，利用古文字的研究成果来考订和训释先秦典籍，取得一定成果，陆续写成并出版《尚书新证》《诗经新证》《易经新证》《论语新证》和《诸子新证》。

中华人民共和国成立后，于省吾开始努力阅读马列主义原著，学习历史唯物主义和辩证唯物主义，同时对田野考古新发现和民族学进行进一步研究，利用古文字资料去研究商周时代的社会制度、经济生活等方面的问题。先后发表有关商代军事联盟、商周的奴隶制、商代的农业和交通、夏商图腾、古代岁时制等的一系列研究论文。1952年，全国高等院校院系调整，于省吾被聘为故宫博物院专门委员。1955年，东北人民大学匡亚明校长聘请于省吾为历史系教授。这一时期他的研究重点仍在古文字考释和典籍考证两个方面，发表相关论文50多篇，1957年由科学出版社出版的于省吾著作《商周金文录遗》，共收录金文拓本466种，是一部重要的金文参考资料。在典籍考证方面，他主要研究《诗经》和《楚辞》，先后发表《泽螺居读诗札记》《泽螺居诗义解结》《泽螺居楚辞新证》等著作。1979年，于省吾总结40多年来研究甲骨文的成果，删订《双剑誃殷契骈枝》三编，合为《甲骨文字释林》，新释或纠正过去误释的甲骨文字达300余个。

于省吾在古文字研究中认识到不应孤立地研究古文字，而需要从社会发展史的角度，从研究世界古代史和少数民族志中保存的原始民族生产、生活、社会意识等方面资料来追溯古文字的起源，才能对某些古文字的造字本义有正确的理解，同时也有助于正确释读某些古文字资料。如对于"羌"字的造字本义，众说纷纭，其中很多是没有什么根据的臆测。于省吾通过对少数民族社会所保存的原始风俗习惯的研究，在大量少数民族志材料的基础上，提出"羌"字本像人戴羊角形，并以羊为声符，应属于其所提出的"具有部分表音的独体象形字"范畴，这就突破了传统的"六书"说。又如商代后期的《玄鸟妇壶铭文》中的"玄鸟妇"三字，旧多误释。他从原始氏族社会中图腾崇拜的角度去研究，并结合典籍中有关"玄鸟生商"的记载，发现壶上铭文的正确释读应为"玄鸟妇"，它说明拥有此壶的贵族妇人是以玄鸟为图腾的商人后裔。这一研究成果不仅正确释读了壶上的铭文，更重要的是为研究商人图腾找到实物依据，从而使过去一向认为是怪诞不经的"玄鸟生商"得到合理解释。

于省吾一生好学不倦。《庄子·秋水》说："计四海之在天地之间也，不似礨空之在大泽乎？"旧误释"礨空"为"蚁穴"，于省吾认为应读为"螺孔"，遂以"泽螺居"为室名，以表明学无止境、"学到老，学不了"的真切心情。

于省吾曾任中国考古学会名誉理事、中国古文字研究会理事、中国语言学会顾问兼学术委员会委员、国务院古籍整理出版规划小组顾问等。

中华人民共和国成立初期，于省吾将所藏的古代文物全部捐献给故宫博物院和中国历史博物馆。

1984年7月17日，于省吾在长春病逝。

良卿 俗名戚金锐，字良卿，法名永贯。河南偃师人。清光绪二十二年（1896年）出生。法门寺住持。

良卿自幼家境贫寒，童年随印川老和尚在河南宜阳灵山寺出家，为临济宗第十三代传人。民国8年（1919年）受具足戒，此后历任该寺执事、监院，后继印川老和尚任住持。民国26年（1937年）受德浩老和尚之请，往洛阳白马寺，历时十余年，先后任后堂、西堂、监院。抗日战争胜利后，重返灵山寺。民国37年（1948年），良卿法师出门参访游化，先到镇江金山寺挂褡，后又到浙江普陀山潜修。20世纪50年代初到陕西，于长安县南五台寺潜修。1953年，良卿至扶风法门寺任住持。

1966年，"文化大革命"爆发，当地红卫兵组织以"破四旧"之名多次到法门寺砸佛像、烧佛经，捣毁碑碣、法具，进行"打砸抢"活动。1966年7月12日，红卫兵再次到寺院，欲进行破坏。为确保佛教圣物和大量文化珍宝免遭损毁，在极力劝阻无效的情况下，良卿于当晚集薪庭院，自己置身其上，从顶浇油，引火自焚。其舍身护寺的行动，迫使红卫兵终止了对寺院的破坏行为，保护了法门寺地宫与内藏的极其珍贵的佛指舍利和其他文化瑰宝。

良卿自焚圆寂后，其遗骨由弟子葬于长安终南山上天池寺。1994年，法门寺僧人迎取良卿骨灰回寺。1997年7月，良卿法师自焚31周年之际，宜阳灵山寺主持释绍凡建造良卿法师寿塔。法门寺则供奉良卿遗骨于扶风中观山高僧灵塔，以纪念其爱国爱教、舍生取义、保护文化遗产的献身精神。

王献唐 原名凤珆，改名珆，字献唐，号凤笙，室名双行精舍、顾黄书寮等，以字行。山东日照人。清光绪二十二年（1896年）出生。图书馆学家、考古学家、版本目录学家。

王献唐7岁入私塾，喜欢绘画、写字、读诗，11岁进入青岛礼贤书院上学。由于家境困难，王献唐只得白天上学，晚上到一家报社排字、校对，勉强维持学业。17岁时，王献唐入青岛德华特别高等专门学堂土木工程专业学习。民国5年（1916年），王献唐毕业后，到《山东日报》任编辑，同时兼任《山东商务日报》编辑。民国11年（1922年），青岛从日本人手中收回，王献唐任青岛督办公署秘书，并着手撰写处女作哲学论著《公孙龙子悬解》，此书令他在学界初露头角，遂被青岛大学请去讲古代哲学。民国18年（1929年），王献唐任山东省立图书馆馆长，同时兼任齐鲁大学教授，讲授版本学和目录学。他白天为图书馆工作，深夜奋笔，通宵达旦，许多研究著作都出于此时。在王献唐任省图书馆馆长这一年，清代四大藏书楼之一的聊城海源阁被兵匪劫掠，他赴聊城调查整理。返回济南后，王献唐撰写《聊城杨氏海源阁藏书之过去现在》《海源阁藏书之损失与善后处理》等重要文章，积极建议省政府对海源阁藏书进行抢救，最终

由辛铸九等社会名流将劫后的海源阁藏书自天津购回，藏于山东省图书馆。此间，他锐意搜罗乡邦文献，编撰《山左先哲遗书》，使乡贤未刊遗著得以留传。他还将清末山东几位有名学者藏家散佚或将在国外出售的收藏，如钟鼎彝器、泉币、鉨印、封泥、砖瓦、石刻、书画等文物征集收藏，辟罗泉楼以展览泉币，修建奎虚藏书楼以收藏书籍文物。同时对这些收藏分门别类地著述考证。经数年努力，山东省图书馆（山东金石保存所）成为"北方图书文物之重镇"。王献唐还撰写《炎黄氏族文化考》6卷，从考古学、文字学、音韵学、地理学、民俗学等多个角度，利用中国的经书、纬书、神话传说和其他典籍文献对炎帝和黄帝两个不同氏族进行系统考释。民国19年（1930年）10月，王献唐被聘为山东古迹研究会委员兼秘书。在此期间，他作为山东省代表与李济一起全程主持参与城子崖龙山文化遗址的发掘工作。在王献唐的关注下，泰山、灵岩寺、曲阜少昊氏茔庙等古迹得到及时修葺，同时全省各县的名胜和文物也得到一定程度的保护。为了向社会公众宣传文物保护的意义，王献唐还编印《到图书馆去》《砖瓦图书为什么要开会展览》等文章。

抗日战争爆发后，王献唐准备将山东省图书馆中的重要文物和善本书运往四川。当时政府官员逃散，经费无着，他只得求亲告友，还把自己的收藏卖掉，拼凑运费。山东省图书馆编藏部主任屈万里和工友李义贵跟随他远赴四川。屈万里在《载书播迁记》中记载他们"过铜山，经汴郑，出武胜关，凡八日行程，三遇空袭"，终于到达汉口。在汉口装船渡江

入川时，"弹尽粮绝"的王献唐一行偶遇向四川万县迁校的山东大学老乡，他们愿以聘请王献唐兼课为条件，负责将书物运到四川，并预付800银圆的兼课费，王献唐将之全部作为公费补用。此后，王献唐寓居四川10年，当时每有空袭警报响起，大家都避入防空洞，唯独他始终守着这些书物，朋友们劝他，他总是笑着说："这些东西就是我的生命，一个人不能失去了生命！"他发誓说："这是山东文献的精华，若有不测，我何以面对齐鲁父老，只有同归于尽了。"民国29年（1940年），国民政府设立国史馆，他受聘为总干事，因事烦辞谢，改为总纂修，同时兼任国立山东大学、国立武汉大学教授。在国史馆，他撰写《国史金石志稿》，对历代著录的金石资料以及传世的实物重新进行了整理、鉴别和考证。抗日战争胜利后，他辞去一切职务，将原山东省立图书馆的书籍文物完整无损地运回济南。他由于长期操劳过度，不久即患脑病到北平就医，从此身体没有恢复健康。

1950年后，王献唐任山东古代文物管理委员会研究员与副主任，山东省博物馆筹备处副主任，第一、二届山东省政协常务委员，山东省地方志资料征集委员会副主任委员，山东中国历史学会（中国史学会济南分会）理事，山东省文史馆馆员，故宫博物院铜器研究员。

王献唐的著作有《炎黄氏族文化考》《两周古音表》《古籍书画过眼录》《中国古代货币通考》《山东古国考》《聊城杨氏海源阁藏书之过去与现在》《海岳楼校汪水云诗集》《双行精舍石文》《五灯精舍印话》《百汉印斋丛编》《那罗延室杂著》《顾黄书寮杂录》《平乐印庐藏印》等30余种。

1960年11月16日，王献唐病逝于济南。

王子云 原名青路，字子云。安徽萧县人。清光绪二十三年（1897年3月1日）出生。画家、雕塑家、美术教育家、美术史论家和考古学家，西安美术学院教授。

光绪三十一年（1905年），王子云入本村私塾就读，宣统元年（1909年）入萧县官立小学就读，宣统三年（1911年）考入徐州师范学堂。民国5年（1916年）毕业后，王子云考入刘海粟主办的上海西门图画学院学习西画。民国10年（1921年），王子云考入国立北京美术学校第一届高级师范专科。次年，他参加由国立北京美术学校西画系教授李毅士、吴法鼎为首组织的五四运动以后北京第一个美术团体阿波罗学会，并任干事，负责会务工作。民国12～14年（1923～1925年），阿波罗学会曾举办三届美术作品展。期间，王子云由学会推荐到陈垣创办的私立平民中学任美术教师，又由陈垣推荐到由蔡元培、李石曾创办的北京中法大学附属孔德学校教美术，并自学油画专业。此时因故宫筹建博物院，王子云被聘为故宫接收委员会成员。民国15年（1926年），王子云应邀到南京国立第四中山大学民众教育馆艺术部任主任。民国17年（1928年），受林风眠之邀，王子云参加筹建杭州国立西湖艺术院，任教务处注册科长兼水彩画讲师，并负责学校对外的美术宣传。民国19年（1930年）冬，王子云以学校驻欧代表名义赴法国留学。民国21

年（1932年）春，他进入法国国立巴黎高等美术学校雕塑系学习雕塑。在巴黎期间，王子云多次以油画和雕塑作品参加巴黎每年一度的春季沙龙、秋季沙龙、独立沙龙等大型美术展览会。民国24年（1935年）冬，由王子云、常书鸿、吕霞光、王临乙、曾竹韶等人参加的中国留法艺术学会赴英伦参观团到英国参观。他们除参观大英博物馆外，还参观在伦敦皇家艺术院举办的"中国艺术国际展览会"。次年，王子云以驻欧代表名义游览参观英国、比利时、荷兰、德国、瑞士、意大利、希腊等国，遍览各国美术遗迹。

民国26年（1937年），王子云回国并回到国立杭州艺术专科学校（即西湖艺术院）任教。次年，因战事紧迫，学校一路西迁，在湖南沅陵与国立北平艺术专科学校合并，成立国立艺术专科学校，滕固任校长，王子云任中专部主任兼迁校委员。民国28年（1939年），他离开国立艺术专科学校赴重庆，接受重庆市政府委托设计抗日英雄纪念碑，后因日机轰炸重庆而停工。同年，他受国民政府教育部委托，组织西北艺术文物考察团，并被任命为团长。民国29～34年（1940～1945年），他率团在陕西关中地区、河南洛阳地区、甘肃敦煌及青海等地考察，历时5年，行程近5万千米，收集大量文物古迹资料。期间，他致函国民政府教育部，建议成立敦煌艺术研究所（敦煌研究院前身）。考察成果于民国30年（1941年）、31年（1942年）、32年（1943年）分别在西安、重庆、兰州等地展出，主要内容包括汉唐陵墓古代建筑绘图、雕刻品模铸、民俗工艺绘画、拓印、摄影、史迹考察记述以及敦煌壁画和龙门

石刻、南阳汉画像石等。其中以石膏模铸复制的汉茂陵石刻及唐昭陵六骏中的四骏，形貌几乎与原物无异，为当时国内首创。民国37年（1948年），王子云应邀赴成都艺术专科学校任教，任油画教师兼教外国美术史。期间，他相继完成《秦汉瓦当艺术》《汉代陵墓图考》《中国历代应用艺术图纲》《唐十八陵踏查记》等的编写工作，继而收集整理《中国线刻艺术》《画砖》《碑的艺术》《伊阙龙门》等书稿的资料。

1950年，王子云受西南军区文化部之托，塑制解放军解放临汾、太原攻城模型，送北京参加军事展览会。他制作的解放川西无名英雄塑像受到军区嘉奖。1951年，受西北局文化部之托，他塑制革命圣地延安模型图，送西北历史博物馆展览。1952年，王子云调任西北艺术专科学校（西安美术学院前身）教授，教授中国美术史和油画。1953年，王子云参加西北局文化部组织的新疆文物考古队，赴新疆考察文物古迹，历时3个月，走遍新疆南北，重点考察吐鲁番、焉耆、库车、拜城、新和、温宿等地的石窟群和古城址。1955年，为搜集美术教材资料，王子云又到河南、河北、山西、山东等地考察龙门、云冈、南北响堂山、天龙山石窟等。1956年，他编写《唐代雕塑选集》《中国古代石刻线画》《中国美术简史》等。1957年《中国美术简史》排印时，王子云被打为右派，书稿被退，并在"文化大革命"中遗失。

1973年春，为编《中国雕塑艺术史》，由陕西省文化局支持，王子云进行一年多的美术考察活动，遍历四川、广西、安徽、浙江、

上海、江苏、北京、天津、广东、河北、山东、山西、辽宁、江西等地，对各地的石窟、陵墓、寺庙等各类古代艺术遗迹进行考察，收集到极为丰富的第一手资料。1980年出版《中国古代雕塑百图》。1986年，王子云以89岁高龄，被西安美术学院返聘担任该校中国美术史硕士研究生导师。1988年出版《中国雕塑艺术史》，同年获陕西省政府"老有所为精英奖"。1989年，王子云将一生的美术考察活动整理成《从长安到雅典——中外美术考古游记》，全书国内部分为西北考察、新疆考察等考察活动，国外部分为法、英、荷、德、意、瑞等国的美术考古见闻。

王子云曾任中国美术家协会顾问，陕西美术家协会副主席、名誉主席。

1990年8月16日，王子云在西安逝世。

陈邦怀 字保之，室名嗣朴斋。江苏丹徒人。清光绪二十三年二月十八日（1897年3月20日）生于江苏东台。中共党员，古文字和考古学家。

陈邦怀父亲是当地一位宿儒，擅长金石考据之学。陈邦怀幼承家学，青年时打下坚实广博的学术基础。民国5年（1916年）起，陈邦怀曾先后在东台达德学校、南通女子师范学校、无锡国学专修学校执教。民国13年（1924年），陈邦怀任实业家张謇的秘书，开始研究商周文字。次年出版《殷墟书契考释小笺》，得到王国维的奖掖；民国16年（1927年），出版《殷契拾遗》。民国20年（1931年），陈邦怀迁居天津，在中国银行任文书，1952年离任。

1954年，陈邦怀受聘为天津市文史研究馆馆员，并任副馆长。1958年，陈邦怀加入中国共产党。此后，陈邦怀一直潜心研究《说文解字》，写成《说文古文校释》《段注说文札记》。60岁后，陈邦怀著述益勤，1959年出版《甲骨文零拾》和《殷代社会史料征存》，对甲骨文字考订及商代四方风名、宫寝制度、先公旧臣等问题多有创见。20世纪60年代初期，天津市艺术博物馆建立不久，馆藏文物需整理鉴定，陈邦怀受邀鉴定馆藏青铜器。库房在地下室，潮湿、阴冷，当时已年逾花甲的陈邦怀，每次到库房，一待就是两三个小时，一丝不苟地进行鉴定。他还传授年轻人辨别铜器或其铭文真假的方法，并一再嘱咐要经常将真器与伪器对比，观察分析其细微的区别，强调只有反复实践才能掌握辨伪方法。1979年，陈邦怀任天津社会科学院历史研究所研究员、顾问。1983年，陈邦怀将已发表和尚未发表的文章106篇编成《一得集》，文章涉及商周甲骨文、金文，战国秦汉陶器、玺印、帛书、简牍、碑刻及各种典籍写本、刻本等。80岁时，陈邦怀仍伏案笔耕，著述不辍，1985年编成《嗣朴斋金文跋》，论及的器物自商至战国，内容涉及文字考释、句读训诂、史料订补、名物辩证、器物断代等方面，创见颇多。陈邦怀历来反对把资料当作私有财产，于省吾编印《商周金文录遗》时，他曾出借从未发表过的拓本120余件帮助其成书。20世纪80年代初，中国社会科学院考古研究所计划编纂《殷周金文集成》，应夏鼐的邀请，陈邦怀参与编书工作。几年间，陈邦怀多次与编辑组人员座谈，还经常写信对该书器铭的真伪、定名和归类等方面提出意见。他还尽其所藏，为该书补充、更换许多精善拓本。直到去世前几天，陈邦怀仍念念不忘该书的编辑工作，继续提出具体意见。陈邦怀还热心培育人才，扶掖后学，天津和其他省市的许多中青年都曾得到他的无私帮助。

陈邦怀曾任中国考古学会名誉理事、中国古文字研究会理事、《甲骨文合集》编委会委员、天津市文物保管委员会委员、中国书法家协会天津分会主席、天津市历史学会理事、天津口岸文物出口鉴定组顾问。

1986年4月22日，陈邦怀逝世于北京。

杨钟健 字克强。陕西华县人。清光绪二十三年八月初一（1897年6月1日）出生。中共党员，九三学社中央常务委员，古生物学家、地质学家，中国古脊椎动物学的开拓者和奠基人，中国科学院古脊椎动物与古人类研究所创始人。

杨钟健于民国6年（1917年）从陕西省立第三中学毕业，随后考入北京大学预科，两年后进入北京大学地质系。在北京大学学习期间，杨钟健积极投入学生运动，于民国8年（1919年）发起组织旅京陕西学生联合会，主编油印进步刊物《秦劫痛话》。同年5月，他参加了五四爱国运动。后参加邓中夏等发起成立的北京大学平民教育讲演团，深入北京通县、长辛店等地进行宣传活动，并作为北方学生代表赴上海出席全国学生代表大会。民国9年（1920年）1月，他主编旅京陕西学生会月刊《秦钟》，6月加入李大钊、邓中夏发起组织的马克思学说研究会，10月发起成立北京大学地质研究会并任委员长。1921年，杨钟健经邓中夏介绍加入少年中国学会，任执行部主任，成为学会主要领导者之一；同年10月，任《地质研究会年刊》编委，同时创办进步杂志《共进》半月刊，以"提倡桑梓文化，改造陕西社会"为宗旨。民国11年（1922年），杨钟健加入中国社会主义青年团。

民国12年（1923年），杨钟健自北京大学毕业，获得理学学士学位。同年10月，杨钟健赴德，次年4月正式入慕尼黑大学地质系学习古脊椎动物学，民国16年（1927年）获得博士学位，同年出版专著《中国北方啮齿类化石》，从而在中国创立古脊椎动物学学科。杨钟健在德国留学期间，就开始注意西欧各国大学附设的陈列馆。在欧洲考察时，杨钟健曾在巴黎、柏林、慕尼黑、伦敦、斯德哥尔摩、布鲁塞尔、维也纳等地参观著名的博物馆，特别是法国、英国、德国的自然历史博物馆。回国后，他在《去国的悲哀》一书中详细记述自己的感观。他发现欧洲各国"大凡少数大的城市，至少有一二十个陈列馆，最小的城也有一两个，甚至有些村堡，也有小小陈列馆点缀其间"。他认为，陈列馆"不但为文化物品的储藏的地方，研究人才集中的场所，普及专门教育的辅助机关，也是民族复兴与国家元气的大本营"。此时他就认识到，为提高整个中华民族的科学文化水平，中国急需筹建一些自然历史博物馆。此后，杨钟健还多次著文论述博物馆的重要性，为建立自然历史博物馆造舆论。在《关于陈列馆的意见》和《记纽约自然历史博物馆》两篇文章里，杨钟健对博物馆的建设方针、任务、社会功能以及如何办好自然历史博物馆等问题，都提出比较成熟的看法。

民国17年（1928年），杨钟健回国，任地质调查所技师，次年任地质调查所新生代研究室副主任，主持周口店遗址的发掘工作。次年12月，周口店遗址发掘取得重大成果，第一个完整的北京人头盖骨化石被发现。杨钟健与法国学者德日进完成《周口店含化石堆积层之初步报告》，对于周口店动物群的性质和时代、北京人遗址含化石堆积的分层以及周口店各地点的时代序列等问题作精辟分析。此后，杨钟健陆续发表一系列关于周口店遗址研究的专著和论文，如《周口店鸡骨山哺乳类化石》《周口店第二第七第八地点之脊椎动物化石》《周口店中国猿人地点之小哺乳类化石》，以及与人合著的《中国原人史要》等。民国25年（1934年），杨钟健任地质调查所北平分所所长，同年曾当选为中国地质学会理事长。民国37年（1948年），杨钟健当选首届中央研究院院士，同年任西北大学校长。

中华人民共和国成立后，杨钟健任中国科学院编译局局长。1953年，他辞去编译局局长职务，任中国科学院古脊椎动物研究室主任。1955年，杨钟健当选中国科学院生物地学部委员（院士）。1957年，杨钟健任中国科学院古脊椎动物研究所（1960年改为古脊椎动物与古人类研究所）首任所长直至去世。在中央自然博物馆筹备处成立时，杨钟健积极参与筹备工作。期间，他对未来全国性的自然历史博物馆的任务、规模、馆址，以及科研、教育、保管等问题都提出既有远见，又切实可行的意见。期间，杨钟健还从古脊椎动物研究所调来业务

人员和大量标本，充实博物馆的力量和馆藏，使北京自然博物馆的展览能够正常与观众见面。1959年，杨钟健兼任北京自然博物馆第一任馆长，他把更多的精力投入到博物馆的建设中来。杨钟健十分重视科研工作，强调博物馆不是展览馆，不能只办展览不搞科研。为此，他把科研工作排上日程，形成制度加以坚持，使北京自然博物馆拥有自己雄厚的科研力量。他还制订北京自然博物馆的发展规划，要把博物馆建成全国性的自然历史博物馆。

杨钟健还对全国自然博物馆的建设给予关心和支持。他继续关心周口店的工作，周口店遗址的发掘和研究计划、陈列馆的陈列方案、遗址区的保护和建设、工作人员的培养等，他都一一过问，在工作上给予帮助。"文化大革命"期间，天津市把包括天津市自然博物馆在内的几个不同性质的博物馆合并为天津市博物馆，自然博物馆的工作停顿，业务干部下放农村。对此，杨钟健十分痛心，到天津市向市领导提出建议，力主自然博物馆应独立。不久，天津市自然博物馆恢复独立。

杨钟健的科学著作，内容以古生物学为主，涉及地层学、地史学、气象学、古人类学和考古学等学科，著作达600余篇/部。

杨钟健曾当选为第一至五届全国人大代表。1979年1月15日，杨钟健在北京逝世。

刘敦桢 字士能，号大壮室主人。湖南新宁人。清光绪二十三年（1897年9月19日）出生。中共党员，现代建筑学家、建筑史学家，中国建筑教育及中国古建筑

研究的开拓者之一。

刘敦桢于宣统元年（1909年）随长兄赴长沙，就读于楚怡小学及楚怡工业学校。民国2年（1913年），刘敦桢考取官费留学日本资格，入东京正则学校。民国5年（1916年），刘敦桢入东京高等工业学校（东京工业大学）机械科，次年转入建筑科，民国10年（1921年）获建筑工程科学学士学位，在东京池田建筑师事务所服务一年。次年，刘敦桢回国任上海绢丝纺织公司建筑师，并与柳士英等肇建第一所中国人经营的建筑师事务所——华海建筑师事务所。民国12年（1923年），刘敦桢参与创办苏州工业专门学校建筑科并任讲师，为国家培养首批建筑工程人才。民国14年（1925年），刘敦桢执教省立湖南大学土木系并设计湖南大学教学楼及城内名胜天心阁。次年，刘敦桢返回苏州工业专门学校建筑科任教。民国16年（1927年）12月，刘敦桢携苏州工业专门学校建筑科学生至南京，与刘福泰等共建中央大学工学院建筑系，任副教授，积极参与建系及教学活动。次年，刘敦桢发表第一篇有关中国古建筑的论文《佛教对中国建筑之影响》，并任永宁建筑师事务所建筑师。民国19年（1930年），刘敦桢加入中国营造学社，同年7月率中央大学建筑系师生赴山东曲阜、河北、北平等地参观古建筑，为中国人最早进行的建筑科学考察活动。次年，刘敦桢翻译日本学者滨田耕作《法隆寺与汉、六朝建筑式样之关系》及田边泰《"玉虫厨子"之建筑价值》，并作大量订正及补充。此二文皆获得朱启钤重视，并发表于《中国营造学社汇刊》第3卷第1期。他又设计并建造南京中山陵光化亭，该亭为石构清官式建筑，也是刘敦桢自身对中国古代制式建筑的首次实践。同年，他还与中央大学建筑系卢奉璋教授合作，以现代科学技术及手段，调查并整修建于南唐的南京栖霞寺舍利石塔，开中国古建筑现代保护之先河。维修过程中在塔旁发掘出"勾片造"石栏板，其形象过去仅见于山西大同云冈石窟北魏浮雕。民国21年（1932年）7月，他辞去中央大学建筑系教职，赴北平中国营造学社专门从事中国古建筑研究，任研究员及文献部主任。民国22～26年（1933～1937年）间，刘敦桢在华北六省通过文献研究及大量科研调查，共写出论文、调查报告、读书笔记等35篇，约65万字；又与其他学者合撰论文7篇，约30万字，重点研究中国古代官式建筑实例和典型做法，如宫殿、坛庙、寺观等和营造法式、工部工程做法。其主要著作有《佛教对于中国建筑之影响》《北平智化寺如来殿调查记》《大壮室笔记》《明长陵》《大同古建筑调查报告》《易县清西陵》《河北西部古建筑调查记略》《河南北部古建筑调查记》《西南古建筑调查概况》等论文，为中国古建筑这一新学术领域奠定了重要物质基础并树立了研究楷模。七七事变后营造学社由北平辗转南迁至云南昆明，民国29年（1940年）12月再移驻四川南溪李庄。虽经济与物质条件每况愈下，但调查与研究工作未有稍辍。刘敦桢多次率学社人员跋山涉水，对云南、四川、西康诸省主要古建筑进行系统调查，收集了大量极宝贵的第一手资料并写出报告，弥补了中国西南地区古建筑研究的空白。20世纪30年代，中国建筑界就有"北梁南刘"之说，即刘敦桢与梁思成齐名，此说源于营造学社朱启钤社长的讲演。

民国32年（1943年），刘敦桢赴重庆，任国立中央大学工学院建筑系教授、系主任；民国34年（1945年）末又任工学院院长，并负责抗日战争胜利后迁校返宁的诸多建设工程。

中华人民共和国成立后，刘敦桢任南京大学建筑系教授，两次主持全国范围的建筑史编写，同时对传统民居和江南古典园林进行系统研究。1950年，刘敦桢被任命为南京市文物保护委员会委员，对南京城内外的古建筑和古墓葬进行多次调查，并写出修整及保护计划。1953年，全国院系调整，南京大学工学院独立组建南京工学院，刘敦桢再任南京工学院建筑系教授、系主任，兼华东建筑设计公司与南京工学院合办中国建筑研究室主任。随后，他对传统民居和江南古典园林进行系统研究。1955年，刘敦桢当选为中国科学院院士（学部委员），成为当时全国建筑界仅有的三名院士之一（另两位为梁思成、杨廷宝）。

刘敦桢多次对南京市内外的文物古迹，如六朝墓葬石刻、栖霞寺石塔、明故宫、明城墙、明孝陵、功臣墓葬等进行考察，并写出报告多篇。他两次赴上海调查真如寺大殿建筑情况，定为元代建筑；到山东曲阜调查孔庙保存状况并写出整修报告；还到皖南调查古建筑，发现一批明代祠堂、住宅、牌坊等。他在调查苏州云岩寺塔时，对塔的倾斜问题提出修整意见，并被任命主持此项工作，还设计了南京博物院大殿琉璃瓦顶（辽式）。

1956年，刘敦桢发表专著《中国住宅概论》，在国内学术界掀起对这一领域开展全面研究的热潮。1960～1966年，在研究中国古典园林的基础上，他对原建于南京明中山王徐达宅第中的瞻园进行整修和改建，这是他一生最成功与最后的建筑制作，也是他对中国传统园林研究的具体实践。

20世纪50年代起，刘敦桢与中国建筑史学界和部分考古学界的老、中、青学术精英，共同编写了《中国建筑简史》和《中国古代建筑史》。特别是后者，这一由他主持和参写的巨著，先后历时7载，改稿8次，终于在1966年成书，并在1988年获"全国高校优秀教材奖"特等奖。与此同时，他还开展对中国古典园林的研究，率领助手们对苏州大、中、小典型园林进行详细测绘和资料收集。八九年间共绘制图纸2000余张，摄影2万余幅，文字稿10万余字。后此项工作因"文化大革命"而中断，遗稿于1979年由他的助手和后人整理出版为《苏州古典园林》，于1981年获"国家科技进步奖"一等奖。该书蜚声中外，又被译成英文和日文传向海外。

刘敦桢曾当选为第三届全国人大代表，中国建筑学会常务理事，江苏省土木建筑学会第一、二届副理事长。

1968年5月1日，刘敦桢在南京逝世。

韩慎先　名德寿，字慎先，因曾收藏元代王蒙《夏山高隐图》（后藏于北京故宫博物院），自号夏山楼主。北京人。清光绪二十三年（1897年）出生。文物鉴定家，天津市艺术博物馆副馆长。

韩慎先出身京城大家，其祖父韩麟阁曾为吏部官员，在京、津均有产业，喜碑帖书画，闲暇时常出入琉璃厂书画古玩店，并与京城收藏家交往密切。韩慎先自幼常随其祖父出入古玩市肆，耳濡目染，渐渐喜欢上书画古玩。宣统二年（1910年），韩慎先于北京普励学堂（前门小学的前身）高小毕业。民国元年（1912年），韩慎先随家迁入天津，从天津画家马家桐学习绘画。从此，韩慎先致力于文物收藏与研究，常年在收藏界历练，金石、字画、陶瓷、版本、砚墨，无所不通，尤擅古代书画鉴定，其眼光与胆识颇为同辈所推许。有同道朋友，每得一件古代书画，就拿到韩慎之处请为鉴定。但他遇到伪作时，却先不说穿，而是径自走到后院，取出自藏的同一作者的另一作品，与伪作同时悬挂于壁上，让藏家自行比对，他则从容落座等候，等藏家自己承认所买书画确是赝品以后，他才一五一十为之指明，并从纸绢、笔法、题跋、印章、装裱诸方面加以分析。韩慎先曾对其学生说："学习鉴定书画第一是要记忆力好，如果无超强之记忆力，前学后忘，必定学不了鉴定。第二需熟悉历代著名书画家各人风格与师承关系。第三真伪优劣均要看，有比较才可言鉴别。"民国16年（1927年），韩慎先赴日本大阪举办个人收藏文物展，引起日本各界的极大震动。次年，他在天津英租界达文波路开设达文斋古玩店。七七事变后，日本人占领天津。韩慎先将达文斋关闭歇业，自己则闭门不出，以明志节，靠变卖收藏、家产勉强度日。

1950年，韩慎先被聘为天津市文化局文物顾问，负责文物鉴定、征集和协助海关检验出口文物等工作。1958年，天津市政府为筹集资金，动员各界人士把家藏拿出变卖，将所得

资金存入银行支援国家工业建设，时称"工业抗旱"。当时韩慎先在和平区成都道人民银行的收购点收购，两个月间购得大量书画、瓷器等珍贵文物，其中最大的收获就是唐摹王羲之《寒切帖》。此外，他还在收购的三册宋元画册中选择出宋张择端款《金明池争标图》、宋扬无咎《梅花图》、宋苏汉臣《婴戏图》、宋马远《月下把杯图》等8开册页列入天津艺术博物馆馆藏珍品，成为该馆镇馆之宝。1962年，韩慎先任天津市艺术博物馆副馆长、天津市文物保管委员会委员，同年当选天津市政协委员。

韩慎先为天津市艺术博物馆征集、鉴定文物不惜付出大量心血，使许多流散民间的珍贵文物得以永久保存在国有博物馆中。书画鉴定专家张珩曾感慨地说："天津市艺术博物馆能有今天，全靠韩先生之功。"馆藏的许多珍贵文物都带有韩慎先慧眼识宝的故事。除前述绘画精品外，还有宋钧窑鸡心杯，清雍正窑变鱼篓尊、雍正粉彩八桃过枝盘、乾隆珐琅彩玉壶春瓶等瓷器，楚王鼎等10件楚器也都经他鉴定征集而入藏博物馆。

此外，韩慎先平生酷爱京剧艺术，工老生，造诣极深，为京剧谭派的名票，曾录制《定军山》《朱砂痣》《二进宫》等多出京剧唱片流传社会。

1962年，经国务院批准，文化部文物事业管理局成立古代书画鉴定组，由北京张珩、上海谢稚柳、天津韩慎先为组员，张珩为组长。同年4月底，三人奉命在北京集合，准备前往东北三省和天津等地鉴定文博机构所藏古代书画。不料5月1日下午，韩慎先在北京新侨饭店突发脑出

血，后急送北京同仁医院抢救无效逝世。

韩慎先逝世后，国务院总理周恩来、副总理陈毅及文化界、戏剧界知名人士出席在中南海紫光阁举行的韩慎先先生京剧唱腔录音欣赏会，以追思韩慎先一生为保护文物和中国博物馆事业作出的贡献。

顾公雄 名则扬，字公雄，号野梅。江苏苏州人。清光绪二十三年（1897年）出生。藏书家、画家。

顾公雄曾祖父顾文彬为道光二十一年（1841年）进士，官至浙江宁绍道台。自幼酷爱书画，精于鉴赏，富于收藏；晚年游宦归乡后，与三子顾承共同主持营建过云楼，作为收藏书画之所，"自唐宋元明迄于国朝，诸名迹力所能致者，靡不搜罗"，著有《过云楼书画记》。祖顾承、父顾麟士，皆精于鉴赏。顾麟士还是书画名家，"所作山水，超然尘表，可与古人争胜"，著有《过云楼续书画记》。顾麟士矫时俗重画轻书之习，凡先贤翰墨，均加甄采，还喜收金石、碑帖、古印等，极大丰富了过云楼藏品，使过云楼收藏进入全盛时期。当时过云楼不仅是收藏上千幅宋元以来书画精品的藏画楼，也是收藏宋元以来旧刻、精写旧抄本、明版书籍、清精刻本及碑帖印谱800余种的大型藏书楼。过云楼收藏名重江南，清末民初时，已有"江南收藏甲天下，过云楼收藏甲江南"的说法。顾麟士死后他的四个儿子继承他的收藏。其中次子顾公雄继承过云楼的书画收藏，他与妻子沈同樾遵循祖训，始终保管这批文物。

民国26年（1937年），顾公雄一家居住在苏州朱家园，8月16日，日本侵略军飞机首次轰炸苏州，一颗炸弹落到顾家窗下，窗子整个炸飞，所幸窗台两侧两列书画箱未伤毫发。住所被炸后，顾家带着书画避居到蠡野镇的亲戚家。蠡野镇离苏州太近，常有敌机盘旋，顾公雄感到不够安全，不久又带着画箱迁到远郊光福寺。民国27年（1938年）春节刚过，居于上海的妹妹顾贤和她丈夫陆楚善决定将顾公雄一家接到上海市里的租界。此时，战火遍及江浙，交通不便，他们请天香味宝厂的一位朋友化装成日本人，带了钱同一辆汽车到光福寺接顾公雄一家。几经周折，抵达上海后，顾公雄将这批珍贵字画的一部分寄放在常熟铁琴铜剑楼主人瞿启甲父子的寓所。瞿家帮顾家在附近爱文里找了房子，自此两家常有往来，瞿家客厅一时成为书画活动中心。在上海，顾公雄巧妙与日本人以及汪伪高官周旋，保全过云楼藏品。他虽然整天提心吊胆，如履薄冰，却没有泯灭保护这批书画珍品的信念，也没有违背祖训。

民国37年（1948年），国民党军队在战场上节节败退，顾公雄担心战火燃及上海，又怕国民党散兵游勇、盗匪恶霸上门抢劫，他将全部书画存入中国银行保险箱。顾公雄有5个子女先后上大学，家里只能靠他画画维持拮据的生活。友人劝他出售部分书画以渡难关，顾公雄表示："这些书画已是文物，一旦流传出去，不知道会落什么地方、什么人手里，这对国家、对人民、对自己的父辈祖宗，都交代不过去，是不可饶恕的行为。"

1951年，顾公雄临终时说出自己的心愿："这批书画是祖上保存下来的中国艺术精华，私家收藏难以永久留存。这些财产应该是国家的，还是献出来吧，把我们的书画献给国家吧。"同年，顾公雄逝世。

遵从丈夫的遗言，沈同樾和她的子女顾笃瑄、顾榴、顾佛、顾笃瑝、顾笃球等在该年将过云楼书画的一部分捐给上海博物馆，文化部发给褒奖状及奖金200元，他们当即把奖金全部捐献，作为抗美援朝之用。1958年，沈同樾第二次捐献，上海市文化局奖给现金1万元，她意欲捐给居委会，上海博物馆得知后，希望她将这笔钱聊补家用，她仍然捐出一部分给里弄。

沈同樾两次共捐献书画300余件，多为稀见之宝，包括宋魏了翁《文向帖》；元赵孟頫、崔复《吴兴清远图合卷》，倪瓒《竹石乔柯图》，张渥《九歌图》；明唐寅《洞庭黄茅渚图》，徐渭《花卉卷》，石涛《细雨虬松图》等。此外，还有明正德、万历、崇祯时期的古籍善本和罕见稿本十余部。1959年3月，上海博物馆举办"沈同樾先生捐赠所藏过云楼书画展"。

张伯驹 原名家骐，字丛碧，别号春游主人、好好先生。清光绪二十四年正月二十二日（1898年2月12日）生于河南项城。中国民主同盟成员，中国书画鉴藏家。

张伯驹生父张锦芳，伯父张镇芳是光绪十八年（1892年）进士，清末曾任直隶都督。因张镇芳膝下无子，张伯驹6岁时被过继给张镇芳，随后离开项城，到天津张镇芳府上生活。张伯驹7岁入私塾，8岁能写诗。宣统三年

（1911年），张伯驹到天津新学书院读书。民国4年（1915年），在张镇芳的安排下，张伯驹破格考入袁世凯建立的中央陆军混成模范团的骑科，由此进入军界。民国6年（1917年）从混成模范团毕业后，张伯驹先后在曹锟、吴佩孚、张作霖军中任职，官至旅长。后因日益厌恶旧军队的腐败，最终不顾父母反对，辞去一切职务，退出军界。民国16年（1927年），张伯驹投身金融界，历任盐业银行总管理处稽核，南京盐业银行经理、常务董事，秦陇实业银行经理等职。任盐业银行总管理处稽核期间，张伯驹在上海遇到了艺人潘素。两人一见倾心，在交往一段时间后于民国21年（1932年）结婚。夫妇二人书画相酬、诗词共赏，感情十分美满。

张伯驹自幼受中国传统文化熏陶，文学功底扎实，古典诗词造诣颇深，30岁开始写词，一生填词不下千首，词作情深意厚，被誉为"词人之词"。张伯驹不仅以词著称，还精于词论、词史，撰有《丛碧词话》，文中评论了古代十多位词人的风格、成就，见地精深。张伯驹艺术底蕴深厚，擅绘梅、兰、竹、菊；书法纳百家之长，独具风格，人称"鸟羽体"。张伯驹在书法史及书法理论方面亦颇有造诣，著有《中国书法》一书。张伯驹精通戏曲，文武昆乱不挡，能戏甚多且对京剧理论亦有研究，和余叔岩合撰《乱弹音韵》。余叔岩逝世20周年时，张伯驹又将此书进行了增订，改名《京剧音韵》出版。20世纪30年代，张伯驹和梅兰芳、余叔岩等人发起组织北平国剧学会，在一定程度上推动了京剧、昆剧的发展。他的《氍毹纪梦诗注》被戏剧家吴祖光称为"一部

京剧史"。

张伯驹醉心古代文物,致力于收藏字画名迹,从30岁开始收藏中国古代书画,初时为爱好,继而以保存重要文物不外流为己任。不吝千金,虽变卖家财甚至借贷亦不改初衷。经他手蓄藏的中国历代顶级书画名迹,见于其著作《丛碧书画录》者便有118件之多。张伯驹不惜代价,甚至置性命于不顾以求保藏文物珍品,既是出于爱国至诚,也是基于对民族文化遗产的深刻认识与由衷热爱。张伯驹的书画收藏始于民国16年(1927年)在北京琉璃厂购入清康熙所写横幅"丛碧山房"。张伯驹称此横幅"为予收蓄书画之第一件",并自号"丛碧",还将居所命名为"丛碧山房"。西晋陆机《平复帖》是中国传世书法作品中年代最早的一件名人手迹,历代皆奉为至宝,原由溥心畬收藏。抗日战争期间,溥因母病故,欲将《平复帖》转手以作丧葬费用。张伯驹得知后,请傅增湘为中间人,以4万元将《平复帖》买下。后有古董商以20万元及更高的价格求购,被张伯驹拒绝。北平沦陷后,张伯驹将《平复帖》藏于衣被中,虽经战乱跋涉,始终珍藏在身边。隋展子虔《游春图》是传世最早的绘画作品,前有宋徽宗题签,后有董其昌、乾隆等人的题跋,具有极高的艺术文化价值,原被溥仪从故宫带至长春。日本投降后,伪满洲国溃散,很多故宫珍宝流落民间。《游春图》被古董商马霁川购得。张伯驹担心《游春图》被卖至国外,遂向马求购。最初马霁川开价800两黄金出售。张伯驹担心国宝流失,但又负担不了如此高的价格,于是多次和卖方商量,陈述利害,希望收购《游春图》。张伯驹

在文物收藏圈素有口碑,收购又是出于保护文物之心,卖方颇受感动,同意降价以200两黄金的价格将《游春图》出售给张伯驹。张伯驹出售了弓弦胡同一号的园宅,后又几次补款,终将《游春图》买下。1950年,张伯驹以5000多元的价格从上海购得唐杜牧的《张好好诗》卷,"为之狂喜,每日眠置枕旁",又因此取号"好好先生"。除《平复帖》《游春图》《张好好诗》外,张伯驹还收藏有唐李白《上阳台帖》,宋范仲淹《道服赞》、蔡襄《自书诗》、黄庭坚《诸上座帖》、宋徽宗赵佶《雪江归棹图》,元钱选《山居图》、赵孟頫章草《千字文》等,都是在艺术史上占有独特地位的重要文物。

张伯驹视文物重于自己的生命。民国30年(1941年),张伯驹在上海被歹徒绑架。绑匪向潘素开价200根金条。张伯驹叮嘱潘素"宁死魔窟,决不能变卖所藏古画赎身",前后僵持近8个月,绑匪才同意以20根金条赎人。潘素变卖首饰并向亲友借款,终凑足赎金将张伯驹救出。

抗日战争期间,为躲避战乱、保护藏品,张伯驹夫妇从北平颠沛至西安生活。抗日战争胜利后,张伯驹回到北平。民国36年(1947年),张伯驹加入中国民主同盟,任民盟北平临时委员会委员。他以民盟委员的身份参与学生反迫害、反内战、反饥饿运动及抗议枪杀东北学生等爱国民主运动。

对于斥巨资购藏并用心血保护的法书名画,张伯驹和夫人潘素并不视为一己所有,而是看作全民族的文化遗产。自20世纪50年代起,张伯驹夫妇陆续将收藏的书画名迹捐献国

家，表现了崇高的爱国精神。1956年，张伯驹和夫人潘素将《平复帖》《张好好诗》《道服赞》《自书诗》《诸上座帖》《杂诗帖》《千字文》、俞和楷书等八幅书法作品捐献给国家。文化部举行捐献仪式并奖励3万元人民币。张伯驹坚决不受，在郑振铎一再劝说下才将钱收下并买了公债。当时的文化部部长沈雁冰为张伯驹夫妇签发褒奖令："化私为公，足资楷式。"

1956年，张伯驹加入中国国民党革命委员会。1957年，张伯驹因提出保留京剧旧剧目被划为右派分子。1961年，在陈毅等人的帮助下，张伯驹任吉林省博物馆第一副馆长、副研究员，帮助吉林省博物馆鉴定购买了大批书画珍品，丰富了吉林省博物馆的馆藏。1962年，张伯驹将自己珍藏的数十件书画文物捐赠、转让给吉林省博物馆，包括薛素素《墨兰图》、曾鲸《侯朝宗像》、顾横波《花卉》等。"文化大革命"中，张伯驹遭到迫害，夫妇二人被强令退职到农村劳动改造，后又无奈回到北京，生活陷入困境。1972年，周恩来指示聘任张伯驹为中央文史研究馆馆员。此后张伯驹还担任过北京中山书画社社长、北京中国画研究会名誉会长、中国书法家协会名誉理事等职。

1982年2月26日，张伯驹在北京逝世。

徐中舒 原名道威。安徽怀宁人。清光绪二十四年九月初一（1898年10月15日）出生。历史学家、古文字学家。

民国3年（1914年），徐中舒就读安庆第一师范学校。民国14年（1925年），徐中舒在上海《立达》学刊创刊号上发表《古诗十九首考》，同年9月考入清华学校国学研究院，师从王国维、梁启超等，次年毕业回到安庆。民国15年（1926年），他在清华研究院季刊《国学论丛》第1卷第1号上发表《从古书中推测之殷周民族》，被傅斯年引为同道。民国17年（1928年），徐中舒任复旦大学和暨南大学中文系教授，次年受聘于中央研究院历史语言研究所任编辑员。民国19年（1930年），徐中舒任历史语言研究所秘书、第一组研究员，具体负责内阁档案的整理工作。在整理内阁档案的同时，历史语言研究所组建明清内阁大库档案编刊会，徐中舒为委员之一，负责编印史料的审定工作，将整理出来的内阁档案"择其重要各件录成副本，以备编纂付印"。在徐中舒的主持下，内阁档案整理工作进展迅速，仅用一年时间就将全部档案初步整理完毕。徐中舒参与编辑的《明清史料》于民国19年9月刊行出版，其后陆续出版10册，大量珍贵档案得以保存和公布。徐中舒于同年发表《内阁档案之由来及其整理》一文，以后又发表《再述内阁档案之由来及其整理》，将内阁档案流出宫外的过程，历史语言研究所购入档案的经过及整理内阁档案的方法、过程、成果予以总结，成为此后研究内阁档案的珍贵史料。民国21年（1932年），徐中舒到北京大学史学系兼课，讲授"商周史料考订大纲"。徐中舒在历史语言研究所任职期间，继承并发展了王国维的二重证据法，利用当时田野考古的新成果，开展了一系列古文字和古器物研究，撰写了《耒耜考》《弋射与弩之渊源及关于此类名物之考释》《说尊彝》

《再论小屯与仰韶》《殷周文化之蠡测》《金文嘏辞释例》等论著。

民国20年（1931年）和民国25年（1936年），徐中舒受傅斯年、李济委派两赴上海，与上海善斋主人刘体智洽谈收购善斋所藏古物事宜，几经反复，终于以较廉之价格为筹建中的中央博物院收回了善斋所藏大量珍贵文物。

抗日战争全面爆发后，徐中舒辞去历史语言研究所的职务，到四川大学历史系任教，于民国27年（1938年）携全家入川。同年10月，四川大学成立博物馆筹备委员会，徐中舒为筹备委员会委员。该委员会搜集到的2000件文物后来成为四川博物馆（四川省博物馆前身）建馆的基础。20世纪40年代起，徐中舒还在乐山国立武汉大学、成都燕京大学、华西协合大学、南京国立中央大学执教。

中华人民共和国成立以后，徐中舒继续担任四川大学教授。1951年3月，西南博物院第一次筹备委员会会议召开，聘请徐中舒为西南博物院筹备委员会秘书处副主任秘书，负责具体办理筹备建院事宜，一是筹办"西南区文物展览会"，二是负责西南博物院临时院址房舍扩建修缮工作。当年7月，徐中舒与冯汉骥等人一起赴重庆筹备"西南区文物展览会"，开始在成渝两地收购流散文物，充实西南博物院的馆藏。在西南博物院筹备之初，徐中舒选聘一批热爱文博事业的中青年人才，配齐各部门的业务骨干。1951年10月4日，"西南区文物展览会"正式展出，同时宣告西南博物院成立。1952年，经郑振铎提名，中央人民政府任命徐中舒为西南博物院院长。"思想改造运动"中，徐中舒离开西南博物院，回到四川大

学历史系，担任该系主任。1979年8月，徐中舒兼任四川省博物馆馆长。

徐中舒还曾任中国科学院历史研究所学术委员、国务院古籍整理小组顾问、四川省历史学会会长、中国先秦史学会会长、中国古文字学会常务理事、中国考古学会名誉理事等职务。

1991年1月9日，徐中舒在成都逝世。

郑振铎 笔名西谛、C.T、郭源新。福建长乐人。清光绪二十四年（1898年12月19日）出生于浙江温州。现代作家、文学评论家、考古学家、文物收藏家，中华人民共和国文物事业的主要奠基人和领导者之一。

郑振铎于民国6年（1917年）考入北京铁路管理学校，曾积极参加五四运动。民国9年（1920年）郑振铎与耿济之共同翻译《国际歌》歌词。次年春，郑振铎到上海商务印书馆编译所工作，陆续主编"文学研究会丛书"和《文学旬刊》《儿童世界》《小说月报》，撰写《俄国文学史略》《太（泰）戈尔传》《文学大纲》等。四一二政变后，为免遭迫害，郑振铎赴法、英等国避难。他在伦敦编译《近百年古城古墓发掘史》，两年后由商务印书馆出版，是最早向中国学术界全面介绍埃及、巴比伦、亚述和特洛伊、迈锡尼、克里特等地田野考古发掘的著作。民国17年（1928年）10月，郑振铎回国。民国20年（1931年），郑振铎就任燕京大学和国立清华大学两校中文系教授，出版插图本《中国文学史》。民国22年（1933年），郑振铎与鲁迅合作辑印《北平笺谱》。次年开始，他与鲁迅合作重刊明版《十竹斋笺

谱》，用7年时间将全书4册重刊完成。民国24年（1935年），郑振铎就任上海暨南大学文学院院长兼中文系主任。次年6月，郑振铎当选为中国文艺家协会理事。

抗日战争全面爆发后，郑振铎留在上海继续从事写作和其他文化活动。期间，他为国家抢救大量珍贵的文物古籍。民国29年（1940年）开始，郑振铎以其30年收集所得资料，用7年编印完成《中国版画史图录》5辑20册。抗日战争胜利后，他积极参加民主运动，主编《民主》周刊。郑振铎充分认识到文物作为真实、形象生动的实物史料对于学术研究的重要性，重视把文献与文物结合起来研究历史、说明历史。他于民国35年（1946年）筹资组成中国历史参考图谱刊行会，于次年开始主要依靠他自己一个人动手，从各个方面收集资料，陆续编纂出版内容丰富、收集有各类画片3003幅的《中国历史参考图谱》24辑。郑振铎积极支持和参与徐森玉、顾廷龙主持的为索还被日本掠夺的中国文物而编辑《甲午以后流入日本文物之图录》的工作。民国36年（1947年），他痛感当时有许多珍贵文物通过上海流出国外的现实，发表《保存古物刍议》一文，猛烈抨击近百年来中国文物被大量掠夺、倒运国外的现象，提出保护文物的原则。同时他还多方筹款，大量购买从北方运到上海的古代陶俑，以尽量减少文物流往国外的损失。在此期间，他陆续编印《西域画》《域外所藏古画集》和《韫辉斋所藏唐宋以来名画集》等，用来说明中国珍贵文物大量外流，"楚人之弓未为楚得"的痛心事实，以激发国人保护民族文化遗产的爱国热情。民国37年（1948年），郑振铎把曾被日本侵略军从香港劫夺而由中国驻日代表团追回的一大批珍贵图书秘密转移，指定专人负责保管，推迟运往南京的时间，直到上海解放后交由中央工作团接手，使这批珍贵图书得以留在内地。

1949年2月，郑振铎经香港进入解放区，到北平参加中国人民政治协商会议。同年7月，在中国文学艺术工作者第一次代表大会上，他当选为中国文学艺术界联合会和中国文学工作者协会常务委员。

中华人民共和国成立后，郑振铎任文化部文物局局长兼中国科学院考古研究所所长和文学研究所所长。不久，他将在上海收购的几百件古代陶俑全部捐献国家，并与副局长王冶秋共同倡议，从事文物工作的人员，都不要购买和收藏文物。这成为文物局工作人员的一个传统，以后被列为《文物博物馆工作人员守则》的内容之一。1950年，郑振铎主持和指导草拟了一系列有关文物保护的法规文件，提请中央人民政府政务院颁布了《禁止珍贵文物图书出口暂行办法》《关于征集革命文物的命令》和《关于保护古建筑的指示》等中华人民共和国第一批文物保护的法令、指示和办法。1952年开始，在郑振铎主持下，由文化部社会文化事业管理局、中国科学院考古研究所和北京大学联合，先后举办4期考古工作人员训练班，从此在全国范围内开展以配合建设工程为主的考古发掘工作。同年，在文化部和中国科学院的支持下，他创办北京大学历史学系考古专业。同时，郑振铎和王冶秋一起组织领导对中华人民共和国成立后接管的原有博物馆的改造工作，明确以马克思主义为指导，把博物馆作为爱国主义教育和宣传历史唯物主义的课堂。在这个指导思想下，他重点抓对故宫博物院陈列的改革，还直接参与组织多次文物展览，筹建绘画馆、陶瓷馆等专馆，使故宫陈列发生根本性变化。1954年，郑振铎任文化部副部长，同时兼任文化部社会文化事业管理局局长，继续主管全国文物博物馆工作。郑振铎还注意运用展览的形式，及时反映文物考古工作的最新成果。1954年的"全国基本建设工程中出土文物展览"和1956年的"五省出土文物展览"所展出的文物，都是当时配合基本建设工程进行考古发掘工作中出土的重要考古新发现。1956年，郑振铎主持召开第一次全国考古工作会议。他作为国务院科学规划委员会考古组组长，与尹达、夏鼐共同制定《考古学研究工作十二年远景规划》。同年，郑振铎主持召开第一次全国博物馆工作会议，确定中国博物馆事业的性质、方针、任务和发展方向。会议之后，在全国各地相继建立以全面反映地方自然环境、历史发展和社会主义建设为主旨的综合性省级博物馆，为中国博物馆事业发展奠定基础。

郑振铎非常重视出版工作，一些重要展览结束后，郑振铎都主持编辑出版大型文物图录。为保证文物出版的印刷质量，他派专人去上海购置彩色铜板、珂罗版印刷设备，聘请制版专家，建立文物印刷厂。1957年，在他的倡议下，成立全国唯一的专门出版文物考古书刊的文物出版社。文物出版社出版的许多精美图书成为国家领导人出访的礼品。

1958年10月18日，郑振铎在率领中国文化代表团赴阿拉伯联合共和国访问途中，因飞机失事遇难。

张叔诚 名文孚，别名忍斋。直隶通县（后属北京市）人。清光绪二十四年（1898年）出生。民国实业家，文物收藏家、鉴赏家。

宣统三年（1911年），张叔诚入天津南开中学就学，后因父兄相继去世而辍学。18岁任其父张翼创办的山东枣庄中兴煤矿公司监察人，后历任中兴煤矿董事、协理、常务董事等职。七七事变后，中兴煤矿被日本人武力掠夺，张叔诚遂回天津居住。

张叔诚的父亲张翼是晚清时期洋务运动中的重要人物，身兼总办路矿大臣、开滦煤矿督办等要职。张翼还是一位文物收藏家，平素最喜字画和古陶瓷器，常与亲友中的收藏家、鉴赏家一起纵论文物、评定真伪等级、探讨书画家的造诣。在这样的家庭氛围熏陶下，张叔诚自孩提时代便对文物情有独钟。父兄去世后，张叔诚继承父兄的收藏，倾其毕生精力，致力于文物的收藏和鉴赏。他收藏的对象以中国古代书画为主，广涉古玉器、青铜器、印章、碑帖等。

他除以收藏之富和藏品之精享誉收藏界外，还善于鉴别真伪，发掘珍品。张叔诚认为收藏文物应以珍藏和鉴赏为主，附庸风雅和为营利而收藏都是不足取的。张叔诚经过多年的实践，独创自己的鉴赏之道。一般人鉴赏字画时都讲一个"看"字，而张叔诚却讲"读"和"审"。在买每幅藏品之前，他总是将作品悬于屋内，然后端坐在作品前，一笔一笔地读，一画一画地审，连细枝末节也不放过。业界对他的一致评价是："张叔诚鉴赏画作的真伪是七分看画,三分看有关的书籍,把来龙去脉都要搞个一清二楚,因此他的鉴赏很准确,造诣也极高。"因此,张叔诚收藏的文物,几乎件件是精品。其中范宽的《雪景寒林图》,原为清宫所藏,存于圆明园。咸丰十年(1860年)英法联军火烧圆明园,抢走了大批珍贵文物,其中就包括《雪景寒林图》。此图后被外国士兵拿到街上出售,幸被张叔诚之父张翼发现,以重金买下带回天津,成为家传至宝,轻易不示人(范宽作品存世仅两件,另一件《溪山行旅图》藏于台北故宫博物院)。石涛的《仿张僧繇青绿山水图》是张叔诚几经周折,花重金买下的。石涛是清初"四画僧"之一,是在绘画史上有独创精神的一代大师,但其作品赝品极多,令人真伪难辨。为买此画,张书诚查遍清代收藏家的著作,以自己多年藏画的经验,肯定此画为无上珍品,才决定买下收藏。买后不久,有人出高价购买此画,但被他婉言谢绝。

在张家父子收藏的大量文物中,除了《雪景寒林图》《仿张僧繇青绿山水图》,还有很多稀世珍品,如元代画家边鲁的《起居平安图》,是边鲁存世的唯一一件作品,也是研究边鲁绘画艺术和元代水墨花鸟画极为宝贵的资料。金润的《溪山真赏图》曾入清宫内府收藏,《石渠宝笈重编》著录,由溥仪盗运出宫,后被张叔诚收藏。仇英的《桃源仙境图》,安岐《墨缘汇观》著录,流传有序,是仇英画作中的精品力作。而元代赵孟𫖯的书法代表作《洛神赋》卷,更是录入了乾隆时期的《石渠宝笈》之中。在器物方面,张叔诚收藏的周代青铜乐器克镈,重达38.3千克,上面铸有79字铭文,是研究周代政治、经济和铸铜工

艺的重要文物,在《周金文存》《两周金文辞大系图录》《三代吉金文存》中均见著录,为西周中晚期青铜器中的名品。

抗日战争期间,张叔诚为保护自己的收藏,不惜忍饥挨饿,特别是几次拒绝日本人的威逼利诱,表现出高尚的民族气节。张翼去世后,张家家道中落,尤其在抗日战争期间,大部分房产、店铺等都被日本侵略军侵占和掠夺。为不给日本人做事,张叔诚决意闭门谢客,以至失去经济来源,只能靠变卖家产艰难度日。此时,张叔诚的收藏成为日本古玩商的猎物。他们多次要求收购张叔诚收藏的古字画,均被张叔诚拒绝。日本古玩商又勾结日本驻天津的官员,强行侵占张叔诚仅剩的一处房产,并以此要挟张叔诚出售所藏,亦被张叔诚断然拒绝。

有鉴于此,张叔诚深深感到"文物只有由国家收藏,才是永存的"。中华人民共和国成立后,张叔诚将其收藏捐献给国家,以自己的收藏支持尚在起步阶段的天津文博事业。1957年天津市艺术博物馆筹备开馆初期,时任天津市文化局顾问的文物鉴赏家韩慎先为博物馆开馆征集文物,来到张叔诚家中,精心挑选出宋马远《月下把杯图》、宋扬无咎《墨梅图》和宋张择端款《金明池争标图》等宋画中的稀世杰作,征集到博物馆,成为该馆初创时期的基础。

张叔诚还于1981年、1986年、1987年先后三次将自己的藏品捐献给国家,总数达480件,其中古代书画260余件。这批文物中的《雪景寒林图》和克镈已成为天津博物馆的两大镇馆之宝。全国政协主席邓颖超在天津时曾赞扬说:"张叔诚先生捐献给国家大批文物,

这种爱国主义精神是金钱买不到的！"

张叔诚曾任天津市文史研究馆馆员、天津市政协委员。

1995年7月7日，张叔诚因病逝世。

卫聚贤 字怀彬、号介山，又号卫大法师。山西万泉人。清光绪二十五年正月三十日（1899年3月11日）出生于甘肃庆阳。历史学家、考古学家。

卫聚贤3岁时父亲去世，家庭陷入绝境，母亲改嫁到山西万泉。因家境贫寒，卫聚贤的求学经历一波三折，充满艰辛。民国3年（1914年），15岁的卫聚贤到甘肃杂货店当学徒，民国6年（1917年）就读于万泉县第一高级小学，毕业后考入山西省立第二师范，不久即因支持进步学生而被开除。他返回小学任教半年，又考入山西省立商业专门学校。民国15年（1926年），毕业后的卫聚贤考入清华国学研究院，专修中国上古史。研究院当时有梁启超、陈寅恪、王国维、赵元任等四大导师，以及特约讲师李济。在研究院学习期间，卫聚贤在王国维指导下完成毕业论文《〈春秋〉研究》。李济讲授的考古学、人种学（民族学）等学科课程，也对卫聚贤后来的兴趣和治学产生很大影响。

民国16年（1927年）6月从清华国学研究院毕业后，卫聚贤回到太原与友人合办兴贤大学并任学监，后到南京蔡元培任院长的南京国民政府大学院当科员。次年8月，卫聚贤任南京国民政府教育部编审兼南京古物保存所所长。民国18年（1929年）9月，卫聚贤主持明

故宫遗址发掘，出土百余件古钱、瓷碗等遗物和一些建筑构件。次年3月，卫聚贤和张凤等人在南京栖霞山发掘六朝墓葬，同时，在栖霞山焦尾巴洞、甘夏镇西岗头上和土地庙发掘出圆形地穴、石器和几何纹粗陶片等新石器时代遗存。同年，卫聚贤被派往山西调查古物，10月30日至11月8日，卫聚贤和董光忠、张蔚然（两人此前都曾在中央研究院历史语言研究所考古组任职）以山西公立图书馆的名义，在山西万泉发掘汉汾阴后土祠遗址，出土五铢钱、陶器、瓦当等遗物。随后，他们又在周围发现并试掘瓦渣斜遗址。后土祠出土的部分遗物运回北平后，国立北平大学女子师范学院聘请卫聚贤为女师大研究所的研究员。民国20年（1931年）4月1日至5月15日，卫聚贤代表国立北平大学女子师范学院研究所，与代表美国弗利尔美术馆的董光忠一起，联合山西国立图书馆，正式发掘万泉县的荆村瓦渣斜遗址，发现窖穴、灶址等遗迹，出土比较丰富的石、骨、陶器等遗物。

民国21年（1932年），卫聚贤被聘到上海暨南大学任教。次年5月，他担任中国考古会下属的调查委员会委员。同年12月，卫聚贤出版《中国考古小史》一书。这是中国第一本考古学史著作，李济为此书作序。

民国23年（1934年），卫聚贤离开暨南大学，到上海中国公学任商业系主任，讲授并出版《中国财政史》和《中国商业史》，又受聘任审计部科长兼驻外稽查。次年，他受聘到中央银行担任经济研究处专员和协纂，奉派考察山西票号，并出版《山西票号史》。

民国24年（1935年），卫聚贤参与常州

淹城遗址调查和上海金山卫戚家墩古文化遗址考察研究。次年2月15日、16日两天，卫聚贤等人在上海文庙路民教馆举办"淹城、金山古物展览会"，陈列千余件古陶片及少量石器。

民国25年（1936年），中国古泉学会在上海成立，卫聚贤担任评议。5月31日，卫聚贤和西湖博物馆合作，发掘浙江杭州古荡新石器时代遗址，并出版《杭州古荡新石器时代遗址之试掘报告》。8月30日，吴越史地研究会在上海成立，蔡元培担任会长，于右任、董作宾等人任理事，卫聚贤任总干事，负责主编《吴越文化论丛》，并先后写成《吴越考古汇志》《吴越民族》《吴越释名》等著作，对吴越地区考古学文化进行深入研究。

民国26年（1937年），上海市立博物馆落成，卫聚贤参与筹备并担任设备选购委员。同年，卫聚贤出版第二部考古学史著作——《中国考古学史》，较《中国考古小史》不同之处一是增加很大篇幅写中国古代考古学，即金石古物学；二是在保留《中国考古小史》中关于古物保管法附录的同时，另增加一个长达146页的附录——《各地发现古物志》，收录民国21～25年（1932～1936年）散见于各地报纸上的考古消息，弥补正文中对考古工作叙述简略和正式报告短期不能出版的缺点。此外，该书还对考古发掘、整理、编写报告的方法进行总结归纳。

民国28年（1939年）1月起，滞留在上海租界的卫聚贤以私人名义编印《说文月刊》，刊登文章的题材范围广泛，包括文学、语言、历史、考古、古钱、文艺及经济问题等。

民国29年（1940年），卫聚贤经河内转赴重庆，改任中央银行秘书处秘书，公务之余组织说文社，继续出版《说文月刊》。同年4月，他与郭沫若共同主持发掘重庆江北墓葬，出土一批文物。民国30年（1941年），卫聚贤根据成都白马寺坛君庙出土的青铜器及其他考古发掘资料完成《巴蜀文化》一文，发表在《说文月刊》第3卷第4期，首次提出"巴蜀文化"的概念。

民国32年（1943年）2月，卫聚贤与李济、傅斯年等发起成立中国史学会。抗日战争胜利后，卫聚贤继续留在重庆，在此期间，他出版《中国的帮会》《江湖话》《红帮汉留人物故事》等关于中国帮会的著作。

1949年底，重庆解放，卫聚贤将全部收藏装成47大箱，计929种18365件，和未经整理的各种古币约1万枚以及纸币一大箱，又有杂物17捆13包以及清代到民国文献1大卷、9包、4捆等无偿捐献给国家。家中剩余书籍，由其女卫灵芝于1952年全部捐赠给重庆图书馆。

1950年，卫聚贤定居香港，任香港大学东方文化研究院研究员，珠海书院、光夏书院、联合书院等大学教授，并担任联合书院中文系主任多年，出版《文字学讲义》《中国社会史》《中国历代钱币史》《中国饰物》等著作。

1975年，卫聚贤到台湾担任辅仁大学教授，出版《尧舜禹出现与甲骨文考》《古器物学》《台湾山胞与粤闽关系》《台湾山胞由华西迁来》等著作，并发表考古报告《蝙蝠洞古物发掘工作报告》。

1989年11月16日，卫聚贤病逝于新竹。

冯汉骥 字伯良。湖北宜昌人。清光绪二十五年十月十九日（1899年11月21日）出生。考古学家、历史学家、民族学家，曾任四川省博物馆馆长、四川大学历史系考古教研室主任，是四川考古学、民族学和博物馆事业的奠基人。

冯汉骥5岁在家乡进私塾发蒙，10岁入宜昌私立华美书院学习，民国6年（1917年）冯汉骥入安庆私立圣保罗中学，两年后以第一名成绩毕业，被保送入教会所办武昌文华大学攻读文科兼修图书馆科。民国12年（1923年），冯汉骥毕业后到厦门大学图书馆工作。民国20年（1931年），冯汉骥入美国哈佛大学研究院人类学系学习，民国22年（1933年）转入宾夕法尼亚大学人类学系，民国25年（1936年）获得宾夕法尼亚大学人类学哲学博士学位。次年，冯汉骥受中央博物院筹备处主任李济邀请，辞去哈佛大学职务，回国筹建中央博物院人类学所。回国时，抗日战争全面爆发，中央博物院内迁，无法筹建人类学所，冯汉骥到四川大学任历史系教授。民国29年（1940年），四川省古物保存委员会成立，冯汉骥任委员兼秘书，同年筹设四川博物馆。次年，四川博物馆成立，冯汉骥任馆长。民国31年（1942年）起，他兼任华西协合大学社会学系教授。民国31～32年（1942～1943年），他主持发掘前蜀王建墓，这是国内首次科学发掘的帝王陵寝，先后参与发掘的有四川博物馆与中央研究院历史语言研究所、中央博物院筹备处、中国营造学社等，成为抗日战争期间参与

机构最多、最具影响力和代表性的考古发掘之一。发掘结束后，冯汉骥整理发掘资料，民国33年（1944年）发表英文论文"Discovery and Excavation of the YungLing，the Royal Tomb of WangChien"（《永陵——王建墓的发现及发掘》）。1955年后，他又相继发表《相如琴台与王建永陵》《驾头考》《前蜀王建墓内石刻伎乐考》《王建墓内出土"大带"考》《前蜀王建墓出土的平脱漆器及银铅胎漆器》等一系列文章。1964年出版的《前蜀王建墓发掘报告》，为此次发掘工作的最终成果。

中华人民共和国成立后，1951年冯汉骥被调至重庆任新成立的西南博物院副院长，致力于西南地区博物馆建设与配合基本建设考古工作的开展。同年在成渝铁路修建期间发现资阳人头骨化石，这是当时长江以南第一次发现旧石器时代人类遗迹；宝成铁路修建过程中，发掘昭化宝轮院和巴县冬笋坝的船棺葬，为研究古代巴蜀的历史提供了新的依据；配合成都市政建设，在羊子山发掘战国土台遗址和大量墓葬，为探索古蜀文明打开新思路。在考古工作中，冯汉骥不辞劳苦，亲临现场给田野工作者以具体的帮助和指导。期间，冯汉骥十分重视藏品的征集工作，1951年底到1955年底，西南博物院藏品从3万余件增加到近5万件。冯汉骥还非常重视藏品的管理工作，对藏品管理要求严格按程序进行，规范操作，他主持制定一系列藏品管理制度，使藏品管理逐渐科学化。

冯汉骥就任西南博物院副院长伊始即投入"西南区文物展览会"的筹备工作。经过3个月的筹备，展览会于1951年10月初展出，内容包括人类进化、革命文物、陶瓷、书画、民族

文物和成渝铁路出土文物等，展出各类文物及民间工艺品3000余件。此后，西南博物院还举办各类展览近20个，其中既有展现考古调查与发掘收获及馆藏文物研究成果的展览，如"宝成铁路出土文物展览"和"古兵器展览"，也有配合重大纪念日和节庆日以及接待外国友人的展览，如"川黔革命文物调查征集汇报展"和"中苏友好月图片展览"等。1954年，西南博物院还参与在北京举办的"全国基本建设工程出土文物展览"，期间共展出西南大区基本建设出土的各类文物600余件，产生较大影响。冯汉骥为筹备此次展览亲自挑选文物、制定展览大纲，数次开会讨论，修改方案。

1955年，西南博物院撤销，冯汉骥回到成都，任四川省博物馆馆长，兼任四川大学历史系考古教研室主任。1959年长江三峡水库调查发现巫山大溪新石器时代遗址，他立即派人进行发掘，清理一批新石器时代墓葬，出土大量具有特殊风格的文物，为研究长江中游原始文化提供了重要资料。

冯汉骥非常重视民族地区的考古工作。1958～1959年，他两次应邀赴云南参加晋宁石寨山古滇国墓葬的发掘与研究，撰写大量笔记、手稿，陆续发表《云南晋宁石寨山出土文物的族属问题试探》《云南晋宁石寨山出土铜器研究》《云南晋宁出土铜鼓研究》，综合考古材料与民族学材料对滇文化和古滇人的历史、族属、礼制、风俗等进行全面分析，取得许多新成果。

冯汉骥长期兼任四川大学教授，为创建四川大学考古专业作出很大贡献。1958年四川大学历史系成立考古教研组，冯汉骥为主任。

1960年在历史系设考古专业，开始招收考古专业学生。他多次率师生与省市博物馆人员组成考古组赴长江三峡库区进行文物考古调查，发现丰富的古代遗址，培养一批考古人才。

1977年3月7日，冯汉骥在成都逝世。

韩寿萱 字蔚生。陕西神木人。清光绪二十五年（1899年）出生。九三学社成员，博物馆学家，原中国历史博物馆副馆长、研究馆员。

民国19年（1930年），韩寿萱毕业于北京大学国文系，毕业后任北京慕贞女子中学教师，同年7～10月兼任北京《新民报》编辑。民国20年（1931年），韩寿萱赴美国华盛顿，进入美国国会图书馆任东方部中文编目员，他一直在此工作到民国36年（1947年），并在九一八事变后参与一些抗日宣传及捐款工作。在国会图书馆工作期间，韩寿萱先后在华盛顿大学、纽约哥伦比亚大学攻读博物馆学，获硕士学位。民国26～35年（1937～1946年），韩寿萱在美国纽约大都会艺术博物馆远东部任中国美术研究员，从事中国美术研究及陈列工作。

民国36年（1947年），韩寿萱回到祖国，任北京大学文学院教授。次年，他筹办北京大学博物馆专科，任主任，同年发表《中国博物馆的展望》一文，较为系统地阐述其博物馆学思想。在文中，韩寿萱认为中国急需建设博物馆，并应最大限度地发挥博物馆的社会教育功能，提高国人的科学文化知识，从而推动社会进步。在如何改善和提高中国博物馆综合水平的问题上，韩寿萱着重提出要努力推动"博物馆人才的专门化"，认为只有这一方法才是提高中国博物馆发展水平的治本之道。韩寿萱认为，根据近代博物馆的分类，博物馆可以大致分为历史博物馆、美术博物馆、科学博物馆三类，而博物馆学专业教育不能只修习博物馆学相关课程，更应该分组选修历史、美术、科学相关的专业课程。按照他的想法，在当时的条件下发展博物馆学专业教育最经济的办法，是在规模较大的大学中设立博物馆学系，因为大学中文、理、医、农、工等院系开设的专业课程均与博物馆有关，博物馆学系的学生可以根据自身兴趣、能力选课学习，从而完成专业课程的学习。从此后的实践来看，北京大学博物馆专科的创办及分组教学的开展正是按照韩寿萱的博物馆学教育思想来操作和实施的。

民国36年9月，国民政府任命韩寿萱兼任北平历史博物馆馆长，他每月定期召开馆务会议，使博物馆的各项工作得到进一步发展。民国37年（1948年），随着解放战争加速进展，国民政府准备退守台湾，中央博物院筹备处已经无力顾及历史博物馆事务，此时余逊、韩寿萱提议将历史博物馆交由北京大学接管，同年12月18日北平历史博物馆更名为国立北京大学博物馆，韩寿萱继续担任馆长。在他领导下，这一阶段博物馆展览业务、接待观众的服务水平都有很大提升，并注重细节。在当年召开的第二次馆务会议上，韩寿萱提出"拟致函教育局及各中小学秋季开学团体来馆参观并请先期函之参观日期及人数以便派人招待案"，并在会上报告筹办"北平手工艺品特展"的相关情况，这次展览是抗日战争胜利后北平各界的一次文化盛会，引起文化界广泛关注。

1949年7月22日，华北高等教育委员会批准北京大学正式成立博物馆学科，由韩寿萱任主任并正式招生，下设历史类博物馆、美术类博物馆、科学类博物馆三组，招收学生近20名，并出版《北京大学博物馆概要》，当时重新成立北京大学博物馆委员会，韩寿萱任委员。

中华人民共和国成立后，韩寿萱历任北京历史博物馆馆长、中国历史博物馆副馆长、九三学社中央常务委员和秘书长、第四届全国政协委员、北京市政协副秘书长等职。

韩寿萱一生主要从事博物馆学与文物藏品保管的研究，先后在北京大学、南开大学讲授博物馆学。1952年院系调整工作开始后，教育部建议北京大学将博物馆专科置于历史系内。同年12月，北京大学历史学系考古专业教学计划讨论会决定按课程分成五个教学小组，其中博物馆学通论教学小组由韩寿萱主讲。由于具有博物馆学专业教育背景及长期从业经验，韩寿萱对博物馆、博物馆学以及中国博物馆学专业教育都有深刻认识。

20世纪60年代初，南开大学建立博物馆学专业（方向），从北京请来王冶秋、韩寿萱、王振铎等专家学者授课，师生合作编写了《博物馆学概论》（油印），这是第一本比较系统反映中华人民共和国博物馆工作实践的大学教材。

韩寿萱发表的论文主要包括《望社会认识现代的博物馆》（1948年）、《北京大学五十周年纪念博物馆展览概略》（1948年）、《北京大学五十周年纪念中国漆器展览概略》（1948年）、《略论实物史料与历史教学》（1957年）及《花纹与实物史料》（1958年）等。

1974年11月，韩寿萱在北京病逝。

向达 字觉明。土家族。湖南溆浦人。清光绪二十六年一月二十日（1900年2月19日）出生。历史学家、中西交通史和敦煌学家。

民国4年（1915年），向达考入长沙明德中学，接受新式教育，有较高的英语水平。民国8年（1919年），向达考入南京高等师范学校学习化学，受五四运动自由民主精神的洗礼，向达决定弃理从文，次年转入文史部的史地系学习。就学期间，向达成为南京高等师范学校史地学会的主要领导者之一，并在《史地学报》上发表多篇文章。民国13年（1924年），向达毕业后进入上海商务印书馆编译所任编辑，先后译出《高昌考古记》《印度现代史》等外文著作，写成《龟兹苏祗婆琵琶七调考原》《摄山佛教石刻小记》等论文。民国19年（1930年），向达转任国立北平图书馆编纂委员会编纂，利用馆藏的丰富文献，着力于敦煌俗文学写卷和中西文化交流等领域的研究。民国22年（1933年），他发表《唐代长安与西域文明》，这是向达的成名之作，也奠定他在中西交通史领域的地位。次年出版《中西交通史》。民国24年（1935年）秋，向达以国立北平图书馆交换馆员身份赴英国牛津大学工作，在牛津大学鲍德里图书馆为中文图书编目，同时积极查访该馆所藏中文典籍，抄录中西交通史方面的重要资料。尽管还要担心在英国期间的生活费能否有保障，还要被图书管理员刁难，向达仍坚持大量抄录和拍照，翻阅和研究500多卷敦煌文书。次年秋，向达转赴伦敦，在大英博物馆检阅敦煌遗书和

太平天国文献，他在阅读敦煌遗书时，每一卷都做好卡片，记上编号、卷子名称、长短、所存行数，并抄下前5行与末5行，有时卡片背面也抄录卷子上的一些内容，并对重要的卷子进行拍照。民国26年（1937年）末，向达访问巴黎、柏林、慕尼黑等地的科学院、博物馆，考察各处所存窃自中国西北地区的壁画、古文书等藏品。在巴黎期间，向达着重研究法国国立图书馆收藏的敦煌写卷，抄录明清之际在华耶稣会士有关文献等。次年秋，向达携带其用蝇头小楷一丝不苟抄录的数百万字资料返国。旅欧期间，向达也发表自己的研究成果，其中《记伦敦所藏的敦煌俗文学》《伦敦所藏敦煌卷子经眼目录》开敦煌俗文学研究的先河，为俗文学研究提供了丰富史料。

民国28年（1939年），向达任国立西南联合大学历史系教授。民国31年（1942年），向达参加中央研究院等单位组织的西北史地考察团，经河西走廊到达敦煌，考察莫高窟（千佛洞）、万佛峡等。期间，向达了解到某些名流随意剥离洞窟壁画的行为，看到风沙等自然因素的破坏，意识到莫高窟的保护工作刻不容缓，发表《论敦煌千佛洞的管理研究以及其他连带的几个问题》，提出将千佛洞收归国有，由纯粹的学术机关进行管理，在技术问题没有圆满解决之前，在千佛洞进行研究或临摹的人，不可轻易动手剥离壁画等建议。他甚至还提出非常细致的日常管理措施，如雇人每天清扫洞窟流沙，安排常驻警卫人员，不准窟内烧香等。这篇文章引起学术界、美术界人士的重视，他们奔走呼吁，最终促成敦煌艺术研究所的设立。民国33年（1944年），向达作为西北科学考察团历史考古组组长，与夏鼐、阎文

儒等人再赴敦煌进行科学考察。考古组对古墓葬进行发掘，获得不少画像砖、陶俑、玉器等随葬品，取得一定成果。通过考察，向达还重新确定阳关、玉门关遗址所在。向达两到敦煌，通过对河西走廊古代遗址、千佛洞、榆林窟的考察以及有关当地所存的敦煌写本的记录，利用考古、美术史、历史与文献多学科相结合进行综合研究，开辟新的方法和思路，促进敦煌学的研究。除对敦煌地区诸石窟留下重要记述外，向达陆续发表多篇有关敦煌和西域考古的论文，如《西征小记》《莫高、榆林二窟杂考》《两关杂考》《罗叔言〈补唐书张议潮传〉补正》《记敦煌石室出晋天福十年写本〈寿昌县地境〉》等。

抗日战争胜利后，向达就职于北京大学，民国37年（1948年），向达在《中建》半月刊上发表文章，呼吁在战争中，国共双方应彼此有一个谅解即保护中国丰富文化遗存不要被战火毁坏。1949年后，向达任北京大学教授、北京大学图书馆馆长、中国科学院历史研究所第二所副所长兼学部委员、《历史研究》及《考古学报》编委等职。1957年，向达被划为右派，受到不公正待遇，但他仍勤奋工作。1959年以后刊出一系列中外交通史资料，并发表中西交通、南海交通、敦煌学方面的论文多篇，出版倾注多年心血的《蛮书校注》。

1966年11月24日，向达在北京逝世。

沙孟海 原名文瀚，后更名文若，字孟海，中年后以字行，号僧孚、决明、沙邨、兰沙、石荒。清光绪二十六年五月十五日（1900年6月11日）出生于浙江鄞县。书法家、篆刻家。

沙孟海早年在家乡师承宁波名士冯君木，学习古典文学，民国11年（1922年）到上海，曾在修能学社与商务印书馆国文函授社担任教师。期间，他随吴昌硕习书法篆刻，并转益多师，与前辈学者朱彊村、况惠风、章太炎、马一浮等多有往来，从中请益，造诣日深。民国17年（1928年）9月他在《东方杂志》上发表的《近三百年的书学》及后来的《印学概论》，在当时的书法界引起震动。

沙孟海的书法上溯汉魏碑版、晋唐名迹，并对钟繇、索靖、"二王"多有涉猎，又取欧阳询、李邕、颜真卿、黄道周诸名家之风，形成雄强刚健、老辣朴茂的独特书风，是20世纪代表性书法家之一。

沙孟海不仅是一位书法家，同时也是文字学、篆刻学、文献学、金石考古学的研究专家，他对浙江的考古事业尤有开创之功。1952年，沙孟海任浙江省文物管理委员会常务委员，不久兼任调查组组长，从培养年轻干部入手，逐步建立一支能胜任田野调查和发掘的考古队伍，为开展浙江的考古事业奠定了基础。在他的领导下，这支队伍不断壮大，先后试掘了良渚文化、崧泽文化、马家浜文化、河姆渡文化等遗址和宋代窑址共十余处。此外，还调查了全省的古代窑址，初步摸清了越窑、瓯窑、德清窑、婺州窑等窑系的分布情况和器物特征。1958年，沙孟海组织有关人员，把历年所得考古资料加以整理，编辑出版《浙江新石器时代文物图录》。

1954年，沙孟海兼任浙江省博物馆历史部主任，与南京博物院曾昭燏院长及蒋赞初商讨制定浙江历史陈列方案。展出后，文化部认为可作为省级地志性博物馆的典范。

沙孟海在浙江省文物管理委员会工作期间，还十分注重浙江文物事业的总体发展，对社会上的流散文物做了大量征集工作，以充实文物藏品。1956年，沙孟海与吴湖帆多次联系，并请徐森玉、谢稚柳共同鉴定，经浙江省文物管理委员会决定，收购吴湖帆家藏黄公望《富春山居图》（剩山图）。《富春山居图》（剩山图）已成为浙江省博物馆的十大镇馆之宝之一。

浙江省博物馆藏的吴昌硕珍贵书画作品，一部分是沙孟海于1958年通过私人关系，联系吴东迈（吴昌硕长子）和王个簃（吴昌硕学生），为浙江省文物管理委员会征集所得；另一部分是由沙孟海选定，以低价从上海书画社购买。

1963年，受院长潘天寿之邀，沙孟海担任浙江美术学院书法篆刻专业教授，在前后30年间，先后为本科生、进修生、研究生、留学生教授各种课程，所培育的学生遍布海内外。以国内而言，其学生多数已经成为当代书坛的中坚力量，为中国书法的复兴与发展发挥巨大作用，并产生重要影响。

沙孟海利用文字学和文献学的深厚功底，对很多出土文物进行考证，时有创造性的阐发。1978年《江陵凤凰山十号汉墓出土二号木牍"共侍"两字释义》、1983年《配儿钩鑵考释》等文，广征博引，发微阐显，受到考古界同仁的高度重视。他还利用考古资料对书法史上的若干问题进行考证，在1981年的《古代书法执笔初探》中征引大量传世绘画和壁画资料，认为"写字执笔方式，古今不能尽同，主要随坐具不同移变"，为书法风格流变的研究提供极为重要的基础理论。

1979年，沙孟海担任西泠印社社长，主持西泠印社工作，使其停滞多年的活动得到恢复。沙孟海重视学术研究和出版工作，在吸收社员上不囿门派，团结学者。他力求使西泠印社成为国际性的学术社团。

沙孟海曾先后任中山大学预科教授，浙江大学中文系、人类学系教授，浙江美术学院终身教授，浙江省文物管理委员会常务委员，兼任浙江省博物馆历史部主任、名誉馆长，浙江考古学会名誉会长，中国书法家协会副主席，中国书法家协会浙江分会主席等职。

1992年10月10日，沙孟海在杭州逝世。

唐兰 又名佩兰、景兰，号立庵（立盦、立菴、立厂），笔名楚囚、曾鸣，斋号亡斁。浙江嘉兴人。清光绪二十六年十一月十九日（1901年1月9日）出生。古文字学家、金石学家、历史学家。

唐兰幼年家贫，从父命学商，曾就读于嘉兴县乙种商业学校，又随嘉兴国医馆馆长陈仲南学中医。民国9年（1920年），唐兰考入无锡国学专修馆，期间得到唐文治、罗振玉、王国维等大家的指导与奖掖，从此走上古文字研究的学术道路。民国12年（1923年），唐兰以第一名的成绩毕业。次年在无锡中学任国文教员，同年春他经罗振玉推荐，赴天津周学渊家中担任家庭教师。民国18年（1929年），唐兰出任天津《商报·文学周刊》《将来月刊》主编。民国20年（1931年），他赴沈阳编辑"辽海丛书"，并于东北大学讲授《尚书》。

次年起，唐兰先在燕京大学、北京大学代顾颉刚讲《尚书》，再至北京大学中文系任教，讲授金文和古籍新证方面课程，又代董作宾讲甲骨文。随后，他陆续被国立清华大学、国立北平师范大学、辅仁大学、中国大学等校聘为教师，讲授古文字学、"三礼"以及《诗经》和《尚书》。民国22年（1933年），唐兰应故宫博物院代院长马衡之邀出任故宫博物院专门委员。他的两部著作《殷墟文字记》和《古文字学导论》都是这时完成的。其中《古文字学导论》被誉为中国现代文字学史上的开山之作，标志着现代古文字学科的建立。同年，他先后为郭沫若《两周金文辞大系图录》、王国维遗著《古史新证》作序。民国25年（1936年），他开始撰写《说文解字笺正》，使用甲骨文、金文、陶文等资料，研究印证《说文解字》。同年，他在《故宫周刊》上发表《周王𣄰钟考》，提出个人断代方面的独到见解。

抗日战争全面爆发后，唐兰于民国28年（1939年）离开北平，辗转到达昆明，任国立西南联大副教授、教授，兼任北京大学文科研究所导师，讲授六国铜器、甲骨文、古文字学，以及《说文解字》《尔雅》《战国策》和唐宋诗词等文献。期间，除授课外，他还发表《王命传考》等论文。他整理研究王懿荣后人所藏甲骨拓本及辅仁大学图书馆藏甲骨拓本资料编成《天壤阁甲骨文存并考释》，书中对甲骨文自然分类法进行探索。

抗日战争胜利后，唐兰于民国35年（1946年）任北京大学教授，次年兼任北京大学中文系代理主任。1949年3月，上海开明书局出版《中国文字学》，这是唐兰影响最大的文字

学理论专著。书中论述汉字的构成、演化、流变等，将古文字、近代文字、新文字等一起研究，形成完整的、全面的中国文字学学科体系。他还发表一批重要论文，如《洛阳金村古墓为东周墓而非韩墓考》《古代饮酒器五种——爵、觚、觯、角、散》《论彝铭中的"休"字》《新郑虎符作于秦王政十七年灭韩后》，以及《石鼓文刻于秦灵公三年考》《〈唐写本王任昫刊谬补缺切韵〉跋》《论唐末以前韵学家所谓"轻重"与"清浊"》《唐中宗时的十道巡察使》等，内容涉及考古学和古代历史研究。

1952年，唐兰调入故宫博物院工作。1954年，他任故宫博物院学术委员会主任。1956年，他任故宫博物院陈列部主任，组织"五省出土文物展览"。1959年，他负责组织历代艺术馆的陈列展览，撰写陈列大纲和总说明。同年，他完成《中国古代社会使用青铜农器问题的初步研究》。1961年3月，唐兰任故宫博物院副院长，同年他发表长文《西周铜器断代中的"康宫"问题》。1969年，唐兰下放到"五七干校"，1972年回到故宫博物院研究室任研究员。1973年，他撰写《论周昭王时代的青铜器铭刻》，总结个人多年研究经验，提出金文断代的重要标准，并为利用金文资料研究西周史解决许多重大问题。湖南长沙马王堆汉墓发现以后，他陆续发表《〈黄帝四经〉初探》《马王堆出土〈老子〉乙本卷前古佚书的研究——兼论其与汉初儒法斗争的关系》《关于帛书〈战国策〉中苏秦书信若干年代问题的商榷》等一系列相关论文。此外，他还著有《关于江西吴城文化遗址与文字的初步探索》

《珂尊铭文解释》《陕西省岐山县董家村新出西周重要铜器铭辞的译文和注释》《用青铜器铭文研究西周史——综论宝鸡市近年发现的一批青铜器的重要价值》《西周时代最早的一件铜器——利簋铭文解释》《略论西周微史家族窖藏铜器群的重要意义——陕西扶风新出墙盘铭文解释》等论文。

唐兰曾先后担任中国科学院历史研究所学术委员、北京市历史学会理事、中国美术家协会会员、中国古文字研究会理事等。1959年起，唐兰任第二、三届北京市政协委员，1978年，唐兰曾任第五届全国政协委员。

1953~1972年，唐兰数次将自己收藏的铜器等文物捐献给故宫博物院。

1979年1月11日，唐兰于北京逝世。故宫博物院党委根据他多年夙愿，追认其为中共党员。

梁思成 广东新会人。清光绪二十七年三月初二（1901年4月20日）出生于日本东京。中共党员，建筑学家、建筑史专家。

民国4~12年（1915~1923年），梁思成就读于北京清华学校。民国13年（1924年），梁思成赴美留学，民国16年（1927年）获宾夕法尼亚大学建筑系硕士学位，民国16~17年（1927~1928年）入哈佛大学美术研究院学习。民国17年（1928年）9月，梁思成回国，任沈阳东北大学教授，创办建筑系并任系主任。民国20~35年（1931~1946年），梁思成担任中国营造学社研究员和法式部主任，对中国古代建筑进行系统、大量的调查研究。民国21年（1932年）4

月，他对蓟县独乐寺山门和观音阁进行测绘，发表了《蓟县独乐寺观音阁山门考》。这是中国人第一次用科学方法对中国古建筑进行较详细的研究。其后他对宝坻、正定、大同等地的古建筑进行大量调查研究，写出《宝坻县广济寺三大士殿》《正定调查纪略》《大同古建筑调查报告》《云冈石窟中所表现的北魏建筑》《赵县大石桥即安济桥》《晋汾古建筑预查纪略》和《曲阜孔庙之建筑及其修葺计划》等十余篇论文和报告，将一座座具有重要历史、艺术价值的古建筑展现在人们面前。在进行上述调查研究工作的同时，民国23年（1934年），他基于清代营造史料及老工匠访谈的整理，撰写出版了《清式营造则例》一书。这部著作第一次将繁杂的中国古建筑构造和形制进行了科学的整理和分析，对清代建筑的各部分做法、制度进行了较详细的介绍和论述。几十年来，它成了中国古建筑学科的入门必读书和讲授中国古建筑不可缺少的参考资料，同时也是如今古建筑修葺工作人员常用的工具书。

民国26年（1937年）七七事变爆发，梁思成和刘敦桢率营造学社社员由北平辗转迁至四川南溪李庄。他身患重病，克服了难以想象的物质困难，仍带领几位研究人员在困境中坚持古建筑研究。民国33年（1944年），梁思成开始撰写《中国建筑史》。在林徽因、莫宗江和卢绳等人的协助下，这部由中国人自己撰写的中国古代建筑史终于在李庄完成。在这部著作中，梁思成根据大量的调查和文献资料，第一次按中国的历史发展分期，对各时期的建筑，从文献到实物，从城市规划、宫殿、陵墓到寺庙、园林和民居都进行了详尽的阐述，并对各时期的建筑特征进行了分析和比较。这些论述和分析远远超过了以往外国人对中国建筑的研究水平。

民国30年（1941年），梁思成担任中央研究院研究员。民国35年（1946年），梁思成任清华大学教授，创立建筑系并任系主任。同年11月至民国36年（1947年）6月，他应美国耶鲁大学之聘赴该校讲学，并考察战后美国现代建筑教育。民国36年1~6月，梁思成任联合国大厦设计委员会顾问。同年4月，他接受美国普林斯顿大学荣誉文学博士学位。翌年9月，梁思成曾当选为中央研究院院士。

中华人民共和国成立后，梁思成在继续担任清华大学教授和建筑系主任的同时，一直以高度热情参加各项建设工作。他发表了《中国建筑的特征》《中国建筑发展的历史阶段》《中国建筑与中国建筑师》诸文，热情地介绍中国建筑，论述建筑创作的主张。他把中国建筑的形象特征总结为三段式，即上为屋顶，中有屋身，下有砖石台基，整体稳定而潇洒。他还从平面、空间的角度阐述了中国建筑的传统，即善于根据不同地区的生活习惯而灵活处理，建筑群体布局上善于结合地形而高低错落，园林设计中有传统的章法。他力图从建筑的比例、权衡、色彩等方面去总结中国传统建筑的特点，以便用到新的创作中去。梁思成以极大的政治热情，参加北京市城市规划工作，对北京市的城市规划和建筑设计提出了很多重要建议，参加了中华人民共和国国徽和人民英雄纪念碑的设计，主持了扬州鉴真和尚纪念堂等建筑的设计工作，对建筑设计的民族形式进行了可贵的探索。梁思成先后著书5种，发表学术论文60多篇，150万字。以梁思成为第一完成人的项目"中国古代建筑理论及文物建筑保护的研究"，于1987年获"国家自然科学奖"一等奖、"国家教委科技进步奖"一等奖。

梁思成不但是一位建筑学家，还是一位建筑教育家。他很重视建筑人才的培养，先创办东北大学建筑系，后又创办清华大学建筑系，从此终身在清华执教，数十年如一日，为国家培养了数量可观的建筑人才，可谓桃李满天下。在长期的教育工作中，梁思成总是站在教学第一线，即使行政工作十分繁忙，也坚持教课。他十分重视对学生专业基础知识的培养，所以他除了讲授中外建筑史外，还给刚进大学的学生讲建筑概论，给低年级学生讲建筑设计。他讲起课来旁征博引、深入浅出，用生动的语言和比喻讲明什么是建筑、建筑师应该怎样工作等。

梁思成十分注意学生德、智、体的全面发展，他经常用自己对中华人民共和国的认识和思想进步的过程教育学生。他主张青年学生应该有多方面的爱好。他自己青少年时代在清华念书时就喜欢体育、音乐和绘画，担任过清华军乐队的副队长。他认为，一个青年有多方面的修养，既陶冶美好的情操，也有助于专业的学习。在他的影响下，建筑系的学生大多兴趣广泛，思想活跃，学习也很生动活泼。

梁思成在古建筑研究中的严谨学风也贯穿在他的教育工作中。他审阅青年教师和研究生的论文都是逐字逐句修改，从内容到错别字，连一个标点符号也不放过。他为了培养学生高水平的绘图本领，甚至从怎样用刀削铅笔讲起。他不仅自己做到，而且也要求教师和学生熟悉古今中外的著名建筑，能随手勾画出这些建筑的形状和记住它们建造的时期。

1959年，梁思成加入中国共产党。他曾当选为第一、二届全国人大代表及第三届全国人大常委，曾任第一届全国政协委员、第三届全国政协常务会委员，第一、二、三届北京市政协副主席。他历任北京市都市规划委员会副主任，北京市城市建设委员会副主任，中国建筑学会副理事长，中国科学院技术科学部委员，中国建筑科学研究院建筑理论与历史研究室主任等职。

1972年1月9日，梁思成于北京病逝。

 **陈直** 原名邦直，字进宧、进宜，号摹庐。江苏镇江人。清光绪二十七年三月十三日（1901年5月1日）出生。历史学家、考古学家。

陈直出生在一个书香门第的家庭，他7岁入私塾，偏好金石文字与训诂之学。从13岁起，他开始系统地研读《史记》，"嗣后越两岁必一读"。由于家道衰落，陈直在上完私塾之后，未能继续深造。为补贴家用，青年时代的陈真做过学徒、家庭教师、县志编辑、义学教员等职，期间虽然考取清华大学国学院，却因家贫无力就读。在生活条件异常艰难的境遇下，陈直仍手不释卷，笔耕不辍。民国14～29年（1925～1940年），陈直相继出版《史汉问答》《楚辞大义述》《楚辞拾遗》《汉晋木简考略》《汉封泥考略》《列国印制》《周秦诸子述略》《摹庐金石录》等多种著作。此外，他还参与撰写丁福保主编的《古钱大辞典》。抗日战争全面爆发后，江苏成为沦陷区，日伪

政权知晓陈直在学术界的成果和影响力，试图用高官厚禄拉拢他，陈直予以拒绝，并于民国29年（1940年）逃离沦陷区，先绕道香港，后经昆明抵达成都，再由此北上兰州、西安。为谋生，他从事了10年与专业毫不相干的银行文牍工作。同时，他因地域之便，用业余时间购买大量秦汉瓦当、货币、玺印、陶器等古代文物，其中不乏精品，如居摄二年陶瓶、永承大灵瓦、天册极瓦范、苏解鸟陶器盖、萧将军府瓦片等，皆弥足珍贵。在此基础上，他编成《关中秦汉陶录》一书。

1950年，陈直因教育部部长马叙伦的推荐，被西北大学校长侯外庐延聘至西北大学历史系任教。在西北大学工作期间，他先负责文物陈列室工作，继而担任考古教研室主任。出于对本职工作的热爱，陈直在1959年4月将自己收藏多年的陶器、瓦当等文物悉数捐赠给西北大学历史系文物陈列室，将自己所撰《关中秦汉陶录》的手稿送给中国科学院考古研究所。

1957年，他出版《汉书新证》一书，全书以《汉书》原文为经，以出土材料为纬，凡瓦当、砖文、玺印、封泥、货币、钱范等不为时人关注的文物，都成为他取证的对象，他说《汉书新证》"有百分之八十，取证于古器物"。陈直于1958年又完成《史记新证》的撰写。同年，他将有关两汉经济方面的5篇论文编为一册，定名为《两汉经济史料论丛》。书中，他主要引用考古新资料，采用的文献较少，在必须使用文献方能说明问题本质的时候才征引文献，目的在于"使考古资料与文献资料结合为一家，使考古资料为历史研究服务"。20世纪50年代末至60年代初，陈直与

西北大学历史系副教授冉昭德受中华书局的委托，共同负责中华书局版《汉书》的点校工作，其后二人又合力完成全国高校历史系中国历史文选教材《汉书选》的编选工作。

从1955～1966年，陈直先后撰成290多万字的学术论著。这些研究成果，有一部分已经出版或发表，还有不少未及刊出，都在"文化大革命"中作为"四旧"而付之一炬了。当时，他不顾自己年事已高，毅然冒着风险，决定把原来的旧稿重新写出来。到1976年，陈直不仅把原来的200多万字书稿重新写出来，而且用楷体和草体又誊抄三份，这些手稿在陈直逝世后被陕西省图书馆、四川省图书馆和西北大学校史办珍藏。陈直50岁以后出版的著作共18种，总名为"摹庐丛书"。基于陈直在秦汉史研究领域的成就，日本学者大庭修将陈直的治学之道从理论上概括为"陈直学"。

中共十一届三中全会后，陈直已年近八旬，仍然奋战在教学、科研第一线，他不仅甄选出版一批学术专著，而且在1978年招收5名秦汉史研究生。除此之外，陈直还担任西北大学校学术委员会委员、西安市文物管理委员会委员、陕西省政协委员、陕西省社科联顾问、陕西省史学会顾问、中国考古学会理事和中国秦汉史研究会筹备小组组长等职。

1980年6月2日，陈直在西安逝世。

林惠祥 又名圣麟、石仁、淡墨。福建晋江人。清光绪二十七年四月十六日（1901年6月2日）出生。人类学家、考古学家。

林惠祥9岁在家乡私塾读书，12岁在福州东瀛学堂学习4年后毕业。民国15年（1926年），林惠祥毕业于厦门大学社会学系，任预科教员一年后辞职赴菲律宾大学研究院人类学系深造，民国17年（1928年）毕业并获该研究院人类学硕士学位。回国后，林惠祥到北京大学任特约著作员，不久中央研究院成立，林惠祥任民族学组助理员。

民国20年（1931年），林惠祥任厦门大学人类学、社会学教授，后兼任该校历史系和社会学系主任。林惠祥毕生致力于人类学的研究、教学和博物馆工作，在中国东南地区和东南亚从事考古发掘和民族调查。日本占领台湾期间，林惠祥曾两次冒着生命危险，到台湾调查高山族文化遗俗和圆山新石器时代遗址。民国18年（1929年），林惠祥受中央研究院委托，化名林石仁，假扮成商人到台湾，克服各种困难，对高山族进行考察，获得标本百余件，所撰《台湾番族之原始文化》一书于民国19年（1930年）由中央研究院印行。民国24年（1935年），他假托教会中学教员，化名林淡墨二次入台，又获民族物品数十件。他将两次到台湾调查所搜集的考古、民族文物，陈列于学校博物馆。此外，他还在国内进行考古发掘工作，获得丰富的文物资料。民国23年（1934年），林惠祥独力创办厦门市人类博物馆筹备处。民国26年（1937年）暑假，林惠祥自费到闽西考察，发现武平新石器时代的石器和印纹陶等文物。这是中国东南地区最先发现的新石器时代遗址。他从武平新石器时代文物的研究中，认为石锛、有段石锛和印纹陶是东南古越族及其先民的遗物，是中国东南地区古文化的特征。这些创见，为他后来的考古发现所证实，得到其他考古学家的承认。抗日战争全面爆发后，林惠祥携带文物资料避居南洋，于民国27年（1938年）参加在新加坡举行的远东史前学家第三届大会，宣读《福建武平之新石器时代遗址》论文。在新加坡期间，林惠祥任新加坡南洋女中教员和《星外》半月刊编辑，坚持考古和民族问题研究，先后撰写《马来人与中国东南方人同源说》《南洋人种总论》《南洋马来族与华南古民族的关系》等论文，还编译《菲律宾民族志》《婆罗洲民族志》《苏门答腊民族志》等专著，成为中国研究南洋问题和南洋考古的开拓者和倡导者之一。民国30年（1941年），林惠祥发现马来亚洞穴旧石器时代遗址，又在东南亚和印度进行考古、民族调查。民国36年（1947年），林惠祥回厦门大学任历史系教授，期间对闽南各地进行考察，发现新石器时代遗址多处。

中华人民共和国成立后，林惠祥在厦门大学任历史系主任、人类博物馆馆长兼教授、南洋研究所副所长等职。1951年，他将所获文物标本、图书近万件捐献给国家，建议由厦门大学设立人类博物馆，并进一步筹建人类学系和人类学研究所。经教育部批准，经过一年多的筹备，厦门大学人类博物馆正式成立。建馆后，他主持博物馆工作，继续收集材料，至1956年共有大小38个陈列室，陈列有原始社会和古人类复原模型，南洋马来亚旧石器时代器物，华北地区新石器时代器物和彩陶，福建、台湾和东南亚各国新石器时代器物，以及日本、印度等地的文物，还有中国畲族、高山族和南洋民族文物。

林惠祥著有《考古学通论》，内容简练，

分类明晰，他把考古学的内容归纳为古迹与古物两大类。古迹方面，介绍中外各国重要的古迹；古物方面分类介绍石器、铜器、陶瓷器、玉器等。这部著作的写法和一般按年代叙述的方法颇有不同，他主办的厦门大学人类博物馆陈列系统，也是采取他这部著作的分类方法。林惠祥的著作还有《民俗学》《世界人种志》《神话论》《文化人类学》《中国民族史》等，并有考古学和民族学的论文多篇。

1958年2月13日，林惠祥在厦门逝世。

杨廷宝 字仁辉。河南南阳人。清光绪二十七年八月二十日（1901年10月2日）出生。建筑学家、建筑教育家、建筑师，中国近现代建筑设计的开拓者之一。

杨廷宝出生于一个知识分子家庭，自幼受到绘画艺术的熏陶。民国元年（1912年），杨廷宝考入河南留学欧美预备学校英文科。民国4年（1915年），杨廷宝进入北京清华学校学习。民国10年（1921年），杨廷宝毕业于清华学校高等科，同年赴美国留学，在宾夕法尼亚大学建筑系学习。他的建筑设计和水彩画得到保尔·克芮和瓦尔特·道森的指导，学习成绩优异，民国13年（1924年）曾获得全美建筑系学生设计竞赛的"艾默生奖"一等奖。民国15年（1926年），杨廷宝毕业后离美赴欧洲考察建筑。次年，杨廷宝回国加入基泰工程司，先与关颂声，继而与朱彬、杨宽麟组成建筑事务所，杨廷宝是事务所建筑设计方面的主要负责人。

民国18年（1929年），杨廷宝参加中国营造学社的工作，在《中国营造学社汇刊》第6卷第3期发表《汴郑古建筑游览纪录》。20世纪30年代初，杨廷宝受聘于北平文物整理委员会，开始参加和主持北平古建筑的修缮工作，由基泰工程司主持修缮的有天坛、中南海紫光阁、北京城东南角楼、西直门箭楼、国子监、五塔寺、碧云寺罗汉堂等9处古建筑。于此过程中，杨廷宝多方查找文献资料，亲临现场测绘、拍照，并不断向工匠请教，完成清式紫禁城角楼和天坛祈年殿（包括彩画）的模型，并进行研究，还经常与朱启钤、梁思成等交换意见。在对天坛皇穹宇进行修缮时，杨廷宝特别重视这一建筑珍品的艺术效果，在梁柱、墙面原有装饰彩绘的修缮上，与工匠调配色彩，柱子沥粉贴金、墙面花边纹样完全按照原样补齐，采用"修旧如旧"的手法，尊重历史艺术成就，使整个建筑色彩协调。对皇穹宇前的三阙门和圆形围墙（俗称回音壁）、琉璃、砖瓦等，杨廷宝精选构件，现场施工，磨砖对缝，准确细致。他提出"合理修缮，保持原貌"的修缮原则，并在古建筑修缮过程中践行。

杨廷宝深谙中国古典建筑做法，对民间传统建筑颇有心得，同时密切关注国外现代建筑发展，从而能够融会贯通。20世纪30年代初期，他所设计完成的南京中央体育场、中央医院、金陵大学图书馆、南京中山陵音乐台等，功能布局合理，建筑经典协调，比例和尺度合宜，并具有中国的现代主义建筑风格。民国29年（1940年）起，受刘敦桢之聘，杨廷宝兼任中央大学建筑系教授。

中华人民共和国成立后，中央大学改名国立南京大学，杨廷宝专任南京大学建筑系教授，兼系主任。1952年，南京大学院系调整，以南京大学工学院为基础成立南京工学院（1988年更名为东南大学），杨廷宝出任南京工学院建筑系教授兼系主任。1955年，杨廷宝当选中国科学院技术科学部委员（院士）。1959年，杨廷宝任南京工学院副院长。1979年，他兼任南京工学院建筑研究所所长，同年任江苏省副省长、江苏省政协副主席。

中华人民共和国成立以来，在杨廷宝主持、倡导、参与下，同有关建筑设计院协作，建成一批大中型民用建筑工程，如北京和平宾馆、徐州淮海战役革命烈士纪念塔、北京车站、南京长江大桥桥头堡工程建筑、南京民航候机楼等。对北京人民英雄纪念碑、北京人民大会堂、毛主席纪念堂、北京图书馆等工程，他都参与设计方案并提出建议。期间，他还多次参加国际建筑师协会活动，代表中国建筑界积极工作，为祖国获得荣誉。在建筑教育上，他培养了大批建筑设计优秀人才。

杨廷宝的研究成果由他人整理编辑的专著有《杨廷宝建筑设计作品集》《杨廷宝谈建筑》等。他还撰写有关城市规划、风景环境设计和古建筑研究与保护等方面的文章。其中古建筑研究与保护方面的文章有《汴郑古建筑游览纪录》，介绍开封祐国寺塔、繁塔、相国寺、龙亭及鼓楼、山陕甘会馆、隋代石刻等，郑州的开元寺塔及经幢、文庙及城隍庙等；《从建筑方面谈一点中日关系》，从古代中日两国营造活动谈中日关系；《中国古代建筑的艺术传统》是受国家文物局委托，为联合国教科文组织出版《中国建筑艺术与园林》而作；此外还有《关于修缮古建筑》《意大利的古建维修与利用》《考察蓟县独乐寺的谈话》《日本对古建筑的保护修缮和对文物的重视》《考察山西古建筑时的谈话》《对整修上海古漪园的意见》《武当山的建设与古建筑保护》等。

杨廷宝还是中国建筑学会第五届理事长，《中国大百科全书·建筑学》主编。1957年和1965年，杨廷宝两次曾当选为国际建筑师协会副主席，第一至五届全国人大代表。

1982年12月23日，杨廷宝在南京逝世。

滕固 初名成，后名固，字若渠。江苏宝山（后属上海市）人。清光绪二十七年九月初二日（1901年10月13日）出生。美术史家、艺术理论家、美术教育家。

滕固出身书香世家，父滕子项雅好诗文，兼善书画。滕固自幼便浸淫于诗文书画之中。民国7年（1918年），滕固毕业于上海图画美术学校技术师范科。民国9年（1920年），滕固赴日留学，进入德法语言学校学习德语。就读期间结识田汉，受五四运动影响，滕固对美学、文学以及戏剧等产生兴趣。民国10年（1921年），滕固考入日本东京私立东洋大学哲学系，主修艺术学与历史学。民国13年（1924年），滕固自东洋大学毕业，获文学学士学位。归国后任上海美术专门学校美术史教授。

民国14年（1925年），滕固与刘海粟等出席山西举办的中华教育改进社第四次年会，会议讨论通过举办"全国美术展览会"会案，并设筹备"全国美术展览会"委员会。滕固与蔡元培、王济远、汪亚尘等同任委员。会议结束后，滕固应山西美术研究会邀请，于文庙图书馆大会堂作题为"六朝石刻与印度美术之关系"的演讲。自山西返回上海之后，滕固带回诸多古物，准备建立古物学教室用于陈列。同年，由于在上海美术专门学校中教授美术史的授课需要，滕固撰写其首部中国美术史通史类著作《中国美术小史》。受梁启超的指点，滕固在写作时未囿于历史循环论的束缚，而是采用进化论史观来看待中国美术史的发展历程，将其分为萌芽、生长、繁荣、沉滞四个阶段。但与进化论史观的不同之处在于，滕固将明清时期的美术单独划定为沉滞时代，他强调"沉滞时代绝不是退化时代"，否定明清美术为中国美术衰退期的说法。

民国15年（1926年），滕固作为江苏省特派专员，与王济远等一同前往日本考察美术。归国后，滕固等编就《考察日略》，并附《江苏省艺术设施刍议》一文，向江苏省政府提出延续美术展览、扩充古物陈列所为省立美术馆等四项措施。民国19年（1930年），滕固赴欧洲考察美术，在德国入柏林大学哲学系，师从德国艺术史家奥托·屈梅尔，主修科目为东亚艺术史，辅修科目有考古、历史和哲学。在读期间，他在《东亚杂志》上以德文发表《论中国山水画中南宗的意义》一文，并于国内的《东方杂志》《辅仁学志》上发表《意大利的死城澎湃》《关于院体画和文人画之史的考察》等文章。民国21年（1932年），滕固以《中国唐代和宋代绘画艺术理论》一文通过博士考试，成为国内首位以艺术史学论文获得博士学位的学者。同年9月2日的《申报》专门刊发《滕固得美术史博士学位》一文，赞其"实为国际上无上之荣誉"。由于他发表的多篇研究中国古代艺术的论文，为西方学界认识中国艺术提供了新的视角，滕固毕业后即当选为德国东方艺术协会名誉会员。同年10月，滕固自欧洲归国，仍于上海美术专科学校任教授一职，潜心从事博物馆、考古与美术史方面的研究、翻译工作。

民国22年（1933年），滕固任国民政府行政院参事，分管文化艺术方面工作，并撰文《改善中国博物馆的意见》，发表于《时事新报·星期学灯》。又与郑午昌、容肇祖、董作宾等一同发起成立中国考古会，以"搜考历代遗物，发扬吾国文化"为宗旨，滕固任编辑委员会委员。同年6月，滕固所撰的《唐宋绘画史》由上海神州国光社出版。在这本小册子中，滕固开始尝试运用风格学的方法对存世古画进行分析，脱离前人以史论图的局限，进而重塑唐宋时期的绘画史，可谓国内运用风格学方法进行古代画史研究的开创性著作。

民国23年（1934年），中央古物保管委员会成立大会召开，傅汝霖任主席，滕固与叶恭绰、蒋复璁、李济等任常务委员。在第一次全体会议上，滕固等被推举审查修订保管古物各项法规章则。同年，由于河南、陕西一带盗掘古墓案层出不穷，滕固与黄文弼等赴安阳、洛阳、西安诸市考察古迹，记录沿途古迹古物保存状况，报中央古物保管委员会参考。在考察的同时，滕固于《金陵学报》《东方杂志》等先后发表《霍去病墓上石迹及汉代雕刻之试察》《唐代式壁画考略》等文章。民国24年（1935年），滕固的主要精力仍集中于考察研究各地的文物古迹之上，如与朱希祖、黄文弼等

一同测量丹阳齐宣帝永安陵、齐高帝泰安陵、齐景帝修安陵、齐明帝兴安陵、梁文帝建陵、梁武帝修陵、齐武帝景安陵、梁简文帝庄陵等遗址，并拍摄图像资料。同年6月，他又赴云冈石窟考察石窟雕塑保存状况，写有《访查云冈石窟略记》；8月，他于北平参观燕下都出土遗物半规瓦当，写有《燕下都半规瓦当上的兽形纹饰》一文。在博物馆建设方面，滕固在参观上海举办的"中国艺术国际展览会"后提出"各地博物馆应当取法此次博览会陈列之法，国家与学术团体，应多提倡，使学者对于古物之时代，与形式绘画之风格发展等，得有比较研究机会"，指出博物馆为学界提供的"学术研究之公开化"至为重要。民国25年（1936年），滕固与董作宾、陈念中等撰《视察汴洛古物保存状况报告》，提出龙门石窟的整理与修缮、制止盗掘和偷运地下文物，河南省古物的发掘与保存以及筹设驻洛办公处等方案。

民国26年（1937年），滕固作为教育部第二次"全国美术展览会"筹备委员会委员，主要负责筛选书法、雕刻、古画部的参选作品。在4月中旬举办的第二次"全国美术展览会"上，滕固组织四次演讲会，分别由徐中舒、邓以蛰、余绍宋、梁思永主讲铜器艺术、中国美感探源、国画气韵、殷墟发掘品等问题，并编辑《教育部第二次全国美术展览会专刊》，由筹备委员会印行。5月18日，由滕固、马衡、朱希祖、胡小石、宗白华、徐中舒、梁思永、董作宾、陈之佛、李宝泉、常任侠等21人发起的中国艺术史学会成立，滕固任负责人，学会宗旨为"对中国艺术史学进行研究，冀望在世界学术界中将中国文化传播发扬起来"。滕固

曾计划编印一种中国艺术考古的权威杂志，向世界宣扬中国艺术。最终因抗日战争爆发而未能如愿。民国26年，滕固翻译瑞典考古学家蒙德留斯著《先史考古学方法论》一书，由商务印书馆印行出版。滕固在序言中提出，中国学者研究金石彝器，重点将精力放于考订文字上，直至民国之后，器物上的花纹样式才开始逐渐得到学界重视，翻译此书的目的是将国外考古类型学的研究成果介绍到国内，以资学界参考。

民国27年（1938年），滕固受教育部委派，出任国立北平艺术专科学校与国立杭州艺术专科学校合并后的国立艺术专科学校校长兼教务主任，写有《国立艺专抗敌木刻选》一文，鼓励学生通过艺术方式参加到抗日战争中。次年，滕固在重庆召集中国艺术史学会会议，马衡等参加，推举常任侠为秘书，负责会务。民国29年（1940年），滕固辞去国立艺术专科学校校长一职，转任教育部美术教育委员会常务委员，兼教育部中央学术审议委员会委员，并在重庆中央大学讲授古代艺术。

民国30年（1941年）5月20日，滕固因患脑膜炎医治无效，于重庆中央医院病逝。

吴金鼎 字禹铭。山东安丘人。生于清光绪二十七年（1901年）。考古学家，龙山文化的主要发现者。

吴金鼎幼年家贫，由外祖母供应上学，先后就读于安丘德育小学、潍县广文中学和山东基督教大学，民国15年（1926年）考进北京清华学校国学研究院，师从时任讲师的李济攻读人类学专业，

就读时的研究课题为"中国人种考"。次年，吴金鼎完成国学研究院的课程后返回母校齐鲁大学任助教，并开始在山东进行考古学实地考察工作。民国17年（1928年），他在山东章丘进行调查时，在龙山镇以东武原河畔称为"城子崖"的台地上找到一处遗址，发现它自成一文化系统，与中原及西北的彩陶文化不同。在齐鲁大学工作期间，吴金鼎完成其毕业论文《山东人体质之研究》和《平陵访古记》。

民国19年（1930年），吴金鼎获聘中央研究院历史语言研究所考古组助理员。李济因《平陵访古记》随其到临淄和龙山镇地区查看，认识到城子崖遗址的重要性，决定对其进行发掘。同年11月，山东古迹研究会成立，吴金鼎代表历史语言研究所会同山东省教育厅与历城县政府接洽，后随李济、董作宾、郭宝钧、李光宇、王湘参加发掘工作，并整理记录城子崖发掘所获遗物，撰写《龙山黑陶文化之今天的观察》一文。他参与编著的《城子崖——山东历城县龙山镇之黑陶文化遗址》一书于民国23年（1934年）出版。城子崖遗址的发掘，在中国考古学史上具开创性意义，对于认识和研究中国新石器时代文化起了重大推动作用。

民国20年（1931年），吴金鼎参加安阳殷墟第四次考古发掘，其中四盘磨和后冈两处遗址的发掘由吴金鼎主持，作《摘记小屯迤西之三处小发掘》。同年10月，为比较后冈所出黑陶，他又随梁思永、王湘等人进行城子崖遗址的第二次发掘。民国21年（1932年），吴金鼎参加殷墟第六次发掘，先后在侯家庄高井台子、浚县大赉店、辛村等地进行发掘工作。

民国22年（1933年），在山东省政府和中央研究院历史语言研究所共同出资支持下，吴金鼎与其妻王介忱前往英国跟从叶兹教授攻读考古学博士，并与后来同在英国留学的夏鼐结交甚深。求学期间，吴金鼎积极参与考古发掘活动，民国22年冬季跟随皮特里教授参与巴勒斯坦地区的发掘工作，并因准备毕业论文而在伦敦中央高等工业学校学习制作原始陶器的方法。民国24年（1935年），吴金鼎获伦敦大学中国委员会奖助金，于夏季返回中国考察国内新出土材料。民国25年（1936年），他发表《高井台子三种陶业概论》一文。次年，他完成博士论文《中国史前的陶器》，该书因为材料丰富，成为当时国外学者研究中国史前陶器的必备参考书。

随后，吴金鼎与梁思永等调查小屯门及北关外等地遗迹。民国27年（1938年）历史语言研究所迁至昆明，吴金鼎暂任中央博物院筹备处专门委员，协助李济整理安阳殷墟出土的陶器标本，9月在昆明附近进行田野调查工作。10月，吴金鼎任中央研究院历史语言研究所、中央博物院筹备处联合组织的苍洱古迹考察团团长，对云南大理及洱海一带的史前遗址进行调查，至民国29年（1940年）共发现32处遗址，定名为"苍洱文化"，并同曾昭燏、王介忱撰写《云南苍洱境考古报告》，奠定西南地区史前考古学的基础。

民国30年（1941年）1月，中央研究院历史语言研究所、中央博物院筹备处及中国营造学社合作组成川康古迹考察团，吴金鼎任团长，从事川康地区的考古工作，经过4个月的调查和发掘，发现众多重要遗址。同年春至次

年冬，吴金鼎主持四川彭山汉代崖墓发掘。之后，他又与赵青芳负责牧马山汉墓发掘，并将大量石质建筑实物标本运往李庄。民国32年（1943年）春，由中央研究院、中央博物院筹备处、四川省博物馆合组琴台整理工作团，吴金鼎任团长，代表中央博物院筹备部主持成都抚琴台王建墓第二阶段的发掘。次年初从中央博物院筹备处转入中央研究院历史语言研究所考古组，担任技正。

民国34年（1945年），吴金鼎一度从戎，加入军事委员会，因精通英语，担任四川新津美国空军第二招待所主任。即使在此期间，他也没有完全中断学术研究，准备资料计划完成琴台王建墓发掘报告初稿。抗日战争胜利后，吴金鼎在重庆参加教育部召集的全国各大学复员会议，受母校齐鲁大学的邀请主持学校复员事务。除教书外，吴金鼎前后兼任校长室西文秘书、训导长、文学院院长、国学研究所主任、图书馆主任等职。

民国37年（1948年），吴金鼎在北平协和医院诊断出胃癌，返济南不久即因病症过重于当年9月18日辞世。

石璋如 河南偃师人。清光绪二十七年十二月（1902年1月）出生。考古学家、历史学家，曾任"中央研究院"院士、"中央研究院"历史语言研究所研究员，台湾大学考古人类学系教授等职。

石璋如7岁入私塾启蒙，次年私塾改办小学，遂转入养正小学堂读初小，后升入偃师县

立高等小学。高小毕业后，石璋如考入洛阳中学，民国9年（1920年）毕业。因家道中落，石璋如靠教书和英文打字赚钱谋生，贴补家用。民国15年（1926年），石璋如考取中州大学预科。次年，学校因中原大战停课。民国16年（1927年）冬至次年春，石璋如在刘镇华的镇嵩军中短暂从军数月。民国17年（1928年）9月，石璋如开始在开封国立第五中山大学（原中州大学）史学系读本科。

民国20年（1931年）3月，石璋如和同学尹达通过学校报名，以选修实习的名义到安阳参与第四次殷墟考古发掘。这次发掘的地点在小屯村北和后冈，最主要的收获是在后冈的发掘中发现殷商、龙山、仰韶三层文化直接叠压的关系，确立这三种文化的时代序列。民国20年冬至次年春、秋，石璋如先后参加由董作宾、李济主持的殷墟第五、六、七次发掘，发现大量甲骨文及建筑遗址、遗物。

民国21年（1932年），石璋如从省立河南大学（原国立第五中山大学）毕业，随即进入中央研究院历史语言研究所读研究生，同时继续参加殷墟发掘工作。次年8月，石璋如参加由郭宝钧主持的殷墟第八次发掘，历时65天。石璋如和尹达负责后冈的发掘，发现一座带两条墓道的殷代贵族大墓。这使殷墟发掘者受到启发，提出寻找殷陵的课题。民国23年（1934年）3月，石璋如参加由董作宾主持的第九次殷墟发掘，地点在小屯、后冈及侯家庄南地。侯家庄南地发掘开深沟120个，出土青铜、陶、玉石等器物和甲骨文，其中尤以"大龟七版"最为重要。同年，石璋如研究生毕业，任历史语言研究所助理员，成为中央研究院的正

式员工。民国23年10月至次年12月，石璋如参加由梁思永主持的殷墟第十、十一、十二次发掘。这三次发掘的地点在洹水北岸侯家庄西北冈，总面积2万余平方米，共发掘11座大墓和1200余座小墓及祭祀坑。西北冈发掘工程浩大，参与人员众多，收获也极丰富，不仅获得大量精美的青铜、陶、玉石、骨角等器物，更重要的是找到了殷王陵，并基本弄清王陵布局和殷代墓制，初步揭示殷代人殉人祭制度，为进一步研究殷墟和殷代社会提供丰富资料。民国25年（1936年）3月至次年3月，石璋如参加殷墟第十三、十四、十五次发掘。这一阶段的发掘开始采用"平翻法"，即探方发掘法，发掘总面积1.2万平方米，在小屯东北揭露出大批祭坛、宗庙、宫殿、作坊和住宅的建筑基础。其中在郭宝钧、石璋如主持的第十三次殷墟发掘中，发现埋有完整青铜马车等的20号墓车马坑及出土17096片甲骨的127坑。127坑被学者认为是当时有意存放甲骨的档案库，为甲骨文研究提供大量资料，在甲骨文研究发展史上具有重要意义。石璋如先后参加12次殷墟发掘，积累了丰富的实践经验，掌握了大量一手资料。

七七事变后，日本发动全面侵华战争，殷墟发掘被迫中止。南京沦陷后，石璋如先随历史语言研究所迁至长沙，在长沙和同仁告别返回家乡洛阳。民国27年（1938年）春，石璋如只身赴宝鸡、西安等地进行考古调查。后接李济电报，遂返回长沙，经贵州、曲靖至昆明和历史语言研究所汇合。民国29年（1940年），石璋如随历史语言研究所迁入四川宜宾南溪李庄。在艰苦的条件下，石璋如坚持整理研究，

先后发表《小屯后五次发掘的重要发现》《小屯的文化层》《河南安阳后冈的殷墓》等论文。民国31年（1942年）春，中央研究院、中央博物院筹备处、重庆中华教育基金会下属的地理研究所合组西北史地考察团赴西北地区考察。考察团分历史、地理、植物三组，历史组由向达为组长，石璋如和劳榦为组员。从民国31年5月到次年8月，石璋如先后考察甘肃天水、兰州、酒泉、安西、敦煌、张掖，陕西邠县、栒邑、长武、长安、咸阳、鄠县、武功、扶风、岐山、凤翔等地多处遗址遗迹。考察结束后，石璋如返回李庄，就考察所得撰写调查报告。

抗日战争胜利后，董作宾派石璋如至南京参加战后复员接收工作。石璋如在南京参加清点接收中央研究院院所及贮藏文物、资料的工作并将清点出的文物发还故宫、历史语言研究所等单位。南京接收工作结束后，石璋如又到上海参加文物接收工作，代表历史语言研究所接收毛公鼎等文物。暂住上海期间，石璋如到良渚遗址进行考古调查。民国35年（1946年）底，历史语言研究所迁返南京，研究工作逐步恢复。次年，石璋如发表《殷墟最近之重要发现附论小屯地层》，该文记述自第七次发掘以来殷墟历次发掘的主要收获，并论述小屯的地层关系。

民国37年（1948年）底，石璋如随历史语言研究所迁至台湾。抵台后，石璋如在1949年1月至1951年10月不到三年的时间里，在台湾圆山、大马璘、瑞岩、唭里岸、江头等多地进行考古发掘，并发表《台湾大马璘遗址发掘简报》《台湾红毛港等十一遗址初步调查简报》

（和宋文薰合作）等论文。这些发掘和研究成果确认了发掘地区的文化堆积层次，为台湾史前文化学建立了良好的基础。1952年秋起，石璋如开始在台湾大学考古人类学系教授田野考古学。石璋如重视田野实习，曾先后带领学生在尖山、大甲、狗蹄山、大坌坑等地开展发掘调查，培养出张光直等知名学者。

20世纪60年代起，石璋如逐渐把精力集中在对殷墟15次发掘及其他考古调查所得资料的整理与研究上，先后出版《中国考古报告集之二——小屯（第一本）遗址的发现与发掘·乙编·殷虚建筑遗存》《中国考古报告集之二——小屯（第一本）遗址的发现与发掘·丙编一·殷虚墓葬之一（北组墓葬）》《中国考古报告集之二——小屯（第一本）遗址的发现与发掘·丙编二·殷虚墓葬之二（中组墓葬）》《中国考古报告集之二——小屯（第一本）遗址的发现与发掘·丙编三·殷虚墓葬之三（南组墓葬）》《中国考古报告集之二——小屯（第一本）遗址的发现与发掘·丙编四·殷虚墓葬之四（乙区基址上下的墓葬）》《中国考古报告集之二——小屯（第一本）遗址的发现与发掘·丙编五·殷虚墓葬之五（丙区墓葬）》《中国考古报告集之二——小屯（第一本）遗址的发现与发掘·丁编一（甲骨坑层之一）》《中国考古报告集之二——小屯（第一本）遗址的发现与发掘·丁编二（甲骨坑层之二）》《莫高窟形》等专著，以及《小屯殷代丙组基址及其有关现象》《敦煌千佛洞遗碑及其相关石窟考》《殷代的弓与马》《殷代的建筑》《从彩陶、黑陶、肩斧、段锛等研讨先史时代台湾与大陆的交通》《殷代坛坄遗迹》《殷虚文字甲编的五种分析》《殷车复原说明》《殷墟大龟版五次三地出土小记》等论文。

2004年3月18日，石璋如病逝于台北。

商承祚 字锡永，号契斋。广东番禺人。生于清光绪二十八年正月二十八日（1902年3月7日）。中国民主同盟成员，古文字学家、考古学家、书法家。

商承祚是中国最后一个探花商衍鎏之子，幼承家学，酷爱古器物及古文字，几近痴迷。民国10年（1921年），商承祚师从罗振玉研习甲骨文、金文。民国12年（1923年），商承祚编成《殷虚文字类编》14卷，共收甲骨文单字1575字。全书体例仿《说文解字》而制，按偏旁部首编次，从文字、声韵、训诂三个方面进行分析等，使该书成为当时最完备、详尽的甲骨文字典。该书深得王国维赞赏，为书作序，说："如锡永此书，可以传世矣！"这本书的出版使他年少成名。后经马衡推荐，商承祚成为北京大学研究所国学门的研究生，尚未毕业时，便被国立东南大学聘为讲师。

民国16年（1927年），商承祚担任国立中山大学史学系教授和语言历史学研究所教授，开设"殷周古器物研究""殷周古器物铭释""殷墟文字研究""三代古器物研究""说文解字部首笺巽"等多门课程。次年12月14日，语言历史学研究所成立考古学会，商承祚担任主席。

民国22年（1933年），商承祚出版《福氏所藏甲骨文字及考释》，对美国人福开森收藏的殷墟甲骨37片，从形、音、义三个方面进行探讨，同年还出版《殷契佚存及考释》。民国23年（1934年）出版《说文中之古文考》，考证《说文解字》中注为古文字的字形、字义及演变过程，是文字学研究者的重要参考书。除甲骨文外，商承祚亦致力于青铜器及其铭文的收集与研究，并注意辨伪。民国24年（1935年）出版的《十二家吉金图录》为商承祚金文研究的代表作，该书集海内外12家所藏铜器169件编写而成，为每一器绘制精美的图片，并著其色泽，详其尺寸，加注铭文，进行考证。

20世纪30～40年代，商承祚先后执教于北平女子师范大学、清华大学、北京大学、金陵大学、四川教育学院、重庆大学、重庆女子师范大学等院校。民国37年（1948年）秋，他回到广州，复任国立中山大学文学院语言学系教授，致力于古文字学、楚文化等方面的研究。1956年起指导研究生，1981年被国务院批准为博士生导师。

商承祚学术态度严谨。20世纪50年代他拿到楚帛书，但直到1967年摹本才发表，一共不到1000字他摹了整整7年，一遍一遍反复地摹，反复地改。他的教学方式也很特别，不上课、不考试，教学有"放鸭式"和"填鸭式"两种方法——平时是"放鸭"，抄字书、读专著就是"填鸭"。他没有要求一定要读自己的著作，但最基本的要求就是第一年要抄三本字典——《说文解字》《甲骨文编》《金文编》，并且是作为习作，他会批阅，圈出哪个字字形错了，哪个字出处错了。当然这不是单纯地抄，而是要注意这个字在哪个器物上、是什么意思、有什么特点，并且很强调写书评。

在原则问题上，商承祚向来"不给面子"，即使对朋友也不例外。同为古文字学者，商承祚与郭沫若经常讨论学术问题。1965年郭沫若在《光明日报》上发表文章称《兰亭序》不是王羲之所作，商承祚立刻发表《论东晋的书法风格并及〈兰亭序〉》，反驳郭沫若的观点。

商承祚喜欢书画，与许多名家结为知音，他给徐悲鸿的画作提出不同意见的故事被传为美谈。商承祚还以书法篆刻驰誉，1957年他编辑出版的《石刻篆文编》共14卷，是研究文字形体演变的一部极有价值的参考书。作为一位书法家，他遍习甲骨文、金文、篆书、隶书，以及欧、颜等各家楷书，尤其是在金文方面造诣最深，在书坛独树一帜。他曾任中国书法家协会理事兼中国书法家协会广东分会主席。1958年1月间，相关部门组织国内一流书法家作品赴日本展览，商承祚及父亲商衍鎏、学生马国权同时被选中，一时传为美谈。商承祚最擅篆书，75岁以后，又致力于秦隶的创作，独创极富个性的秦隶体书法，著有《商承祚篆隶册》《商承祚秦隶册》。

商承祚喜爱收藏，收藏不少古物。晚年时主张"藏宝于国，实惠于民""独乐不如众乐"，把家族收藏的大量文物捐赠出来，他自己捐出的文物达1000多件。这些文物中，属国家一、二级文物的超过60%。

1988年，商承祚不顾自己已是86岁高龄，参加深圳博物馆开幕式。有感于深圳基本建设与文物保护的矛盾，他在1989年1月致信深圳市市长，反映情况，建议成立深圳市文物管理委员会，协调和加强文物管理工作，将文物工作纳入法治的轨道。同年7月深圳市文物管理委员会成立。

商承祚先后被推举为中国古文字研究会理事、中国考古学会名誉理事、中国语言学会理事、中国书法家协会理事、中国书法家协会广东分会主席、广东语言学会会长、中山大学文物保管委员会委员等。他是第三、四届全国人大代表，第五届全国政协委员，民盟全国中央委员。

1991年5月12日商承祚于广州逝世。商承祚辞世后，他的子女继承他的"文物要捐献给国家，不得散失"的遗愿，自1992年5月起先后分两批捐赠书画192件、其他文物104件给深圳博物馆。所捐书画经国家文物局鉴定委员会专家鉴定，均为明清时期及近现代名家精作。

吴仲超 又名兰久、铿。江苏南汇（后属上海市）人。清光绪二十八年（1902年4月）出生。中共党员，博物馆管理专家。

吴仲超少读私塾，青年时期在上海法科大学政治经济专科学习并投入工人运动。民国17年（1928年），吴仲超加入中国共产党，历任南汇中心县委书记、无锡中心县委书记、苏南区党委书记、苏皖边区党委书记兼苏南行政公署主任。解放战争期间，吴仲超任中国共产党华中分局秘书长。民国37年（1948年），吴仲超在大连开办博古堂古玩店，一方面收购大量流散文物，一方面作为隐蔽的地下党组织活动联络地点。在博古堂开办的两年多时间里，他共收购200多箱各类文物，计有三代青铜器、宋代钧窑和龙泉窑瓷器、日本字画、金银器皿、木器、翡翠炉等。其中一部分藏品后来转交山东省博物馆保管，另一部分则拨交北京故宫博物院收藏。1949年春，吴仲超回到山东开展革命工作，担任山东文物管理委员会主任委员。期间，山东文物的征集、保管工作井井有条，成绩斐然。同年初，山东文物管理委员会在济南大明湖畔的省立图书馆举办"古物展览会"，展出古代书画320多幅、善本古籍30种、三代至秦汉青铜器30余件、宋至清陶瓷器250余件、古玉器100余件、历代钱币300余枚、甲骨数匣。举办如此大规模的文物陈列展示，在当时尚属首次。

中华人民共和国成立后，吴仲超任华东局副秘书长、华东局党校副校长兼华东人民革命大学副校长，还被聘为上海市文物管理委员会首届委员。1954年6月，吴仲超任故宫博物院院长，兼任文化部部长助理。

1954～1957年，吴仲超结合故宫的特点，经过反复论证，在原有保管部、陈列部、群工部以及几个专门委员会的基础上，先后成立文物与非文物审查委员会、文物鉴别工作委员会、编辑工作委员会、文物收购委员会、铜器专门委员会、陶瓷专门委员会、文物修复委员会和文物印刷厂。这些机构的设立，在其后相当一段时期内，对故宫的文物保管、陈列展览、学术研究等工作起到较大的推动作用。随着故宫业务工作的需要，吴仲超还对这些机构陆续进行改进以求完善。20世纪50～70年代，在吴仲超的领导下，故宫博物院对馆藏文物进行两次大的清理。1954～1957年，吴仲超主持制定以清理文物、处理非文物、紧缩库房、建立专库为内容的《整理历史积压库存物方案》

以及《清理非文物物资暂行办法》，并参照民国14年（1925年）《故宫物品点查报告》和民国34年（1945年）《留院文物点收清册》，逐宫进行全院文物的清点、鉴别、分类、建卡。这次整理，抢救出2876件珍贵文物，其中一级文物500余件。在清理过程中，对文物储存专库分别建立藏品专册，完成藏品分类、编目登记工作，使文物藏品形成更加科学合理的分类体系，从而形成一套管理文物的基本制度，使文物管理基本达到制度健全、账目清楚、鉴定准确、编目详明、保管妥善、查用方便等要求。同时，吴仲超组织充实提高宫廷原状陈列，开辟历代艺术、书画、陶瓷、青铜、织绣、明清工艺等专馆陈列。在清理大量藏品的同时，吴仲超重视文物的修复工作，加强文物修复科研队伍的建设，成立书画装裱、铜器、陶瓷、漆器、木器、钟表、镶嵌等专门的修复机构，为故宫博物院和国内外博物馆修复大量文物。20世纪70年代，故宫博物院又相继建立古建修缮处和研究室，充实加强对宫殿建筑群的管理、研究、设计和修缮力量，改变紫禁城内残破的面貌。20世纪80年代，为加强研究和出版工作，故宫博物院又成立紫禁城出版社。经过多年的探索，故宫博物院逐步形成较为适合故宫文博事业发展的机构设置。吴仲超还逐步制定文物保管、修复和陈列展览等一系列规章制度，加强岗位责任制的落实，使故宫博物院形成比较科学的管理体系。

为了发挥院内外专家在业务上的才智，吴仲超先后组织学术委员会、编辑出版委员会、绘画委员会、保管工作委员会、征集委员会、处理非文物委员会等指导业务工作，并在实际工作中培养出一大批专业技术人才。

吴仲超曾任第三、四、五届全国政协委员。

吴仲超曾经两度捐赠文物给上海博物馆。晚年病危期间，他嘱咐将自己的存款留给自己曾长期工作的故宫博物院作为科研奖励基金。

1984年10月7日，吴仲超在北京病逝。

方壮猷 原名彰修，学名兴，字欣安，或作欣庵、新安、心安。湖南湘潭人。生于清光绪二十八年五月二十三日（1902年6月28日）。历史学家，曾任湖北省文物管理委员会副主任。

方壮猷出身贫寒，10岁入方氏族立明伦小学读书，民国5年（1916年）考入湘潭县第七区立振铎高等小学。因其学习成绩优异，校长深为赏识，帮助他争取到一定津贴。小学毕业后，民国8年（1919年），方壮猷到长沙岳云中学附设工厂学徒，不久考入湖南省第一师范学校。方壮猷在一师学习期间，曾参加湖南省学生联合会的工作，负责编辑学联周刊，积极参加毛泽东领导的驱逐北洋军阀张敬尧的运动、反对湖南军阀赵恒惕的联省自治运动、反对湖南省议会的自治制宪运动，以及抵制日货运动等。民国12年（1923年），方壮猷考入北京师范大学校，未卒业，又于民国14年（1925年）考入清华大学国学研究院，受业于梁启超、王国维、陈寅恪等史学大师。在北京求学期间，他多次参加进步学生运动。同年6月3日，北京学联组织声援上海人民"五卅"反帝爱国运动的示威游行，并发表宣言，方壮猷是宣言起草人之一。民国15年（1926年）3月18日，方壮猷又参加北京学联组织的反对段祺瑞执政府对日妥协投降的示威游行，当日反动军警枪杀刘和珍等47人，此即著名的"三一八"惨案。同年从清华研究院毕业后，方壮猷先后在暨南大学、复旦大学、上海交通大学、上海音乐学院等校任兼职讲师，讲授"中国古代史""中国文学史"等课程。民国18年（1929年），方壮猷赴日本东京留学，次年，因不满日本军国主义日益暴露的侵华野心，愤然弃学回国。在北京大学、国立北平师范大学、燕京大学、辅仁大学等校任兼职讲师，讲授宋辽金元史和日本史。民国23年（1934年），方壮猷入巴黎大学师从伯希和研究东方民族史，民国25年（1936年）回国后任国立武汉大学教授。抗日战争时期，方壮猷随国立武汉大学迁至四川乐山，任历史系主任并一度代理文学院院长。民国35年（1946年），方壮猷随武汉大学从四川乐山迁回武昌。

中华人民共和国成立后，方壮猷从事文化行政领导工作，1950年任中南军政委员会文化部文物处副处长，1951年兼任中南图书馆（1954年改为湖北省图书馆）馆长。主持中南地区文物工作期间，方壮猷结合中南地区的实际情况，起草制定一系列地方性文物法规由政府颁布实施。他还积极开展文物古籍的征集收藏工作，要求各地在社会改革运动中注意收集保护文物，千方百计为国家收购古籍图书，为中南地区博物馆、图书馆积累大量的文物藏品和藏书。湖北省图书馆在方壮猷任馆长前，藏书量为20万册，他任馆长后到1955年已扩大到100万册以上。方壮猷还通过和中南地区一些著名藏书家和古玩商人的广泛联系，为国家收购大量有价值的图书、字画、敦煌写经和古器物，动员其中一些人或其子女无偿将收藏品捐献给国家。在治淮工程、荆江分洪水利工程等基建工程中，他都组织力量进行配合，防止工程中发现的文物遭到破坏。方壮猷还重视专业干部队伍的建设与培训，举办图书馆干部培训班，组织六省二市文物干部到长沙，组成长沙近郊古墓葬清理工作队，边发掘，边训练，并亲自授课，为各省市培训一批业务骨干。1955年，方壮猷任湖北省文化局局长，经他积极组织和争取，湖北省人民政府于1956年11月15日公布湖北省第一批文物保护单位。1958年，方壮猷任武汉哲学社会科学研究所研究员。1964年，方壮猷任湖北省文物管理委员会副主任，以花甲之年，经常跑田野、住工棚，与考古工作者共同奔走于考古工地。1965年在江陵楚墓中发现越王勾践剑等大量珍贵文物，方壮猷到江陵领导发掘工作，就越王勾践剑铭文问题，与郭沫若、夏鼐、苏秉琦、唐兰、陈梦家、徐中舒、商承祚等专家书信交流、切磋研讨，历时两个多月，学者们的意向趋于一致，公认剑上的铭文为方壮猷所辨识的："越王勾践，自作用剑。"此次书信交流由方壮猷编成《楚墓通讯集》，成为珍贵的学术资料。

方壮猷长期研究民族史和宋辽金元史，一生著述颇丰，主要有《中国史学概要》《中国社会史》《室韦考》《契丹民族考》《鲜卑语言考》《鞑靼起源考》等。

1970年3月30日，方壮猷在武汉逝世。其子女将其所藏图书、碑帖、字画等捐献给湖北省博物馆。

武伯纶 山东益都人。清光绪二十八年八月初七（1902年9月8日）出生于陕西临潼。中共党员，历史学家、教育家。

民国10年（1921年）武伯纶赴北京求学，与在京陕西籍学生创办进步刊物《共进》，旨在"提倡桑梓文化，改造陕西社会"。民国15年（1926年），武伯纶返回陕西，先后在渭南、宝鸡、西安等地任教，教书育人，宣传民主革命和爱国思想。在他的教育影响下，不少青年学子走上革命道路。民国27年（1938年），武伯纶加入中国共产党。

民国31年（1942年），武伯纶与杜斌丞、杨明轩等人秘密进行民主同盟会陕西小组的创建工作，为民盟陕西组织的开创者和领导人之一。民国34年（1945年），武伯纶与李敷仁等中共地下党员发起组织西北民主青年社。次年5月，国民党当局以所谓"民盟嫌疑"和"鼓动学潮"等罪名将他逮捕关押，后经中共地下党组织和民盟的积极营救，于同年12月获释。

武伯纶勤于笔耕，于日常教学和革命活动之余，编辑出版《老百姓》《渭潮》等进步报纸、刊物，反映民众心声；撰写《近世中华民族抗敌史》《明史足征录——明代官吏贪污事迹考》等专著以及《朱明政府的特务政治》《老百姓历史讲话》《南宋的抗金运动》等大量文章，以古讽今，指斥时弊，揭露国民党统治的腐败，鼓舞抗战士气，产生积极的社会影响。

中华人民共和国成立初期，1950年，武伯纶任西北教育部编审室主任，1952年任西北文化部文物处副处长，同年任西北历史博物馆馆长（1955年更名陕西省博物馆）。1953年，以武伯纶任组长、常书鸿任副组长的新疆文物调查组赴新疆进行半年的调查，采集大量文物标本。返回陕西后，武伯纶又组织将此次调查成果在西北历史博物馆举办"新疆历史少数民族服饰展"，并作学术报告。

1954年，武伯纶任陕西省文化局副局长，仍兼西北历史博物馆馆长，主管全省文物考古、博物馆、图书馆工作。1955年，陕西拟在丰镐遗址建现代化砖瓦厂，武伯纶多方奔走呼吁，并与郑振铎、王冶秋一起向在陕西考察的陈毅汇报有关情况，在陈毅的支持下，砖瓦厂迁建，丰镐遗址得到保护。此后，他又以百折不挠的精神，从推土机下抢救出唐大明宫遗址、汉长安城遗址。1958年，武伯纶组织人员草拟《在西安地区进行基本建设征购土地的意见》，提出凡在西安地区进行基本建设征购土地，应事先经省文化局勘察同意。此意见得到省人民委员会同意，从此大大减少了在基本建设中大量破坏文物的现象。1958年，武伯纶兼任陕西省考古所所长。

武伯纶刚到西北历史博物馆时，馆内只有十二三名员工，藏品也很有限。武伯纶首先按照现代意义上博物馆的要求，确定博物馆的基本格局，设立陈列部、保管部、群工部和资料研究室。在此基础上，武伯纶又亲自抓博物馆的陈列工作，确立以周、秦、汉、唐为特色的基本陈列，同时还设立青铜器馆、历代瓷器馆、货币馆、石刻艺术馆等。武伯纶还组织人员在陕西省内外进行文物征集，仅碑石一项就增加2000余方。他还组织力量对西安碑林进行整理和扩建，对每块碑石增加说明牌，对重

要碑石加上玻璃框予以保护。为保证博物馆的服务质量，他亲自为讲解员授课，提高他们的讲解水平。他还组织专业人员每周三天晚上上课，集中学习业务。

武伯纶还担任陕西省社会科学院副院长，《陕西通史》编纂委员会副主任等职务。

在繁忙的行政工作之余，武伯纶结合历史文献和考古资料著书立说，成果丰硕，尤以地域史和都城史的考证研究见长，出版有《西安历史述略》《传播友谊的丝绸之路》《古城集》以及《秦始皇帝陵》（合著）和《西安史话》（合著）等著作，并先后发表《唐代的复面和胡部新声》《唐代长安的奴婢》《西安碑林述略》《五陵人物志》《唐万年、长安县乡里考》等学术文章数十篇。晚年抱病时，他依然关心文博事业发展，笔耕不辍。

武伯纶曾当选为第三届全国人大代表、陕西省人大常委会委员、民盟陕西省副主委、民盟中央委员等，还担任过中国考古学会、陕西省考古学会、陕西省历史学会、秦文化研究会、秦俑研究会等学术团体的常务理事、副会长、名誉会长、顾问。

1991年9月2日，武伯纶在西安逝世。遵照其生前遗愿，其遗体捐献给医学科学事业。

朱家济 字豫卿，又字馀清、虞卿、予卿。浙江萧山人。清光绪二十八年十一月二十一日（1902年12月20日）出生于湖北襄阳。文物研究和保护专家，书法家和书法教育家。

朱家济出生于官宦之家，其高祖朱凤标

为清朝大学士，人称"萧山相国"。其父朱文钧，系清朝第一批公费留英学生，也是近现代著名的古籍、碑帖、书画鉴定家和收藏家，故宫博物院首批专门委员，负责鉴定书画、碑帖等文物。朱家济自幼受家学熏陶，随侍父亲身边读书、习字、看画，对各类古物耳濡目染，并在父亲的谆谆教诲下，遍读经史子集，精研文物及历史，积累了扎实而深厚的功底。至进入故宫博物院古物馆工作时，他已经具备鉴别文物真伪的能力。

受家庭影响，朱家济14岁开笔为文，16岁考入北京师范大学附中，24岁即随父亲一起到故宫博物院参加工作。民国17年（1928年）朱家济毕业于北京大学国文系，获文学学士学位。次年应马衡之邀，朱家济入故宫博物院担任编辑审查一职，同时在北京大学任预科讲师。民国24年（1935年），他到故宫博物院南京分院任古物馆科员，参加南京分院保存库的筹备与建设。九一八事变后平津受威胁，故宫博物院决定选择院藏文物精品，南迁上海。朱家济参与并负责将文献档案留存南京行政院大礼堂，古物、图书迁入上海，存入法租界仁济医院旧址五楼的仓库中。随着南京形势危急，故宫博物院南京分院奉行政院令，将文物分南路、中路、北路再次迁入大后方。他作为押运故宫文物西迁入川的南路负责人之一，历经千难万险，安全保护文物进入川贵地区。

1953年，朱家济应浙江省文物管理委员会的邀请，回故乡担任浙江省文物管理委员会的专任委员，负责浙江全省地面文物的保护维修。他走遍全省各地调查和保护地面文物，维修濒危古建筑，宣传保护古建筑的意义。根据

朱家济笔记，早在民国26年（1937年）南京举办的第二次"全国美术展览会"前他就被聘为故宫博物院的专门委员，在故宫有需要的时候去鉴定书画、甄选文物。1953年调回南方工作后，他仍为故宫博物院专门委员，数次应邀赴北京鉴定书画文物。

1962年浙江省文管会与浙江省博物馆合署办公后，原文管会全部业务归属博物馆历史部，朱家济成为浙江省博物馆的一员，与沙孟海、郦承铨、钟国仪、黄涌泉一起负责文物的收购与鉴定，同时还承担着浙江古代书画鉴定、管理财务和培养文物工作者等多项工作。

朱家济长于书法，精通书法理论和技法，擅长真、行、草三体，作品俊丽清健，自成风格。同时，他对于书道，尤其是"运腕"，有着独到而精辟的见解，影响甚深。1963年朱家济应浙江美术学院潘天寿院长的邀请，受聘为浙江美术学院兼职教授，担任中国画系书法篆刻科书法专业教师，讲授书法和古典文学，成为中国书法教育史上大学本科书法专业的第一位书法技法教师。朱家济的书法融入他的生活中。其书法以完整作品形式留下的很少，多散见于题跋信件、笔记、授课示范，以及极少数为友人题的扇面中，但极受人珍视。2001年，朱家济被列入国家文物局公布的《1949年后已故著名书画家作品限制出境鉴定标准（第一批）》。

朱家济长年参与文物工作，因此深谙文物对一个国家的重要意义。1954年，他秉承父之愿，率其兄弟四人，将家藏大量珍贵文物、善本古籍无偿捐赠给故宫博物院，其中包括家藏碑帖700余种。1956年又向浙江省博物馆捐献了明紫檀画桌、明柳如是写经砚、清方絜款

竹刻臂搁等重要文物。

1969年12月30日，朱家济病逝于杭州。

 **沈从文** 原名岳焕，乳名茂林，字崇文，笔名休芸芸、甲辰、上官碧、璇若。苗族。湖南凤凰人。清光绪二十八年十一月二十九日（1902年12月28日）出生。文学家、历史文物学家。

光绪三十四年（1908年），沈从文入私塾读书，民国4年（1915年）进入凤凰县立第二初级小学，半年后转入文昌阁小学。民国6年（1917年），沈从文高小毕业后当兵。民国11年（1922年），沈从文在湘西巡防军统领官陈渠珍身边当书记。因代陈渠珍保管大量古书和文物，他就便涉猎，获得许多知识。民国12年（1923年），沈从文离开家乡到北京求学，一边在北京大学旁听，一边学习写作。民国13年（1924年），沈从文首次在《晨报副刊》发表作品，并与胡也频合编《京报副刊》和《民众文艺》周刊。民国17年（1928年），沈从文到上海与胡也频、丁玲编辑杂志《红黑》《人间》，翌年任教于中国公学。民国19年（1930年）起，沈从文在国立武汉大学、青岛大学任教。民国23年（1934年），沈从文完成小说《边城》，成为他文学创作的高峰。同年起，沈从文编辑北平和天津的《大公报》副刊《文艺》。民国28年（1939年），沈从文在昆明西南联合大学任教授，民国36年（1947年）在北京大学任教授。

1950年起，沈从文到北京历史博物馆（中国国家博物馆前身），从事文物、工艺美术图案及物质文化史的研究工作。刚到历史博物馆时，沈从文被分在陈列组，主要是在库房里清点登记馆藏文物，也参与布置陈列室、编写文物说明、抄写陈列卡片等工作。两年后，沈从文申请去陈列室做讲解员。沈从文对待讲解工作认真而充满热忱，从事工艺美术设计、电影、戏剧的观众，常需要用到古代服饰花纹、道具等方面的知识，对他们提出的各类问题，沈从文总是不厌其烦，尽可能回答。有时他甚至担心别人听不清湘西口音，讲完后又叫对方留下地址，再写十几页的长信寄去。

为了掌握更多第一手资料，沈从文在20世纪50年代的10年中，埋头于文物库房，经他过目、研究的文物涉及铜器、玉器、瓷器、漆器、家具、绘画、钱币、丝绸、地毯等。1953年，沈从文在《新建设》与《新观察》杂志上分别发表文物专论《中国织金锦绣的历史发展》和《中国古代陶瓷》。同年，他被中央美术学院聘为中国染织美术史研究生课程的兼职教师。1954年10月，他在《光明日报》发表论文《略谈考证工作及须文献与实物相结合》，他认为：“把自己束缚在一种狭小孤立范围中进行研究，缺少眼光四注的热情和全面整体的观念，论断的基础就不稳固”“对于古代文献历史叙述的肯定或否定，都必须把眼光放开，用文物知识和文献相印证，对新史学和文化各部门深入一层认识，才会有新发展”“文学、历史或艺术，照过去以书注书方法研究，不和实物联系，总不容易透彻。不可避免会如纸上谈兵，和历史发展真实有一个距离”。同年，人民美术出版社出版由他为历史博物馆主编的

《长沙出土古代漆器图案选集》。1955年，他与人合编文物图案集《明锦》由人民美术出版社出版。1956年，沈从文受聘为故宫博物院织绣研究组的兼职顾问。1957年，他与人合编的《中国丝绸图案》由中国古典艺术出版社出版。1958年，沈从文参与编辑的《装饰》杂志创刊，他陆续发表《龙凤图案的应用和发展》《鱼的艺术——和它在人民生活中的应用及发展》《谈挑花》《介绍几片清初花锦》《谈皮球花》《蜀中锦》《花边》等关于古代织物器皿图案的文章多篇。他在《装饰》上发表的文章不仅涉及工艺美术的各个种类，而且密切关系到艺术学、文献学、美术考古、民俗学、文学等多个学科门类，反映了他开阔的学术视野。同年11月，他的文物专著《唐宋铜镜》由中国古典艺术出版社出版。1963年，国务院总理周恩来在一次会见文化部领导时，谈到他到国外去，常常会被邀请参观服装博物馆、蜡像馆等，中国是世界文明古国，在服饰艺术上很有特点，希望中国也能有一个服装博物馆，能有人写出一部中国服装史的书。在场的齐燕铭推荐沈从文，周恩来当场表示支持。1964年，沈从文接受编纂《中国古代服饰研究》任务。"文化大革命"期间，沈从文遭到批判，被下放到"五七干校"，期间，他坚持《中国古代服饰研究》的编写和资料补充工作。

1978年，沈从文调任中国社会科学院历史研究所研究员，并配备助手，成立专门机构进行《中国古代服饰研究》书稿的校订、增补工作。1981年9月，《中国古代服饰研究》由香港商务印书馆精印出版。全书25万字，700多幅图，将上自殷商、下至明清的传世资料与历代出土文献相结合，对各个朝代的服饰制度、服装工艺进行广泛深入的探讨，提出许多新颖独到的观点，对于文史研究、书画鉴定、历史题材文艺作品的创作、服装设计等都有重要参考价值。中国领导人还将这本书作为国礼送给日本天皇、美国总统和英国女王。

沈从文曾任第二至五届全国政协委员，第六、七届全国政协常务委员。他还曾任全国文联委员、国际笔会北京分会会员、中国作家协会顾问等。

1988年5月10日，沈从文在北京逝世。

张士达 字俊杰。河北武邑人。清光绪二十八年（1902年）出生。古籍修复专家。

张士达16岁到北京琉璃厂肄雅堂古书店学徒。肄雅堂除收售古旧书籍外，还以装裱修复碑帖、书籍、字画闻名。张士达在肄雅堂古书店学徒3年，后又做伙计4年。这期间他既学习各种书籍的装订，还学习各种类型破损书籍的修补。7年后，张士达离开肄雅堂，在琉璃厂开设群玉斋书店。这时，张士达的古籍修复技艺逐步得到业界认可，许多文化名人与学者亦慕名找他修复古籍。在《鲁迅日记》中记载鲁迅在琉璃厂购书之际与张士达相识，他不但向张士达请教修书事宜，还请张士达为其修书。除鲁迅外，找张士达修书的还有郭沫若、冯友兰、郑振铎、李一氓等。他因身怀绝技，修补了大量文化典籍，被爱书的朋友们尊称为"古书郎中"。

1956年公私合营时，经版本目录学家赵万里介绍，张士达到北京图书馆，在善本部装订室做善本古籍的修复工作。到北京图书馆后，张士达立下新规矩：无论交情深浅、报酬高低，老朋友的私活一概拒绝。他说，一旦接私活，就说不清楚，是不是占用了公家的时间，用了公家的材料，即便是收入少点，也要一清二白，心里踏实。在北京图书馆每每遇到好版本的古籍，如宋、元善本等，赵万里都指名请张士达来修。郑振铎曾经从广东访到一部宋刻本《杨诚斋集》，此书辑录南宋大文学家杨万里的若干诗文，十分珍贵。可是由于年久腐烂和经过两次不规范的修补，已经破烂不堪，经由张士达等人修复，才恢复原来面貌。1957年，赵万里为编《中国版刻图录》在全国重点图书馆搜集善本时，在南京图书馆发现南宋刻本《蟠室老人文集》这部镇馆之宝，书已破损不堪。赵万里与南京图书馆协商，把此书带回北京图书馆，请张士达进行修复并配置楠木书盒。修复完成后，赵万里还题字"一九五九年一月张士达装"。在北京图书馆工作的十余年间，张士达修复了许多古籍善本。张士达在北京图书馆不仅修书，还传授修书技艺。1961年7月，文化部在北京图书馆举办古旧线装书技术人员学习班，张士达担任修复指导教师，学习班的许多学员以后成了所在单位的古籍修复专家。

张士达在古籍修复过程中精益求精，对修书的配纸精心选择，从补纸的纸性、颜色、薄厚，乃至帘纹宽窄都力求与原书一致。张士达认为："看一部书修得好坏，不能看是否修复一新，要看是否古风犹在。"一部破烂不堪的古籍，书脊的上下两角往往已由直角磨成圆角。一些修复师在修复此类古籍时，往往在补

破的同时随手把两个圆角也补了，使之由圆角变成直角。而张士达总是把圆角保留，即使有的圆角出现了破损，也是把这部分破损的圆角补好后仍恢复成原样。在古籍修复过程中，张士达还勇于创新，他创造性地发明装帧新方法"蝴蝶装金镶玉"，既保持古籍的原始装帧形式蝴蝶装，同时又采用了四面镶的装帧方法，避免由于光照、人为翻阅时接触书叶、灰尘等造成书叶受损，从而使善本古籍得到最大限度的保护。

1969年12月，张士达被下放到江西，从此离开北京图书馆。1980年，北京图书馆为加强古籍修复人才的培养，聘请已经退休多年的张士达承担传授古籍修复技术的工作。临行前他说："修补破书是我最喜欢做的事，我修复古籍时，身心感到非常愉悦。如果离开古籍修复这个行当，身体也就不振作了。我若能为国家多修几本好书，使古老文化继续传承下去，才是最幸福的。"3年时间，他与学生同吃同住，倾尽所知传授技能。后来，这几位学生都成了古籍修复的专家。

1993年2月7日，张士达在南昌逝世。

王重民 曾用名鉴，字有三，号冷庐，河北高阳人。清光绪二十八年腊月初五（1903年1月3日）出生。九三学社成员，目录学家、文献学家、敦煌学家。

民国8年（1919年），王重民毕业于高阳县高等小学，同年考入保定第六中学。中学期间，王重民接触到布尔什维主义思想，民国12

年（1923年）在北京加入中国社会主义青年团。次年，王重民考入国立北京师范大学，师从陈垣、杨树达、高步瀛、黎锦熙等人。其时北海图书馆馆长袁同礼在学校讲授目录学，深感王重民学习刻苦而生活处境艰难，便介绍他到北海图书馆兼职。在此期间，王重民撰写并发表多篇文章，编纂《国学论文索引》《老子考》《日本访书志补》等书。民国17年（1928年），王重民从国立北平大学第一师范学院毕业，不久任职于国立北平图书馆，次年任编纂委员会委员兼索引组组长。期间，他领导索引组编纂《文学论文索引》《石刻题跋索引》《清代耆献类征索引》《国朝先正事略索引》等工具书。他一度兼任辅仁大学国文系讲师，并应邀编纂《无极县志》和《永吉县志》。他还辑校《越缦堂读史札记》11种、《越缦堂文集》12卷、《孙渊如外集》5卷，发表《清代两个大辑佚书家评传》《李越缦先生著述考》《仓颉篇辑本述评》等文章。民国20年（1931年），王重民与人合作，开始编撰《清代文集篇目分类索引》。索引共收有清一代学者别集428种，总集12种，按学术、传记、杂文分部，每部又分若干类，如杂文部即分书启、碑记、赋、杂文四类，按类查找，极为方便。编撰时，他除利用北平图书馆的丰富藏书外，还遍览傅增湘、孙人和、杨树达、严怡孙、王献唐等人的私人藏书，资料搜罗较为齐备，编排又较科学合理。

民国23年（1934年）8月，王重民以交换馆员的身份，被国立北平图书馆派往法国国家图书馆，整理被伯希和劫去的敦煌文献。他阅读大量敦煌文献并进行编目，特别选出学术价值较高的拍摄缩微胶卷。他还利用假期去德国普鲁士国家图书馆、英国剑桥大学图书馆、英国牛津大学图书馆、意大利罗马梵蒂冈图书馆等处，抄录有关中国的珍贵文献资料。民国27年（1938年），王重民到英国伦敦大英博物馆图书馆整理被斯坦因劫去的敦煌文献。次年，王重民应邀赴美国国会图书馆东方部，为该部鉴定一批中国善本书，并撰写提要。王重民在国会图书馆潜心研究，考订古籍，详细记录各书的著者、卷数、版本、内容等各方面信息，写成提要1600多篇。王重民还几次前往美国普林斯顿大学葛思德东方图书馆，鉴定该馆所藏善本书，并撰写提要1000余种。除此以外，王重民在国外十几年还对中国古籍善本、敦煌遗书、太平天国文献、明清之际来华天主教教士译述等珍贵文献进行研究，撰写许多论文。这些工作成果内容广泛，涉及考据、校勘、版本、目录、辨伪和注释等方面。

王重民在美国期间正值日本帝国主义全面侵华，为了使中国珍贵古籍免遭日本侵略者的摧残和掠夺，北平图书馆于民国24年（1935年）便把共300余箱善本书运往上海。欧战爆发后，上海的这批善本书已无安全保障，北平图书馆副馆长袁同礼决定把这些善本书运往美国，寄存在国会图书馆。民国30年（1941年）3月，王重民由美返沪，办理这批善本书赴美手续，但中国海关已在日本侵略者监视之下，运书遇到困难。王重民用三周的时间，将300余箱书一一打开，选其最优者为百箱，辗转运到美国。在美国，这批书被拍摄成缩微胶卷。王重民用4年时间，从中选出2720种撰写了提要。

民国36年（1947年），王重民回国，任北平图书馆研究组主任，兼北京大学中文系教授。此间，王重民曾向当时的北大校长胡适建议设立图书馆学系，以造就高深人才，因条件尚不具备，先在中文系办图书馆学专修班，民国36年开始招生。次年，王重民任北平图书馆代馆长。1949年北平和平解放后，王重民任北京图书馆副馆长，主持馆务。同年7月，他主持建成独立建制的北京大学图书馆学专修科。1951年7月，专修科升为图书馆学系，招收第一届本科生。同年他出版《敦煌曲子词集》。王重民在叙中记述："此集所辑曲子词，均著录自敦煌所出残卷。凡伯希和劫走17卷，斯坦因劫走11卷，上虞罗氏藏3卷，日人桥川氏藏1卷，都30有2卷。共录曲子词212首（内13首残）。以相校补，除重复51首，定著为162首（内7首残）。"1952年，北京大学迁往西郊，王重民从此专任北京大学图书馆学系教授、系主任，全身心投入图书馆学教育。他先后开设并主讲"普通目录学""中国目录学史""书目与书刊评介""历史书籍目录学""中国目录版本学""中国书史"等一系列课程。1959年，王重民借调到中华书局，参与《永乐大典》的整理工作，1960年回校继续任教。1963年，他开始招收中国目录学史方向的研究生。这些年间，他完成《敦煌变文集》（与向达等合编）以及《敦煌古籍叙录》《敦煌遗书总目索引》《徐光启集》《补全唐诗》等一系列著作。

"文化大革命"开始后，王重民受到冲击，1975年4月16日，王重民在北京逝世。

王重民逝世后，其夫人刘修业编辑他的遗著，相继出版《中国善本书提要》《敦煌遗书论文集》《中国善本书提要补编》《冷庐文薮》等。其中《中国善本书提要》及其补编为王重民在美国国会图书馆、北京大学图书馆、北京图书馆所藏善本古籍基础上撰写的5620篇提要，详细记录了这些古籍的版本特征、流变、作者、编校者及刻工等情况。

贺孔才　名培新，又名咏，字孔才，号天游。河北故城人。清光绪二十九年（1903年）出生。收藏家、篆刻家，中华人民共和国成立初期文物捐赠人之一。

贺孔才出身书香世家，自幼饱读古文国学，14岁考入京师公立四中，17岁考上北京法政专门学校，同时拜其祖父贺涛的入室弟子、古文名家吴闿生（号北江）为师，与于省吾、潘伯鹰、齐燕铭同门，攻读文学，另师从秦树声、齐白石学习书法篆刻。贺孔才21岁于国立北平大学造型美术研究会任导师，并任成达学校国文教习，他的篆刻得到齐白石的夸赞："消愁诗酒兴偏赊，浊世风流出旧家，更怪雕镌成绝技，少年名姓动京华。"民国16年（1927年），齐白石为贺孔才的印集题词"商也起予余愿足，壮夫怜汝宦情违。高人可做今难做，不见湘山未敢归""贺生刀笔胜昆吾，截玉如泥事业殊。小技哪应从白石，无情何不慕南狐。孔才仁弟已将蓝出青，丙寅、丁卯两年所刊印共得六本，余为评定后，复为题记之"。

贺孔才祖上自清乾隆、嘉庆年间即开始收藏古籍和其他文物。民国20年（1931年），贺家举家迁至北平，并在北平积水潭建造藏书室，名海西学堂、潭西书屋，有藏书10万卷、古玩5000余种，除来自贺氏先祖所传外，还有从北平城古玩店和旧书摊收购来的。

贺孔才曾任北平市政府秘书、北平市古物评鉴委员会委员、中国大学国学系副教授、河北省通志馆编纂、国史馆编纂，北洋军阀政府和国民党政府时期曾任过北平市政府和晋察绥靖公署的文职秘书等职务，但都时间不长即辞职专门从事大学教授和书法篆刻等专业工作。贺孔才著有《天游室文编》《潭西吴诗抄》《说印》《徐世昌年谱》《岁寒集》等。

贺孔才思想进步，曾与中共地下党员齐燕铭是同学。民国23年（1934年），贺孔才为营救从事地下党活动而被捕的齐燕铭出狱进行活动并找铺保，使得齐燕铭很快出狱。抗日战争时期，他身在沦陷的北平，拒绝日伪政权的工作邀请，为避免子女接受日化教育，贺孔才把三个子女送往甘肃读书。

抗日战争胜利后，贺孔才继续与北平地下党外围组织和有关人员保持联系，并在经济上给予一定的帮助，思想上追求光明与进步。民国35年（1946年）3月，国民党中央执委张励生委任他为北平市党部执行委员，他当即以"不是国民党员"为由拒绝接受任命，并写了辞呈，之后致函随周恩来到重庆参加和平谈判的齐燕铭，表达自己爱国心切之情，辗转获赠《论联合政府》《新民主主义论》《大众哲学》等书籍，从中看到国家的希望。

1949年3月，他将200余年来家藏的图书12768册、文物5371件全部无偿捐献给国家，其中有元刻本《唐音》《朱子大全》，明刻本《元文类》《郢史》《唐文粹》《周礼》

《大学衍义》《尹和靖文集》和《百川学海》等孤本。为方便北平图书馆人员核对书目，他特别将自己手撰的《潭西书屋书目》送到北平图书馆。在这本书目的前言中，详细陈述了潭西书屋藏书的兴衰始末。为表彰贺孔才的爱国精神，北平市军管会通令嘉奖，并为他颁发奖状。1949年4月28日《人民日报》头版刊发嘉奖令："北平军管会顷通令嘉奖贺孔才先生捐献图书、文物的义举……本市贺孔才先生于解放后两次捐出其所有图书、文物，献给人民的北平图书馆及历史博物馆，计图书一万二千七百六十八册，文物五千三百七十一件。贺先生忠于人民事业，化私藏为公有，首倡义举，足资楷模，本会特予嘉奖。"还配发记者专访。此举成为当时北平一件有政治影响的事情，也带动了文物捐献的热潮。

1949年5月，贺孔才参加解放军四野南下工作团，在武汉潘梓年的领导下，负责武汉市文教系统的接管工作，同年12月回到北京，由时任政务院副秘书长的齐燕铭介绍到文化部文物局工作，任文化部文物局办公室主任。贺孔才到文化部文物局工作后，精神愉快，工作上积极主动，为中华人民共和国成立初期的文物事业做了大量工作。

1951年的内部肃反运动中，贺孔才向组织坦诚自己在民国35年3月曾接到过被国民党中央执行委员会任为"北平市特别市党部执行委员"的委任书一事后，被定为"国民党骨干分子"，受到无情的政治打击。1951年12月，贺孔才在北海公园投湖自杀。

1991年3月7日，国家文物局作出关于贺孔才平反的决定。

李文信 字公符。河北乐亭人。清光绪二十九年（1903年）出生于辽宁复县。中共党员，考古学家、博物馆学家，辽宁省博物馆馆长。

李文信家境清贫，世代兼农兼医，15岁时随父迁往吉林省城吉林市郊区，半工半读读完高小。李文信曾做过小学教师，后赴北平一私立美术学校学习，又到奉天考入美术学校国画科学习3年，于民国16年（1927年）回到吉林市任吉林市二中美术教师，由于喜欢文学和史学，后改教国文和历史。民国23年（1934年），因当地修路，各历史时期遗迹、器物被挖掘出来，他利用业余时间前往田野调查，发现龙潭山，东、西团山，帽儿山一带有大量青铜时代、汉代、高句丽的文化遗存，经系统梳理，他先后写出《吉林龙潭山遗迹报告》《苏密城踏查记》两篇考古调查报告并发表。民国26年（1937年）11月1日，李文信被调到奉天国立博物馆（辽宁省博物馆前身）任学艺官佐，开始其考古生涯。

20世纪40年代，李文信曾经调查金代临潢路的界壕边堡。抗日战争胜利后，奉天国立博物馆陷于无人管理的状态，在文物面临被盗、散失的危机时，李文信自觉承担保护博物馆的重要任务。1948年11月2日沈阳解放，数以万计的藏品得以完整保存。

1949年7月7日，东北博物馆成立，李文信带领工作人员用一年多时间完成全部藏品的清点整理，先逐一鉴定真伪，确定级别，然后进行分类登记、建账，达到"安全保管、取用方便"的目的，取得博物馆藏品管理的成功经验。由李文信牵头写成的《东北博物馆清理文物工作的一些办法和经验》，刊登在《文物参考资料》1953年第4期上，向全国文博系统推广。

中华人民共和国成立后，李文信主持东北区文博干部培训班，主讲历史、考古及其他课程，率队实践，言传身教，带出一批文博考古人才，后来成为东北文博考古与历史、民族学研究的骨干。1956年，他受聘兼任吉林大学历史系教授，其所著《中国考古学通论纲要》，是中国较早的、完整与系统的中国考古学专著。

李文信对辽沈地区战国至魏晋时的考古遗存十分关注，1954年他先后主持发掘辽阳三道壕西汉村落遗址和辽阳鹅房、大林子、三道壕、棒台子、北园等墓葬，发表多篇学术报告，建构起辽阳地区汉、魏、晋壁画发展演变的脉络图。李文信对辽金考古做了大量工作。对内蒙古自治区辽上京、辽中京、辽庆州等数十座城址进行深入调查。对辽宁省沈阳、辽阳、阜新、朝阳，内蒙古自治区巴林左旗和巴林右旗等数量众多的辽墓进行发掘，所发表的考古报告都有精辟论断，是东北辽金考古的重要成果。

李文信对东北历史地理有深入的研究。从20世纪50年代起，他对东北战国、汉代的古城址进行考察研究，破解疑难，寻求结论。解决了汉代险渎、居就、无虑、西安平及右北平郡治、玄菟第三郡治的地理定位，取得重要研究成果。此外，李文信还对辽宁省的抚顺、西丰、岫岩、桓仁、凤城，以及吉林省的珲春、和龙、集安等十多处高句丽山城进行调查，考证它们的历史地理定位，成为学术界公认的研究成果。李文信先后著成《辽宁史迹资料》

（初稿）和《周汉魏晋时代的辽宁史迹》等著作与文章，部分研究成果填补了东北历史地理研究的空白。李文信还专注于东北古长城的研究，曾主持内蒙古自治区及河北赤峰（后属内蒙古自治区）、围场一带的燕、秦、汉长城的考古调查，20世纪80年代写出《中国北部长城沿革考》。该书从近20年对北部长城的实地考察入手，结合历史文献，将分布在中国北方的战国时期魏、赵、燕长城，与统一六国后的秦长城，以及其后的两汉、西晋、北魏、北齐、北周和隋唐长城分别加以考证。其诸多论断成为东北古长城研究最具权威性的成果。

李文信是辽瓷研究的主要开拓者之一。他曾主持辽宁省辽阳江官屯窑址、内蒙古自治区巴林左旗辽上京故城内瓷窑址以及赤峰缸瓦窑址的调查与发掘，都有十分重要的考古发现。他完成的考古调查报告《林东辽上京临潢府故城内瓷窑址》，全面介绍了辽上京故城内这处以烧制精美白瓷和瓷胎黑釉瓦为主要特征的窑址的发掘情况和研究成果。在田野调查与研究的基础上，李文信先后完成《辽瓷简述》《陶瓷概说》《辽宁省博物馆藏辽瓷选集》等著作，并在辽瓷整理研究中提出许多重要论点，从而把辽瓷的研究推向一个新阶段，补充丰富了中国陶瓷史的重要内容。

在博物馆对外开放工作中，李文信作出很大贡献。从中华人民共和国成立之初的历史文物分类陈列、20世纪50年代的历史文物陈列，到20世纪60年代初的历史艺术陈列，都包含着李文信的心血和研究成果，推动了博物馆学的研究实践。这种为文博事业孜孜以求、无私奉献的精神，一直保持到其晚年，李文信即使生病住院仍不忘博物馆工作与研究。

李文信是中国考古学会第一届理事会理事，中国博物馆学会名誉理事，辽宁省考古、博物馆学会和辽宁省历史学会名誉理事长，曾当选为第一、二、三、五届辽宁省人大代表。

1982年10月5日，李文信在沈阳逝世。

马子云 陕西合阳人。清光绪二十九年（1903年）出生。文物鉴定家，故宫博物院研究馆员，国家文物鉴定委员会委员。

马子云出身农民家庭，幼入私塾，再进乡学。民国8年（1919年）春，经同乡介绍，马子云至北京琉璃厂庆云堂碑帖铺学徒，后任店员。在庆云堂，他努力钻研传拓技法及金石掌故。晚清金石学家陈介祺的《簠斋传古别录》及簠斋金石传拓作品给予他很多教益，对古刻与传拓的笃爱和用功不止，使他在十余年后成为各类金石文物拓片制作的集大成者。民国18年（1929年），他离开庆云堂，与当时北京各收藏家、金石学家交游切磋，并为之传拓金石文物，以精于鉴定闻名。马子云拓碑碣细腻见于纤毫，拓珍玩雄浑宛如巨器，金石味浓厚，超越前人。民国时期，青铜器全形拓广受追捧，能拓者皆视为不传之秘，马子云于四处求教碰壁之后，经过两年钻研，悟出关窍，终成一时名手。其全形拓代表作品有西汉霍去病墓前石雕11种及西周青铜巨器虢季子白盘。

民国36年（1947年），应马衡之聘，马子云到故宫博物院工作，初任书记员，后改任技佐，接续古物馆因抗日战争中断的金石传拓工作。1949年，他在美工组任技术员，从事传拓金石工作。1950年初，虢季子白盘的收藏者刘肃增将此器捐献国家，并入藏故宫博物院。在马衡院长安排下，马子云与陈万里等经过数月共同设计后，历时两月有余，最终拓出虢季子白盘全形。虢季子白盘是马子云平生所拓最难的一件铜器，虢季子白盘全形拓是存世青铜器全形拓中最大、最具代表性的艺术珍品。1955年，他调陈列部铜器组从事鉴定铭刻、铜器和传拓金石的工作，期间曾代理铜器组组长两年。1957年铭刻组成立，他在该组承担拓器物、钤玺印工作，随后铭刻组改为金石组，马子云仍为技术员。次年，他被调至书画组碑帖库负责整理、鉴定碑帖，兼从事院内外临时性金石传拓工作。

20世纪70年代，马子云主持故宫博物院藏2万余件碑帖类文物的排比鉴定，同时参与此项工作者还有唐兰、朱家溍、启功等专家，鉴定结果最终落实成《故宫博物院藏刻石碑拓本目录》。马子云鉴定碑帖以考据与纸墨为主要依据，以题跋、印鉴为辅助依据，参照《金石萃编》《集古求真》《校碑随笔》等书，对所拓时间的早晚，是原石还是翻刻本以至伪刻一一加以分析研究。其典型案例有对东汉《樊敏碑》、东汉《西岳华山庙碑》和《快雪堂法帖》的考辨。

《樊敏碑》为东汉建安十年（205年）三月立于四川芦山，此碑在宋赵明诚《金石录》与洪适《隶释》中都有记载。清代对该碑佚失、重刻诸说纷纭。马子云通过对文献的参考，对院藏拓本的比对，以及对芦山县调查报告的研究，确认芦山县所存碑为原碑。

《西岳华山庙碑》刻于东汉延熹八年（165年），碑石在宋代早期尚完整，至宋代晚期碑身中间偏右损坏百余字，明嘉靖年间地震，碑被震成碎石，其后则不复有原石拓本。此碑拓本传世只有四种，即"长垣""华阴""四明""顺德"四本，其他都是后代的翻刻本。清代学者阮元等对《西岳华山庙碑》各本的考证研究多有舛误，经马子云鉴定，对诸本文字损泐之异做细致排比，详解各本断代依据，一正旧说之误，终成定论。

《快雪堂法帖》5卷，为明崇祯十四年（1641年）涿州冯铨选编，大部按真迹由铁笔名家刘雨若摹勒，久为世人所重。几经周转进入内府，乾隆皇帝于北海筑快雪堂藏之。随着快雪堂帖石的两次迁徙，其传拓而得的拓本也有"涿拓""建拓"和"内拓"的区别。这三类拓本故宫皆有收藏，前人帖书述其各本特点，言之寥寥。对于《快雪堂法帖》流传的不同拓本，马子云作《〈快雪堂法帖〉校后记》，述其递变，道前人所未及，从此三种拓本便得清晰区分。

马子云毕生致力于金石传拓、鉴定和碑帖研究，所著《金石传拓技法》，继陈介祺《簠斋传古别录》之后，对金石传拓技艺作出系统条理的总结，为学习传拓最为重要的参考资料；所著《石刻见闻录》，材料皆经目验，记叙碑碣、墓志、摩崖、造像题记、石经及其他刻石，上起周秦，下至宋元，凡1200余种，于每种刻石的年代、地点、撰书人、书法、形制，以及拓本断代考据、纸墨、题跋、印章、递藏皆予详细著录，兼及其本人数十年见闻掌故，资料详备而考辨精当；所著《碑帖鉴定浅谈》则细谈碑、帖和墓志的起源、演变，从形式、内容、书体、镌刻功用，分析碑与帖的区别，从拓本用纸、墨色、书法、钤印、题跋、流传等多方面说明鉴定碑帖的方法。《碑帖鉴定浅说》与《石刻见闻录》相辅而行，凝聚马子云一生校碑的心血，也是其后学习碑帖鉴定者的必读工具书。

马子云还多次带领学生到全国各省市数十个博物馆、图书馆讲学，考察石刻和鉴定碑帖，为各博物馆培养大批专业人才，其中许多成为博物馆金石碑帖专业的中坚力量。

1986年，马子云在北京逝世。马子云去世后，家属遵嘱将其所收集保存的碑帖与手拓金石拓片约1800件捐献故宫博物院。

裴文中 河北丰南人。清光绪二十九年十一月二十二日（1904年1月9日）出生。古生物学家、考古学家、博物馆学家、中国旧石器时代考古学的奠基人，中国第四纪哺乳动物学和生物地层学的开拓者之一。

民国16年（1927年），裴文中毕业于北京大学地质系，同年进入中央地质调查所工作。民国17年（1928年），他参加周口店遗址发掘，次年12月，在主持周口店遗址发掘期间发现第一个完整的北京人头盖骨化石，随后发现石制品和用火遗迹。裴文中主持周口店遗址多个地点的发掘和研究，引入"打格分方"的考古田野方法，取得重要发现，并对北京猿人的文化遗存和遗址出土的一些哺乳动物门类进行开创性研究。裴文中对周口店堆积物中的石英

碎片进行深入研究，他独辟蹊径，采用模拟实验，并对人工打击、使用所产生的疤痕和自然破损痕迹进行显微观察与比较，确认这些石英碎片为人工打造石器。在对周口店石英制品的实验和观察中，裴文中发现当时人类开发该种石料的独特方法，将之命名为"砸击技术"。民国20年（1931年），他发表中国人研究石器的第一篇论文。在周口店第1地点之外，裴文中还发现和主持发掘山顶洞，第13、15地点等多处遗址点，发掘出数以万计的石制品和其他文化遗物，初步建立起周口店遗址的古人类文化发展序列。民国24年（1935年），裴文中赴法国深造，专攻旧石器时代考古。在法国巴黎从事博士论文研究期间，裴文中将石器的制作实验和人工与非人工标本的对比观察进一步推向系统和成熟。他对容易与人工石制品混淆的非人工破碎碎石进行全面观察和实验研究，在此基础上完成博士论文《石器与非石器之区别》。同时，裴文中对中国猿人的骨器问题重新进行审视，由原来受外国学者影响认同碎骨中有骨器转为更加慎重的态度，指出动物骨骼破碎的原因与石器制作有诸多不同，即使是人工破碎的因素，也还有敲骨吸髓这样非工具制作的现象，并倡导建立更严格的骨器界定标准。民国26年（1937年），裴文中在巴黎大学获博士学位。同年10月，他回国并奉命留守北平，代管中央地质调查所，主持新生代研究室工作。同年，裴文中发表《中国的旧石器时代文化》，这是他对中国旧石器时代文化分期的最初尝试，他将外国学者所报道的来自泥河湾的一件石制品和周口店第13地点的石器遗存作为"最早的人工制作的迹象"，将周口店中

国猿人文化称为"旧石器时代早期的早段"，将周口店第15地点称为"旧石器时代早期晚段"，将"河套文化"定位为"旧石器时代中期"，而将山顶洞文化界定为"旧石器时代晚期"。民国29年（1940年）10月，裴文中在燕京大学筹建史前陈列馆，为中国历史类博物馆中的首创。虽陈列面积仅120平方米，但馆中收集的史前古物极为丰富，其中大部分为他在周口店发掘所得，在史前考古学方面有重要价值。陈列品中还有他从法国带回的欧洲旧石器时代主要文化期的代表性石制品。

1949年11月，裴文中任文化部文物局博物馆处处长，期间，他还参与发起和筹建北京大学考古专业并担任授课教师。1950年7月，裴文中任雁北文物勘察团团长，对山西大同、山阴、应县、朔县、浑源、代县、阳高、五台等地的遗址、墓葬和古建筑进行调查。同年9月，他任东北考古发掘团团长，主持吉林西团山石棺墓的发掘。1953年，裴文中又任洛阳地区考古队队长，领导烧沟汉墓的发掘。1953年，他到中国科学院古脊椎动物研究室任研究员。1955年，他当选为中国科学院学部委员（院士）。在裴文中和贾兰坡的组织下，中国科学院古脊椎动物研究室从1956年起数度在周口店举办古人类－旧石器时代考古田野培训班，学员来自全国各地，培训内容包括旧石器时代考古学、新石器时代考古学、古人类学和地质学、古脊椎动物学的讲授和田野发掘。1957年，他任中国科学院古脊椎动物研究所古人类室主任。在此期间，裴文中先后主持资阳人遗址、丁村遗址、巨猿化石产地、扎赉诺尔遗址、水洞沟遗址、萨拉乌苏遗址、周口店第

1地点、观音洞遗址等多处重要遗址的调查、发掘、研究以及对安徽、江苏、黑龙江、吉林、广西、云南、河南、河北、山西、湖北、贵州、内蒙古、天津等许多地区的考察，足迹遍及大江南北。在这些发掘和考察中，他又先后在江苏泗洪、北京周口店、湖北建始等地发现古人类化石、巨猿化石和大量文化遗物、哺乳动物化石，将古人类和旧石器时代考古遗存由中国北方的少数遗址扩展到全国各地，为中国古人类学和旧石器时代考古学体系的建立奠定坚实的材料基础。裴文中的考古工作，搭建出中国旧石器时代文化早、中、晚三期序列框架；开启中国"中石器时代"和细石器的研究与讨论；开启西北地区的史前考古调查和研究，取得重要发现，对甘青地区史前文化的分布、分期和史前丝绸之路等问题提出新的认识，命名了齐家文化和沙井文化；对中国古代陶鬲及陶鼎形制与演变开展独到的研究，对考古类型学作出重要贡献。

裴文中还是环境考古学的倡导者，很早就在旧石器时代考古研究中关注环境对古人类生存和文化的影响。在研究周口店第15地点时，他根据动物群中一些有气候环境标志的种属对当时周口店及其周围的生态环境作出推测，认为总体环境特点是以草原生态为主色调，一些山坡被森林覆盖，而在高地、坡脚或间隔分布着沙漠条带。1960年裴文中撰文专门讨论中国原始人类的生活环境，指出："人和动物的主要区别之一，是他们和生活环境的关系。动物的生活，完全受外界环境的支配，它们用自己的身体，来适应自然环境。人类则不一样。人类用两只手从事劳动，改造自然，创造一切生活的条件，来克服自然界所

加在他们身上的困难。"

1965年，裴文中发表《中国的旧石器时代——附中石器时代》，他将中国猿人文化、蓝田猿人文化和匼河文化作为中国旧石器时代早期的代表，将丁村文化作为旧石器时代中期的代表，将萨拉乌苏、水洞沟、山顶洞遗存作为旧石器时代晚期的代表，并增加了以沙苑文化为代表的"可能的中石器时代"。这一分期方案在之后虽有微调，但基本框架得以保留并沿用至今。

裴文中的代表性著作有《中国古代陶鬲及陶鼎之研究》《中国史前时期之研究》《中国第四纪哺乳动物群的地理分布》《资阳人》《山西襄汾县丁村旧石器时代遗址发掘报告》《柳城巨猿洞的发掘和广西其他山洞的探查》《中国猿人石器研究》《裴文中科学论文集》《裴文中史前考古学论文集》等。

1979年，裴文中兼任北京自然博物馆馆长。他还曾任中国自然博物馆协会理事长和中国考古学会副理事长、英国皇家人类学会名誉会员、国际史前与原史学联合会名誉常务理事等。

1982年9月18日，裴文中在北京逝世。

常任侠　原名家选，笔名季青。安徽颍上人。清光绪二十九年腊月十五日（1904年1月31日）出生。东方艺术史家、艺术考古学家、古民俗学家，中央美术学院教授，国家文物鉴定委员会委员。

常任侠出身于安徽颍上常氏，为明代开平王鄂国公常遇春后裔。常任侠祖国佐、父凝章均为清代廪贡生，有家学。其伯父瑶章精通医术，并好古器，为人治病常不收药费，乡人常赠附近楚墓所出古器以示谢意，常任侠也因此能近距离接触古器。民国11年（1922年），常任侠受表兄资助，进入南京美术专门学校就读。在校期间，他一方面学习中外美术史和西方文学，一方面从业师梁英学习陶、铜、玉之类古器的知识。民国17年（1928年），常任侠进入南京国立中央大学中国文学系攻读古典文学。民国20年（1931年），常任侠毕业后，任中央大学附中国文历史教员。授课之余，常任侠常与中央研究院研究员徐中舒、胡厚宣、张政烺等探讨学术，由此经常看到新出土的各地古器物，并进行研究。

民国24年（1935年），经胡小石推荐，常任侠进入东京帝国大学文学部，主攻东方艺术史。期间，他开始关注古代中原地区文化与西域文化的交流，以及中日两国古代文化交流史方面的问题。与此同时，中国古代音乐史与舞蹈史也成为其研究中的重要组成部分，常任侠于《戏剧时代》上刊登的《中国原始的音乐舞蹈和戏剧》，以及在上野帝国学士院大讲堂宣读的《唐代乐舞之西来与东渐》等文，即为其研究的早期成果。民国25年（1936年），自东京帝国大学毕业后，常任侠重归中央大学任教。

民国27年（1938年），常任侠至长沙与茅盾、廖沫沙等编辑《抗战日报》，旋即进入武汉军委政治部三厅工作，担任政治部副部长周恩来的联络秘书，同时兼任中华全国美术会理事。民国28年（1939年），经胡小石介绍，常任侠于重庆中英庚子赔款董事会艺术考古研究院任研究员，凭借中英庚款的资助，常任侠得以考察诸多川中古迹，先后撰写《汉画艺术研究》《沙坪坝出土之石棺画像研究》《重庆附近发见之汉代崖墓与石阙研究》《唐代乐舞东渐日本述略》等文，同时出版《汉唐之间西域乐舞百戏东渐史略》《民俗艺术考古论集》两书。同年，常任侠与郭沫若、卫聚贤、胡小石、马衡等一同主持重庆江北汉墓群发掘。发掘结束后，常任侠在半山竹庐内主持展览，向来宾介绍江北汉墓发掘所出的古物。展览结束后，常任侠于《时事新报·学灯》上发表《整理重庆江北汉墓遗物纪略》一文，记云："乃复为之公开展览，以冀引起社会对于中国古代文物之爱护，庶司保管之责者，亦知所留意焉。"不久后，在重庆举办的中国艺术史学会会议上，马衡、宗白华、商承祚、梁思成等与会人员推举常任侠为常务秘书，负责会务事宜。

民国31年（1942年），常任侠受聘于国立艺术专科学校为国文教授，讲授文学及考古学。一年聘期结束后，常任侠离开重庆，前往云南，于昆明东方语言专科学校任教授兼教务长。在此期间，常任侠与胡小石等人一同搜集资料，对滇越古民族文化进行研究。民国34年（1945年），常任侠得到印度国际大学聘书，前往印度讲授中国文化与中国考古。至印度后，常任侠先后参观华氏城、灵鹫山、那烂陀、菩提场等遗址，研究印度历史文化以及佛教考古等，写有《印度前期的雕刻艺术》《印度后期的雕刻艺术》《印度古代的绘画与画论》等文，并发表《从游戏玩具上看中印古代文化的关系》。

1949年初，常任侠应徐悲鸿邀请，担任国立北平艺术专科学校教授。中华人民共和国成立后，常任侠先后任国务院华侨事务委员会委员，中央美术学院教授兼图书馆馆长等职。他开始尝试运用唯物主义艺术观来重新审视自己长期实地考察积累的大量材料。他从原始艺术现象入手，通过实物与文献相互印证，提出"劳动创造艺术"和"巫舞同源"等命题。他1950年在《光明日报》上发表的《汉代经济政治文化思想对于汉画艺术的影响》一文，即引用恩格斯的理论，从汉代的经济基础和社会发展状况入手，对自身积累的一批汉画像石与画像砖材料重新进行年代分期与艺术特征认识。

1953年，常任侠参加文化部社会文化事业管理局组织的麦积山石窟考察活动，考察结束后整理出《甘肃麦积山考古记》一文。1956年，常任侠受国务院宗教局委派，前往印度新德里主持"国际佛教艺术展览"中国部，并为配合展览作《中国佛教艺术简论》（英文版），后由中国驻印度大使馆印行。同年，常任侠出版《东方艺术丛谈》一书，分"古典艺术初探""东方文艺交流"两编，从绘画、雕刻、音乐、舞蹈、傀儡戏、皮影戏和杂技等角度来讨论和介绍东方各民族的优秀艺术，以及文化交流过程。1957年，常任侠再奉国务院派遣，与中国文化团一道赴尼泊尔，担任历史考古方面的顾问。在尼泊尔期间，常任侠为尼泊尔教育部部长夏尔马考证其收藏的唐代梵文石刻经幢拓片。1978年，常任侠以季青之名，在香港《美术家》第2期连载《中国书法艺术》一文，分"中国书法的源流""楷书的书法艺术""北魏的书法艺术""章草的书法艺术"四章，系统介绍中国书法的发展。同年，常任侠与袁音合译日人秋山光和著《日本绘画史》一书，常任侠作《中日文化艺术的交流》译后记一篇。

1980年，76岁高龄的常任侠应天津博物馆、旅顺博物馆邀请为其鉴定藏画，发现两馆所藏日本画中多有名贵作品，于是拍照留影，计划出版《中国所藏日本名画集》，最终未果。他还编著《印度与东南亚美术发展史》一书，分上古、中古、近古三个时代介绍印度与东南亚诸国的宗教艺术。1981年，常任侠任国务院古籍整理出版规划小组顾问，并翻译法国历史学家格鲁塞著《近东与中东的文明》，介绍古代埃及、亚述、巴比伦、波斯、阿拉伯的文化艺术历史，书后附有诸多图版，为国内研究中东和近东地区的考古与艺术提供了珍贵材料。1986～1987年，常任侠先后任北京市历史学会学术顾问、国家文物鉴定委员会委员、北京大学东方文学研究所兼职研究员等职，并担任《中国美术全集19·绘画编·画像石画像砖》主编。1994年，经国务院批准，常任侠享受国务院政府特殊津贴。

1996年10月25日，常任侠在北京逝世。

李何林　曾用名延寿、振发、昨非、竹年。安徽霍邱人。清光绪二十九年腊月十五日（1904年1月31日）出生。鲁迅研究专家，中国现代文学研究学科的奠基者。

李何林于民国13年（1924年）肄业于南京国立东南大学，民国15年（1926年）秋参加国民革命军，次年随军北伐并参加八一南昌起义。民国17年（1928年），李何林参加未名社，投身革命文艺活动，历任天津师范学院、中法大学、华中大学、北京师范大学及南开大学教授、中文系主任。

李何林的学术研究从一开始即自觉地以马克思主义理论与方法作为考察、描述中国现代文学的依据。民国27年（1938年），他写作《近二十年中国文艺思潮论》时，进一步将马克思主义的唯物史观与研究方法由新文学作家、作品的评论，深入到文学史的研究领域。李何林鲁迅研究的贡献体现在：他终身信奉鲁迅思想，把它作为自己革命一生的指南，并积极向青年普及鲁迅、宣讲鲁迅；他力图用马克思主义研究鲁迅，尽己所能解读鲁迅思想，不唯上、不阿世、不讲情面，不为流行的时尚观点所左右，表现出难能可贵的操守；对于鲁迅作品，他逐字逐句解读，细心严谨地领会鲁迅思想。

1975年10月，鲁迅之子周海婴上书中共中央主席毛泽东，建议加强鲁迅著作和手稿编辑、整理和研究工作。毛泽东接到信后，于11月1日作出批示："我赞同周海婴同志的意见，请将周信印发政治局，并讨论一次，作出决定，立即实行。"国家文物事业管理局和国家出版局立即于一个月后（12月5日）共同草拟贯彻执行方案，把北京鲁迅博物馆重新划归国家文物事业管理局领导，在馆内设立鲁迅研究室，聘请曹靖华、杨霁云、唐弢、戈宝权、周海婴、孙用、常惠、林辰等为研究室顾问，任命李何林为北京鲁迅博物馆馆长兼研究室主任。研究室的任务是：编辑鲁迅书信手稿，由文物出版社影印出版；协助人民文学出版社进行鲁迅著作编辑室组织领导的新版《鲁迅全集》注释的定稿工作；编写鲁迅传记和鲁迅年谱；对国内外歪曲鲁迅的著作进行批判；对一些熟悉鲁迅的老人（包括反面人物）进行访问记录；编印《鲁迅研究资料》，作为资料性的刊物，公开或内部发行；对北京鲁迅博物馆的陈列提出修改意见；与上海、绍兴、广州等地的鲁迅纪念馆及其他研究单位建立广泛的联系等。

鲁迅研究室从全国各地调来研究人员十余位，在李何林的领导下，对鲁迅著作和手稿进行整理、编印和研究，完成以下工作：鲁迅书信手稿共编辑影印8本；协助完成新版《鲁迅全集》的注释工作；编写《鲁迅年谱》4卷本，共120万字；编写《鲁迅大辞典》；编辑出版《鲁迅研究资料》24辑；不定期出版《鲁迅研究动态》，后来发展成为核心刊物《鲁迅研究月刊》。

李何林曾任北京师范大学中国现代文学博士研究生导师，曾当选为第四、五届全国人大代表，中国鲁迅研究学会副会长，全国文联第四届委员，中国作家协会第三届理事、顾问，中国民主同盟中央委员。

1988年1月13日，李何林在北京逝世。

常书鸿 姓伊尔根觉罗，别名廷芳、鸿。满族。清光绪三十年二月二十一日（1904年4月6日）生于浙江杭县。中共党员，画家、敦煌学家，敦煌艺术研究所创始人。因一生致力于敦煌艺术研究保护工作，被誉为"敦煌的守护神"。

常书鸿于民国12年（1923年）毕业于浙江公立工业专门学校，留校任美术教员。民国16年（1927年）6月赴法国，10月考取法国里昂中法大学公费生。民国21年（1932年）夏，常书鸿以油画系第一名的成绩毕业于里昂国立美术学校，并通过里昂油画家赴巴黎学习的公费奖学金考试。次年在法国巴黎高等美术学校——新古典主义画家、法兰西艺术院院士劳朗斯画室学习。民国23年（1934年）成立的中国艺术家学会，参加者有常书鸿、王临乙、吕斯百、刘开渠、陈之秀、王子云、余炳烈等20多人。在此期间常书鸿所绘油画《梳妆》《病妇》《裸女》，静物画《葡萄》等作品，多次参加"法国国家沙龙展"。他创作的《葡萄》后来被当时的法国教育部次长亲选，收归法国国有，《沙娜画像》被巴黎近代美术馆收藏（后藏于蓬皮杜艺术文化中心），《裸妇》在1934年"里昂春季沙龙展"中获得美术家学会的金质奖章并被收藏，藏于里昂国立美术馆。常书鸿在"法国国家沙龙展"中先后获金质奖章三枚、银质奖章二枚、荣誉奖一枚，并因此成为法国美术家协会会员、法国肖像画家协会会员。

民国25年（1936年）秋，常书鸿回国，在国立北平艺术专科学校任西画系主任、教授，并于年底担任"全国美术展览会"评审委员。次年七七事变后，常书鸿随学校南下。民国27年（1938年），常书鸿任国立艺术专科学校校务委员会副主任兼教授。民国29年（1940年）秋，常书鸿在云南昆明举办个人展览，展出水粉画30多幅。到重庆后，常书鸿任国民政府教育部美术教育委员会委员兼主任秘书。民国31年（1942年），国民政府教育部决定成立敦煌艺术研究所，"寓保护于研究"，派高一涵、常书鸿为筹备委员会正、副主任，筹备委员会委员还有张大千、王子云、郑通和、张维、窦景椿等。次年，在兰州召开筹备委员会会议后，常书鸿立即奔赴敦煌开始工作。不久，他的妻子陈芝秀及子女举家迁居敦煌。民国33年（1944年）2月1日，国立敦煌艺术研究所在莫高窟成立，常书鸿被任命为第一任所长。

国立敦煌艺术研究所成立后，常书鸿从重庆、成都聘请各方面专家，在残破荒凉、人迹罕至的莫高窟，住破房、喝苦水，对莫高窟展开全面的保护和研究工作。他们清理积沙，构筑围墙，逐渐营造出一个学术研究的环境。同时，研究所的工作人员争分夺秒地临摹壁画和调查记录。民国34年（1945年）4月，常书鸿的妻子忍受不了艰苦和寂寞不辞而别，常书鸿策马追至安西，被人劝阻而返。同年8月抗日战争胜利，国民政府教育部撤销敦煌艺术研究所建制，所里大部分人因此离开莫高窟。有的研究成果、壁画临本被个人带走，3000张照片底片被摄影师骗去。常书鸿没有被困难压倒，继续与学者们奔走呼吁，使敦煌艺术研究所得以恢复。敦煌艺术研究所恢复后，常书鸿十分重视培养和引进人才，董希文、张琳英、乌密风、周绍淼、潘洁兹、李浴、范文藻、段文杰、史苇湘等一大批青年艺术人才和学者加入莫高窟的研究和保护队伍。民国36年（1947年）冬，常书鸿率领工作人员对莫高窟重新编号，一窟一号，共为492号，塑像、壁画也都一一编号。常书鸿还制定规章制度，禁止在窟内住宿、烧火，禁止在壁画上摹印画稿，以保护文物。他还在前人辨识和张大千编号的基础上，对莫高窟309个洞窟的时代内容进行调查，大部分洞窟的内容都定了名，一些洞窟在开建时代上有所考证，虽然没有发表，却为此后公布的《敦煌莫高窟内容总录》打下初步基础。

中华人民共和国成立后，1950年敦煌艺术研究所更名为敦煌文物研究所，归属中央人民政府文化部文物局，常书鸿继续担任所长。从此，常书鸿以更加饱满的热情投入敦煌文物的研究、保护和宣传工作，并参加对甘肃炳灵寺、麦积山、天梯山以及新疆各石窟的考察工作。20世纪50年代，他带领十余位美术家，全力投入壁画临摹工作，临摹大批高质量的通史性大型作品，并且制作整窟模型。这些作品在北京、上海等城市和印度、日本等国展出引起轰动，在国内外掀起敦煌热。在常书鸿的带领下，敦煌艺术的研究也取得较大成果。他主持编辑出版《敦煌壁画临本选集》《敦煌彩塑》《敦煌壁画》《敦煌唐代图案选》《敦煌宝藏》《敦煌飞天》等大型学术性图书，这些图书的前言都由常书鸿撰写，展示他敦煌学术研究的最新成果。他同时撰写《敦煌菩萨》《佛教与佛教艺术》《礼失而求诸野》《敦煌艺术的源流与内容》《敦煌壁画艺术》《敦煌艺术》《从敦煌艺术看中华民族艺术风格及其发展特点》等一大批专题论文。

鉴于莫高窟存在很多危崖，面临倒塌的危险。常书鸿率研究所工作人员勘察洞窟危崖的情况，并不断向上级领导汇报敦煌石窟危险的状况，提出保护建议。1962年8月，文化部副部长徐平羽率敦煌莫高窟考察工作组到敦煌，经过深入调查研究，确定莫高窟保护工程的方案，报国务院批准。1963年春天，国务院拨巨款对莫高窟进行全面加固修复。1964年、1965年又先后进行了第二期、第三期加固工程。

常书鸿1961年担任甘肃省政协常务委员。1962年担任甘肃省文联主席、省美协主席。1964年当选为第三届全国人大代表。"文化大革命"期间他遭到迫害，致使身心受到伤害。1977年常书鸿恢复工作，1978年当选为第五届全国人大代表，1979年任第四届全国文艺代表大会理事、甘肃省文化局副局长、甘肃省人大常委会委员，1982年任敦煌文物研究所名誉所长，1983年任东京艺术大学客座教授，1985年任敦煌研究院名誉院长，1988年任第七届全国政协委员，1991年享受国务院政府特殊津贴，1992年获日本富士美术馆最高荣誉奖并成为该馆名誉馆长。

1994年6月23日，常书鸿在北京逝世。

林徽因　女，福建闽县人。清光绪三十年四月二十七日（1904年6月10日）出生于浙江杭州。建筑师、诗人、作家。

林徽因原名徽音，其名出自《诗经·大雅·思齐》："大姒嗣徽音，则百斯男。"后因常被人误认为当时一作家"林微音"，故改名"徽因"。林徽因8岁移居上海，入虹口爱国小学学习。民国5年（1916年），因父在北洋政府任职，举家迁往北京，就读于英国教会办的北京培华女中。民国9年（1920年）4月，随父游历欧洲，在伦敦受到房东女建筑师影响，立下攻读建筑学的志向。次年，林徽因随父回国，仍到培华女中续学。民国13年（1924年）6月，林徽因和梁思成同时赴美攻读建筑学，同年9月，两人一起进入宾夕法尼亚大学美术学院学习，均从

三年级课程读起。梁思成在美术学院建筑系，因建筑系不收女生，林徽因即注册在美术系，但是她仍选修建筑系的主要课程，实现自己的志愿。民国15～16年（1926～1927年），林徽因被宾夕法尼亚大学聘为建筑系兼职设计助理教师，并于民国16年（1927年）获美术学士学位，又入耶鲁大学戏剧学院学习舞台美术设计半年。次年春，她同梁思成结婚。婚后两人同往欧洲，对各国文艺复兴时期的大量建筑进行全面考察。同年8月，夫妻偕同回国，一起受聘于东北大学建筑系。林徽因在到职前先回福州探亲，曾应福州师范学校和英华中学之请，作题为"建筑与文学"和"园林建筑艺术"的演讲。民国18年（1929年），林徽因到东北大学讲授"雕饰史"和专业英语。在征集东北大学校徽图案大奖赛的活动中，林徽因设计的"白山黑水"图案一举夺魁，获得该项大奖赛的最高奖金。

民国20年（1931年），林徽因受聘于北平中国营造学社，任校理。次年，为北平大学设计地质馆和灰楼学生宿舍。她多次随梁思成深入山西、河北、山东、河南、浙江、陕西各省进行古建筑考察和测绘。民国21年（1932年）3月，林徽因在《中国营造学社汇刊》第3卷第1期发表《论中国建筑之几个特征》，这是首次由中国专业学者发表的关于论述中国建筑的理论性文章，澄清了一些西方学者对中国建筑的曲解和误读，力图奠定适应西方理论框架，但又不同于西方的中国建筑理论基础。民国23年（1934年），在正式发表的、为梁思成《清式营造则例》所作的"绪论"中，林徽因再次较完整地归纳了她的理论框架。两篇论著运用

了由古罗马建筑师维特鲁威所定义的，也是国际公认的建筑审美三项基本原则——"实用、坚固、美观"来评价中国的传统建筑体系，以艺术发展史的基本阶段理论来讨论中国建筑。她还首次在理论上定义中国建筑木框架结构体系的基本特征。林徽因在这两篇论著中还分别论述了中国建筑卓有特色的几个要素，分别为"屋顶""斗拱""台基""平面布置"几个方面，这些论述以后都成为中国建筑形式构成的基本要素，多见于各种研究和论述中。同年，林徽因与梁思成一同考察山西古建筑，次年在《晋汾古建筑预查纪略》中描述了当地民居的状况，被认为是较早出现在《中国营造学社汇刊》上的民居实物描述之一。民国26年（1937年）夏，林徽因与梁思成在山西五台山地区考察佛光寺，她首先发现佛光寺东大殿梁下的题记，经与殿前经幢核对，从而确定佛光寺的建造年代为唐大中十一年（857年）。不久，北平沦陷，林徽因全家辗转逃难到昆明。民国27年（1938年），她为云南大学设计具有民族风格的女生宿舍。民国29年（1940年），她随梁思成迁到四川宜宾附近的李庄，住在低矮破旧的农舍里。颠沛流离的生活和艰苦的物质条件，使她肺病复发。在病榻上，她通读"二十四史"中有关建筑的部分，为写《中国建筑史》搜集资料，经常工作到深夜。在中国营造学社长达15年的中国古代建筑调查研究生涯中，梁思成、林徽因夫妇二人共同走访中国的15个省、190多个县，考察测绘2738处古建筑，很多古建筑就是通过他们的考察得到全国和世界的认识，从此被保护起来。

抗日战争胜利后，林徽因全家于民国35年（1946年）8月回到北平，她协助梁思成创办清华大学建筑系。1949年初，梁思成、林徽因应解放军请求，在军用地图上圈出北京城内的重要古建筑，以备军队攻城时可加以保护。随后梁思成、林徽因又组织编写《全国文物古建筑目录》，"以供人民解放军作战及接管时保护文物之用"。同年，林徽因被聘为清华大学建筑系教授，讲授"住宅概论"等课程。1950年，她领导清华大学建筑系师生参与中华人民共和国国徽的设计工作，其设计的国徽图案采用中国数千年艺术传统来表现民族文化，同时配合象征新民主主义中国政权的新母题。在几次讨论后，林徽因工作小组又吸收其他方案的元素，增加了天安门的内容，国徽的最终方案在1950年全国政协一届二次会议上被通过。在这次会议上，林徽因还被任命为北京市都市计划委员会委员兼工程师。1951年，林徽因为挽救濒于停业的景泰蓝传统工艺，抱病与高庄、莫宗江、常莎娜、钱美华、孙君莲深入工厂进行调查研究，并设计一批具有民族风格的新颖图案，为亚洲及太平洋区域和平会议、苏联文化代表团献上一批礼品。1952年，梁思成、刘开渠主持设计人民英雄纪念碑，林徽因被任命为人民英雄纪念碑建筑委员会委员，抱病参加设计工作，与助手关肇邺一起，经过认真推敲，反复研究，完成须弥座的图案设计。1952年5月，为迎接即将到来的建设高潮，林徽因、梁思成翻译《苏联卫国战争被毁地区之重建》一书，并由上海龙门书局印行，为国家建设提供借鉴。应《新观察》杂志之约，她撰写《中山堂》《北海公园》《天坛》《颐和园》《雍和宫》《故宫》等一组介绍中国古建筑的文章。1953年10月,林徽因当选为建筑学会理事,并任《建筑学报》编委。她参与的梁思成的研究项目"中国古代建筑理论及文物建筑保护的研究"获1987年"国家自然科学奖"一等奖、"国家教委科技进步奖"一等奖。1954年6月,她被选为北京市人大代表。

1955年4月1日,林徽因于北京病逝。

李长路 原名镇恶,字长孺。山西屯留人。清光绪三十年五月初五(1904年6月18日)出生。中共党员,西南地区文物博物馆事业的奠基者。他还是一位历史学家、文物鉴赏家、书法家和书法理论家以及古典文学方面的学者。

李长路出身书香之家,民国14年(1925年)考入国立北京师范大学中文系,大学期间结识在校的共产党员,在他们的影响下,投身到革命运动中,民国16年(1927年)5月加入中国共产党。入党后,他积极参加党的地下宣传工作。同年夏,在白色恐怖环境下他被迫休学,在包头市任中学教员。他用进步思想启发教育青年学生,宣传革命思想。民国18年(1929年),他恢复学籍回到国立北平师范大学读书,同时担任《新晨报》《华北日报》编辑、记者和左翼作家联盟北平分盟宣传干事。民国20年(1931年)他到陕西榆林任中学教员,民国22年(1933年)1~6月任中共北平市委秘书,同年7月至民国26年(1937年)在山西屯留的平遥中学任教员,并在平遥县牺牲救国同盟会编印《大众五日刊》,宣传抗日救亡主张。抗日战争全面爆发后,李长路带领一

批学生毅然参加山西新军决死队第四纵队,任第十一总队工作员,他按照《红军战士课本》编写战士政治教材。民国27年(1938年),他任第十一总队政治部宣传干事,同年秋调任决死队第四纵队政治部宣传科,主编《前线报》。民国28年(1939年)春,他调入随营学校任政治教官,同年7月任二〇三旅政治部宣教科科长,主编《西北线》。民国29~33年(1940~1944年),他先后任抗日军政大学七分校政治部副主任、抗大总校教员训练队副政治委员、七分校训练部副部长等职。解放战争期间,李长路任雁门军区政治部宣传部部长、西北军政大学副校长、晋绥军区贺龙中学副校长等职,主要从事政治文化教育工作,为军队培养出大批新型的知识分子干部。

中华人民共和国成立后,李长路历任西南军政委员会文教部副部长、西南行政委员会文化局局长。

李长路在任西南军政委员会文教部副部长期间,主持西南地区的文物博物馆工作,积极筹备西南博物院的建立。在1951年3月举行的西南博物院筹备委员会会议上,他提出今后博物院工作,应偏重学术性研究,各省区博物馆,则偏重群众教育的普及。西南博物院的发展方向则以民族的形式、科学的内容、大众的方向为原则,并详尽阐述民族的形式,应注意启发民族的自尊心、自信心;科学的内容,即研究的科学精神,批判中接受民族文化的精华;大众的方向,即面向工农兵的要求,向群众学习,为群众服务。他明确提出,要使文物事业能够为广大的人民服务。他还就整个西南地区的博物馆建设进行规划,特别是将专题性

纪念馆、遗址类陈列馆的建设和保护都纳入西南博物院的规划中。他提出："四川仪陇朱总司令故乡可设纪念图书馆，其他如成都的草堂祠、武侯祠不可听其荒废。"李长路还分别聘请考古学家徐中舒和冯汉骥为西南博物院的正、副院长。这次会议后的数年间，西南博物院的创建和各省级综合博物馆的改造有条不紊地推进；各地纪念馆、遗址类陈列馆、专题博物馆陆续建成；西南各省区文物保护工作全面开展，包括各地流散文物的征集、土地改革及没收文物的保护、社会捐献文物的提倡和引导、对文物古迹的保护，以及成渝铁路、宝成铁路沿线一系列考古发掘工作都有序开展，奠定了西南文物博物馆事业的基本格局。

李长路十分重视文物征集工作。某次，他得知川南般若寺收藏有一批重要佛经，立即通知当地文教部门清点造册，全部运送重庆市图书馆接收，妥为保存，避免这批重要典籍遗散失落。在西南博物院筹建初期，由于干部业务生疏，受到个别古董商的蒙骗，买进一些赝品文物。为此，李长路派出工作组进驻西南博物院筹备处，他要求工作组要依靠群众和干部，要尊重专家，不能下车伊始就指手画脚瞎指挥，力戒盲目蛮干，要深入实际，多进行调查研究工作。在徐中舒、冯汉骥两位专家的帮助下，工作组追回古董商骗取的部分赃款，挽回了国家的损失。他还要求筹备处吸取这次教训，继续做好征集工作，对古文物和革命文物都要大力征集。

1954年，李长路调文化部工作，历任文化部艺术教育司副司长、文化学院副院长。1962年6月，李长路任文化部文物管理局副局长。

"文化大革命"以后，李长路任北京图书馆顾问、研究馆员等。

李长路还是一位书法家。20世纪50年代，他的书法作品在日本展出。1977年，他任北京市书法学会副会长。他是中国书法家协会的发起人之一。1981年，中国书法家协会成立，他曾当选为第一、二届理事。他对《兰亭序》的真伪问题有着独到的见解，还曾出版《王羲之王献之年表与东晋大事记》一书。他在古典诗词的选辑上也有与他人不同的取舍标准，先后出版《全唐绝句选释》《全宋词选释》《全元散曲选释》和诗集《霜叶集》。

1997年6月29日，李长路在北京逝世。

梁思永　广东新会人。清光绪三十年十月初七（1904年11月13日）生于澳门。考古学家，中国现代考古学的主要奠基人之一。

梁思永是梁启超次子，在日本度过童年。民国2年（1913年）9岁时回国。民国4年（1915年），梁思永考入清华学校留美预备班，学习勤奋，成绩优秀。民国12年（1923年），他从留美预备班毕业，转赴美国哈佛大学攻读人类学门下的考古学，师从田野考古学家祁德。梁思永学习期间，曾跟随祁德前往中美洲参加印第安人古代遗址的发掘，成为第一位在西方接受现代田野考古实践的中国学者，为他日后在安阳辨析"后冈三叠层"打下坚实基础。梁思永赴美留学期间，梁启超曾致信梁思永，希望他回国参加民国15年（1926年）由考古学家李济与地质学家袁复礼主持的山西夏县西阴村发掘，后又试图促成梁思永自费参加中国瑞典合组的中国西北科学考察团，赴新疆等地考古，但均未能成行。最终，梁思永在李济支持下进行西阴村遗址出土陶片的整理，并撰写成英文论文《山西西阴村史前遗址的新石器时代的陶器》，顺利从哈佛大学毕业。《山西西阴村史前遗址的新石器时代的陶器》一文，研究对象大都是破碎的陶片，该文按形态对陶片进行编号，然后按地层对这些陶片进行分类统计。这一研究方法后来发展成中国学者整理考古标本时广泛采用的"分型分式"法，成为考古类型学的基础。初步整理西阴村的陶片后，梁思永将该遗址的文化面貌与河南地区的其他仰韶文化遗址略作比较，指出当时已经发掘的河南仰韶文化遗址可能有其他文化因素混入其中。

民国19年（1930年），梁思永从美国回国，进入中央研究院历史语言研究所考古组工作，随即获得独立主持田野考古工作的机会，前往黑龙江进行昂昂溪遗址的考古调查与发掘，这是其首次独立主持田野考古工作。黑龙江昂昂溪遗址最初由中东铁路的俄籍雇员发现，遗址位于东北平原北部，秋冬之交天气已很寒冷，野外工作非常艰苦，常常需要卷起裤腿，光脚行走。梁思永带领助手在昂昂溪遗址工作月余，他清理一座墓葬，获得一批陶片、石器、骨器等文物，根据发掘成果撰写《昂昂溪史前遗址》一文，报道其考古收获。学术界通过梁思永的工作，首次认识东北地区的昂昂溪文化。昂昂溪发掘结束后，他又顺道在内蒙古东部、辽宁西部和河北北部进行考古调查。

民国20年（1931年）春，安阳殷墟进行第四次发掘时，新婚不久的梁思永前往参加。这次发掘的收获主要表现在"后冈三叠层"的确认，以及在此基础上对仰韶文化、龙山文化、殷商文化三种考古学文化年代关系的确定，标志着中国考古学走向成熟。同年秋，梁思永暂时离开安阳，前往山东历城龙山镇主持龙山城子崖遗址的第二次发掘。同年11月7日至12月19日，梁思永再次参加李济主持的殷墟第五次发掘。他在山东发掘夯土的经验，被迅速应用到安阳小屯发掘中。梁思永在安阳发掘不久即辨识出商代的完整圆形窖穴和版筑夯土建筑。完整窖穴和版筑遗迹的存在，排除了文化层"漂移"的可能，从而确认小屯文化层属原生堆积，为论述殷墟为商代晚期都邑奠定基础。

民国21年（1932年），梁思永不幸在野外发掘时患感冒转急性胸膜炎。夫人李福曼日夜服侍，始得平复。

民国23年（1934年），梁思永负责主编的《城子崖——山东历城县龙山镇黑陶文化遗址》一书，由中央研究院历史语言研究所出版。这部12万字的著作是中国第一部大型田野考古发掘报告。它详细叙述城子崖发掘的过程与收获，依据城子崖的发掘收获，对龙山文化进行精辟分析，提炼出山东龙山文化的特征，在中国考古学史上具有开创意义。同年10月，梁思永病体尚未完全复原，便再赴安阳，在当年秋季和次年春、秋两季，他率领尹达、石璋如、胡厚宣等进行殷墟第十、十一、十二次发掘。第十次发掘主要清理侯家庄西北冈王陵区大墓和祭祀坑，揭露面积3000余平方米，在西区发现4座大墓，东区发现63座小墓。第十一次发掘活动清理殷墟西北冈王陵区西区4座大墓，在东区清理411座小墓。第十二次发掘揭露面积达9600平方米，在王陵区的西区发掘4座大墓，在王陵区的东区发掘3座大墓，并清理近800座小墓。除王陵外，还发掘安阳范家庄北地殷代墓葬，以及大司空村南地殷代遗址和墓葬。侯家庄的发掘使学界第一次认识到商王级别的墓葬规模、形制以及相关祭祀坑，确认安阳殷墟遗址为晚商都邑所在，这是当时中国规模最大的考古发掘。民国25年（1936年）秋，梁思永与石璋如共同主持殷墟第十四次发掘，主要发掘小屯北地的26座商代建筑基址，以及大批窖穴、墓葬和地下水沟遗迹等。

民国25年（1936年）春，梁思永还率领尹达等前往山东日照两城镇附近，主持发掘山东龙山文化的典型遗址瓦屋村和大孤堆，为研究山东龙山文化找到代表性标本及典型遗址。

民国26年（1937年）春，梁思永考察浙江杭州附近的古代文化遗址及良渚遗址的发掘情况。七七事变后，殷墟发掘被迫中断。梁思永与中央研究院其他考古学家一样，开始颠沛流离的生活。梁思永从此再也没有参加田野考古工作，他将主要精力倾注于侯家庄西北冈商代王陵资料的整理上，同时对龙山文化进行深入研究。民国28年（1939年），他在第六届太平洋学术会议上提交论文《龙山文化——中国文明的史前期之一》，综合鲁西、豫北、皖北、浙江各处的龙山文化遗址的材料，简明扼要地叙述龙山文化的面貌，并分析它的特征。

民国29年（1940年）冬，历史语言研究所由昆明迁往四川南溪李庄。梁思永因迁徙途中劳顿，肺结核发作，被迫卧床休养。整个抗日战争期间，梁思永在生活窘迫的情况下，以病患之躯，仍然写出《河南安阳侯家庄西北冈殷墟墓地发掘报告》初稿和《西北冈器物研究记录》。这两份书稿虽未正式发表，却成为日后迁往台湾的历史语言研究所编撰大型考古发掘报告《侯家庄》的重要基础。

民国37年（1948年），梁思永当选中央研究院首届院士，与其兄梁思成同属人文组。

1950年5月，梁思永被任命为新成立的中国科学院考古研究所副所长，在病榻上主持考古研究所日常的业务工作。用铅笔写出《殷代陶器》和《考古报告的主要内容》两稿，为年轻的考古工作者编写考古报告列出提纲。

20世纪50年代初，考古人员极度缺乏。文化部社会文化管理局决定与中国科学院和北京大学联合举办考古工作人员训练班。梁思永积极支持这一人才培养工程，从教学人员的配备、课程的设置、实习的选点等方面认真提出建议和安排。

1952年，北京大学历史学系设立考古专业，梁思永同样给予大力支持，列名考古学通论和田野考古方法教学小组成员。

1954年4月2日，梁思永因左肺失去生理功能并伴发心脏病，经医治无效在北京逝世。

蒋大沂 名焕章，字大沂，以字行。江苏苏州人。清光绪三十年（1904年）出生。考古学家、博物馆学家。

民国19年（1930年），蒋大沂毕业于上海持志大学国学系，获文学学士学位，后留校任教，兼《持志年刊》中文编辑主任。同年春，蒋大沂参加考古学家卫聚贤主持的南京栖霞甘家巷六朝墓葬的发掘工作，从此其研究兴趣逐渐转向考古。民国20年（1931年），蒋大沂入北平燕京大学读研究生，参加抗日救国十人团第一团。民国21年（1932年），蒋大沂毕业后任江苏省立界首乡村师范教员、上海正风文学院教授。民国21~24年（1932~1935年），他利用课余时间，同张天方等人在江、浙、沪、皖等地从事田野考古调查。

民国24年，蒋大沂与卫聚贤考察、踏勘常州淹城及上海金山卫戚家墩古文化遗址，并在苏州胥门外发掘越王勾践伐吴所筑古城。金山戚家墩遗址是上海地区发现的第一个古文化遗址。民国25年（1936年）11月，蒋大沂任上海市立博物馆筹备处干事。次年，上海市立博物馆试行开放，蒋大沂任艺术部主任及研究员，并加入考古学社。

民国27年（1938年），蒋大沂任持志学院教授。次年，他跟随张天方从上海出发，几经周折穿越沦陷区到达天目山，筹建天目书院。民国29年（1940年），他任天目山浙西昭明馆副馆长、天目书院导师，从事浙西考古活动，在交口发现晋代阮阳墓、白滩溪发现古花纹砖墓、陈家头瓮家村发现宋元瓷窑址，并在绍鲁村发现汉墓一座，他将这些活动编写成《天目考古录》。在此期间，他投身抗日救亡运动，带领书院工作人员在周边收集民众抗日资料，编纂成《天北民众抗战事略》。

民国30年（1941年），蒋大沂任成都华西大学讲师、副教授、研究员。民国35年（1946年），他应杨宽之邀返回上海，任上海市立博物馆艺术部主任，兼同济大学教授。同年，他在《中央日报》《文物周刊》发表文章数十篇，内容涉及博物馆学、考古学、文物研究、田野报告等诸多方面。民国37年（1948年），文物商贩卢芹斋、张雪庚策划将17箱342件珍贵文物偷运出国，9月28日在上海北外滩码头被杨宽、蒋大沂等人会同海关负责人当场查获。同年，蒋大沂在《中央日报》上发表考察报告《松江戚家墩的文化遗址》。

1949年上海战役前夕，国民政府曾密令上海市立博物馆将所存古物移藏他处，以逃避解放军的接收。杨宽和蒋大沂以无力装箱为由，拖延不办，上海市立博物馆所有古物得以安然保存。

1952年12月21日，上海博物馆正式开馆。初建时的上海博物馆，工作人员共20余人，设有陈列部、保管部、群众工作部和办公室，蒋大沂担任陈列部主任，负责陈列室的布置和说明的撰写工作，并与副馆长杨宽一起采购文物、筹备各种展览。1954年，上海博物馆跑马厅大楼改建，将二层和三层统一规划为9个陈列室，按时代顺序排列，改建方案由研究部蒋大沂等人研究制定。

1955年，蒋大沂与马承源、黄宣佩等赴山西考察石刻造像。1957年，他在《文物参考资料》上发表论文《"鉴"和"角状铜饰"》。1959年，上海博物馆编著的《盂鼎克鼎》一书出版，该书是上海博物馆接受潘达于捐赠大盂鼎、大克鼎后，蒋大沂等人对双鼎进行测绘和铭文考释，将成果集结而成的专著。同年，他指导对上海马桥古文化遗址进行首次发掘。

1960年，蒋大沂在《文物》上发表论文《说早期青铜器中的"角"》。同年，他与马承源等开始《上海博物馆藏青铜器》的编纂工作。根据1960年上海博物馆《干部培养计划》，保管部陈佩芬跟随蒋大沂，采取边工作边学习的方式学习青铜器，在蒋大沂的引领下最终成长为青铜器研究专家。

1962年，蒋大沂撰写成2万余字的研究论文《保卣铭考释》，发表于《中华文史论丛》。保卣，民国37年（1948年）出土于河南洛阳，器盖有铭文7行46字。郭沫若、陈梦家、谭戒甫、于省吾、黄盛璋等几位古文字学家均发表过相关论文，看法不尽相同。蒋大沂的文章意在"错综群言，贯以己见，愿意将此器铭文再一次加以考释"，难度很大。这篇文章一经发表，引起全国考古学界很大反响。

"文化大革命"中，蒋大沂坚持研究，不断产出新的学术成果。

1976年，蒋大沂与张明华等一行三人在上海东缘一段河岸上发现古代遗址。蒋大沂根据遗迹分析，这是一处宋代先民的生活居址，是当时上海东南端发现的最古老的文物遗迹，填补了宋代里护塘南段文物的长期空白，成为研究上海成陆年代的重要考古证据。

"文化大革命"后，为改变上海文博事业青黄不接的局面，蒋大沂支持上海博物馆成立培养青年骨干的学习班，不仅任教，还积极为学习班的建设出谋划策。在1979年新版《辞海》中，蒋大沂撰写、审定了多条青铜器相关条目。

1981年，蒋大沂在上海逝世。

赵万里 字斐云，别署芸盦、舜盦。浙江海宁人。清光绪三十一年四月初四（1905年5月7日）出生。古文献学家、版本目录学家，原北京图书馆研究员兼善本特藏部主任。

赵万里祖父赵承鼎为廪生，以坐馆授徒为生，教赵万里从小读"四书"，培养他的学习兴趣。赵万里的母亲是其启蒙老师，学龄前他在母亲的亲授下已识字千余，背诵唐诗几十首。宣统三年（1911年），赵万里入海宁达材小学，民国6年（1917年）考入嘉兴省立第二中学，开始对国学发生兴趣。民国10年（1921年），赵万里考入南京国立东南大学国文系，攻读文史，受业于戏曲理论家和词曲名家吴梅。在校就学期间，他生活俭朴，将节省下来的生活费全部用于购书。民国14年（1925年），赵万里赴京任清华学校国学研究院导师王国维的助教。王国维严谨的治学态度，实事求是、一丝不苟的学风，对他产生了深刻影响。

民国17年（1928年）6月，赵万里到北平北海图书馆任编目科科员，后任中文采访组和善本考订组组长，并兼任编纂委员会和购书委员会委员，开始在《北平北海图书馆月刊》上发表《馆藏善本书提要》系列文章。民国18年（1929年）8月，北平北海图书馆并入国立北平图书馆。当年下半年起，他受聘为中央研究院历史语言研究所特约研究员、编辑员，并受聘于北京大学兼课。此后，他先后在清华大学、北京大学、辅仁大学、中国大学任教达23年，讲授词史、中国戏曲史、宋元俗文学、戏曲和散曲、校勘学、中国雕版史、版本目录学、宋史、中国史料目录学、金石学、版本学等。

赵万里重视对馆藏古籍善本的整理编目，民国22年（1933年）10月，经他整理刻版印行

《北平图书馆善本书目》4卷。同年起，他为《大公报·图书副刊》撰写了一系列古书题识和书评等文章。期间，他还开展《永乐大典》研究工作，同时想方设法搜集国内外所存《永乐大典》，或收购，或传抄，或通过馆际交换，征求摄影本缩微复制，用几十年时间，将存世《永乐大典》以各种不同形式陆续入藏北京图书馆。

民国37年（1948年），国民党当局蓄谋将北平图书馆珍藏古籍善本盗运至台湾，赵万里为此日夜不安，竭尽心力，设法拖延，终于使馆藏善本留存本馆。

1949年，华北人民政府将八路军战士抢救下来的山西赵城广胜寺所藏金刻藏经4300余卷送到北平，移交国立北平图书馆保藏。赵万里对此极为感动，他撰写说明，举办"赵城金藏"展览，宣传党和人民政府重视文化遗产、积极保护文物的政策和精神。为做好这批藏经的装裱整修工作，他延请技艺精湛的装裱工，访求装裱必需的绵纸，采取种种具体措施，使这部藏经得以装修复原。赵万里对当时政务院公布的保护文物和禁止珍贵文物图书出口办法积极拥护，他协助文化部文物局局长郑振铎、副局长王冶秋等对各地图书文物进行调查、保护和收集、鉴定。1959年，他主持编定的8册本《北京图书馆善本书目》出版，该书主要收入1949年以来新入藏的大量善本古籍，包括少部分抗日战争结束后至1949年以前入藏的善本图书。同时，他还主编《中国版刻图录》，以图版形式，按版刻时代及雕版地区编排，系统介绍中国雕版印刷的起源和发展，1960年由文物出版社精印出版。1963年，有位流寓澳门的藏书家要将其藏书出售，当时国外有许多人欲收购这批藏书。文化部得知消息，立即请他前去鉴定，将这批书及时购回，其中包括宋刻本8种、元刻本15种、黄丕烈校跋书8种，还有鲍廷博、陈鳣校本和明铜活字印本。经他调查并鉴定，从港澳地区收回的珍本古籍还有好几批。另外，他还尽心竭力，或自己出面，或协助馆内其他人征集到许多珍本书和名家手稿，如王国维、梁启超、吴晗等人的手稿，吴梅收藏并校跋的古典戏曲文献等。他还在馆内给其他业务人员开课，以目录学为主，先后讲过史料目录学和集部目录学，系统讲述历代的史学著作，不同体裁的史书，并结合版本知识，介绍各种史书的版刻源流，存世版本的优劣等。

1964年，赵万里曾当选为第三届全国人大代表。在人大会议期间，他与周叔弢、徐森玉一起向全国人大建议，影印善本古籍，以利广泛传播。1965年，赵万里开始撰写专著《中国版本学》和《中国目录学》，由于"文化大革命"的阻断，未能完成宏愿。1979年，赵万里被聘为《中国善本书总目》编委会名誉顾问，同年他当选为中国图书馆学会名誉理事。

赵万里的主要著作还有《校辑宋金元人词》《北平图书馆善本书目》《汉魏南北朝墓志集释》等，他还校辑了《元一统志》《薛仁贵征辽事略》等，并撰论文《王静安先生年谱》《王静安先生手校手批书目》《王静安先生著述目录》《魏宗室东阳王荣与敦煌写经》《中国印本书籍发展简史》《从字体上试论〈兰亭序〉的真伪》等。

1980年6月25日，赵万里在北京逝世。

罗福颐 字子期，号梓溪、紫溪、矩斋等，70岁后自号偻翁。浙江上虞人。清光绪三十一年四月八日（1905年5月11日）出生于上海。古文字学家。

罗福颐生于书香世家，其父罗振玉是近代国学大师，其兄福成、福苌、福葆都是古文字学家。宣统三年（1911年）10月，罗福颐随家侨居日本，至民国8年（1919年）回国。罗福颐自幼受教于父兄，自少年时代就对文物考古产生兴趣。罗福颐20岁左右正式开始学习古文字，读《尔雅》《说文解字》之外，兼习篆书、金文、甲骨文，在此基础上选择从汉印和金文入手。他先摹古玺文字和汉魏印文，编《古玺汉印文字征》。民国19年（1930年）《古玺汉印文字征》印成后，又作《印谱考》4卷、《温故居读印谱题识》1卷。金文方面他首先手摹家藏金文拓本逾千件，并选以前未有著录者编为《贞松堂集古遗文》，此后又撰写《国朝金文著录表校记》《三代秦汉金文著录表》。民国22年（1933年），罗福颐任旅顺库籍整理处编辑，开始对少数民族历史、文字和明清档案进行整理，编成《宋史夏国传集注》《西夏文存》《辽文续拾》《清大库史料目录》《清内阁大库明清旧档之历史及其整理》等书。民国27～33年（1938～1944年），罗福颐在国立奉天博物馆任馆员，民国35年（1946年）在该馆与李文信坚守岗位，保护馆藏文物，等待接收。次年夏，罗福颐移家北平，至1949年8月在北京大学文科研究所整理明清档案。他在这一时期的主要著述有《大库史料汇目续编》《明清档案史料之整理及其分类法检讨》《辽彭城郡王刘继文墓志跋》《奉天分馆藏辽阳马氏四世墓志考》《敦煌石室稽古录》《契丹国书管窥》等。

1949年冬，罗福颐入华北人民革命大学政治研究所学习。同年，他到文化部文物局任业务秘书，负责鉴定和收购文物。1954年前后两年内，他曾在北京、河南、河北、内蒙古等地参加考古发掘工作。1957年4月，罗福颐至故宫博物院陈列部任副研究员，负责新铜器馆陈列设计。罗福颐经手鉴定大批文物，尤其在古玺印及青铜器方面积累了丰富的断代、辨伪的经验和资料。为配合文物保护和宣传工作，罗福颐还撰写很多关于甲骨、青铜器、玺印、石刻的科普性文章。1972年后，罗福颐和顾铁符一起投入当时新出土的临沂汉简的整理工作中。除摹写缀合残简外，为校核考释简书内容，罗福颐研读先秦诸子著作及其他古籍，逐字逐句进行比照，找到属于《六韬》《孙子》《尉缭子》等6种周秦诸子的残简并作校记，还从中发现《孙膑兵法》《唐勒赋》《汉元光元年历谱》等古佚书。最后将这批残简的绝大部分整理为周秦诸子残简6种、佚书从录残简8种、佚书零拾残简11种和汉简释文四部分。1975年，罗福颐回到故宫博物院，着重整理研究古玺印资料，增订《汉印文字征》，主编《古玺文编》，总结历年来研究成果作《古玺印概论》《近百年来古玺印在学术上之进展》和《古玺印封泥辨伪》。他走访18个省市的35个博物馆和文物机构，主编《古玺汇编》和《秦汉南北朝官印征存》。

罗福颐很重视文物的断代、辨伪知识以及

资料的整理和著录，认为这有助于学术研究的开展、文物知识的普及和青年文博工作者的培养。罗福颐整理研究范围很广，著有《商周秦汉青铜器辨伪录》，对青铜器的铭文、花纹、断代等作图录、图说；还收集和整理古镜、古玉、古度量衡、碑石墓志及兄弟民族古文字资料等，编辑成图录或通论性的著述。

罗福颐对于玺印文字的研究，既奠定他的学术基础，又为他的篆刻提供理论依据。罗福颐治印宗秦汉，他通过鉴赏古器物，加之对文献中排比编录的学习，使篆刻风格清新，充满活力。1979年文物出版社汇集他晚年自刻印170枚与早年摹古印137枚，共计207枚印章出版《罗福颐印选》。印选所收大都为仿秦汉印，刻法细腻，稳厚端严。

罗福颐曾任中国考古学会理事、中国古文字研究会理事、中华医学会会员、杭州西泠印社理事等。20世纪50年代后，罗福颐及其家属先后5次将自己收藏的重要文物捐献给国家，包括甲骨、青铜器、古玺印、陶瓷器、书画、碑帖、古籍善本等200余件。

1981年11月8日，罗福颐在北京逝世。罗福颐逝世后，他的家属再次捐献出一件原为清宫旧藏的珍贵文物——元代书法家顾信的楷书写经。

傅振伦 字维本。河北新河人。清光绪三十二年八月初八（1906年9月25日）出生。中共党员，九三学社社员，中国现代历史学家、方志学家、博物学家、档案学家，中国历史博物馆研究馆员。

民国11年（1922年）夏，傅振伦从河北冀县省立第十四中学毕业，同年考入北京大学理科预科班，民国13年（1924年）毕业后进入文科预科班继续学习。民国14年（1925年），傅振伦升入北京大学史学系本科。

民国16年（1927年）夏，仍在上大学的傅振伦在新河修志局主持修纂《新河县志》，他做这项工作时秉承方志学家章学诚遗绪，征考文献，备一方之史，对国计民生、社会近况、人民疾苦记录甚详，以至山川河流、村落民墟均有详细记录，小到村镇都有图绘。朱希祖对修成后的新志颇为赞许，称其为"新型的地方志"。民国18年（1929年）成书之时，傅振伦邀请邓之诚作序，邓之诚在序中写道："维本善读刘知几之书，条分缕析，为札记数十万言。现已卒业，遂有志撰述……县志不背成观而能兼赅新事为主。自章学诚费比重精力以言志例，志之体例始尊。自学术趋新，方志亦应有发皇振作之功，志之内蕴始广，斟酌二者之间，则此作足以当之。"自此以后，傅振伦研究方志学几十年如一日，治学不辍。

民国18年（1929年）7月，傅振伦从北京大学史学系毕业，先后任北京大学研究所国门考古学会助教、国立北平大学女子文理学院史地系讲师。民国19年（1930年），他参与河北易县燕下都老姥台遗址发掘，民国20年（1931年）对居延汉简进行整理研究。民国23年（1934年）8月至民国27年（1938年）6月，傅振伦先后任故宫博物院科员、私立武昌文化图书馆学专科学校和白沙国立女子师范学院史地系教授。民国24~25年（1935~1936年），他作为干事参与伦敦"中国艺术国际展览会"筹办工作，并调查欧洲等地博物馆。抗日战争时期，他在贵州保管故宫库房文物。民国28～29年（1939～1940年），他赴莫斯科筹办关于中国艺术的展览，并在此后陆续著文介绍苏联博物馆。民国33年（1944年）5月至民国35年（1946年）5月，傅振伦任重庆北碚修志馆馆长。民国35年（1946年）9月至民国37年（1948年）末，他历任沈阳东北博物馆筹备委员会专门委员、国立长白师范学院史地系主任、国立东北大学历史系主任等职。

1949年4月，他经友人介绍到北京历史博物馆工作，同年8月至1951年6月任北京大学图书馆专科兼任教授。1951年7月至1952年6月，他兼任北京市文物调查组主任。在北京历史博物馆工作的10年间，他先后担任过工会主席、编目组主任、保管部主任等职，同时还兼任学术委员，后调至陈列部。1959年10月至1979年3月，他先后在北京中华书局、《中国陶瓷史》编写组、地震史料编撰处、出土文物出国展览工作组等单位或机构担任编辑或特约编辑。1979年4月，傅振伦回到中国历史博物馆任研究馆员，直到1989年1月退休。期间，他曾在南开大学博物馆学专业任兼职教授，并担任中国博物馆学会名誉理事、中国考古学会理事、中国古陶瓷研究会名誉理事、中国地方史志协会学术顾问等职。

傅振伦对中国历史、地方史志、文物考古、古代科技史、史学理论以及与史学相关的博物馆学、档案学、文献学、目录学等学科都有所涉猎。在中国方志史上，傅振伦秉承章学诚"志属信史""文人不可与修志"，应"创办志科"的指导思想，第一个在学校开设并讲授方志课程，且是最早撰述方志学理论专著的

学者之一。除修志实践，在方志理论研究上，傅振伦也作出较大贡献，《中国方志学通论》集中体现了他的方志思想，在中国方志界具一定影响力，史学界认为这是中国第一部系统的、科学性的方志专著。此外，傅振伦是中国第一位起草档案保存法和全国档案馆组织条例的学者，他的档案观和在档案教育、档案学术以及引入西方档案观念方面的努力，对中国档案馆的近代化和专门化起到推动作用。

傅振伦在多个学术领域都有著述。其中代表性专著有《英汉双解基本世界语字典》《刘知几之史学》《汉语世界语辞典》《中国方志学通论》《中国史学概要》《公文档案管理法》《明代瓷器工艺》《中国伟大的发明——瓷器》《博物馆学概论》《傅振伦方志文存》《中国古陶瓷论丛》等；主修的志书有《新河县志》《北平志》《河北通志》《北碚志》，其中《新河县志》体现了他在志书体例与撰修手法上的创新，是近代新型方志的重要代表作。此外，傅振伦发表各类论文300余篇，另有内部印行著作《方志学》《中国历史研究法》《史学方法论》《档案与资料》《明清瓷器》《中国瓷器》《文物保管》《中国档案史》《档案馆学概论》《历史档案参考资料》《中国陶瓷史参考资料》等。

1999年5月8日，傅振伦病逝于北京。

赵望云 又名新国。河北束鹿人。清光绪三十二年八月十六日（1906年9月30日）出生。中国民主同盟成员，画家，曾任西北军政委员会文化部文物处

处长、陕西省文化局副局长。

赵望云生于河北束鹿周家庄一个兼营皮货的农民家庭，7岁入邻村北付庄小学。赵望云自幼喜爱绘画，在学校期间临摹古典小说插图和《芥子园画传》。14岁时因家境衰落，他被迫辍学。民国14年（1925年）秋，赵望云到北京求学，入私立京华美术专科学校，半年后转入国立北平艺术专科学校，学习国画。民国16年（1927年），他改名"赵望云"，到北京西郊描绘民众生活，创作暴露社会民众苦难生活的处女作《疲劳》等一批作品，在中山公园展出，引起社会关注。民国17年（1928年），赵望云结识进步学者王森然，受其思想影响，并在他主编的《大公报·艺术周刊》发表关于中国画改革的文章和画作。民国21年（1932年），他任天津《大公报》特约旅行写生记者。年底，他从北京出发赴冀中农村写生，次年在《大公报》开辟"赵望云农村旅行写生"专栏连载。后由大公报社出版《赵望云农村写生集》。

民国27年（1938年）1月，由冯玉祥支持，赵望云在武汉创办《抗战画刊》，任主编，同年任中华全国美术界抗敌协会常务理事。民国29年（1940年），赵望云在壁山举办抗战画训练班，编辑出版《抗战画选集》。民国32年（1943年）初夏，他前往莫高窟临摹古代壁画。1949年2月，赵望云被国民党逮捕入狱，后经多方营救于5月获释。同年6月，赵望云赴北平参加中华全国文学艺术工作者代表大会，当选为中华全国美术工作者协会理事。

1950年，赵望云任西北军政委员会文化教育委员会委员、西北军政委员会文化教育部

文物处处长，主管西北五省区的文物、考古、博物馆和图书馆事业。上任伊始，他就与副处长张明坦等去敦煌代表人民政府接管敦煌艺术研究所。在敦煌，他了解到少数人认为敦煌工作是为封建迷信服务的反动工作，并要求离开莫高窟，去参加所谓的真正的革命。赵望云和张明坦耐心进行说服工作，并召开敦煌工作会议，要求他们在敦煌安心工作，扭转少数人的错误认识和态度。1951年，赵望云主持筹建西北历史博物馆。最初的博物馆，仅占有西安碑林，馆址太小，发展空间不大，赵望云与各方面交涉，将西安府文庙由某部队要回，使博物馆的面积扩充一倍多。新建成的西北历史博物馆，将原来文庙供奉七十二贤的东西两房作为历史陈列馆，将大成殿作为临时性的展览室，将小殿前两廊作为石刻艺术陈列馆，使西北历史博物馆初具规模。西北历史博物馆当时在西北地区的博物馆建设中起到示范作用，建成后，新疆、甘肃等地不断派干部到此学习。

1952年10月，赵望云组织对西安地区的文物进行维修，包括大雁塔、卧龙寺、钟楼、鼓楼、东岳庙、兴善寺等共11处。在对西安碑林的整修中，他对工程要求特别严格，要求对碑石的保护要尽善尽美，一个字也不能损坏，他还经常去工地监修。碑林在抗日战争时期，为避免日机轰炸，曾用厚厚的黄土将碑石整个包糊起来，维修中要清除这些黄土，还要将倾斜的大柱扶正，满地没胫的荒草和厚厚的鸟粪都要一一清除，这些拓荒整理工作，大多在赵望云的精心安排下逐步完成。1953年，赵望云任西北行政委员会文化局副局长，仍然分管文博考古工作。20世纪50年代初，苏联援助中

国在西安地区的40多项基建工程全面开工，同时宝成铁路、天兰铁路、西户铁路、咸铜铁路也相继开工。一动工就有文物发现，特别是西安近郊，地下文物极为丰富，在一处工地一次就发现古墓1000多座，出土文物1万多件。为此，赵望云召集西北五省主管文物的负责人开会，把五省文物干部集中起来，于1953年1月成立西北工程地区文物勘察清理队，进行重点清理、重点保护，把重点放在几个重要工程地区。又于1953年1月29日成立西北工程地区文物清理委员会，由文化部门、建筑工程部门和五省文物主管部门组成，先后向宝成铁路、咸铜铁路、西户铁路以及西安西郊、东郊等地派出文物清理队，配合基本建设工程进行清理发掘。西安半坡遗址发现后，经过调查研究证明是西安地区六七千年前居民居住区，赵望云向文化部文物局反映情况，要求协助发掘，后来在筹建半坡遗址博物馆时，他还参与设计。西北工程地区文物清理发掘取得丰硕成果，仅从1953年11月至1954年底，就清理发掘各时代墓葬4714座、遗址数十处，出土文物10万余件，大大充实了西北历史博物馆的陈列，同时又支援了中国历史博物馆和许多大专院校的教学和科研。

1953年4月，由西北文化部文物处组成新疆文物调查组，委派西北历史博物馆馆长武伯伦任组长，主要参加人员有敦煌研究所所长常书鸿、西北艺术学院教授王子云等。为期6个月，调查组对新疆伊犁、吐鲁番、焉耆、库车、拜城等地进行调查，并征集到一批重要文物，同时又举办"新疆历史少数民族服饰展"。同年8月又派出陕北文物调查组，对延安、榆林地区的文物进行调查，并征集到一批革命文物。1954年10月，又派出工作组对关中地区以唐十八陵为重点进行调查。同年，赵望云又带领工作组对甘肃兰州、武威、靖西、天水等地的文物进行调查，与甘肃省人民政府主席邓宝珊商谈甘肃的文物保护以及博物馆、图书馆建设等问题。通过调查研究，逐步对甘肃省的文物进行整理修复，如麦积山石窟、炳灵寺石窟以及兰州五泉山等。

1955年西北行政区撤销，赵望云任陕西省文化局副局长，负责全省文物工作。经过全面调查，陕西省人民委员会于1956年8月6日和1957年5月31日公布陕西省第一、二批重点文物保护单位282处。

1959年，赵望云为北京人民大会堂陕西厅创作画作《陕北之春》。

赵望云的主要作品收录在《赵望云旅行印象画选》《赵望云祁连山写生》《赵望云画集》等画集中。

赵望云曾任中国美术家协会常务理事、中国美术家协会西安分会主席、陕西省人大代表、陕西省政协委员等。

1977年3月29日，赵望云在西安逝世。

尹达 原名刘燿，字照林，又名虚谷。河南滑县人。清光绪三十二年八月三十日（1906年10月17日）生于河南滑县牛屯村。考古学家、历史学家，中国现代考古学的奠基人之一。

民国8年（1919年），尹达13岁始读私塾。民国14年（1925年）尹达考入中州大学预科，民国17年（1928年）升入国立第五中山大学（原中州大学）本科，先在哲学系，后转国文系。民国20年（1931年）3月，中央研究院历史语言研究所与河南省组成河南古迹研究会，根据尹达本人函呈、学校查核成绩，他和石璋如作为河南大学函送学生参加殷墟发掘团，赴安阳后冈参加梁思永主持的发掘。民国21年（1932年），尹达主持浚县大赉店史前遗址发掘，参与辛村卫国墓地发掘。同年，尹达从省立河南大学（原国立第五中山大学）国文系毕业，在中央研究院历史语言研究所考古组工作，为历史语言研究所研究生。民国22年（1933年）春至次年春，尹达先后主持安阳后冈的第三、四次发掘。民国23年（1934年）秋，尹达研究生毕业后，参加梁思永主持的安阳侯家庄西北冈发掘，负责清理西区1001号大墓。民国25年（1936年）夏初，尹达参加梁思永主持的山东日照两城镇发掘，负责瓦屋村遗址。因抗日战争爆发，他撰写的两城镇发掘报告未能完成，但未完成稿仍然得到梁思永的极高评价："这报告将成为对于山东沿海区的龙山文化的标准著作。"次年，尹达撰写《龙山文化与仰韶文化之分析》一文（民国36年正式发表），在文中对安特生错误的分期理论进行了厘正。

抗日战争全面爆发后，民国26年（1937年）12月15日，尹达与考古组同仁离别，奔赴延安。民国27年（1938年）4月，尹达加入中国共产党，11月到陕北公学关中分校任教。民国28年（1939年）2月，尹达调入马克思列宁学院，为历史研究室研究员，兼陕北公学总校教员。不久，他恢复中断将近两年的考古研

究，在范文澜的主持下参与编写《中国通史简编》一书，并开始对原始社会进行探索。他撰写的《中国原始社会》第一编第二篇《中国氏族社会》，是对当时所知中国新石器时代考古资料所作的最早的一次总结，1955年重新发表时，改题为《中国新石器时代》。抗日战争胜利前夕，为促进国共合作，中央研究院历史语言研究所所长傅斯年一行6位国民参政会参政员飞抵延安，尹达得以与傅斯年一晤，并以新出版的《中国原始社会》相赠。此后，尹达任中共中央出版局出版科科长，又调入中共中央宣传部负责出版工作。

民国35年（1946年）5月，尹达调离延安，到晋冀鲁豫边区任北方大学教员兼图书馆馆长。民国37年（1948年）7月，北方大学与华北联合大学合并为华北大学，尹达任教务长。北平解放初，尹达兼任北平军事管制委员会文化接管委员会文物部部长，负责接管包括故宫在内的众多文物单位。中国人民大学成立后，尹达任研究部副部长，兼中国历史研究室主任。1953年9月，尹达调任北京大学副教务长。1953年12月，尹达调入中国科学院，协助院长郭沫若筹建历史研究所第一所（1958年后与第二所合并为历史研究所），郭沫若兼任所长，尹达任副所长，主持全面工作。1954年6月，尹达兼任中国科学院考古研究所副所长，同年创办并主编《历史研究》。1955年，尹达在《论中国新石器时代的分期问题》一文中，对安特生的错误分期理论进行再清理。同年6月，任中国科学院哲学社会科学部常务委员。1959～1962年，尹达兼任考古研究所所长。他在"不破不立"的大批判形势下，提出过反潮

流的"立中有破"考古研究发展方针；又在从事历史学和考古学组织领导工作之余，将《中国原始社会》的部分内容改写，连同新近撰写的论文，先出版为《中国新石器时代》，后增订为《新石器时代》。

1963年，尹达在《新石器时代研究的回顾与展望》这一长篇论文中，回顾中国新石器时代研究40多年的历程，对黄河流域、长江流域、华南、北方草原地带，以及东北地区新石器时代的考古调查、发掘和研究工作，进行进一步的系统梳理和分析，提出一些尚待深入钻研的学术问题，并探讨今后的前进方向。

1977年，中国社会科学院建院后，尹达继续担任历史研究所副所长。1977～1978年，尹达决定在中国社会科学院历史研究所创建史学史与史学理论学科研究阵地，组建研究室，招收研究生，逐步对中国历史学的发展进行全面系统的探索。短短几年时间，研究室初具规模，研究队伍老、中、青搭配适当，研究范围自先秦至20世纪前半段前后衔接。随后，他主持编写《中国史学发展史》，与研究室成员讨论制定《中国史学发展史》编写原则，成立编写组，分工编写。尽管他没有来得及完成主编工作，但全书是遵循他确定的编写原则和对部分初稿的有关谈话修改定稿的。全书共6编，时间下限至20世纪40年代末，对中国史学的起源、发展，直至成为科学的基本线索和演变规律进行了可贵的探索，获1978～1987"全国古籍优秀图书奖"一等奖，被认为是"当前中国史学中出现的一种新气象""史学研究中出现的许多新的趋势都在这部著作中得到某种程度的反映"。

尹达曾当选为第一、二、三届全国人大代表，曾任第五、六届全国政协委员，中国历史学会常务理事和中国考古学会第一、二届副理事长。

1982年10月，尹达为中国社会科学院历史研究所顾问。

1983年7月1日，尹达病逝于北京。

潘达于　女，原姓丁，名素珍。江苏苏州人。清光绪三十二年（1906年）出生。上海市文史馆馆员、上海博物馆重要捐赠者。

民国12年（1923年），丁素珍嫁到苏州望族潘家，因丈夫潘承镜早逝，为掌管门户，改姓名为潘达于。潘家是士绅家族，世代书香，曾出过状元、进士、探花、举人，代代有人在朝中做官。潘家的一支在潘祖荫这一代没有子嗣，其兄弟潘祖年的两个孙子亦夭折，于是将潘承镜从别支过继给潘祖荫、潘祖年为孙。潘祖荫为咸丰二年（1852年）探花，光绪年间授大理寺卿，补礼部右侍郎，晋任刑部、工部尚书，官至军机大臣。潘祖荫又是位刻书、藏书家，曾刻书近百种，所藏图书、金石之富，甲于吴下，闻名南北。有"滂喜斋"专藏珍本书籍和"攀古楼"专藏青铜器，其青铜器最著名的即大盂鼎和大克鼎。大盂鼎是左宗棠任陕甘总督时在陕西访得，赠送给潘祖荫。大克鼎则是潘祖荫出高价购入。潘祖荫去世后，其收藏由其弟潘祖年管理，并将其收藏从北京运至苏州老家。潘祖年去世后，兄弟二人均未有继承人，于是潘祖荫的收藏由丁素珍继承管理，丁素珍由此改名潘达于。

自20世纪20年代起，潘达于成为潘氏家族大量珍贵文物的实际看护者与掌管者，她始终坚守着"谨守护持，绝不示人"的规矩。曾经有古董商人愿用600两黄金、一栋洋房交换宝鼎，被潘达于拒绝。抗日战争爆发前潘达于曾请可靠摄影师，将全部青铜器逐个拍照，共得380块玻璃底片，被她妥善收藏。

淞沪会战爆发，日本侵略军轰炸苏中，潘达于随家族到太湖边的光福山区避难。后上海失陷，苏州陷入恐慌，在光福山里躲避战火的潘达于得知消息，冒着炮火赶回家中。为避免日本侵略军占领苏州后掠夺潘家收藏，潘达于决定将宝鼎等珍贵文物埋藏。她命家里的木匠做个结实的大木箱将两鼎放入，并将小件青铜器及其他收藏品放入箱内空隙，乘夜在屋子里挖掘大坑，放入木箱，随后盖好箱盖平整泥土，按原样铺好方砖，再细心整理外表，不留挖掘痕迹。至于藏书和字画，潘达于请姐夫潘博山按朝代分类，放到书箱里，装满30余箱，连同卷轴、铜器等搬进夹弄里的三间隔房。小门关严，外面用旧家具堆没。不久，日军占领苏州城，当时的日本侵略军司令开始查问潘家的收藏，一批又一批日本强盗闯入潘家大肆搜刮，潘达于沉着应对，虽然财产损失无数，但大盂鼎、大克鼎等大量文物躲过劫难。

民国33年（1944年），埋在地下的木箱腐烂，泥土带方砖都塌了，潘达于和儿子潘家懋及几个叔伯弟兄和一个木匠，把藏品挖出来，将两只大鼎安放在一间房屋的角落里，鼎里放些破衣杂物，再用旧家具堆没，这样一直保存到中华人民共和国成立之后。

1949年5月，苏州、上海相继解放，8月即专门成立了上海市文物管理委员会，颁布了一系列保护文物的法令和政策。1951年7月，已经从苏州移居上海的潘达于致函华东军政委员会文化部，愿将大盂鼎、大克鼎捐献给上海市文物管理委员会。上海市文物管理委员会受捐后，随即派人前往苏州搬运。10月9日上午10时，上海市文物管理委员会举行潘氏捐献盂、克两鼎授奖典礼，并颁发文化部褒奖状。褒奖状上写着："潘达于先生家藏周代盂鼎、克鼎，为祖国历史名器，六十年来迭经兵火，保存无羔，今举以捐献政府，公诸人民，其爱护民族文化遗产及发扬新爱国主义之精神，至堪嘉尚，特予褒扬，此状。"

继献鼎之后，在子女的支持下，20世纪50～60年代，潘达于又分批向国家捐献了大量文物，其中收藏在上海博物馆和南京博物院的有1956年捐献的字画99件、1957年捐献的字画150件、1959年捐献的字画161件；另外还有不少元、明、清时期字画，如弘仁《山水卷》、倪元璐《山水花卉册》、沈周《西湖名胜图册》等。

1959年，中国历史博物馆成立。大盂鼎被调往北京，在中国历史博物馆展出。2004年2月28日，为庆祝潘达于老人百岁寿辰，大盂鼎和大克鼎重新相聚上海博物馆。

2007年8月8日，潘达于在苏州逝世。

马长寿 字松龄，又作松舲。山西昔阳人。清光绪三十二年十一月二十八日（1907年1月12日）出生。民族学家、社会学家、历史学家。

马长寿出身寒门，自幼丧父，依靠寡母为人佣工所得微薄收入求学，穷且益坚，勤奋好学。民国22年（1933年），他以优秀成绩从国立中央大学社会学系毕业后留校，担任助教，从事中国民族学研究。

民国25年（1936年），中央大学社会学系停办，马长寿于8月受中央博物院筹备处主任李济邀请，在民族部任助理研究员，负责筹备川康民族调查事宜。次年，他被分配前往四川省少数民族地区进行社会调查，任务是考察各民族的社会、历史、经济、语言、文字及宗教情况等，并为博物馆陈列室收集标本。马长寿一行3人进入大小凉山地区调查，取得较大成果。同年8~12月，马长寿一行又深入四川西北部的茂县、汶川、理县及松潘等地调查羌族、藏族等族的历史与现状，收集大量珍贵资料。

民国27年（1938年），马长寿在成都整理调查报告。在整理过程中，他们发现在凉山地区收集的资料存在遗漏，遂于12月再入彝族地区进行考察，次年4月结束，并最终在乐山大佛寺完成《凉山罗彝考察报告》的撰写。

民国30年（1941年）7月至次年1月，马长寿等5人对灌县、理县、大小金川、巴底、巴旺等地进行调查，取得较大成果。他在调查中按照民族学方法进行详细分类，对民族调查有开创之功，为开展川南及川西北民族研究奠定了坚实基础。

民国31年（1942年）2月，马长寿应聘到迁入四川三台的东北大学任教。次年8月，转任迁至成都的金陵大学教授，兼任四川大学教授和四川博物馆民族部主任。

抗日战争胜利后，民国35年（1946年）春，马长寿随金陵大学迁回南京，后在金陵大学和南京中央大学边政系任教，讲授民族学。

1950年8月，马长寿应浙江大学人类学系邀请前往任教，讲授"文化人类学"和"中国民族志"等课程。1952年9月，全国高等院校进行院系调整，浙江大学文科各系并入上海复旦大学，他任复旦大学历史系教授，仍讲授民族学。

1955年9月，马长寿被调往西北大学任历史系教授，负责筹建西北少数民族历史研究室。次年，陕西省提出培养考古专业人才的要求，西北大学接受设立考古专门化的任务，任命他为考古教研室主任。针对当时仅有两位考古专业教师的艰难局面，马长寿决定优先组建教师队伍。他采取邀请外援和自己培养相结合的办法，从外地聘请夏鼐、陈梦家、唐兰、胡厚宣、宿白、阎文儒等到校任教。同时，留下本校培养的学生和从北京大学聘请毕业生任教。通过多方努力，至1961年，西北大学历史系的考古专业教师达到18位之多，大大促进教学科研工作的开展。

就职西北大学后，马长寿于1956年提出开展清代同治年间西北地区回民起义调查。获批后，他带领数名助教及高年级学生在陕、甘、宁三省进行实地调查，一年后完成调查并提交30余万字的调查报告。1957年3月，马长寿受命再次对大凉山进行调查，调查完成后，撰写出《凉山彝族自治州美姑县九口乡社会历史调查报告》。

虽然西北大学考古学专业在1962年被撤销，但已培养大批考古专业人才，为国家考古发掘、研究及文化遗产保护作出重大贡献。也正因为马长寿筚路蓝缕的开创之功，西北大学考古专业在全国产生很大影响。1972年，国家招生计划中规定西北大学作为全国第二个恢复考古专业的高等院校，面向西北、华北及西南地区招收新生。

马长寿一生致力于民族研究，孜孜不倦，著述甚丰，尤其在中国民族史领域颇多建树。生前出版《中国西南民族分类》《论匈奴部落国家的奴隶制》《突厥人和突厥汗国》《南诏国内的部族组成和奴隶制度》《北狄与匈奴》《乌桓与鲜卑》等，遗著有《凉山罗彝考察报告》《彝族古代史（初稿）》，以及《氐与羌》《马长寿民族学论集》《碑铭所见前秦至隋初的关中部族》《清代同治年间陕西回民起义调查资料》等。马长寿的研究多采取民族学、考古学和历史地理学相结合的方式，尤重考古资料的使用。在匈奴史研究中以出土文物和地上遗存文物，论证匈奴社会经济和文化。他利用收集的25种碑铭，从题名的姓氏、官爵等内容，阐释关中古部族的渊源、地域分布、部族融合等问题，成为其诸多论著中的经典之作。

1971年5月17日，马长寿逝于南京。

朱偰 字伯商。浙江海盐人。清光绪三十三年三月初三（1907年4月15日）出生。中国农工民主党党员，经济学家、历史学家、文物保护专家、国学大师。

朱偰出生于浙江海盐的一个书香世家，其父朱希祖是中国著名史学家。朱偰幼承庭训，精研文史，少年时就在文学、翻译等领域崭露头角。民国8年（1919年），朱偰进入北京第四中学学习德文，民国12年（1923年）考入北京大学预科班，两年后考入北京大学政治学本科，辅修历史。民国18年（1929年），朱偰考取德国柏林大学研究生班，攻读经济学，兼修哲学和历史。

民国21年（1932年）夏，朱偰获得德国柏林大学经济学博士学位，回国后受聘于国立中央大学，先后任国立中央大学经济学系教授、系主任，兼国立编译馆编审，讲授"财政学""世界经济""经济名著选读"等课。教书之余，朱偰笔耕不辍，发表多篇财政、经济、金融方面的文章。

20世纪30年代，恰逢国民政府大力建设新首都南京，街道改筑，房屋改建，地名改名……此时的朱偰隐隐看到了历史古迹即将面临浩劫的端倪，"新都之气象，固日新月异，然古迹之沦亡，文物之澌灭者，乃不可胜计。余深惧南都遗迹，湮没无闻"。为给后人留一点记忆，更为督促政府保护古物，朱偰用三年时间，在实地调查的基础上，著成《金陵古迹名胜影集》《金陵古迹图考》和《建康兰陵六朝陵墓图考》三书。同时，利用暑假时间，朱偰赴北京实地摄影、测量，撰写《元大都宫殿图考》《明清两代宫苑建置沿革图考》和《北京宫阙图说》等书。这位经济学家，这样解释自己对于文物保护的热情："夫士既不能执干戈而捍卫疆土，又不能奔走而谋恢复故国，亦当尽其一技之长，以谋保存故都文献于万一，使大汉之天声，长共此文物而长存。"

八一三事变后，朱偰应财政部之请草拟战时财政计划，提出"以租税支持公债，公债保证通货，防止通货膨胀，以筹措战费"的设想。民国27年（1938年）12月4日，他在重庆的中国经济学年会上发表演说，力主维持法币，稳定汇价，以安定金融，加强抗战力量。民国财政部部长孔祥熙会后即邀聘他为民国财政部兼任秘书。民国30年（1941年），国民政府组织康昌考察团，朱偰作为成员之一，代表财政部为国民政府行政院准备迁都西昌进行筹划工作。三年后，朱偰改任专卖事业司司长。抗日战争胜利后，朱偰作为中国政府代表去越南接受日本投降，之后出任赋税署副署长、署长。

1949年春，朱偰毅然拒绝前往台湾，再次在国立中央大学经济学系任教授，不久任系主任。1952年院系调整，南京大学经济系并入复旦大学，他仍被任命为系主任，同时兼任江苏省文化局副局长，分管文物保护和博物馆工作。

20世纪50年代中期，南京开始大规模地拆毁明城墙，时任江苏省文化局副局长的朱偰闻讯后十分焦虑。1956年下半年的一天，朱偰突然接到秘书紧急报告：南京古城最具代表性的石头城已被南京市政府借口"适应市政建设"拆毁了一大部分。他听到消息后立即与消防队员焦急地乘上消防车，一路拉着警铃闯红灯，从城东的清溪村赶到城西的石头城。鬼脸城以北，一直到草场门，1000多米城墙已被拆毁，仅石头城最有代表性的鬼脸城尚在。朱偰又赶到南京市政府提出严厉的批评，坚持要保护鬼脸城。此后，朱偰又听说著名的中华门两厢的城墙已被拆除，眼看就要拆到瓮城。他又立即赶去，用身体去阻挡，不让再拆，还劝说并竭力阻止这一拆城事件的继续，保护了中华门的瓮城。1956年9月23日，朱偰在《新华日报》上发表《南京市建设部门不应该任意拆除

城墙》一文，文章见报以后，南京大学气象系的王裁云、周耀文、郭鹏等8位同学，以及张必善、鲍虹等热心市民，纷纷给新华日报社写信，要求"保留古迹"，立即停止拆城。朱偰的这篇文章先后被《光明日报》《文化新闻》等刊物转载，有关部门电告文化部。9月25日，文化部电示停拆。南建公司的拆城工作于1956年12月结束，1957年1月整理拆城现场，并修复"误拆"的石头城段城墙。

1957年6月，朱偰被错划为右派，撤销职务。已经得到控制的拆城行为，再次出现扩大化现象。10月14日，在市农工民主党召开的反右斗争大会上，朱偰对拆城一事作如此说明："关于拆城墙我向政府提出批评，完全是从爱护文物出发，请允许我保留意见。"曾任江苏省作协主席的作家艾煊在《帽子和城墙》一文中说："朱偰的那一顶难受的紧箍帽子，为南京人换回了一座中华门。"

1961年，摘掉右派帽子后，朱偰任江苏图书管理委员会副主任。任职期间，他出版有《南京的名胜古迹》《漂泊西南天地间》和《江浙海塘建筑史》等书。

1968年7月15日，朱偰于南京逝世。

单士元 北京人。清光绪三十三年（1907年12月）出生。中共党员，明清历史档案学家、建筑史学家，故宫博物院副院长。

单士元自幼喜读文史，少年时以半工半读身份求学，民国14年（1925年）开始在北京大学史学系学习，民国16年（1927年）考入北京大学国学门学习历史

和金石学，受教于胡适、马衡、沈兼士、朱希祖等诸位国学、史学大家。读书期间受诸位教授提点，加入清室善后委员会，参与物品点查。故宫博物院成立后，单士元利用听课之余，负责档案整理编目，主要参与故宫接收内阁大库流散档案、整理军机处档案等工作，并参与编辑发行《史料旬刊》《文献丛编》《掌故丛编》等民国时期故宫博物院重要刊物。

民国19年（1930年）底，单士元加入中国营造学社，任编纂一职。期间，单士元在《中国营造学社汇刊》上发表《明代营造史料》等文，草成《清代建筑大事年表》（由于战争原因中断）。同时，他利用自己的专长，为梁思成、刘敦桢的研究工作提供史料支撑。与刘敦桢、谢国桢等人共同以四库本与陶本《营造法式》互校。尤其是在样式雷图档的研究中，他站在建筑学角度，提出中国古代建筑营造具有设计思维。也正是在此期间，单士元遍访北京各大工匠世家，将研究重点逐步转向工艺技术领域。

民国25年（1936年），单士元完成《清代档案释名发凡》一文，首先提出建立档案目录学问题。20世纪30年代末起，单士元曾先后在多所大学任教，主要讲授中国通史、明清历史、中国近代史等。期间他还撰写并发表许多明清史研究方面的文章。

中华人民共和国成立后，经梁思成推荐，时任故宫博物院院长的吴仲超将单士元调到古建研究部门工作，为开辟新的研究阵地，培养更多致力于古建筑保护的学者，单士元随即在学术委员会下成立建筑研究组，他认为古建研究与修缮必须遵守严格的程序，建议将修建处

下设设计科、工程科，与自己主持的建筑研究组协同工作，并从文物整理委员会聘请于倬云担任设计科科长。不久，设计科和建筑组合并为建筑研究室，作为工程队的顾问，单士元邀请中国营造学社期间的同事王璞子担任工程队工程师。同时，单士元还在各大工种间树立十位技术标杆，时称"故宫十老"。这些老人，都是技术精湛、经验丰富的优秀匠师，退休前不仅对故宫大修作出过突出贡献，还对大修方案的制定，解决修缮工作中的技术难题起到过重要作用。为使他们的技艺不至失传，经验得以延存，单士元特意将他们挽留在故宫担任工作指导，并发挥他们的专长，制作若干建筑模型。主持建筑研究室工作期间，他带领青年工作者对全院建筑进行普查，在了解每座宫殿保存情况的基础上，结合实际与院内同仁共同提出"着重保养、重点修缮、全面规划、逐步实施"的十六字保护方针。1956年，单士元出任建筑科学研究院建筑理论与历史研究室代主任。1958年底，故宫组建古建管理部，单士元担任主任。在单士元的组织下，古建部完成迎接1959年国庆故宫第一次大修任务，并在20世纪60年代进行故宫系列修缮工程。在单士元负责古建部期间，故宫古建筑专业研究队伍逐渐壮大，他们对紫禁城宫殿建筑及皇家园林的历史沿革、规划、设计思想、建筑技术和艺术、用料与工艺、历史文献，以及防火、防雷、防虫蛀、防自然侵蚀、保护利用等众多学科进行广泛深入的科学研究和经验总结，成为推动故宫古建筑事业向前发展的中坚力量。1962年，单士元任故宫博物院副院长。

1979年，单士元任第五届全国政协委员，

作为建筑历史与理论学术委员会主任委员，他和诸位古建筑专家学者提议建立中国古代建筑博物馆，以宣传、弘扬中国古代建筑文化。不久后，在单士元的倡议和全国政协文化组的支持下，经过不断努力，在先农坛太岁殿建筑群内建立中国第一个古代建筑博物馆。1979～1986年，单士元作为第五、六届全国政协文化组的成员，以古稀之年和建设部郑孝燮、国家文物局罗哲文紧密合作，共同呼吁保护著名文物古迹，被誉为古建保护的"三驾马车"。除此之外，单士元还曾担任国家文物委员会委员、中国档案学会顾问、北京史学会顾问、中国传统建筑园林委员会会长、中国建筑学会建筑史学分会主任委员、中国紫禁城学会会长等职。

作为文物保护事业的践行者，单士元认为，不能仅仅侧重历史素材和实物调查而忽视建筑理论的研究，只着重建筑布局和造型艺术的探讨而不讲工艺之学、工具之学，就无法全面解释中国建筑的形成与发展，无法构成完整的中国建筑史。他认为，今天研究中国建筑历史与理论不将工艺技术包括在内，则理论似趋于空，历史亦缺少其发展过程，也就不能反映中国建筑科学的整体性。直至晚年，单士元还曾上书国家文物局，请求在老师傅们都还在世的情况下，申请专款，把有关古建筑的工艺技术及操作要点，通过录音、录像方式，制成系统资料保存下来。

单士元著有《清代起居注考》《明代建筑大事年表》《清代建筑大事年表》等。在90高龄之际，他将毕生从事明清史、档案史和古建筑史等研究的主要材料结集于《我在故宫七十年》一书中。

1998年5月25日，单士元在北京逝世。

王修 原名衍思，字适奚、西溪，号柿园。山东龙口人。清光绪三十四年三月十八日（1908年4月18日）出生。中共党员，东北文物管理处首任处长、陕西省文物局副局长。

王修童年丧父，中学时期靠在小学代课勤工俭学。新文化运动期间他接受新思想，在学校传播新文化。受新思想影响，王修中学辍学，与一批有志青年到黑龙江农村租田垦种，实验乌托邦式的合作社。九一八事变后，王修回到家乡，就任民众教育馆出版部主任，主办进步刊物《黄县民友》，宣传抗日救亡。七七事变后，王修弃家舍业奔赴延安。民国26年（1937年）8月，王修在三原步兵学校入伍，9月转入陕北公学，次年1月在中共北方局加入中国共产党。此后，他在晋西南区党委主办油印的区党委机关报《五日时事》，身兼采编、撰稿、插图、校对、刻写、油印等全套工作，创造了一张蜡纸印5000份的纪录。民国30年（1941年），王修任吕梁文化出版社社长，主办《晋西大众报》。

民国34年（1945年），王修随八路军到东北解放区，1946年任大连中长铁路图书馆馆长。1946年东北民主联军打下长春后，在伪满皇宫发现大批乾隆"天禄琳琅"所藏宋元善本，王修受命在战火硝烟中保护并转移这批珍贵古籍。伪满洲国皇帝爱新觉罗·溥仪被俘之后，其带走的大批历代法书名画、善本古籍和大量珍宝，也由王修负责接收和清点。王修对工作认真负责，一丝不苟，事必躬亲，甚至连文物上架也要参与。这些珍贵文物丰富了东北博物馆和东北图书馆的馆藏，使当时两馆馆藏文物图书在数量上和质量上，都居全国前列。

民国37年（1948年），王修任东北文物保管委员会常务委员和文物处长，负责接管伪满和国民党留在东北的文博图书单位，筹建东北图书馆、东北博物馆、沈阳故宫陈列所等，并兼任各重要单位负责人。这一时期，他直接领导和参与收集、整理、保护了100余万册图书和5万余件珍贵文物，其中包括唐欧阳询《梦奠帖》《行书千字文》，怀素《论书帖》，张旭《古诗四帖》，周昉《簪花仕女图》；宋张择端《清明上河图》，宋徽宗赵佶《瑞鹤图》《草书千字文》，欧阳修《自书诗文稿》；清文溯阁《四库全书》，清内府《实录》《玉牒》等写本，蒲松龄《聊斋志异》手稿和《农桑经》残本等，以及大批宋元珍本。孤本《抱朴子》和《续资治通鉴长编》《韩昌黎文集》诸善本也是经他之手搜集到的。他和日本学者森天朗创编的《东北图书馆图书分类法》被东北和全国图书馆广泛采用。

1950年抗美援朝战争爆发，为保证文物安全，王修受命将大量文物图书转移疏散到黑龙江北安县。在此期间，为保证文物图书的安全，他组织人员对藏品进行了一次大清点，区分馆藏文物、资料和非文物并进行分类处理。同时制定一套完整适用的分类、编目、登记和保管方法，做到账卡齐备，制度健全，妥善保管，取用方便，为博物馆的制度建设奠定了基础。

王修在东北地区领导文博图书事业期间，坚持博物馆、图书馆要为广大人民群众服务的原则，充分发挥博物馆、图书馆宣传教育、普及科学文化知识的功能，举办各种文物展览，建立图书流动站，把图书和文物展览送到农村，送到工厂，面向广大人民群众普及科学文化知识，宣传中华民族光辉灿烂的古代文化，进行爱国主义教育。这些举措在当时对激发人民群众的爱国热情，提高民族自豪感，起了非常重要的作用。

王修十分重视文博队伍建设。当时专业人员十分匮乏，他主持开办了多期东北文博干部培训班，培养专业人员，充实文博干部队伍，有效提高东北文博干部队伍的专业水平。

1954年以后，王修历任中国科学院历史研究所研究员、中国农业出版社副总编辑、云南省委宣传部文艺处处长、西北局宣传部文艺处副处长。1966～1982年，王修历任陕西省考古研究所副所长、省文物管理委员会副主任、省文物局副局长。在"文化大革命"期间，王修为博物馆社会功能的正常发挥和考古工作的正常进行而呼吁筹划，尽心竭力。在他参与领导下，1971年陕西省博物馆内碑林和石刻艺术馆恢复陈列，次年举办陕西省出土文物陈列。1971～1975年，咸阳杨家湾西汉大墓、唐章怀太子墓、懿德太子墓等乾陵陪葬墓、秦都咸阳城遗址、周原遗址、秦雍城遗址等一系列要重考古发掘项目恢复进行。1978年起，他领导重建陕西省文物考古研究所，为专业技术人员落实党的知识分子政策，筹划新所址建设，及时开展配合经济建设的考古发掘工作。在他的努力下，陕西省文物考古界的学术期刊《考古与文物》于1980年得以创刊。

1988年，王修在西安逝世。

贾兰坡 字郁生。河北玉田人。清光绪三十四年十一月初二（1908年11月25日）出生。九三学社成员，考古学家、古人类学家，中国科学院院士，中国旧石器时代考古学奠基人之一。

贾兰坡幼年时父母教他识字，后又在外祖母家念私塾。12岁时，随母亲到北京，先在汇文小学读书，后就读于汇文中学。民国20年（1931年），他考入中国地质调查所，在新生代研究室做练习生并到周口店协助裴文中开展发掘工作。民国24年（1935年），他接替裴文中主持该遗址的发掘，次年11月，他连续发掘出3个北京猿人头骨化石，震惊国际学术界。七七事变后，周口店发掘被迫中断。

1949年春，北平和平解放，贾兰坡受命到龙骨山主持恢复中断12年之久的周口店发掘，先后在龙骨山上成立周口店田野工作站并担任站长、创建遗址陈列馆、举办多届全国考古和古生物工作干部培训班。1953年4月，中国科学院古脊椎动物研究室成立，贾兰坡任副研究员。

从20世纪50年代起，贾兰坡先后主持或指导山西丁村、匼河、西侯度、峙峪、鹅毛口，陕西蓝田，河北泥河湾，河南三门峡，甘肃庆阳，内蒙古萨拉乌苏，宁夏水洞沟，青海小柴旦，以及辽宁庙后山和小孤山等一系列重要遗址的发掘与研究工作，其成果为构建中国北方旧石器时代考古学文化序列基本框架打下坚实基础。

1956年，贾兰坡升任研究员。同年，他在《考古通讯》上发表《对中国猿人石器的新看法》，1957年又发表《试述中国旧石器时代初期石器文化的相互关系》。1958年，他与裴文中一起研究山西丁村发现的石器，指出丁村文化是旧石器时代中期之初文化的新发现。他在1962年与人合作的《匼河》中，指出匼河遗址的时代属于中更新世早期，并指出丁村文化是由匼河文化逐渐发展而来的。1959年，他发表《关于中国猿人的骨器问题》，1964年出版《中国猿人及其文化》，对北京猿人是否使用过骨器进行探讨。他把周口店北京猿人制造的骨器分为三类。第一类是角工具，第二类是盛水工具，第三类是肢骨做成的尖状器和刀状器。1972年，贾兰坡与人合作发表《山西峙峪旧石器时代遗址发掘报告》，从地貌、地层、脊椎动物化石和石器等方面作全面研究，指出华北旧石器时代文化的发展至少有两个系统，即匼河—丁村系和周口店第1地点—峙峪系。提出中国原始文化的继承关系后，他又提出中国、东北亚和北美的细石器可能起源于华北的论点。1978年贾兰坡对细石器研究进行系统总结，发表《中国细石器的特征和它的传统、起源与分布》，把中国的细石器研究向前推进一大步。同年出版的《西侯度——山西更新世早期文化遗址》一书，是他对中国更新世早期人类及其文化存在问题的多年研究成果。1979年，贾兰坡与卫奇等研究许家窑旧石器时代文化遗址，认为许家窑文化在细石器技术传统上是北京猿人文化与峙峪文化的过渡桥梁，并对世界范围内细石器的两大传统以及细石器起源和分布等理论性问题进行探讨。

贾兰坡的主要学术贡献在于：在周口店遗

址的发掘与研究方面取得一系列重要发现和成果，厘定第1地点的地层序列；提出泥河湾期的地层是最早人类的脚踏地和人类历史应该能追溯到早更新世的观点，并带动山西西侯度、陕西蓝田公王岭、云南元谋和河北小长梁等旧石器时代早期早段遗址与材料的发现与研究；提出华北旧石器时代文化存在两个平行系统的假说，一个是匼河—丁村系或称大石片砍砸器—三棱大尖状器传统，另一个是周口店第1地点—峙峪系或称船头刮削器—雕刻器传统；在细石器问题上，认为全世界存在两个体系，一个以地中海周围地区为中心，以几何形细石器为特色，另一个范围包括中国、东北亚和北美，以两侧平行的细石叶和梭柱状、锥状、楔状细石核为特征，并认为东亚、北美细石器体系发源于华北；提出亚洲南部可能是人类起源地的观点；晚年发起绿色长城系统工程，并致力寻找丢失的北京猿人和山顶洞人化石标本。其代表性著作有《山西旧石器》《匼河》《泥河湾期的地层才是最早人类的脚踏地》《山西峙峪旧石器时代遗址发掘报告》《中国细石器的特征和它的传统、起源与分布》《中国大陆上的远古居民》《周口店——"北京人"之家》《人类的黎明》《悠长的岁月》《贾兰坡旧石器时代考古论文选》等。

贾兰坡历任中国科学院古脊椎动物与古人类研究所标本室主任、新生代研究室副主任、周口店工作站站长、中国地质学会第四纪地质及冰川专业委员会副主任、中国考古学会第二届理事会副理事长、文化部国家文物委员会委员，1980年当选中国科学院学部委员（院士），1994年入选美国国家科学院外籍院士，1996年当选第三世界科学院院士。

2001年7月8日，贾兰坡在北京逝世。

马数鸣 原名宗堂。安徽无为人。清光绪三十四年（1908年）二月出生。中共党员，哲学史论专家，曾任安徽省文物管理局副局长、安徽省博物馆馆长。

青少年时期的马数鸣在家边种田边读私塾，18岁时在无为县城读初中。民国18年（1929年），马数鸣转入芜湖省立七中读书，后考入安庆安徽省立高等师范，民国23年（1934年）毕业后，在家乡小学担任教师、主任等职。

民国26年（1937年），马数鸣参加无为县抗敌后援委员会，次年春参加并组织无为青年抗日救亡动员委员会，在该县襄安、牛埠等地联络知识青年筹备抗日组织。同年5月，马数鸣正式参加革命工作，10月加入中国共产党，历任无为县抗敌动员委员会秘书干事，开城区抗敌动员委员会指导员。民国28年（1939年）9月，马数鸣任襄安镇镇长、襄安襄川学校校长。在此期间，马数鸣曾组织接待过新四军军长叶挺、美国记者史沫特莱女士，并安排史沫特莱女士在襄安群众大会上发表支持抗战的演说。民国31年（1942年）1月，马数鸣担任津浦路东抗日根据地淮南师范学校校长、校委主任、特支书记。民国35年（1946年）1月，马数鸣任山东胶县县委委员、县委宣传部部长，曾率支前民工3000余人参加孟良崮战役并荣立集体二等功。

1950年9月，马数鸣担任皖北区党委理论教育科科长兼区直属党委委员、党委宣传部部长。1952年，马数鸣调任芜湖一中校长、书记。1955年5月，马数鸣任合肥矿业学院党委副书记。次年10月，调任合肥师范专科学校任党委第二书记兼副校长。

1958年5月23日，马数鸣任安徽省博物馆馆长兼书记。一上任，他立即着手整顿博物馆的工作秩序，建立健全规章制度。当时正是中国实施第二个五年计划的全面建设时期，他按照省委的要求和部署，一方面根据需要积极配合工农业各系统举办很多有关安徽经济建设的工业、农业、水利等展览，一方面按照唯物史观调整充实安徽省古代史、增加安徽省革命史等主题陈列与展览。同时，他发动全馆有关人员整理文物库房，建立文物档案，对文物统一登记造册。他还派出有关业务人员奔赴各地，开展调查，征集古代、近代和现代文物，共收集文物8000多件，其中有不少是难得的精品。如徽州的各式徽墨与墨模，重要人物手迹，徽州民间契约、文书、家谱，太平天国运动、捻军起义、辛亥革命、五四运动、两次国内革命战争等时期的重要文物。马数鸣尤其对革命文物非常重视，安徽博物院所藏12600多件革命文物，主要是在他任内征集的。

1958年9月17日，中共中央主席毛泽东视察安徽省博物馆，在参观中谈道："一个省的主要城市，都应该有这样的博物馆，人民认识自己的历史和创造的力量，是一件很要紧的事。"1958年9月28日至10月6日，文化部文物管理局在合肥召开16个省（自治区、直辖市）博物馆工作现场会，表扬安徽省博物馆办得有声有色。同年11月，文化部文物管理局在南昌市召开博物馆和纪念馆工作会议，对安徽省博物馆重视征集革命文物的行为，再次予以表彰。

马数鸣还非常重视考古工作，他多次派馆内业务人员进行考古发掘，获得大量藏品，如屯溪西周土墩墓、淮南市蔡家岗蔡声侯墓、宿松县北宋墓等。期间举办的大型展览有"方以智著作与事迹展""安徽自然陈列""安徽省社会主义教育展""浙江大师绘画作品展""邓石如书法展""安徽省革命史陈列""黄宾虹先生绘画展"等。

"文化大革命"期间，博物馆改作他用，马数鸣也因此"靠边站"。

1978年10月，安徽省政府决定成立文物管理局，任命马数鸣为安徽省文物管理局副局长兼安徽省博物馆馆长。经过拨乱反正，重新恢复安徽省博物馆馆名后，他大力整顿，重建博物馆工作秩序，同时整顿省图书馆、筹建省文物商店总店，认真落实中央各项政策，把需要的干部调到文物部门工作。

1981年，他看到国家百废待兴，需要大批年轻干部担当重任，从国家利益出发，他主动申请离休。

马数鸣曾任第一、四届安徽省政协委员，《江淮评论》杂志编委，安徽省博物馆学会会长，安徽省哲学学会、考古学会负责人等。他曾参加由中国科学院北京天文台组织的收集、整理中国天象、地震方面历史资料的工作，为天文、地震的科学研究提供史料。1988年，《中国古代天象记录总集》《中国天文史料汇编》这两部工程浩大的资料书正式出版。1981年以后，他专心研究10个版本的《孙子兵法》，发现其中都有一定的错误，容易误导后人，因此用10年时间，撰写了《孙子兵法今校注》一书。马数鸣对哲学和中国古代哲学史方面发表过有关方以智、戴震的哲学思想研究论文和其他文章数十篇，包括《对方以智哲学思想的再探讨（续完）——与侯外庐先生商榷》《对方以智哲学思想的再探讨》《从程朱到老佛——论方以智哲学的唯心主义和形而上学特征》《略谈孙子兵法的哲学思想》《浅谈戴震的"理"论》《释"有教无类"的"类"》等。

2003年3月，马数鸣在合肥逝世。

顾铁符 江苏无锡人。清光绪三十四年（1908年）出生。考古学家，故宫博物院研究员。

顾铁符出生在书香门第，幼年丧父，因家境困顿而失学。民国13年（1924年），顾铁符从无锡梅村中学肄业后，长期从事文化、教育工作，先后担任小学教员、中学教员。顾铁符勤奋好学，兴趣广泛，曾涉猎过绘画、雕塑、生物学、民族学等方面。民国21年（1932年），顾铁符在广州中山大学生物系任绘图员，兼任该校研究院技佐。工作期间他醉心于民族学的研究与踏查，多次随生物系采集队到广东北江瑶山、广西大瑶山等瑶族、苗族少数民族地区采集亚热带动植物标本，并进行民族实况踏查，从事民族学研究。当时，岭南画派大师高剑父在中山大学执教，顾铁符常去观赏和听他讲授明清各家名画，从此开始涉猎书画鉴藏领域。民国30年（1941年），顾铁符受中山大学研究

院的委派，在海丰新石器时代遗址从事考古调查发掘，这是他首次参加田野考古工作，是进入考古学领域的起始。顾铁符随身携带《中央研究院历史语言研究所集刊》和《田野考古报告》等书刊，边学边干。发掘工程结束后，考古队在出土遗物中挑选数千件石器和陶片，长途运输近1000千米，运到广东坪石（当时学校所在地）。第二年坪石沦陷，正在整理中的这批文物全部被毁。顾铁符也因逃难而离开学校。民国33年（1944年）8月至翌年7月，顾铁符辗转到江西中正大学，出任师范科讲师。民国35年（1946年），顾铁符曾短期在《上海商报》出任编辑及资料室主任。同年11月，顾铁符从上海重新回到广州中山大学，任文学院讲师兼图书馆主任，潜心于金石学方面的研究。

1950年8月，顾铁符从中山大学转到湖北武汉中南军政委员会文化部，任文物科科长，专职从事文物工作。1952年6月，顾铁符受中南文化部的委派，与商承祚、石兴邦等赴湖南长沙，参加春秋战国时代楚墓以及其他时代古墓葬的发掘工作。1953年9月，顾铁符兼任武汉大学讲师。1954年9月，顾铁符调到文化部社会文化事业管理局工作，任业务秘书。1955年，顾铁符带领工作组去陕西西安，帮助地方保护基建中的出土文物。1956年4月中旬起，顾铁符参加文化部文物管理局与山西省文物部门联合组织的文物普查试点工作队，协同十几个省调来的文物干部，在晋南的曲沃、闻喜、夏县、安邑、潞安、长治，高平、晋城，进行为期三个半月的文物普查试点工作，发现大批古文化遗址、古墓葬、古建筑、石窟寺和石刻等珍贵文物。接着，他又参加山西侯马东周时

期晋国晚期都城新田遗址的勘探、发掘、整理和研究工作。1957～1958年，他参加河南信阳战国楚墓的发掘。此外，顾铁符还常常在外面了解检查和指导各地基建中保护文物的工作。工作之余，顾铁符编著《祖国的文物》，1957年12月出版。

1958年八九月间，顾铁符受文化部文物管理局的委派，赴苏联考察文物保管修复业务。

1958年10月，顾铁符调至故宫博物院工作，先后任副研究员、工艺美术史部副主任、代理保管部副主任等职。1959年、1967年，顾铁符曾先后两次去西藏考察、鉴定文物。1969年11月，顾铁符下放至湖北咸宁文化部"五七干校"劳动，直到1972年春回到北京，在北京大学红楼参与整理山东临沂银雀山汉墓竹简。在此期间，他与张政烺、朱德熙、裘锡圭、唐兰等学者一起，对银雀山汉墓出土的《孙子兵法》《孙膑兵法》等约5000枚竹简进行缀合、释文和注释。1972年冬，马王堆汉墓出土大批帛书，顾铁符和十几位专家组成竹简帛书整理小组，几经寒暑，整理复原帛书中的佚书，尤其是对帛书《天文气象杂占》的内容进行释文和注解，作出详尽考释和研究。1978年春，湖北随州擂鼓墩发现曾侯乙墓，顾铁符受国家文物事业管理局的委派，以七旬高龄赴发掘现场指导工作，前后近两个月，始终坚持在发掘工地现场。

1980年，顾铁符回到故宫后，专心致力于学术研究。1981年6月，顾铁符作为特邀代表，出席在湖南长沙举行的楚文化研究会成立大会，被大会聘请为楚文化研究会顾问。1982年4月，顾铁符被评为研究员。1983年2月，顾铁符被聘为国家文物委员会委员，还担任文化部文物事业管理局历史文物咨议委员会委员，中国大百科全书总编辑委员会《文物·博物馆》编辑委员会顾问。

顾铁符尤长于楚文化研究。他对楚民族的渊源和楚国历史文化进行过较为系统的探讨和论述。1984年湖北人民出版社出版的《楚国民族述略》一书，是他多年研究楚国历史的代表作。他从民族学入手，并用翔实的史料和民族学材料，论述楚国境内的东夷、南蛮、西戎和越族的历史情况，以及楚国各民族的文化，取得大量学术成果。

顾铁符还涉及文物考古研究的许多领域，诸如史前考古、古陶瓷、青铜器、古建筑、简牍帛书、碑刻造像等。并长于结合文献进行综合考证、辨识，订正、辨识了很多罕见的出土文物的器名。他熟谙历史文献，曾运用考古成果与文物对史籍记载作过许多质辨研究。他还熟谙物理、化学、生物、天文、气象等多学科的自然科学知识，并把它们运用到考古研究中。几十年来，顾铁符先后在国内外刊物上发表数十篇有关文物考古学的论文，后其中28篇历史考古方面文章被汇编成一部专著，他借用唐李商隐《乐游原》中"夕阳无限好，只是近黄昏"的诗句，定名为《夕阳刍稿》，把这部学术著作视为自己的"夕阳美景"。

顾铁符先后担任中国考古学会第一、二届常务理事，楚文化研究会顾问，国家文物鉴定委员会委员，国家文物局咨询委员会委员。1960年、1961年，他曾先后两次将个人珍藏的唐端石风字砚等3件文物捐献给故宫博物院。

1990年10月29日，顾铁符在北京逝世。家属遵其遗嘱将其所收藏的8件文物捐献给故宫博物院。

颜訚 四川宜宾人。清光绪三十四年（1908年）出生。体质人类学家，是中国体质人类学的奠基者和开拓者。

20世纪30年代，颜訚毕业于华西协合大学医学院，师从解剖学家莫尔斯教授学习人类学，并从事中国西南地区少数民族体质人类学调查，主要进行观察和测量以及统计分析，在《华西协合大学学报》发表过数篇体质人类学研究论文。毕业后留校任教，任莫尔斯教授的研究助手，从事体质人类学测量工作，并曾和莫尔斯赴汶川一带对羌人进行活体测量，留下珍贵的体质测量数据。他所撰《中国人鼻骨之初步研究》和《测定颏孔前后位置之指数》，被认为是当时具有创见的文章。

民国32年（1943年），颜訚到中央研究院体质人类学筹备组，与吴定良、杨希枚以及吴汝康等筹建体质人类学研究所。抗日战争胜利后，颜訚到美国史密森研究院进行学术访问，未满一年即回国。

1952年，颜訚至四川医学院解剖系执教并兼系主任。其间曾对民国34年（1945年）夏鼐在甘肃宁定阳洼湾发掘的两座齐家文化墓葬头骨进行研究。

1958年，颜訚调中国科学院古脊椎动物研究所从事体质人类学研究工作，任研究员。他通过总结前人研究成果，结合自己的研究，认为巨猿的系统地位基本上属于猿类，同时也指出巨猿与南方古猿的不同。他还从马克思主义哲学的高度探讨古猿和南方古猿与人类起源的关系。

1961年，颜訚进入中国科学院考古研究所（1977年改为中国社会科学院考古研究所）工作。他的主要精力都投入在中国新石器时代居民的人种问题方面，先后对甘肃宁定阳洼湾、陕西西安半坡、宝鸡北首岭、华县元君庙、山东泰安大汶口、曲阜西夏侯等新石器时代遗址出土人骨，以及吉林西团山墓葬、安阳辉县殷代遗址等青铜时代遗址出土人骨，进行全面的体质人类学研究。主要研究内容包括性别年龄鉴定、测量特征分析、非测量特征分析、人种研究、下颌骨研究、脑容量研究、肢骨研究、身高研究、牙齿研究、古病理学研究，以及特殊风俗在人骨上的变异研究等。通过一系列个案研究，厘清古代人类的体质特征，也奠定中国体质人类学研究的体例和研究内容，对后来的体质人类学研究产生深远的影响。此外，颜訚还与贾兰坡合作，对东北地区西团山文化的人骨进行研究，与毛燮均合作对殷代人类的牙齿进行研究。颜訚曾亲临考古发掘现场进行人骨鉴定。通过对山顶洞人、柳江人的人类化石与新石器时代人类遗骸形态特征的比较分析，认为中国旧石器时代人类学资料与新石器时代人类学资料之间的继承关系是比较明显的。因而从人类学和考古学上证明中国古代人类的发展演化关系具有一脉相承的特点。

1964年，中国科学院考古研究所洛阳工作队在东汉洛阳城南郊发掘500余座刑徒墓。发掘期间，颜訚亲临工地，对发掘出土的人骨进行现场鉴定，但不慎在工地摔了一跤，导致右小腿骨折，不得不中止现场鉴定工作。

在考古研究所工作期间，颜訚还受当时考古研究所所长夏鼐的指示，带领青年学者潘其风进行体质人类学研究，为考古所建立体质人类学研究团队。体质人类学的学科建设，以及与考古学、历史学等学科的关系，一直是颜訚关注的重点。他认为，人类学研究与考古学物质文化有着互证作用，古代社会制度与经济生活、古代风俗习惯与古代遗骸之间存在密切关系，必须坚持考古学、人类学与民族和历史学的充分合作。他还认为，古代人类遗骸与古病理学等密切相关，能够反映古代疾病的起源和发展。他从史料学和学科发展的长远规划方面，提出人类骨骼的收集与保存至关重要。

1970年4月2日，颜訚在北京逝世。

王冶秋 原名之纮，字冶秋，别名野秋、高山。安徽霍邱人。清光绪三十四年腊月二十六日（1909年1月7日）出生于奉天。中共党员，中华人民共和国文物博物馆事业的主要开拓者和领导者之一。

王冶秋高小毕业后到南京读书，受到五四运动新思潮影响。民国12年（1923年），王冶秋随兄赴北京读书，接受新文艺、新思潮影响，参加"二七"示威纪念会等游行示威活动，加入李大钊领导的国民党左派。民国14年（1925年）5月，王冶秋加入共青团，当年冬加入中国共产党。大革命失败后，他返回家乡发动霍邱暴动，暴动失败重回北平继续革命工作。王冶秋曾两度被捕入狱，出狱后辗转任教于十几所学校，坚持传播进步思想，鼓励青年

学生投身革命，同时与鲁迅保持密切联系，是鲁迅晚年的青年挚友之一。民国29～35年（1940～1946年），王冶秋任冯玉祥的国文教员兼秘书，从事中国共产党的军政情报工作。民国35年（1946年）秋，他受中国共产党派遣，到国民党第十一战区司令将官部任少将参议，继续从事军事情报工作，为解放军在淮海战役和华北战场的胜利作出贡献。

民国37年（1948年），王冶秋受中国共产党委派，由军政情报工作转为文物工作，担任解放区北方大学和华北大学研究部研究员，在河北良乡筹备北平市文物接管工作。1949年2月，王冶秋担任北平市军事管制委员会文物部副部长，开始对故宫博物院、国立北平图书馆、北平历史博物馆等文物单位的接管和整顿工作，使大批珍贵文化遗产完整地回到人民手中。

中华人民共和国成立后，王冶秋担任文化部文物局副局长，协助局长郑振铎主管全国文物博物馆工作。期间，王冶秋参与协助郑振铎制定《禁止珍贵文物图书出口暂行办法》《古文化遗址及古墓葬之调查发掘暂行办法》《中央人民政府关于征集革命文物的命令》《关于在基本建设工程中保护历史及革命文物的指示》等一系列重要法令和规定，明确文物保护的原则。这些法令和规定经政务院批转后颁布实施，彻底结束此前100年来帝国主义列强任意掠夺和倒运中国珍贵文物的历史，使文物保护步入制度化、规范化的轨道。

1955年8月，王冶秋担任文化部文物管理局局长。王冶秋在主持文物局工作中，提出"重点保护、重点发掘，既对基本建设有利，又对文物保护有利"的"两重两利"方针。这

一方针，在1961年3月印发的《国务院关于进一步加强文物保护和管理工作的指示》中得到确认。他主持起草的《文物保护管理暂行条例》，国务院于1961年3月颁布执行。《条例》中明确文物保护单位制度，并规定文物保护单位必须做到"四有"，即"有保护范围、有标志说明、有科学记录档案、有专门管理机构"。同时，王冶秋主持研究选定第一批全国重点文物保护单位180处，报请国务院批准于1961年3月公布，使具有重大历史、艺术、科学价值的历史文化遗存得到有效保护。他提出，在建筑物保护上必须遵守不塌不漏和保持现状或恢复原状的原则，严禁乱拆乱改和破坏环境风貌；对流散文物的交换流通必须由文化（文物）部门指定的文物商店统一经营等。

国务院总理周恩来曾经说："冶秋同志把文物当作自己的生命一样。"作为国家文物管理事业的最高行政首长，王冶秋在处理文物保护与城市建设矛盾的过程中，以卫士的姿态坚定地守护着文物的安全，无数次从规划的红线和推土机下拯救文物。20世纪70年代，面对要把故宫改造成接待外国游客的旅馆饭店的提议，王冶秋坚定地回答："故宫不能开旅馆饭店。"捍卫了故宫的完整性。北京修建地铁，建国门外古观象台面临被拆除的命运，在王冶秋的努力和周恩来的支持下古观象台得以保留。他的这些做法曾经被当时的建设者抱怨，而在多少年后，人们才能理解他的苦心。他还为敦煌石窟、云冈石窟、龙门石窟、佛光寺、南禅寺、避暑山庄等全国重点文物的维修和保护倾注许多心血。他深入井冈山、瑞金、遵义和延安实地考察，为革命旧址保护提出切实可

行的方案，并取得突出的成就。原中共中央政治局常务委员、全国政协主席李瑞环曾多次评价过王冶秋的功绩，他说："保护文物是关系到全民族的大事，既要坚定不移，又要有远见卓识。过去搞城市建设，对王冶秋这也要保，那也要保，这也不能动，那也不能动的做法感到不理解，很反感。现在看来，多亏有个王冶秋。没有他当时的强硬态度，今天北京城里的文物古迹早就被拆毁得差不多了。"

王冶秋致力推动博物馆建设。中华人民共和国成立初期，王冶秋组织领导对原有博物馆的改造和建设工作，同时推动各省（自治区、直辖市）筹建一批地志性博物馆。1956年，在召开的第一次全国博物馆工作会议上，他在所作题为《发展博物馆事业，为科学研究服务，为广大人民群众服务！》的报告中，明确了博物馆是科学研究机构、文化教育机构、文物标本收藏机构的性质，以及为科学研究服务，为广大人民群众服务的任务。他直接抓典型，总结实践经验，提出办好地志性博物馆必须突出地方特色、加强科学研究。王冶秋对革命纪念馆的工作，提出要注意革命活动与中共中央领导集体、革命干部和革命群众血肉相连的关系，注意纪念馆同革命大事件联系在一起的密切关系，不能把领袖故居作为单独个人活动场所，要明确革命纪念馆的工作原则。在北平解放初期，他曾带领同事骑着自行车探访敌伪时期的旧监狱，几经周折发现杀害李大钊的绞架。这是王冶秋为革命博物馆收集的第一件革命文物。1959年，中共中央决定在天安门广场建立中国历史博物馆和中国革命博物馆，王冶秋被任命为两馆筹建办公室主任。他贯彻中共

中央的指示，在全国各地调集了一批历史文物和革命文物，充实中国通史和中共党史两大陈列的内容，以文物见证历史。

王冶秋重视文物科学研究、宣传教育，注重培养专业人才。1952～1955年，在他和郑振铎共同倡议下，由文化部、中国科学院、北京大学共同举办4期考古工作人员训练班，培养了一批骨干力量。1956年，在郑振铎的倡议下，王冶秋领导创办文物出版社，之后又倡议建立文物博物馆研究所。银雀山汉简、马王堆汉墓帛书、吐鲁番文书等一批古文献出土后，他组织有关专家学者开展保护、整理和研究工作，并倡议成立古文献研究室。他主持举办过多次全国性的出土文物展览和考古新发现展览。1971年以后，他按照周恩来的指示多次组织出土文物展览，到英国、法国、美国、加拿大、日本、奥地利、比利时等国家和中国香港等地区展出，宣传中华灿烂文明，促进对外文化交流，使中国走向世界，让世界了解中国。

王冶秋一生中严于律己，廉洁奉公。他反复强调，搞文物的同志要热爱文物，熟谙文物，但不要收藏文物，更不能利用工作之便，化公为私，贪图不义。他曾对文博专家说："你要在博物馆工作，就不要当收藏家。"1966年"文化大革命"初期，造反派抄了王冶秋的家，令造反派意外的是，他们竟然没有抄出一件文物，连一件当代字画也没有。王冶秋所倡导的"文物工作者不收藏文物"，至今仍是文物工作者的基本职业道德准则。

1973年2月，王冶秋担任国家文物事业管理局局长。他在周恩来的领导下，调集一批正在遭受迫害的干部，充实文物工作队伍，为恢复和发展文物事业付出巨大努力。王冶秋曾当选第三届全国人大代表，第四、五届全国人大常委会委员，中国共产党第十一次全国代表大会代表。

1987年10月5日，王冶秋因病在北京逝世。他的骨灰被从司马台长城的望京楼上撒向他深爱的土地。

曾昭燏　女，湖南湘乡人。清宣统元年正月初六（1909年1月27日）出生。博物馆学家、考古学家，南京博物院院长。

曾昭燏是曾国藩的大弟曾国潢的长曾孙女，民国18年（1929年），她考入国立中央大学外文系，在这里曾昭燏遇到了她的恩师胡小石，并在他的影响下对中国传统文化产生浓厚兴趣，翌年转入国文系。民国22年（1933年），曾昭燏从国立中央大学毕业，担任金陵大学附属中学国文兼职教员。任教期间，她对考古学产生兴趣，并渴望出国学习考古。

民国24年（1935年）3月初，曾昭燏辞去附中教职，在两位兄长（三哥曾昭抡、表哥俞大维）的资助下赴英国求学，成为中国首位赴海外学习考古学的女性。次年，她以《中国古代铜器铭文和花纹》一文被授予考古学硕士学位，该文对中国青铜器铭文和纹饰所作的精辟论证与分析，深受英国考古学者的重视与赞扬。随后她进入德国柏林国家博物院实习10个月，接着又去慕尼黑博物院两个月，并作为研究人员参与柏林地区及什列斯威格田野的考古发掘。在此期间，她曾撰写《论周至汉之首饰制度》一文和《博物馆》专著一册。《博物馆》全书共10章，4万余字，扼要叙述博物馆工作各方面的基本知识，对中小型博物馆建设有较强的实用性和指导作用，是中国具有开创性的博物学研究代表著作。

民国27年（1938年），曾昭燏返回伦敦大学任考古学助教。随后，她听从傅斯年的建议放弃英国大学考古学院之聘回国效力。曾昭燏回国后随中央博物院筹备处迁往四川南溪李庄。在李庄时，她担任中央博物院筹备处的专门设计委员。

民国28年（1939年）初至民国29年（1940年）9月间，曾昭燏同吴金鼎等奔波于川、滇一带进行考古调查发掘，先后发掘马龙遗址、佛顶甲乙二遗址、龙泉遗址等5处遗址，获得大量第一手文物资料。她在发掘过程中所采取的田野工作方法代表当时英国乃至全世界最高水平，对国内考古学作出开创性贡献。后由她整理出版《云南苍洱境考古报告》一书。

民国30年（1941年）5月初，曾昭燏参与由中央研究院历史语言研究所、国立中央博物院筹备处、中国营造学社三家机构联合组成的川康古迹考察团，与吴金鼎等主持四川彭山东汉崖墓的发掘工作。全部工作在次年12月9日结束，共清理崖墓76座、砖墓2座、土坑墓7座，出土陶俑等数百件。后南京博物院整理、出版《四川彭山汉代崖墓》一书。

抗日战争胜利后，曾昭燏随中央博物院筹备处迁返南京，参加战时文物损失清理委员会、战区文物保存委员会和敌伪文物统一分配委员会工作。国民党败退台湾前，她反对将中央博物院馆藏文物珍品运往台湾。

1950年3月，南京博物院正式成立，曾昭燏被任命为南京博物院副院长，实际主持日常工作，她以饱满的热情、真诚的精神、勤奋的工作迎接崭新的时代，也迎来第二个事业高峰。同年夏，南京市市长刘伯承指派警备司令部和市公安局将从夫子庙地摊上查获的一批刚从祖堂山出土不久的碎玉片、古钱币等文物送交南京博物院鉴定。曾昭燏主持鉴定研究工作，判定以上文物应出自南郊被盗掘的南唐帝王陵墓，于是立即带队赴祖堂山主持南唐二陵的发掘。发掘结束后，她主持并执笔编写《南唐二陵发掘报告》，为研究南唐史提供重要参考资料。1951年，曾昭燏带领南京博物院考古调查队前往江宁湖熟镇勘察城岗头、小宝塔山、梁台岗等处古代遗址，并试掘老鼠墩、前岗两处遗址，发现很多古代陶片和石器，进而考证出湖熟文化最早能上溯到四五千年前的新石器时代。在田野发掘的同时，她还潜心理论研究，与尹焕章合撰《试论湖熟文化》和《江苏古代历史上的两个问题》等文，对湖熟文化和江苏古代文化的研究作出独到论述。

1955年，曾昭燏被任命为南京博物院院长。期间，她组织了国内博物馆最早一批重要文物展览，领导南京栖霞山六朝陵墓、山东沂南汉代画像石墓等一批重要考古项目，主持编制《南京博物院十二年远景规划纲要》。她在任南京博物院院长时，立下了一条不成文的院规：凡是从事文物工作的人员，尤其是做考古工作的，绝对不准私人收藏古董。她自己身体力行，把收藏使用的清同治年间的茶具捐给国家。在她的影响下，院里的不少研究人员也这么做了。后这一规定成为中国所有文物工作者的从业准则之一。

1957年6月，反右运动开始，曾昭燏的二哥曾昭抡和侄儿曾宪洛先后被打成右派，她在学术界的朋友朱偰等人也都被打成右派。1964年3月，她因精神压力过大，患上忧郁症，入院治疗。

曾昭燏曾任第二、三届全国政协委员，曾当选为第三届全国人大代表。

1964年12月22日，曾昭燏在南京去世。

尹焕章 字子文。河南南阳人。生于清宣统元年九月二十五日（1909年11月7日）。考古学家。

民国4年（1915年），6岁的尹焕章进入族人所办的私塾就读。民国11年（1922年）春，尹焕章考入南阳县立第一高等小学，民国13年（1924年）就读于南阳省立五中，在老师周信的影响下，开始读胡适的文章。民国17年（1928年）7月，尹焕章考入国立第五中山大学预科，翌年肄业，经董作宾介绍，进入中央研究院历史语言研究所史学组工作，任书记员。期间，尹焕章在徐中舒的指导下，参加整理明清内阁大库档案的工作，当时指导档案整理的导师还有朱希祖、陈寅恪、陈垣等。因在整理档案工作中取得一定成绩，尹焕章又经董作宾推荐、傅斯年允准，进北京大学旁听明清史等课程。九一八事变后，他随中央研究院历史语言研究所前往上海。民国22年（1933年）6月，他从史学组调到考古组，是年冬前往河南安阳参加殷墟后冈的考古发掘（殷墟第八次发掘），从此开始他毕生爱好的考古工作。此后到民国26

年（1937年），尹焕章在李济、梁思永、董作宾等的指导下，先后参加河南安阳殷墟第九至十五次发掘，先后在后冈、侯家庄南地、侯家庄西北冈、小屯村北等工作点工作，还在郭宝钧指导下参加河南浚县辛村成周卫墓的发掘。

抗日战争爆发后，尹焕章奉命冒死将河南辉县、浚县、汲县等处出土的铜器押运至汉口。民国28年（1939年），他到重庆进入中央博物院筹备处工作，后被派驻乐山保管中央博物院近千箱珍贵文物，直到抗日战争胜利。民国35年（1946年），他又负责将这批文物运返南京。当时他担任中央博物院筹备处助理设计员，专职文物保管工作。在长达7年的时间里，他保管的文物历经战乱与长途迁徙而一件未损。

1950年，中央博物院更名为南京博物院，尹焕章留任为保管部主任。1951年2月，尹焕章代表南京博物院接受杨宪益转交的加拿大人明义士所藏甲骨2390片，并为此作《本院新获卜辞喜讯》一文，登载于1951年5月30日的《南博旬刊》上。该批甲骨，即明义士所撰《殷墟卜辞》所用的甲骨。

尹焕章以多年文物保管的实际经验，制订一套文物保管工作的规章制度，并撰成长文《南京博物院的文物保管工作》，经由文化部社会文化事业管理局介绍，在《文物参考资料》1953年第11、12两期发表，这对中国博物馆事业初期的文物保管工作，起到一定程度的示范推动作用。

20世纪50年代后期，随着祖国大规模基本建设的开展，为更好配合建设工程进行文物保护和考古发掘工作，尹焕章和赵青芳一起担任治淮文物工作队副队长的职务，协助队长曾昭燏做组织工作和田野工作。他还是工作队安徽组组长，足迹遍及安徽淮河各个有关工地。1953年，华东文物工作队成立，尹焕章又担任副队长，行踪遍及华东各省。他还曾率队至河南郑州支援河南省的抢救性发掘工作。为将这些工作进行初步总结和介绍，他1956年著成《华东新石器时代遗址》一书，1958年发表《关于东南地区几何印文陶时代的初步探测》一文。

华东大行政区撤销后，南京博物院改属江苏，他又在江苏各地进行以新石器时代为主的各种遗址的考古调查与发掘，对宁镇地区的早期遗址进行过细致的调查，首次和曾昭燏一起提出湖熟文化的概念，并于1959年共同撰写了《试论湖熟文化》一文。为弄清湖熟文化的特征和分布规律，以及江苏各古文化之间的关系，他和张正祥等人，在江苏宁镇地区、仪六地区、徐淮地区、邳海地区、洪泽湖周围和太湖周围等地区展开大规模的田野考古调查。他还多次主持徐州邳县刘林、大墩子，南京锁金村等遗址的重大考古发掘，其中对刘林遗址进行大面积的发掘，发现百余座新石器时代墓葬，出土彩陶等大量精美遗物，并提出"刘林文化"的概念。因其出色的工作能力和在考古界的名望，尹焕章曾当选为1960年江苏省文教群英会代表，还当选为南京市第四、五届人民代表。

1963年，在多年的调查和发掘基础上，他和曾昭燏又共同撰写、发表江苏古代考古的奠基性文章《古代江苏历史上的两个问题》，文中所用的考古材料，主要是尹焕章亲自取得的第一手资料。该文被作为《江苏省出土文物选集》一书的序言，刊载于该书，并印行单行本。此外，他还撰写不少考古调查和发掘的工作报告，主要论著收入《尹焕章文集（考古卷）》。

尹焕章长期工作在考古第一线，十分重视现场记录，工作日记从不间断，真正做到天天记、时时记，而且都在现场记。此后这些日记他都交公家保存。他曾告诫青年考古工作者："田野考古是十分复杂细致的工作，来不得半点马虎，更不能弄虚作假。"在物质条件很不足的时期，去野外工作的他，自带背包、行囊，一天步行四五十千米，借宿于工棚、教室。每年冬季，他总是带头出发去水利工地，调查发掘抢救文物，常常最后才回来。他早年在殷墟发掘时得了关节炎，却从不因此影响工作。他在大半生的文物考古和保管工作中，始终坚守着文物工作者的基本职业道德准则，从不收藏古董，从不购买一件文物。南京博物院建院以来，举办过多次考古训练班，辅导高等院校的考古实习，尹焕章总是细心热情讲授，进行示范辅导，从不厌倦，并且与青年人打成一片，共同劳动生活。凡是受过他指导的年轻人，无不称赞他言传身教、虚心诚恳的精神。

1969年3月28日，尹焕章在南京逝世。

苏秉琦 河北高阳人。清宣统元年八月二十一日（1909年10月4日）出生。考古学家，中华人民共和国考古工作的主要指导者和考古教育的主要创办者之一。

民国6年（1917年），苏秉琦进入县城内的大寺坑小学读书，民国13年（1924年）升入保定河北省立第六中学。民国17年（1928年）中学毕业后，遵父遗训，苏秉琦考入北洋工学院，因感该校条件欠佳，工科毕业难觅出路，遂于同年12月转考北平师范大学文科预科，民国19年（1930年）升入该校本科历史系。在校期间，正值民族觉醒浪潮高涨之时，苏秉琦聆听过施复亮、许德珩、侯外庐等教授的演讲，参加由中国共产党领导的北平学联举办的暑期社会科学讲习班和读书会。民国22年（1933年），苏秉琦与他人一道前往泰山普照寺冯玉祥居所，帮助这位被迫退隐的爱国人士学习社会科学知识，苏秉琦负责讲解苏联波卡洛夫、雅尼夏尼的《唯物史观世界史》和陈衡哲的《西洋史》。

民国23年（1934年），苏秉琦由北平师范大学毕业，获文学学士学位。同年9月，他进入北平研究院史学研究会考古组任助理员。苏秉琦进研究会伊始，即参加斗鸡台遗址的第二次发掘。

七七事变后，苏秉琦滞留北平期间无法工作，随傅吾康博士（生于中国，后任德国汉堡大学汉学院院长）习德文，并参加由傅吾康担任秘书的中德学会组织的学术活动。民国27年（1938年），北平研究院于昆明成立办事处，在后方恢复工作，苏秉琦与其他两位同事将研究院藏在中法大学的资料辗转运往昆明，年底他告别妻儿，只身南下。民国30年（1941年），苏秉琦任助理研究员，著成论文《陕西省宝鸡县斗鸡台发掘所得瓦鬲的研究》。不久，他完成《斗鸡台沟东区墓葬》这部发掘报告的定稿。民国33年（1944年），苏秉琦晋升

副研究员。

民国36年（1947年），按照对徐炳昶观点的理解，苏秉琦写成《试论传说材料的整理与传说时代的研究》一文。翌年，饱含心血而屡经坎坷的《斗鸡台沟东区墓葬》终于出版，成为中国考古类型学的奠基之作。

中华人民共和国成立后，原北平研究院所属机构并入新成立的中国科学院。1950年2月，苏秉琦在《进步日报》（原《大公报》）发表《如何使考古工作成为人民的事业》。8月，中国科学院考古研究所正式成立，他参加河南辉县的发掘。1951年，他赴陕西沣河流域调查试掘，后以《西安附近古文化遗存的类型和分布》为题，论述关中地区先秦时期三种文化的关系。

1952年，苏秉琦参与筹划全国考古工作人员训练班和创办北京大学考古专业，年底兼任新成立的北京大学考古教研室主任。1954年，赴洛阳主持中州路西工段的发掘。同年，他开始为北京大学考古专业讲授中国历史时期考古学，后专授秦汉考古。1956年，苏秉琦任考古研究所研究员，翌年被增补为考古研究所第一届学术委员会委员，开始招收不同研究方向的研究生。1959年，他撰写《洛阳中州路（西工段）》发掘报告的结语部分，被看作是将类型学上升到探索社会关系变化的开创性著述。1965年，他发表《关于仰韶文化的若干问题》，从微观入手解析考古学文化类型。

1975～1980年，苏秉琦陆续在各大学讲授关于区系类型的构想。1981年，他的《关于考古学文化的区系类型问题》正式发表，全面阐述这个经过多年思考的全新理论。此说对考古

学界产生广泛而深入的影响，被认为是具有中国特色的一项重要考古学理论。该文对中国境内众多的新石器时代考古学文化进行归纳和分区，后被称为"区系类型论"。苏秉琦指出，从旧石器时代进入新石器时代，"人们活动地域的自然条件不同，获取生活资料的方法不同，他们的生活方式也就各有特色。这样，他们的产品，即我们今天接触到的生产工具、生活用器以至其他遗存所表现出的差异也就可以理解了。当时，人们以血缘为纽带，强固地维系在氏族、部落之中。这样，不同的人们共同体所遗留的物质文化遗存有其独有的特征也是必然的。今天我们恰可根据这些物质文化面貌的特征去区分不同的文化类型，通过文化类型的划分和文化内涵的深入了解以及它们之间相互关系的探索，达到恢复历史原貌的目的"。这就是苏秉琦对不同区域分布着各自的考古学文化，而各考古学文化中又存在着不同类型的原因的理解，也正因此，才有必要建立考古学文化区和类型的概念。有的考古学文化区，几个时段的文化一脉相承，循序发展，像这样的文化区就比较单纯，只体现出一个文化系统。而较大的考古学文化区，文化系统或谱系错综复杂，若干谱系的文化类型交相并存，此消彼长。总之，各文化区是"块块"，谱系是"条条"，区内不同时段的文化类型则是某个谱系的"分支"。因此，各地区的基础性考古工作，即"在准确划分文化类型的基础上"，归纳该区的文化系统，构建区内考古学文化谱系的时空框架。

1985年，苏秉琦在辽宁兴城作题为《辽西古文化古城古国》的学术报告，继区系类型论之后又提出"古文化古城古国"这一新的学说。在《辽西古文化古城古国》一文中，苏秉琦就已觉察到，燕式鬲的结构"恰恰同夏家店下层文化晚期鬲似乎一脉相承"。此时的燕文化和黄河流域的联系十分密切，在很大程度上已建立起彼此认同的基础，于文化上为秦统一做了最后的铺垫。与东山嘴、牛河梁的发现大体同时，辽宁和河北又相继揭示出绥中止锚湾、北戴河金山嘴等大型秦汉建筑址群。由此可见，燕地被纳入秦帝国版图，是以当地由古国到方国的发展，尤其是与中原文化增进融合为前提的。

1987年，苏秉琦发表《华人·龙的传人·中国人——考古寻根记》，论述仰韶文化与红山文化相碰撞而迸发出牛河梁这一文明火花，以及陶寺遗址反映的中原对周围各方文化的融合。该文因"内容的科学性，语言的准确性和阐述的逻辑性"（《光明日报》1988年8月17日），被选入1988年高等学校招生考试的语文试题。

1992～1993年，苏秉琦发表《中国考古学的黄金时代即将到来》《迎接中国考古学的新世纪》等文，提出由古国到方国再到帝国的中国古代国家形成的"三部曲"和北方地区为"原生型"、中原地区为"次生型"、北方草原地区为"续生型"的中国文明进程"三模式"，对中国文明起源与发展问题进行更全面的论述。

1994年，苏秉琦主编的《中国通史·第二卷·远古时代》（白寿彝总主编）出版。1997年6月，经口述整理而成的《中国文明起源新探》一书出版，总结了苏秉琦为之奋斗一生的中国考古学理论和方法。

1997年6月30日，苏秉琦在北京病逝。

徐平羽 原名王为雄，曾用名王球、白丁，字元健。江苏高邮人。生于清宣统元年（1909年）九月。中共党员，曾任文化部副部长。

徐平羽出生于书香世家，自幼跟随父亲背诵诗词，还练就了一手刚劲隽永的毛笔字。民国13年（1924年），15岁的徐平羽考入上海震旦大学预科部，受进步文学的影响，开始阅读鲁迅、郭沫若、茅盾、冰心等作家的著作。为励志上进，他还特题座右铭联"年已弱冠非童子，学不成名岂丈夫"，积极投入学生运动。

民国17年（1928年），徐平羽考入上海大夏大学读书，次年加入共青团。此后，徐平羽领导学生运动，编辑进步刊物，邀请鲁迅讲演，在大夏大学进步学生中影响很大。民国19年（1930年），徐平羽加入中国共产党。同年因闹学潮被国民党当局逮捕，后被营救出狱。

民国20年（1931年），徐平羽受上海地下党派遣，赴高邮建立和发展党组织。次年，他参加中国左翼作家联盟，从事组织工作。民国25年（1936年），他受上海地下党派遣赴西安，冒着生命危险，向张学良进言停止内战、一致对外，在张学良逼蒋抗日的行动中起了一定作用。次年初，他赴延安，在抗大高干队学习，后任区队长、政治教员。同年冬，他被派往新四军工作，并跟随张云逸赴福建联络改编南方红色游击队，后任新四军战地服务团秘书长、副团长。

民国28年（1939年），徐平羽被调往新四军江南一支队工作，任陈毅司令员的秘书、政治部宣传科科长兼军法官。皖南事变前夕，他赴苏中根据地，任苏中行政公署第一任秘书长。民国32年（1943年），他任苏中区党委敌工部部长，领导对敌伪军和敌占区的工作。

抗日战争胜利后，徐平羽任华中野战军七纵队政治部副主任。民国35年（1946年），他任苏皖边区政府交际处处长，为当时军事调停、情报、国际统一战线等工作作出贡献。同年8月，徐平羽被任命为苏皖边区政府交际处处长、黄河大队副大队长。

民国37年（1948年），徐平羽任人民解放军华东野战军随营学校政治部副主任。南京解放后，他先后任南京军事接管委员会文教委员会主任、南京市教育局局长、南京博物院院长。他积极为南京博物院组建专家班子，搜集文物资料，为整理和保护国家文物做了大量工作。

1950年，徐平羽被调往上海，历任华东军政委员会高教处处长、华东文教委员会秘书长、上海国际活动指导委员会秘书长、上海市人民委员会秘书长、上海市委宣传部副部长兼上海市文化局局长。

1954年4月至1955年4月，已在上海就职的徐平羽仍然关心着南京博物院的事业。他嘱咐时任南京博物院院长的曾昭燏汇款至上海，全权委托上海市文物管理委员会代南京博物院征集书画，并请徐森玉参与定夺。一年内共获书画19件，上自宋元，下迄明清，其中有宋人《牧牛图》《耕织图》《江天楼阁图》，元李衎《修篁竹石图》，明林良《秋坡聚禽图》、吕纪《榴花双莺图》、唐寅《吹箫仕女图》、徐谓《杂花图》，清朱耷《水木清华图》、高其佩《水中八事图》等，为南京博物院藏画奠定基础。

1960年，徐平羽被调往北京，历任文化部副部长、党组成员、顾问等职，分管文物、艺术工作。在此期间，他对中国的文物保护和博物馆事业的建设作出重要贡献，特别是领导中国历史博物馆、中国革命博物馆的建设，以及敦煌莫高窟的重大维修工程，及时抢救中国宝贵的古代艺术遗产。1961年冬，徐平羽推荐北京的张珩、天津的韩慎先、上海的谢稚柳三位专家到南京博物院，为全部的书画作鉴定、分级，从10月18日至12月27日，共鉴定书画3.8万余件。

1963年4月至1964年9月，徐平羽签发公布《文物保护单位保护管理暂行办法》《革命纪念建筑、历史纪念建筑、古建筑、石窟寺修缮暂行管理办法》和《古遗址、古墓葬调查发掘暂行管理办法》等4个有关文物的暂行办法，这些暂行办法一直被沿用至1982年底。

徐平羽酷爱书画，他承袭先代所藏书画，珍品甚多，其中龚半千、石涛等的巨幅山水尤为珍贵。中华人民共和国成立初期，在扬州工作的孙蔚民市长得知他在南京任职，专程赴宁看望他。席间，孙蔚民取出带来的"扬州八怪"之一的黄慎画的《东坡笠屐图》，请徐平羽鉴赏。当画展开后，徐平羽惊喜地离座而起，沉默半晌。该画是孙蔚民前几年在一个乡镇上偶然发现并买下的，经考证，知是徐平羽家早年散失的藏画。于是，孙蔚民特地将此画带到南京奉还原主。1955年初，徐平羽又将这

幅画还赠孙蔚民，并在画签上写道："展笠图失而复得乃蔚民之力，重装后还赠蔚民，盖志同好之意。瘿瓢（黄慎）有知，当亦许我二人为知己也。"

徐平羽曾任第五届全国政协委员。

1986年9月23日，徐平羽因病在北京逝世。

刘致平 字果道。辽宁铁岭人。清宣统元年（1909年）出生。建筑历史学家、建筑教育家，中国营造学社研究员、清华大学建筑系教授。

民国17年（1928年），刘致平考入东北大学建筑系，是梁思成首批弟子中的高材生，深受梁思成器重。九一八事变后，当时大学三年级的刘致平随校逃亡关内，转入中央大学插班念建筑系。民国21年（1932年），刘致平毕业，同年进入上海华盖建筑师事务所。民国23年（1934年）夏，刘致平为浙江风景整理建设委员会建筑师，承担杭州六和塔的测绘和修复设计工作，以及河北正定隆兴寺及赵州桥的修复设计工作。同年末，受梁思成邀请，刘致平进入中国营造学社，历任法式部助理、编纂员、研究员。

刘致平的中国建筑艺术研究独具慧眼，结合建筑创作需要，发掘传统建筑中可资借鉴的部分。他重视从建筑设计角度去研究中国古代建筑，对古建筑除分析介绍外，也多有对其设计特点和得失的评论。刘致平是最早从建筑类型的角度去研究古建筑的学者，在抗日战争前他即开始民居、园林、祠堂、会馆等建筑类型的研究。抗日战争爆发后，刘致平随中国营造学社辗转南下昆明。在云南期间，刘致平独自

徒步400千米环行滇池，对滇池沿岸极富特色的城乡民居建筑进行深入调查，不久即完成附有详细绘图的《云南一颗印》调查报告。为更多地掌握一手资料，他几乎走遍四川各县，调查范围覆盖川蜀大地。他常常是独自背着沉重的器材、资料，跋涉于绵绵山路，调查灌县、乐山、彭山、荣县、威远、自贡、南溪、万县、嘉定等地的民居和古宅，看到富有特色的建筑就叩门进去请求测量。他不辞辛苦，共调查大小住宅近200所，详细测绘的有60余所。反映这些调查研究成果的《中国居住建筑简史——城市、住宅、园林》于1990年出版。这部著作依历史发展顺序，结合历史、社会、地理、风俗诸方面阐明民居形成、发展的原因，鲜明地反映出他的学术特点和研究宗旨，特别是最后的《居住建筑分论》一章，专论设计原则、手法和得失，是刘致平毕生研究中国民居成果的集中表现。他的《中国建筑类型及结构》从建筑的不同类型和结构做法分析设计及结构特点、历史渊源、发展演变过程，显示他独树一帜的研究方法和方向。从20世纪30年代起，刘致平就对中国伊斯兰教建筑进行大量的调查研究工作，经历20多年，除西藏、台湾以外，几乎跑遍全国各地，测绘200多座古伊斯兰建筑，取得大量实际调查资料，对伊斯兰建筑独特的设计、构图原则、工程技术等进行深刻分析和总结，晚年整理出版专著《中国伊斯兰教建筑》，填补中国古代建筑研究上的空白。

民国35年（1946年），刘致平任清华大学建筑系教授，兼中国建筑史编纂委员会副主任、建筑历史及理论研究室副主任。1949年初，刘致平参与编辑《全国重要建筑文物简目》，提供给南下的人民解放军，确保在解放战争中重要文物免遭破坏。中华人民共和国成立后，刘致平还参加赵州桥的勘察和制定修缮方案；考察广州光孝寺，参与对大殿的维修方案进行评审等多项文物保护工作。1958年以后，刘致平历任建工部建筑科学理论研究院建筑理论历史研究室研究员、教授，国家建委建筑科学研究院情报所四室研究员，中国建筑技术研究院建筑历史研究所研究员等。

刘致平一生痴迷于中国古代建筑的研究，即便是炮火连天的战争年代，他也常常不顾安危，埋头于故纸堆中。当中国营造学社辗转于湖南、云南、四川时，不断处于日本侵略军的空袭之下，嘶鸣的警报声和隆隆的爆炸声都不能使他离开图书馆或书桌前。"文化大革命"时，他听说太行山的民居很有特色，便利用探亲的时间自己花钱去太行山勘测民居。在"五七干校"时，听说村里埋着一块古碑，就自己掏钱把古碑挖出并保护起来。

刘致平曾任中国建筑学会建筑历史及理论委员会副主任委员。

1995年11月，刘致平在北京逝世。

陈恒安 原名德谦，字恒堪，号宝康、黔灵老学。贵州贵阳人。清宣统元年（1909年）出生。中国国民党革命委员会成员，学者、书法家、文物鉴定家。

民国13年（1924年），陈恒安就读贵州省立第一中学，民国18年（1929年）入南京中央大学国文系深造。民国21年（1932年），陈恒安回到贵州，任《新黔日报》主编兼副刊《绿野》《新地》主编。民国25年（1936年），陈恒安任贵州省政府秘书，参与《贵州通志》和"黔南丛书"的编纂，又任贵阳达德中学国文教员，曾执教于贵阳师范学院、大夏大学。民国32年（1943年）10月10日，贵州艺术馆成立，陈恒安任馆长，馆内收藏一批青铜器、书画、拓片等。陈恒安任馆长期间为辗转到贵阳的画家徐悲鸿、倪贻德、赵少昂、丰子恺及达德中学校长谢孝思举办过画展，为小提琴演奏家马思聪和林声翕、王人艺举办过音乐演奏会。民国33年（1944年），借故宫文物南迁暂存贵州之机，陈恒安建议贵州省主席吴鼎昌与故宫博物院院长马衡洽商在贵阳举办故宫文物展，并积极组织筹备。同年，"国立北平故宫博物院在筑书画展览会"于4月13～20日和4月21～29日分两期在贵州艺术馆开展，展出故宫收藏的书画作品192件。其中书法有王羲之三帖，唐玄宗李隆基《鹡鸰颂》，苏轼、米芾、蔡襄的书札和黄庭坚《松风阁诗帖》等；绘画有李唐《雪江图》、巨然《秋山问道图》、范宽《雪山萧寺图》、郭熙《早春图》、李公麟《免胄图》、赵佶《腊梅山禽图》、李嵩《听阮图》、夏圭《山居留客图》、梁楷《泼墨仙人图》、马远《雪景图》、黄公望《雨岩仙观图》等。民国35年（1946年），陈恒安任国民政府文官处简任编审、中央设计局秘书、国民政府图书馆主任等。中华人民共和国成立前夕，陈恒安辞职返回贵阳。

中华人民共和国成立后，陈恒安在贵州省抗美援朝分会和贵州省中苏友好协会工作。1958年贵州省博物馆成立，陈恒安至博物馆从

事文物鉴定工作。1982年，陈恒安任贵州省文史研究馆副馆长。

陈恒安的书法诸体皆备，他最初学书法是从颜体开始，后学《宋璟碑》《元次山碑》，再学行书《争座位帖》，他精研甲骨、金文、竹简、帛书等各体文字，尤以大篆与行书见长，因治文字学，又精甲骨文书法，并有专门研究，曾发表《殷墟书法漫述》，有书法专辑《陈恒安书法选》存世。

陈恒安著作有《邻树簃诗存》2卷、《春茗词》4卷，共收录诗词1000余首，撰有《贵州出土汉永元罐铭文考辨》《水绕山环"白锦堡"——南宋杨粲墓的景物漫写》《贵山考辨》《郑子尹先生遗稿零拾》《黔灵是怎样得名的》等多篇学术论文。他还曾捐献多件家藏古籍善本及珍贵字画。

陈恒安曾任中国书法家协会名誉理事、中国书法家协会贵州分会名誉主席、贵州省博物馆名誉馆长、贵州省文物管理委员会委员、贵州省文物鉴定委员会委员、贵州省文联委员、贵州国画院顾问、贵州老年书画研究会名誉会长等。

1986年6月1日，陈恒安在贵阳逝世。

夏鼐 字作铭。浙江温州人。清宣统元年腊月二十八日（1910年2月7日）出生。考古学家，中华人民共和国考古工作的主要指导者和组织者，中国现代考古学的奠基人之一。

夏鼐出生在一个经营丝绸业的商人家庭，少年时代就学于浙江省立第十中学初中部，后

赴上海光华大学附属中学高中部学习。民国19年（1930年），夏鼐考入燕京大学社会学系，次年考入清华大学历史系二年级插班，在陈寅恪、钱穆、雷海宗、蒋廷黻等名师的指导下，进一步打下深厚的史学基础。

民国23年（1934年），夏鼐于清华大学历史系毕业，以第一名的成绩考取考古学留美公费生的名额，随后在傅斯年、李济指导下进行业务准备，于民国24年（1935年）春以实习生身份前往安阳殷墟，参加梁思永主持的殷代王陵区发掘，从此走上以田野考古为终身事业的治学之路。

民国24～28年（1935～1939年），夏鼐留学英国伦敦大学考古学院，师从惠勒学习田野考古，曾参加惠勒主持的梅登堡山城遗址发掘，以及埃及、巴勒斯坦的遗址发掘，并主攻埃及考古学，成为中国第一位埃及考古学家。

民国30年（1941年）初，夏鼐回到抗日烽火中的祖国后方，任中央博物院专门设计委员。民国32年（1943年），任中央研究院历史语言研究所副研究员。次年至民国34年（1945年），夏鼐与北京大学向达共同率领西北科学考察团历史考古组，前往甘肃敦煌和河西走廊进行考察，取得中国史前和汉唐考古方面令人瞩目的成绩。夏鼐通过甘肃宁定阳洼湾齐家墓葬的发掘，从地层学上确认齐家文化晚于甘肃仰韶文化（即马家窑文化）；又因临洮寺洼山遗址的发掘，第一次提出中国史前时期的文化系统问题，推翻曾有相当影响的安特生分期体系，中国史前时期考古研究进入新的发展阶段。20世纪40年代后期，夏鼐根据甘肃考察所获考古资料，发表《新获之敦煌汉简》一文，

对民国33年（1944年）敦煌附近发掘出土的30余支汉简进行考释，其中小方盘城遗址出土的汉简，为判定玉门关的确切位置提供了物证。夏鼐发表《武威唐代吐谷浑慕容氏墓志》一文，在考释发掘所获金城县主、慕容曦光两方墓志的基础上，结合早年当地出土的四方墓志及有关文献资料，第一次用年表的形式对吐谷浑晚期历史作详细的叙述。

民国36年（1947年），夏鼐晋升为研究员，并曾代理傅斯年的中央研究院历史语言研究所所长职务。

1949～1950年，夏鼐任浙江大学人类学系教授。1950年，夏鼐被任命为中国科学院考古研究所副所长，协助郑振铎主持考古研究所的业务活动，指导全国的考古工作。

1950年末，夏鼐在辉县发掘中，第一次成功剔剥一座大型的战国车马坑，被国际考古学界誉为战后田野考古方法一项新的进步。辉县琉璃阁的发掘，第一次在安阳以外发现早于殷墟的商代遗址；郑州附近的调查，确认二里冈是早于殷墟的又一处重要商代遗址；长沙附近的发掘，初步判明当地战国两汉时期墓葬的演变情况，为楚文化的考古研究打下基础。1955年，夏鼐当选为中国科学院学部委员。

1958年，夏鼐在北京明定陵的发掘中，忍着病痛，深入地下玄宫多日，匍匐清理万历帝后棺内散乱的冠冕等物，耐心观察和记录种种细微迹象，使一些器物得以成功复原。他曾多次亲临重点发掘工地进行现场指导，如长沙马王堆汉墓、广州南越王墓、大冶铜绿山矿冶遗址、北京琉璃河西周燕国墓地，等等。

1959年初，夏鼐发表《关于考古学上文化

的定名问题》一文，对什么是考古学文化、划分考古学文化的标准，以及定名的条件和方法等问题，给予科学、明确的回答，统一中国考古学界对文化命名问题的认识。

1962年，夏鼐任中国科学院考古研究所所长。同年，夏鼐在《新中国的考古学》一文中，将中国考古学的基本课题归纳为：人类起源和人类在中国境内开始居住的时间问题，生产技术发展和人类经济生活问题，古代社会结构和社会关系问题，国家起源和夏文化问题及城市发展问题，精神文化（艺术、宗教、文字等）方面问题，汉民族和中华民族共同体的形成过程问题。夏鼐正是根据中国考古学科的发展需要，部署考古研究所这一国家考古研究中心机构的田野考古和室内研究工作，有计划、有重点地进行黄河中下游、长江中游及邻近地区的史前考古研究，夏文化的探索和历代都城遗址的勘察发掘，以及新疆、内蒙古等边疆地区的考古工作，并且注意开展甲骨文、金文、简牍等出土文献的整理研究。

夏鼐十分重视在考古研究中应用现代自然科学方法，1965年，他在考古研究所建成中国第一座碳十四断代实验室。夏鼐还积极倡导考古学界与有关科技单位之间的协作，开展出土文物中金属、陶瓷和其他制品的分析鉴定，判别一些器物的原料成分、制作方法等。1972年，河北藁城县台西村商代遗址出土铁刃铜钺，是中国考古史上的一项重要发现，可表明中国人民早在公元前14世纪就已经认识了铁。夏鼐以严谨的科学思考并借助国内钢铁专家多种现代化手段的深入分析，确认藁城铜钺的铁刃为陨铁锻成，并不是人工冶炼的熟铁。夏鼐

还纠正中国早在3世纪的西晋便能提炼铝的错误说法。

1972年，夏鼐发表《我国古代蚕、桑、丝、绸的历史》一文，第一次根据考古资料系统论述汉代和汉代以前养蚕、植桑、缫丝和织绸方面的发展情况，并对汉代织机进行新的复原，以进一步阐明中国对人类文明的这一伟大贡献。

1973年，夏鼐发表《长沙马王堆一号汉墓的棺椁制度》一文，弄清棺椁界限这个葬制上的基本问题，避免继续在礼书记载的个别文字上打圈子，使棺椁制度的研究前进一步。

1974年，夏鼐曾当选为英国学术院等6个海外学术机构的通讯院士（外籍院士），成为中国学术界接受荣誉称号最多的学者之一。

1977年，夏鼐发表《碳-14测定年代和中国史前考古学》一文，根据当时公布的各种史前文化的年代资料，结合文化内涵和地层证据，全面讨论它们之间的年代序列和相互关系，亦即中国史前文化的谱系问题，明确提出中国新石器时代文化的发展并非黄河流域一个中心的"多元说"。这是中国史前时期考古研究的重大突破。

1982年，夏鼐任中国社会科学院副院长兼考古研究所名誉所长。之后又相继任国务院学位委员会委员，国家文物委员会主任委员，中国考古学会第一、二届理事会理事长等职。

1983年，随着有关考古资料的日益丰富，夏鼐提出从考古学上探讨中国文明起源以及中国文明是否独立发展起来的问题，着重分析那些与中国文明起源问题关系最密切的史前文化，主要是中原地区、黄河下游和长江下游的

新石器时代晚期文化，断定"中国文明的产生，主要是由于本身的发展"。他曾提出，进行中国文明起源的探索，"主要对象是新石器时代末期和铜石并用时代的各种文明要素的起源和发展，例如青铜冶铸技术、文字的发明和改进、城市和国家的起源等等"，同时又强调"文明的诞生是一种质变，一种飞跃"。他还主编《新中国的考古发现和研究》《中国大百科全书·考古学》二书，阶段性地总结考古工作成果，以期建立中国考古学的学科体系。

1985年6月19日，夏鼐突发脑出血在北京去世。

汪宇平 满族。辽宁辽阳人。生于清宣统二年二月一日（1910年3月11日）。九三学社成员，旧石器时代考古学家，内蒙古博物馆研究馆员，内蒙古文物考古及博物馆学奠基人之一。

青年时代，汪宇平先后就读于上海复旦大学经济系、北平中国大学经济系，获学士学位。抗日战争胜利后，他曾任沈阳日报社社长等职务。

1951年，汪宇平应聘于内蒙古文教部，成为内蒙古自治区第一代文物考古工作者和奠基人。作为内蒙古第一支文物考古专业组织——考古工作队的首任队长，汪宇平面对专业人员少、工作范围广、工作量大、环境复杂、条件艰苦的现实情况，依靠"一切工作从零开始、从我做起"的决心，带领团队开展了全区第一次文物普查，并取得成效，为内蒙古地区文物征集、保护和科研工作的良性发展奠定了基础、积累了经验。

1953年，汪宇平参加由文化部社会文化事业管理局、中国科学院考古研究所、北京大学举办的考古工作人员训练班。以此次培训为契机，汪宇平本着"多读书、多跑路、多钻研"的精神，开始探索性地进行调查、科研工作。每年初春，他便整理行装，奔赴区内各地进行文物调查及宣传等工作。而雁去冬来之时，他又忙于文物修复和调查材料的室内整理。内蒙古地广人稀，交通也极为不便，常常数百里杳无人烟，可他从无怨言。经他之手，数以万计的文物得到整理和研究，其中有很多文物成为内蒙古博物馆的重要藏品。

1954年，他到呼伦贝尔盟对居住在额尔古纳河流域的鄂温克人进行实地考察，征集了各式各样的鄂温克人的生产、生活用品。返回呼和浩特市后，他即向自治区领导汇报，并举办征集文物展，引起轰动。他成为中国最早系统介绍鄂温克人情况的学者。此后，经国家有关部门确认，鄂温克族被列为中国少数民族之一。

20世纪50～60年代，汪宇平先后徒步、骑马或骑自行车翻山越岭，走川渡河，栖息荒漠，饮寝草原，行程8000余千米，跨越河北、陕西、山西、甘肃、宁夏、内蒙古六省（自治区），在内蒙古自治区发现旧石器时代遗址24处和一大批新石器时代遗址。

1956年4月，经过诸多周折和磨难，在向导的伴随下，汪宇平带队徒步赶着驴车，翻越荒漠，在萨拉乌苏河畔，首次找到后来被鉴定为"河套人"的头顶骨、股骨化石，以及石器和古生物标本，还发现旧石器时代遗址一处。

这批实物与遗址的发现证实河套人的真实存在，极大地补充了河套人的资料。这是继1922年桑志华之后，有关河套人的最重要发现。这些发现为鄂尔多斯地区旧石器时代考古和深入系统地研究萨拉乌苏文化提供了第一手资料。1960年和1961年，汪宇平又两次到萨拉乌苏河进行调查，发现了一件人类顶骨化石和断裂成三块的面部连着额骨的人类头骨化石，并在范家沟湾新发现一处化石及人工打制品产区，进一步加深人们对河套人的认识，丰富了萨拉乌苏遗址的文化内涵。1962年，汪宇平在萨拉乌苏河第二级阶地河流堆积层中发现一具相当完整的人类头骨，它的石化程度不高，其形态特征在现代人范围之中。1963~1964年，中国科学院古脊椎动物与古人类研究所的裴文中、张森水与汪宇平等人组成科学调查队，在萨拉乌苏河地区开展第四纪遗迹的全面考察，为之后的萨拉乌苏遗址系统研究打下坚实的基础。

1957年5月，汪宇平到鄂托克旗，对水洞沟旧石器时代遗址进行补充调查。1962年，他在《考古》杂志上发表《水洞沟村的旧石器文化遗址》一文，对其进行了较详细的介绍。这是鄂尔多斯高原继20世纪20年代发现水洞沟和萨拉乌苏遗址，经历近30年工作中断期后，由国内学者又一次在该地区进行的旧石器考古调查和研究工作。他不仅发现一批重要的文化遗物，还发现古人类化石，极大丰富了该地区旧石器时代考古的研究资料。更为重要的是，正是汪宇平开展的这些工作，使得鄂尔多斯的旧石器时代考古工作得以延续。

1971年，汪宇平在呼和浩特市郊大青山南坡进行考察时，在口子乡发现以古波斯银币为代表的北魏时期文化遗物和土城遗址。他查阅古籍，了解到坝顶圆形古城遗址为北魏行宫所在地，而称之为"白道"的土路即为大青山前通向山后的通道"白道梁"，是当时重要的交通枢纽和交通要道。同时，汪宇平发现郦道元《水经注》中所注行宫位置与实地位置不符。他本着尊重科学、尊重事实的态度重新加以定位，撰文将这一发现公之于众，解决了这一地区历史、地理、考古方面的一个多年未决的疑问。

通过基础分析研究，1973年春天开始，汪宇平先后多次对大青山区域及周边草原地带开展大量调查工作。当年10月，他终于在呼和浩特市东北郊保合少乡大窑村南山发现大窑遗址。历经20余年的发掘和研究，大窑遗址，特别是四道沟地点的发现，表明从50万年前这里就有人类生活，这是已知的世界上发现年代最早、面积最大的石器制造场遗存。它将内蒙古地区的古人类活动年代从以河套人为代表的旧石器时代晚期推溯到了旧石器时代早期，不仅在内蒙古乃至全国旧石器时代考古中占有重要位置，而且在东亚旧石器时代考古学上占有重要地位。裴文忠、贾兰坡、吕遵谔等曾经到大窑遗址现场指导工作，均对其给予高度评价。北京大学考古系将其选定为旧石器时代文化考古教学基地。为了保护、管理、研究大窑遗址，内蒙古博物馆在大窑村建立了大窑文物保护管理所。汪宇平常年居住在大窑村的文管所内，和同事们付出多年的辛勤劳动，实现了陈列馆建成开放、办公区域花园化、遗址所在区域内200亩荒山绿树成荫的目标，达到保护文物与保护环境的统一。在这里，汪宇平经常向观众，尤其是青少年，介绍大窑遗址，讲授考古知识，讲解文物保护的重要性，使这里逐渐成为中小学生不可缺少的第二课堂和宣传爱国主义精神的教育基地。

汪宇平在40年考古生涯中，征集大量珍贵文物、标本、化石，发现大批旧石器时代、新石器时代和各历史时期的重要遗址，先后完成学术论文和调查报告150余篇。

汪宇平曾任内蒙古自治区政协第四、五、六届委员，内蒙古文史馆馆员，内蒙古大窑文物保护管理所负责人。

2005年6月24日，汪宇平在呼和浩特逝世。

谢稚柳　原名稚，曾用名子桨，字稚柳，晚号壮暮翁，斋名鱼饮溪堂、杜斋、烟江楼、苦篁斋等。江苏武进人。清宣统二年三月二十九日（1910年5月8日）出生。画家、古书画鉴藏家和绘画史论家。

民国5年（1916年），谢稚柳入私塾读书，民国14年（1925年）师从晚清进士钱振煌（钱名山）在寄园习经史子集、诗词歌赋，后得到家藏书画的启发，开始着意于笔墨丹青，寄园是谢稚柳艺术生涯的摇篮。

民国18年（1929年），谢稚柳由族叔谢仁冰推荐，赴南京国民政府财政部关务署，成为一名档案管理员。次年，通过兄长谢玉岑，谢稚柳结识张善孖、张大千兄弟。当时张大千住在苏州的网师园，谢稚柳经常前往共同鉴赏、切磋艺事。中央博物院举办绘画展览，谢稚柳看到陈洪绶（号老莲）的作品，认为"找到了

最好的老师"，倾心于其画风，后又直溯宋元，取法李成、范宽、董源、巨然、燕文贵、徐熙、黄筌及元人墨竹。

民国23年（1934年），谢稚柳参加第一次"全国美术展览会"，经张大千介绍与徐悲鸿相识。次年，谢稚柳撰写《陈老莲传》一文，后发表于《京沪周刊》，当中翔实记载陈洪绶的书画和生平事迹。民国26年（1937年），谢稚柳作品《山茶》入选南京举办的第二次"全国美术展览会"。3月，与张大千、于非闇、方介堪、黄君璧同游雁荡山，合作《雁荡大龙湫》，画面清幽奇颖，气象博大高远，张大千为之题词。同年，抗日战争全面爆发，谢稚柳随南京国民政府西迁至重庆。

民国29年（1940年），谢稚柳受聘任国民政府监察院秘书，受到时任院长的于右任的赏识，由此结识沈尹默、章士钊、潘伯鹰等书界名士。

民国31年（1942年），张大千邀请谢稚柳前往敦煌考察壁画，谢稚柳欣然前往，此后与张大千共居敦煌一年有余，由此辞去尚未到职的国立中央大学艺术系教授职务。谢稚柳对敦煌展开系统的田野考察和学术研究，对诸窟进行测量，对窟中内容进行记录。次年4月，谢稚柳对莫高窟的基础考察和记述基本完成，又先后考察水峡口、榆林窟西千佛洞，8月经兰州返回重庆。敦煌之行，使谢稚柳画风有变，始作人物画，并开始整理敦煌文字成果，编纂成书。

民国34年（1945年），谢稚柳在西安举办个人画展，其间结识张伯驹、潘素夫妇，观张氏所藏古代书画名迹。尤其是王诜的《渔村小

雪图》，令他对山水画的兴趣迅速转向李郭画派。在学习宋人山水的同时，谢稚柳的花鸟画也开始摆脱陈洪绶的影响。

民国35年（1946年），谢稚柳由重庆定居上海，名其居曰"定定馆"。8月12日，在成都北路470号中国画苑举办个人画展，并出版《谢稚柳画集》。

民国36年（1947年）4月，国民政府上海教育局发起组织上海市美术馆筹备处，谢稚柳任征集委员。

1949年2月，《敦煌石室记》书成，书中初步考证敦煌莫高窟的地理位置、石窟历史、沿革、壁画风格以及供养人等。同年7月，谢稚柳被聘为上海市文物管理委员会特别顾问。

1950年，谢稚柳被聘为上海市文物管理委员会编纂，主持接管和收购文物的鉴定工作。1951年，为上海文物管理委员会向叶恭绰征购王献之《鸭头丸帖》。同年12月，上海市文物收购鉴别委员会成立，谢稚柳任委员。

1957年，《敦煌艺术叙录》出版，书中对莫高窟形制演变、壁画风格及时代特征进行描述，对壁画绘制时间、颜色、制作过程、题名题记等进行系统而翔实的考证。概述部分系统地分析敦煌石窟自北魏至宋代壁画的流派与演变，以及唐宋时期在敦煌有关历史方面的考证等。谢稚柳对敦煌的研究，奠定了敦煌学的早期基础，他也因此成为中国敦煌学研究的奠基人之一。《唐五代宋元名迹》和《水墨画》两部著作的出版，是谢稚柳艺术实践和研究的结晶。

1958年，谢稚柳任上海文物图书收购鉴别委员会委员。1962年，他参加文化部文物管理局组织的中国书画鉴定组，赴北京、天津、哈尔滨、长春等地，鉴别书画1万多幅。1964年，谢稚柳随中国书画鉴定小组赴重庆博物馆、四川省博物馆鉴定书画。同年，他任上海文物图书收购鉴别委员会副主任委员。1965年，他撰写《论李成〈茂林远岫图〉》，论证此画为燕文贵手笔。1966年，谢稚柳在香港《大公报》上连载《论书画鉴别》一文，系统讲述传统的书画鉴别方法、鉴别方法的论证以及辨伪，文中在讲到对书画本身的认识时，强调从笔墨、个性、流派诸方面来认识作品的体貌和风格，是一篇系统的书画鉴定论文。1975年，他与张珩、罗福颐共同发表《中国书画鉴定研究》。同年，他对王羲之《上虞帖》进行鉴定，认为是唐摹本。

1980年，谢稚柳参加西泠书画院书画创作活动，与18位老画家合作《百花迎春图》。同年，中国画研究院成立，他任院务委员。

1983年，中国古代书画鉴定工作重新开展，谢稚柳任全国古代书画鉴定组组长，与启功、徐邦达等人对全国博物馆及公共机构所藏历代书画进行鉴定和整理，作真伪与等级鉴定。1990年中国古代书画巡回鉴定工作结束，鉴定组成员编著的《中国古代书画图目》24卷于1997年由文物出版社出版。

1985年3月，谢稚柳赴日本参加"上海博物馆藏明清书法展"开幕式。同年5月，他赴美国参加大都会博物馆举办的学术讨论会，并宣读论文《屈鼎〈夏山图〉的诗境与艺术渊源》。1986年，他任《中国历代法书墨迹大观》主编。

1992年，谢稚柳获国务院政府特殊津贴，并获国务院颁发的"为我国文化艺术事业做出突出贡献"专家证书。

1997年1月，谢稚柳、陈佩秋将所藏王诜《烟江叠嶂图》捐献给上海博物馆。

谢稚柳编有《燕文贵、范宽合集》《董源、巨然合集》《梁楷全集》，著有《敦煌石室记》《敦煌艺术叙录》《鉴余杂稿》，以及《鱼饮诗稿》《甲丁诗词》《壮暮堂诗钞》等诗词集，还出版有《谢稚柳画集》《谢稚柳书集》。

谢稚柳曾任上海市文物管理委员会副主任、顾问，上海博物馆顾问、研究馆员，兼任上海市文物收购鉴定委员会副主任，中国美术家协会第三、四届理事，上海美术家协会副主席，上海书法家协会主席，国家文物鉴定委员会委员，上海市文物鉴定委员会委员和上海市政协第三至六届委员等职。

1997年6月1日，谢稚柳于上海逝世。

胡惠春 名仁牧，字惠春，号渭村，斋名解筠簠。江苏镇江人。清宣统二年（1910年）出生于上海。银行家、收藏家，暂得楼楼主。

胡惠春父胡笔江，为现代中国金融业巨子，和宋子文、张嘉璈、钱新之、陈光甫等并称"中国十大银行家"，以金融家身份与政界过从甚密，民国22年（1933年）任交通银行董事长。

胡惠春年少时，父亲就为他和兄弟们聘请名师大家，让他们接受中国传统教育。因此，进入上海圣约翰中学前，他已经深受中国文化影响。民国22年（1933年），胡惠春北上进入燕京大学攻读地质学。他在校阅读相当广泛，

曾在日记中多次提到自己所读书籍。

民国27年（1938年）8月24日，其父胡笔江不幸遇难，刚成家立室的胡惠春放弃以文史与艺术为主业的想法，子承父业，成为一名银行家，出任中南银行总经理，同时承担起照顾家人的责任，并举家由上海迁往香港。

研习文史和艺术，让胡惠春对中国古老的艺术品产生浓厚兴趣。他在忙碌的银行事务之余，也一直没有停下收藏的脚步。他对陶瓷的钟爱始于求学阶段，首次购入的古董是一件19世纪的民窑笔洗。抗日战争爆发以后，胡惠春全家数经迁徙，每次搬迁，他都会留下或送出一部分藏品，但这件笔洗他一直带在身边。在瓷器收藏中，胡惠春以明清官窑作为收藏核心，在明清官窑中，更偏爱清代单色釉，对藏品的品相要求极尽完美，有丝毫瑕疵他都不会接受。他的女婿范季融提到，胡惠春有次遇见一对古月轩珐琅彩瓶，其中一只因为有一处小小的缺釉，他拒绝成双收购。卖家提出将有瑕疵的那件半价出售，但他还是只购买了那件完美的。胡惠春对文物的鉴赏力很强，色彩鉴定眼光比较独到，而且他的藏品多成双配对，为的就是陈列时美观。上海博物馆汪庆正曾说："胡先生对陈设之讲究，可以说达到美轮美奂的佳境。家具完全是清初之紫檀，四壁悬挂明代缂丝花鸟树石画，瓷器对称陈列，此外一无杂物，气象清雅脱俗。"

他给自己取的堂名"暂得楼"，语出王羲之名作《兰亭集序》："当其欣于所遇，暂得于己，快然自足。"一是指文物古玩一个人不可能永远拥有，故为"暂得"；二是谓曾经拥有的如兰亭修禊一样的一时之乐。

民国34年（1945年），胡惠春受聘为北京故宫陶瓷专门委员。1950年，他又受聘为上海市文物管理委员会委员，并极力推动上海博物馆的建设。他认为不能让博物馆的展厅空无一物，于是把所藏的明清官窑瓷器等各类文物268件捐赠给上海市文物管理委员会。同年，他离开上海，到香港寻求发展。

胡惠春到香港后，收藏范围由官窑瓷器扩展到其他器物甚至书画。在香港继续中南银行业务的同时，并没有断掉与内地文物界的联络。中华人民共和国成立初期，受政务院总理周恩来委托，他协助在香港回购内地散失到香港的重点文物，尤其是古籍善本、清宫书画等，运回内地。其中比较著名的有《四部丛刊》《吕氏春秋》《晋会要》《梅溪集》等古籍。经他秘密疏通关系，协助内地购回"三希"中的"二希"——王珣的《伯远帖》和王献之的《中秋帖》。此二帖于清覆灭之后流出宫外，后被带去台湾、香港，抵押给香港的一家英国银行。年底抵押期限将到，抵押人无钱收回，内地得知后便由政府出资赎回。

1960年，胡惠春和陈光甫、利荣森、霍宝材、黄宝熙、叶义、徐伯郊等在香港发起收藏组织敏求精舍，他本人曾八次担任主席。敏求精舍的名字出自《论语·述而》："我非生而知之者，好古，敏以求之者也。"胡惠春还为"敏求"撰一联，曰："求美更求精，就凭我仔仔细细清清楚楚穷究物理；自娱无自苦，莫管他是是非非真真假假徒乱人心。"此联恰是胡惠春收藏精神的写照。

敏求精舍早期非常活跃，经常举办专题展览。初时限于陶瓷和书画，其后逐渐推广至玉器及其他美术品，还曾数次与香港大会堂美术博物馆合办较大规模的展览。胡惠春曾多次领导筹划和布置展览。敏求精舍的另一重要贡献是沟通沪粤两地收藏家对文物鉴赏的传统。

"文化大革命"时期，胡惠春在上海的老宅亦未能躲过抄家一劫，上海博物馆的工作人员曾对其中的文物进行整理和抢救，作为"代管文物"寄存在馆内。1975年，胡惠春将元代拓本《西岳华山庙碑》"四明本"捐赠给文化部，藏于故宫博物院。

1988年，胡惠春同上海博物馆达成协议，将"文化大革命"期间存入博物馆的76件瓷器全部捐赠上海博物馆。1989年9月10日，上海博物馆举办"胡惠春先生、王华云女士捐赠瓷器珍品展"，陶瓷展厅以胡氏堂号命名为"暂得楼陶瓷馆"。胡惠春两次捐赠的陶瓷藏品数量达到359件，以清代景德镇官窑瓷为大宗，而清官窑器中的单色釉成对佳品更是其收藏的精粹，上海博物馆馆长马承源称赞说，其中"有许多是不可再得的国家瑰宝"。

1995年5月，胡惠春在美国去世。

陈梦家 浙江上虞人。清宣统三年三月二十一日（1911年4月19日）生于江苏南京。考古学家、古文字学家。

民国16年（1927年）夏，陈梦家考取国立第四中山大学法律系，民国20年（1931年）初，陈梦家出版成名之作《梦家诗》。他师事徐志摩和闻一多，在作诗技巧和格律方面有所创造，是新月诗派后期健将，曾编过《新月诗选》。毕业后，他随闻一多赴青岛大学工作。

民国23~25年（1934~1936年），陈梦家在燕京大学研究院，成为容庚的研究生，攻读古文字学，毕业后留校任助教。民国24年（1935年），陈梦家开始接触殷周铜器实物，曾汇编《海外中国铜器图录》。该书附载的《中国铜器概述》一文，内容包括铜器的时期、地域、国族、分类、形制、文饰、铭辞、文字、铸造、鉴定，共计10章，是很好的殷周铜器概论。他还根据《竹书纪年》和金文资料，进行古史年代的研究，写成《西周年代考》《六国纪年表》和《六国纪年表考证》。

民国26年（1937年），陈梦家前往安阳参观殷墟第十五次发掘，开始接触田野考古工作。七七事变以后，陈梦家离开北平，经闻一多推荐，到长沙临时大学任国文教员。翌年春，临时大学迁至昆明，成为西南联合大学，他在那里讲授"中国文字学"和"《尚书》通论"两门课，不久晋升为副教授。

民国33年（1944年）9月，陈梦家经清华大学金岳霖和美国哈佛大学费正清介绍，应邀前往美国芝加哥大学讲授中国文字学。他在讲学和随后逗留的三年当中，潜心收集流散美国的中国铜器资料，先后造访上百处公私藏家，亲手摩挲千余件铜器，拍摄照片，打制铭文拓本，记录尺寸和流传情况。

民国34年（1945年），陈梦家在美国作题为"中国青铜器的形制"的演讲，选取250多件卣的器形照片，根据盖、腹和提梁的形态，将其区分为11式（有的式又细分为群，共计19群），论证各式之间的因袭、演变及其发展规律，推断各式所属年代。民国36年（1947年），他用英文著成的《美国所藏中国铜器集录》稿本，对卣类器物的分式大体仍是如此。该书对各类数量较多的器物也都进行分式。每件器物的文字说明包括8项内容：图像著录、铭文著录、器物尺寸、铭文字数和释文、断代、出土流传、藏地、备注。备注项下常列举与该器同坑或同地出土、同作器者或同族名，以及同形制花纹的关联器。末尾又附有该书所收器物的重要族组目录，器物所在、旧藏简目等，翻检起来极为方便。该书不同于过去出版的其他铜器图录，而是经过科学整理的图谱性著作。

1952年，陈梦家任中国科学院考古研究所研究员，曾任考古研究所学术委员会委员，《考古学报》和《考古通讯》编辑委员会委员，以及《考古通讯》副主编等职。他具体主持考古学书刊的编辑出版工作，尽管耗费很多精力，其学术研究的成绩仍相当显著。他曾筹划编纂甲骨文和金文的集成，精心收集相当丰富的拓片资料。

1956年，陈梦家出版《殷虚卜辞综述》，开始写作《西周铜器断代》，还将精心收集的海外铜器资料汇编为《中国铜器综录》（原定分五集，完成和基本完成的有北欧、美国和加拿大三集，英、法两集则未及着手）。1956年出版的《殷虚卜辞综述》一书，集中反映陈梦家在甲骨文研究方面的成就，全书20章，系统整理前人及近人的各种可取说法，根据已有资料进行补充和修正，并且综合叙述殷墟卜辞各方面的重要内容。

1957年夏，陈梦家被错划为右派。1960年夏，他被考古研究所派往兰州，协助甘肃省博物馆整理武威汉墓出土的《仪礼》简册，并做进一步研究，撰写释文、校记和叙论，1962年定稿为《武威汉简》一书出版。这段时间，他又负责《居延汉简甲乙编》的编纂工作，先后完成总计30万字的14篇汉简研究论文，并将其汇集为《汉简缀述》一书。他又因研究汉简的需要，进行历代度量衡的研究。中国科学院考古研究所在1959年出版的《居延汉简甲编》，曾发表当时掌握的1914支简所属的5个出土地点，为研究工作提供有益的线索。陈梦家根据瑞典出版的《内蒙古额济纳河流域考古报告》，对照考古研究所藏西北科学考察团旧档中找到的采集品标记册，终于查明居延汉简的全部出土地点，并且具体指导居延汉简的重新整理，将其编纂成《居延汉简甲乙编》。该书释文即按出土地点编排，为检索的便利，又在书末附有出土地表和标号表。他还为此书撰写两个附录，其中的《居延汉简的出土地点与编号》，对30个地点出土汉简的情况，以及486个标号的归属进行了详细说明。陈梦家在《西汉施行诏书目录》中，还曾根据居延所出诏书简的地点、年历、尺度、木理和书体，试作簿册的复原研究。其《汉简所见太守、都尉二府属吏》一文，比较详细地讨论了西汉晚期和东汉初期的边郡官制，对史书记载多有补正；《汉代烽燧制度》一文，根据汉简的有关记载、遗址的考察记录，以及汉代和后世的文献资料，对前人关于烽燧制度的说法也有修正和补充。陈梦家还曾论证民国31年（1942年）长沙子弹库出土的楚帛书。长期以来，许多学者对这件难得的战国中期文书资料进行过专门研究，大都侧重具体文字和图像的考释，并未论定整个内容的性质。陈梦家的遗稿《战国楚帛书考》，将楚帛书的内容与公元前400年左右的月令文献比较，推断帛书应属战国中期的楚国月令。

1963年，陈梦家主持下启动金文集成编纂工作。此后两年多的时间，他对汉斛、汉尺进行考述，并广泛收集历代度量衡方面的考古资料，进行系统的整理研究。他撰写50多篇器铭考释，以及其他方面的若干论文或半成品论文。原准备1966年底写完《西周铜器断代》和《历代度量衡研究》二书，但都没能完成。

1966年9月3日，陈梦家在北京逝世。

王振铎 字天木。辽宁海城人。清宣统三年六月一日（1911年7月2日）生于河北保定。科技史学家、考古学家、博物馆学家，中国历史博物馆研究馆员。

王振铎的父亲清末学习过机械学，担任过修械所技师、兵工厂帮办，开办过小型金工厂。王振铎因家庭环境关系，在高中时期每年暑假都到父亲工厂工作，学到如机械图、钳工作业及一般金属工具机械的使用和管理等许多相关的机械工程知识及技术，同时积累下深厚工艺技术素养。

民国21年（1932年）7月，王振铎肄业于北平通州私立潞河中学。民国23年（1934年）9月，顾颉刚推荐王振铎进入私立燕京大学研究院历史系，作为附习研究生旁听两年。王振铎在此期间出版专著《汉代圹砖集录》上、下两卷。20世纪30年代，王振铎在北平研究院组织的河北南部赵王城燕下都考古团里做摄影工作，后又加入研究古代地理的禹贡学会及考古团体中国考古学会。

民国25年（1936年）9月至民国26年（1937年）7月，王振铎任国立北平研究院史学研究会特邀编辑，致力于指南车、记里鼓车的考证与模制，发表《汉张衡候风地动仪造法之的推测》《指南车、记里鼓车之考证及模制》等文。民国26年（1937年）8月，王振铎接受中央博物院筹备处和"全国手工业品展览会"邀请，赴上海研制指南车、记里鼓车复原模型，后任中央博物院筹备处专门设计委员。民国27年（1938年）末，中央博物院迁到昆明，王振铎在昆明进入中央研究院历史语言研究所，研究古代交通工具问题。民国28年（1939年）10月至次年12月，王振铎回到国立中央博物院筹备处任研究组专员，整理收集周汉车制材料。民国29年（1940年）王振铎获"国立中央研究院人文科学奖"（杏佛）奖金。民国30年（1941年）1月至民国35年（1946年）11月，王振铎随中央博物院筹备处迁至四川南溪里庄工作。在此期间，王振铎完成对《考工记》中车制的研究，收集中国磁针发明史资料，并在成都参与四川博物馆前蜀王建永陵的发掘等工作。民国35年（1946年）末，王振铎赴南京任中央博物院设计员，此时的工作重心为调查研究中国磁针史材料。南京解放后，他任南京市人民政府古物保管会委员，领导国立中央博物院的职工参加文物的清

点、接收工作。

中华人民共和国成立后，王振铎于1950年1月至1958年6月历任文化部文物局博物馆处副处长、处长，兼中国科学院中国科学史研究委员会研究员。1958年6～12月，王振铎任故宫博物院科学史研究室主任。在此期间，王振铎因接受中国科学院任务复原宋代水运仪象台（天文钟）工作，1957年被评为全国文化系统先进工作者。王振铎于1958年末到1961年初任中国历史博物馆古代科学技术研究室主任；1961～1962年末任中国革命博物馆陈列形式总设计师；1963～1966年任北京文物博物馆研究所研究员兼副所长；1971～1981年12月任中国历史博物馆研究员；1984年任中国历史博物馆顾问。王振铎曾任国家文物局咨议委员，国家文物委员会委员，中国科学院自然科学史研究所学术委员，《考古学报》和《考古》杂志编辑委员会委员，中国大百科全书总编辑委员会《考古学》编辑委员会委员，并被推举为中国考古学会第一、二届常务理事、名誉理事，中国自然科学史学会名誉理事，中国博物馆学会名誉理事长。他还先后当选为第三届全国人大代表，第五、六、七届全国政协委员。

王振铎从事的古器械复原研究，具有很高的学术价值和难度，既要有史学、考古学、考据训诂的深厚功底，又要具有极高的自然科学与工艺技术素养。王振铎明确提出古器械复原的三条准则："以科学所指示吾人之定理为原则""以其本身之特征为条件""以其他辅助材料为旁证"。他注意将历史文献的考证与出土考古资料、民间现存实物结合起来，并运用科学实验手段进行验证。经过多年辛勤努

力，他成功复原了指南车、记里鼓车、司南、水运仪象台（浑象、浑仪）、假天仪、候风地动仪、冶铁鼓风机、水排等仪器和工具，以及神火飞鸦、一窝蜂等杀伤性兵器，辘车、木棉搅车、飞车等百余件古器械及其模型。这些模型常年在国内外博物馆和各种展览上陈列展出。在复原记里鼓车和指南车的外形时，他对轮盖之制不拘泥于《考工记》，同时参考浚县辛村西周墓出土木车残迹和各家著录的车器、明器、石刻，特别是孝堂山画像石中的鼓车，使复原更加合理。他对某些古代器物名称的精辟考证，例如为复原张衡地动仪而辨明汉代酒樽的形状，以及对汉代饮食器卮和魁的确认，成为考古学界公认的不易之论。他对出土元代磁州窑瓷碗中磁针图形所作探讨，使长期不得其解的疑难有了答案，提高了大家对中国古代磁针发明和应用历史的认识。他撰写的《科技考古论丛》（1989年）一书，选取数十年间的科研成果，所论并非仅限于古代科技模型的复原，对中国科技史研究也很有启发。

王振铎在博物馆的陈列形式设计和陈列设备设计中同样作出贡献。他是中国历史博物馆1959年版中国通史陈列形式设计的总负责人，也是该版陈列设备的总设计师。他将中国通史陈列的形式设计、内容设计与博物馆的建筑风格和陈列室的装饰风格结合起来，设计了一批具有民族风格的陈列设备。他认为陈列设备要贯彻"经济、实用、审美"的总原则。他还提出陈列设备的"五便原则"，即便于陈列保管、便于修改内容、便于分件施工、便于现场安装、便于就地取材，既保证陈列内容的连贯性和系统性，确保展品的安全，又便于移动更换，也节约资金。

1992年2月6日，王振铎在北京逝世。

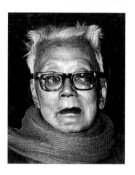

唐长孺 江苏吴江人。清宣统三年六月九日（1911年7月4日）出生。中共党员，九三学社成员，历史学家、教育家、古籍与古文书整理研究专家，武汉大学中国古代史学科奠基人、武汉大学中国三至九世纪研究所创建者。

民国6～17年（1917～1928年），唐长孺先后就读于吴江平望家塾和小学堂、上海南洋大学附中、上海光华大学附中、上海圣约翰青年中学等中小学校。民国18年（1929年），唐长孺入上海大同大学文科学习，主修法律等科目，期间曾多次于上海光华大学旁听吕思勉授课。民国21年（1932年），唐长孺毕业后，先后在浙江南浔中学、上海圣玛利亚校等多所中学任教。民国29年（1940年），唐长孺任上海光华大学历史系讲师。民国31年（1942年），唐长孺赴湖南任蓝田国立师范学院史地系副教授。民国33年（1944年），唐长孺受聘为迁至四川乐山的国立武汉大学历史系副教授。民国35年（1946年），他晋升为教授，此后一直执教于武汉大学。

1957年4～9月，唐长孺在北京参加中国科学院历史研究所学术活动期间，于科学院图书馆通过缩微胶卷阅读并抄录大量敦煌文书，并将之运用于魏晋隋唐史研究，撰写多篇重要学术论文。同年，唐长孺被聘为国务院古籍整理出版规划小组成员。1960年底，他参加中华书局点校"二十四史"工作，承担其中"北朝四史"（《魏书》《周书》《北齐书》《北史》）的点校，任武汉大学历史系"北朝四史"点校小组组长。1963年秋季以后，他三次奉调进京，主持点校"北朝四史"。1974年，整个点校工作历时近15年，终告完成。这一点校本，被誉为古籍整理的范本。

1959～1975年，新疆文物考古工作者对吐鲁番400余座晋唐古墓葬进行13次大规模发掘清理，出土大量古代官私文书。唐长孺敏锐地意识到这批文书的重要学术价值，建议国家组织专门力量对之进行系统整理。1975年，唐长孺与国家文物事业管理局局长王冶秋、复旦大学谭其骧教授等一起亲赴新疆考察。在库车古道上，因路途艰险，右眼视网膜脱落，竟致失明。同年，经国务院批准，唐长孺受命主持成立吐鲁番出土文书整理组，并担任组长。他不顾眼疾，全身心投入文书的整理与研究，带领一批中青年学者，以惊人的毅力和历史学及古文献学、书法等方面的渊博学识，对近万枚文书残片逐一识读、录文，并依据纸质、书体等特征进行缀合、拼接，又在悉心考订基础上进行断代和定名，十易寒暑，终于将这批吐鲁番古墓葬出土的十六国至唐代的官私文书、古籍残卷、佛道文献等整理完毕。在文书整理过程中，唐长孺严格把关，坚持"求同存异"原则，尊重不同意见，妥善协调整理组内外各种关系，使整理工作顺利完成。

他主编的《吐鲁番出土文书》释文本1～10册、图文本1～4册，由文物出版社于1981～1996年出版，从而使沉睡千年的古冢遗文公之于世，并总结出一套科学的文书整理规范和方法，受到海内外学术界高度评价，先后获得"全国古籍整理图书奖"特别奖、首届"国家社科基金项目优秀成果奖"一等奖。在文书整理基础上，唐长孺还率领同仁，将出土文书与传世文献有机结合，潜心探索，取得一批高质量研究成果。他主编的《敦煌吐鲁番文书初探》（一、二编），1995年获得国家教委首届"全国高等学校人文社会科学研究优秀成果奖"一等奖。

唐长孺一生著作丰富，先后撰著出版《魏晋南北朝史论丛》《唐书兵志笺正》《三至六世纪江南大土地所有制的发展》《魏晋南北朝史论丛续编》《魏晋南北朝史论拾遗》《山居存稿》《魏晋南北朝隋唐史三论》等学术论著，还在《历史研究》《中国史研究》等刊物上发表数十篇学术论文，对中国汉唐时期的许多重大学术问题进行开创性研究，学术成果广为中外学者所称引。唐长孺晚年虽目力衰竭，病魔缠身，仍笔耕不辍，83岁高龄时撰成的《魏晋南北朝隋唐史三论》一书，提出他对中国封建社会形成及其前期发展过程的深刻见解，是其毕生学术研究的理论性概括。

唐长孺历任武汉大学历史系主任，中国三到九世纪研究所所长等职。他曾担任的学术职务主要有中国社会科学院历史研究所兼职研究员及学术委员会委员、国务院古籍整理出版规划领导小组历史组成员、国家文物局古文献研究室主任、中国史学会理事、中国唐史学会会长、中国敦煌吐鲁番学会副会长、湖北省中国史学会会长、湖北省考古学会理事长等，并被聘为武汉市人民政府委员、九三学社中央委员及湖北省副主委等。

1994年10月14日，唐长孺在武汉逝世。

徐邦达 字孚尹，号李庵，又号心远生，晚号蠖叟。浙江海宁人。清宣统三年七月七日（1911年8月30日）出生于上海。九三学社成员，古书画鉴定专家。

徐邦达出生于儒商家庭，父亲徐尧臣好丹青，广收古今书画，家中藏品颇丰，往来多为画友。在此氛围熏陶下，徐邦达自幼便对书画产生浓厚兴趣。民国7～20年（1918～1931年），徐邦达在家中私塾开蒙受教，读书之余，常对照字帖、画册进行临摹，又受到秦逸芬所撰《桐阴论画》启发，系统阅读古代画史。后经人引介，徐邦达与书画家、篆刻家赵时棡（叔孺）相识，开始学习书画临摹及鉴定。出于对"四王"（王时敏、王鉴、王原祁、王翚）的兴趣，民国18年（1929年），在父亲支持下，徐邦达拜李涛（醉石）为师，对"四王"、奚冈等人的作品皆有临习。民国20年（1931年），徐邦达与同好组织成立绿猗画社，彼此互相交流观摩各自新作及藏品，得以过目众多古书画作品。约在民国22～28年（1933～1939年），他又结识吴湖帆，常到吴家拜访学习，最终成为吴湖帆的及门弟子。

民国22年（1933年），故宫南迁文物运至上海租界暂存。次年，应英国之邀，南迁文物选出部分精品赴伦敦展出，徐邦达被聘为审查委员，同叶恭绰、赵叔孺、吴湖帆等一起审查选择展品。民国26年（1937年），教育部举办第二次"全国美术展览会"，除故宫南迁文物之外，拟征集私家藏品入展，徐邦达协助吴湖帆进行古字画的征集、遴选和陈列工作，撰有《全国美展古画批评》，刊登在《大公报》上。同年，上海市立博物馆筹办"上海文献展览会"，徐邦达曾当选为特区征集主任，并应上海市立博物馆董事长叶恭绰委托编写《上海市文献展览古书画提要目录》。民国28年（1939年），他自编发行《国光艺刊》，介绍古代金石书画。抗日战争胜利后，徐邦达曾当选为美术家协会理事以及上海美术馆筹备处顾问，并在上海举办个人画展。

1950年，徐邦达被聘为上海市文物管理委员会顾问。同年，他接受文化部文物局局长郑振铎的邀请，到北京出任文化部文物局文物处业务秘书，负责古书画的征集和鉴定工作，并兼任北京大学考古专业讲师。当时，各地送来的古书画极多，徐邦达一一鉴别，登记造册，汇集散落在民间的3000多件作品，其中包括散佚的清宫旧藏，后来这批作品均拨交故宫博物院。在此期间，他为国家征集大量国宝级书画，如《水村图》《万岁通天帖》《卓歇图》《夏热帖》《太白山图》等。同年，徐邦达着手编写《古书画过眼要录》，选录过目的重要古书画作品。自1952年起，文化部社会文化事业管理局、中国科学院考古研究所和北京大学历史学系合办4期考古工作人员训练班，徐邦达为训练班讲授古代绘画。

1954年，徐邦达调至故宫博物院业务部任副研究员，参与故宫博物院绘画馆的筹建工作。在之后的10年中，徐邦达与故宫的同事基本解决故宫博物院藏早期书画真伪鉴定和文物定级的问题。在进行鉴定、收集工作的同时，他对一些被误断时代或真伪的著名古书画详辨慎考，不断归纳成文，开始系统地为《文物参考资料》（后改为《文物》）和其他报刊写介绍古书画的文章，陆续发表《从壁画副本小样说到两卷宋画——〈朝元仙仗图〉》《黄公望和他的〈富春山居图〉》等专业文章，又应朝花美术出版社（附属于人民美术出版社）之约出版介绍古代画家作品的小册子数本，并不断完善《古书画过眼要录》的编写体例，在写作与鉴定实物领域齐头并进，逐步确立鉴考结合、"学（文献考订）""术（实物目鉴）"兼研的方法。

1960年，徐邦达编写《重订清故宫旧藏书画录》，凡过眼的清宫旧藏书画，对其真伪都作出判断。后又编成《历代流传书画作品编年表》，此书分甲、乙两部，甲部按作者创作纪年先后排列，可以看出各个书画家生平创作活动的发展过程；乙部按朝代年号干支排列，可以看出各个时代美术创作的倾向。

1962年，徐邦达又陆续为中央美术学院国画系、美术史系、美术史研究所讲课，培养一批书画鉴定与研究方面的专家和学者。在此过程中，徐邦达运用考古学中的类型学方法，系统建立古代书画的鉴定标尺，梳理中国古代书画史的发展脉络。

1966年，《古书画过眼要录》中西晋到清初的书法部分基本定稿。1971年，徐邦达去湖北丹江干校，利用业余时间，写成有关鉴定工作的总结性文章《古书画鉴定概论》初稿，全面梳理鉴定工作的各个方面。同年12月，武汉市文化局、文物商店派人到干校借调文物专业工作者帮助鉴定藏品，徐邦达是其中一员，他把《古书画鉴定概论》初稿带去，为文化局和文物商店的工作人员讲授鉴定书画的知识。

1972年5月，徐邦达调回故宫博物院，继续修订补撰《古书画鉴定概论》和《古书画过眼要录》。在此后八九年间写成的论述作品及作家真伪是非的文章，分别辑成《古书画伪讹考辨》《历代书画家传记考辨》二书。《古书画伪讹考辨》是徐邦达的个人鉴定意见或存疑的意见（包括接受他人的合理意见），作为《古书画鉴定概论》中辨真伪、明是非（断代）的具体例证。因此，《古书画过眼要录》与《古书画伪讹考辨》是一正（鉴真、订正）、一反（辨伪、考讹）的"姐妹篇"，与《古书画鉴定概论》及《历代书画家传记考辨》共同成为徐邦达文物整理研究的"工作总结"。同时，他还编成普及读物《中国绘画史图录》（上下册），将以往大批被认为是真迹的古书画分为摹本、传本和仿本，使艺术史的真相清晰许多。

1978年，徐邦达带领遍访全国25个省、市、区的博物馆、文物管理委员会和文物商店，历时5年，考察古代书画四五万件。在此期间，徐邦达不仅鉴定古书画的真伪优劣，还帮助各博物馆判定文物级别，并先后在青岛博物馆、山西省文物商店、云南博物馆的处理书画中发掘出怀素《食鱼帖》、郭熙《溪山行旅图》、黄公望《剡溪访戴图》、王渊《桃竹锦雉图》等4件国家一级文物。同年，《故宫博物院院刊》编委会成立，徐邦达当选编委。

1979年，徐邦达参加第四届全国文化大会，参与发起成立美术史学会，并当选为理事。1980年，故宫博物院成立学术委员会，徐邦达当选委员。1982年，他当选为中国博物馆学会理事，并晋升为故宫博物院研究员。

1983年，文化部文物局成立由启功、谢稚柳、徐邦达、杨仁恺、刘久庵、傅熹年、谢辰生组成的中国古代书画鉴定组，开始为期8年的古代书画普查工作，负责鉴定古代书画真伪。

徐邦达先后应邀出访澳大利亚、美国、加拿大、比利时、法国、新加坡等国家和中国香港、中国台湾等地区进行学术访问和演讲。2003年，徐邦达荣获文化部对有杰出贡献专家颁发的奖励，并将自己的100件书画精品捐给故乡浙江海宁，成立了徐邦达艺术馆。2009年，徐邦达被文化部、国家文物局评为"中国文物、博物馆事业杰出人物"。

面对传世书画作品真伪杂糅的复杂情况，徐邦达提出鉴定书画的三个层面，第一是辨真伪和明是非，即对于有名款印记的作品，要辨别名实是否相符，对于无款印的作品需辨别评定的是非；第二是辨真伪与优劣，即在鉴别古书画真伪、是非的同时，通过艺术形式如用笔、色墨、章法（构图）等基本点，对作品的优劣高下有一个正确的断定；第三是确立目鉴与考订的辩证关系。徐邦达将古书画鉴定分为"鉴"与"考"两个概念，这是他在书画鉴定学方法论建设上的重要贡献，他指出："目鉴，必须有一个先决条件，即一人或一时代的作品见得较多，有实物可比，才能达到目的，否则是无能为力的。因此，常常还需要结合文献资料考订一番，以补目鉴之不足，来帮助解决问题。"

徐邦达曾任国家文物鉴定委员会常务委员、中国美术家协会会员、中国书法家协会会员、西泠印社社员。

2012年2月23日，徐邦达在北京逝世。

吴希贤 字思齐。河北冀县人。清宣统三年九月十四日（1911年11月4日）出生。古书文物鉴定专家。

民国15年（1926年），吴希贤到北京琉璃厂南阳山房古书铺学徒。民国23年（1934年），吴希贤与胞弟吴希江在南新华街82号开办二希堂书店，收购古书碑帖，直至1955年。二希堂书店虽藏书不多，但选存较精，经营范围以笔记小说及太平天国史料为主。吴希贤早年经营古旧书即以"颇识版本"知名，常往山西太原、平遥，河南开封、商丘，山东曲阜及胶东一带，以及河北乐亭、丰润等地收购旧书。他曾于民国26年（1937年）得明万历刻本《皇明职方考镜》一部，共6卷；1952年又于四川购得清康熙间稿本《康乃心全稿》一部，共20册。1950年吴希贤与孙华卿经营的荣华堂书店合购一部嘉庆间红格抄稿本《治平要略》计260余册。他收到的罕见善本还有明万历五彩精绘《武经总要》，明万历足本《大明会典》，明五彩精绘《琴谱大全》，明刻本《来凤馆汇刻传奇》《殿阁词林记》《皇明万历疏钞》和《皇明史概》（5种），清康熙刻本《抚浙疏草奏议》《平定新疆战图》，清刻本《平定准噶尔方略》等。

1956年1月二希堂书店因公私合营并入中国书店，1956～1966年吴希贤任中国书店收购科收购员，常年到全国各省市收购古书，成绩卓著，主要收到的珍善本古籍有唐人写经，宋刻本《方舆胜览》残本、《苏文忠公诗集》散页，明刻本《说文长笺》《王百谷集五种》，铜版《平定苗疆战集》（禁书），清雍正年间稿本《异史》（《聊斋志异》最早稿本，比《聊斋志异》多30余则）。

1966年"文化大革命"开始，奉中央之命，北京市文化局指示中国书店和文物商店分别组织人力抢救遭"破四旧"厄运的古旧书刊与古董文物，吴希贤作为古书文物清理小组成员，被派去参与抢救整理古旧书刊，任鉴选员。小组共120多人，分组到各区街道办事处和财政局42个查抄物集中点仓库及市属各县拣选古书文物，抢救大批珍贵古书、文物、字画，截至1969年总计抢救古书230万册，旧书320多吨，文物、字画90多万件。除硬木家具退还原收藏户外，其他均由清理小组收藏。

1969年11月，古书文物清理小组改为文物管理处，下设图书馆，吴希贤在图书馆从事古籍鉴定分类工作，至1973年共整理珍善本古籍4.8万余种，约45万册，其中极其珍贵的宋元版本古籍有宋精刊巾箱本《礼记》，宋蜀刻大字本《苏文忠公集》，宋刻本《读史管见》《诗集传》《史记》《战国策》《独断》《西山读书记》《荀子》《东坡奏世音经》，宋刻元补刻《范文正公别集》，宋刻明补刻《十三经》《通鉴纪事本末》等，更多的是元、明、清刻本。

1978年，吴希贤遵循国务院总理周恩来遗愿，整理全国善本书目，编撰全国珍善本书籍目录1200多种。1979年8月至1980年3月，吴希贤在故宫博物院奉先殿南书房参加"康生掠夺走的古书文物罪证展览"筹办工作，任接待讲解员，并对历代60余种版本《红楼梦》进行著录。1980年，他在故宫博物院参与鉴定捐献者捐献的一大批古籍及外文考古旧书；1985年

在故宫博物院参加上海博物馆收藏宋刻绍兴年间公文纸印本《王文公集》的鉴定工作。1985年12月，吴希贤获文化部文物事业管理局颁发的"从事文博工作三十周年"纪念证书与纪念章。1986年3月5日，文化部聘吴希贤为国家文物鉴定委员会委员。1972～1987年，吴希贤赴邮电局、海关和中国书店鉴定出口古籍1万多种；1987年在广化寺鉴定古籍佛经1000多种，计3万余册，其中明刊本占大部分。1988年北京市文物事业管理局聘吴希贤为副研究馆员、文物鉴定顾问、北京市文物鉴定委员会常务委员。1990年10月，吴希贤成为中国图书馆学会古籍版本鉴定专业会员。自1987年退休直至2001年10月，吴希贤受北京市文物事业管理局委托，负责在京各拍卖公司古籍拍品的版本鉴定与出口把关工作。

自参加古书文物清理小组从事古籍鉴定整理工作后，吴希贤对手触目验的珍善本古籍进行目录版本记录，而且"在整理过程中，由于本人对古籍的爱好，将其中传世罕见的珍稀善本选择一部分进行复印"（吴希贤编《历代珍稀版本经眼图录》自撰前言），并加以整理编辑，妥善保存。1995年1月，中华全国图书馆文献缩微复制中心出版吴希贤选编的《所见中国古代小说戏曲版本图录》，共收集210多种图书，4000多页书影。2003年中国书店出版吴希贤遗稿《历代珍稀版本经眼图录》，收入宋、元、明、清历代稀见版本316种，其中宋、金、元刻本51种，明刻本179种，清刻本60种，明清医书刻本26种，所收皆为罕见珍本，如宋初刻本《诗集传》以及明弘治年间刻的传世极少的医书《活人心》等。在此书的前

言中，吴希贤写道："为保存和弘扬中国传统文化尽微薄之力，这就是我从事古旧书业六十多年的心愿。"

2001年10月，吴希贤在北京逝世。

侯仁之 山东恩县人。清宣统三年十月十六日（1911年12月6日）出生于河北枣强。中共党员，第三至七届全国政协委员，历史地理学家，中国科学院院士。

民国15年（1926年）秋，侯仁之随堂兄到山东德州博文中学上初中。民国20年（1931年）秋，侯仁之到通县潞河中学读高中，民国21年（1932年），侯仁之考入燕京大学历史系。在燕京大学期间，一到周日，侯仁之就到学校旁边的圆明园去考察，沿着圆明园流水溯源而上，从昆明湖追溯到玉泉山，又追溯水源直到卧佛寺附近的樱桃沟和香山碧云寺。以此为起点，侯仁之在实地考察中终于弄清海淀一带园林水道的开发过程。此后他又把考察范围扩展到北京城的西南郊，踏勘金中都城残存的城墙。从大量的实地考察中，侯仁之终于认识到北京城址的转移与河流水道变迁的关系。民国25年（1936年），侯仁之大学毕业，应系主任顾颉刚之命留校为研究生兼助教。顾颉刚开设古迹古物调查实习课，经常要带学生到他选定的古建筑或重要古遗址进行实地考察。为使考察更有成效，顾颉刚便请侯仁之根据他所提供的有关资料和侯仁之自己的心得，写成书面材料，印发给学生作为参考。民国29年（1940年），侯仁之获得硕士学位，留校任教。民国

30年（1941年）12月，太平洋战争爆发，燕京大学遭到日本侵略者查封，这时在燕京大学任教并兼任学生生活辅导委员会副主席的侯仁之遭日本宪兵逮捕，民国31年（1942年）6月，因"以心传心，抗日反日"的罪名，被日本军事法庭判处徒刑一年，缓刑三年，取保开释，直到抗日战争胜利。出狱后，侯仁之坚持学术研究，完成论文《北平金水河考》。民国35年（1946年）夏，侯仁之前往英国利物浦大学地理系学习，1949年，他以《北平历史地理》论文通过答辩获得博士学位，同年9月回到中国。

1950年，侯仁之到燕京大学任教，同年，他发表《"中国沿革地理"课程商榷》一文，为中国现代历史地理学的建立奠定理论基础。回国后，他又被北京市都市计划委员会副主任梁思成聘请为该委员会的委员，并请他到清华大学建筑系兼课，主讲中国历代都城的规划建设。1952年全国院系调整，他担任北京大学副教务长，并兼任新成立的地质地理系主任。自此，历史地理学正式出现在中国大学的课程设置中，侯仁之也开始进行系统的学术研究。1955年，他发表《北京都市发展过程中的水源问题》一文，最先提出水源的开发历来是北京城市发展中所面临的首要问题。20世纪50年代，侯仁之率先在历史地理学界提出"跳出小书斋，走向大自然"的口号，并身体力行。1960～1964年，他深入宁夏河东沙区、内蒙古乌兰布和沙漠及毛乌素沙地进行野外考察，并结合史籍文献进行印证研究，获得丰硕成果。他通过统万城周边地区环境的变迁，对西北一些沙漠地区在历史时期的演变过程进行深入探索，并着重指出，主要是人类不合理的

土地利用导致这里的沙漠化。20世纪60年代，侯仁之在北京大学校刊上专门开辟"校园史话"栏目，发表一系列关于校园历史的研究文章，后来合编为北京大学师生所喜爱的《燕园史话》，并一度为初入燕园的新生讲解校园历史。1979年，他完成《历史地理学的理论与实践》一书，集中此前他关于历史地理理论和实践方面的经典著述。此后，他把更多的精力集中在北京研究上，对燕都蓟城的历史，以及辽南京、金中都、元大都、明清北京城的发展演变、城市规划、街道布局和重要建筑等开展深入细致的考证和研究。1980年，侯仁之当选中国科学院学部委员（院士）。除北京之外，侯仁之还先后研究承德、邯郸、淄博、芜湖等城市的历史地理，把城市历史地理研究与城市规划密切结合起来，并直接指导对承德、围场、赤峰、西辽河等北方生态环境过渡带的环境变迁研究。

1982年，侯仁之与建设部郑孝燮、故宫博物院单士元共同提出历史文化名城的概念，为避免历史文化名城在现代化城市建设中遭到破坏，建议国家建立相关管理机制，保护历史文化名城。同年，国务院公布第一批国家历史文化名城24座。

1984年，侯仁之在被邀前往美国康奈尔大学城市与区域规划系从事科学研究，完成论文《从北京到华盛顿——城市设计主题思想试探》。在和国外学者的交往当中，他得知国际上有《保护世界文化和自然遗产公约》和世界遗产委员会这个机构，回国后他便以全国政协委员的身份起草提案，并特别邀请中国科学院"人与生物圈"计划负责人阳含熙、城市规划专家郑孝燮、古建筑专家罗哲文共同签名，在1985年第六届全国政协第三次会议上提交。1985年11月，全国人大常委会批准中国参加《保护世界文化和自然遗产公约》。同年12月12日，中国成为该组织的缔约国。两年以后，故宫和长城、周口店北京猿人遗址等成为中国第一批获得批准的世界文化遗产。

1986年，侯仁之主持完成《北京历史地理图集》的编绘出版工作，并获得"北京市科技进步奖"一等奖。1989年，修建北京西站时，最初选址时曾考虑利用莲花池，因为池水几近干枯，便于地下建筑，并且没有居民搬迁的问题。但侯仁之认为，莲花池这个地方很重要，追根溯源，它和北京城有着血肉相连的关系。北京城有3000多年的历史，起源于蓟城，它最早的生命来源——水源，就是莲花池。侯仁之反复建议将莲花池保留下来，最后，政府决定保留莲花池，在莲花池东北岸修建北京西站。此后，北京进行中心区水系治理工程，侯仁之又以极大的热情呼吁恢复莲花池昔日"绿水澄澹，川亭望远"的景观，使富有历史渊源的风光再现于京门西侧。1998年，侯仁之为北京市委作题为《从莲花池到后门桥》的学术报告，详细陈述和强调二者之于北京城市发展的重要意义。侯仁之认为，明清时的后门桥即元大都的万宁桥，是中轴线最初设计的起点，它决定了全城的中轴线，至关重要。

1999年10月，侯仁之获"何梁何利基金科学与技术成就奖"，以表彰他对首都城市规划、水利建设、旧城改造、古遗址保护等方面作出的重大贡献。同年12月，他又获美国地理学会授予的乔治·戴维森勋章。

侯仁之主要著有《历史上的北京城》《步芳集》《中国历史文化名城保护与建设》《历史地理学四论》《侯仁之文集》等。

2013年10月22日，侯仁之在北京逝世。

胡厚宣 幼名福林。河北望都人。清宣统三年十一月初一（1911年12月20日）出生。中共党员，九三学社成员，甲骨学家、史学家，中国社会科学院历史研究所研究员。

胡厚宣父亲为清代秀才，在天津教家馆。胡厚宣10岁就离家，就读保定第二模范小学。民国13年（1924年），胡厚宣考入保定培德中学，该校的国语教师缪钺给他以很大影响，曾在他的作业本上写下"鹤鸣九皋，不同凡响"的批语。在四年制中学期间，他成绩一直名列全校榜首。民国17年（1928年），胡厚宣中学毕业，并考入北京大学预科，母校培德中学破例以1200元奖学金，助他完成北京大学预科2年及史学系本科4年的学业。两年后，他顺利升入北京大学史学系。当时北京大学史学系名师云集，如胡适、傅斯年、梁思永、唐兰、马衡、董作宾、徐中舒、李济等名师都参加授课或举办讲座。胡厚宣对殷商史和甲骨学的兴趣尤其浓厚，他借来一部《殷虚书契考释》，全部抄录，还与杨向奎、张政烺、王树民等校友组织自学团体潜社，共同切磋学问，并办有社刊《史学论丛》，胡厚宣的首篇论文《楚民族源于东方考》，即发表于该刊创刊号。他对甲骨文及殷商文化研究的最初尝试是《殷商文化丛考》一文，此外他还翻译日人《卜法管见》

一文。由于成绩优异，表现突出，胡厚宣获得中华教育文化基金董事会颁布的每年280元的奖学金。

民国23年（1934年），胡厚宣从北京大学毕业，进入中央研究院历史语言研究所，不久即南去安阳参加殷墟发掘。当时殷墟发掘在梁思永主持下，进入第十和十一次发掘，胡厚宣参加同乐寨仰韶文化、龙山文化、殷商文化3层遗迹的发掘，又承担西北冈1004号殷王陵的发掘。这座面积约320平方米、有4条墓道的大墓，出土品极丰，有著名的牛鼎、鹿鼎和数目众多的仪仗器具。此后，他在历史语言研究所内研究殷墟出土的甲骨，先协助董作宾编辑《殷墟文字甲编》，后根据拓本，对照实物，撰写《殷墟文字甲编释文》，并写有简要的考证。民国25年（1936年），由董作宾与胡厚宣主持的殷墟第十三次发掘中，在小屯村北发现整坑甲骨，该坑被定为127号坑。因在工地清理不便，发掘人员用大木箱，连泥带土把甲骨运到南京的历史语言研究所内。清理工作由董作宾任负责人，胡厚宣带领技术人员一点一点仔细清理，共得甲骨17096片，其数量居历次殷墟发掘之冠，价值是独一无二的。清理工作完成后，胡厚宣以全部精力投入研究工作，研究成果载入《第十三次发掘所得甲骨文字举例》《殷墟127号坑甲骨的发现和特点》《甲骨文材料之统计》《论殷代的记事文字》《中央研究院殷墟出土展品参观记》等论文著述中。

抗日战争爆发后，胡厚宣在战乱中颠沛流离，辗转奔波，随机关迁移至长沙、昆明、重庆等地，在艰苦的环境中胡厚宣的研究工作仍未停止。一次偶然的机会，他在撤到昆明的北平图书馆中借到一部《殷契遗珠》，著录日本三井、河井、中村、田中氏等六宗甲骨藏品近1500片，遂尽数摹录。此后，他相继写出《释牢》《释兹用兹御》《卜辞同文倒》《卜辞杂例》《卜辞下乙说》等论文。民国28年（1939年），应成都齐鲁大学的邀请，胡厚宣担任该校研究员，此外他还担任过该校中文系主任、历史社会系主任，并在历史语言研究所为研究生讲授甲骨学，在大学讲授商周史和考古学通论。自民国30年（1941年）10月至民国31年（1942年）2月，胡厚宣在齐鲁大学国学研究所《责善半月刊》上连续发表7篇论文。如《甲骨文所见殷代之天神》，提出殷人已有至上神帝及先祖配帝之观念；《甲骨文中之天象记录》，从交食、星象论述殷人预测日月食以及星历知识之进步程度；《一甲十癸辨》针对有人主张殷历月无大小，皆为三十日，逢一日为甲、逢十日为癸之说，提出三组卜辞作反证，以驳误说；《卜辞零简》一文分论殷代纪四方之序、五方观念、中国称谓的起源、殷人的乐舞和牙病记录等。特别是《甲骨文四方风名考》一文，利用卜辞证明了《山海经》和《尧典》两个系统中有关材料的可信性。在齐鲁大学的7年，他平均每年完成的学术论文都在10万字以上，共撰写论文近20篇，专著8种，多数篇目收入《甲骨学商史论丛》中。

抗日战争胜利后，胡厚宣决心在全国范围内搜集甲骨。他与助手一起，乘飞机到达北平，在平津一带广泛搜集，前后达40余日，约得实物2000片、拓本6000张、摹本2000幅，而后到南京、上海等地探访，共得甲骨千余片。有学者描述他当时的情景："奔走南北，遍搜甲片，御风乘传，席不暇温。私家之藏，婉辞以请；市肆所列，重金以求。"民国36年（1947年），胡厚宣应上海复旦大学校长周谷城之邀，任该校历史地理系教授兼中国古代史教研室主任，讲授史料学、考古学、先秦史、商周史、春秋战国史等；还应中文系主任陈子展之请，在中文系讲授文字学与甲骨学等。胡厚宣除承担繁重的教学活动外，还编撰《古代研究的史料问题》《五十年甲骨文发现的总结》《五十年甲骨学论著目》《殷墟发掘》等专著，从多个侧面对甲骨学和殷商史研究进行了总结。

中华人民共和国成立之初，胡厚宣以搜集的数千片甲骨实物和上万的甲骨拓片为基础，编写出版《战后宁沪新获甲骨集》《战后南北所见甲骨录》《战后京津新获甲骨集》《甲骨续存》等重要著作。1956年3月，国务院成立科学规划委员会，起草科学研究十二年远景规划，胡厚宣参加在上海的分会，并提出编纂《甲骨文合集》的构想。其建议为哲学社会科学组采纳，《甲骨文合集》被列为重点项目。同年8月，胡厚宣调入中国科学院历史研究所，任历史研究所一所先秦史组组长，后改为先秦研究室主任。《甲骨文合集》编辑组成立后他任组长，组织上派十多名大学生帮助胡厚宣工作。编辑组首先对国内外百余处公私藏家收藏的超过15万件甲骨及拓片进行采集，之后与百余种出版的著作进行严格比勘，进行去重、拼合、复拓、换片、选优、聚群、分期、分类，最终整理后编辑出版。在收集资料过程中，一旦得到信息，哪怕一两件甲骨，胡厚宣也一定奔波前往。期间，他把自己多年搜集的甲骨实物、照片、拓本、摹本共9000余件，包括一批十分难得的甲骨著录珍本，捐给历史研究所，作为编选之用。虽经历"文化大革命"的严重破坏干扰，但由于胡厚宣及编辑组成员的全力保护，资料还是完整地保存下来，"文化大革命"后工作得以迅速恢复开展。经过十多年不懈地工作，由郭沫若任主编、胡厚宣任总编的《甲骨文合集》于1978年编成付印，1983年陆续出齐。这部巨著共13册，从此闻名于世的甲骨文结束了支离破碎的局面。

1986年，胡厚宣以75岁高龄加入中国共产党。

胡厚宣同时兼任中国史学会、中国考古学会、中国古文字学会、中国先秦史学会等学术团体的理事长或副理事长，中国训诂学会顾问，西德《东亚文明》研究会顾问委员，加拿大多伦多大学东亚人文科学研究所特聘理事。

1995年4月16日，胡厚宣在北京逝世。

刘肃曾 安徽肥西人。清宣统三年（1911年）出生。虢季子白铜盘的捐赠人。

民国14年（1925年）起，刘肃曾先后就读于上海公学、上海中国环球学生会、上海南光中学、上海复旦大学附中、上海光华大学中学部。

民国19年（1930年），刘肃曾从上海回到故乡肥西县刘老圩主持家事。刘家藏有西周青铜重器虢季子白盘，为刘肃曾的曾祖父、台湾首任巡抚刘铭传所传。

虢季子白盘于清道光年间出土于陕西宝鸡，几经辗转于清同治三年（1864年）被刘铭传得到，并藏于家乡肥西。刘铭传在世时，曾有达官贵人觊觎此盘，依势索要，慑于刘大帅的声威而不能如愿。传到刘肃曾时，先后有英、美、日等国商人前往肥西刘老圩找刘肃曾收购，都被刘肃曾严词拒绝。为避免珍宝流失，刘家将虢季子白盘深埋于地下。抗日战争期间，李宗仁、李品仙等都打过虢季子白盘的主意，均未得逞。

中华人民共和国成立后，1949年12月，政务院打电报给皖北行署党委，希望在肥西查找虢季子白盘。皖北行署指派人员带着中央电报来到肥西刘老圩找到刘肃曾说明来意，并出示中央电报，刘肃曾看完电报，跟夫人商量后，同意将国宝无偿捐献给国家，同时还捐赠一件三国时期诸葛亮用过的青铜战鼓。1950年，刘肃曾将捐献的两件国宝护送进京，文化部文物局于3月3日在北海团城承光殿举行特展。这是中华人民共和国成立后最早向国家捐献大型国宝文物的举动，轰动国内外并产生深远的社会影响，刘肃曾以"新中国献宝第一人"而载入史册。捐献国宝特展上，党和国家领导人董必武、郭沫若、沈雁冰，教育部部长马叙伦和专家学者陈叔通、范文澜、唐兰、马衡等都前往参观，政务院副总理郭沫若在宴请刘肃曾时题诗一首相赠："虢盘献公家，归诸天下有。独乐易众乐，宝传永不朽。省却常操心，为之几折首。卓卓刘君名，诵传妇孺口。可贺孰逾此，寿君一杯酒。"虢季子白盘后被国家文物局列入禁止出国（境）展览文物名录。

刘肃曾返回合肥后，人民政府将他安排在皖北行署文献委员会工作，他又将家藏的近3

万册线装古籍及文物无偿捐献给皖北行署文献委员会。刘肃曾不仅成为全国无偿捐献珍贵文物的榜样示范，还曾两次动员亲戚向国家献宝。1960年前后，他动员一位在六安的亲戚，将收藏的苏东坡亲笔书写的15字中堂墨宝献给国家，后经故宫博物院专家鉴定为真品，收藏于故宫博物院。之后，他又动员一位在上海的亲戚孙锡山将收藏的制墨名家汪近圣所造并有"十万杵"铭文的古墨捐献给安徽省博物馆，孙锡山同时还捐献一套高18厘米、宽9.5厘米、厚2.5厘米，重2200克的乾隆"御制"墨。

皖北行署文献委员会于1951年改名皖北文物管理委员会，1953年与其他机构合并成立安徽省博物馆，此后刘肃曾一直在安徽省博物馆工作。

1978年7月1日，刘肃曾在合肥逝世。

陈国钊 字遂生。湖南长沙人。民国元年（1912年）2月25日出生。中共党员，湖北省博物馆馆长。

陈国钊自幼酷爱绘画与诗词，少年时代随其父攻诗学画，16岁入湖南华中美术学校学习。民国20年（1931年），陈国钊毕业于上海艺术专科学校，随后执教于湖南华中美术学校，曾当选为中华全国美术会湖南分会理事长和湖南省艺术教育促进会执行委员。抗日战争期间，陈国钊参与发起朔风艺术社、湖南抗敌画会等抗日进步社团，并参加湖南文化界抗敌后援会等群众团体，积极开展爱国抗日救亡宣传活动。

民国33年（1944年）夏，日本侵略军进犯湖南，长沙、湘潭相继陷落，从长沙迁至湘潭的华中美术学校被迫解散。因校长出走，留下男女青年学生40余人无家可归，陈国钊抛家舍亲、背井离乡，与黄退举一道率领学生突破重围，辗转于衡（阳）、邵（阳）之间，受尽了饥寒之苦，其后得到当地校友的帮助，始在溆浦龙潭复学。半年之后，日军进犯龙潭，陈国钊又率领同学迁到溆浦县城，在郊外一所破祠中办学。日本投降后，师生重返龙潭，继又转回湘潭复校。陈国钊等带领这批学生在避难中坚持学习，历经艰辛。这批学生回顾这段不平凡的生活时，无不对老师陈国钊感激涕零，倍加崇敬。民国36年（1947年），华中美术学校由湘潭迁返长沙，陈国钊在本校授课之余，还在湖南省立女子师范学校兼课，并被湖南大学音乐系特聘为艺术理论教席。

1949年8月，长沙和平解放后，陈国钊调至湖北省文联任研究员、省美术工作室主任、省美术工作队副队长。1951年，陈国钊调至湖北省文教厅文化处，分管群众文化与图书文物工作。1953年3月，湖北省博物馆筹备处成立，他任主任，此后一直在湖北省文博系统工作，历任湖北省文化局社会文化处副处长、文物处处长、文物管理处处长以及湖北省博物馆馆长等职务至退休。

中华人民共和国成立初期的湖北文博事业基础十分薄弱。陈国钊坚持贯彻执行党和国家的文物政策法令，大力开展文物保护宣传。20世纪50年代，湖北省开展的重要文物保护管理工作，如第一次文物普查，第一批省级文物保护单位的确定与公布，武汉市文物商店与湖北省文物商店的组建,全省范围内的文物挑选与流散文物的管理,配合丹江口水利枢纽工程而进行的文物保护,全省首批革命遗址的调查保护与革命博物馆、纪念馆的建立,武当山紫霄宫等古建筑的维修保护等,都是在他的组织和参与下进行的。

1958~1959年,陈国钊率队在半年内三上武当山,实地考察山上的文物,撰写详尽的武当山文物调查报告和工作建议,及时上报湖北省委、省政府,省委、省政府作出决定,使武当山文物得到有效保护,制止和妥善处理武当山文物被破坏的情况。

对湖北省博物馆的建立与发展,他倾注极大心血。自1953年任筹备处主任到1982年从馆长岗位退下的近30年中,从选址建馆、网罗人才、培养队伍到征集藏品、组织陈列展览、扩大对外宣传、开展科学研究等方面,他都是尽心竭力,使湖北省博物馆得到极大发展。

陈国钊本是一位很有才华的画家和诗人,但由于工作的需要,他服从组织分配,长期从事文博事业的行政管理工作,艺术才能未充分发挥。在工作之余,他常即兴挥毫,率多佳作。他的创作以山水见长,继承传统,融入西法,笔墨秀润,时出新意。作品曾多次在国内外展出、在报刊上发表,并为一些文博单位所收藏。陈国钊每次作画,心有未尽,必题诗词寄意。其诗清新自然,多以白描手法写出画的意境。毕生所作诗词尚存者700余首,大多为题画之作,1997年由湖北美术出版社出版《陈国钊题画诗稿》。

陈国钊曾当选为湖北省第一、二届人大代表,曾担任中国美术家协会湖北分会副主席。

1995年7月28日,陈国钊于长沙逝世。

张政烺 字苑峰。山东荣成人。民国元年(1912年)4月15日出生。历史学家、考古学家、文献学家、古文字学家,中国社会科学院历史研究所研究员。

张政烺6岁上学,小学毕业后随族伯张俊采(瑞三)读过三年私塾,兼学篆书,凡读过的书均能逐篇背诵。张政烺14岁到青岛礼贤中学读书,18岁入北京弘达中学读高中,民国21年(1932年)进入北京大学史学系学习。在北京大学读书期间,他开始在刊物上发表学术论文。《猎碣考释初稿》是他公开发表的第一篇学术论文,他所作的考释,曾被郭沫若摘抄于《石鼓文研究》的书眉。民国25年(1936年),张政烺毕业后到中央研究院历史语言研究所工作,历任图书管理员、助理研究员、副研究员等职,抗日战争后期曾兼任战区文物保存委员会委员。这期间,他发表在《中央研究院历史语言研究所集刊》上的学术论文,有《邵王之諻鼎及簋铭考证》《六书古义》《讲史与咏史诗》《字说》《〈说文〉燕召公〈史篇〉名丑解》《〈王逸集〉牙签考证》《〈问答录〉与"说参请"》《〈说文解字序〉引〈尉律〉解》等,其中《六书古义》一文,通过考察"说文学"发生发展的历史,指出许慎《说文解字》书中托古改制的奥秘,对于打破学者思想上的迷信,促进建立新的中国古文字学,起到除旧布新的推动作用。张政烺还在其他报刊上发表《〈封神演义〉的作者》《玉皇张姓考》《宋四川安抚制置副使知重庆府彭大雅事辑》《一枝花话》等文章，内容涉及甲骨、金文、陶文、碑刻、通俗小说等许多领域。

民国35年（1946年），张政烺受聘到北京大学史学系任教授，同时在清华大学兼授中国文字学，还担任故宫博物院专门委员会委员。张政烺授课不局限于介绍所涉古文献的作者生平、时代背景和内容，而是将自己多年来读这些古书的心得体会和所发现的问题，毫无保留地传授给学生，甚至连自己尚未公开发表的研究成果，也可以和盘托出。有的学生在以后的工作过程中，还不时翻阅过去的课堂笔记，从中得到教益和启迪。1951年，他发表《古代中国的十进制氏族组织》一文，根据卜辞资料，并参考世界史上古代秘鲁印第安人与古代日耳曼人情况，论述商代尚存在的氏族组织的结构。他认为这是亚细亚的生产方式在中国发生发展的过程，应把它划归为奴隶社会的初期。他于同年发表的《汉代的铁官徒》以及其后发表的《秦汉刑徒的考古资料》，则用秦上郡戈和东汉洛阳刑徒砖志等考古资料，结合文献记载，论证刑徒在周、秦是奴隶身份，汉代虽在逐渐减缓其刑罚，但奴隶身份未变。故铁官徒起义是奴隶起义，汉代是中国的奴隶社会。1952年中国科学院考古研究所、文化部社会文化管理局和北京大学联合举办考古工作人员训练班，张政烺负责讲授铜器、古代铭刻和版本学等，共参加5个教研组，并在其中3个组任主任。

1954年，张政烺参加筹建中国科学院历史研究所，并兼任研究员。1960年，张政烺任中华书局副总编辑。1965年，张政烺发表《释甲骨文"俄""隶""蕴"三字》，此文与后

发表的《释"因蕴"》，是根据甲骨文研究商代语言的文章，说明古代汉语中的复音词，已在甲骨文中出现。1966年，张政烺任中国科学院历史研究所研究员，他曾兼任历史研究所学术委员会委员、古文字与古文献研究室主任，中国社会科学院研究生院教授、博士生导师。这期间他发表《何尊铭文解释补遗》（1976年）、《〈利簋〉释文》（1978年）、《周厉王胡簋释文》（1980年）、《王臣簋释文》（1982年）等，皆考释其文字，论证其年代，关涉史事，务求明白易晓。1980年，张政烺应邀在美国纽约大都会博物馆召开的"伟大的中国青铜器时代"学术讨论会上，作题为《试释周初青铜器铭文中的易卦》的报告，论证铜器铭文中的易卦，是"以卦名邑，以邑为氏"。1982年，张政烺发表《殷墟甲骨文所见的一种筮卦》；1984年发表《易辨——近几年来我用考古材料研究周易的综述》，综合叙述金文、甲骨文、竹简、帛书等各种古文字材料中的易卦，其中有单卦、重卦、变卦、互卦等，进一步论证《周易》源流。张政烺还曾在中华书局参加标点"二十四史"的工作，从事《金史》的标点和校勘；在文物出版社主持或参加新出土的临沂银雀山汉简、长沙马王堆帛书和云梦睡虎地秦简等的整理工作。张政烺的主要学术成就集中收录在《张政烺文史论集》一书中。

张政烺先后任中国社会科学院考古研究所学术委员会委员，国务院古籍整理出版规划小组成员、顾问，文化部国家文物委员会委员，国家文物鉴定委员会委员，中国社会科学院郭沫若著作编辑出版委员会顾问，中国史学会理事，中国考古学会常务理事，中国古文字学会

理事、顾问，中国先秦史学会顾问等职。1990年获国务院政府特殊津贴。

2005年1月29日，张政烺在北京逝世。

启功 姓爱新觉罗，字元白，号苑北居士、坚净翁。满族，北京人。民国元年（1912年）7月26日出生。教育家、书法家、画家、古代书画研究鉴定专家。

启功祖上为清代皇族的支系。民国2年（1913年），启功之父病逝，启功与母亲、姑母一起，依曾祖、祖父生活。幼年时期的启功受到祖父、姑母等人的严格教育，就读私塾，打下扎实的文化基础。民国12年（1923年），启功的曾祖、祖父相继去世，家境很快败落，在其祖父学生的帮助下，启功得以继续学业。民国13年（1924年），启功入汇文小学就读。民国16年（1927年），启功升入汇文中学商科。同年拜画家贾尔鲁（羲民）为师学画，贾尔鲁精通画史及书画鉴定，常带启功去故宫博物院观看书画藏品，增长他的书画鉴定知识。民国17年（1928年），启功又师从曾祖的学生戴绥之（姜福）学习古文句读，并受到宗亲、画家溥心畬的赏识，参加翠锦园文人雅集，结识张大千等文化名流。次年，经贾尔鲁介绍，启功又拜画家吴熙曾（镜汀）为师，进一步研习画艺和书画鉴定知识。民国21年（1932年），启功从汇文中学商科肄业，在北平美术学校短期教授国画，后又做家庭教师谋生。次年，经傅增湘介绍，启功结识辅仁大学校长陈垣，从此开始与陈垣长达39年的师生情谊。民国24年（1935年），启功协助陈垣编写记录清初画家

吴历生平事迹的《吴渔山先生年谱》，陈垣安排启功到辅仁大学美术专修科任助教，协助溥忻讲授"书学概论"和"书法实习"等课程，并独立承担"中国绘画史"和"书画题跋"两门课程。民国27年（1938年），启功又协助陈垣讲授大学一年级国文课。此后，启功相继发表《山水画南北宗说考》《雍睦堂法书目录》等书画论文。民国31年（民国42年），启功在辅仁大学开设"中国绘画史""书画题跋"两门课程。次年，启功继续开设"山水""书画理论研究"两门课程，融书画研究于教学活动。民国35年（1946年），启功受故宫博物院院长马衡邀请，参与故宫博物院对回收东北地区流散古代书画的鉴定。同年，又首次将中国存世最早的书法墨迹《平复帖》全文释出；在《辅仁学志》第14卷第1、2期合刊上发表《〈急就篇〉章草本考》一文。经溥忻介绍，启功加入北平市美术会，与溥忻、张伯驹、邓以蛰等人一起曾当选为理事，并有画作参加展出。民国36年（1947年），启功受聘为故宫博物院专门委员，负责在文献馆中阅读史料并鉴定故宫收购的文物字画。次年，启功应北京大学之聘兼任讲师，讲授中国美术史。1949年，启功参加北平新国画研究会，任执行委员。

1952年，由于高校院系调整，辅仁大学并入北京师范大学，启功转入古典文学教研室。1954年，启功加入中国美术家协会，兼任美协古典美术研究委员会委员，主编《美术》杂志，并在同年的《美术》杂志10月号和《现代佛学》第8号上发表《山水画南北宗问题批判》和《关于石涛和尚年谱的问题》两文。1955年，启功在《美术》9月号上发表《我们

的艺术宝藏不容掠夺》一文，揭露美国费城艺术博物馆副馆长霍雷斯·杰尼企图以"长期出借"的名义强占国民党政府运往台湾的7万多件文物的企图，并详细分析这批珍贵文物中绘画的历史价值和艺术价值。1956年，启功兼任人民日报社美术顾问，在《美术》杂志3、4、5月号上连续发表绘画研究文章《名词解释二则："没骨、双勾、勾花点叶""青绿山水、浅绛山水"》《唐末到宋初的几位山水画家》和《李唐、马远、夏珪》。1957年，应文化部文物管理局邀请，启功在故宫博物院参加回收流散海外文物《五牛图》等书画作品的鉴定。1958年，启功受到批判，被定性为右派分子，被迫停止授课，并撤销《美术》杂志编委的职务，但仍坚持读书写作与书画研究工作。1961年，启功在《文物》第8期上发表《碑帖中的文学史资料》一文，指出文物研究与文学研究的互通互补之处，扩大文史研究的眼界和范围。1962年，文化部文物管理局组织鉴定专家对全国各大博物馆古代书画进行鉴定，启功与谢稚柳、刘九庵一起赴四川、湖北进行鉴定，同年在《文物》第6期，《北京师范大学学报》第1、3号上发表《关于古代字体的一些问题》《兰亭帖考》《董其昌书画代笔人考》等研究文章，同时完成《古代字体论稿》。"文化大革命"期间，启功遭受冲击，但精神始终乐观豁达，在无奈抄写大字报的同时仍然借此磨炼书艺，并私下指点学生的书法学习。

1978年，北京师范大学中文系古代文学专业招收首批研究生，启功任该研究生班导师之一，同时在北京师范大学重新开设书法课程，为学生讲授中国书法的发展历史和运笔结构。

同年，启功将《年羹尧题墨竹横幅》《溥心畬山水小卷》和康熙曾用砚等20件文物捐给辽宁省博物馆。1979年，启功被错划为右派的问题得以改正，并晋升为教授，为古代文学专业研究生讲授唐代文学、八股文、古诗词作法、明清诗文、《书目答问》等。同年，启功在《文物》第10期上发表《笔谈建国三十年来的文物考古工作》一文，对中华人民共和国成立后的文物考古工作进行综述。1981年，启功为国家文物局举办的全国书画鉴定提高班授课，同年又在《文物》第6期上发表《鉴定书画二三例》一文。同时，启功出任文物出版社《书法丛刊》主编，为该刊组稿、约稿，组织专家探讨重大学术问题。1982年，北京师范大学创办古典文献学专业硕士点，启功被聘为导师。1983年，国家文物局在北京召开全国古代书画巡回鉴定专家座谈会，在会上成立中国古代书画鉴定组，启功为成员之一。同年，中国古代书画鉴定组开始进行全国范围的书画鉴定工作，启功参与这项工作直至1989年，并着手编纂《中国古代书画目录》和《中国古代书画图目》。1983年，启功在《文物》第12期上发表《论怀素〈自叙帖〉墨迹本》一文。1984年，北京师范大学古典文献专业开设博士点，启功被聘为博士研究生导师。

1985年，启功在故宫博物院参加海外回流文物王安石《楞严经要旨》卷及宋龙舒本《王文公文集》的鉴定。1986年3月，启功被聘为国家文物鉴定委员会主任委员。1988年，为纪念恩师陈垣，启功决定义卖创作的书画，用所得设立"励耘奖学助学基金"，用以奖励品学兼优的北京师范大学学生，为筹备义卖书画，启功克服各种困难，不懈工作两年，出于躲避外界干扰的考虑，启功曾先后借住北京师范大学的专家楼和学员宿舍，并一再叮嘱工作人员，一定要由自己负担房费，不能贪占学校的便宜。1992年，《启功论书札记》和《启功书画留影册》在北京师范大学出版社出版，这是启功对其书学思想和书画创作的总结。

1995年，启功向国家文物局提供宋代《淳化阁帖》的下落线索，后又促成这件国宝的归国展览，最终使得《淳化阁帖》于2003年回归祖国。1996年，启功参与珍贵绘画《十咏图》的鉴定，促使这幅流失近一个世纪的国宝回归故宫博物院。1999年，启功应美国纽约大都会博物馆邀请，出席《溪岸图》研讨会，并为研讨会提交论文《画中龙》，以自己对中国历史和中国艺术的深刻理解，指出该画作不应为近现代人的伪作。2000年，启功又促成故宫博物院对元代乃贤书法手卷的征集收藏。

启功是第五届全国政协委员，第六至十届全国政协常务委员，九三学社顾问；曾任中央文史研究馆馆长，中国书法家协会主席、名誉主席，西泠印社第六任社长。

2005年6月30日，启功在北京逝世。

高履芳 女，曾用名吕方。河北衡水人。民国元年（1912年）8月19日出生。中共党员，中华人民共和国文物出版事业开拓者之一。

民国21年（1932年），高履芳毕业于天津河北省立第一女子师范学校。早年为革命事业，她和王冶秋一起，历经危难，辗转多地，过着颠沛流离的生活。民国31年（1942年）3月，高履芳在重庆文化工作委员会任二组组员，该委员会由郭沫若主持，集中了当时大后方许多著名进步文化人士。民国35～36年（1946～1947年），高履芳先后在晋冀鲁豫北方大学经济研究室、晋察冀华北大学三部文学研究室、北平华北大学二部任研究员等职。1949年9月，高履芳在北平华北大学加入中国共产党。

中华人民共和国成立以后，高履芳任文化部文物局资料室副主任。1950年，高履芳主持创办《文物参考资料》月刊，后改为《文物》月刊。1956年，高履芳受命筹建文物出版社，任文物出版社筹备处副主任。1957年1月文物出版社正式成立，她组织制定文物出版社的出版方向和任务，并在很长一段时间内主持文物出版社的工作。她在主持工作期间，尊重知识，尊重和爱护知识分子，依靠各方面专家的力量，团结了许多文物、考古专家在文物出版社周围，同全国广大文物、考古、博物馆工作者建立起密切的联系。

文物出版社配合中国考古、文物工作的开展和博物馆建设，先后出版《南唐二陵》《白沙宋墓》《西安半坡》《满城汉墓》《西藏佛教艺术》《敦煌壁画》《中国版刻图录》《新中国的考古收获》等一系列重要图书，受到文物、考古界的高度评价。其中宿白著《白沙宋墓》是一本极具个性的、富有浓厚研究色彩的考古报告，成为中国历史考古学田野报告的奠基和经典之作。高履芳还很重视文物出版工作对保护文物的重要作用，积极主张出版全面系统的科学记录性出版物，《应县木塔》是她组织出版的第一部此类图书。

高履芳在主持文物出版社工作期间，注重保存并发扬中国的传统印刷工艺珂罗版和彩色铜板，利用这些工艺出版许多古代绘画和书法珍品，如《中国版刻图录》《毛主席诗词手迹》和《故宫博物院藏花鸟画选》《故宫博物院藏瓷选集》《唐阎立本步辇图》《唐韩滉五牛图》《故宫博物院藏历代法书选集》《辽宁博物馆藏法书选集》等。特别是她主持编辑出版的《两宋名画册》，堪称其中代表作。其中《故宫博物院藏瓷选集》在1963年国务院总理周恩来出访亚非14国时，被选定为馈赠各国元首的礼品；《毛主席诗词手迹》获1993年"全国优秀图书奖"最高荣誉奖。

文物出版社是最早出版中共中央主席毛泽东诗词的出版社之一，高履芳从1957～1976年先后组织出版过多种版本，有木板刻印的《毛主席诗词十九首》《毛主席诗词二十一首》《毛主席诗词三十七首》《毛主席诗词三十九首》。其中，1963年12月出版集宋代浙刻《攻媿先生文集》字的《毛主席诗词三十七首》；1976年1月，在《毛主席诗词三十七首》基础上增加《水调歌头·重上井冈山》《念奴娇·鸟儿问答》，集宋黄善夫刻《史记》字，出版《毛主席诗词三十九首》，均采用传统民族装帧形式，古朴典雅，深受书法界和广大群众欢迎。

高履芳于20世纪50年代就领导文物出版社积极与国外进行文化交流活动。1959年文物出版社接受中国人民对外文化协会委托，执行中日文化交流任务，为日本讲谈社出版《中国美术》提供帮助，开中国出版界与国外出版界合作之先河；随后与日本平凡社合作出版《中国石窟》17卷，其中敦煌5卷分别荣获首届"中国优秀美术图书奖"特别奖、1993年"中国国家图书奖"和日本"文部省奖"。

1963年文物出版社成立《鲁迅手稿全集》编辑委员会，高履芳十分重视《鲁迅手稿全集》的出版，竭尽全力将这套书出好、出齐。1975年10月，毛泽东又对出版《鲁迅手稿全集》作出重要批示。1978年，经过十余年的努力，《鲁迅手稿全集》开始由文物出版社陆续出版。

在"文化大革命"中，文物出版社一度停办，高履芳也一度失去自由。1972年，在周恩来的关怀下，《文物》月刊复刊。1973年，文物出版社重建，高履芳任副社长兼副总编辑。她排除各种阻力，广纳贤才，从干校抽调大批干部，充实到文物出版社的各业务部门中，在工作中积极培养编辑队伍，对青年编辑安排专家"传帮带"，大胆启用、积极扶植，让他们在实践中成长，成为出版社的业务骨干。在此期间，文物出版社出版了《丝绸之路》《西汉帛画》《长沙马王堆一号汉墓》《唐李贤墓壁画》《唐李重润墓壁画》《大汶口——新石器时代墓葬发掘报告》《银雀山汉墓竹简》《新疆出土文物》《侯马盟书》《睡虎地秦墓竹简》《藏传佛教寺院考古》等一批在国内外有重大影响的图书。

1977年起，为纪念老一辈无产阶级革命家的丰功伟绩，高履芳主持出版《纪念周恩来总理文物选刊》《纪念周恩来总理文物选编》和《纪念周恩来总理》图集、《纪念彭德怀同志》图集、《纪念贺龙同志》图集、《纪念宋庆龄同志》图集等。

1981年，高履芳向当时的国务院副总理谷牧、中共中央宣传部部长邓力群提出进行"全国古代书画巡回鉴定工作"的建议，经中共中央宣传部批准，1983年组成中国古代书画鉴定组，历经8年努力，在全国26个省（自治区、直辖市）的121个市县对208个单位及部分私人收藏的古代书画进行鉴定，过目作品61596件以上，基本弄清当时中国内地收藏的古代书画状况。为协助古代书画鉴定工作，文物出版社编辑出版《中国古代书画目录》10卷、《中国古代书画图目》24卷。

高履芳曾任中国考古学会理事，享受国务院政府特殊津贴。

1995年5月，高履芳因病在北京逝世。

赵青芳 字香山，一字乡珊。民国元年（1912年）10月10日出生于河南南阳。中共党员，考古学家。

民国14年（1925年），14岁的赵青芳离开家乡，到河南省城开封，寄读于姐夫郭宝钧家中。郭宝钧时任河南省教育厅秘书长，董作宾、石璋如、尹达、王湘等有志于从事现代考古学研究的先驱经常聚集在他家中，纵谈历史、切磋学术。赵青芳深受影响，后考入河南省立第四师范学校。

民国21年（1932年），赵青芳师范毕业，正逢中央研究院历史语言研究所与河南古迹研究会联合进行殷墟发掘，经董作宾、郭宝钧介绍，赵青芳加入河南古迹研究会，参加殷墟遗址发掘工作，从此开始考古研究的生涯。随后赵青芳又参加河南省考古调查，浚县辛村西周晚期卫侯墓、汲县山彪镇东周墓、辉县琉璃阁战国墓、永城县造律台和黑孤堆的考古发掘等。

民国26年（1937年）初，赵青芳正式进入南京国立中央博物院筹备处工作。抗日战争爆发后，他随机关辗转南迁至川滇地区，参加川康古迹考察团，并为保护大批内迁文物四处奔波、历尽艰辛，终使这批文物得以妥善地保存。民国30年（1941年）6月至次年4月，赵青芳参加吴金鼎主持的四川彭山东汉崖墓考古发掘。

1950年，原中央博物院筹备处更名为南京博物院，赵青芳先后任群众工作部主任、陈列部主任、考古部主任等职。1951年，赵青芳首次发现了江苏省内的新石器时代遗址青莲岗遗址，感到"这是一个含有地域性的特殊文化系统""可以提供出黄河流域史前遗址比较研究的资料"，随后他在1956年全国考古会议上提出了"青莲岗文化"的命名，1958年正式定名。1956年，他又在苏州地区首次发现吴县草鞋山遗址，由此确立太湖地区古文化的发展序列，草鞋山遗址因此被中国考古界称为"江南史前文化标尺"。

1956年7月1日，赵青芳加入中国共产党，1980年任副院长，1988年恢复专业职务评审后，晋升为研究员，是南京博物院享受国务院政府特殊津贴的高级专家之一。

赵青芳主持的考古发掘工作还有南京北阴阳营遗址、苏州吴江梅堰遗址、苏州越城遗址、徐州铜山丘湾遗址等新石器时代和商代遗址的发掘，以及安徽寿县战国蔡侯墓、淮安涟水三里墩西汉墓、南京南宋张保墓等墓葬的清理等。

在长期的考古工作中，赵青芳积累了大量

的第一手考古资料，形成坚实的理论基础，撰写和编著一系列重要的考古发掘报告和论文，如《淮安县青莲岗新石器时代遗址调查报告》《南京北阴阳营第一、二次的发掘》《文物调查和考古发掘方法》《江苏铜山丘湾遗址发掘》《江苏涟水三里墩西汉墓》《长江下游先民对中国文明的几项重要贡献》等，主持编写《四川彭山汉代崖墓》和《北阴阳营——新石器时代及商周时期遗址发掘报告》两本考古报告，主要论著收入南京博物院编的《赵青芳文集·考古卷》。

赵青芳十分注重考古人才的培养，曾为南京大学、厦门大学、长江流域规划办公室以及江苏和周边数省的考古训练班多次开设考古学课程，培养一大批考古事业的中坚人才，并编写讲义《江苏新石器时代考古》，系统阐述江苏新石器时代考古学文化，对江苏新石器时代考古进行全面的总结。

赵青芳曾被推举为中国考古学会第一、二届理事会理事，江苏省考古学会理事长，江苏省哲学社会科学界联合会理事，中国第四纪研究委员会理事等。

1994年11月24日，赵青芳在南京逝世。

施昕更 浙江杭县人。生于民国元年（1912年）。考古学家，良渚文化的发现人。

民国7年（1918年），施昕更入县立良渚中心小学读书。民国13年（1924年），13岁的施昕更小学毕业，成绩出类拔萃，虽然其父母因家境困顿，本不打算继续让他升学，但中心小学校长多次登门劝说，认为

终止他的学业等于是扼杀天才，未免可惜，其母遂向亲友借得学费，施昕更得以升入浙江省立第一中学初中部继续学业。民国16年（1927年），施昕更初中毕业，考入国立第三中山大学工学院附设高级工科职业学校艺徒班纹工科，半工半读，在画家常书鸿等辅导下专攻绘图。次年底，施昕更终因家境艰难辍学回家。

民国18年（1929年）6月6日，杭州举办第一届"西湖博览会"，历时137天，观众超过1000万人次，规模宏大、盛极一时的"西湖博览会"，急需招募大批临时工作人员，辍学待业在家的施昕更闻讯后，积极参与，当上"西湖博览会"艺术馆甲部杂务课的管理员，从事讲解等杂务，工作勤勉，表现出色。

民国18年（1929年）11月，"西湖博览会"闭幕后，为保存大会期间广泛征集来的物品，以供民众参观和研究，浙江省筹备成立永久性的浙江省西湖博物馆（浙江省博物馆前身）。此时，失业回家，常以习画遣忧的施昕更积极请求，并经师长举荐，于次年春夏之际，进入浙江省立西湖博物馆地质矿产组工作，负责绘制本省地质图及地形图。他勤奋好学，除了承担整理资料、绘制图表的任务外，从民国20年（1931年）8月开始，主动要求随地质矿产组主任、地质学家盛萃夫外出进行地质矿产调查和标本采集工作，次年11月起，更是独立外出采集地质标本、调查矿产资源。他携锥入山，足迹遍涉穷乡僻壤，终于成长为一位成绩令人瞩目的青年地质矿物学家。施昕更在地质矿物学方面的学术成果，主要是发表在《浙江省立西湖博物馆馆刊》第1~4期上的十余篇专业论文。

施昕更涉足考古学是从民国25年（1936年）5月31日，由浙江省立西湖博物馆和吴越史地研究会合作对古荡遗址的试掘开始的。此次试掘开探坑3个，获石器6件、陶片3块，另采集石器十余件。西湖博物馆派施昕更参与古荡遗址发掘的原意，是让他绘图记录发掘的地层，但敏锐的天赋，使得他在接触到古荡遗址出土的石器后，马上意识到家乡良渚镇一带时常出土的石器，应与古荡遗址出土的石器有着某种内在的联系。施昕更在参加完杭州古荡遗址发掘后的第二天，就匆忙赶回家乡良渚镇，开始四处搜集与调查。除石铲外，施昕更意外得到许多不同形制的石器。同年7月，施昕更第二次到良渚，并开始在良渚镇周围进行田野考古调查。他经过多日的分区考察，对于石器遗址的分布地点，有了大致的轮廓，同时还采集到一批石器。同年11月3日，第三次良渚之行时，施昕更在良渚镇附近棋盘坟的一个干涸池底，偶然发现一两片黑色有光的陶片，受民国23年（1934年）出版的《城子崖——山东历城县龙山镇之黑陶文化遗址》发掘报告启示，悟及其与山东城子崖黑陶文化为同一文化系统的产物。同年12月1～10日、26～30日和次年3月8日～20日，施昕更先后三次代表西湖博物馆对棋盘坟、横圩里、茅庵前、古京坟、荀山东麓以及长明桥钟家村6处遗址进行试掘，获得大批黑陶和石器，并在此期间经调查发现以良渚为中心的十余处遗址。

这以后，施昕更以城子崖遗址的考古报告为范本，虚心向梁思永、董作宾、尹达等考古学家请教，并踏实、细致、认真、严谨地开始对黑陶与石器等发掘出土资料进行室内整理

和考古发掘报告的编写工作。民国26年（1937年），他先后撰写发表多篇介绍和研究良渚遗址的文章。其中《浙江远古之黑陶》刊登于4月1日出版的《美术生活》；《杭县第二区远古文化遗址试掘简录》分别发表在4月14日、21日上海《时事新报》的《古代文化》周刊第4、5期，《江苏研究》第3卷第5、6期的《吴越文化专号》以及《吴越文化论丛》；《浙江远古的历史》刊登于5月15日出版的《浙江青年·历史专号》第3卷第7期。同年4月，他完成《良渚——杭县第二区黑陶文化遗址初步报告》的编撰，民国27年（1938年）秋由上海中国科学公司出版。

民国27年（1938年）春，浙江省立西湖博物馆缩减编制后，施昕更被解职。他原想去中央研究院历史语言研究所工作，但因学历太低，没有申请成功，后经馆长董聿茂推荐，于同年5～6月去浙江省瑞安县任抗日自卫委员会秘书，投身"保卫家乡，扑灭敌人"的抗日洪流。但从民国28年（1939年）4月初起，施昕更时感身体不适，至4月下旬，突发猩红热病，病势颇危，后又并发腹膜肠炎，由于药品缺乏，终于5月29日在瑞安县立第二医院病逝，终年尚不满27周岁。

阎文儒 字述祖，又名成凡，号真斋主人，晚号三万老人。满族。辽宁义县人。民国元年（1912年）出生。考古学家。

阎文儒出身于农民家庭，幼年随父读私塾多年，14岁时考入沈阳第一初级中学，三年后转入东北大学附属高中。

九一八事变后，阎文儒返归故里，曾任义县小寺高等小学校长两年，后以第一名的成绩考入东北大学史地系。民国27年（1938年），阎文儒大学毕业后，受聘于边疆文化促进会，任研究部助理研究员。次年，阎文儒考入西迁昆明的北京大学文科研究所，师从向达进行中西交通史方面的研究。民国30年（1941年），他赴西安调查唐长安城及其相关遗迹，用两年时间写出《西京胜迹考》一书，并将调查测量结果请人绘成《西京胜迹图》附于书后。研究生毕业后，他曾在迁至陕西三原的山西大学任教。

民国33年（1944年），中央研究院历史语言研究所、中央博物院筹备处、中国地理研究所、北京大学文科研究所合组西北科学考察团，向达任历史考古组组长，夏鼐任副组长，阎文儒为组员之一。该组主要在甘肃地区考察，并调查和发掘临洮寺洼山、宁定阳洼湾的史前遗址和墓葬，汉代的玉门关和长城遗址，敦煌佛爷庙、老爷庙等地的六朝和唐代墓葬，武威附近的唐代吐谷浑墓葬等。阎文儒还参加敦煌艺术研究所于土地庙中发现的敦煌写经、写本的清点工作，同时对莫高窟历代洞窟中的佛教艺术进行调查。

民国34年（1945年），河西考古工作结束，阎文儒返至兰州时被西北师范学院聘为副教授，同时兼任敦煌艺术研究所副研究员。次年，他被沈阳东北临时大学聘为教授，后受命主管辽宁省的博物馆工作。民国36年（1947年），沈阳博物院筹建，阎文儒被委任为该院委员兼秘书长，实际主持沈阳博物院和沈阳故宫两处的工作。同时还兼任长白师范学院教授、《东北民报》主笔。

民国37年（1948年），阎文儒被北京大学文科研究所聘为讲师，在古器物整理室工作。1950年7月，文化部文物局组织雁北文物勘察团，阎文儒参加考古组工作，调查大同云冈石窟、山阴故驿村古城、浑源李峪村出土战国铜器、阳高古城堡和广武古墓群等，撰有《广武和古城堡的汉墓》一文。同年9月参加文化部组织的东北考古发掘团，写出《辽西义县万佛堂石窟调查及其研究》等文。1951年，阎文儒升为副教授。

1952年北京大学历史学系设立考古专业，阎文儒转入北京大学历史学系考古教研室，从事考古教学与研究工作。他参与或主讲的课程有"中国美术史""中国历史考古学""石窟寺艺术""中国考古学史"等。他还曾带领学生外出进行生产实习，并多次赴云冈石窟和龙门石窟等地进行教学参观考察。从专业成立到"文化大革命"前，阎文儒一直承担教学任务，几乎不曾间断。除讲课之外，阎文儒还指导研究生进行石窟调查测绘和论文写作。

1952～1955年，阎文儒参加由文化部社会文化管理局、中国科学院考古研究所、北京大学联合举办的考古工作人员训练班，负责讲课和指导实习。1954年，阎文儒带领北京大学历史学系考古专业部分学生赴洛阳实习，参加中国科学院考古研究所调查发掘团，在洛阳城西，金谷园以南，靠近涧水的地方，勘察汉代河南县城遗址。该团中分出一组人员勘察汉魏隋唐洛阳城址，阎文儒参加这项工作，初步确定城址的范围和一些城门的位置，并在考察的基础上绘制出汉魏洛阳城实测图和隋唐东都城址实测图，勘察结果以《洛阳汉魏隋唐城址勘查记》为题发表于《考古学报》1955年第1期。不久阎文儒又发表《隋唐东都城的建筑及其形制》一文，对隋唐东都城的形制和功能区的设置等进行分析。

1956年冬，中国科学院考古研究所举办考古研究所见习员训练班，阎文儒讲授"石窟寺艺术"和"汉唐城市遗址"两门课，讲稿修改后以《考古学基础》为名，1958年由科学出版社出版。

1956年，阎文儒兼任北京大学考古专业考古教研室资料室主任，同年受聘兼任北京故宫博物院研究员，参与并主持该院雕塑馆展品的收集与陈列工作。1957年，阎文儒受中国佛教协会委托，赴北京房山云居寺考察石刻佛经，参加并领导房山石经的大规模发掘和整理工作。1959年5月，阎文儒参加中国历史博物馆通史陈列的布展工作，负责隋、唐、五代、宋、元、明、清诸代部分。

20世纪50年代末，北京大学历史学系承担编写《北京文物志》的科研任务。阎文儒带领56级考古专业学生参加，全班同学被分成三个小组，一是城址遗址组，一是北京市寺庙组，一是革命文物与革命遗址组。城址遗址组的项目之一是"辽南京和金中都"，阎文儒参与金中都的调查，撰写调查报告，并进行复原研究，研究成果以《金中都》为名发表在《文物》1959年第9期上。这是中国学者最早对金中都进行的全面调查。

1961～1965年，中国接受锡兰（斯里兰卡）共同编撰《佛教百科全书》的邀请，国务院总理周恩来将此任务委托中国佛教协会，阎文儒应佛教协会之邀组织佛教胜迹联合调查小组，先后三次系统考察全国佛教石窟寺。第一次调查从1961年6月开始，调查新疆各石窟，包括拜城克孜尔石窟、库车森木塞姆石窟和库木土拉石窟群、焉耆七格星明屋石窟、吐鲁番柏孜克里克石窟等，甘肃敦煌莫高窟、天水麦积山石窟，河南洛阳龙门石窟，山西大同云冈石窟，四川广元皇泽寺石窟、大足龙岗山石窟，浙江杭州飞来峰石窟等。此次调查对石窟进行分期、标号、造册、登记，并拍摄大量照片，解决不少历史上遗留下来的问题。调查新疆石窟后，阎文儒陆续发表《新疆最大的石窟寺遗址——拜城克孜尔石窟（考察西北石窟寺工作散记之一）》《龟兹境内汉人开凿、汉僧主持最多的一处石窟——库木土拉》《新疆天山以南的石窟》等论文，对古龟兹境内的重要石窟遗迹加以介绍，并对石窟的分期与年代，提出自己的新见解。1963年以后，阎文儒又两次率调查组前往甘肃炳灵寺石窟、庆阳寺沟北石窟和陕西彬县大佛寺石窟等进行调查，对第一次调查进行进一步核实和补充。调查小组行程逾1.5万千米，积累大量的文字和图片资料，并厘清一些石窟的年代问题，最终编写成《佛教百科全书》之中国石窟部分，这是对中国石窟寺艺术的一次全面整理和总结。

自系统调查石窟后，阎文儒就将主要精力投入到石窟资料的整理和研究，发表一系列研究文章。1975年阎文儒不幸患上颈脊椎骨质增生症，右手丧失书写功能，他以顽强的毅力练习左手写字，一年后竟然书写自如。直至逝世前的20世纪90年代初期，他出版了《中国石窟艺术总论》《麦积山石窟》《炳灵寺石窟》等多部著作。《中国石窟艺术总论》是对中国石窟寺艺术的全面总结和研究，共20余万字，是阎文儒在实地考察的基础上对全国石窟寺艺术进行的一次大梳理，极具参考价值。《麦积山石窟》和《炳灵寺石窟》是对重要石窟的研究专著，阎文儒精于佛教题材和历史人物事件的考释，这两本书是佛教考古和艺术学习者不可缺少的参考书。阎文儒在石窟调查中积累大量的研究资料，随着石窟资料整理工作的不断深入，《龙门石窟研究》《云冈石窟研究》《中国雕塑艺术纲要》在他去世后也陆续出版。

1992年出版的《两京城坊考补》一书，是阎文儒对徐松《唐两京城坊考》一书所作补注，他对唐代西京长安和东都洛阳都做过实地调查，对两京的遗迹都很熟悉。该书运用文献资料、金石碑刻和考古发掘资料为徐书作详尽的补充，为研究唐代东西两京的里坊布局、社会习俗、经济文化等，提供了丰富而翔实的新资料。

阎文儒曾任中国考古学会名誉理事。

1994年8月20日，阎文儒在北京逝世。

王玉哲 字维商。河北深州人。民国2年（1913年）1月2日出生。中共党员，历史学家、教育家，南开大学博物馆学专业的主要创建者。

王玉哲生于一个世代务农的传统家庭，在村中初级小学接受启蒙教育。民国17年（1928年），王玉哲到深县县城读高等小学，后升入同城的河北省立第十中学，在此完成初中学业。民国22年（1933年），王玉哲考入北京市立第四中学高中部，从此开始走上文史研究的道路。王玉哲有位从事古旧书生意的叔父曾交

好于梁启超，常对他讲过去梁启超的趣闻轶事，使得他对梁启超的论著产生兴趣。民国23年（1934年），在读梁启超的《要籍解题及其读法》时，王玉哲对梁启超的个别观点产生怀疑，并写下《司马迁作史记的年代考》一文，成为其第一篇学术论文。

民国25年（1936年），王玉哲高中毕业考入北京大学史学系。次年，日本侵略军全面侵华，京津沦陷，北京大学、清华大学和南开大学南迁长沙，合组为长沙临时大学。王玉哲通过华北的敌占区，经一个多月奔波流离，辗转至长沙，入学长沙临时大学。

民国27年（1938年），长沙临时大学决定迁往昆明，改称西南联合大学，并组织湘黔滇旅行团步行入滇。王玉哲随团从长沙启程，历时68天，行程1800千米，终至昆明。在西南联合大学求学期间，王玉哲表现出较高的学术天赋，其《评傅斯年先生"谁是齐物论之作者"》一文在西南联合大学师生间多有传阅，曾受到刘文典、顾颉刚、冯友兰、闻一多等的赞赏。他还发表《晋文公重耳考》等论文。

民国29年（1940年），王玉哲考入北京大学文科研究所，师从唐兰；民国32年（1943年）硕士毕业，受聘为私立华中大学历史系副教授。在华中大学期间，王玉哲的《鬼方考》一文获得教育部民国34年（1945年）年度学术发明奖金。

民国36年（1947年），王玉哲受聘为国立湖南大学历史系教授。次年，因父亲病重，王玉哲返津并受聘于南开大学历史系。

中华人民共和国成立后，王玉哲接受并努力学习唯物史观，用于商周社会史及民族史

研究。1959年，王玉哲的课程讲稿《中国上古史纲》由上海人民出版社出版。1979年秋，南开大学历史系设立博物馆专业，王玉哲任专业教研室主任。南开大学筹办文博专业几乎是白手起家，且无前例可循。缺乏教学用的文物资料，王玉哲就走访国家文物事业管理局、中国历史博物馆、中国革命博物馆、故宫博物院等文博单位，争取他们的支持，征集、调拨和廉价购买一定数量的文物。缺乏专业的师资力量，王玉哲就领导大家一方面从校外引进有文博工作经验者来任教，一方面聘请傅振伦、史树青、李学勤、李辉柄等文史大家担任兼职教授，组成一支编外教学骨干力量。

1983年，王玉哲作为中国高校文科教育代表团团长率团访问联邦德国。短短3周的时间里，王玉哲不辞劳苦考察联邦德国约10座城市、8所大学、18座博物馆。次年，王玉哲、李家斌在《博物馆通讯》发表《联邦德国博物馆考察散记》一文，对此次博物馆考察的成果进行总结和梳理。

1990年，由王玉哲主编的《中国古代物质文化》由高等教育出版社出版。该书以南开大学文博专业基础课"中国古代物质文化史"的授课讲义为基础，由多位授课老师合著而成。它努力将考古资料与历史文献相结合，使得读者能对中国古代的物质生产与生活状况有一个全面的了解，为从事文博工作提供基本的知识储备。

王玉哲的著作还有《王玉哲文集》《古史集林》《中华远古史》《中华民族早期源流》等。其中《中华民族早期源流》获得中国三大图书奖之一的第四届"中华优秀出版物奖"图书提名奖，入选国家新闻出版署向海外推广的

第三届"三个一百"原创出版工程。他还主编了《中国历史大辞典·先秦史》等。

2005年5月6日，王玉哲在天津逝世。

杨宽 字正宽。上海青浦人。民国3年（1914年）1月出生。历史学家，复旦大学教授。

杨宽出生在青浦白鹤江镇一个医师家庭，民国8年（1919年）秋，他进入家乡新式小学堂鹤溪小学读书，在接受新式教育的同时，也受到严格的旧学训练，打下非常扎实的古文基础。民国15年（1926年），杨宽考上苏州中学师范科，在苏州求学时期，旧书店成为杨宽重要的知识来源之一，在此，他写成第一篇学术论文《墨经校勘研究》。民国21年（1932年），杨宽考入上海光华大学文学系，师从吕思勉、蒋维乔、钱基博等学者。

民国25年（1936年），杨宽毕业，同年被上海市立博物馆聘为艺术部研究干事，参与上海市立博物馆筹建工作，主要担任古物的陈列布置和编写说明等工作。民国26年（1937年）元旦，上海市立博物馆正式开馆。不久，淞沪会战爆发，杨宽与时任馆长的胡肇椿将贵重文物寄送至震旦博物馆，上海市立博物馆就此关闭。同年9月，经博物馆同事推荐，杨宽被广东省立勤勤大学聘为讲师。次年夏，为照顾妻儿，杨宽请辞勤勤大学教职，从海道经香港返回上海。回到上海后，在上海私立湘姚中学任历史教员，并兼任该校注册主任。民国28年（1939年）8月起，杨宽在光华大学兼课。民国30年（1941年），杨宽举家隐居青浦家乡，开

始历时两年多的战国史料编年辑证工作。在扎实的史料整理的基础上，杨宽在20世纪50年代初期完成并出版他的代表性著作《战国史》。

民国34年（1945年），抗日战争胜利后，杨宽被聘为上海市立博物馆复馆办事处主任。杨宽首先寻找寄存在震旦博物馆的上海市立博物馆文物，经过多方奔走以及警察局的调查配合，民国35年（1946年）1月21日于白利南路伪文物处理委员会旧址仓库内发现原存于震旦博物馆的文物。虽然所存文物有丢失，但复建后的上海市立博物馆的陈列品就建立在这批文物基础上。为充实展品，杨宽还致函上海市教育局，请求将已接收的敌伪艺术史料文物、古画交付上海市立博物馆。复馆之际，展览物品的展具不够，杨宽多次致函上海市教育局请求拨款购买展览器具。同年5月4日，为庆祝国民政府还都，上海市立博物馆第一陈列室正式开放。5月18日，杨宽被正式任命为馆长。

上海市立博物馆开放后多次举办展览，计有"总理遗墨展会""上海抗战文献展览""革命文物展览会""特种报纸展览会""历代明器展览""辛亥革命文献展览会"和"国父事迹展览会"等。其中"上海抗战文献展览会"引起很大反响。民国35年（1946年）12月，杨宽致函上海社会局请求提供藏品以备展览。次年1月1日，上海市立博物馆举办"上海抗战文献展览会"，陈列品共5000件，总共有两个陈列室，第一陈列室陈列上海抗战时的悲壮文献与地下工作者的忠烈文献；第二陈列室陈列日伪的劣迹。在抗战文献中，有全套的上海战争摄影、各种宣传品及出版物；在地下工作文献中，有烈士的遗像、纪念品及地下工作的宣传品与秘密文件等；在表现日伪劣迹的文献中，大如巨幅彩色广告，小如赌场中的筹码，形形色色。由于群众踊跃参观，本应于1月3日闭幕的展览会延期至1月5日。其中日伪军张贴的巨幅广告是杨宽访得一位民间人士，在日本侵略军侵占上海期间，每次张贴广告，他都趁人不注意揭回收藏，作为日本侵略的证据，这次也借出参展。

上海市立博物馆还承担上海、江苏地区的考古发掘工作。民国37年（1948年）1月14日，以杨宽为团长的田野考古工作团赴松江戚家墩文化遗址开展工作，发现一处古代住宅区遗址、一处古窑址，几何印纹陶器、灰陶器多件。同年3月15日和翌年2月1日，《申报》与《文物周刊》第113期分别以《市博物馆人员在松江发现古窑》和《戚家墩发掘报告稿之一——戚家墩窑基的发掘》为题连续报道几次发掘情况。

此外，在杨宽的领导下，上海市立博物馆用上海市立博物馆研究室的名义，借用《中央日报》版面，每星期编辑一期《文物周刊》，这是中国第一个以文物为主题的期刊，也是当时唯一探讨文物的期刊。周刊每期发表3～4篇文章，夏鼐、胡厚宣、顾颉刚、劳榦、石璋如、冯友梅、李石曾等学者都曾为其供稿。同时，博物馆还印装15部《上海市立博物馆藏印》，由杨宽作序。

民国37年（1948年），卢芹斋在上海的代理人将民国12年（1923年）出土的"浑源彝器"伪装成仿古品，运至海关码头准备出境，被媒体发现并公之于众。这批器物造型独特，纹饰精美，极其珍贵，出土时就轰动海内，引发各类人物的觊觎，几经辗转，部分器物落入古董商卢芹斋手中。在上海文化界的一再吁请下，市政府于9月28日派杨宽与上海市立博物馆研究员蒋大沂等至海关库房逐箱开验，将文物造册扣留，使这批历经劫难的国宝最终留在了故国。1952年，上海博物馆成立，包括此次扣留的12件浑源器落户于此，成为上海博物馆的镇馆重宝。

1949年5月27日，上海解放，6月4日，杨宽致函上海市军事管制委员会文化、教育管理委员会和市政教育处，报告博物馆的沿革及最近情况暨文物清册、图书清册、财产清册、款项收支清册、员工名册、卷宗目录。6月22日，上海市军事管制委员会举行接管上海市立博物馆的仪式。9月，上海市立博物馆改名为上海历史博物馆，1951年11月，并入上海博物馆筹备委员会。1952年12月21日，上海博物馆正式开馆，杨宽任上海博物馆副馆长。

1953年，杨宽任复旦大学历史系兼职教授。1954年春，为答复博物馆观众对中国古代钢铁兵器如何制造的疑问，杨宽开始研究冶铁技术史，在短短两年的时间中，完成一系列论文和《中国古代冶铁技术的发明和发展》专著。

1959年，杨宽调至上海社会科学院历史研究所任副所长，1970年回到复旦大学任历史系教授，1984年赴美国迈阿密大学讲学并定居。赴美前，他将所藏6000册图书捐献上海图书馆。

杨宽的主要学术成果有《西周时代的楚国》《西汉长安布局结构的探讨》《西周中央政权机构剖析》《先秦墓上建筑和陵寝制度》《马王堆帛书〈战国策〉的史料价值》《春秋时代楚国县制的性质问题》《释青川秦牍的田亩制度》《云梦秦简所反映的土地制度和农业政策》《重评一九二〇年关于井田制的辩论》等论文，以及《西周史》《战国史》《中国古代冶铁技术发展史》《中国古代陵寝制度史研究》《中国古代都城制度史》《中国上古史导论》《战国史料编年辑证》《战国会要》等专著。

杨宽曾任上海市文物保管委员会主任秘书、中国先秦史学会第一至三届副理事长、中国科学院历史研究所筹备处委员、中国对外文化协会上海分会理事、中国史学会上海分会理事、上海市哲学社会科学编委会委员，还是上海市第二届政协委员。

2005年9月1日，杨宽在美国迈阿密去世。

张珩 字葱玉，号希逸。浙江吴兴人。民国3年（1914年）2月10日出生于上海。古书画鉴定专家。

张珩出生于收藏世家，祖父张均衡、伯父张乃熊均为著名收藏家。张珩自童年开始，就受家庭艺术收藏氛围的熏陶。他4岁时跟随祖父生活，开始接触书画欣赏。民国8年（1919年），他开蒙读书，家塾中即以书画幛壁。张珩自少年开始熟悉中国传统书画鉴赏的套路，他喜欢生活在老人圈子中，与之相往来者多为收藏大家或书画名家。他见多识广，博闻强记，在诸多名家的培养和熏陶下，练就一双书画鉴定的火眼金睛。20世纪三四十年代，张珩两度被聘为故宫博物院鉴定委员。民国36年

（1947年），张珩将自己收藏的书画精品结集出版，名为《韫辉斋藏唐宋以来名画集》，由郑振铎作序。

1950年，张珩被聘为上海市文物保管委员会顾问。同年，张珩接受文化部文物局局长郑振铎的邀请，到北京出任文化部文物局文物处副处长。当时文物单位人才匮乏，文物局将中青年组织起来进行学习培训，张珩在文物干部学习班讲解书画鉴定。

在1949年国民党政府败退台湾时，蒋介石命令将故宫博物院收藏的许多历史文物珍品运往台湾，当时美国费城艺术博物馆副馆长霍雷斯·杰尼曾提出，要把存放在台湾的故宫珍贵文物，以"长期出借"的方式偷运到美国。1953年夏天，美国派出一批所谓的"专家"去台湾活动，以便决定将哪些文物运往美国。针对这个情况，张珩于1955年在《文物参考资料》上发表长文，表达出强烈的愤慨之情，同时凭着自己年轻时在北京故宫鉴赏这些古画的记忆，列举出上百幅珍贵作品的名录，进行详细的描述和评论，他鉴赏书画过目不忘的才华让人们赞叹。1957年5月，张珩兼任文物出版社副总编辑，并担任《文物》《考古》两种重要刊物的编委。

张珩是书画传统鉴定方法的集大成者，是公认的书画鉴定界泰斗，被誉为"20世纪最伟大的艺术鉴赏家"。张珩认为"鉴定可学"，中国书画鉴定的核心问题和主要依据是确定书画的时代风格和个人风格。他认为"书画时代风格的形成，是与当时的政治经济、生活习惯、物质条件等密切相关的，也就是说不能脱离它的时代背景"，并说："不同时代的绘画

也有不同的风格。古代绘画创作的操作方式也和元明以后文人案头作画的方式不同。唐宋以前，壁画盛行，画家们是站着画的，就是在绢素上作画，也多绷在框架上，立着来画，像今天画油画似的。大约从宋代开始，将纸绢平铺桌上的作画方式才渐渐盛行起来。框架绷绢的画法后来只在民间画工中还沿用下去。"他还认为"绘画自古就是为政治服务的，旨在'成教化、助人伦''指鉴贤愚，发明治乱'，所以首先促进了人物画的发展，而《女史箴》《列女传》等都是宣传封建礼教的题材"。张珩总结书画鉴定的6种辅助方法，着眼点分别是印章、纸绢、题跋、收藏印、著录、装潢。这些鉴定的方法也为古玩商们所熟悉，但张珩能够将这些林林总总的鉴定方法汇集于一身，针对每一种方法进行深入的研究，这就形成其书画鉴定的独到之处。

张珩在书画鉴定实践方面，有着突出的贡献。1962年文化部组织以张珩为首的书画鉴定小组，在全国各地巡回鉴定书画近10万件，发现许多湮没已久的书画珍品。

20世纪50年代后期，张珩准备花几年的时间，为中国古代书画的著录做好基础工作，计划收录中国古代书画重要作品6000余件，实际上只完成约2200件的收录工作。2011年，上海书画出版社出版的《张珩文集》有两册，即《怎样鉴定书画》和《张葱玉日记·诗稿》，其中真正阐述他的鉴定意见和鉴赏理论的有《怎样鉴定书画》和《记述故宫运往台湾的一些名画》两篇文章，虽仅有几万字的篇幅，却是业界必读之作。

1963年8月26日，张珩因病在北京逝世。

王世襄 字畅安。福建福州人。民国3年（1914年）5月25日生于北京。九三学社成员，文物专家、文物鉴定家、收藏家，中国文化遗产研究院研究员。

王世襄生于官宦世家，父亲王继曾曾留学法国，民国初年为北京政府外交官。母亲为湖州商人之女，曾留学英国，善绘画。民国9年（1920年），王世襄父亲出使墨西哥，母亲带着6岁的王世襄居住于上海。民国13年（1924年），全家重新回到北京。同年秋，王世襄进入北京干面胡同美国人为他们子弟办的学校读书，从三年级开始一直到高中毕业，学得一口流利的英语。作为一名世家子弟，优越的环境和年少好奇、好动的性格，使王世襄特别喜欢和京城诸多玩家交游，展露出"燕市少年"的特有风貌。晚年的王世襄曾自嘲："我自幼及壮，从小学到大学，始终是玩物丧志，业荒于嬉。秋斗蟋蟀、冬怀鸣虫……挈狗捉獾，皆乐之不疲。而养鸽飞放，更是不受节令限制的常年癖好。"民国23年秋（1934年），王世襄考入燕京大学，先入医科，因不喜欢，后转入国文系。在大学，王世襄仍"恶习"不改，甚至还有臂上架着大鹰或怀里揣着蝈蝈到学校上课之举。民国27年（1938年）6月，王世襄大学毕业，考入燕京大学研究院。民国30年（1941年）6月，王世襄研究生毕业，硕士论文为《中国画论研究·先秦至宋代》。民国32年（1943年），王世襄完成《中国画论研究·元、明、清》，至此完成《中国画论研究》全书。同年11月，他离开北平到重庆，在那里求见马衡、傅斯年，希望到中央研究院历史语言研究所工作。最后，他接受梁思成的邀请，到中国营造学社任助理研究员。民国34年（1945年）9月，王世襄在马衡、梁思成的推荐下，担任清理战时文物损失委员会平津区的助理代表，清理追还、征购数批文物，累计2000余件。民国35年（1946年）11月，王世襄完成平津区助理代表的使命，因熟悉英语、懂文物，被派往中国驻日本代表团文化教育组工作，负责调查交涉归还文物事宜。他日夜奔波，追还被掠夺的原中央图书馆所藏善本图书106箱（一说107箱）。民国36年（1947年）3月，王世襄结束在日本的使命，回到故宫博物院工作，任故宫博物院古物馆科长。次年5月，美国洛克菲勒基金会提供给故宫一个去美国及加拿大考察博物馆一年的名额，王世襄因年富力强、熟悉业务、英语流利，被选派前往。1949年7月，王世襄在考察美国和加拿大的众多博物馆，尤其是馆藏的中国古代书画以后，谢绝一些博物馆的聘用和一些大学请他任助理教授的邀请，返回故宫，仍任古物馆科长及陈列部主任。

中华人民共和国成立后，王世襄任故宫博物院古物科科长。1952年"三反"运动中，因王世襄有抗日战争胜利后作为清理战时文物损失委员会平津区助理代表的"特殊经历"，成为故宫的重点审查对象。经一年多的审查，虽然证明了王世襄的清白，但他仍被开除公职。1954年，王世襄接受李元庆、杨荫浏的邀请，到中央音乐学院民族音乐研究所工作，任副研究员。他凭借自己熟悉古代文物典籍的优势开始研究古代音乐。他研究中国著名古曲《广陵散》，以及历史上与它有关的文献，写成《古琴名曲〈广陵散〉》一文，发表于1956年4月的《人民音乐》杂志。同年，他的《民族音乐研究论文集》由人民音乐出版社出版。随后，他又将《古琴名曲〈广陵散〉》修改补充，与古琴演奏家管平湖用几年时间发掘出来的《广陵散》曲谱一同由人民音乐出版社出版《广陵散》单行本。1957年，王世襄为人民音乐出版社编辑的5册《中国古代音乐史参考图片》出版。同年，王世襄被错划为右派。1958年，王世襄历时9载，对中国古代漆器髹饰工艺经典著作《髹饰录》进行注解，完成《髹饰录解说》初稿。限于当时环境与条件未能出版，王世襄只能自费刻印。1961年王世襄著《中国古代音乐书目》由人民音乐出版社出版。次年，王世襄摘掉右派帽子，调回文物部门工作，在文化部文物管理局直属的文物博物馆研究所任副研究员。

1966年，"文化大革命"开始，王世襄遭受冲击。为保存自己收藏的文物和书稿，他"自我革命"，主动请文物局的红卫兵到家里"破四旧"，使这批文物、资料集中到妥善的地点封存，十余年后大部分藏品又重新回到他家中。1969年，王世襄与文物局系统的一部分干部和职工一道，下放到湖北咸宁的"五七干校"，参加劳动锻炼。1973年，王世襄从干校回到北京，开始根据马王堆汉墓等最新考古资料对《髹饰录解说》进行修订和补充。1979年，王世襄获得平反，1980年被评为古文献研究室研究员。1981年，王世襄加入九三学社。1983年，《髹饰录解说》在自费刻印25年后，

经过不断修订和补充，由文物出版社出版。1985年，王世襄参与编选的《故宫博物院藏雕漆》由文物出版社出版，在这本大型图录中他撰写元、明部分的266条图版说明，在许多图版说明中，他运用《髹饰录》记录的工艺技术解读器物的工艺特点并进行断代。他还编著有《中国古代漆器》，该书由文物出版社和外文出版社同时推出中、英文两个版本。1989年7月，王世襄又领衔主编《中国美术全集·漆器》一书，全面展示中国古代漆器研究的整体水平。

在中国营造学社时，王世襄就阅读《营造法式》和《清代匠作则例》，对小木作及家具产生兴趣，并致力于家具的收藏和研究。通过近40年的努力，王世襄仅明式家具就搜集79件。从1979年开始，他陆续发表明式家具的研究文章。1985年，王世襄以自己收藏的明式家具为基础，遵循明至清前期的特定范围，编选各类材质、造型、品种、结构和装饰的家具，配以精彩点评，编写出《明式家具珍赏》一书，由文物出版社和香港三联书店合作出版，在海内外引起极大反响。同年12月，他获得文化部颁发的"全国文物博物馆系统先进个人"称号。1986年3月，他被聘为国家文物鉴定委员会委员。同年，《明式家具珍赏》英文本和法文本在英国、法国、美国、泰国和中国香港相继推出。1989年，集王世襄30多年辛勤耕耘而成的《明式家具研究》在港台两地同时推出，随后又出版英文本。此书在大量实例、文献和经验的基础上，从人文、历史、艺术、工艺、结构、鉴赏等角度完成对明式家具的基础研究，成为中国古典家具学术领

域的一部奠基之作。1990年秋至1995年，王世襄三次赴美国加利福尼亚州的中国古典家具博物馆鉴定实物，指导陈列。1993年，王世襄与友人、香港实业家庄贵仑协议，将自己所收藏79件明式家具低价转让，由庄贵仑全部捐赠上海博物馆。

王世襄对竹刻也有很深的研究，曾与朱家溍合编《中国美术全集·竹木牙角器》，他自己著有《竹刻》《竹刻鉴赏》等著作。

王世襄一直"玩"兴十足，京城的玩意儿几乎都有涉猎，如养鸽子、斗蛐蛐、怀鸣虫、范匏器、绘葫芦、架大鹰、训獾狗以及品尝美味佳肴。他通过与众多玩家交游，耳濡目染，以小见大，搜集素材，结合文献，整理评述，使市井的"雕虫小技"登上"大雅之堂"，编著有《北京鸽哨》《明代鸽经清宫鸽谱》《蟋蟀谱集成》《说葫芦》《中国葫芦》等书，并写有《大鹰篇》《獾狗篇》等文章。

1994年，王世襄被聘为中央文史馆馆员。2000年，王世襄自选集《锦灰堆》出版，全书共3卷，前两卷收集王世襄80岁以前所写的大部分文章，计105篇，编为家具、漆器、竹刻、工艺、则例、书画、雕塑、乐舞、忆注、游艺、饮食、杂稿等12类，第三卷选收王世襄历年所作的诗词120首。

2003年12月3日，王世襄获得旨在鼓励全球艺术家和思想家进行交流的荷兰"克劳斯亲王奖"最高荣誉奖。

王世襄为第六、七届全国政协委员，享受国务院政府特殊津贴。2009年王世襄获国家文物局"文物、博物馆工作60年"荣誉证书。

2009年11月28日，王世襄在北京逝世。

朱家溍　字季黄。浙江萧山人。民国3年（1914年）8月11日生于北京。九三学社成员，历史学家、文物专家、故宫博物院研究员、国家文物鉴定委员会委员、中央文史研究馆馆员。

朱家溍是朱熹第25代孙，父朱文钧是民国时期收藏家。朱家溍四五岁起开始识字，7岁进书房，习《论语》《孟子》《大学》《中庸》《诗经》《左传》等，又遵父命通读《资治通鉴》《续资治通鉴》等。民国26年（1937年），朱家溍考入辅仁大学国文系，民国30年（1941年）毕业，次年逃离沦陷的北平前往重庆。民国32年（1943年）5月，朱家溍在重庆文化驿站管理处任干事，同年他借调到故宫博物院驻渝办事处，临时参加"中国艺术品展览"的布展工作。民国33年（1944年）5月，他在粮食部储备司任专员。民国35年（1946年），朱家溍回到北平，次年正式进入故宫博物院古物馆任编纂，从事文物"提集、整理、编目、陈列"等工作。工作期间，他广泛研究中国古代书法名画、工艺品及古建筑、园林、明清历史、戏曲等。

1949年，朱家溍升为副研究员，任古物馆科长。1950年，他任故宫博物院陈列组组长，负责各项大型文物陈列设计和布置。同年，为配合全国戏曲工作者会议，他参与筹办"清代戏曲史料展"，同时，在查阅相关档案的基础上，在阅是楼畅音阁恢复清代帝后观剧时的原状陈列。他还在被认为是装假画的大箱子里发现《听琴图》和《层叠冰绡图》两幅宋代绘画真迹。1954年4月，朱家溍到梅兰芳剧团任艺术顾问，1956年7月回故宫博物院陈列部工作。

1958年文化部及所属单位下放江苏省。下放期间，朱家溍到江苏省为培训本省干部举办的文化艺术学院工作，任博物馆系主任。1959年，他回到陈列部工作，负责历代艺术馆明清部分综合艺术品陈列。依据明清档案和历史文献，逐步恢复太和殿、养心殿等重要宫殿内部原状陈列。在恢复太和殿内部原状陈列时，殿中心的龙椅，因当年袁世凯称帝时被换掉而下落不明，朱家溍从一张清光绪二十六年（1900年）拍的老照片上，看到从前太和殿内部的陈设原貌。他用心查找，终于在一处存放残破家具的库房中，发现一个破旧难辨的髹金雕龙大椅，经研究考证，它很可能是明嘉靖时重建皇极殿后的遗物。此后，朱家溍承担修复龙椅的工作，一年后，修复后的龙椅重新摆放在原来的位置上。

1969年，朱家溍到湖北咸宁"五七干校"，1971年到湖北丹江"五七干校"。在此期间，他为湖北省文博系统干部培训班讲授专业课，并带领培训班对武当山地面文物进行考古实习。1978年，国务院古籍整理小组在全国图书馆进行善本图书编目工作，他到故宫博物院图书馆主持编目工作。1983年，他主编大型图录《国宝》，由香港商务印书馆出版，成为海外畅销书。同年，朱家溍取得研究员职称。1988年，朱家溍任中央文史研究馆馆员，1991年成为第一批享受国务院政府特殊津贴的专家。

1992年，应国家文物局之邀，朱家溍参加文物专家组，确认全国省、市、县博物馆和考古所的一级文物，他承担除陶瓷、青铜器、玉器以外各类文物的等级确认工作。他以古稀之年，用每年春秋两季4个月的时间跑遍除西藏自治区以外的全国各地的博物馆和考古所，筛选文物，确定级别。

朱家溍一生编书著书极为丰富。他担任主编的图书有《清代后妃首饰》《两朝御览图书》《明清帝后宝玺》《历代著录法书目》《中国美术全集·竹木牙角器》《故宫藏珍本丛刊》《故宫博物院藏文物珍品全集·明清家具》等。他著有《故宫退食录》、《养心殿造办处史料辑览》（第一辑雍正朝）和《明清室内陈设》，与人合著《清代内廷演剧始末考》等。

60年来，朱家溍一身布衣，一辆自行车，穿行于锣鼓巷与故宫之间，风雨无阻。2002年底，他以九旬之躯前往上海，在"晋唐宋元书画展"现场向人们细致讲解72件国宝的来龙去脉，终因过度劳累，致喉咙不能出音。

1953年，在母亲提议下，朱家溍兄弟4人，将700余种碑帖无偿捐献给故宫博物院。1976年，经朱家溍提议，兄弟们将明清木器数十件以及明代名砚、宣德炉等无偿捐献给承德避暑山庄；将善本古籍数万册，无偿捐献给中国社会科学院历史研究所。1994年，朱家溍兄弟将家中最后一批文物无偿捐献给故乡浙江省博物馆，包括唐代朱澄的《观瀑图》、北宋李成的《归牧图》、南宋夏圭的《秋山萧寺图》等。

2003年9月29日，朱家溍于北京逝世。

何正璜 女，湖北汉川人。民国3年（1914年）出生于日本东京。中共党员，文物专家。

何正璜幼年随父母归

国。民国23年（1934年），何正璜毕业于武昌艺术专科学校，当年赴日本，入多摩川美术学校学习工艺美术。民国26年（1937年），何正璜毕业回国。民国29年（1940年），何正璜参加教育部西北艺术文物考察团，4年间辗转于陕、甘、青等地，从事艺术文物的考察和抢救工作。除参与日常踏勘、记录、绘图外，她还担任考察团秘书，协助团长王子云处理文牍及日常事务，整理考察所得图文资料。民国29年（1940年）12月，何正璜与王子云结为伉俪。民国31年（1942年），何正璜与王子云合作并由她执笔的《敦煌莫高窟现存佛洞概况之调查》刊于《说文月刊》，是国内最早的敦煌莫高窟调查报告，为日后敦煌壁画与雕塑的研究奠定基础。次年，何正璜与王子云合著《唐陵考察日记》，记载考察关中唐代帝陵的实况。此外她还编撰《教育部艺术文物考察团西北摄影选》，留下珍贵的文字记录和照片资料。在此期间，她还陆续发表《美丽的临潼》《咸阳访古》《吟鞭指灞桥》《青海之恋》《东方的梵蒂冈——拉不楞》等考古散文20余篇，以优美练达的文笔和自己独到的艺术感受，向读者介绍西北地区的文物古迹和艺术遗存。民国34年（1945年），何正璜任西北大学历史系文物研究室助理研究员。

中华人民共和国成立后，何正璜投身博物馆事业，在陕西省博物馆工作达40年，长期担任陈列部主任、研究室主任。任职期间，随着中国考古事业的发展，陕西地区考古发现层出不穷，陕西省博物馆的历史陈列从小到大，由粗而精，以"周秦汉隋唐断代史陈列""西安碑林""西安石刻艺术陈列"为基本陈列，

辅以各类专题陈列和临时展览，形成独具特色的陈列体系。她以自己广博的历史考古知识和深厚的文学、艺术修养，为国内各艺术院校师生举办讲座，对丰富精美的展品进行深入浅出的专业讲解，传播历史文化知识。多次为来馆参观的党和国家领导人及各国政要担任讲解。数十年间，她先后参与编著《博物馆学概论》《陕北东汉画像石刻选集》《西北少数民族图案选集》《古代装饰花纹选集》等著作，撰写《陕西石刻》《西安碑林宝石花》《秦俑摭言》《话说李寿石椁》《宋漏泽园砖考》等论文和文章60余篇；为大型画册《古都西安》撰文，为10集电视专题片《长安》撰写解说词。2006年，《何正璜文集》由陕西人民出版社出版。2010年，《何正璜考古游记》由人民美术出版社出版。

何正璜曾任第六、七届全国政协委员，陕西历史博物馆顾问、研究员，中国博物馆学会理事，陕西省博物馆学会副会长，陕西省国画院顾问，陕西省及西安市文物考古专业高级职称评审委员。

1994年10月22日，何正璜在西安逝世。

陈明达 湖南祁阳人。民国3年（1914年）出生于湖南长沙。建筑学家、建筑史学家，中国营造学社成员。

陈明达出生于一个没落的官宦家庭，5岁开始读《左传》，十一二岁时尊父命手抄家藏古籍，奠定深厚的国学功底。民国14年（1925年），陈明达随父迁居北京。民国21年（1932年），因家道中落，他放弃赴东北大学建筑系学习的

机会，经小学同学莫宗江的介绍，入中国营造学社做绘图员。由于学习刻苦，工作勤奋，民国24年（1935年），陈明达成为学社的研究生，从此正式师从梁思成、刘敦桢系统地学习建筑学，并成为刘敦桢的主要助手。在中国营造学社工作期间，陈明达参与半数以上古建筑的考察工作，足迹达92个县市，考察1413处遗迹，绘制40余座古建筑的1：50实测图，20余份1：20模型足尺图，并在考察和研究中，解决许多疑难问题。陈明达才思敏捷，往往对问题有自己独到的见解，在刘敦桢的指导下，磨炼出深思熟虑、一丝不苟的学术研究风格。民国30年（1941年），陈明达代表中国营造学社参加中央博物院组织的川康古迹考察团，在彭山县江口镇一带考察汉代崖墓，完成150余件建筑测绘图和6万余字的专题论文《崖墓建筑——彭山发掘报告之一》。民国33年（1944年），陈明达离开中国营造学社，任国民政府中央设计局研究员兼任陪都建设委员会工程师、重庆复兴农村水利工程处副总工程师，主要从事重庆市道路网和分区规划设计工作。1949年11月，陈明达被西南军政委员会聘为工程师，主持设计并监督施工中共西南局办公大楼和中共重庆市委办公大楼。

1953年，经梁思成推荐，郑振铎聘任他为文物局业务秘书、工程师，管理全国的古建筑保护工作。在此期间，他参与第一批全国重点文物保护单位名单的遴选工作，参与制定《文物保护管理暂行条例》。1961年，陈明达调到文物出版社任编审，除审阅、编辑大量有关书籍和《文物》月刊外，同时进行古建筑和石窟的研究，撰写出版《应县木塔》和《巩县石窟

寺》两部专著。陈明达通过多年古建筑的调查和研究认为，当时对中国古代建筑的认识，实质上只是着重于各时代建筑的差别，尤其着重于细枝末节，凭着那些已知的表面现象，可以判断一个古代建筑的建造年代，也可以准确地绘制出各时代建筑的施工图样。然而这些并不能满足建筑发展史的需要，只能算是建筑发展史的第一步，做考古鉴定工作可以说足够了。但是，以此来写建筑发展史，只能按照时代顺序罗列表面现象，不能深入到问题的本质，把各个时代的建筑设计、施工等具体经验提高到理论高度加以总结，从而找出其发展过程中的某些规律性的东西。《应县木塔》是他的第一部建筑学专著，他在书中阐明中国古代建筑从总平面的布置到单体建筑的构造，都是按照一定法式经过精密设计的，通过精密的测量和缜密的分析，是可以找到它的设计规律的。首次以探讨设计方法为重点，希望总结出一点古代设计方面的经验，从中找出一点具体的对建筑设计有参考价值的东西。

"文化大革命"期间，陈明达被下放到"五七干校"劳动。1973年，陈明达恢复工作以后，调到中国建筑科学研究院历史理论研究所工作。1981年，凝聚他40余年对宋代《营造法式》研究心血的学术专著《营造法式大木作制度研究》出版，该书深入探究到古代木构建筑设计思想的精髓，取得诸多独创性成果。

陈明达到晚年仍笔耕不辍，留下没有完成的《中国古代木结构建筑技术（南宋—明、清）》《营造法式研究札记》《营造法式辞解》《中国建筑史学史（提纲）》等数十万字的遗稿。

1997年8月，陈明达在北京逝世。

王家广 曾用名黄岗、王少怀、王樱桃。四川屏山人。民国3年（1914年）出生。中共党员，历史学家、考古学家。

民国28年（1939年），王家广参加中共外围组织，同年赴延安参加革命，为延安抗日军政大学三分校学员。民国30年（1941年），王家广在陕甘宁边区保安教导营及司令部任教员、军事参谋，次年加入中国共产党。民国34年（1945年），他在榆林绥德师范任教。解放战争期间，王家广再回部队，曾任中国人民解放军张达志部参谋、科长、教导队长。中华人民共和国成立后，历任兰州革命大学四部主任、重庆西南民族事务委员会处长、国家轻工业部陶瓷处处长。

1958年9月，中国科学院陕西分院考古研究所成立，王家广任副所长。刚成立的陕西分院考古研究所条件简陋，只能附设在西北大学历史系。同年12月，王家广拜会在西安开会的中国科学院考古研究所副所长尹达，商讨陕西分院考古研究所的发展问题，希望中国科学院考古研究所能给予支持。尹达便将中国科学院考古研究所西安研究室部分房屋借给陕西分院考古研究所办公和住宿，同时还把中国科学院考古研究所调拨的原西北文物清理队的28人全部调给陕西分院考古研究所。王家广又积极延揽人才，通过从上级部门调入、面向社会招聘、接纳西北大学考古专业毕业生等多种途径，短短几年使得考古研究所专业干部增至近百人，并相应成立办公室、石器时代研究组、殷周研究组、秦汉研究组、隋唐研究组、图书资料室、绘图室、整修室等内设机构。王家广还积极购置图书资料，以考古、史学为主，兼及文学，还大量收购当时未引起重视的地方志书和碑帖。

建所伊始，王家广就非常重视业务工作的开展。为摸清全省古遗址、古墓葬家底，1959年初，王家广派出3支考古调查队深入到关中和陕南各县进行考古调查摸底工作，发现彬县下孟村新石器时代遗址、西乡李家村新石器时代遗址、铜川黄堡耀州窑遗址、秦都咸阳遗址、凤翔雍城遗址、周原岐邑遗址等170多处遗址，取得丰硕成果，打破汉水流域没有新石器时代遗址的错误判断，填补陕南的考古空白。他还前往凤翔的南古城、豆腐村、穆公墓、石落坞，咸阳的窑店、滩毛，铜川的黄堡、立地坡、陈炉镇等地调查，并有感而发，写下"秦王宫殿今何在，渭水城边一寸晖""宫殿何处觅，瓦当时在目"等诗句。这次调查不仅发现并出土大量珍贵文物，还发表数十篇考古简报。

1960年开始，在王家广的主持下，考古研究所有计划地对彬县下孟村遗址、铜川黄堡耀州窑遗址进行考古发掘。同时，在咸阳窑店、凤翔河北里和彬县下孟村购置土地，建设房舍或窑洞，成立咸阳、雍城和下孟村考古工作站，作为长期考古据点。

在重点考古发掘的同时，考古研究所还进一步扩大业务范围，1962年，组成岐山考古队，发掘周原、沟西岐邑遗址和西周墓葬；组成唐墓考古队，勘察唐代顺陵、桥陵，发掘西安东郊唐苏思勗墓和咸阳苏君墓，并调查褒斜古栈道。1963年开展陕北考古调查，组织洛河考古调查组、延河考古调查组、无定河考古调查组和长城沿线考古调查组，对榆林地区、延安地区和关中北部的韩城、合阳、澄城、白水等县进行全面的考古调查，共发现古遗址449处，其中以新石器时代遗址为多，同时还发现细石器文化，历代边防设置的城堡、烽火台等遗址。他还派所里人员支援侯马遗址的发掘，配合西北大学考古专业、四川大学历史系研究生进行考古实习。

经过几年的努力，考古研究所业务工作取得丰硕成果，诸如发现新石器时代李家村文化；在下孟村遗址中解决仰韶文化半坡类型早于庙底沟类型的问题；耀州窑找到宋代的制瓷作坊，获得大批的耀瓷标本，认识耀州窑文化面貌。同时还发表一批考古调查发掘简报，出版《陕西铜川耀州窑》发掘报告。王家广重视人才培养，主办考古培训班，先后邀请冯汉骥、史念海、宿白、唐兰、贾兰坡、安志敏、杨宽、曾昭燏等省内外专家到考古研究所讲学。他还创办学术刊物《陕西考古》（后改为《考古与文物》）。

"文化大革命"中，王家广受到不公正对待。1979年王家广任陕西省社会科学院副院长，1983年离休。他曾担任陕西省考古学会顾问、陕西诗词学会顾问。王家广在史学、文学、古诗词、古陶瓷研究诸多领域皆有建树，出版有《考古杂记》《王家广诗词选》《唐人风俗》《文林聚叶》等著作多部，发表有《"龙的传人"》《龙论三题》《〈红楼梦〉异议》等学术论文、杂文、随笔、诗词数百篇。

2011年，王家广在西安逝世。

刘九庵　初名久安。河北冀县人。民国4年（1915年）3月11日出生。古书画鉴定专家，故宫博物院研究馆员。

刘九庵年幼时曾在家乡小学读过一些国文常识。后经人介绍，民国19年（1930年），刘九庵在北京琉璃厂悦古斋字画店学徒、购销书画。民国31年（1942年），刘九庵独立经营书画，其丰富的经验和精准的眼力为日后的鉴定工作打下扎实基础。1956年5月起，经张珩、陈半丁介绍，刘九庵进入故宫博物院，先后在保管部征集编目组和陈列部绘画组工作。期间，他为故宫博物院和国内其他诸多博物馆进行大量的书画鉴定工作。1962年，刘九庵参加文化部文物管理局组织的以张珩为首的鉴定小组，用半年时间，历经天津、哈尔滨、长春、沈阳、旅顺、大连等地，鉴定各地博物馆书画10万余件。张珩去世后，刘九庵继续同谢稚柳、启功去湖北、四川等地鉴定书画。1979年、1981年，在国家文物局组织开展的文物鉴定班中，刘九庵将自己多年来丰富的鉴定经验讲授给来自全国各地的年轻学人。1983年，文化部文物事业管理局成立包括刘九庵在内的中国古代书画鉴定组，对中国内地所存古代书画进行全面的考察，遍布25个省（自治区、直辖市），对208个古书画收藏单位的6万多件古书画一一进行鉴定，历时7年。1994年在故宫举办"全国书画赝品展"期间，刘九庵为全国各地学员开办4期培训班，将不被重视的赝品转化为辨别真伪的教材，取得很好的教学效果。

刘九庵从事古书画鉴定、研究工作70余年，在《中国古代书画图目》《中国古代书画目录》两部大型专著中，融汇他潜心研究的成果和鉴定结论。他在清理、鉴别故宫博物院藏数万件明清尺牍时，发现大量具有重要文献价值的信札。还在已被划为非文物的字画中，发现宋人《柳荫群盲图》、元颜辉《山水图》、元赵孟頫《行书五言诗》等国家一级文物。

刘九庵治学严谨、考证精微，对所见字画勤于记录，又善于总结。他撰写并发表重要的学术论文30余篇，其中《记八大山人书画中的几个问题》《再记八大山人书画中的几个问题》《王宠书法作品的辨伪》《祝允明草书自诗与伪书辨析》《金农的亲笔与代笔画考析》和《张大千伪作名人书画》等文章，不但史料翔实、论证谨严，而且观点新颖、富有创见。刘九庵也有不少论文是对多年来书画鉴定经验的总结，在《谈中国古代书画鉴定》《古书画的"上款"与书画鉴定》《书画题款的作伪与识别》等文章中，为古书画鉴定提供有效的方法，找到一些可循的规律，通过深入浅出的方式，将宝贵的鉴定经验传授给后学。他编著的《宋元明清书画家传世作品年表》一书，集其毕生鉴定经验之大成，该书汇集他亲自过目和审慎鉴别的大量实物资料，在他人研究成果的基础上加以勘误、增补，且有重大突破，是美术史研究和书画鉴定研究方面的重要参考文献。刘九庵主编的《中国历代书画鉴别图录》一书，也采用大量实物资料，剖析书画作伪的方方面面，颇具特色，是他提高和发展传统鉴定经验的又一部力作。

刘九庵曾任国家文物鉴定委员会常务委员，享受国务院政府特殊津贴。

刘九庵将自己收藏多年的百余件珍贵书画，如明徐渭《四时花卉图》、清邓石如《隶书四篇屏》等，分别捐赠给北京故宫博物院、广东省博物馆和河南新乡博物馆。

1999年8月11日，刘九庵在北京去世。

任质斌 原名知斌，字鸿恩。山东即墨人。民国4年（1915年）7月17日出生。中共党员，中华人民共和国文物事业主要领导者之一。

任质斌祖辈依靠经营传统手艺染房过着温饱生活。清光绪三十四年（1908年），德国强租胶州湾后，洋货侵入青岛地区，任家染坊被冲击破产，任质斌父亲到青岛德国人家做仆役。民国6年（1917年），任质斌父亲迫于生计，赴法国做契约华工。母亲带着两岁的任质斌到青岛给富人家当佣工，生活极其艰难困苦。

民国10年（1921年），任质斌父亲回国。次年，7岁的任质斌开蒙读书。民国13年（1924年）全家移居青岛后，任质斌先在教会办的明德中学，后在青岛大学附中读书。民国18年（1929年），任质斌从青岛进京，就读北平平民大学新闻系。青年时期的任质斌聪慧好学，关心政治。

九一八事变爆发后，东北沦陷。任质斌投入北平抗日救亡运动，加入京津冀地区中国共产党领导的进步组织反帝大同盟，并于民国21年（1932年）9月加入共青团。同年12月，任质斌抵达中央苏区瑞金，先后任中央苏区反帝拥苏总同盟代主席，《红色中华》报和红色中华通讯社编辑、秘书长等。民国23年（1934年），任质斌转为中共党员，同年参加长征，先后任红星报社社长、参加编辑红三军团《战士报》。

民国24年（1935年）11月，中华苏维埃共和国中央政府西北办事处成立，任质斌担任秘书长，兼任《红色中华》报和红色中华通讯社主编。民国28年（1939年）4月，任质斌担任豫南特委宣传部部长，8月担任豫鄂边区党委副书记，筹组新四军豫鄂挺进纵队。次年3月，任质斌代理豫鄂边区军政委员会书记、新四军豫鄂挺进纵队政委，全面主持豫鄂边区工作。他和新四军豫鄂挺进纵队司令员李先念一起，率部东进，建立大片抗日根据地。皖南事变后，任质斌代理新四军五师政治委员兼政治部主任。抗日战争胜利后，任质斌任新四军第五师鄂豫皖野战军政治委员，中原军区第二纵队政治委员，参加中原突围。

中华人民共和国成立后，任质斌先后担任中共中央华东局宣传部代部长、鲁中南南下干部团党委书记、中共中央山东分局秘书长、中共青岛市委书记、中共中央山东分局副书记兼统战部部长、山东省人民委员会秘书长、中共中央第四中级党校党委第一书记兼校长等。1963年9月，任质斌任安徽省委书记处书记兼秘书长。"文化大革命"初期，任质斌被迫"靠边站"，遭到批斗和殴打。1969年10月，任质斌任安徽省革命委员会人民保卫组副组长。1972年10月恢复安徽省高级人民法院，任质斌兼任院长。1975年8月，任质斌以省委常委出任安徽省统战部部长。

中国共产党第十一次全国代表大会上，任质斌当选为中共十一届中央委员会候补委员。1979年12月22日，任质斌任国家文物事业管理局局长、党组书记。为解决文物博物馆工作在"文化大革命"期间遗留下来的各种问题，任质斌上任伊始，就从摸清家底和健全法纪入手。摸清家底，主要是通过调查研究，搞清"文化大革命"以来全国文物破坏的情况；健全法制，主要是抓紧制定《中华人民共和国文物保护法》，同时加强文物市场管理，加强文物事业的组织建设。

鉴于人为破坏文物的现象非常严重，1980年4月5日，国家文物事业管理局与公安部、文化部联合发出《文物安全大检查的通知》，要求各省（自治区、直辖市）开展全面的文物安全大检查。为更有效地做好文物的安全保护工作，任质斌要求业务活动要首先保证文物的安全。对于大型古墓葬，鉴于考古力量不足，文物保护手段不完备，任质斌提出"让土地爷继续为我们保护文物做贡献"的思想，对考古发掘持非常慎重的态度，并坚决阻止在条件不成熟的情况下发掘清西陵泰陵。

改革开放初期，文物经费不足，还常常被占用，任质斌指示有关部门起草上报国务院和财政部的《关于加强文物工作的请示报告》，并把"合理增加文物经费"单列一项，提出国家文物事业的直拨经费，要根据财政情况逐年有较多地增加，以便对重要文物的维修、发掘、收购进行重点补助。与此同时，任质斌不断同国家计委、财政部联系，申请追加文物经费。在任质斌的努力下，1980年，财政部决定每年拨给文物局一笔直拨经费。对于这笔经费的使用，任志斌提出"好钢要使在刀刃上"，只限于"重点发掘、重点维修、重点收购"项目,不能用于其他方面。

在任质斌的推动下,1980年6月27日,全国文物工作会议在北京召开。中共中央书记处书记、国务院副总理王任重和中宣部副部长黄镇到会并讲话。会上,任质斌作题为《加强对文物事业的管理,充分发挥文物事业在四化建设中的作用》的报告。这次会议总结过去,找出存在的问题,提出解决问题的方法和措施,规划进一步发展文物事业的宏伟蓝图,极大鼓舞了全国文物工作者的信心,激发了他们的工作热情。

任质斌担任国家文物事业管理局局长时,《中华人民共和国文物保护法》的起草工作正在紧张进行。任质斌非常重视这项工作,指示要向全国各省(自治区、直辖市)文物部门广泛征求意见,并要求分别约请全国政协专门委员会、知名人士、有关专家和各有关部门的人员举行座谈,认真听取有关意见。起草小组根据各方面意见反复修改。仅1980年一年中,起草小组就对《中华人民共和国文物保护法》(征求意见稿)不断修改,八易其稿。1981年初,经过多次研究、讨论、修改,形成基本成熟的《中华人民共和国文物保护法(草案)》并报请国务院转人大常委会审批。

当时,上级有关部门认为文物的保护和管理工作是相辅相成的,管理好文物也是文博工作的重要方面,提出将"中华人民共和国文物保护法"更名为"中华人民共和国文物保护管理法"。文物局内部意见不一,有的坚持使用"中华人民共和国文物保护法"名称,有的人觉得在名称中加上"管理"两字有道理。任质斌认为加

上"管理"两字后,容易强调"管理"而忽视"保护"。他明确表示意见:"我倾向就叫文物保护法,这样可以体现人人有责。"

1982年11月19日,经中华人民共和国第五届全国人民代表大会第二十五次会议通过,《中华人民共和国文物保护法》公布实施。

长期以来,外贸部、商业部、国家文物事业管理局,都从事文物商业出口工作。文物出口政出多门,管理混乱,彼此压价竞争现象严重。自1975年起,全国外贸部门每年出口文物100万件以上,至1979年外贸出口文物达600多万件,连同其他部门,出口文物达700多万件。为此,任质斌在会上指令文物局有关部门起草上报国务院的《关于加强文物工作的请示报告》,要求调整文物出口政策,加强市场管理,改进文物出口业务。在任质斌的努力下,文物出口工作状况有很大改善,因商业而造成的文物流失得到很大程度的遏制。

由于"文化大革命"期间工作混乱,各地博物馆文物档案记录工作大多没有进行。文物数量不清,保存状况不明,不利于文物管理和保护。任质斌上任伊始,决定加强全国性文物普查工作,强调文物档案工作应该逐步做到像人事部门的档案工作那样健全。虽然由于任质斌在任时间短,工作变化大,文物普查工作没有彻底完成,但为以后进一步做好文物档案工作打下一定的基础。

为促进文物博物馆界科研工作的开展,任质斌积极支持筹建中国博物馆学会工作。在任志斌的支持下,1982年3月23~27日,中国博物馆学会成立大会暨首届学术讨论会在北京举行,任质斌出席开幕式并讲话,他希望学会

成为团结广大博物馆工作者的纽带，积极开展学术研究和学术交流活动，努力贯彻"古为今用""百花齐放，百家争鸣"的方针，密切配合有关部门，进一步推动中国博物馆事业的繁荣和发展，在建设社会主义物质文明和精神文明中发挥更大的作用。

改革开放之初，文物博物馆专业人才极为稀缺。为此，任质斌多次向国家有关教育部门提出调整和扩大现有文博专业的设置和招生名额的建议，培养适应文物博物馆事业发展需要的专业对口的大学生。同时，任质斌要求国家文物事业管理局成立宣传教育处，专门负责管理人才的培养工作。从1980年开始，在国家文物事业管理局组织下，文博系统开始有计划地进行专业人才的培训工作。

1982年，为了让更多的年轻干部走上工作岗位，任质斌主动向中央写报告请求退居二线。1982年4月24日，67岁的任质斌从国家文物事业管理局党组书记、局长的岗位上退下来。

1998年12月22日，任质斌在北京逝世。

杨仁恺 号遗民，笔名易木，斋名沐雨楼。四川岳池人。民国4年（1915年）10月1日出生。中共党员，古书画鉴定专家、博物馆学家、美术史论家、书法家。

杨仁恺8岁丧父，家道中落，同年进入县立城南小学读书，17岁考入重庆公立高级中学读书，民国22年（1933年）辍学。后受聘于《说文月刊》杂志社，期间结识金毓黻、商衍鎏、郭沫若、沈尹默、马衡等大家，在这些前辈的影响和提携下，杨仁恺博览经史，积淀深厚的传统文史知识。

抗日战争胜利后，杨仁恺作为复员职工移居北平，谋得在福利委员会担任技正的公职。工作之余往返于琉璃厂古玩店。期间，杨仁恺与书画鉴定家张伯驹、徐石雪、陈半丁等交往密切，披览藏品，交流鉴定心得，并有机会观赏到长春伪满皇宫散佚的古代书画珍品。

中华人民共和国成立后，杨仁恺回到重庆，应聘到长江音乐专科学校教授文史。1950年，杨仁恺受聘于东北人民政府文化部文物处从事文物研究工作。参加东北银行存历代法书名画整理鉴定和拨交东北博物馆的接收工作，北宋张择端《清明上河图》就是在这批文物中被发现的。他还奉命奔赴长春等地清查伪皇宫流散历代书画和善本图笈。他先后从民间抢救出百余件历代书画珍品。收藏于辽宁省图书馆的清代蒲松龄《聊斋志异》后段手稿也是经他发现并研究确认的。

1952年，杨仁恺调任东北博物馆工作，先后担任研究室主任、副馆长。在繁忙的工作之余，他潜心于学术研究，始终如一，坚持不懈。发表《试论魏晋书法和王羲之父子风貌》《隋唐五代书法艺术演进轨迹》《晋人曹娥诔辞墨迹泛考》等百余篇学术论文；著有《聊斋志异原稿研究》《国宝沉浮录》《中国古代书画鉴定学稿》等专著十余部；主编《中国美术全集·隋唐书法》《中国书画》《中国古代书画图录》等图书数十种。

1983年，杨仁恺参加国家文物局组织的中国书画鉴定小组，开始长达8年的古代书画全国巡回鉴定工作。杨仁恺行程数万里，遍及25个省（自治区、直辖市）的208个书画收藏单位及部分私人收藏，过目书画作品61596件，留下60本鉴定笔记。鉴定笔记以时间为线索，以地域为单元，以机构为板块，包括作品的基本信息、内容描述、鉴定意见及鉴定漫笔，共计170万字。这套笔记凝聚了杨仁恺8年巡回鉴定的全部心血，这既是他个人的学术成就，也是整个中国古代书画鉴定组集体智慧的结晶。

2000年10月17日，辽宁省人民政府授予杨仁恺"人民鉴赏家"荣誉称号，以表彰他从事文博工作50年来所取得的成绩和对文博、美术事业的发展所作出的贡献。他还曾任辽宁省博物馆名誉馆长、辽宁省文史研究馆名誉馆长等职。

在专注文博事业的同时，杨仁恺以其一贯的热情和影响力、亲和力，积极参与各项文化工作的组织协调。他曾协助中国文联筹办第一届"全国书法作品展"，从而促成中国书法家协会的成立；协助国家文物局筹备成立中国博物馆学会；协助筹建辽宁美术家协会。

杨仁恺是一位功力深湛的书画家，只是其书画之名为学术声望所掩。其绘画初法宋元，后师造化，擅山水而兼及花鸟草虫；书法四体皆工，尤擅行草，体出苏东坡书简，意态天成，极具书卷气。作为一代书画大家，他对书法、绘画人才的培养，同样倾注大量心血。步入晚年后，杨仁恺不顾年事已高，始终坚持工作在第一线，筹划辽宁省博物馆的业务建设、主持学术研究活动、著书立说，为文博事业的发展继续操劳。即使患重病住院期间，他仍然在思考文博事业的发展，惦念着辽宁省博物馆的建设与长远发展，关注着年轻同志的学习与进步。

杨仁恺是国家文物鉴定委员会委员、中国书法家协会理事，辽宁省书法家协会第一副主席，辽宁美术家协会副主席，中央美术学院、鲁迅美术学院、辽宁大学客座教授，新加坡国家美术馆顾问、亚洲文化馆顾问，他还曾当选为辽宁省第六届人大常委会委员。

2008年1月31日，杨仁恺在沈阳逝世。

杜仙洲 河北迁安人。民国4年（1915年）11月出生。中国古建筑保护与研究专家。

民国30年（1941年），杜仙洲肄业于北京大学工学院建筑工程系，历任华北建设总署都市局营造科技士、北平市工务局文物整理工程处技士、行政院北平文物整理委员会技士。中华人民共和国成立以后，他历任北京文物整理委员会文献组编审员、工程师，文化部古代建筑修整所工程师，文化部文物保护科学技术研究所高级工程师。他曾经担任1951年、1953年、1964年和1980年的全国古建筑培训班教务长，授业传道，还参与编写中国古代建筑教材，安排课程，带领学员到现场考察。这些学员随着文化遗产事业的发展，逐渐成长为古代建筑界的专家与骨干。

杜仙洲长期从事古建筑勘察设计与研究工作，曾在山西、河北、河南、辽宁、贵州、福建、陕西、甘肃等省对古建筑遗构开展大量艰辛的勘察、测绘工作，发现一批具有较高科学、艺术、历史价值的古代建筑，搜集整理大量相关的历史文献资料，还调查整理北平庙宇资料300多处。他曾主持重修山西五台山碧山寺；主持山西朔县崇福寺观音殿、大同善化寺普贤阁、太原晋祠鱼沼飞梁的修缮设计；担任泉州开元寺正殿、天津天后宫等修缮工程的技术指导；率队勘察晋东南古建筑，发现若干早期建筑遗迹；率队全面普查陕西、青海、甘肃、福建四省古建筑，在福建泰宁甘露岩发现南宋时期木构建筑遗址，在青海乐都县发现瞿昙寺明代木构建筑。20世纪50～60年代，北京文物整理委员会及古代建筑修整所，根据遗存的重要建筑实物制作建筑模型60多座，绘制建筑彩画小样及临摹品100余幅，为研究中国古代建筑提供极其珍贵的基础资料。杜仙洲在其中起到积极作用。杜仙洲为中国古建筑保护与研究人才培养作出很大贡献。

杜仙洲还致力于学术研究，总结出一系列中国古代建筑的特点。他认为，由于自然条件、社会制度和生活习俗存在显著差异，历史背景有别，东西方在建筑技术和建筑艺术方面形成不同的历史传统。在建筑组合方面中国建筑的相地、兴造讲究群体组合，轴线突出、主次分明、繁而不乱，能适应多种功能需求。结构设计采用"模数制"，尺度准确、结构严密，有很好的整体性。在建筑施工中采用"预制安装法"，材料耗费有度、修建速度快。在结构方面木结构采用榫卯，便于拆卸安装、落架维修，有很好的"可逆性"。在艺术造型方面有着突出的民族性和地方特色，丰富多彩、美丽动人，空间构图高低错落，富有诗意和节奏感，建筑语言也极其丰富。在审美方面砖石木雕和油漆彩画以及各种精致的门窗装修，提高了建筑的表现力，起到赏心悦目的艺术效果。他的这些观点在其著述中得到充分体现，其中《中国建筑明式彩画图集》《义县奉国寺

研究报告》《山西永乐宫研究报告》《青海乐都瞿昙寺研究报告》《中国古建筑概论》等专著在业内外产生广泛影响。他还参与编著大型学术论著《中国古建筑技术史》《中国古代建筑》《中国建筑清式彩画图集》等。他主编的《中国古建筑修缮技术》专著，总结老一代古建筑修缮匠工的实际操作经验，对木、瓦、石、油漆、彩画、搭材等六大作的修缮技术和传统做法，结合新材料与新工艺予以全面阐述，成为中国古建筑保护与修缮及研究人员的行为准则。

1980年后，杜仙洲担任国家文物局古建筑专家组成员，兼任中国建筑学会理事、中国长城学会理事、中国紫禁城学会理事等重要社会职务，是享受国务院政府特殊津贴的专家。2007年，国家民族事务委员会授予杜仙洲"中国民族建筑事业终身成就奖"；2009年，文化部、国家文物局授予杜仙洲"中国文物、博物馆事业杰出人物"荣誉称号。

2011年5月24日，杜仙洲在北京逝世。

洪沛 安徽盱眙（后属江苏省）人。民国4年（1915年）出生。中共党员，安徽省文物管理局首任局长。

民国26年（1937年），洪沛入伍，8月参加怀宁县抗日团体，任安徽省民众总动员委员会直属工作团副团长、团长等。民国28年（1939年）5月，洪沛加入中国共产党，历任盱眙特支组织委员，泗县第三区区委书记，泗县县委组织部部长、县委书记，泗五灵凤县委副书记。解放战争时期，洪沛历任泗县县委副书记、书记，泗南县委书记，

洪泽湖工委委员，泗洪县委书记，泗灵睢县工委书记，江淮三地委组织部部长。

中华人民共和国成立后，洪沛历任皖北行署财委秘书长，安徽省人事厅副厅长、党组书记，安徽省纪委委员。自1954年春起，洪沛长期担任安徽省委统战部副部长、部长和安徽省政协秘书长。1976年以后，洪沛任安徽省政府参事室参事、省政协常务委员。1978年，洪沛任安徽省文物事业管理局局长、党组书记。1979年，洪沛任安徽省委宣传部副部长兼省文物事业管理局局长、党组书记。

1978年，安徽省的文博工作拨乱反正，逐步走向正轨。同年7月，经中共安徽省委同意，安徽省文物管理局（正厅级建制）在全国率先成立，洪沛任首任局长。在他主持安徽省文物工作期间，安徽省文物行政管理工作得到加强，文博事业得到恢复并快速发展。在机构和队伍建设方面，安徽省文物商店总店由科级升格为县级单位，在原安徽省文物工作队的基础上筹组了安徽省文物考古研究所，成立安徽省文物事业管理局文物出口鉴定小组，是全国较早成立的专门性鉴定机构之一，全省有一半以上的市、县纷纷成立或恢复文物管理所（处）、博物馆和文物收购站。1982年，《中华人民共和国文物保护法》颁布后，文物工作开始走上依法管理的轨道。安徽省逐步形成省有文物管理局、地（市）有文物管理处（所）、县（市）有文物管理所的三级管理网络，机构覆盖率达98%。同时，安徽省文博系统广揽社会文史人才，引进高校毕业生，安徽省文物事业管理局与安徽大学联合举办文博专修班，培养大批文物专业人才，提升队伍素质，

扩大文博专业队伍。在管理方面，安徽省文物事业管理局经过广泛调查，遴选102处不可移动文物，报请省政府调整公布第一批省级文物保护单位。文物部门还加强文物安全行政执法，开展重点文物维修工程，举办一系列具有社会影响的重要陈列展览，着手考古发掘研究，取得和县猿人、潜山薛家岗等重大发现。在文物科技研究方面，先后成立安徽省考古学会、安徽省博物馆学会，编辑文博信息，举办文博讲座，推动学术研究。各地也成立相应的学术组织，有两项成果获"全国科学大会奖"。

1983年，洪沛当选为安徽省政协第五届委员会副主席。洪沛曾任第三、四届全国政协委员。

1991年9月，洪沛在合肥逝世。

郑孝燮 字揆甫。奉天人。民国5年（1916年）2月2日出生。城市规划专家、古建筑保护专家。

郑孝燮15岁时因九一八事变离开沈阳到上海求学，民国24年（1935年）以优异成绩毕业于江苏省立上海中学，并考入交通大学唐山工程学院土木系。七七事变后，郑孝燮南下武汉，在国立武汉大学借读。次年，他西去重庆考入中央大学建筑系。在校期间，由于成绩优异，他先后获得中国营造学社"桂莘奖学金"首奖和"基泰工程司奖学金"。民国31年（1942年），他从中央大学毕业后在重庆和兰州等地从事建筑设计。抗日战争胜利后，郑孝燮受聘于武汉区域规划委员会，从事"大武汉"的资料调查和城市布局研究。

中华人民共和国成立以后，郑孝燮应聘

到清华大学建筑系任教，教授"建筑设计"和"房屋建筑学"等课程。1952年，郑孝燮任重工业部基本建设局设计处副处长、建筑师，从事内地重点城市的城区规划、民用建筑的设计和审查等工作。1957年，郑孝燮调到城市建设部城市规划局任建筑师，从事城市规划工作。1965～1966年，郑孝燮任《建筑学报》主编。1966年"文化大革命"开始，郑孝燮被停止工作。在这期间他受到一些不公正的对待，多年收集的研究资料有不少被毁掉。1969年，郑孝燮被下放到河南焦作"五七干校"。1971年，郑孝燮任中国建筑科学研究院建筑师。1973年，郑孝燮任城市建设研究所顾问。1980年以后，他先后在国家城市建设总局城市规划局、城乡建设环境保护部城市规划局和建设部城市规划司任技术顾问，在中国城市规划设计研究院任高级技术顾问。

1978年，郑孝燮任第五届全国政协委员，从此他将全部精力投入到城市历史和文物保护的调查研究工作。1979年初，北京市有关部门为修建立交桥，准备拆除德胜门箭楼。由于时间紧迫，郑孝燮给中共中央副主席陈云写信，力陈保护北京德胜门箭楼的重要意义，提出迅速制止拆除德胜门箭楼的紧急建议，很快被党中央、国务院采纳，使这一古建筑得以保留下来。面对一些地区出现破坏文物的情况，郑孝燮总是马不停蹄地奔赴当地，及时开展文物保护状况调查，呼吁对处于险境的文物古迹实施抢救。他的足迹遍及全国各地的历史文化名城和文物保护单位，河南、河北、陕西、山西等文物大省更是经常留下他的身影。

作为全国政协调查组的骨干，郑孝燮积极

参与研究撰写报告和论文。通过大量实地调查研究，他和大家进一步认识到，还需要从城市的全局出发，加强文物的保护。文物保护不是孤立的，而是要连同文物周围的环境统一加以保护，并且纳入城市规划的整体空间布局。一定要将城市规划和文物古迹的保护有机地结合起来。正是出于这样的考虑，郑孝燮提出"城市文态环境保护"和"城市文化风貌保护"的新概念。作为中国最早推动历史文化名城保护工作的专家之一，他认为，所谓城市的文态环境，就是以建筑整体布局形象为主导而形成的贯穿着"美的秩序"的城市环境文明。其主旨在于维护与发扬这种文明。它具有很高的综合性，涉及生态环境、国家经济、对外文化、城市环境风貌、文物与历史地区（段）保护以及自然风景保护等一系列相关问题。保护城市的历史文化风貌，必须加强城市的详细规划，进行文物古迹、风景名胜的定性分级，严格限制建筑高度，以及进一步深化城市设计，等等。1981年，在参考国外历史城市保护的基础上，郑孝燮与北京大学侯仁之、故宫博物院单士元共同提议，全国政协起草一份专题报告，要求尽快公布一批文物古迹丰富的历史城市。这一提议得到相关部门的积极响应和大力支持。1982年2月，国务院批转《国家建委等部门关于保护中国历史文化名城的请示》，同时公布首批24座历史文化名城。历史文化名城制度得以正式建立。

1985年，在全国政协会议上，侯仁之、阳含熙、郑孝燮、罗哲文联名提交政协提案，呼吁中国加入世界遗产公约，"以利于中国重大文化和自然遗产的保存和保护，加强中国在国际文化合作事业中的地位"。这一提案引起高度关注，同年11月，全国人大常委会批准中国加入《保护世界文化和自然遗产公约》，从此拉开中国申报世界遗产的序幕。

1993年1月，郑孝燮写信给当时建设部周干峙副部长和储传亨总规划师，建议研究改进"旧城改建"的提法，指出"旧城改建"的提法，虽然沿用已久，但是毕竟不够完善，有很大的片面性，特别对于历史文化名城而言，"旧城改建"的提法很危险，会误导公众，建议改为"旧城改建与保护"。这一建议经过建设部领导批示后，刊登于《城市规划通讯》，引起全国城市规划系统的重视。

郑孝燮经常为文物保护工作提出建议，甚至在一些会议上据理力争。如上海列入第二批历史文化名城、平遥古城列入世界文化遗产都是在他的强烈呼吁下得以实现。2005年7月，郑孝燮与吴良镛、谢辰生、傅熹年等11名专家学者联名致信国家主要领导人，倡议中国设立"文化遗产日"，希望通过设立"文化遗产日"使广大民众更多地了解祖国文化遗产的丰富内涵，自觉参与文化遗产保护与传承的行动。仅仅几天之后，来信得到回复。当年12月，国务院决定从2006年起，每年6月的第二个星期六为中国"文化遗产日"。为表彰专家学者对设立中国"文化遗产日"所作出的重要贡献，在第一个"文化遗产日"前夕，国家文物局决定授予郑孝燮等11名专家学者"文物保护特别奖"。2006年，中国城市规划学会授予郑孝燮突出贡献奖。2009年6月，在第四个中国"文化遗产日"期间，文化部、国家文物局授予郑孝燮"中国文物博物馆事业杰出人物"

荣誉称号。

郑孝燮是第五至七届全国政协委员，兼任城市建设组副组长、经济建设组副组长、提案委员会副主任等。他还曾任中国建筑学会城市规划学术委员会（中国城市规划学会前身）第二届副主任委员、第三届主任委员等。

2017年1月24日，郑孝燮于北京逝世。

吴汝康 江苏武进人。民国5年（1916年）2月19日出生。中共党员，中国民主同盟成员，古人类学家，中国科学院古脊椎动物与古人类研究所研究员、中国科学院院士。

吴汝康父为当地小学校长，13岁那年父亲因患伤寒去世，家境急剧恶化。吴汝康勤俭发奋，小学毕业后升入中学，民国24年（1935年）以优秀的成绩毕业于江苏省立常州中学。由于家境困难，他中学毕业后只得辍学就业。他报考中央研究院历史语言研究所人类学组计算员的职位并被录取，在吴定良博士手下工作。工作中，他省吃俭用有了些积蓄。民国25年（1936年），他考取国立中央大学生物系，但是手中的钱不够交学费，历史语言研究所的老师们伸出援手，使他终于踏进大学的门槛，成为中央大学生物系第15届的学生。民国29年（1940年）大学毕业后，吴汝康重返历史语言研究所为实习研究员。此时该所人类学组已经因为抗日战争而搬迁到昆明西郊的龙头村，工作主要是研究大批云南人墓葬出土的骨骼。次年，吴汝康在《人类学集刊》发表第一篇科研论文《中国人的寰椎与枢椎》。此后他随吴定良去贵州调查坝苗、仲家和仡佬等少数民族的体质。当时条件很艰难，没有交通工具，全靠步行，仪器和行李雇人挑运。民国29年（1940年），历史语言研究所奉命从昆明迁往四川南溪李庄，建立人类学研究所筹备处，吴汝康成为该处的助理研究员。民国35年（1946年），吴汝康和夫人马秀权通过赴美留学考试。同年底，吴汝康夫妇从上海乘船赴美，进入圣路易华盛顿大学医学院学习。次年，吴汝康获得硕士学位，1949年夏获得博士学位，不久后其夫人马秀权也获得博士学位。其后，吴汝康夫妇拒绝在约翰·霍普金斯医学院任教的邀请毅然回国。

1949年底，吴汝康成为大连大学医学院最年轻的教授，不久被任命为解剖系主任。1952年春，吴汝康去北京参加中国解剖学会理事会，顺便去中国科学院拜访吴有训副院长。结果巧遇杨钟健，杨钟健正在组建中国科学院古脊椎动物研究室，力邀吴汝康加盟。但是大连医学院因为工作需要，不同意放人，经过再三协商达成一个折中方案：从1953年起，每年9～11月吴汝康到北京研究人类化石，12月回大连。如此两头兼顾三年，1956年，吴汝康正式调到北京。

1954年，吴汝康偕同贾兰坡发表他的第一篇古人类学论文《周口店新发现的中国猿人化石》。同年，他对从猿到人的研究提出独特观点，他认为中国猿人的上肢骨完全具有现代人的形式，下肢骨虽然也已经具有现代人形式，但仍保留若干原始性状，而牙齿和头骨则远比现代人原始，具有明显的两性差别，脑容量远比现代人小等。他还进一步提出，这是人类进

化中体质发展不平衡性的表现，认为这样的状况充实了恩格斯"从猿到人"的理论，说明最初是由于劳动、使用工具而使手足发生分化，脑子随着发展起来。1961年7月，裴文中在《新建设》杂志发表关于"曙石器"和中国猿人文化的文章，开启中国古人类学和考古学界的一场关于"什么是人"的讨论。吴汝康提出自己的观点，之后又做发展和补充。他主张人类的各种重要特征不是同时起源的，从猿到人是一个漫长的过渡过程，过渡时期开始的标志是直立行走，完成的标志是开始制造工具和社会形成。过渡时期的生物是人科中的"前人"或"生物人"，能够直立行走，经常使用天然的木棒和石块来获取食物和进行防卫，长期的原始群的生活实践导致脑子发展以及意识和其外壳语言的萌发，最终学会制造工具和形成社会，成为"真人"或"社会人"。1974年起，他多方阐述关于在人类进化过程中存在"亦人亦猿"阶段的观点，主张在从猿到人的过渡时期中，既保留猿的旧质，还出现人的新质。尽管他提出的一些名称未能被广泛接受，但他的这一系列创见却得到后来古人类学发现和研究的实证支持。

1977年，吴汝康被任命为中国科学院古脊椎动物与古人类研究所副所长，期间在刘振声副所长的大力协助下组织"北京猿人遗址综合研究"项目并于1985年组织出版同名专著。1980年，吴汝康当选中国科学院学部委员（院士），1982年创建《人类学学报》。吴汝康在半个多世纪的古人类学学术生涯中先后发表关于开远、河套、丁村、资阳、柳江、蓝田陈家窝和公王岭等处出土的猿类和人类化石的论

文和关于广西巨猿的专著，他与同事共同研究过周口店第1地点、下草湾、来宾、马坝、淅川、郧县、和县、禄丰、南京汤山等地出土的人类和猿类化石并发表论文。经过慎重研究，他将云南禄丰石灰坝的所有古猿化石命名为一个新属——禄丰古猿。吴汝康还与国内外同行共同撰写和编辑《人体测量方法》《中国古人类学与旧石器时代考古学》《北京猿人遗址综合研究》《海南岛少数民族人类学考察》等专著。吴汝康还是一位多产的科普作家，他随时结合自己的科研成果和当时国内外流行的或涌现出的新思潮、热门焦点，撰写科普文章或专著。1992年，他翻译出版的《人类的起源》，作为"名家科普丛书"系列出版物颇受广大群众欢迎。吴汝康曾担任中国解剖学会理事长，他的学术成果先后获得"何梁何利基金科学与技术成就奖"和"中国科学院自然科学奖"一等奖、二等奖。

2006年8月31日，吴汝康在北京逝世。

荆三林　河南荥阳人。民国5年（1916年）3月7日出生。考古学、博物馆和科技史学家。

荆三林自幼随其父晚清拔贡荆文甫读书，民国19年（1930年）9月，他入开封私立中州中学学习，次年到河南博物馆当练习生，参加整理河南史迹及文物资料工作，开始学习考古学、历史学、人类学、博物馆学、科技史等学科知识。民国23年（1934年）2月，荆三林在南京《建国月刊》发表第一篇学术论文《易经时代中国社会情况之讨论》，同年秋，他用近一年

的时间考察豫北、山东、陕西、山西、甘肃直到新疆哈密等地的新石器时代遗址，在掌握大量第一手材料的基础上，撰写《安特生彩陶分布说之矛盾》一文。他在结论中指出："如以被找之材料而论，正是中国古代文化经甘肃之兰州，沿黄河河谷西行、南北两山之间而至中央亚细亚。西方人受东方人或东方文化之影响，而向西移动。"在学术界产生很大影响。此后，他参加中国博物馆协会，继续进行考古考察研究，任《河南博物馆馆刊》编辑，兼河南通志馆编辑，并主编《考古学周刊》。民国29年（1940年），他与马非百、何士骥、李俨等创办学术评论社，出版《学术评论月报》，由于研究成果突出，曾获中英科学奖金。民国31年（1942年）春，中央学术审议会通过他的教授资格，他旋即被聘为国立社会教育学院（因战时迁在重庆）图书馆、博物馆学系教授，讲授考古学、博物馆学等方面的课程。

民国34年（1945年），荆三林任兰州大学教授，兼任国立西北师范学院教授，同黄文弼考察青海湖周围及塔尔寺、拉卜楞寺等宗教史迹，在兰州阿干河流域、西安鱼化寨、宝鸡斗鸡台等地参加新石器时代遗址的调查与发掘。民国36年（1947年），他任西北大学教授。期间，他撰文《一叶知秋》，反对国民党打内战。后因支持爱国学生和共产党地下组织的进步活动受国民党当局迫害，在地下党的帮助下于次年6月投奔解放区。1949年，他前往沈阳，任东北商业专门学校教授。同年，他与苏联学者史大力可夫率队在松花江流域进行史前考古调查，共同编写的报告书用俄文在莫斯科出版，他撰写有《长春近郊伊通河流域史前文化

遗迹调查报告》（1954年在《厦门大学学报》发表）一文，提出东北南部文化从属于中原文化的观点。不久，他被任命为中央军事接管委员会委员随军南下。1950年至厦门，任厦门大学历史系教授，讲授"考古学通论""博物馆学""中国物质文化史"等课程。所著《考古学通论》自1942年起石印1次、油印8次、铅印3次，高等教育出版社1955年曾将之印行为交流讲义。1954年，荆三林调离厦门至山东济南，任山东师范学院教授。期间，他先后调查山东济南附近的石窟造像、益都云门山及驼山石窟造像、河南洛阳龙门及巩县石窟寺、山西大同云冈石窟及太原天龙山石窟、河北邯郸南北响堂山石窟等，编写《中国石窟雕刻艺术史》。

1956年，荆三林调入郑州大学，任历史系考古专业教授兼历史文物陈列馆筹备处主任。1957年，荆三林被划为右派。"文化大革命"期间，他受到严重迫害，科研教学工作被迫停顿。但他在郾城农场"改造"期间，还在进行考古调查，撰写《河南郾城台王古文化遗址调查研究——附论殷商源流》等论文。1978年平反以后，荆三林恢复教授职务，以顾问名义积极参与考古专业及考古教研室的筹建。先后开设"考古学通论""博物馆学""中国生产工具史"等课程。1983年招收中国科技史方向硕士研究生。他还带领学生在郑州黄河沿岸考察黄河故道、敖仓遗迹、汉霸二王城等遗迹，为郑州黄河游览区的开发不辞辛苦，撰写《黄河游览区史话》；晚年又不顾体衰年迈，考察位于荥阳、新密、巩义交界的浮戏山景区，撰写《浮戏山丛考》。

荆三林在中国生产工具史的研究方面，不仅首次为中国培养该学科的研究生，还发起成立中国生产工具史研究会，倡导并主持40余卷册的"中国生产工具史"丛书的编写工作，任该丛书总编纂。荆三林还积极从事社会活动，曾创办河南博物馆专科学校（民办）。他还兼任中国生产工具史研究会理事长、中国科学技术史学会、中国自然科学博物馆协会、中国人类学会、中国农业历史学会、河南省科学技术史学会、河南省考古学会、河南省博物馆学会、郑州市历史学会等学术团体的顾问等职，并受聘为美国西部矿业与工业博物馆特邀馆员。

荆三林一生出版著作十余部，发表论文300余篇。主要著作有《史前中国》《西北民族研究》《陕西人文志》《近代中国经营边疆史》《中国石窟雕刻艺术史》《考古学通论》《中国生产工具发达简史》《中国生产工具发展史》《博物馆学大纲》《博物馆学》《博物馆基础理论及实用科学技术》等。

1991年3月4日，荆三林在郑州逝世。

沈之瑜 本姓茹，名志成，曾用名茹茹、鲁楷。浙江绍兴（一说杭州）人。民国5年（1916年）4月30日出生。中国美术考古及古文字学家、博物馆学家。

民国12年（1923年），沈之瑜全家迁往上海。民国19年（1930年），沈之瑜母亲病亡，寄居姨母家（上海工商业者朱葆三家）。他从上海惠中中学肄业后，去上海日商三井银行当练习生，业余时间练习美术。民国21年（1932年），日本侵略军进攻上海闸北后，沈之瑜民族意识觉醒，决意离开日商三井银行。民国22年（1933年），沈之瑜离开姨母家，开始勤工俭学，独立生活，寄宿于陈秋草在上海创办的白鹅画会，同年考入上海美术专科学校，师从刘海粟学习西洋画。求学阶段，沈之瑜受共产党影响，开始自学马列主义，接受进步思想。民国24年（1935年），沈之瑜毕业于上海美术专科学校，任白鹅画会教员。民国26年（1937年）9月，沈之瑜跟随上海美术专科学校抗日宣传队到南京，10月，回母校任助教。

民国28年（1939年），沈之瑜报名参加上海地下党以"沪江大学"名义举办的社会科学业余学校，学习政治经济学。民国29年（1940年），因身份暴露，沈之瑜秘密潜往浙江遂昌，任浙江遂昌民众剧场导演、县府助理秘书，主编《遂昌早报》，并以此身份从事革命活动。同年5月，沈之瑜加入中国共产党。民国30年（1941年）10月，沈之瑜任浙西行署天目山民族文化馆干事、总干事，常跟随天目山书院院长张天放（留法考古学家）考察浙西古代瓷窑，对文物、考古产生浓厚兴趣。民国31年（1942年）10月，沈之瑜离开天目山民族文化馆，经上海去苏中根据地，任苏中二分区《滨海报》编辑，绘制策反伪军的连环画。此后，沈之瑜一直在部队做文化工作。

1949年5月，沈之瑜随人民解放军第三野战军进入上海，任上海军管会文艺处美术室副主任、主任，接管原国民党上海美术馆筹备处。上海美术工作者协会成立后，他当选为执行委员。1950年，沈之瑜任上海市文联党组成员、上海美术工作者协会党组副书记，参与筹备上海鲁迅纪念馆工作，该馆于次年建成。

1951年4月，经过几个月的查访，沈之瑜等查实中共一大会址、博文女校和《新青年》编辑部（南昌路党成立后的中央工作部）旧址。同年10月，上述历史史迹被设为上海市革命历史纪念馆的第一、二、三馆，沈之瑜被任命为上海市革命历史纪念馆管理委员会委员，负责参与设计并领导纪念馆的工作。

1952年5月，沈之瑜任中共上海市文化局党组成员，负责上海市文物、博物馆、图书馆等工作。同年6月，沈之瑜负责接收震旦大学博物院和亚洲文会及附属图书馆博物馆，并在此基础上筹建上海自然博物馆。他还负责上海孙中山故居的整理恢复工作，接收华东文化部移交的文物仓库。11月，他被任命为上海市文化事业管理局社会文化事业管理处副处长。至1957年，沈之瑜领导上海文化事业期间，抢救文物4073件、图书144429册，其中很多是从废铜废纸中抢救出来的。他还对上海民国时期遗留的2357个图书摊子进行整顿。

1958年11月，沈之瑜任上海博物馆副馆长，主持上海博物馆工作，先后建立文物修复复制工场、文物保护技术科学实验室，为文物保护和科学管理打下基础。他两次主持遴选上海市文物保护单位共42处。1962年1月，沈之瑜参与组织"上海市出土文物展览"，首次展出中华人民共和国成立后上海地区出土的各类文物600余件。1964年7月，他发现《萝轩变古笺谱》孤本，考证并撰文《跋〈萝轩变古笺谱〉》发表在《文物》月刊上。

1972年，他主持将上海博物馆综合陈列改为4个专题陈列，提高上海博物馆陈列的学术性、系统性、艺术性。

1979年2月，沈之瑜任上海博物馆馆长，8月，任上海市文物保管委员会副主任，同年，他与南京博物院倡议成立中国博物馆界群众性的学术团体——中国博物馆学会，参加中国博物馆学会8个发起单位的负责人会议，并在同年召开的中国博物馆学会筹备委员会大会上，当选为中国博物馆学会筹备委员会委员，编辑出版《中国博协通讯》。同年9月，他被聘为复旦大学分校历史学系教授，开设"甲骨文教程""博物馆工作概论"两门课程。他还应辽宁大学历史系邀请，讲授博物馆学和甲骨学。

1982年，沈之瑜担任《甲骨文合集》编辑委员会委员。同年9月，在中国文物出版社和日本讲谈社合作出版的多卷本《中国博物馆》中，他为《上海博物馆》分册作序。同年11月，他被上海市人民政府聘请为上海市高级科学技术、专业干部技术职称评定委员会历史博物馆专业（学科）评审组成员。

1984年，他主持上海博物馆"电脑组"工程，规划博物馆的信息应用工作。1985年2月，他任上海博物馆名誉馆长。1988年10月，他被聘为中国大百科全书总编辑委员《文物·博物馆》编辑委员会副主任。1989年3月，他被聘为复旦大学文物博物馆学院教授。

沈之瑜致力于甲骨文研究，他与郭若愚合著《〈戬寿堂所藏殷墟文字〉补正》，撰写《套卜大骨一版考释》《甲骨卜辞新获》《介绍一片伐人方的卜辞》《"百淋""正河"解》和《郭沫若同志在甲骨学方面的重大贡献》《试论卜辞中的使者》等学术论文。其论著有《甲骨文讲疏》《关于任伯年的新史料》

《伟大的中国青铜艺术》《倪瓒〈渔庄秋霁图〉解说》《沈之瑜文博论集》等。

沈之瑜曾任首届中国博物馆学会副理事长、中国文物保护科学技术协会副理事长，上海美术专科学校副校长、中国人民对外友好协会上海分会副秘书长。

1990年12月2日，沈之瑜在上海逝世。

莫宗江 广东新会人。民国5年（1916年）6月20日出生。建筑历史学家。

莫宗江出生不久即随父母到北京。10岁时，母亲逝世，第二年其父离家到上海谋生，杳无音讯，留下姐弟4个孤儿，生活无着，靠典卖旧物维生。莫宗江上初中一年级时，不得不靠从亲友处借钱勉强维持学业，不久又因交不起制服费而退学。莫宗江自幼即对美术有浓厚兴趣，喜欢书画，经常从图书馆借字帖等练习写字，自学水彩画，具备一定的美术功底。民国20年（1931年），莫宗江进入中国营造学社，因其美术特长，被安排做绘图员工作，开始师从梁思成研究中国古代建筑历史，先后为绘图员、研究生、副研究员。莫宗江勤奋好学，善于思考，工作期间大量阅读中外美术、建筑、文物图书，获得丰富的专业知识。次年，莫宗江随梁思成、刘敦桢到山西大同等地调查古建筑，参与上华严寺、下华严寺、善化寺等辽金建筑的测绘，积累实地测量的工作经验。他还随梁思成、林徽因等调查、发现、研究蓟县独乐寺、宝坻广济寺、正定隆兴寺、赵县大石桥、应县木塔、五台山佛光寺等一批唐宋以后的重要古代建筑。七七事变后，莫宗江随中国营造学社辗转周折，先后转移到云南昆明和四川宜宾李庄，在极艰苦的条件下继续开展工作，对四川、云南40余处古建筑进行调查。期间，莫宗江完成梁思成《中国建筑史》《图像中国建筑史》的插图。莫宗江在建筑制图上有极高的水平与成就，他的绘图从测绘稿到正式图，从科研分析图到论文正式用图，都一丝不苟，高标准地完成。梁思成与林徽因的重要著作都少不了莫宗江的绘图。他一生中所完成的大量古建筑测绘图、速写、水彩、渲染以及研究工作中的分析图都堪称精美的艺术创作。

民国21~31年（1932~1942年），中国营造学社自北京到四川辗转190个县（市），先后考察、测绘古代建筑遗构2738处。莫宗江参与考察123县（市）的约2000处遗址、遗构，并撰写《宜宾旧州坝白塔宋墓》《山西榆次永寿寺雨花宫》等论文，在学术界崭露头角。他还代表中国营造学社参加中央研究院历史语言研究所前蜀王建墓考察工作，完成大部分建筑、雕塑测绘图和王建墓雕塑艺术的长篇论文。民国35年（1946年），莫宗江随梁思成参与清华大学营建系的创建工作，并到清华大学任教，是创系后的第一批教师，讲授东方建筑史，先后任副教授、教授。

中华人民共和国成立后，莫宗江参加梁思成、林徽因领导的清华大学建筑系国徽设计小组工作，国徽方案被选定后，莫宗江与徐沛贞等人绘制了最后公布的国徽标准图。此后，他还参加人民英雄纪念碑的设计工作。1951年，莫宗江参加文化部文物局组织的雁北文物勘察团，完成学术论文《应县、朔县及晋祠古代建

筑》。在清华大学从事建筑史教学之余，莫宗江专力研究中国城市建设史及园林艺术，并协助林徽因从事景泰蓝的艺术创新。

"文化大革命"结束后，莫宗江恢复正常的教学和科研工作，重新考察一些重要的古建筑遗构，完成《涞源阁院寺文殊殿》等论文。莫宗江通过多年对古建筑，特别是建筑的个体与群体的测量和观察，认真、深入地进行分析和研究，从中探索这些建筑在视觉、景观上的相互关系和在立面构图上的几何规律，并提出关于中国古代建筑在视觉景观和几何构图方面的设计原则与方法的精辟分析与论断。莫宗江与陈明达合著的《巩县石窟寺雕刻的风格及技巧》在美术史论界引起轰动。由梁思成、林徽因和他为主的清华大学"中国古代建筑理论及文物建筑保护的研究"项目，于1987年获"国家自然科学奖"一等奖。20世纪80年代起，莫宗江担任《中国美术全集》建筑部分的学术顾问。莫宗江曾任中国美术家协会会员、中国建筑学会建筑史分会副主任。

1999年12月8日，莫宗江在北京病逝。

赵振茂 河北深县人。民国5年（1916年）出生。中共党员，青铜器修复专家，故宫博物院研究馆员。

赵振茂出生在一个贫农家庭，自幼失学。民国20年（1931年），赵振茂只身到北京，在前门外万隆和古铜局张文普门下当学徒，是北京"古铜张派"第三代传人。8年后，赵振茂出师，以修复青铜器糊口。1952年，赵振茂受聘到故宫博物院保管部修整组，修复故宫珍藏的青铜

器。后来故宫修复厂成立，赵振茂任铜器组组长。1969年秋，赵振茂与故宫博物院的其他同事被派到湖北咸宁“五七干校”学习。1971年，赵振茂被紧急召回北京，立即投入到“无产阶级文化大革命期间出土文物展览”的筹备工作中。

1971年10月，赵振茂接到一项紧急任务——修复1969年从甘肃武威雷台汉墓出土的东汉晚期青铜奔马，此件文物将要代表中华人民共和国到境外参展。铜奔马长45厘米、高34厘米，昂首扬尾，三足腾空。送修前的铜奔马已满目疮痍，马头上的几绺鬃毛掉落，颈部有7个1平方厘米大小的孔洞，3只马蹄脱离马身，马尾已断。赵振茂运用传统修复技术，对断处的茬口用锡焊法连接焊实，缺失部分用铜块补配和焊补，再对焊缝进行填补、磨平，纹饰部位用錾和刻的方法随形修饰。修复中还成功解决马的重心不稳，站立不起来的问题，完好复原其原有的神采。铜奔马1983年10月被国家旅游局确定为中国旅游图形标志，2002年被国家文物局列为第一批禁止出国（境）展览文物。

1972年，北京市文物管理处在北京市物资回收公司有色金属供应站的废铜堆里拣选到一件古铜器残件，经专家鉴定为西周班簋，器物铭文记载西周成王命毛伯伐东国狷戎的史实。1973年夏季，班簋残件送到故宫博物院文物修复厂修复。送来时班簋已经支离破碎，原器四足已全部拆毁，器身毁去过半，底部破漏，且变形上翘。但大部分纹饰得到保存，特别是腹内铭文基本保存完好。赵振茂用锡补平，并根据《西清古鉴》簋铭拓片，经过整形、翻模补配、修补、对接纹饰、跳焊焊接、钢錾雕刻、除锈等多道程序后终于将其修复成器。此器亦为第一批禁止出国（境）展览文物。

在博物馆，复制是一项重要内容。在故宫博物院藏品中，有一些是重要文物的复制品，其中最精彩的一件即为春秋时期莲鹤方壶的复制品。莲鹤方壶高达1.22米，总重量达64千克，结构复杂、装饰华美。故宫博物院莲鹤方壶的复制品由赵振茂领衔制作，在使用材料上，舍铜而用锡锌合金铸造，以使其重量更接近原件。其表面仿造铜壶的青铜锈，看上去仿如历经数千年锈蚀斑驳的原件，难辨真伪。

在多年的工作实践中，赵振茂先后修复包括西周班簋、商代齐史祖辛觯、商代司母辛鼎、商代二祀邲其卣、东汉铜奔马、西汉龙纹五纽长方镜、春秋王子午鼎、春秋时期立鹤方壶等大批国宝级文物，并复制莲鹤方壶、格伯鬲、兽面纹觚、兽面纹瓿、鸾祖辛卣、牛尊、荣簋、龙纹五纽长方镜等一系列重要文物。

赵振茂不仅系统掌握中国独有的传统青铜器修复技术，还研究古代青铜器镶嵌金银错的制作方法，根据铜器的修复原理还掌握陶器、石器、玉器、甲骨、料器、铁器、漆器、壁画等多种修复技术。

数十年来，通过“师承制”的方式，他培养一批掌握传统修复和复制技术的人才，还为各省市博物馆培养几十名技术骨干。在几十年的修复与研究中，赵振茂撰写《青铜器的修复技术》一书和《金银铜器的传统修复技术》一文，全面系统总结青铜器修复和复制技术。

1981年，赵振茂加入中国科学技术学会。1986年，他被文化部聘为国家文物鉴定委员会委员。同年，他参加亚洲地区文物保护技术讨论会，在会上作题为《中国青铜器的修复技术》的报告。1992年获国务院政府特殊津贴。

1998年11月16日，赵振茂在北京逝世。

程长新 河北香河人。民国6年（1917年）2月17日出生。文物鉴定专家。

程长新幼年时家境贫穷，13岁那年，他只身到北京谋生，经人介绍到东华门通易山房古玩铺学徒。民国22年（1933年），程长新又到东琉璃厂炭儿胡同彬记古玩铺做店员。16年的学徒生涯，使他掌握一些鉴定陶瓷、金石的经验。民国35年（1946年），他在西琉璃厂开办和平旅社，1953年又于东琉璃厂东北园58号院开办新记古玩铺。1956年公私合营后，程长新被安排在北京市文物商店振寰阁任采购员，负责金石、陶瓷生意。

1966年底，北京市成立处理查抄文物的文物清理小组。次年，程长新调到文物清理小组，负责整理、分类、断代"四清"和"文化大革命"期间没收、查抄的文物，并登记、造册。北京市文物工作队又派他到市区、郊区各废品收购站、北京铜厂、金属冶炼厂等地，从废铜烂铁中拣选文物。夏日酷暑顶炎热，他戴着一顶破草帽；冬日冰霜踏雪寒，他穿着一件大棉袄，和小组人员一起，蹬着三轮平板车，跑遍北京城区的各条小巷。

1972年，程长新在北京市物资回收公司有色金属供应站发现"班簋"残片。当时，五分之三的残片从通县物资回收公司收回，另外三分之一残片是从通县城关收购站拣回。残片被送到北京市美术公司修复。班簋内底有铭文

20行198字，内容弥补了史籍的不足，为研究西周穆王时期的军事、政治提供宝贵的实物资料。此簋发现后，轰动文物界，郭沫若于《文物》1972年第9期发表《"班簋"的再发现》。此簋与宋代王黼《宣和博古图》卷17第8页"周刺公敦"之二的图像、铭文及尺寸大小基本相符。悬挂在古钟博物馆钟林里的数十口大钟也是程长新从废品堆里拣选出来的，尤其是宋代"熙宁十年"大钟，更是稀世珍宝。商代中期的龟鱼纹铜盘，是他从北京安外小关收购站拣选来的，是研究商代青铜工艺不可多得的实物资料。1973年程长新从通县金属提炼厂拣选出西藏铜佛32吨，其中一件珍贵的唐代释迦牟尼八岁等身鎏金铜像后来调拨西藏，安放于大昭寺中，受到班禅额尔德尼的赞赏。

程长新从事文物拣选工作18年，培养和组织一批义务拣选人员，组成一个上下结合的拣选网，并定期去各单位挑选文物和讲解有关文物知识。程长新带领拣选小组累计拣选铜器文物约600件、钱币数吨。程长新拣选的一、二级珍贵文物有169件，其中重要的如商代龟鱼纹盘、商代钺、西周班簋、西周伯梽盨簋、春秋宋公差戈、明代波斯文年款错金炉以及一些成组的文物精品等。程长新还四处奔走，找资料，与人洽商将拣选来的残碎文物复原。这些文物后均转交给北京市各博物馆及其他有关单位陈列展出。

1982年盛夏，首都博物馆举办"北京市拣选古代青铜器展览"，展品时代上自商、周，下迄明、清，贯穿整个中国古代社会的历史发展阶段。展出的660多件青铜文物中，有具有北方民族文化风格、造型奇异的商代晚期双兽带铃铜

钺，春秋战国时期的鹈鹕鱼纹敦、宋公差戈，盛唐时期的凤鸟纹菱花镜，元代的嵌松石鎏金度母立像，明景泰元年错金波斯文索耳三足鬲炉和"大明宣德年制"款的金片三足炉等珍贵文物。1983年在拍摄拣选青铜器的科教片《莫让瑰宝再沉沦》时，程长新任顾问，此科教片极大促进了当时全国文物拣选工作的进行。

1984年，程长新调到北京市文物局鉴定组，担任文物出口鉴定工作。此后，他经常出入于东单华夏信托公司、使馆、海关、商店等地开展工作。工作中他严格执行文物出口鉴定标准，严防走私分子倒卖文物出口。期间，他在北京市文物局主办的学习班以及南昌博物馆、哈尔滨博物馆等单位讲授青铜器鉴定、辨伪知识。

除本职工作外，程长新还协助国家文物局、北京各博物馆及外省市博物馆进行文物鉴定、定级和估价等工作。1986~1987年，程长新在故宫博物院鉴定青铜器2000余件，其中将近20件普通藏品提升为一、二级文物。他还应国家文物局流散文物处之邀去河南禹县、开封等地协助公安及文物部门鉴定走私文物，以及应中国历史博物馆之邀去洛阳、开封、郑州、天津、西安等地征集文物等。

程长新古稀之年，仍致力于著述，著有《镜花水月——铜镜鉴赏与辨伪》《古铜器鉴定》《铜器辨伪浅说》等专著，在《文物》月刊上发表专业论文十余篇。

程长新是北京文物出境鉴定组副研究员，曾任国家文物鉴定委员会常务委员、北京市文物鉴定委员会常务委员，并担任中国历史博物馆、首都博物馆、北京市文物商店、黄胄艺术

馆等单位的文物鉴定顾问。

1992年7月27日，程长新在北京去世。

秦学圣 湖北光化人。民国6年（1917年）7月出生。中国国民党革命委员会成员，古人类学家、考古学家、民族学家。

20世纪40年代初，秦学圣就读于成都华西协合大学社会学系。民国30年（1941年）夏，国民政府教育部蒙藏教育司和中华基督教边疆服务部，组织70余人的教授和大学生暑期边疆服务团到边疆地区进行社会服务和调查，秦学圣参加该服务团，随同时任华西大学博物馆馆长的葛维汉，前往岷江峡谷研究苗族，又前往茂州、理番、威州、汶川等地深入村寨研究羌族，获取大量田野资料。

民国32年（1943年），秦学圣从华西协合大学毕业，任华西协合大学中国社会研究室助理研究员，期间撰写《中国社会学的危机》（1943年）和《中国文化建设之商榷》（1945年）等文章发表于《东方杂志》。此后，秦学圣先后担任仁寿文华中学训育主任兼英文、公民教员，遂宁精益中学教务主任兼英文教员，重庆精益中学英文教员。民国35年（1946年），秦学圣留学美国，就读于西北大学研究院人类学系，获人类学文学硕士学位。中华人民共和国成立后，秦学圣毅然放弃国外的优厚待遇归国参加社会主义建设。

1950年，秦学圣进入华北人民革命大学政治研究院学习。1951年，秦学圣任华东军政委员会文化部研究员，并负责上海鲁迅纪念馆工作，期间撰写了《从美国博物馆的本质谈到

中国博物馆事业的新方向》一文，概述美国和苏联两国博物馆发展状况，并指出中国博物馆事业的新方向和具体实践中的几个问题。1951年9月，西南师范学院成立图博专修科以培养文物干部，次年，秦学圣前往重庆西南师范学院任图博科教员，讲授博物馆学通论、设计陈列、人类学、民族志等方面课程。1954年7月，西南师范学院图博专修科停止办学，秦学圣调至四川省博物馆。

1951年3月，考古工作者在资阳九曲河工地发现破损的人头骨化石，这是继北京猿人（1929年）、山顶洞人（1933年）后，在中国境内发现的第三处人类头骨化石，裴文中、吴汝康、贾兰坡、冯汉骥等学者先后对资阳人类头骨化石的年龄和性别提出了不同的看法，秦学圣通过深入研究头骨化石，提出关于头骨化石年龄和性别判定的诸多疑问，并于1962年发表《关于资阳人的年龄和性别问题》。1973~1980年，四川省博物馆、四川省地理研究所等单位先后派秦学圣、吕遵谔、刘兴诗等人组成调查小组，以沱江、涪江的支流为重点，对资阳、资中、简阳、乐至、遂宁、蓬溪、安岳等7县38个地点进行考古调查，采集到47件打制的石制品和7件磨制石器及哺乳动物化石，丰富了沱江流域旧石器时代晚期的材料。

四川珙县一带的悬棺葬历来为国内外学术界所瞩目，其族属问题成为争议的焦点，由于缺乏考古学和人类学方面的依据，各种推论多以文献记载为线索。1974年7~9月，四川省博物馆和珙县文化馆，在珙县洛表区麻塘坝的邓家岩和白马洞两地共取下10具悬棺，秦学圣对棺内保存较为完好的人骨遗存进行观察和测量，并先后撰写《"僰人悬棺"人骨初窥》《"僰人"的几个体质特征与傣族和苗族的比较》《"僰人"十具骨架的观察与测量》3篇论文，指出通过对悬棺尸骨的身高、颅型和鼻型以及铲形门齿和下颌圆枕的出现等情况的研究，显示出悬棺主人属于蒙古人种的范畴，为探讨所谓"僰人悬棺"内死者的体质类型提供重要的人种学资料。

1979年10月，在四川省射洪县仁和乡马鞍山南坡垮塌地边泥土剖面发现一块头骨化石，四川省博物馆、中国科学院成都地理研究所派出秦学圣、范桂杰、胡昌玉、胡发德等组成调查小组前往现场，对仁和乡马鞍山的地形、地貌、土质、土层进行勘测摄影、绘图、科学化验等工作，并鉴定该头骨化石为旧石器时代晚期智人头骨化石，将其命名为"射洪人"。

1980年四川大学历史系林向等考古工作者在四川省巫溪县荆竹坝清理了一座西汉时期的崖墓，秦学圣受托对该墓葬内骸骨的性别、年龄和有无体现风俗习惯的遗迹等方面进行鉴定，完成《荆竹坝M18号崖棺两具尸骨的鉴定》一文。

1981年5月，中国人类学学会成立，秦学圣担任学会主席团成员。1982年，秦学圣调职至四川省文物管理委员会、四川省文物考古研究所任研究员。此后数年间，他撰写了多篇人类学论文，如《给尼人恢复名誉》（1988年）、《西欧早期智人与现代智人的关系问题》（1991年）、《探测未来是人类学应用的一个主要方面》（1992年）、《略谈原始宗教研究中的几个问题》（1996年）。秦学圣还曾任中国国民党革命委员会四川省委常委、四川省政协委员和常委、中国自然科学博物馆协会理事、中国人类学会主席团成员、中国"野人"考察研究会主席团成员、四川大学历史系客座教授、四川省文物管理委员会办公室及四川省文物考古研究所顾问和学术委员会委员等职。

在科研工作之余，秦学圣译介了大量的考古学、人类学等相关著述。如美国学者葛维汉的《四川古代的白（僰）人墓葬》《川南的白（僰）人墓葬》《华西协合大学古物博物馆的石器》《四川省的一种新石器时代晚期的文化》《中国石器琐记》；美国学者理查德·爱德华的《麻浩崖墓雕刻》由秦学圣翻译为《麻浩崖墓浮雕考释》，刊发于乐山市文物保护研究所、乐山崖墓博物馆编《麻浩资料汇编》（内部资料）一书中。1983年，秦学圣与李小川合译美国学者詹姆斯·赫斯特所著《考古学概论》（1976年出版），全书共9万余字，分12期在《成都文物》刊登，并于1987年由成都市文管会办公室出版发行，此后多年来被作为中国考古学通论类教材使用。1984年，秦学圣翻译英国学者蓓安尼·奥姆所著《考古人类学》（1981年出版）一书，并陆续刊发于《四川文物》杂志。1992年，秦学圣参与译校美国学者路易斯·H·摩尔根所著《印第安人的房屋建筑与家室生活》。

1998年9月22日，秦学圣在成都逝世。

傅大卣　河北三河人。民国6年（1917年）7月出生。九三学社成员，文物鉴定专家、篆刻家。

傅大卣生长于书香门第，天资聪慧，7岁入学，读私塾8年。民国20年（1931年），他15岁时到北京琉璃厂古光阁从周康元学徒。周康元精于金石刻版及传拓钟鼎彝器，尤擅古器物全形拓。傅大卣随周氏学徒期间，学到传拓技艺、鉴别文物的本领以及历史、古文字方面的知识。当时研究古文物的学术团体冰社即设在古光阁后院，傅大卣也成为冰社学徒。他先后拜识陈宝琛、郑孝胥、罗振玉和黄季刚、马衡、袁励准、徐森玉等，耳濡目染、受益匪浅。

民国23年（1934年），傅大卣以精湛的技艺开始独立传拓，自此登门请拓者络绎不绝。他捶拓器物涉及钟鼎彝器、甲骨、玉器、玺印等多种。徐世昌之弟徐世章，家藏名砚1000多方，请傅为其拓砚。傅不但拓出砚的全形，而且连端砚上密密麻麻的眼点、歙砚上形若蛛网的花纹也都跃然纸上。

中华人民共和国成立后，文物部门大量重要文物经傅大卣制作拓片。20世纪50～60年代，各地新出土的商周铜器及各地藏家捐献的重要铜器，常常运达北京，傅大卣经常参与对这些文物的捶拓工作。1956年，傅大卣受聘到北京文物商店（该店复制厂1960年初与北京美术公司合并）工作，他利用自己多年的传拓技艺，深入钻研仿汉画像石技艺，制作汉画像石仿品，为国家创汇开辟出一块新领地。

傅大卣在工作中为国家抢救出大量文物。1966年9月，中央有关领导下令在北京展览馆搞一次"红卫兵事迹成果展"。傅大卣等4人受命清理古字画、碑帖、瓷器、金石、陶器等文物，抢救出各种有价值的文物百余件，使这些珍贵文物得以保存。1969年10月，傅大卣受命组织人力在通县造纸厂，从被红卫兵抄没运到这里的大批书籍中，先后抢救出各种具有较高价值的线装古书250余吨，运到国子监保存，使这批珍贵古籍逃过劫难。

20世纪70年代，傅大卣调至北京市文物管理处，从事文物资料整理和出口工艺品的验关专案工作。1973年春的广交会期间，傅大卣受命为出口文物把关，时天津外贸出口公司出口的玉器中有一件汉代玉雕被检出，经其鉴定为西汉时期的白玉透雕兽纹璧，属一级文物，国内罕见。这件玉雕后被调入天津艺术博物馆收藏，至傅大卣辞世未发现有第二件。此次广交会共鉴定出七八件国家一、二级文物。1976年3月12日，傅大卣在北京文物商店发现一块刻有汉代舞人的古玉，本是稀世之宝，而在此竟被当作赝品出售。经傅大卣与有关部门商议，将这一珍宝送至故宫博物院保存。

1976年安阳殷墟发掘妇好墓，获得大量有铭文的商代青铜器，傅大卣应邀前往月余，对器物进行捶拓。傅大卣注意积累保存资料，随身携带捶拓工具和笔记本，并经常将收集的资料公诸同仁，商承祚、陈邦怀、胡厚宣、王世民等都曾从他那里得到不少资料。傅大卣一生所拓墨本数量巨大、包罗广泛、拓工精美，是文物研究与鉴赏的重要资料，同时也是拓片制作不可多得的范本。凡经他手拓之物，他都自留一份拓片，虽几经沧桑散失逾半，至他辞世时仍留下权、诏、甲骨、泉范、兵刀以及印、玉、陶、石等种种古器拓片数万纸，所编《傅大卣集古玺印存》收录玺、印、关防等5万余方。

傅大卣也是一位书法、篆刻家，其于篆刻方面，深得周希丁真传，上溯古玺、汉印，风格沉着典雅。

傅大卣曾任国家文物鉴定委员会委员、中国考古协会会员及北京市文物鉴定委员会常务委员、北京市文物保护协会理事、中国历史博物馆文物顾问、中国书法家协会会员等。

傅大卣著有《傅大卣手拓印章集存》《傅大卣集古玺印存》等，其论文及书法篆刻作品曾在《文物》《考古》《中国美术》《人民中国》《北京史苑》《收藏家》《中国文物报》《书谱》《印林》及韩国《篆刻研究》等多家报刊上发表。

1994年8月14日，傅大卣在北京逝世。

段文杰　四川蓬溪人。民国6年（1917年）8月23日出生。中共党员，画家、敦煌学专家，敦煌石窟保护研究事业的开创者之一。

段文杰早年就读于四川省蓬溪县中学，中学毕业后积极参加抗日宣传活动，曾任学生抗日宣传队队长。民国27～29年（1938～1940年），段文杰先后在四川省蓬溪县常乐小学、遂宁县永兴乡小学执教。民国30～34年（1941～1945年），他就读于国立艺术专科学校国画系，师从吕凤子、潘天寿、李可染、邓白、黎雄才等先生学习中国画。在学习期间，看到了张大千临摹的敦煌壁画的展览，敦煌壁画的独特风格强烈地吸引着他。民国34年（1945年）从国立艺术专科学校毕业后，他就想去敦煌临摹学习古代壁画。适逢教育部撤销敦煌艺术研究所，常书鸿到重庆办理改隶中央研究院等事，段文杰就在兰州等待。直到民国35年（1946年）常书鸿从重庆返回，段文杰跟随常书鸿抵达莫高窟，开始了敦煌艺术的临摹和保护、研究工作。

到达敦煌后，段文杰任考古组代组长、助理研究员。1950年后历任敦煌文物研究所美术组组长、代理所长、副研究员；"文化大革命"期间遭迫害，被下放到农村劳动；1972年重返工作岗位。1980年，段文杰任敦煌文物研究所第一副所长，1982年4月任敦煌文物研究所所长、研究员。1984年，甘肃省委、省政府决定将敦煌文物研究所扩建为敦煌研究院，段文杰担任院长。1998年起，段文杰任敦煌研究院名誉院长。

段文杰是敦煌壁画临摹事业的开创者和领路人之一。从20世纪40年代开始，他独立或与他人合作临摹历代敦煌壁画代表作380余幅，约140平方米，是临摹敦煌壁画最多的画家之一。他深入钻研传统壁画艺术，开敦煌石窟艺术整窟临摹之先河。其中莫高窟第285窟、榆林窟第25窟的整窟临摹达到非常高的艺术水平，成为敦煌临摹艺术的标杆。他临摹的大幅敦煌壁画《都督夫人礼佛图》，成为复原临摹的典范之作。他的临本不仅技巧纯熟，而且形神兼备，代表了敦煌壁画临摹工作的最高水平。他总结了自己同事们长期的临摹工作经验，撰写发表多篇论文，把敦煌壁画临摹工作提高到理论的高度。他带领同事们制定的壁画临摹的"三查四评"评价标准，具有很强的指导意义。

段文杰在前人考古研究的基础上，以几十年临摹壁画的深切体会和对艺术规律的把握，对敦煌石窟的美学意义和历史价值进行了探索。他从美术史和美学的角度探讨敦煌艺术的风格、技法等特色，以及敦煌艺术形成的历史和社会原因，从宏观的角度把握敦煌艺术的时代发展脉络。他先后撰写发表《形象的历史——谈敦煌壁画的历史价值》《早期的莫高窟艺术》《试论敦煌壁画的传神艺术》《敦煌早期壁画的风格特点和艺术成就》《莫高窟唐代艺术中的服饰》等见解独到、造诣精深的论文50余篇，近百万字；出版《敦煌石窟艺术论集》《段文杰敦煌艺术论文集》，并编撰出版《中国敦煌壁画全集·敦煌初唐》《中国敦煌壁画全集·敦煌隋》《敦煌石窟艺术·榆林窟第二五窟附第一五窟（中唐）》等专著，皆为中国学者关于敦煌石窟艺术研究的代表性论著。段文杰敦煌艺术研究的成果，在国内外学术界产生广泛影响。他曾应邀前往法国、日本、加拿大、美国、印度等国家和中国香港、中国台湾等地区参加国际敦煌学术研讨会和讲授敦煌学；曾与日本著名作家井上靖、著名画家平山郁夫同台演讲，与日本著名社会活动家池田大作对谈敦煌艺术，为促进国际学术交流、传播中华文化作出积极贡献。

段文杰担任敦煌研究院院长后，大力倡导敦煌学研究。他主持编辑出版《敦煌研究文集》，集中展示敦煌研究院学者数十年的研究成果，对推动中国敦煌学的发展发挥了积极作用；他首创敦煌学期刊《敦煌研究》，该刊发表大批国内外学者的敦煌学研究成果，成为在国际敦煌学界具有重要影响的学术平台；他主持与日本合作出版5卷本《中国石窟·敦煌莫高窟》，主持编辑出版22卷本"敦煌石窟艺术全集"大型丛书，在国内外学术界产生广泛影响。他还在敦煌莫高窟筹办1983年、1987年、1990年、1994年4届敦煌学大型国际学术会议。

段文杰在担任敦煌研究院院长期间，抓住改革开放的时代机遇，与美国、日本等国外保护研究机构合作，开展一大批保护性科研项目，使敦煌文物保护工作由抢救性保护迈进科学保护的新阶段；他与日本友人合作，促成日本政府无偿援助建成敦煌石窟保护研究陈列中心；他利用平山郁夫的捐赠，倡导成立敦煌石窟保护研究基金会，并担任首届理事长。在他任内，莫高窟成功列入《世界遗产名录》。

段文杰积极组织敦煌艺术对外展览，不仅在北京、上海、广州、郑州、兰州、香港、台湾等地举办展览，还在日本、法国、印度、美国等国家举办"敦煌石窟艺术展"，宣传和弘扬敦煌文化艺术与中华文明。他十分重视敦煌石窟讲解员队伍的建设，通过专家讲课、外派进修等多种措施，培养出一支熟悉石窟艺术，通晓英、日、法、俄、德、韩等国语言，具有较高素质的讲解员队伍，为游客提供良好的讲解服务。

段文杰特别重视培养人才。他主持制定了敦煌研究院培养人才的办法，并不惜为之投入重金。20世纪80年代初，他将中日合作出版《中国石窟·敦煌莫高窟》5卷本所得的5万元人民币全部用于年轻人的培养。他还积极争取国际援助，派遣60余人赴日本、意大利、加拿大、美国等国家学习深造。这些专业人员学成归国后，成为敦煌文物保护的中坚和骨干。

1991年起，段文杰享受国务院政府特殊津贴，1995年被评为全国文化系统先进工作者，2000年被甘肃省人民政府、国家文物局授予"敦煌文物保护研究特殊贡献奖"，2006年被中国文联授予"造型表演艺术创作研究成就奖"，2007年被甘肃省人民政府、国家文物局授予"敦煌文物和艺术保护研究终身成就奖"。段文杰曾任甘肃省社科联副主席、甘肃省对外文化交流协会名誉主席、甘肃省美学研究会顾问，他还是第六、七届全国政协委员。

2011年1月21日，段文杰在兰州逝世。

刘北汜 原名惠民，号北汜，笔名冯荒、董桑等。吉林延吉人。民国6年（1917年）11月3日出生。中共党员，中国民主同盟中央文化委员会委员，中央文史研究馆馆员、编审。

民国23年（1934年），尚在读中学的刘北汜就在《延边晨报》的《银岛》副刊发表散文和诗歌，同年夏天他开始进行《银岛》副刊的编辑工作。民国28年（1939年），刘北汜就学于昆明西南联合大学中文系，后转入历史系。课余时间，刘北汜从事写作，并与同学合办冬青文艺社，主编《冬青》诗刊，加入中华全国文艺界抗敌协会昆明分会。民国32年（1943年），刘北汜毕业，任云南大学附中教员。民国35年（1946年）9月，刘北汜入上海大公报社做编辑，先后主编过《大公园》《读书与出版》《戏剧与电影》《文化生活》《文学周刊》《群众文艺》等副刊和周刊。1950年8月，在上海市第一次文代会上，他当选为上海市文联副秘书长。1951年2月，他作为上海《大公报》唯一的朝鲜战地特派记者，赴朝鲜前线进行战地采访，后出版通讯报告集《朝鲜在战斗中》。1953年以后，他历任天津《大公报》

和北京《大公报》文化生活组组长、副刊主编等职，直至1969年12月《大公报》停刊。

1978年6月，刘北汜调入故宫博物院工作。不久，故宫决定恢复"文化大革命"前仅出版过两期的《故宫博物院院刊》，由刘北汜担任主编。《故宫博物院院刊》于1958年创刊，当时为不定期学术刊物，作者全部是院内的研究人员。刘北汜力主变不定期刊物为定期出版的季刊，并提出新设想：刊物应面向社会，扩大读者群，且应有海外读者群；将作者队伍扩大至院外；摆脱学报式专刊的束缚，内容从文物博物馆领域扩展到史学领域，充分利用故宫特点，采用古建、宫廷历史、古代艺术等并重的编辑方针等。1979年初，当《故宫博物院院刊》以崭新的面貌出现时，得到学界的广泛肯定和认同，成为国内博物馆系统创立的首个刊物。继《故宫博物院院刊》复刊之后，刘北汜又着手创办《紫禁城》双月刊并任主编，他邀名家写稿，内容以知识性、趣味性为主，走文化普及的路子，且以图文并茂为特点，印刷精美，获得更加广泛的读者群。《紫禁城》杂志因此成为深入浅出地传播中国古代宫廷文化的窗口。为使故宫博物院拥有一个自己的、正规的出版机构，刘北汜不顾年事已高，奔波于新闻出版署和国家文物局领导机关之间。同时，他精心策划、制定并实施的出版方针、选题计划、组织机构，以及所构建的与海外合作出版的渠道等，为紫禁城出版社日后的发展奠定坚实的基础。1983年紫禁城出版社成立，刘北汜担任出版社社长兼总编。他还曾任研究室副主任、主任、故宫博物院出版委员会副主任等职，兼

任《中国文物报》特约编审。

在繁复琐碎的编辑工作之余，刘北汜还注重对年轻人的培养。为了使初学写作的作者的稿件能够达到采用标准，他不仅改稿，有时还帮作者列出提纲，鼓励初学者积极投稿。同时，他注重言传身教，不辞辛苦地帮助年轻后辈提高综合业务能力。由于故宫编辑出版事业发展的需要，刘北汜担任故宫博物院出版委员会副主任，他对古籍的整理出版又多倾注了一份关注。在有关部门的配合下，他清理故宫博物院院藏古籍旧书，并由中国书店重新出版《晚清簃诗汇》《新元史》《退耕堂政书》《明清八家文钞》等10套古籍。

刘北汜的著作有小说集《云层》《山谷》《伙伴们》，散文集《曙前》《人的道路》《拿红旗的人》《栈道的春天》《涉水集》《雪霁集》，散文诗集《荒原雨》，通讯报告集《朝鲜在战斗中》，历史专著《故宫沧桑》等，此外还有已发表但尚未结集的散文及散文诗150余篇。

1991年，刘北汜被国务院聘请为中央文史研究馆馆员，任《诗书画》杂志主编，《世纪》杂志编委。他还将很大一部分精力投入到全国文史研究馆大型丛书"新编文史笔记"的编辑工作中，担任10个分册的特约编审，参与港台版丛书的审定工作。

刘北汜还兼任中国作家协会会员、中国民主同盟中央文化委员会委员、北京史研究会副会长、中国散文诗学会常务理事等。同时，他还是中国俗文学会发起人之一，曾任中国俗文学会副会长、顾问兼通俗小说委员会主任，以及中国古都学会第二届理事等职。

1992年，刘北汜享受国务院政府特殊津贴。

1995年5月12日，刘北汜于北京病逝。

张拙之 黑龙江双城人。民国6年（1917年）出生。中共党员，辽宁省博物馆馆长。

张拙之出生于贫寒的工人家庭。九一八事变后，他不甘心忍受日本帝国主义的统治和压迫，于民国25年（1936年）到上海投奔左翼作家萧军，从事抗日救亡工作。他曾被当局抓捕关押，经营救获释后，到江西省景德镇继续进行抗日救亡活动。七七事变后，他参加新四军，民国27年（1938年）加入中国共产党。他先在新四军景德镇服务团工作，后调政治部任宣传干事。在皖南事变突围中，他不幸被俘，后历尽艰险得以逃脱。新四军重新组建后他回到部队，先后任军部直属队指导员、县敌工部部长等职。

抗日战争胜利后，张拙之于民国35年（1946年）春到达哈尔滨，被分配到双城县，曾先后担任区委书记、县委宣传部部长等职。1949年春，张拙之到解放不久的沈阳，后听从组织上的安排，被分配到东北博物馆（1959年改名为辽宁省博物馆），从此与文博事业结下不解之缘。

东北博物馆是在沈阳解放后，接收国民党沈阳古物馆的基础上创建的。当时，文博事业百废待兴，要建立新型的东北博物馆，任务异常艰巨，张拙之承担大量的具体工作。

1950年10月，抗美援朝战争爆发，根据上级的紧急指示和统一部署，在张拙之的精心组织下，全馆在限期内将文物疏散到黑龙江省讷河县，1952年春又将文物转运到北安。随后他组织动员馆内专家和职工反复研究和论证，制定出《东北博物馆文物保管办法》及《注意事项》，开展有计划、有步骤的文物大清查，到1953年为止，完成文物清理工作。这是博物馆工作极为重要的基础建设，为中华人民共和国博物馆的文物藏品保管提供了经验，被文化部誉为全国首创。在1956年文化部召开的全国博物馆工作会议上，张拙之应邀对此进行经验介绍。

1953年国家"一五"计划开始，鞍钢是建设重点，为配合基本建设，做好考古发掘工作，1954年组成东北文物工作队，张拙之被任命为队长。鉴于当时从事文博工作的新人多，不熟悉业务情况，先后举办两期训练班，从东北大区各省抽调文博干部数十人接受培训，分批进入基本建设工地进行考古发掘工作。历时3年多，清理发掘大批古遗址、古墓葬等，发掘出各类文物10万余件。为研究辽宁的历史和文化发展，提供第一手资料，也积累了一套田野考古发掘工作经验。

张拙之对文物征集工作十分重视，同北京荣宝斋等单位建立了密切的业务关系，并对齐白石的美术作品进行重点征集。大量的工作使齐白石受到感动，破例为东北博物馆画了一幅花卉长卷，并把他早期的一批作品赠给东北博物馆，使该馆成为全国收藏齐白石作品的重点单位之一。此外，博物馆还通过举办各种展览进行藏品征集，如在举办"毛主席诗词""烈士诗抄""向雷锋同志学习"等展览时，运用各种关系和渠道，同中央有关领导和全国各地知名人士联系，请他们为展览题词、绘画，多达数百件。在文物征集工作中，不仅征集大量的古代文物，还征集大量的近现代文物和工艺美术品。

张拙之非常重视在博物馆工作实践中摸索研究为人民服务的内容、形式和方法。1954年为配合党的总路线宣传，东北博物馆创新并组建流动展览小分队，携带展览先后赴抚顺、锦州、大连、长春、齐齐哈尔、承德等25地巡回展出，历时227天，开中国博物馆流动展览的先河。国家文物局认为东北博物馆办流动展览的经验，为博物馆的服务工作开辟了一条新路子，具有普遍意义，将之推广到全国各地，供学习和效仿。

张拙之非常注重实事求是，一切从实际出发，不盲从、不苟同。他经常讲，要做好工作，上离不开党的方针政策，下离不开馆的实际情况。1959年上级提倡学习苏联办地质博物馆，经过一年多的筹备探索，他发现这一提议与馆内实际情况不符，毅然决定请示上级停止。同时，他也用心观察了解各省博物馆工作出现的新情况、总结的新经验，作为学习和借鉴。1960年春，为改变辽宁省博物馆的基本陈列，他带领专业人员去北京等地参观学习，回馆后制定计划。

张拙之认真执行党的知识分子政策，尊重知识，爱惜人才。他经常讲："领导意见必须执行，专家意见必须尊重。"馆里各项工作和业务活动，他都紧密依靠专家，充分发挥他们的作用。他对知识分子在政治上的关怀和爱护也是突出的，在历次政治运动中，他都坚持实事求是的原则，抵制错误倾向，从而保护了一些老专家。

1966年，张拙之在沈阳逝世。

韩绍诗　河南淮阳人。生于民国7年（1918年）3月17日。河南省博物馆副馆长。

民国21年（1932年）7月，韩绍诗于淮阳县小学毕业，民国24年（1935年）7月初中毕业，同年8月考入开封省立高中。在学校期间，韩绍诗受到抗日进步思想的影响，积极投入到抗日的洪流中。民国29年（1940年）3～8月，韩绍诗在周口水寨镇文化馆工作。同年8月起，韩绍诗先后在鹿邑县宁平镇小学和槐店范营村小学教书。民国32年（1943年）1月起，韩绍诗先后任安徽宿县中学、安徽太和县成志中学、安徽太和县倪邱中学教员。民国36年（1947年）8月，他考入河南大学历史系，1949年6月毕业，同年9月到淮阳省立高中执教。1950年6月，韩绍诗调入淮阳专区文工团任团长，1951年9月调到淮阳专区文化馆任馆长。1953年3月，韩绍诗调到河南省文化局任科员，1954年6月调入河南省博物馆，历任业务秘书、历史部主任、副馆长等职。

韩绍诗在担任馆领导职务前后，一直从事陈列展览的内容设计工作。他先后主持过"河南历史陈列""河南省革命文物展览""北京故宫文物展览""馆藏碑帖拓本展览""王铎书法展览"等30多项陈列展览。1964年，河南省博物馆从开封迁至郑州后，由韩绍诗主持，首次举办"河南地方历史陈列"。该展成为以后举办历史文物陈列的范本，展出后得到社会各界人士的认可。20世纪80年代初期，韩绍诗主办赴日本的"王铎书法展"，轰动日本书法界。

多年来韩绍诗根据博物馆工作的具体实践，撰写有关博物馆学研究的论文数十篇，并多次到长沙国家文博干部培训中心、河南大学、新乡师范专科学校、郑州大学等学校讲授中国博物馆学概论。

韩绍诗多年从事博物馆工作，总结出一套行之有效的经验。他认为博物馆有收藏保管、宣传教育、科学研究的三重性，每个馆都有固定的活动内容和具体的性质；博物馆是运用实物开展活动的；博物馆必须进行收藏和保管藏品工作；博物馆要举办基本陈列；科学研究是博物馆的重要职能之一。他认为名副其实的博物馆应具备三要素：藏品、陈列展览、观众。如果不具备这三个要素，那只能是挂牌的博物馆，应当进行完善。

韩绍诗对业务精益求精，潜心研究，取得丰硕的科研成果，曾发表《谈地志博物馆历史陈列中的几个问题》《值得借鉴的国外博物馆经验》《关于"曹雪芹先生"画页争论的评述》《龙门二十品》《升仙太子碑》等学术论文50多篇，主持或参加编写《王铎书法选》《河南省博物馆》《中国历代名人胜迹大辞典·河南卷》《河南省博物馆学会文集》等多部学术专著。他主持编纂的《翰墨石影》是一部集中国书法宝库中的传世精品、历史变迁中的文物佐证、两千多年来社会风俗真实写照于一体的综合性文史典籍。

1993年，韩绍诗离休。他还曾任中国博物馆学会常务理事、河南省博物馆学会副会长兼秘书长、河南省文史研究馆员、河南省文物局专家组副组长、河南省政协委员等。

2003年8月8日，韩绍诗在郑州逝世。

刘敦愿 湖北汉阳人。民国7年（1918年）6月24日出生。考古学家、古史学家、美术史学家，山东大学教授。

刘敦愿祖父刘淑云是清道光年间国子监祭酒，其父刘人劭是一位铁路职员，曾参加中国同盟会。刘敦愿幼时，良好的家庭环境培养了他的好学品质。民国21年（1932年），刘敦愿毕业于郑州铁道部小学，民国27年（1938年）毕业于郑州扶轮中学。次年，他在昆明考入国立艺术专科学校西画科。刘敦愿自幼喜爱绘画，曾梦想成为一名画家。在学校期间，他从对古代艺术的探索接触到考古学知识。最初，他沉醉于埃及法老的雕刻、古希腊建筑等西方古代艺术，认真研读米海里司《美术考古一世纪》、格罗塞《艺术的起源》等经典著作。由于资料所限，他又转向对中国美术史的学习。当时国立艺术专科学校在四川巴县磐溪，中央大学则迁于重庆沙坪坝，两校隔江相对，刘敦愿便定期渡江去旁听中央大学历史系古文字学家丁山教授讲授的"商周史"与"史学名著选读"。民国33年（1944年），刘敦愿于国立艺术专科学校毕业后，曾在四川省图书馆工作，还担任过小学教员。次年，他在迁居成都的齐鲁大学利用一个学期的时间听考古学家吴金鼎讲授田野考古学，开始学习考古学的基础知识。民国36年（1947年），经丁山教授推荐，刘敦愿受聘到青岛的山东大学中文系任教，讲授"历史文选"等课程，同时协助丁山教授的研究工作，还兼任过中学美术教师。1952年，刘敦愿在解放军驻镇江某部担任文化教员。

1953年5月，刘敦愿从山东大学中文系转入历史系任教，随即赶赴洛阳参加烧沟汉墓的发掘。从此，他便开始考古学的调查与研究。1954年，刘敦愿在山东大学历史系第一次开设"考古学通论"课。他经常或是独自一人，或是带上三两个热爱考古的学生，利用节假日奔波于田野之中。数十年间，他先后调查日照两城镇，五莲丹土，青岛霸王台、古镇都和古城顶（即墨北阁），临沂土城、毛官庄、援驾墩、重沟、护台和石埠等，滕州岗上和宫庄，曲阜西夏侯，泰安大汶口，胶县三里河，章丘城子崖、平陵城，以及济南甸柳庄、大辛庄，足迹遍及山东各地。许多重要遗址如两城镇、丹土、三里河、岗上、土城等调查资料，多数较快地整理并在《文物参考资料》《考古通讯》《考古学报》等刊物上发表。这些早期独立开展的田野考古工作，为山东地区新石器时代文化谱系的建立作出重要贡献。

"文化大革命"开始后的数年，刘敦愿被迫中断研究工作，家庭也受到冲击。但他仍在晚间阅读大量书籍，积累资料。1972年春，经他多年的奔走和多方努力，终于在山东大学历史系创建考古专业，并任考古教研室主任。为了考古专业的正常运转和长远发展，对外，他四处联络，寻求合适的专业人员到校任教；对内，调动已有教学人员的积极性，培养年轻的后备人才。在考古专业的专业建设方面，他始终把提高年轻教师的田野考古水平和培养学生的田野工作能力放在最重要的位置，组织和参与泗水尹家城、日照东海峪、临淄齐故城等多处遗址的考古发掘。

"文化大革命"结束后，刘敦愿更加勤奋地从事教学与科研工作。1979年，刘敦愿出席中国考古学会成立大会，当选为第一届理事会理事。1982年，刘敦愿开始招收考古学的硕士研究生，为山东大学考古学硕士点的奠基人。

1978年以后，刘敦愿学术研究的重心转移到美术史和美术考古方面，先后发表论文40余篇，研究的内容涉及美术史和美术考古理论、史前陶器艺术、古代雕刻艺术、商周青铜器装饰艺术与纹样母题、战国青铜器风俗画题材、汉代绘画艺术等领域和专题。他的研究工作多从具体的问题和器物入手，把考古学、美术史和文献印证阐释有机地结合起来，往往能够见微知著，发前人所未发。此外，刘敦愿对以农业、畜牧业、动物利用及古代环境为主的中国科技史的研究，则多从考古资料和文献资料结合的角度加以探究，发表相关论文20余篇，取得令人瞩目的成果。1994年，台湾允晨文化公司出版他的选集《美术考古与古代文明》，收入论文45篇。1996年，刘敦愿完成山东省古籍整理重点项目《齐乘》一书的校注。

刘敦愿的主要学术成果有《马王堆西汉帛画中的若干神话问题》《〈山东汉画像石选集〉中未详历史故事考释》《云梦泽与商周之际的民族迁徙》《中国古代的鹿类资源及其利用》《中国古代文身遗俗考》《干将莫邪铸剑神话试析》《中国古代民间绘画艺术中的时间与运动》等。

刘敦愿还曾任中国太平洋史学会理事、山东大学学术委员会委员、山东省考古学会副理事长、山东古国史研究会会长等。

1997年1月15日，刘敦愿在济南逝世。

黄增庆 壮族。广西武鸣人。民国7年（1918年）6月27日出生。中共党员，中国民主同盟成员，广西壮族自治区博物馆研究馆员。

民国31年（1942年），黄增庆毕业于南宁高中31班。民国36年（1947年）7月，黄增庆毕业于广西国立桂林师范学院史地系，毕业后先后在隆安、果德、武鸣等县中学任教。1949年11月，黄增庆参加革命工作。1950年8月，黄增庆在广西省劳动局工作，1953年9月到广西省第一图书馆阅览部工作，1954年4月调到广西省立博物馆工作。

黄增庆到广西省立博物馆后，于当年参加文化部社会文化事业管理局、中国科学院考古研究所和北京大学联合举办的第三届全国考古工作人员训练班学习。1955年，黄增庆参加贵县汉木椁墓的发掘，墓中铜鼓的出土表明中原汉文化与少数民族文化结合的情形。1962年，他参加桂林市郊尧山六朝砖室墓的发掘，出土秦僧猛买地券一块，券文中的丧葬年月日、葬地所属行政辖区名称和墓主姓名有较高文献价值，对研究南朝买地券的格式和道教对桂林地区的影响有一定的参考作用，同时对研究桂林在南朝时的土地关系有较大意义。黄增庆还参加贵县宋代砖墓的发掘、兴安县灵渠陡隄的调查。

黄增庆对左江岩画和古代铜鼓有专门的研究。他于1957年相继发表了《谈桂西壮族自治州古代崖壁画及其年代问题》《广西明江、左江两岸的古代崖壁画》两篇论文，较早对花山壁画展开研究。1985年发表《谈谈左江流域崖壁画》，谈到壁画的战争内容表现出一种反抗精神，同时这类内容对探索壁画年代有很大帮助。在铜鼓研究方面，黄增庆在《壮族古代铜鼓的铸造工艺》一文中，对壮族古代铸造铜鼓的原料、成分、范模、铸造工序等有较详细的阐述。《广西出土铜鼓初探》通过对铜鼓铸造、铜鼓的造型、铜鼓的材料以及纹饰等将铜鼓分为四个类型，并以此来推断其年代，以及研究广西地区与中原经济文化的交往。他还发表《广西两大类型铜鼓的特征和由来的探讨》等铜鼓研究文章。

黄增庆运用考古材料与民族学史料相结合的方法进行大量的研究工作，发表质量较高的论文和著作共30多篇/部，其中《从文化遗存浅说壮族文化特点》一文，荣获1978～1984年"广西民族学会优秀成果奖"一等奖。他和张一民合著的《壮族通史》以丰富翔实的史料为佐证，详尽论述壮族的起源，全面介绍壮族各个历史时期的政治、经济、文化诸方面的发展状况，荣获1987～1990年"广西社会科学研究优秀成果奖"一等奖。他与高言弘教授、粟冠昌教授合作编著《广西经济史》，同粟树冠教授等合著《广西古代史》等书，曾作为广西师范大学历史系广西地方史教材。

1988年，黄增庆退休后继续参加国内社会科学学术活动，从事广西地方历史研究。

黄增庆曾任中国考古学会理事、中国铜鼓研究学会顾问、广西民族学会副会长、广西历史学会理事、广西钱币学会常务理事、广西少数民族经济学会理事等。

1995年6月25日，黄增庆在南宁逝世。

陈从周 原名郁文，字从周，晚年别号梓室，自称梓翁。浙江杭州人。民国7年（1918年）11月28日出生。古建筑学家、园林学家、书画家。

陈从周5岁入私塾启蒙，后入小学、中学读书。民国27年（1938年），陈从周就读于杭州之江大学文学部，师从王蘧常、夏承焘、陈晓伦等。由于喜爱李清照的诗词，他大学期间开始阅读其父李格非的《洛阳名园记》，对园林艺术和古建筑产生浓厚兴趣，接着他进一步阅读《营造法式》《清式营造则例》等书，以及《中国营造学社汇刊》等学刊，打下良好的古建筑研究基础。民国31年（1942年），他获得文学学士学位，先后在杭州各中学任国文教员。民国35年（1946年），陈从周被聘为上海圣约翰中学国文教员，兼任总务主任。

任上海圣约翰中学教员期间，陈从周结识圣约翰大学建筑系主任黄作燊，深得其赏识。1950年，他被聘为圣约翰大学教员，专门教授中国建筑史，同时兼任苏州美术专科学校副教授，讲授中国美术史，并利用课余时间开始走访苏州古建筑和园林，进行调查和测绘。1951年，他任之江大学建筑系副教授，同时兼任苏南工业专科学校副教授，讲授中国建筑史，从而结识刘敦桢。1952年，全国高等学校进行院系调整，同年9月，圣约翰大学建筑系、之江大学建筑系、同济大学土木系、杭州艺术专科学校建筑系等合并成立同济大学建筑系。由于之江大学建筑系主任陈植的推荐，陈从周到同济大学建筑系任教，负责中国建筑史的教学工作，并担任建筑历史教学组组长。

1953年，陈从周与刘敦桢结伴至山东曲阜勘察孔庙，对其建筑进行详细考证。同年，同济大学建筑系刊印陈从周编写的《漏窗（苏州专集）》。1954年，受刘敦桢委托，他参与上海龙华塔的修复工程。同年，他对苏州多处古建筑进行勘察，包括虎丘塔、圣恩寺梵天阁、罗汉院双塔等。勘察中，陈从周发现，建于北宋初年的虎丘塔，其塔顶为明代加建，揭开虎丘塔的结构之谜，为以后的修复和保护提供依据。

1956年，同济大学教材科印行陈从周多年踏勘、测绘、研究的成果《苏州园林》。这是中国第一本全面介绍苏州园林的图文书，其文字部分对苏州园林进行初步分析；图录部分为园林直观形象，包括摄影图录以及反映造园工程技术、实际形象的测绘图录。同年，他参与上海豫园修复工程，负责对豫园园林余存进行鉴定和清理。1957年，他发现豫园原配的明代门额，将调研考证的成果写成《上海的豫园与内园》一文。

1958年1月，他参与浙江省绍兴县大禹陵和兰亭的修复工作，期间开展绍兴宋桥的调查。同年9月，他的《苏州旧住宅参考图录》刊印，该图录全面记载苏州旧式传统住宅的面貌。同年底，在上海市建委领导下，他主持"上海建筑三史"的编撰工作，后在此基础上，与人合作主编《上海近代建筑史稿》（1989年出版）。1961年，他在进行扬州园林考察时，在扬州军分区大院发现石涛遗作"片石山房"，并考证发现当时扬州京剧团的宿舍就是"个园"，无线电厂是"何园"，于次年编著完成《扬州园林》（1983年出版）。

1962年，应梁思成之邀，陈从周参与扬州大明寺鉴真纪念堂的设计工作（此堂于1973年落成）。1964年，同济大学建筑系建筑历史教研室刊印由陈从周编辑、拍摄的图录《豫园图录参考资料》，是1956～1961年豫园第一次大修成果的真实写照。

1978年，陈从周任同济大学建筑系教授，并开始在《同济大学学报》上连载《说园》，于1985年由同济大学教材科刊印成合集，此书集陈从周几十年研究成果之大成，引起空前反响。这部书既是对中国园林的认识论，又是指导实践的造园理论，同时也是园林评论的美学原则。同年，他应美国普林斯顿大学东方艺术系主任方闻之邀，参与美国大都会艺术博物馆"明轩"庭园的设计、施工项目，开中国园林出国建造之先河。

1979年，陈从周邀请蒋启霆参与选编《园综》，历时15个春秋。该书上起西晋，下至清末，共收集216位古人的322篇园记，大体勾勒出中国古代园林的发展轮廓，填补中国古典园林文化研究的空白。

1986年，陈从周赴香港，在香港大学、香港中文大学、香港建筑师学会与景观学会讲学。同年9月，他受邀赴日本参加日本建筑学会百年纪念会。1986～1987年，受上海文管会、豫园管理处的邀请，陈从周主持上海豫园东部的恢复设计与施工工程，此项工程是其园林理论的具体实践，期间他撰写《重修豫园东部记》《豫园图录序》，高度总结豫园前后两次大修的成果。

1990年，《中国名园》在香港出版。此书开篇即言："中国园林如诗如画，是集建筑、书画、文学、园艺等艺术的精华，在世界造园艺术中独树一帜。"体现陈从周对于园林的研究方法和思路，即从诗情画意的角度认识中国园林。他的《常熟园林》《嘉定秋霞圃和海宁安澜园》《泰州乔园》《苏州网师园》等数十篇园林论文，奠定中国园林研究多方面的基础。

陈从周著有《苏州园林》《扬州园林》《绍兴石桥》《园林谈丛》《说园》《书带集》《春苔集》《帘青集》《山湖处处》《诗词集》等古建筑园林专著和散文集。

陈从周曾任中国园林学会顾问、中国建筑学会建筑史学术委员会副主任、上海市文物保管委员会委员、中国美术家协会会员、上海作家协会会员、日本造园学会会员、美国贝聿铭建筑师事务所顾问等职。

2000年3月15日，陈从周于上海病逝。

于倬云　曾用名文汉。天津人。民国7年（1918年）12月出生。古建筑专家，故宫博物院教授级高级工程师。

民国30年（1941年），于倬云肄业于北京大学工学院建筑系，同年进入伪华北建设总署都市局工作，任营造科试用技士。民国34年（1945年）8月，他任北平文物整理委员会工程处技士，1949年2月，他任北京文物整理委员会工程师，从事工程设计和古建筑维修工作。吉林省农安塔，是严重分崩酥散的砖塔，地方上由于无力修整，为安全起见已申请拆除。1952年，于倬云勘察后对其进行设计，并配合施工进行技术指导，这是1949年以后第一个成功抢救砖塔的实例，同时改变了过去对无法修缮的古建筑便任其自然倒塌的做法。1954年，于倬云调到故宫博物院，负责故宫古建筑的维修设计，先后任故宫博物院修建处工程师兼设计组长，故宫博物院学术委员会委员和古建部副主任、总工程师。

1955年，于倬云设计故宫午门避雷针工程，这是中国第一个在古建筑上安装防雷设施的工程，此项工程的设计安装，统一了木结构古建筑安装防雷设施的各种看法。他除主持故宫的防雷工程外，还指导外省市进行难度较大的防雷设计，保护大量古建筑免遭雷击。文化部肯定此项科学研究工作，并在全国推广。

1974年，在五台山南禅寺唐代正殿修缮方案讨论会中，于倬云提出恢复唐代梁架中"拖脚"的作用，会上采纳他的建议，使该殿在维修过程中保留了唐代四椽栿原状。他从"拖脚"所产生的水平分力提出复原方案，并用现代化学材料加固保护构件，避免原构件越换越少。

于倬云主持的古建筑保护工程，多与研究工作相结合。如为解决古建筑彩画怕淋雨、怕紫外线照射、怕空气中有害气体造成剥落褪色等问题，他反复进行化学涂料保护实验。1988年9月，化学工业部授予其荣誉证书，表彰他在有机涂料及其在古建筑彩画保护应用研究方面所取得的成就。

故宫建筑的重大维修项目多由于倬云主持或设计，如三大殿、武英殿、端门、午门、角楼、畅音阁等众多古建筑的修缮工程，故宫电力、电缆、消火管道、电讯干线、热力支线等的安装工程。他主持或参与全国百余项古建筑修缮工程的设计，如沈阳故宫大清门恢复重建工程、吉林农安古塔修缮工程、河北山海关城楼抢险修缮工程、山西五台山南禅寺正殿修缮工程等。

晚年，他的工作重点转入故宫建筑的调查研究，前后发表论文30余篇。他不仅从形制方面对古建筑进行分析，还以科学理论论证实用功能和审美功能相结合的设计原则，得出其与古建筑时代特征的因果关系，给中国建筑史增添科学性内容。在《斗拱的运用是中国古代科学技术的重要贡献》一文中，他不仅对斗拱的萌芽、形成和发展作系统阐述，而且把《营造法式》和《工程做法》中宋、清之间的时代特征、模数制所用的单位变化进行有机的联系。对明清斗拱是否只起装饰作用而无结构作用的争论，他不仅以力学计算证实明清斗拱的力学功能，而且提出其在抗震功能上起着弹簧弓的减震作用。他撰写的《宫殿建筑是古代建筑技术的重要鉴证》论文和在中国建筑学会建筑历史与理论委员会凤阳学术报告会上报告的有关古建筑"侧脚"的研究，不仅阐述中国古代建筑采用稳定感设计的艺术成就，而且创造性地以柱头结点计算水平分力，把屋顶荷载的不利因素，分解出向心力，以增加整体稳定性。

他在中国古代建筑艺术方面也有独到的见解，其《紫禁城宫殿》《中国美术全集·建筑艺术编1·宫殿建筑》《乾隆花园的造园艺术》《太和门的空间组合艺术》《紫禁城始建经略与明代建筑考》等专著、论文，既有古今艺术理论，又有阴阳五行说在建筑上的运用。他主编的《中国美术全集·宫殿建筑》获1990年首届"全国优秀建筑科技图书部级奖"一等奖。他参加制定的《古建筑木结构维护与加固技术规范》是古代建筑保护的重大成就之一，获建设部1996年度"科学技术进步奖"一等奖。2002年2月，于倬云的《中国宫殿建筑论文集》作为"故宫博物院学术文库"的首批文集出版。

于倬云曾为北京工业大学、天津大学、山西大学以及英国谢菲尔德大学、德国慕尼黑大学研究生院、美国弗吉尼亚大学等院校的硕士、博士研究生讲授古建筑专业课，辅导毕业论文，出任论文答辩评委等。他还曾任中国科学技术协会委员、中国紫禁城学会会长、国家文物局古建工程专家组成员等，享受国务院政府特殊津贴。

2004年12月17日，于倬云在北京逝世。

石谷风 原名振华。湖北黄梅人。民国8年（1919年）3月10日生于北京。国画家、文物鉴定家，安徽省博物馆研究馆员。

石谷风的父亲是北京大学的职员，母亲精通诗书。他14岁即跟名家学习国画。民国24年（1935年），石谷风考入北平艺术专科学校，此时正是日本侵略者步步紧逼华北的危急时刻，他和一大批北平热血青年一道，积极投入救亡运动，还担任北平学联西城区学生会的联络员。民国26年（1937年），石谷风转入北平艺术专科学校，次年毕业于国画科，后入北平古物陈列所国画研究馆研究生班，曾任北平古物陈列研究馆研究员。石谷风早年师从黄宾虹学习绘画和文物鉴定，并因此对黄宾虹的家乡徽州无限向往。

民国34年（1945年）抗日战争胜利后，石谷风应邀到济南银行工作，专门负责办理有关文物字画方面的评估贷款，并代银行收购古籍善本图书，不到三年就给银行收集数千册善本图书及一大批珍贵文物字画等。

民国37年（1948年）9月，济南解放后，石谷风又负责原来银行遗留下来的文物古籍的交接工作。此后，他调往安徽工作。1953年，在安徽工作的他请假去济南处理藏品，将自己收藏的书画、青铜器、碑帖、书籍等装满三大板车捐给齐鲁大学，又将一部分收藏捐献给山东文管会、山东省图书馆。石谷风还因捐赠文物数量巨大，被吴仲超称为"华东文物捐赠第一人"。

1953年，安徽省博物馆刚刚筹建，石谷风被聘为特约采集员，此后便一直定居安徽，长年累月在徽州等地寻访，为安徽省博物馆征集文物。石谷风了解到徽州许多人家传承着明清契约文书等旧物，当时人们并不当回事，有不少当废纸卖，很是可惜。为抢救这批资料，石谷风到废品站、造纸厂搜寻，又跑山路到农村，多次登上民间阁楼去翻找，使大量的明清契约文书、史地志书、家族宗谱、故人容像等文物入藏安徽省博物馆，这些文物后来成为许多大学和有关部门研究明清土地制度、社会经济、民俗风情等的珍贵资料。

1956年，石谷风正式调任安徽省博物馆陈列部副主任，负责自然部的筹备工作。当时，皖北地区正在大兴治理淮河工程，施工过程中发现许多古生物化石。由于当地农民把出土的化石当作药材出售，许多化石遭到毁坏。在这种情况下，石谷风带领工作人员赶到工地，调查发掘，抢救出一批象牙、犀牛头骨等珍贵化石，同时，石谷风编印宣传册页，向群众宣传保护古生物化石的知识。1957年，他凭借着深厚的鉴定知识，说服上海收藏家刘善斋，将所藏的400余锭历代制墨名家制作的徽墨捐献给安徽省博物馆。

1972年，石谷风和同事们在怀远县茨淮新河工地发掘出土一具长8米、高4米的古菱齿象骨架化石，并将其定名为"淮河古象"。据考证，这种古象分布于长江和淮河中下游一带，距今约30万年。1974年，在石谷风和同事们的努力下，安徽省博物馆建起自己的古生物陈列室，经修复、复原后的淮河古象露出真容，同时展出的还有与淮河古象共生的动物群化石及辅助展品。古生物陈列室一经开放，就受到社会各界的赞誉。石谷风还经办"安徽文房四宝展"和"安徽古代工艺品展"，展览还应邀到北京、香港和日本、德国展出。

据统计，石谷风为安徽省博物馆征集文房四宝、字画等各类珍贵文物达10万多件。

石谷风擅山水、花鸟、走兽画，作品有《霜晨月》《雨中岚山》《黄山松石》等。其作品多次参加国内外画展，1987年在日本东京举办两次个人画展，1995年于安徽合肥举办个人画展。他发表美术史论文160篇，出版有《周秦两汉封泥考》《秦陶量诏文集》《晋魏隋唐墨迹》《徽州容像艺术》《安徽木版年画萃珍》《石谷风画集》《古风堂艺谈》《徽州墨模雕刻艺术》等著作12部，其中《徽州墨模雕刻艺术》获"安徽省社会科学优秀成果奖"二等奖。

石谷风还兼任国家文物出境鉴定安徽站副站长，并任中国美术家协会会员、安徽美术家协会名誉理事长，享受国务院政府特殊津贴。

2016年3月，石谷风在合肥逝世。

唐石父　天津人。民国8年（1919年）4月8日出生。古钱币鉴赏家，天津社会科学院历史研究所研究员。

唐石父世居津门，他的父亲、兄长等都喜好收藏古钱币，受家庭影响，唐石父自幼就酷爱古钱，家里炕席下面的压炕古钱和老太太们缠线用的古钱成了他最初的藏品。上中学时他经常光顾天津北马路上的古钱摊，并结识古钱商贾蝶生，唐石父曾在贾处买到过不少好钱。当时他能作为参考的资料只有一本借来的《泉货汇考》。20世纪30年代，河北第一博物院举办货币展览，那千姿百态的历史货币使他流连忘返。不久，唐石父所在的中学举办"珍玩展览会"，他作为一名中学生，竟展出自己收藏的稀有古钱，颇引起师生们的羡慕。民国36年（1947年），唐石父执教于天津崇化学会，结识同时任教的书画家、古钱币专家陆文郁，并成为其弟子。他还曾结识王襄、陈荫佛、方若等老一辈金石学家，学习器物考据学。1957年，唐石父在其执教的天津市第五十中学主办"中国货币展览"，展品从商代的贝币，春秋战国时期的刀币、布币、圜钱，到明清时期的方孔圆钱，还有历代农民起义军铸造的货币等，这一展览除受到学校师生的欢迎外，还受到天津钱币界老前辈陈铁卿的好评，从此两人结缘，经常就古钱问题进行讨论切磋。

唐石父涉猎广博，对古钱的研究经常提出新的见解，他经常在学术刊物上发表文章，谈对古钱研究的收获。《古钱读法》《武德钱文制词的考察》《武德钱文研究》等文章分别收录于《中国钱币论文集》第一、二集和《中国历代货币大系3·隋唐五代十国货币》等。他还编撰《唐石父古钱常用辞典》、全国文物博物馆系列教材《中国古钱币》等。他还是第一、三届中国钱币学最高学术奖"金泉奖"的获得者。

唐石父曾任国家文物鉴定委员会委员，中国钱币学会第一至四届常务理事、第五届名誉理事，天津市文物鉴定委员会委员，《中国钱币》杂志编委，天津市钱币学会副理事长等。

2005年2月17日，唐石父在天津逝世。

穆孝天 原名道湘。回族。安徽定远人。民国8年（1919年）5月出生。美术史论家、书法家，安徽省博物馆研究馆员。

民国25年（1936年）9月至民国31年（1942年）7月，穆孝天先后就读于蚌埠江淮中学、晨鸣社、安徽省第一临时高中、安徽省临时政治学院。民国32年（1943年）3月，穆孝天进入四川大学师范学院专修科学习。民国34年（1945年）9月，穆孝天就读于四川大学历史系，次年毕业后任暨南大学助教。民国36年（1947年），穆孝天任上海建华中学教务主任。青年时期的穆孝天曾发表诗文集《东方黎明了》。

1956年，穆孝天调到安徽省科学研究所从事中国美术史研究。在写作《邓石如》过程中，为取得清代书法家邓石如的翔实资料，他于1962年7月去邓石如的故乡怀宁县白麟坂考察，与邓石如的后裔同吃同住，促膝交谈，研读邓家珍藏100多年的《白麟坂邓氏宗谱》，探访邓石如的有关遗迹。他还到邓石如频寄游踪的南京、扬州、镇江、盐城，通过邓石如的姻亲故旧搜集有价值的资料。穆孝天治学十分刻苦，到沪、宁、京各地查阅资料，常常是八九个小时不吃饭不休息，有时带着面包也忘记吃。到1983年《邓石如》出版时，他已收集到邓石如书法近百幅、诗词70余篇、资料180多份。此后，他继续对邓石如进行深入研究，相继出版《邓石如书法篆刻艺术》《邓石如资料研究》《邓石如世界》等书籍。日本艺术评论界人士称穆孝天为研究邓石如第一人。

穆孝天对中国文房四宝有较深入的研究。1962年出版《安徽文房四宝史》，从具体史实阐述安徽历代文房四宝的艺术成就和艺术价值等。1979年，穆孝天调入安徽省博物馆工作。1983年，他与李明回合作的《中国安徽文房四宝》出版，全书主要对产于安徽的宣纸、徽墨、宣笔、歙砚进行文化背景、文化功能、文化空间方面的分析与介绍。该书获得1979～1985年"安徽省社会科学优秀学术成果奖"。1985年4月至1988年1月，该书《宣纸》与《徽墨》两章在日本书道教育学会主办的《书学》期刊上连载29期。

穆孝天还专注于研究中国古代画家，特别是安徽籍著名画家，出版的著作有关于宋代画家的《崔白》《李公麟》，关于明代画家的《丁云鹏》，以及关于清代画家的《查士标》《梅清》《虚谷》等。

穆孝天擅长各体书法，尤爱行草，其作品被收入《国际现代书法集》《中日现代书法汇观》《当代中国书法艺术大成》《当代中日书法家作品精鉴》等，并为国内外博物馆、艺术馆、纪念馆收藏。

穆孝天曾任中国书法家协会会员、中国美术家协会会员、中国博物馆学会会员、安徽省文史馆名誉馆员、安徽博物馆学会副秘书长、安徽省书法家协会常务理事、安徽省造型艺术美学研究会会长、安徽省书法理论研究会名誉会长等。其事迹载入《中国美术家名人辞典》《中国美学辞典》等30多部大辞典里。1992年，穆孝天享受国务院政府特殊津贴。

1996年10月16日，穆孝天在合肥逝世。

王文昶 河北深县人。民国8年（1919年）8月出生。青铜器鉴定专家，故宫博物院研究馆员，国家文物鉴定委员会委员。

王文昶出身于农民家庭，幼年家境贫寒。民国22年（1933年）经人介绍，他到北平在同益恒金石文玩铺当学徒。同益恒金石文玩铺是当时北平经营金石文物最著名的古玩店，受环境和氛围的熏陶，王文昶自少年开始熟悉中国古代青铜器的鉴定方法。由于勤奋聪慧、博闻强记，他很快就成为店里的顶梁柱。民国33～38年（1944～1949年），王文昶负责河南安阳、上海等地青铜器等金石文玩的收购。他在收购中，不断丰富文玩知识，总结各地出土器物的时代特点与区别。当在收购中遇到残破器时，王文昶用心收集，并找人修复，因此结识一些修复行业的人士，了解到许多青铜器修复的过程和方法，也熟悉各地青铜器修复的特点。这些都是青铜器辨伪工作中不可或缺的。

中华人民共和国成立后，同益恒金石文玩店停业，王文昶于1956年调到故宫博物院保管部金石组，从事文物管理和研究工作。他在保管部管理青铜器库房时，为调查每一件青铜器的来龙去脉，除查阅文献档案，还常常要走访各类相关人员，"腿勤嘴勤"一直是他的口头禅。一次，调拨来一件满嵌松石的青铜爵，王文昶的意见是松石不是原嵌，理由是从当时所掌握的材料来看，满嵌松石的爵非常少见。虽然从光泽等方面判断，松石似乎与器物本身属于同一时代，但从镶嵌技术来看，松石高低不平，应该是后人用商代的蓝松石镶嵌而成。他为此去请教一些研究青铜器的学者，但看法不一。于是，王文昶从该爵的登记信息上入手，找到民国时期的原物主人。了解到这样一个事实，那就是嵌满松石的爵极为珍贵，如果是真品早就高价卖出去了。因此，虽然造假者是谁已经回忆不起来，但是原主人买进这件爵时就知道松石是后嵌的。

王文昶长期工作在文物库房，在他的带领下，完成大量藏品的整理工作。库房的全部藏品，按照器物类别、时代、造型、纹饰分类排架，条理清楚，提用方便。在排架整理的过程中，区别开真品和赝品，避免鱼龙混杂，良莠不齐，为陈列、研究、出版提供有利的条件。

王文昶参加青铜器藏品的定级工作，从以前被认为有疑问的铜器中，拣选出珍贵文物数件，有的还被定为国家一级文物，如三羊尊、蟠螭龟鱼纹方盘、螭梁盉、鸟兽纹壶等。其中，蟠螭龟鱼纹方盘具有极为重要的历史、艺术和科技价值。

王文昶具有丰富的青铜器鉴定知识，在工作实践中，十分注意结合实物，对青年专业技术人员进行热心指导。从藏品管理、时代鉴定到仿品特点，王文昶不厌其烦地悉心讲解，在他的耐心指导下，青年专业人员的业务能力与鉴定水平有很大提高。王文昶还受国家文物局的委派，多次赴河北、江西、广东等地授课，培训青年业务人员。

王文昶多次参与为故宫收购珍贵文物的工作，丰富充实故宫的藏品。同时，他也把自己珍藏多年的文物，捐献给故宫博物院，其中商代的大玉戈，被定为一级藏品。

王文昶从不将自己丰富的工作经验与知识视为私有财富，密不告人。凡是他知道的，只要有人问及，不论对方年龄大小和职位高低，一律尽其所知，全盘托出。中国社会科学院考古研究所在编辑《殷商金文集成》时，需要收入故宫博物院的藏品，并由考古研究所来人传拓，整个配合工作过程中，王文昶都尽可能到场，并把自己对一些存疑铭文的看法告诉考古研究所的工作人员，供他们在编辑时参考。

王文昶撰有《青铜器辨伪浅说》（合著）、《青铜器辨伪三百例》等著作，是他几十年来从事青铜器鉴定研究工作的实践总结，他把青铜器中较常见的造假现象进行归纳，并结合实例进行分析，图文并茂、深入浅出，是学习青铜器辨伪的必读物。

1987年，王文昶任故宫博物院研究馆员，并担任国家文物鉴定委员会委员。

1992年1月，王文昶因病在北京逝世。

裴明相 河南镇平人。民国9年（1920年）1月出生。中共党员，考古学家，河南省文物考古研究所研究员。

裴明相12岁考入河南镇平县立宛西中学。由于家境贫困，他面临失学困境，幸得他天资聪明、勤奋好学、成绩突出，在学校老师和同乡的帮助下，才得以完成初中学业，继而进入南阳中学、镇平省立开封高中。高中毕业后，裴明相进入国立中央大学文学院。

民国35年（1946年）6月，裴明相到重庆河南博物馆工作。当时，在重庆的河南博物馆，仅有职员3人、工友2人，而馆长又远在南京，馆里共有68箱文物。时局动荡，物价一日三涨，薪水又不能及时发给，员工的生活非常困难。在这样恶劣的环境下，裴明相一面精心保护馆藏的文物，一面刻苦读书。他利用工作之余阅读"二十四史"，经过一年的刻苦钻研，由《史记》一直浏览到《宋史》，随后又改变读书方法，以新的史观，编纂中国通史，写出4万多字的战国以前中国古代史初稿。

在重庆解放的前夜，国民党当局决定，强行将河南博物馆的68箱文物拉走，准备转运至台湾。裴明相得知此事后，十分着急，他尽力周旋，最终使其中30箱文物保留下来。1950年9月，裴明相协同河南省文物管理委员会代表，护送重庆河南博物馆保留下来的30箱文物，回到当时设在河南开封的河南博物馆，并任河南省文管会干事。

1952年8～11月，裴明相参加了由文化部社会文化事业管理局、中国科学院考古研究所和北京大学历史学系联合举办的第一届全国考古工作人员训练班。

1952～1955年，裴明相主持郑州二里冈遗址的考古发掘，率先揭开商代二里冈文化研究的序幕，弥补殷墟前期历史的空白，而"郑州二里冈期"也成为商代考古断代的标尺。

1956~1957年，裴明相主持信阳长台关一号和二号楚墓的考古发掘，获重要考古发现，出土大量珍贵文物。其中包括13枚楚国编钟，用其演奏的乐曲《东方红》，曾伴随中国第一颗人造卫星遨游太空。

1959年，裴明相主持南阳北关汉代冶铁遗址的发掘，在这处面积约12万平方米的汉代大型冶铁遗址中，发现有大批炼炉、炒钢炉和熔铁炉，并从陶鼓风管表层受热情况证实，当时熔铁已采用先进的换热式热风装置技术。该遗址出土的铧模上刻有"阳一"铭文，为汉代南阳郡铁官所辖第一冶铸作坊提供可靠的实物例证。

1960~1961年，裴明相参与主持河南省全省文物、碑碣、图书、字画的普查登记工作，圆满完成普查任务，为河南省文物保护管理工作奠定坚实的基础。

1963~1964年，裴明相主持淅川黄楝树新石器时代遗址考古发掘，弄清屈家岭文化的内涵和外延，以及与其他周边文化的关系，为研究黄河和长江流域的原始社会晚期两大文化体系提供了可靠的依据。

同时，在这一时期，裴明相先后主编和与人合编考古学专著《郑州二里冈》《河南信阳楚墓出土文物图录》《河南名胜古迹》。他还先后发表《郑州基本建设中的文物发现》《郑州商代遗址的发掘》《南阳汉代铁工场发掘简报》《河南镇平赵湾新石器时代遗址的发掘》《河南桐柏万岗汉墓的发掘》等论文、简报。

改革开放以后，裴明相被任命为河南省文物考古研究所第一研究室主任，兼任河南省考古学会理事、鄂豫湘皖四省楚文化研究会理事、河南省考古学会楚文化研究会常务理事，又被河南省职称改革领导小组评定为专业技术职称解冻后的首批研究员，并加入了中国共产党。

裴相明先后主编和合作出版《信阳楚墓》《河南出土商周青铜器（一）》《楚文化考古大事记》等考古专著多部。其中《信阳楚墓》荣获第一届"夏鼐考古学研究成果奖"荣誉奖。他还发表多篇论文，如《郑州商代铜方鼎的形制和铸造工艺》《郑州商代二里冈期青铜容器概述》《略谈郑州商代前期的骨刻文字》《楚都丹阳地望试探》《再论楚都丹阳》《谈楚车》《商代前期国都的结构和布局》等。他还曾先后多次参加国内外学术交流，探讨商文化和楚文化研究领域中的许多重大学术课题。

1988年，裴明相退休后，虽然身患严重心脏病，仍然致力于文物考古研究，关心河南文物考古事业的发展，承担"商代城址研究"课题任务，孜孜不倦地工作，相继撰写发表了有关商文化和楚文化的有研究价值的论文和学术报告20余篇。他在生病住院的前期，仍在夜以继日地撰写和修改《商代遗址研究》一书的初稿。

1997年11月12日，裴明相在郑州逝世。

冀淑英 女，直隶河间（后属河北省）人。民国9年（1920年）2月20日出生。古籍版本目录学家。

民国31年（1942年），冀淑英毕业于辅仁大学国文系，先后在开封静宜女中、北京女三中担任教师。民国34年（1945年），冀淑英到北京大学图书馆任馆员，参加了李盛铎藏书的整理工作。李氏旧藏近万种线装古籍，其中有相当多的宋元刻本、大量的明清版本，以及明清以来学者和藏书家的抄校稿本。当时北京大学特聘请北平图书馆的古籍版本专家赵万里对整理工作进行指导，冀淑英在这项工作中打下了古籍版本知识的初步基础。民国37年（1948年），完成《北京大学图书馆藏李氏书目》后，赵万里便把她调到北平图书馆善本部进行古籍善本编目工作。

抗日战争胜利后，北平图书馆的善本书收藏有较大增加，如聊城杨氏海源阁藏书所余92种售归北平图书馆，抗日战争期间抢救采购的珍贵古籍也运抵北平图书馆。中华人民共和国成立初期，国内著名的公私藏书，如瞿氏铁琴铜剑楼、傅氏双鉴楼、潘氏宝礼堂、周氏自庄严堪、常熟翁氏、涵芬楼等，或捐赠，或转让，明清以来的累世宝藏如百川归海，陆续入藏北京图书馆（原北平图书馆）。冀淑英在赵万里指导下，对这些古籍进行鉴定编目。历代留存古刻旧抄、先贤墨迹，她一一寓目，她用10年的时间刻苦钻研完成了这批新入藏善本的编目任务。编目后，冀淑英建立一套由书名目录、著者目录、分类目录三部分组成的目录卡片，几年后初具规模，向读者开放，为读者查阅提供极大的便利。以这套卡片为基础，1959年，北京图书馆的国庆十周年献礼项目《北京图书馆善本书目》出版。冀淑英还为赵万里主编的《中国版刻图录》做了一些辅助工作。1963年，她与人合作整理并出版了《西谛书目》。

1959年，冀淑英在《文物》月刊发表《谈谈版刻中的刻工问题》，她认为，刻工"是一个明显的佐证，是决定版本时代的有利条件之一。如果与其他资料互相对照起来，即使书籍本身残缺不全，也可以帮助我们顺利地解决版刻时代和刻书地点的问题"。她调阅了50种明代刻本，在文中列出安徽徽州地区的刻工；又调阅了另外50种明代刻本，列出苏州、无锡地区的刻工。通过这样的排列，刻工的时代先后也就清楚了。

冀淑英常说，从分类排序可以反映藏书目录的学术性，因而非常重视馆藏善本分类目录的排片工作。每当有新编目的书，她都按四库分类表和有关的排片规则，排比先后，次第排序，从不马虎。

"文化大革命"当中，北京市大量抄没的古籍、碑帖等，有些被送到北京图书馆柏林寺分馆。书的数量很多，优劣不等，馆里派冀淑英等人每天到柏林寺分馆，从乱书堆中挑选符合善本标准的书籍，将它们登记造册，另行保存。这些书经过登记造册后，就送到北京图书馆善本书库妥善保存，并由当时北京图书馆革命委员会将接收清单送回原抄家单位存档。直到"文化大革命"结束前后落实政策时，由原藏书人或其家属，按清单核对原书无误后，归还给原主。有的原主还将这些藏书中的善本捐赠给北京图书馆。

1977年，冀淑英参加国家重大项目《中国古籍善本书目》编委会筹备工作，担任该书副主编。该书著录各地图书馆、博物馆等781个藏书单位所藏古籍善本约6万种、13万部，分经部、史部、子部、集部、丛部5部。项目进行的17年中，冀淑英为保证目录的准确性，走遍大江南北，将目录卡片与原书一一核验。她还承担了集部、丛部的复审，以及全书的定稿工作。

1990年，为出版馆藏敦煌遗书，需要将全部1.6万余号敦煌遗书拍照。由于敦煌遗书残破得非常严重，有的还变硬脆化，难以展开，拍照时稍不注意，极易损伤原件，如不修复，既影响读者使用，也影响拍照质量。为此，馆里特别召开座谈会，商讨敦煌遗书的修复问题，冀淑英在会上提出"抢救为主，治病为辅"的方案，以期最大限度地保留文献的信息。这不仅得到敦煌学界的肯定，也为国际敦煌学界修复敦煌遗书提出了指导原则，同时推广到其他珍贵文献的修复和保护中。

退休前两年，冀淑英为善本部青年员工做了15次业务讲座，系统地介绍了馆藏善本书的来源，以及各大藏书家所捐善本的特色和这些藏书家的人品学识，为培养接班人殚精竭虑。1998年，冀淑英退休。

冀淑英历任国家图书馆善本部助理研究员、研究馆员，在善本组副组长任上工作多年，并任国家文物鉴定委员会常务委员、中国人民对外友好交流协会理事、"四库全书存目丛书"学术顾问、国务院古籍整理出版规划小组成员。她还是第七、八届全国政协委员。

2001年4月18日，冀淑英在北京逝世。

佟柱臣　辽宁黑山人。满族。民国9年（1920年）3月20日出生。考古学家。

民国28年（1939年），佟柱臣考入吉林高等师范学校历史地理系。在校期间，他常利用假日，到吉林市和永吉县作野外调查。民国31年（1942年）冬，佟柱臣从吉林高等师范学校毕业后，被分配到辽宁省凌源县的中学任教，期间他仍坚持在业余时间作野外调查。民国32年（1943年），他对凌源牛河梁遗址和安杖子古城址的调查，为后来辽宁省文物考古研究所对这两处遗址进行重点发掘提供了直接线索。同年8月至民国34年（1945年）8月，佟柱臣转入内蒙古的赤峰师范学校任教，继续在业余时间作野外调查。在内蒙古赤峰地区调查时，他发现夏家店遗址、东八家石城址，以及英金河北岸的一段长50多千米的中国北方最早的长城——战国燕北长城遗迹。根据上述调查，他先发表调查报告《赤峰附近新发现之汉前土城址与古长城》，进一步研究后，又发表论文《考古学上汉代及汉代以前的东北疆域》，以确凿的长城遗迹考古资料，论证历史上燕、秦、汉在东北的疆域应在北纬43.8度一线，而不是如过去有学者所定的辽东郡界（约当北纬42.8度）的地理位置，从而将中国战国至汉代的东北疆域向北推进约120多千米。

民国35年（1946年）6月，佟柱臣进入沈阳博物院任副研究员。1949年7月，佟柱臣由裴文中、韩寿萱推荐，调入北京历史博物馆工作，历任副设计员、陈列部副主任、考古部副主任、学术委员会委员，还曾被聘任为东北博物馆名誉研究员。

1950年1～8月和10～12月，佟柱臣在裴文中、贾兰坡的指导下，参与设计并筹办北京历史博物馆的"中国原始社会陈列"，该陈列于1951年初正式展出。1950年9月，他参加由文化部文物局组织的东北考古发掘团，在裴文中的率领下，赴吉林西团山发掘石棺墓群，后又执笔撰写发掘报告。1952年，他应聘参加由裴文中负责的北京大学考古专业史前考古学教学小组，参与组织教学安排；1953年秋起，又为北京大学考古专业学生讲授"博物馆通论"课程中的"考古材料的陈列"。1958～1959年，他参与中国历史博物馆"中国通史陈列"原始社会部分的设计和布展工作。1960年，他参与筹建文化部文化学院文物博物馆系工作，任副教授。他在北京历史博物馆工作期间发表学术论文和考察报告15篇，其中《考古学上汉代及汉代以前的东北疆域》《黄河长江中下游新石器文化的分布与分期》《中国原始社会晚期历史的几个特征》等，是这一阶段具有代表性的研究成果。

1961年，佟柱臣调入中国科学院考古研究所工作，先后任副研究员、研究员、第一研究室（新石器时代）副主任、学术委员会委员，1978年被中国社会科学院研究生院聘为教授。

20世纪70～80年代，佟柱臣仍继续关注东北地区考古发现与研究，发表一系列具有重要意义的成果。例如《试论中国北方和东北地区含有细石器的诸文化问题》一文，对广泛分布于中国北方和东北地区的细石器文化遗存，作全面系统的分区、分类、分期的综合研究，注重地理环境条件对不同经济类型文化的形成、发展及其特点的影响，正确解释细石器概念，澄清学术界在细石器问题上存在的一些模糊和错误的认识。《东北历史和考古中的几个问题》一文，通过考察城郭出现的早晚，论证东北南部、西部和东部三个地区历史发展的不平衡特征，进而揭示出东北历史本身发展的规律性特点。

1979年和1983年，佟柱臣当选为中国考古学会第一、二届理事。1981年，他任《中国大百科全书·考古学》中国新石器时代考古编写组副主编。1985年，他应聘为中国民族史学会顾问。1991年，佟柱臣获国务院政府特殊津贴，2006年荣膺中国社会科学院荣誉学部委员，2009年被文化部、国家文物局授予"中国文物、博物馆事业杰出人物"称号。这一时期，他完成两项填补空白的重大学术课题，即"中国边疆民族物质文化史"和"中国新石器研究"。其60万字的专著《中国边疆民族物质文化史》，获得1991年"全国古籍优秀图书奖"一等奖；220万字的《中国新石器研究》，被列入国家古籍整理出版规划小组编纂的"中国传统文化研究丛书"。为写作《中国新石器研究》，佟柱臣花费30余年进行资料收集和梳理，进行深入细致的综合研究，足迹踏遍除西藏和台湾之外的全国绝大部分地区，摩挲石器标本达10万件之巨，亲手绘制各种石器图上万幅。全书分上、下两册，共10章、220万字、插图587幅、图版252面。该书将全国新石器时代文化分为8个区域，即黄河流域、长江流域、东南沿海、台湾、西南地区、西北地区、北方内蒙古和东北地区，在地区之下，又区分出早、中、晚不同时期的文化，并概括出各自的特点，最终阐明中国新石器时代的固有特征。

退休以后，佟柱臣仍然笔耕不辍，以七八十岁高龄写作出版《中国考古学要论》和《中国辽瓷研究》两部专著，其中《中国辽瓷研究》被评为2010年度"全国文化遗产优秀图书"。

2011年12月3日，佟柱臣在北京逝世。

何修龄 字柏青。祖籍广东中山。民国9年（1920年）4月出生于上海。中国国民党革命委员会成员，古建筑专家。

民国22～26年（1933～1937年），何修龄先后在江苏省立苏州中学、陕西省立西安第二中学、国立西北农林专科学校高中部就读。抗日战争爆发后，何修龄弃笔从戎，于民国27年（1938年）考入中央陆军军官学校（原黄埔军校）第七分校步科，民国29年（1940年）毕业。民国31年（1942年），何修龄再入该校军官外语班学习英语，次年毕业。此后，何修龄任国民革命军陆军第一六五师连长、师部参谋。1949年西安解放前夕，他随所在部队起义加入人民解放军，在西北军政大学第三期研究科学习后，先后在第十九兵团司令部警卫团参谋处和解放军原西北军区航空处工作。

1951年，何修龄从部队转业至地方，开始从事文物保护管理工作。历任西北历史文物陈列馆干事、陕西省文化局社文处科员、西北历史博物馆和陕西省博物馆调查征集组组长、陕西省文物管理委员会编辑研究室编辑和保护管理组组长等职。

1954年，何修龄作为西北地区代表，参加文化部社会文化事业管理局举办的古建筑培训班。从此以后，他潜心研修中国古代建筑，遍访省内各地古建筑，实地勘察一砖一石、一柱一檩，搜集、整理和记录数十本、上百万字的相关资料和学习笔记。在实践中何修龄逐渐成为陕西重要的古建专家。他先后主持或指导兴平县文庙大成殿，大荔县岱祠，旬邑县旬邑塔，长武县昭仁寺，长安县兴教寺，华阴县西岳庙灏灵殿，韩城县普照寺、九郎庙、司马迁祠，丹凤县船帮会馆，米脂县李自成行宫等数十处古建筑的整修工程，以及韩城县呇村禹王庙、彰耀寺大殿、三圣庙等一批元代建筑的迁建工程，设计并督建茂陵博物馆大门与东展厅建筑。他结合工作实际开展研究，著有《韩城所见的元代建筑及其基本特征》《华阴西岳庙的古代建筑》《懿德太子墓壁画中的盛唐建筑》《中国古代建筑的标准化》《陕西唐墓壁画之研究》（合作）等多篇学术文章及《陕西省出土铜镜》一书。其所提出的一些古建筑维修理念和方法颇多创新见地。在核定上报重点文物保护单位古建部分的工作中，经何修龄考察断定的古代建筑年代几无差错。如他断定长武县昭仁寺大殿为元代建筑，对陕西古建筑的断代研究具有重要的指导意义。1987年，何修龄被授予研究员任职资格。

1981年离休后，何修龄仍关心文化遗产保护事业，积极参加有关学术、教育和技术咨询活动，被聘为九三学社西安分会科技咨询服务中心管委会委员、西安冶金建筑学院历史理论和中国古建史专业硕士研究生毕业论文答辩委员会委员。应邀承担了黄帝陵整修工程、韩城司马庙护坡工程设计和施工指导，耀县药王山总体整修规划设计，药王山北洞隋唐造像石窟整修工程设计，甘肃秦安大地湾遗址保护工程设计等重要任务，并协助指导新疆霍城县惠远钟鼓楼完成整修工程。

何修龄曾当选或受聘为中国建筑学会建筑历史学术委员会委员、陕西省文物保护管理委员会委员、中国圆明园学会学术委员会委员、陕西省文史馆名誉馆员、中国国民党革命委员会陕西省委员会委员、中国国民党革命委员会西安古建筑咨询研究所所长、黄埔军校陕西同学会理事等。

1989年12月11日，何修龄于西安逝世。

殷涤非 安徽枞阳人。民国9年（1920年）11月4日出生。中国民主同盟成员，古文字学家、考古学家，安徽省文物考古研究所研究馆员、名誉所长。

民国31年（1942年），殷涤非毕业于安徽省第七临时中学高师科，后在桐城一所小学担任教师。民国34年（1945年），殷涤非应安徽省文献委员会负责人李则纲之邀到省文献委员会工作。民国37年（1948年），随李则纲去南京将抗日战争期间转移到大后方的一批寿县出土楚国文物（计27箱700余件），于1949年元月运至芜湖，1953年移至合肥，其中包括安徽省博物馆的镇馆之宝楚大鼎。他后来又将这批楚器进行了整理，编辑成《楚器图录》，成为楚文化研究的重要成果。

中华人民共和国成立后，殷涤非先后在皖南文物馆、安徽省博物馆筹备处工作。1953年8月，殷涤非参加文化部社会文化事业管理局、中国科学院考古研究所和北京大学联合举办的第二届全国考古工作人员培训班学习，学习考古专业理论。在郭沫若、陈梦家、贾兰坡、唐兰等专家学者的指导下掌握了田野考古工作的基本技能。

1955年5月，殷涤非参加寿县蔡侯墓的发掘工作，该墓出土青铜器486件、玉器51件、金饰12件、骨器28件。铜器上大部分铸有铭文，多有"蔡侯"字样，有的铭文长达90余字。蔡侯墓所出铜器，是春秋晚期的标准铜器，是研究春秋晚期楚、吴、蔡三国关系和文字书体的珍贵资料。蔡器运到合肥后，殷涤非对其进行整理和修复，记录清理工作简况，其中"蔡墓的发现与发掘"和"墓葬形制"两节，收入《寿县蔡侯墓出土遗物》一书。1956年底，他指导阜阳地区举办文物培训班，为当地文博人员讲授文物保护政策、法规和有关业务知识，还带领他们去遗址进行实习发掘。后来这一批学员都成为当地文博工作的骨干力量。

1958年安徽省文物局文物工作队成立，殷涤非成为该队成员。他先后参加和主持的考古发掘项目有：芜湖蒋公山新石器时代遗址、屯溪弈棋西周土墩墓、舒城凤凰嘴春秋墓、亳县曹家岗战国墓、阜阳汝阴侯墓、天长北岗汉墓、寿县安丰塘汉代闸坝遗址、六安九墩塘宋墓、肥东阚集明墓，并主持调查了徽州明代古民居。

1977年7月，殷涤非对阜阳双古堆汝阴侯墓的发掘工作进行现场指导，出土文物有竹木书简、占盘和天文仪器、铁甲胄，以及漆器、铜器、铁器和陶器等计260余件。简的内容有久已亡佚的《仓颉篇》、与今本不同的《诗经》及年表。漆器中比较重要的有六壬拭盘、太乙九宫占盘和二十八宿圆盘，它们和古代天文、历法有密切联系，为研究科学史提供了重要资料。

1979年，殷涤非调任安徽省文物管理局文物处秘书，1982年任安徽省文物工作队副队长，1983年被推选为中国考古学会第二届理事会理事，1984年任安徽省文物考古研究所名誉所长。

殷涤非先后发表许多学术论著，主要研究领域为夏商周考古和古文字学。其著作《商周考古简编》，简述夏至战国各时期的物质文化特征，包括宫殿、城墙基址和各期墓葬等有关问题，尤其对甲骨文的形成、发展、研究成果，以及一些著名甲骨学家在不同历史时期所做的贡献进行详细介绍，同时把甲骨学中至今仍存在的争论及各家不同论点也进行简述，供研究者参考，成为一本既能供考古界参考研究，又能给一般读者阅读的著作。其影响较大的论文有《鄂君启节两个地名简说》《九里墩墓的青铜鼓座》《西汉汝阴侯墓出土的占盘和天文仪器》《对曹操宗族墓砖铭的一点看法》《关于寿县楚器》等40余篇。

殷涤非还曾多次为安徽省文物干部培训班编写教材，讲授考古专业课程；应邀为南京大学考古专业和安徽文博专修班讲授"安徽地方考古和青铜器"等专题课程。殷涤非曾担任安徽省考古学会第二届理事会会长，第三届理事会名誉会长，第四、五、六届安徽省政协委员，并任中国民主同盟安徽省委员会委员。

1989年9月25日，殷涤非在合肥逝世。

 **张颔** 山西介休人。民国9年（1920年）11月16日出生。中共党员，古文字学家、考古学家，山西省文物局副局长兼山西省考古所所长。

张颔是遗腹子，9岁刚读小学一年级时又丧母，由后继的祖母收养。小学毕业后，张颔参加家乡研究书画的行余学社，开始研读《说文解字》等书籍。民国26年（1937年）初，由外祖父安排，张颔到湖北樊城一家杂货店当店员。武汉沦陷后，樊城遭日机轰炸，店铺生意停歇，张颔开始接触抗日救亡的书籍，并开始以"抟泥"的笔名写作短文和新诗，揭露时弊，呼吁抗日救亡。后来，他在堂兄张帆的安排下返回山西。在此期间，张颔阅读大量进步书籍，初步接触马列主义，并与中共地下党杜任之有了接触，在其引导下走上革命道路。抗日战争胜利后，张颔任同志会太原分会特派员，担任《青年导报》总编、《工作与学习》杂志主编，他主持下的报纸、杂志发表大量进步文章。民国37年（1948年）底，张颔加入中国共产党，北平解放前夕，他参加了中共城工部公开指挥所的工作。1949年底，张颔调回太原，任山西省委统战部干事及副处长，博览经、史、哲学、艺术、天文地理、中外古今文学名著等。在此期间，张颔经常到省政府文物室去观察、研究那里收藏的待清理文物。根据研究心得，1953年他写出关于尖底瓶的意见，并于同年被聘为山西省文物管理委员会顾问。在下乡工作时，他还挤出时间从事古代遗迹的考察和研究，并发表相关文章。1958年，论文《尖底中耳瓶与"鼓器"的关系》在《山西师范学院学报》1958年第1期发表。同年，中国科学院山西分院考古研究所成立，张颔调任该所所长，后来山西分院撤销，考古研究所与山西省文管会、山西省博物馆合并为山西省文物工作委员会，张颔担任副主任委员，负责考古发掘工作。1961～1962年，张颔担任侯马东周遗址考古队队长，领导包括北京和各兄弟省的专业人员参加大面积遗址发掘工作。此后，他又带领一部分考古工作人员长期在野外活动，

先后勘察山西省内包括太原晋阳古城、侯马东周平望、台神古城、夏县禹王城及曲沃古城等12座古城遗址，发表《晋阳古城勘察记》。文章以确凿的证据和勘察资料，证实晋阳古城应在今太原南郊包括晋源镇在内的大片范围内。期间，张颔发表的重要论文还有《万荣出土错金鸟书戈铭文考释》《庚儿鼎解》《陈喜壶辨》等。1965年底，侯马市晋国晚期新田遗址出土带有朱书文字的石片，后来正式定名为"侯马盟书"。张颔即赴侯马遗址现场考察这批重要出土文物，并对当时刚刚出土的少数资料进行研究，写出《侯马东周遗址发现晋国朱书文字》一文。1973年，山西省委决定对侯马盟书进行全面综合整理研究，组成了整理盟书的三人小组，张颔具体负责盟书的文字考释、训诂与历史考证，拟定出整理研究的总体构想和框架。经过半年工作，他辨认出盟书全部文字，制作资料卡片，记录工作笔记，逐日记问题、记心得、记线索，对盟书内容加以科学分类，梳理出六大类别，加以条理区别，一一考释，每考证一处，均旁征博引，四面贯通，并确定这批盟书的主盟人是晋国六卿之一的赵鞅（赵简子），为后来撰写《侯马盟书》打下扎实的基础。1974年，张颔赴北京专门进行盟书综合性文字撰述。1975年4月，《侯马盟书丛考》在《文物》上发表；1976年12月，巨著《侯马盟书》由文物出版社正式出版。1979年8月，张颔的《侯马盟书丛考续》在《古文字研究》上发表，并于1980年荣获"山西省科技成果奖"二等奖。

1980年，张颔任山西省文物局副局长兼山西省考古研究所所长。为完成《古币文编》书稿，他先后到北京、河南、山东、湖北、陕西、安徽等地，收集大批货币文字实物拓本，逐字摹写、排比、注释、汇集，辅以图表、索引，1985年该书出版。为研究古籍中的天文学问题，张颔多年都晚睡早起，观察星象。他曾自拟联语"身在囹圄，放眼宇宙"和"勒字于金，著文于石；星辰在掌，易象在胸"。1974年，张颔收到天文学家席泽宗的来信："今年1月20日到23日春节前后您在日面上观测到的现象，的确是黑子，这几天只有云南天文台和北京天文馆有观测记录，您就是第三家了，实属难能可贵！有些观测资料可补两台之不足……"张颔还自制许多研究仪器和模型，如"旋杖""无影塔"等，并运用天文学知识解决考古学中的相关问题，如《侯马盟书历朔考》《瓟形壶与"瓟瓜"星》等。1981年，张颔荣获"山西省劳动模范"称号。1995年，中华书局出版《张颔学术文集》。

张颔曾担任中国考古学会第一届理事、中国古文字研究会理事、中华诗词学会理事、山西省考古学会理事长、山西历史学会副理事长、山西省文物鉴定委员会主任委员、三晋文化研究会副会长、西泠印社特邀社员等。

2017年1月18日，张颔于太原逝世。

李遇春 曾用名理、炳炎。陕西西安人。民国10年（1921年）2月出生。中共党员，考古学家、画家，曾任新疆维吾尔自治区博物馆副馆长、副研究馆员。

民国17～28年（1928～1939年），李遇

春在私塾和西安书院门小学念书。他自小对中国古书画产生浓厚兴趣，临摹古人书画印本，并受教于私塾老师，这奠定了他的中国书画基础。离开学校后，李遇春被西安市公安局清洁队录用做帮办文书，自此踏入社会，并短期在盐店做过记账会计。李遇春曾先后去敦煌、成都等多地采风写生，抗日战争时期，在西安、宝鸡、兰州等地举办画展，他用西北的风情和历代英雄人物事迹，鼓舞全国人民奋起抗日救国。这一时期，他还曾在甘肃平凉女子师范、西安私立燕京中学担任过美术教员。20世纪40年代末，在上海举办画展时，他曾得到书画大师于右任、溥儒、吴湖帆、陈之佛和谢稚柳等联名推荐介绍。

1949年9月，经赵望云推荐，李遇春在陕甘宁边区文协美术工作委员会工作，1950年5月在西北文化部文物处文物科任科员。他凭借美术专业的功底，参加了1950年西北艺术文物考察团，从西安出发再次考察敦煌莫高窟壁画，进行一系列科学严谨的考察研究。在西北文化部文物处工作时，他参加了陕西省1950～1952年的文物古迹调查、文物征集和遗址勘察工作，参加了临潼秦始皇陵的勘察规划和陵区出土文物调查征集，对宝鸡、凤翔等地出土周至汉代铜器进行调查，对汉长安城遗址进行勘察与保护。为配合西安北郊基本建设和咸阳棉纺厂建设，他参与对基建区域内的古墓葬进行过多次清理发掘，总共清理汉、唐、宋、元墓葬达300余座。1952年8月，他在北京参加由文化部、中国科学院和北京大学联合举办的第一届考古人员培训班学习。在裴文中、郭宝钧等老师指导下，他对洛阳北邙周墓和郑州二里冈遗址进行发掘实习；在阎文儒老师指导下，对龙门和云冈石窟寺石刻艺术分期和时代特征进行初步研究。由此，李遇春正式开始其艺术考古和文博事业。1953年1月，他奉命调入新疆，任原省文化局社会文化科副科长，负责筹备省博物馆；1957年6月专任新疆维吾尔自治区博物馆副馆长，兼任新疆维吾尔自治区文物管理委员会副主任；1960年兼任新疆文物考古研究所副所长。

从西北文化部调至新疆后，李遇春主要从事新疆地区的文物考古与博物馆工作。20世纪50年代初，由于新疆社会发展严重落后，新疆文博事业是在一无地点和充分经费，二无设备和文物，三无专业干部的条件下起步的。在省文化局党组织的领导和支持下，经李遇春反复协调，借用人民公园一处旧建筑楼，1953年成立省博物馆筹备处，他设计并筹备于当年秋季举办新疆文物的展览，接待社会各界参观，同时举办巡回展览，扩大社会影响。他把尽快建立一支文博专业干部队伍，以及尽快组织调查鉴定和征集社会流散文物作为重点工作同时进行。根据当时新疆的实际情况，他积极建议上级部门调派少数民族干部学习文博考古专业知识，参与筹备举办新疆第一次考古人员培训班，为伊犁地区、和田地区各县文物干部培训班授课。为提高新疆文博干部业务素养，他积极联系邀请考古文物界著名权威专家如夏鼐、庄敏、林寿晋教授等来新疆教学。在其他地区文物考古单位支援下，第一次合作开展对天山南北大规模的历史文物考古调查。在调查基础上，新疆维吾尔自治区人民委员会公布了第一批重点文物保护单位。在新疆石窟艺术考古中，他参加了吐鲁番、库车、拜城等地千佛洞的记录编号和壁画研究以及建筑修缮，主持克孜尔千佛洞壁画临摹和研究，组织筹备吐鲁番文物保管所和库车、拜城千佛洞保管所的建设工作等。古文献方面，他参与了新疆维吾尔自治区博物馆与古文献室对吐鲁番安乐城出土晋人写经的整理和研究工作。

1959年，李遇春主持巴楚县脱库孜萨来古城遗址、民丰县尼雅遗址的考古发掘工作。他在条件极为艰苦的情况下，于巴楚县脱库孜萨来古城遗址发现北魏时代和唐代的残庙遗迹，发掘古代龟兹文木简，大量回鹘文、古阿拉伯文残纸片和大批钱币；进入尼雅地区进行调查、发掘，共清理十区房址、一座墓葬。房间遗址中出土丝纺织物、玉石等各种质料的珠饰。在出土的东汉夫妇合葬墓中，男女主人尸体保存完好，出土了大量珍贵文物，特别是古代丝织品，保存完整，种类丰富，还包含"万事如意""延年益寿宜子孙"等精美纹饰，许多棉袍、绸衣至今仍在对外展示，是研究新疆历史、文化、服饰的重要材料。

李遇春曾任中国考古学会第一、二届理事会理事、中国古陶瓷学会理事、中国博物馆协会理事。主要论著及论文有《新疆民丰县北大沙漠中古遗址墓葬区东汉合葬墓清理简报》《新疆巴楚县脱库孜萨来古城发掘报告》《新疆吐鲁番发现古银币》《新疆发现的彩陶》《新疆乌恰县发现金条和大批波斯银币》《尼雅遗址和东汉合葬墓》等近30篇。

几十年来，李遇春从事田野考古，经常往返于古代丝绸之路南北古道遗址和沙漠绿洲、农牧地区，他一直坚持写生作画，1989年离休后，更是涉足昆仑山、天山进行绘画创作。1991年9月，李遇春所绘的近百幅国画，应邀配合在陕西省博物馆举行的西北五省区"丝绸之路"历史文物陈列，受到不少国内外观众的欢迎。他将自己的一生与艺术、文物融为一体，将古今文化艺术融为一体，将文物的发掘、保护和博物馆的保管、陈列融为一体，不断地在文物考古、艺术创作上探索进步，为新疆的文物保护和博物馆建设作出杰出贡献。

2003年9月，李遇春在乌鲁木齐逝世。

宋伯胤 曾用名微明。陕西耀县人。民国10年（1921年）6月出生。中共党员，博物馆学家、考古学家，南京博物院副院长。

抗日战争后期，宋伯胤考入国立西南联合大学，民国37年（1948年）毕业于北京大学历史系，师从裴文中、向达、张政烺、王重民等，在历史学、考古学、目录学、美术学等方面打下坚实的基础。同年7月，由向达和张政烺推荐，宋伯胤以助理设计员的职务进入国立中央博物院筹备处（南京博物院前身）古物编目室工作。

宋伯胤主张学者应该"走出博物馆、研究所去接触实物，以物证史"，他先后参加多项民族学与传统手工业田野调查，足迹遍及云南、西藏、江苏等地，并且勤于思考，取得丰硕的成果。1950～1951年，宋伯胤受国家文物局选派，随中央西南民族访问团第二分团到云南少数民族地区开展调查和慰问活动，考察昆明、红河、大理、丽江、怒江等地的多个村寨，搜集、拍摄、整理大量的历史资料，撰有

《云南怒江"开辟"史与民族关系》《云南尾则村文化教育与风俗习惯调查》等调查报告。这些调查报告涉及怒族、傈族、壮族等十几个少数民族的分布、人口、历史、宗教、生产生活、民风民俗等情况。此行，宋伯胤还深入云南剑川的石宝山中，对剑川石窟进行全面调查。这次调查结果先以简报形式刊布，后出版发行《剑川石窟》。

1950年，宋伯胤参与对南唐二陵的调查发掘。1951年秋，他参加夏鼐主持的对湖南长沙近郊古墓葬的调查发掘，其后参加江苏省内六朝陵墓、窨子山、新沂花厅等遗址的考古调查和发掘。1953年，宋伯胤参加华东文物工作队，后奔赴山东、福建等地开展考古勘察、保护和试掘工作。

1956～1959年，宋伯胤还对苏州、南京等地的丝织、钟表等手工业进行调查研究，撰有《苏州丝织手工业历史调查》《清末南京丝织业的初步调查》等一系列调查报告。1959年，宋伯胤受中央宣传部选调，赴西藏进行文物和民族调查，调查地点包括拉萨、日喀则、亚东、帕里、江孜、萨加、山南等地区，调查后撰有《明朝中央政权致西藏地方诰敕》《西藏文物调查纪实》等研究成果，涉及民族关系、社会制度、宗教信仰、寺庙建筑、雕塑壁画等方面的内容。此外，宋伯胤还曾赴苏联、墨西哥等地开展民族学、博物馆学等调查。

宋伯胤在博物馆实践及研究方面投入更多的精力和时间，涉及藏品保管、展览陈列、博物馆宣教、博物馆学史、中西博物馆比较等诸多领域。他曾先后参与山东、江苏等地多所博物馆的筹建和陈列设计工作，主持参与"中国历史文物陈列""江苏历史陈列"等重大展览的总体设计。20世纪80年代初，他担任南京博物院保管部主任期间，独创博物馆藏品"四部四项分类法"，受到文博界的推崇，被誉为"宋氏分类法"。他还曾在南京大学、厦门大学等高校任特聘教授，讲授博物馆学；曾任深圳青瓷博物馆高级顾问，法门寺博物馆、耀州窑博物馆、秦始皇兵马俑博物馆特约研究员，以及中国茶叶博物馆、中国硅酸盐学会顾问。

陶瓷研究也是宋伯胤钟情的领域，他通过考察陶瓷器的生产时代、制作技艺和文化背景，揭示出其所蕴含的历史价值和深刻内涵。相关的研究专著有《宋伯胤说陶瓷》《宋伯胤说紫砂》《枕林拾遗》等，以及《我国瓷器渊源略论稿》《紫砂历史上的新证据》等论文。

宋伯胤一生勤于研究，在博物馆、文物研究、民族民俗研究等领域发表专著11部、合著3部、学术文章276篇，数百万字。1993年起，宋伯胤享受国务院政府特殊津贴。2009年6月13日，宋伯胤被文化部、国家文物局授予"中国文物、博物馆事业杰出人物"荣誉称号。他还是中国考古学会第一届理事会理事，中国博物馆学会第一、二届理事会理事，中国古陶瓷学会第一、二、三届理事会理事，江苏省博物馆学会副会长、名誉会长。

2009年11月20日，宋伯胤在南京病逝。

安金槐 河南登封人。民国10年（1921年）9月出生。中共党员，考古学家，河南省文物考古研究所所长、研究员。

民国37年（1948年），

安金槐毕业于河南大学历史系,并于次年参加工作。1950年,安金槐调到河南省文物考古部门工作。1952年,安金槐参加由文化部文物局、中国科学院、北京大学联合举办的第一届全国考古工作人员训练班。1953年,安金槐主持郑州商代遗址的发掘工作,先后发现二里冈遗址,以及商代铸铜和制陶遗址,此后又发现商代城墙及宫殿遗址,由此确定这里为早于安阳殷墟的商代王都隞都,其研究成果分别在他的《郑州二里冈》《试论郑州商代城址——隞都》等报告和论文中体现。

1960年,安金槐发表论文《谈谈郑州商代瓷器的几个问题》,提出原始瓷器起源于商代,将中国瓷器起源的历史至少提早1500余年,引起国内外文物考古学界和陶瓷学界的关注。

1975年,安金槐主持登封王城岗遗址的发掘,发现一座龙山文化晚期的古城址,他结合文献记载和前人考证,提出该城址为夏代禹都阳城的观点,并为以后这里新的考古发现所证明。1976年,安金槐担任《中国陶瓷史》主编之一,并承担夏商周部分的撰写,该书1982年由文物出版社出版。1978年,安金槐发表《对于我国瓷器起源问题的初步探讨》,进一步阐述原始瓷器起源于商代的观点。

1978年,安金槐受命举办全省的考古训练班,在淮阳考古工地的一个多月里,他白天带学员在工地上发掘,晚上还要给学员讲三四个小时的课。紧张的工作,使得他训练班一结束就因心肌梗死住进医院。20世纪80年代,河南省文物研究所受国家文物局的委托,举办国家文物局郑州文物干部训练班,后改为郑州培训中心,安金槐出任该中心的负责人。十几年

来,共举办全国招生的训练班和大专、中专班8次,培训人员305人;在河南省范围内招生的训练班7次,培训人员460人。

1981年,原河南省文物工作队更名为河南省文物研究所,安金槐出任第一任所长。

1980~1999年,安金槐先后发表《郑州商代城内宫殿遗址区第一次发掘报告》《对河南境内夏商城址的初步探讨》《试论郑州商城和偃师商城的早晚关系》《再论郑州商代城址——隞都》《关于郑州商代城址修建与使用时期的再讨论》《试论郑州商代城址的地理位置与布局》《试论登封王城岗龙山文化城址与夏代阳城》《登封王城岗遗址的发掘》《登封王城岗与阳城》等学术成果。其中《登封王城岗与阳城》考古报告,被评为"河南省社会科学优秀成果奖"一等奖和中国社会科学院考古研究所"夏鼐考古学研究成果奖"鼓励奖。与此同时,持续近40年的《郑州商城》整理编纂工作,到1999年底,已基本完成初稿。

1996年,安金槐受国家科学技术委员会的聘请,成为"夏商周断代工程"专家组成员,并担任工程中"商前期年代学的研究"课题组长。1998年,安金槐圆满完成"夏商周断代工程"预定任务。

安金槐曾任河南省政协委员和第六、七届全国政协委员,还兼任中国考古学会常务理事、中国古陶瓷研究会副会长、中国哲学社会科学基金评审委员会考古组委员、河南省科学技术史学会理事长等职。1990年,安金槐以政协委员的身份与几位专家一起前往河南永城芒砀山视察文物保护工作,当发现汉代梁国王陵的文物遭到严重破坏时,立即呼吁政府有关

部门解决。新华社记者据此写了"保护刻不容缓，古墓危在旦夕"的内参报道，引起中央领导和国家文物局的重视，及时安排文物部门前往发掘保护。芒砀山梁国王陵的发掘获重大收获，被评为1994年和"八五"期间"全国十大考古新发现"。

2001年7月5日，安金槐在郑州逝世。

王代文 江苏扬中人。民国10年（1921年）9月出生。中共党员，编辑学家，文物出版社党委书记、总编辑。

民国24年（1935年），王代文考入江苏栖霞师范学校。七七事变后，抗日战争全面爆发，王代文因此辍学。民国27年（1938年）王代文参加新四军在扬中县成立的青年抗日团，担任该团主办的《青年》半月刊的主编，宣传中国共产党的抗日主张。此后，他又担任抗日根据地的教师，参与编写政治教材的工作。民国34年（1945年），王代文随军北上，仍然从事部队、群众的教育工作。民国35年（1946年），王代文加入中国共产党。民国37年（1948年），王代文调任《新华日报》编辑。

1949～1953年，王代文任苏南日报社《职工生活》副刊组编辑、苏南日报社文教组组长。1954年，王代文调入江苏人民出版社，任工商及文教编辑室主任。1959年，王代文被选送到文化部文化学院举办的出版发行研究班研修学习，同时参加《图书出版概论》的编写工作。结业后，王代文留校担任学院编刊室主任。1961年他到中华书局工作，曾任历史丛书编辑组副组长，参与《梁启超集》的整理工作，负责吴晗主编"中国历史小丛书"等的编辑出版工作。"文化大革命"期间入干校。

1972年，《文物》《考古》《考古学报》复刊，王代文奉命从干校调回北京，担任文物出版社《文物》杂志复刊后的主要负责人，后任《文物》编辑部主任。在初次接触这种学术性极强的文物、考古界专业期刊时，王代文深感知识储备不足，于是一边工作，一边学习，认真审定每一篇稿件。为节省时间，他一度只身搬到办公楼地下室居住，利用晚上时间审稿、看校样，并学习专业知识。经过王代文和编辑部同仁的共同努力，使《文物》杂志的学术性、资料性进一步增强，成为文博界最受欢迎的期刊，在当时特定的情况下，发行量由20世纪60年代的8000多份，增加到7万多份，增长近9倍。为了能发布更多的考古资料和科研成果，他又带领编辑部创办《文物资料丛刊》，筹划创办研究古人书法艺术的《书法丛刊》。1979年王代文主持编辑《文物考古工作三十年》，搜集全国最新的文物考古发掘资料和科研成果，以纪念中华人民共和国成立30周年。

1979年，王代文担任文物出版社副总编辑，1984年担任文物出版社党委书记、总编辑。主持文物出版社全面工作以后，王代文把主要精力投入到文物考古类图书的出版事业。他参与了《中国美术全集》（60卷）的出版工作，担任该书编辑委员会副主任，经过5年的努力，文物出版社承担的16卷全部出齐；主持整理重印《乾隆版大藏经》，全书共7240卷，绝大部分利用原版印刷，成书后装724函。为保证学术质量，文物出版社参校成书版本，对该书缺失部分进行补遗，极大地保持了《乾隆版大藏经》的原貌。该书出版后获得1994年度"国家图书奖"荣誉奖。1991年国家主席杨尚昆出访泰国，曾以文物出版社木板刷印的《乾隆版大藏经》作为国礼赠送泰国国王。为了弘扬中国悠久的历史文化，他还把出版眼光放到全世界，组织人力为美国麦克劳·希尔公司编撰的《长城》一书搜集图片，并参加该书文字稿的撰写工作。

1994年7月8日，王代文在北京逝世。

刘肃正　山东齐河人。民国10年（1921年）10月出生。中共党员，河南省文物局首任局长。

刘肃正于民国27年（1938年）参加革命工作，次年8月加入中国共产党。历任齐河县赵官镇刘庄抗日自卫队队长、长清县抗日救国青年团团长、县一乡抗日自卫队指导员、县抗日政府武装科科员、县抗日自卫大队副大队长、县武委会政治股股长、县一区副区长。民国34年（1945年）8月后，历任河西县武委会副主任、河西县十区区委书记、豫皖苏二地委淮阳县八区书记。

中华人民共和国成立以后，刘肃正历任扶沟县委副书记、书记，许昌地委常委、宣传部部长，南阳地委常委、地区革委会副主任和南阳地委副书记。

1978年10月至1980年5月，刘肃正任河南省文化局副局长；1980年5月至1983年6月任河南省文物局局长。当时，正值改革开放之初，河南省委、省政府为加强全省文物工作，决定成立正厅级河南省文物局，任命刘肃正担任第一任局长。"文化大革命"刚结束不久，河南省文物事业百废待兴，甫一到任，刘肃正便怀着强烈的事业心和高度的责任感，把全部的精力都投入到了文物事业中。他通过仔细研读文物考古书籍，走访专家学者，虚心求教，实地考察考古发掘现场和重要文物点、博物馆，很快成为文物行业的行家里手，对河南省主要文物真正做到了烂熟于心，如数家珍。

在此期间，刘肃正大力加强文物保护机构建设，主持成立河南省文物考古研究所、河南省古代建筑保护研究所、河南省考古学会，筹建中原石刻艺术馆，为河南省直文博单位的发展奠定基础，有力地促进河南省文物事业发展。他强化文物保护基础工作，部署开展河南省文物普查工作，对"文化大革命"中遭到破坏的文物进行普查摸底，为新时期有针对性地开展文物保护工作创造必要条件；组织进行文物保护单位"四有"工作，夯实河南省文物保护工作的基础；组织开展登封少林寺初祖庵、嵩岳寺塔和新县鄂豫皖革命根据地旧址等重要文物保护单位的维修保护工作，为其展示利用创造条件。他还积极促进河南省博物馆事业发展，开展对外文物交流，加强河南省博物馆、纪念馆建设，指导各级博物馆举办"河南省革命文物展"等陈列展览，开展文物鉴定定级等藏品管理工作；积极开展对外文物交流，组织举办赴日本的"王铎书法展"和"古都洛阳秘宝展"等。

1983年6月至1988年3月，刘肃正任河南省人大常委会委员；1988年3月任河南省人大教科文委员会委员。在此期间，他依然关心支持文物工作，不遗余力地多方奔走呼吁，进一步促进全省文物事业的发展。

2007年12月16日，刘肃正在郑州逝世。

冯先铭 湖北汉口人。民国10年（1921年）11月17日生于北京。陶瓷研究专家，故宫博物院研究员。

冯先铭的父亲冯承钧为史学家和翻译家，冯先铭自幼受其父影响，对历史有浓厚的兴趣。民国31年（1942年），冯先铭就读于北平辅仁大学西语系，一年后因父亲病重辍学，一度居家为父整理文稿。

民国36年（1947年），冯先铭就职于故宫博物院，参加各类文物整理，接触到古籍、瓷器、玉器、漆器等文物，积累了一定的相关知识。1956年，冯先铭转入古陶瓷的研究。他非常注重基础资料的搜集工作，常常利用休息时间以及出差期间，在故宫博物院、首都图书馆以及各地图书馆，查阅并收集有关古代陶瓷的资料。他特别重视收集地方志书中关于古窑址的记载，并在此基础上进行大量研究；注重收集档案资料，并结合传世瓷器进行研究；注意收集窑址调查发掘报告，收集墓葬出土的瓷器，特别是纪年墓出土的瓷器，作为瓷器断代的重要依据。

冯先铭于1956～1966年负责陶瓷的收购工作，10年间共收购5万多件瓷器，充实了故宫博物院的陶瓷藏品。20世纪70年代以后，他主持故宫博物院藏古窑址标本的调查，初步整理自20世纪50年代以后采集的古代窑址标本。为搞清故宫博物院一批藏品的时代及窑口，冯先铭踏上陶瓷考古之路。他运用考古学方法对古窑址进行更加全面深入的调查，在遍阅全国地方志书有关古窑址记载的基础上，查找出一部分古窑址的线索，并在此基础上，进行古窑址考察，然后再把考察结果与文献和传世、出土器物相互印证，既补充文献的不足，又为大量器物找到产地。几十年来他重点调查包括河北、河南、山西、山东、安徽、江苏、浙江、江西、福建、广东、广西、湖南、湖北、四川、云南等17个省（自治区）200个县市的上千处历代瓷窑遗址，主要集中在唐、宋、元时期，收集数万片实物标本，为进一步解决故宫博物院藏瓷器的窑口提供依据。窑址调查不仅解决了传世与出土器物的年代，同时也丰富了陶瓷展览的内容，增强了陶瓷陈列展览的科学性。随着调查的不断深入，他初步摸清古窑址在全国的分布情况及各窑址之间的关系，对所调查窑址的历史、烧瓷品种、装饰特征、烧造方法等有更深入的了解。

20世纪70年代，他在主持故宫博物院陶瓷展览期间，为使展览具有科学性、知识性、趣味性，翻阅大量资料，认真撰写陈列大纲，以窑址调查及出土器物为依据，精心挑选每一件展品。对展览中的缺项，他到各地加以收集，并特别注重民窑器物的收集，逐步使故宫博物院的收藏与展览系统化、科学化。故宫博物院陶瓷馆多次变更展览，每一次他都认真对待，尽可能使展览的内容更加丰富、准确，他所创立的中国古陶瓷展览的新模式成为全国兄弟馆的典范。

在库房工作中，冯先铭用很大精力从事瓷器鉴定工作，为故宫博物院明代以前的二级品确定窑口并断代。他还为各地博物馆鉴定馆藏瓷器。

外出访问期间，他为香港中文大学文物馆、香港大学冯平山博物馆、日本东京国立博物馆、北九州博物馆、英国大英博物馆、牛津东方美术馆、剑桥大学博物馆的馆藏中国瓷器进行鉴定。在鉴定工作中，冯先铭始终保持实事求是的作风，绝不妄下结论。对拿不准的，他总是留有余地，经过充分的研究论证，才给出结论。

冯先铭注重培养新生力量，指导年轻人学习业务，经常给年轻人出研究课题，他把花费多年心血收集的古陶瓷研究的文献资料悉数提供给故宫陶瓷组，供大家学习研究。几十年间他为《文物》等刊物审阅大量陶瓷方面的稿件，保证所发表文章的准确性。在长期的窑址调查工作中，他同样注重培养地方研究力量，所到之处，他都带动、引导地方的研究工作。数十年来，他应各省文物机构之邀讲授古代陶瓷数百次。

1980～1981年，中国古外销陶瓷研究会和中国古陶瓷研究会先后成立，冯先铭分别任两个研究会的会长，每年举办古陶瓷学术研讨会。一批学术问题如邢窑、钧窑、钧官窑、耀州窑、汝官窑、唐三彩窑、晋江磁灶外销窑、衡阳窑、南宋官窑等窑址和产品风格等在研讨会上得到解决。

冯先铭先后发表论文百余篇，主要内容有窑址调查报告、名窑论述、综论、中国与国外瓷器的交流、瓷器鉴定要领等；出版《龙泉青瓷》《定窑》《宋元青白瓷》《新中国陶瓷考古的主要收获》《中国古陶瓷论文集》《中国陶瓷史》《中国陶瓷》《中国古陶瓷图典》《中国古陶瓷文献集释》《中国古陶瓷鉴真》《冯先铭陶瓷研究与鉴定》《冯先铭谈宋元陶瓷》等著作。

1982年问世的《中国陶瓷史》，汇聚多个学科成果，作为牵头人，冯先铭为该书出版进行了大量筹划组织工作。此外，冯先铭在这部巨著中，独自或与他人合作撰写其中分量较重的两个篇章（唐、五代和宋）。在调查大量窑址的基础上，他首次把宋代瓷器分为六个窑系，准确地概括宋代瓷器的发展特点，这一理论已为古陶瓷学界广泛运用并加以发展。此书已被翻译成日、英等多国文字，成为研究中国古陶瓷的教科书，该书的出版标志着中国古陶瓷研究进入新阶段。

冯先铭历任故宫博物院陶瓷组组长、中国古陶瓷研究会会长、中国古外销陶瓷研究会会长、陶瓷美术学会常务理事、中国考古学会理事、中国太平洋历史学会理事、中国硅酸盐学会专业委员会委员、海外交通史学会理事、中国博物馆学会名誉理事、国家文物委员会委员、国家文物鉴定委员会委员。

1993年，冯先铭赴台北中华文物学会、台北故宫博物院演讲，在台北期间劳累过度，心脏不适，回京后突发心肌梗死，于4月13日逝世。

朱活 原名学智，字甦斋，号若愚。江苏徐州人。民国10年（1921年）12月出生于浙江湖州。古钱币学家、先秦史学家。

民国33年（1944年），朱活毕业于重庆国立中央大学，任江苏学院教师。1959年，朱活任中国科学院山东分院历史研究所古史组负责人，1971年调山东省博物馆工作，1983年任山东省博物馆研究员、研究馆员。

朱活一生致力于古代钱币的研究，1983年，他在《中国钱币》创刊号上发表《古币探源》《商币篇》《商代铜贝》以及《古币三谈》等文，深入研究中国古币起源及夏、商、周货币文化。文中提出龟与贝大抵是在新石器时代晚期开始取得自然物货币资格的。贝的发展是在商代到西周中期，龟、贝、玉当时的关系表现为，龟玉在进行等价交换时，要折合成贝朋来计算。他认为，河南安阳和山西保德出土的商代铜贝是中国最早也是已知世界上最早的金属铜（赤金）铸币。

1984年，朱活完成专著《古钱新探》，是1949年以后中国第一部历史钱币论文专集，荣获1983～1985年"山东省社会科学优秀成果奖"一等奖。他在《布钱新探——空首布钱的分类及有关问题》《布钱续探——平首布钱的分类及有关问题》两篇论文中，根据对大量出土资料的研究，不仅阐明布币的出土和铸行区域，还对平首布的断代等问题进行探讨，提出一些新的看法。1987年，朱活罹患脑出血，病中继续著书，1991年、1992年先后完成《古钱新典》（上下册）和《古钱新谭》两书。前者为大型钱币工具书，选收中国历史钱币及习见邻国历史钱币有关词目1500余条，后者为朱活的古钱史观。1993年，他的《古币三谈》荣获中国钱币学会第一届优秀学术成果"金泉奖"。他在病中所撰两汉五铢钱制论文，如《郡国五铢论》《赤仄五铢疑窦》《孝武三官五铢论》《居延简耿勋碑与东汉币制》等都有许多新的认识。

朱活对齐鲁钱币的研究最为深入，他考察大量新出土的钱币实物，掌握丰富的资料，对其进行理论检验。他对齐刀的断代、鲁币用材的演化等都提出独到的见解。他所撰写的《郢爰新探》等论文对楚爰金、蚁鼻钱及秦圜钱等都有新的认识。他发表论文百余篇，其立论总是努力建筑在研究大量发掘资料的基础上，不乏真知灼见。

朱活特别注意理论的指导作用。他认为货币与钱币有其共同性，所以它们是同义语；但它们也各有其特殊性，这是不能否认的。他认为，"化""币""钱""泉"四个名词在漫长的中国钱币史中，有不同的解释，搞清楚它们的来龙去脉，掌握它们的概念，对历史钱币学的研究工作是很有必要的。他对四个名词的产生、演变均有客观、翔实、辩证的研究、推理和解释。他认为根据货币和钱币的特殊性，货币当在前，而钱币在后；撰货币史必溯其源，而撰钱志、钱谱则从"化""钱"开始。从其特殊性来观察，钱币学的研究对象主体是历史钱币及纸币。但如不了解货币理论，历史钱币学也无法形成一门学科，没有理论的历史钱币学是不可能在社会科学范畴内取得应有地位的，只能陷于"玩钱"的范围，不能创造出新的局面。

朱活认为，既要研究历史钱币，就不能不读书，特别是有关历史钱币及币制的书。他对读哪些书，是精读、必读还是略读，都有精辟的见解。他认为，我们应该了解历史钱币学是研究钱币形态理论的学科，是社会科学中的一门交叉学科。研究历史钱币学显然与政治史、经济史、财政史、外贸史、文化史、货币史、民族史、交通史、冶炼史、度量衡史、工艺史、国际关系、地理、文学、书法等学科有关，而自然科学也应被引进对钱币的研究中。这一观点为古钱定性、定量分析创出新路，为古钱学研究开辟新的途径。

朱活曾任国家文物鉴定委员会委员，中国考古学会第一、二届理事，以及中国钱币学会第一、二届常务理事，第三、四届名誉理事，一至四届学术委员会委员。还曾任《中国钱币》编委、《中国钱币大辞典》编委兼先秦卷主编、中国先秦史学会顾问、山东省博物馆学会顾问、山东省钱币学会副理事长、山东省历史学会副理事长、山东省考古学会名誉理事、中国孔子基金会理事、山东省考古学会第一届副理事长、山东大学兼职教授等职。1989年10月，朱活获山东省人民政府授予的"有突出贡献文化艺术工作者"称号，1992年享受第一批国务院政府特殊津贴。

1997年12月7日，朱活在济南逝世。

孙轶青 曾用名泮荣。山东乐陵人。民国11年（1922年）3月14日出生。中共党员，中华人民共和国文物博物馆事业领导者之一。

民国26年（1937年），孙轶青肄业于山东惠民中学，次年12月参加革命工作并加入中国共产党。此后，孙轶青历任中共沧县县委书记、冀鲁边区地委秘书长兼宣传部副部长、中共东光县委书记、共青团清河地委书记。1949年以后，孙轶青历任共青团上海市委常委兼宣传部副部长、部长，共青团华东工委宣传部部长、共青团中央宣传部副部长、共青团中央常委兼中国青年报社社长、总编辑，以及全国

青联副主席、中共中央宣传部宣传处副处长。"文化大革命"期间，孙轶青先后下放到团中央干校和中宣部干部劳动学校。1972年7月，孙轶青任北京日报社党委书记、总编辑兼中共北京市委宣传部负责人。1976年10月，孙轶青任人民日报社副总编辑、核心领导小组副组长。1980年1月，孙轶青任国家文物事业管理局副局长、党组成员，同年10月，任国家文物事业管理局常务副局长、党组副书记。1982年4月，孙轶青任文化部党组成员兼文化部文物事业管理局局长。同年3月，中国博物馆学会（2010年改为中国博物馆协会）成立，孙轶青当选学会首届理事长。

在担任文化部文物事业管理局领导期间，孙轶青高度重视文物法制建设，积极推动《中华人民共和国文物保护法》的制定和颁布工作。为使《中华人民共和国文物保护法》顺利上报全国人大常委会审批、通过并公布实施，孙轶青多方奔走，积极推动审改工作的快速进行。1982年11月19日，《中华人民共和国文物保护法》颁布实施。

1983年2月，孙轶青主持召开中国博物馆学会迎春座谈会，邀请中共中央政治局委员、书记处书记胡乔木参加并作重要讲话，极大地鼓舞了全国博物馆工作者。随后文化部文物事业管理局又举办中国城市博物馆建设问题座谈会，研究如何实现"基本上做到市市有博物馆"的要求。同年5月，文化部文物事业管理局召开全国文物巡回展览工作会议，商定文物在部分省、市巡回展出事宜。此后，博物馆事业快速发展，1982年全国文化系统博物馆有409座，到1984年增加到618座；1982年全国

文化系统博物馆的临时专题展览共599个，到1984年增加到913个；观众也从1982年的4401万人次上升到1984年的6294万人次。为摸清全国博物馆馆藏文物的状况，文化部文物事业管理局决定从1983年下半年开始在全国开展中国古代书画巡回鉴定工作，由中宣部发文件作为国家任务下达。同年8月31日正式成立中国古代书画鉴定组。此次鉴定历时近8年，于1990年5月结束，先后对全国25个省（自治区、直辖市）208个收藏古代书画单位的6.1万余件古代书画进行鉴定，其成果编辑成《中国古代书画目录》和《中国古代书画图目》由文物出版社陆续出版。首册《中国古代书画图目》于1986年10月出版。

1983年7月，孙轶青担任国际博物馆协会中国国家委员会主席。同年7月，应国际博物馆协会的邀请，以孙轶青为团长的中国博物馆学会代表团，赴英国伦敦出席国际博物馆协会第十三届大会。在这届大会上，中国博物馆学会作为中国国家委员会加入联合国教科文组织下属的国际博物馆协会。

孙轶青高度重视中国文物博物馆队伍建设，针对"文化大革命"后文博干部队伍青黄不接、后继乏人的局面，他推动举办一系列干部读书班、训练班，建立多个培训基地。

孙轶青非常重视文物保护，他认为，随着时间的推移、自然力的侵蚀、人为的损伤，文物变质、破损是常有的事，需要不断整理、修复。文物修复的功能有三：一是恢复原貌，二是延长寿命，三是扩大效益。所以，文物修复是保护和利用文物不可或缺的重要手段。1983年5月，文化部与城乡建设环境保护部联合发布《关于在建设中认真保护文物古迹和风景名胜的通知》，在很大程度上遏制大规模建设造成的文物破坏。

1983年6月，孙轶青调任全国政协副秘书长，并于1984年4月任机关党组成员。在政协的岗位上，他仍然关心文物事业。孙轶青十分重视民间收藏的依法管理。2002年，在《中华人民共和国文物保护法》修订过程中，孙轶青积极主张将民间收藏文物纳入法律条款，以使民间收藏有法可依。在立法论证会上，他进行长篇发言，主张鼓励民间收藏，同时提出应该注意和防止的事项。2002年10月28日，第九届全国人民代表大会常务委员会第三十次会议通过新修订的《中华人民共和国文物保护法》，增加了"民间收藏文物"一章。他还提出对收藏家走出国门，参与国际竞拍，使流散海外的珍贵文物回归祖国，以及建设有意义、有成效的私人博物馆，应当适当提倡，并从政策上给予支持。

孙轶青是中华诗词学会的主要发起人和领导者，曾任中华诗词学会会长，著有《孙轶青诗词集》，2008年获中华诗词学会颁发的"中华诗词终身成就奖"。他还曾担任第一、二、三届中国书法家协会理事，中国文物学会名誉会长等。

2009年3月17日，孙轶青在北京逝世。

 **史树青** 曾用名庶卿。河北乐亭人。民国11年（1922年）8月16日出生。学者、文物鉴定家，原中国历史博物馆研究馆员。

史树青出生于一个商

人家庭，民国18年（1929年）随父母到北京生活。他自幼喜好古玩字画，童年常随父亲到琉璃厂听书画家品评书画，中学时已是琉璃厂常客，在书画鉴定界小有名气。民国34年（1945年）6月，史树青毕业于北京辅仁大学国文系，同年8月考入北京辅仁大学文科研究所读研究生，师从陈垣，研究史学，同时兼任北平汇文中学国文教员。民国35年（1946年）8月至民国36年（1947年）7月，史树青任东北中正大学国文系讲师。民国36年（1947年）11月，史树青经友人推荐进入国立中央博物院筹备处北平历史博物馆，从此开始他长达半个多世纪的文博工作。

1953年，史树青从陈宦后人陈仁恪处征集到《成吉思汗画像》，经张珩、谢稚柳等人鉴定，应为元代作品，与《元史·舆服志》记载相符，是遗存最早的成吉思汗画像。1955年，史树青参加河南郑州二里冈遗址的发掘工作。1958年，他参加河北易县燕下都遗址调查，同年作为国家民委新疆少数民族社会历史调查组成员赴新疆维吾尔自治区进行民族地区历史文物考察工作并参与编写《哈萨克族简史简志合编》。1958年8月，为庆祝中华人民共和国成立10周年，中央政治局召开会议决定新建中国历史博物馆和革命博物馆的新馆，史树青参与开馆前的陈列筹备工作，主要负责文物藏品的征集、保管，并担任明清陈列组副组长。1970年，史树青出任国务院图博口出国文物展览工作组保管组副组长。1971年以来，史树青先后参与山东临沂银雀山竹简、湖南长沙马王堆帛书的整理研究工作。1973～1979年，作为"中华人民共和国出土文物展览"代表团中的一

员，史树青多次赴法国、日本、加拿大等国访问，并应邀为日本东京国立博物馆、和光大学等作专题学术报告，进行文化和学术交流。1976年，经史树青介绍，李章汉将一件《北凉沮渠安周造佛寺碑》拓片孤本捐赠给中国历史博物馆，此碑记载的十六国时期西北地区少数民族与汉族关系史料，填补了北凉沮渠历史研究上的空白。

1980年，史树青经全面考察研究，首次提出江苏连云港孔望山摩崖石刻造像群既非传统说法的古圣贤雕像也非世俗内容人物石刻，而是一处运用汉代画像石雕刻技法、以佛教题材为主要内容的早期宗教造像群，其开凿年代为东汉时期，早于敦煌石窟200年。此观点受到许多专家肯定，对中国雕刻艺术史、佛教史和中外关系史等方面研究具有重要意义。鉴于孔望山石刻的重要价值，这一遗址后被国务院列为第三批全国重点文物保护单位。

1981年，史树青从贾敬颜处发现《赵孟頫致张景亮书札》，断为赵孟頫真迹，贾敬颜后将此书札捐赠给中国国家博物馆。同年，史树青应邀担任中国社会科学院民族研究所研究生论文答辩委员会委员。1984年，史树青应外交部邀请参与国家文物保护与外交部清点财产工作，随工作队赴美国、印度、巴基斯坦、缅甸、泰国等国，鉴定驻外使馆所藏文物。1986年，史树青出任国家文物鉴定委员会副主任委员。1998年末，史树青几经周折从河北征集到一件成吉思汗圣旨金牌，这是国内仅存的一件成吉思汗文物，补充了馆藏元代文物的缺项。

史树青历任中国历史博物馆保管部登记编目组组长、保管部副主任等职，在文物入藏、编

目、保管等方面做了大量艰苦细致的工作。他认为博物馆藏品是开展各项业务活动和科学研究的物质基础，也是国家珍贵文化遗产。工作的首要任务是做好藏品保管，达到"制度健全，账册清楚，鉴定确切，编目详明，保管妥善，使用方便"。同时，史树青注重人才培养，在工作中热忱帮助青年业务人员，尽心竭力。且他对馆内外工作经常提出各项合理化建议。

在长期工作实践中，史树青积累了丰富的文物鉴定经验，对书画、古文字、青铜、陶瓷、碑帖等类型文物的研究、鉴赏有很高造诣，大量珍贵历史文物经他甄选后进入博物馆。史树青在为国家广泛征集精品文物的同时，也捐赠多件自己收藏的珍贵文物。其中包括宣德青花大盘（与王世襄共同捐赠给故宫博物院）、清代丘逢甲《行书诗》轴、汉代铜熨斗、隋大业六年铜佛造像、唐三彩"腾"字圆盘、明代海瑞《草书》轴等。

史树青学识渊博，勤于钻研，在学术上贯通古今，取得丰富学术成果，他的主要著作包括《长沙仰天湖出土楚简研究》（1955年）、《天安门》（合著，1957年）、《中国历史教学挂图》（合著，1958年）、《哈萨克族简史》（合著，1962年）、《祖国悠久历史文化的瑰宝》（1964年）、《应县木塔辽代秘藏》（合著，1991年）、《中国文物精华大全：金银玉石卷》（1995年）、《书画鉴真》（1996年）、《鉴古一得》（2001年）、《鉴宝心得》（2007年）、《史树青金石拓本题跋选》（2012年）等。此外还在多种学术刊物发表各类学术论文100余篇，留下很多关于历史文化与文物鉴定等方面的学术资料。

史树青为第七、八届全国政协委员，文体卫生教育委员会委员。他曾任中国收藏家协会会长、《收藏家》杂志主编、《文物》月刊编委、中国考古学会理事、中国古文字研究会理事、国家文物局咨议委员会委员，以及南开大学历史系兼职教授、研究生导师，北京大学考古系硕士研究生导师，中央民族大学兼职教授，南京师范大学艺术学院兼职教授，马来西亚艺术学院兼职教授，并于1992年10月起享受国务院政府特殊津贴。

2007年11月7日，史树青在北京病逝。

郑为　江苏松江（后属上海市）人。民国11年（1922年）12月9日出生。古代书画研究和鉴定专家、油画家，研究馆员。

郑为出身于书香门第，幼年即受家学熏染。民国26年（1937年）抗日战争全面爆发，为避战事，他随母前往上海。至上海后，因愤慨于侵略者的暴行，怜悯流亡同胞的遭遇，郑为进入北京东路安养难民收容所办理的识字班教书，并参与创办新文学报纸《我们的报》。同年，他考入上海美术专科学校，师从沈之瑜，从此开启书画研究与创作事业。

民国28年（1939年），郑为自上海、香港辗转前往昆明，考入国立艺术专科学校就读油画专业。他的学术兴趣十分广泛，绘画之外，在中国古典哲学及文学领域皆有涉猎。在国立艺术专科学校迁入重庆后，他前往同位于重庆的国立中央大学学习。在中央大学，他追随众多大师研究中国古典哲学、西方哲学及西方美学，为其此后的书画研究奠定坚实基础。

民国33年（1944年），郑为从国立艺术专科学校毕业后留校从事研究工作，师从关良、方干民。此后，他辗转于犍为县立中学、重庆宜宾神学院、苏州圣光中学任教。民国35年（1946年），他在《申报·学灯》上发表论文《石涛画语录窥探》。翌年，因就画理研究问题与清华大学邓以蛰教授商榷，他在《哲学评论》上发表论文《因"画理探微"略抒我见》。

中华人民共和国成立初期，由于社会急需人才从事美术事业，郑为先后于上海市美术工作者协会和上海市文化局美术科任职，从事连环画、年画成书评审工作，兼在连环画、年画工作者学习班中执教。1954年，他经沈之瑜介绍进入上海博物馆工作，历任图书资料室组长、陈列部副主任、书画研究部学术指导等职务。在此期间，他致力于中国古代书画的征集、鉴定和研究工作及文物陈列展览的内容设计。他主持创建陈列中国绘画和中国陶瓷的展室，并主持策划"中国古代木刻年画展""台湾高山族艺术展""明四家书画展""扬州八怪书画展""上海出土文物展""中国书法艺术展""中国陶瓷艺术展"等大型展览。郑为在上海博物馆期间于中国古典书画领域的工作成果，奠定了上海博物馆书画研究的基础。

1969年，郑为得知上海博物馆珍藏的十几件元明时期书画作品被某部队美术小组以临摹的名义借走，他不顾风险，据理力争，多次向批准此事的军宣队、工宣队领导索要，明确要求追回书画，遭到拒绝。郑为马上将此事通过时任上海博物馆馆长的沈之瑜上报给负责文物工作的王冶秋。凭借郑为多年追索文物的不

懈努力，这批珍贵的元明书画最终于北京被查获，并顺利入藏故宫博物院。1970年，上海工艺品进出口公司将60多万件中国书画出口。郑为得知后立即向上海市文物清理小组请示，他提出对这批书画予以鉴定后再议出口事宜。随后，郑为等人奔赴宁波慈城上海书画仓库，整理出6万件明清及近代书画精品。其后，他们又前往乌鲁木齐路上海博物馆仓库、徐家汇天主堂仓库、苏州博物馆仓库、宁波天一阁仓库等处进行抢救性整理。历时两年，郑为等人共整理出8万余件珍贵书画文物，并成功地将这批数目巨大的珍宝保存在中国。

郑为终生致力于中国古典书画的研究。中国古典书画源远流长，艺术成就突出，然而书画研究领域却始终缺乏一部系统性的工具书以便学人使用。1974年，郑为率领上海博物馆工作人员开展《中国书画家印鉴款识》的编纂工作，他组织工作人员前往国内各大主要书画收藏与研究机构收集材料，克服设备匮乏与文物分散的困难，历经8年编成《中国书画家印鉴款识》两册。书中共收录上自唐代，下迄现代的已故著名书画家和收藏家1220人的印鉴19500余方、款识3800余条，是中国第一部系统著录书画家印鉴款识的工具书。

1990年，他主编的《石涛》由上海人民出版社发行。在石涛研究外，郑为的专著还有《点石斋时事画选》《虚谷画选》《徐渭画集》《中国彩陶艺术》等，并撰写《论〈闸口盘车图〉卷》《论清初绘画的摹古和创新》《论中国书法艺术》等论文。他的代表作《中国绘画史》于2005年5月由北京出版社和北京古籍出版社联合出版，全书共36万字，彩色

插图558幅，内容从新石器时代的彩陶艺术谈起，直到19世纪上半叶的海派艺术诞生。为了获取书中的图版，他不顾自身80多岁的高龄，在家中搭建简易摄像棚，攀爬以翻拍资料照片。即使在病重期间，他也始终牵挂着书稿的写作情况，并在医院反复修改稿件。

郑为曾任中国考古学会会员、中国美术家协会会员、国家文物鉴定委员会委员、上海市第八届人大代表、上海美术馆收藏委员会委员、上海市美学研究会会员、复旦大学兼职教授，中国大百科全书总编辑委员会《美术》编辑委员会委员等。

2005年4月20日，郑为在上海逝世。

胡悦谦 安徽颍上人。民国11年（1922年）出生。中共党员，考古学家，安徽省博物馆原副馆长、研究馆员。

1949年6月，胡悦谦毕业于安徽大学历史系，同年在皖北行署文教处参加工作。1951年，胡悦谦任皖北区革命文献实物收集委员会秘书。1953年，任华东文物工作队安徽组组长，参与发掘灵璧蒋庙村新石器时代遗址。不久，他被调至安徽省博物馆筹备处。1955年1月，胡悦谦参与发掘绩溪胡家村新石器时代遗址，获得大批石器、陶器，石器制作精细，有单孔石刀、石镰、石斧、石凿等，陶器可分为夹砂陶和泥质陶两类，纹饰多样。该遗址是皖南地区首次发现的新石器时代的人类文化遗存，对以后江南的考古发现具有指导意义。同年，他在亳县钓鱼台遗址的发掘中，发现西周陶鬲中装满炭化古小麦，表明西周时小麦栽培已传播到淮北平原，它对研究中国古代农业史具有重要的学术价值。1960年，胡悦谦在淮南市上窑镇一带进行调查，发现寿州窑，这是安徽省关于古陶瓷窑址考古方面的首次发现。1961年，胡悦谦发表《寿州瓷窑址调查记略》，此后，他又发表《谈寿州瓷窑》进一步阐述寿州窑10处遗址的分布状况及墓葬出土的瓷器，利用科学分析方法明确器物釉色、胎质的化学组成，提出寿州窑产品分为六期等创见。1960年12月，胡悦谦主持对萧县白土窑址进行调查发掘，发表《安徽萧县白土窑》一文，对其年代、产品釉色、胎质等进行分析。

1962年，胡悦谦任安徽省博物馆陈列部主任，1966年改任安徽省博物馆保管部主任。1972年，胡悦谦主持发掘肥西大墩孜商代遗址，出土3件商代早期青铜器，这一发现表明安徽在商代早期即与中原有过密切联系，对研究夏商时期江淮与中原地区的文化交流，以及早期青铜铸造工艺均有极为重要的价值。1973年，胡悦谦主持发掘合肥西郊隋墓，出土陶俑、镇墓兽、陶器、瓷器、铜钱和墓志等各类文物共计44件，其中8件武士俑制作极为精细，且多数保存完好，是研究隋唐时期军事文化的重要实物。

1980年，胡悦谦被国家文物事业管理局任命为中国考古文物珍宝展览组组长，率文物展览组赴瑞士、联邦德国和比利时三国巡回展出。1981年9月，胡悦谦应邀参加联邦德国多特蒙德市中德人民友好协会召开的报告会，主讲"新中国考古工作的成就"。同年12月，他在波鸿鲁尔大学东亚系学术讲演会上主讲"概述中国的考古工作"。1982年，胡悦谦任安徽省博物馆副馆长。

胡悦谦先后在《文物》《考古学报》等杂志发表《安徽新石器时代遗址的调查》《试谈安徽地区的原始社会》《徽州地区的明代建筑》《安徽萧县白土窑》等论文30余篇，其中19篇被收入《中国考古学文献目录》。其学术成果《中国古代青瓷研究》《初谈青瓷的起源》获"安徽省社会科学优秀成果奖"。1985年，胡悦谦所著《陶瓷的低温彩釉》由紫禁城出版社出版；1987年，《试谈夏文化的起源》由北京大学出版社出版。

胡悦谦先后被评为安徽省文教战线社会主义建设先进工作者、安徽省直属机关优秀党员。1991年7月，他被中共中央宣传部授予"有突出贡献专家"称号，享受国务院政府特殊津贴。胡悦谦曾任中国博物馆学会理事、安徽省博物馆学会会长、国家文物出境鉴定安徽站副站长、中国古陶瓷研究会理事等。

2000年2月22日，胡悦谦在合肥逝世。

廖静文 女，湖南浏阳人。民国12年（1923年）4月出生。画家徐悲鸿夫人。

廖静文于民国24年（1935年）就读于长沙周南中学。在校期间，她曾担任周南中学学生会主席，参加学生爱国运动，加入共产党领导的民族解放先锋队，担任八路军驻长沙办事处地下通讯员。民国31年（1942年），她加入桂林基督教青年会军人服务部文工团，参加抗日文艺演出。

民国32年（1943年），廖静文考入徐悲鸿创立的重庆中国美术学院，任图书管理员，从此开始在徐悲鸿身边工作，同年考入成都金陵女子文理学院化学系。民国33年（1944年），廖静文自愿辍学，协助徐悲鸿工作。民国35年（1946年）1月14日，廖静文在重庆与徐悲鸿结婚。抗日战争胜利后，廖静文与徐悲鸿一起冒着生命危险参加反对国民党独裁和发动内战的民主运动。

1953年9月26日，积劳成疾的徐悲鸿因突发脑出血倒在中央美术学院院长的工作岗位上。徐悲鸿逝世后，年仅30岁，带着一双年幼子女的廖静文毅然将徐悲鸿1200余幅呕心沥血之作和其收藏的1200余幅唐、宋、元、明、清及近代著名书画，以及徐悲鸿生前从国外收集的1万余件图书、图片、碑拓、画册与美术资料，全部无偿捐献给国家。此后，廖静文又捐出自己名下唯一的一套房产用以建立徐悲鸿纪念馆。1953年12月，在北京中山公园中山纪念堂展出徐悲鸿遗作，国务院总理周恩来前往参观。1954年9月26日，以徐悲鸿故居为基础的徐悲鸿纪念馆成立，周恩来题写"悲鸿故居"匾额。

1953年，廖静文进入北京大学中国语言文学系学习。她利用寒假之便到徐悲鸿的故乡江苏宜兴探访，会见亲友，为撰写徐悲鸿传记搜集资料，并写出初稿。1957年，廖静文担任徐悲鸿纪念馆馆长。

1966年，"文化大革命"开始，已故的徐悲鸿未能幸免于难，墓碑被砸，徐悲鸿纪念馆也受到冲击。廖静文花十多年心血收集的资料连同写成的《徐悲鸿一生》初稿被毁，徐悲鸿所有画作和藏品危在旦夕。被打成"特务"的廖静文处境十分艰难，她给周恩来写信，周恩来见信后立即指示，将徐悲鸿纪念馆文物运到故宫博物院严加保护，从而完整保存了徐悲鸿的画作与国家财富。同年，徐悲鸿故居也因北京修建地铁被拆。1973年，廖静文给中共中央主席毛泽东写信请求重建徐悲鸿纪念馆，得到毛泽东和周恩来"查清，恢复"的批示后，廖静文奔波于各个部门办理手续，历经种种艰难之后，徐悲鸿纪念馆新馆终于在1983年，于北京市西城区新街口北大街落成。

"文化大革命"结束后，廖静文再次执笔重撰徐悲鸿传记，终于在1982年完稿。该书对徐悲鸿的成长历程、艺术思想和教学方法进行了详细记述，特别是对徐悲鸿强烈的爱国主义精神，以及为振兴中国美术所付出的努力进行了深刻的阐述。该书一经出版，在海内外产生强烈反响，被译成英、法、日、俄等多种文字，成为国际上研究徐悲鸿的主要资料。1984年，在廖静文的主持下，中央美术学院与徐悲鸿纪念馆联合举办"徐悲鸿画室"，主要针对全国美术专业人士和美术职业教员进行油画培训，她亲任画室主任，聘请中央美术学院的著名教授执教。

徐悲鸿纪念馆新馆落成后，为传承和发扬光大徐悲鸿艺术，廖静文不顾年迈体衰，亲自带着徐悲鸿的作品，前后60多次组织带队到天津、柳州、广州、武汉、成都、上海、南京、宜兴、昆明、西安、济南、无锡等城市举办徐悲鸿的画展，并常常为观众讲解徐悲鸿的艺术思想和每一幅展品。为宣传中国传统优秀文化，她带着徐悲鸿的画作先后赴印度、日本、新加坡、加拿大、苏联、马来西亚、捷克等国家和中国香港、中国台湾等地区举办画展。1995年是徐悲鸿100周年诞辰，在廖静文

的组织和主持下，徐悲鸿纪念馆开展一系列纪念活动，在人民大会堂召开纪念大会，在中国美术馆组织举办"纪念徐悲鸿诞辰100周年画展"，组织国际学术研讨会，出版纪念文集、画册等。同年，应文化部要求，徐悲鸿纪念馆承办"庆祝中国政府恢复对香港行使主权中国艺术大展徐悲鸿作品展"，有力配合国家重大庆典活动。2011年10月30日，"徐悲鸿——现代中国绘画的开拓者"艺术展在美国科罗拉多州的丹佛艺术博物馆举行，这是徐悲鸿个人作品首次在美国大规模展出，在徐悲鸿逝世近60年后，廖静文终于完成徐悲鸿70年前进行东西方文化交流的夙愿。2014年4月，在江苏省宜兴市举办第一届徐悲鸿文化艺术节。同年5月，为纪念中法建交50周年，在中华世纪坛世界艺术馆开启"大师与大师——徐悲鸿与法国学院大家作品联展"的巡展仪式。

徐悲鸿的一些油画随着岁月的流逝多有损坏，许多国画霉变，油画颜料脱落，为抢救这些珍贵的文化遗产，廖静文遍访专家，邀请法国国家博物馆修复专家到中国，先后修复20余幅徐悲鸿油画作品，其中包括在中国美术史上占有重要地位的《田横五百士》《徯我后》《愚公移山》《箫声》等。

廖静文十分关注少年儿童的美术普及教育和爱国教育，在北京建成北京东街小学、鸦儿小学、徐悲鸿中学等，宣传徐悲鸿爱国主义精神和战胜困难的勇气，鼓励学生奋斗成才。她在家乡湖南设立"徐悲鸿美术教育奖学金"，捐建小学，并捐修山路。她还给"希望工程"捐款，扶助贫困家庭的孩子读书。为弘扬徐悲鸿复兴中国美术的精神，在廖静文的主持下，

由徐悲鸿纪念馆、徐悲鸿艺术委员会、中国人民大学徐悲鸿艺术研究院与香港青年协会联合举办的徐悲鸿杯国际青少年儿童美术大赛,自2006年开始隔年举办,成为国内外有重要影响的青少年活动。

廖静文是第七届全国政协委员、第八届全国政协常务委员、中华全国妇女联合会常务委员。她曾任徐悲鸿画院名誉院长、中国书画家联谊会主席、北京市荣宝画院名誉院长、上海海事大学徐悲鸿艺术学院名誉院长

2015年6月16日,廖静文在北京逝世。

祁英涛 河北易县人。民国12年(1923年)12月14日出生。中共党员,古建筑专家,文物保护科学技术研究所高级工程师。

民国36年(1947年),祁英涛毕业于北洋大学工学院建筑工程系,同年,他进入北平文物整理委员会,历任技士、技佐、工程师等。民国37年(1948年),北平文物整理委员会进行故宫慈宁宫、太和殿西转角房,朝阳门箭楼,北海阐福寺天王殿,智化寺西配殿等的修缮,祁英涛参加多项修缮工程。1949年6月,北平文物整理委员会改为北京文物整理委员会,同年,祁英涛主持设计北京孔庙、五塔寺修缮工程等。1951年,祁英涛跟随北京文物整理委员会派出的调查组赴山东兖州、曲阜、泰安、邹县、济南等地勘察古建筑40余处。同年,他主持设计北京安定门城楼、德胜门箭楼修缮工程,并主持设计山西五台山佛光寺修缮工程。此后,他相继主持设计天安门、北海天王殿、故宫养心殿及体仁阁修缮工程。在1952年、1954年,文化部社会文化事业管理局委托北京文物整理委员会举办的第一、二期古建人员培训班,及此后的三、四期培训班上,祁英涛都参加授课,讲授古建维修知识、古建工程预算和《营造法式》,以及古建筑结构、维修估算、建筑历史等方面课程,并为课程撰写教材。1956年,北京文物整理委员会改名为古建筑修整所,祁英涛相继任工程组组长、建筑组组长、古建保护研究室主任等。

三门峡水利工程建设,著名元代建筑群永乐宫处于淹没区,国家决定将其易地搬迁并按原样复建。永乐宫内四座元代建筑规模宏伟,各殿四面墙壁上均绘满彩色壁画,面积达1005.68平方米,其工程量巨大,复杂程度高。1958年,由祁英涛等组成的永乐宫勘察小组至永乐宫进行勘察、测绘,并尝试揭取壁画。此后,祁英涛又参与主持迁建工程的迁建、拆除、壁画揭取设计。次年,山西永乐宫迁建委员会成立,祁英涛任委员,负责施工技术指导。永乐宫搬迁最关键问题是壁画揭取,当时由文化部邀请捷克斯洛伐克的壁画专家到永乐宫考察,但因两国壁画质地、做法不同,无法按照欧洲的办法实行揭取。按照中国传统工艺进行壁画揭取的工作由祁英涛全面负责,他组织技术人员对修复材料的选择,壁画加固后的耐久性、抗老化性以及画面色泽的保护等进行大量的试验、分析和研究,制定出详细的壁画加固、归位、修复方案。他又自制工具,解决大面积壁画揭取和修复的技术难关。在祁英涛指导下,技术人员不仅完成壁画的安装,而且对壁画彩画缝隙、残缺部位和裂缝进行修复。至1966年8月,随着壁画揭取、复原工程的完

成，永乐宫搬迁工程也全面结束。

1973年，为接待国务院总理周恩来及法国总统蓬皮杜参观山西大同云冈石窟，祁英涛受国家文物事业管理局委派，与其他专家一起处理云冈石窟第五窟口顶岩脱落险情。20世纪70年代以后，他先后主持设计和指导山西五台山南禅寺大殿、山西应县木塔、河北正定隆兴寺摩尼殿、河北曲阳北岳庙德宁殿等30余项国家重点工程。在对中国最早的木构建筑唐代南禅寺大殿进行维修时，发现由于历代的修缮，其建筑结构改变许多。考虑到这座建筑的珍稀性，祁英涛和技术人员对它进行复原研究，他们根据唐代建筑特点，经过精心测算，又参考敦煌壁画中的建筑形象反复推敲，复原建筑上的彩绘，恢复出檐，对屋顶的瓦件也进行较大调整。1974年的应县木塔抢险加固工程中，在祁英涛主持下，施工人员自上而下逐层检查木塔塑像的残破情况，研究保护措施。过程中发现四层主像释迦牟尼佛像胸背部开洞，经设法提取，得到卷轴两件，一为刻经，一为绘画《神农采药图》。后继续进行清理，又发现一批卷轴文物和刻经、写经碎片。不久，检查人员发现二层主佛像被人撬开，木塔维修工程领导组及时向县公安局报案。经查，为施工木匠所为，从而追回全部被盗文物。经进一步检查清理，在一、二层主佛像腹内取出佛经数十卷。此次维修共发现文物600多件，其中辽代秘藏90多件。经鉴定，属国家三级以上文物的有129件，均交由当地文物部门保管。

除承担大量设计和施工技术指导工作外，祁英涛还经常深入各地区调查研究，参加古建筑科学勘测，先后对河北、山西、广西、云南、安徽等地的古建筑进行实地考察，取得丰富的勘测资料，为各级文物保护单位科学技术档案的建立和充实提供翔实资料。

由祁英涛总结出来的一套针对古建筑施工做法的原则，对后人从事古建维修起到指导性作用。祁英涛在《当前古建筑维修中的几个问题》一文中，对"恢复原状""整旧如旧"提出自己的看法："恢复原状，这是作为维修古建筑的最高原则而提出来的。因为只有修建时的原状才能完美地、正确地说明当时、当地的工程技术、艺术风尚等的真正水平。但恢复原状又是一项十分复杂的科学研究工作，要有充分的科学依据才能批准动工。我们虽然做过一些实验性的工作（如南禅寺大殿），但至今还没有十分满意的结果。"他还认为："恢复原状的工作是一件细致而艰苦的研究工作，科学性的要求是很高的，真正做到合乎要求是不容易的，因而在一般维修工作中是不主张多搞恢复原状的。"学术研究方面祁英涛曾发表《中国古代建筑年代鉴定》《晋祠圣母殿研究》《中国石窟寺古墓壁画保护研究》等许多学术价值很高的论文，还编写《怎样鉴定古建筑》和《中国古代建筑保护与维护》等十多部具有独到见解的专著。《祁英涛古建论文集》于1992年出版。

1963年，祁英涛被文化部评为先进工作者；1973年获"中国科技二大"壁画保护奖；1985年被评为全国文物博物馆系统先进工作者。他还曾担任中国文物保护技术协会常务理事、北京市政府古建园林顾问、北京土木建筑学会古建园林专业队顾问等。

1988年4月9日，祁英涛在西安讲学期间，因心脏病突然发作不幸在西安逝世。

史苇湘　四川绵阳人。民国13年（1924年）3月出生。中共党员，敦煌研究专家。

史苇湘青少年时代在故乡求学，民国32年（1943年）进入四川省立美术专科学校学习绘画艺术；次年秋天，他参加学生远征军，赴缅甸对日作战。民国34年（1945年）秋，他回学校继续学业。民国37年（1948年）8月，史苇湘毕业后经张大千介绍，只身步行一个多月，到远在大西北沙漠中的敦煌，开始他一生对敦煌的守护和研究事业。

到敦煌后，史苇湘做的第一件事就是敦煌石窟资料的调查和整理，同时从事敦煌历史文献的整理和系统的研究。同时，他还承担敦煌艺术研究所分配的壁画临摹工作任务。1952～1954年参加莫高窟第285窟的整窟复制，1956年参加榆林窟第25窟的整窟临摹。到1958年时，他单独完成了莫高窟北凉至元代各个时期代表性壁画的临摹作品百余幅，加上与同事合作完成的计300余幅，整窟复制5座。他还以壁画临摹作为敦煌艺术与历史研究的起点，在长期的工作实践中认识壁画、认识艺术、认识中国古代社会，不断发现新内容，开拓新领域，总结出一套系统的壁画临摹方法和理论，在中国乃至世界美术史上独树一帜。同时由于深厚的文史功底和对佛教典籍的熟知，史苇湘在敦煌壁画内容的辨识中不断有新发现，比如有重大历史价值的曲辕犁，重要的经变如《福田经变》，以及《微妙比丘尼缘品》

《刘萨诃》等佛教史传故事等。史苇湘对敦煌资料的整理工作也取得丰硕成果，到1966年"文化大革命"开始时，他已经基本完成《敦煌莫高窟内容总录》的整理和《敦煌历史大事年表》的资料搜集。这两份文献于20世纪80年代先后面世，成为所有敦煌研究者们的必读书目。也正是由于多年从事这一工作，史苇湘对敦煌500多座石窟的内容如数家珍；对敦煌的历史，大到改朝换代，小到某一平民百姓的生活活动，都了解得十分详细和具体。

"文化大革命"开始后，全国各地的文物古迹都遭到不同程度的破坏，而敦煌石窟在研究院全体工作人员的保护下完好无损。史苇湘曾多次带着红卫兵们进洞窟，给他们观看讲述帝国主义分子盗窃文物的罪证，和他们一起朗诵毛泽东语录："凡是敌人反对的，我们就要拥护；凡是敌人拥护的，我们就要反对。"这种幽默的方式很奏效，让来势汹汹的"破四旧"在此戛然而止，其中一部分人还参与文物保护和宣传。

1979年，史苇湘任敦煌文物研究所资料室主任。1980年开始，通过几十年的深入研究和精心整理，他连续发表一系列论文论著，除前述《敦煌莫高窟内容总录》和《敦煌历史大事年表》外，还有《敦煌史略》《丝绸之路上的敦煌与莫高窟》《敦煌佛教艺术产生的历史依据》《世族与石窟》《敦煌佛教艺术在历史上是反映现实的一种形式》《论敦煌佛教艺术的想象力》《产生敦煌佛教艺术审美的社会因素》《信仰与审美》《形象思维与法性——石窟艺术研究随笔之二》等对敦煌研究有奠基作用的基础性论著、论文十多种，《微妙比丘尼变初探》《敦煌莫高窟中的〈福田经变〉壁画》《刘萨诃与敦煌莫高窟》《敦煌莫高窟的〈宝雨经变〉》等个案研究论文，以及先后为《中国美术全集》敦煌壁画各卷、敦煌彩塑卷，《中国美术分类全集》敦煌壁画各卷等撰写的莫高窟各个历史时期的断代系列文章80余篇。1982年初，史苇湘被破格晋升为研究员；1985年加入中国共产党。

在敦煌研究领域，史苇湘一直做着奠基性的工作。他认为敦煌文化是以汉文化为根基，不断吸收、改造、融合外来文化所形成的具有地方特色的本土文化，中古时代敦煌人有自己的信仰和审美心态。一方水土养一方人，一方人养一方神，就是敦煌佛教艺术本土文化论的形象概括。史苇湘常说，敦煌石窟装着中国古代一千年的历史和社会；他将石窟作为历史来读，仔细地考察和精辟地分析每一个时代所建造的每一座石窟，甚至每一幅壁画、每一尊塑像的社会历史现象，用石窟论证历史，用历史说明石窟。史苇湘成功地运用西方学术界关于文化艺术与社会制度、组织关系等艺术社会学的理论研究敦煌石窟艺术和敦煌历史文化，将石窟的内容及艺术形式置于各个时代的社会大环境中，全方位、深入细致地考察敦煌文化的历史背景与社会生活。同时，史苇湘在研究中涉及本土文化论、石窟皆史论、艺术社会学，以及美学、文学、艺术人类学等方面，既有单独成章和个案分析，又有相互交叉与综合论证。

史苇湘在敦煌文化的弘扬方面也是不遗余力，对每一个热爱、学习和研究敦煌的人，都是毫无保留地传授自己平生所学。他不光是为培养敦煌研究院的青年学子倾尽全力，还为数

以千计的历史学家、考古学家、文学家、艺术家们讲解敦煌石窟艺术，耐心而准确地回答他们提出的各类专业问题，帮助他们学习和掌握敦煌文化艺术的真谛。他曾经为国内外专业人员进行过百余次学术演讲，在敦煌石窟艺术的继承、借鉴、弘扬、创新等方面进行了大量的启蒙、指导和帮助、提高工作。

史苇湘还担任过第六届甘肃省人大代表，和多种学术团体的理事、顾问等。

2000年1月，史苇湘逝世于兰州。

安志敏 山东烟台人。民国13年（1924年）4月5日出生。考古学家，中国社会科学院考古研究所副所长。

民国17年（1928年），安志敏4岁时举家迁往辽宁大连，在大连度过童年的大部分时光。民国33年（1944年），安志敏高中毕业，考入中国大学史学系。民国37年（1948年）6月，安志敏大学毕业，进入燕京大学历史系任助教，协助裴文中进行史前考古学教学实习工作，并负责史前陈列室的整理工作。次年2月，安志敏代表文中讲授史前考古学，9月，考入北京大学文科研究所史学部，成为考古组研究生。

1950年4～6月，安志敏参加中国科学院考古研究所筹备成立期间派出的发掘队，前往安阳殷墟实习；10月成为考古研究所助理员，跟随夏鼐到河南辉县、豫西地区和长沙近郊参加调查和发掘，进一步接受严格的田野考古学训练。安志敏在从事考古工作初期便因完成《中国古代的石刀》和《古代的糙面陶具》两篇文章而显露头角。

1952年，安志敏刚从北京大学文科研究所史学部毕业，就参加第一届考古工作人员训练班教务工作，承担新石器时代考古、商周考古、陶器和田野考古方面的授课任务。次年，他又参加第二届考古工作人员训练班的授课，并辅导在郑州二里冈、洛阳烧沟开展的田野实习。1953～1957年，他参加刚组建的北京大学史前考古学教研组，为本科生讲授新石器时代考古学。此外，他还在河北、陕西等地的考古训练班或集训班上讲授新石器时代考古学。

20世纪50年代至60年代初，安志敏所参加和主持的考古工作遍及黄河、长江流域和东北各地，重要的有：1952年主持河北唐山贾各庄战国墓地发掘；同年及次年参加洛阳中州路发掘，调查河北唐山大城山龙山文化遗址；1956年主持黄河三门峡水库复查、刘家峡水库普查及河南陕县庙底沟和三里桥的发掘。至此，安志敏已发表各类研究论文、论著37篇/部。1956年，安志敏被评为副研究馆员。1957年，他主持陕县上村岭和后川墓地发掘，调查河北易县燕下都遗址；1958年主持调查青海湟水流域及兰青铁路沿线遗址；1959年主持发掘安阳殷墟遗址；1961年主持河南安阳小南海旧石器时代晚期洞穴遗址发掘；1962年调查内蒙古海拉尔松山细石器遗址；1963年出任中国科学院考古研究所东北工作队副队长兼第一组组长，主持调查内蒙古赤峰、宁城以及辽东半岛和辽西地区的史前遗址；次年主持旅顺双砣子、将军山、岗上、楼上等遗址发掘；1965年春主持沈阳郑家洼子遗址发掘。

1971年秋，安志敏奉命从"五七干校"回到中国科学院考古研究所，筹备《考古》和《考古学报》的复刊事宜，并与夏鼐、王仲殊组成三人小组，负责两刊的编辑工作。1978年，他成为《考古》主编。同年中国社会科学院研究生院成立，安志敏曾任考古学系主任，招收多届硕士和博士研究生，不仅讲授"考古学概论""中国新石器时代考古学"等基础课程，还亲赴田野第一线指导研究生的实习。同年，安志敏晋升为研究员并担任第一研究室主任。1982～1985年，安志敏任中国社会科学院考古研究所副所长。

田野工作是安志敏考古研究的基础。在坚持田野工作，及时完成考古报告之余，他还对不少问题进行了深入细致的综合和专题研究。1979年，在总结中国新石器时代考古学成就的综合性研究论文中，安志敏更是明确把中国史前文化分为北方草原、黄河上游、黄河中游、黄河下游、长江下游、长江中游、华南和西南八个地区加以描述和分析，在强调中原地区重要性的基础上，也肯定不同地区之间的文化交流。他用仰韶文化的"变体"来描述红山文化，用龙山文化的"变体"来描述青龙泉三期文化甚至齐家文化，说明这些文化都受到仰韶或龙山文化的强烈影响。他也从自己的分析中看到，越到新石器时代晚期，史前文化的统一性就越强。

安志敏对远古文化的远距离联系和交流问题，也作出很多开创性的贡献。对长江下游史前文化对日本列岛的影响，他发表《长江下游史前文化对海东的影响》《江南文化和古代的日本》《记日本出土的鬲形陶器》等多篇论文。他认为中国到日本的东海航线，可能早在汉魏以前就开始了，东海航道应是文化交流的重要路线之一。日本的稻作农耕、干栏式建筑、玦形耳饰、漆器、鬲形陶器和印纹陶甚至环壕聚落、坟丘墓等，都与江南文化有密切的关系。这些观点引起了中日两国考古学界的广泛关注。

史前农业的发展是安志敏始终关注的课题。在石刀研究的基础上，早年他即根据此前发表的考古材料，发表综合性研究论文《中国史前时期之农业》，晚年又发表《中国史前农业概说》《中国稻作文化的起源和东传》等多篇研究成果，系统总结中国史前农业的发展和成就，认为中国史前农业的谷物、家畜、农具以及生产活动等，都自成体系，并对邻近地区产生深远影响。

安志敏著述丰富，重要的有《中国新石器时代论集（1947～1981）》，以及《碳-14断代和中国新石器时代》《略论华北的早期新石器文化》等论文，《一九五二年秋季郑州二里冈发掘记》《河南安阳小南海旧石器时代洞穴堆积的试掘》等考古报告。还与他人合作编写《辉县发掘报告》《洛阳中州路（西工段）》《庙底沟与三里桥》等报告。

1979年，安志敏参加在西安举行的中国考古学会成立大会，为大会秘书长，并当选第一至三届理事会常务理事。1979年，又被推选为中国史学会理事和中国第四纪研究委员会全新世分委员会副主任。安志敏还担任中国社会科学院考古研究所第二、四届学术委员会委员，中国科学院古脊椎动物与古人类研究所学术委员会委员等职。1983年，安志敏任国家文物委员会委员。1986年，被推选为德意志考古研究院通讯院士，1990年当选为亚洲史学会评议

员。安志敏还担任中国大百科全书总编辑委员会《考古学》编辑委员会的副主任委员兼新石器时代部分主编，他也是总结中华人民共和国考古成就的《新中国的考古发现和研究》一书的编辑委员会成员。

2005年10月26日，安志敏在北京去世。

 **罗哲文** 四川宜宾人。民国13年（1924年）4月17日出生。中共党员，古建筑保护专家。

罗哲文于民国29年（1940年）考入中国营造学社，为练习生、绘图员，帮助梁思成、刘敦桢绘图、整理资料。民国35年（1946年），罗哲文在清华大学建筑系中国建筑研究所担任助理，期间参与由梁思成主持的《全国重要建筑文物简目》的编写，对解放战争最后阶段和中华人民共和国成立之初中央人民政府保护和接管文物起到重要作用。1950年，罗哲文到文化部文物局任业务秘书，从事全国古建筑保护管理与调查研究工作。1951年，文化部文物局开始对全国范围内的古建筑进行调查和维修工作。随后的两年内，为培养文物保护的人才，文化部社会文化事业管理局集中人力和物力，组织两期古建筑的短期培训班，罗哲文全程参加古建筑培训的教务工作。从20世纪50年代开始，罗哲文为摸清北京古建筑的家底，相继参加城墙、牌楼的联合调查，拍摄一系列珍贵的古建筑照片，如永定门城楼、前门五牌楼、景德街牌楼、东长安街牌楼、阜成门牌楼、大高玄殿习礼亭、北海万佛阁、地安门、安定门等。这些古建筑后来大多被拆除，罗哲文拍

摄的这些图片成为珍贵的影像资料。1952年，罗哲文主持八达岭长城的维修工程，并从此一生致力于长城的保护。1957年，他撰写国内首部介绍长城的读物《万里长城·居庸关·八达岭》，并对长城的起点、长度、分布及沿线民族关系等进行研究论述。1973年，罗哲文任国家文物事业管理局文物处副处长，1981年5月任国家文物事业管理局文物档案资料室主任。

罗哲文在古建筑保护修缮实践中积累丰富的经验，提出以"四原"原则（原形制、原结构、原材料、原工艺技术）保存文物价值，并科学阐述利用新材料、新技术与保存原材料、原工艺技术的辩证关系，得到文物保护专业工作者和学术界的广泛赞誉。他长期担任古建筑保护维修的组织教学工作，还经常在清华大学、北京建工学院等高校授课，培养一大批古建筑保护维修专业人才。罗哲文一生都奔走于全国各地，指导全国古建筑的保护抢救工作。他曾10次进藏，指导布达拉宫的维修；也曾多次到文物损坏现场，呼吁濒危文物的抢救保护。以长年的研究和工作积累为基础，罗哲文撰写大量古建筑保护的研究论文和著作，如《中国古代建筑》《中国古园林》《中国历代帝王陵墓》《中国古塔》《罗哲文历史文化名城与古建筑保护文集》等。

在对古建筑的保护中，罗哲文明确提出一定要把古建筑纳入古城保护的整体规划之中，通盘规划和运作。20世纪50年代初，苏联审批公布首批21个国家历史文化名城，这给罗哲文很大启发。1981年底，罗哲文参加起草由原国家基本建设委员会、国家文物事业管理局、国家城市建设总局共同向国务院提交的《关于保护我国历史文化名城的请示》。1982年2月8日，国务院向全国批转这个请示，同时批准公布北京等24个城市为国家第一批历史文化名城。

1985年3月，罗哲文在第六届全国政协会议上与其他委员联名递交建议中国政府尽早参加《保护世界文化与自然遗产公约》的提案，当年得到全国人大常委会的批准。1987年，长城等六个申报项目通过联合国教科文组织评审，确定为世界文化遗产。同年，罗哲文参与发起成立中国长城学会，并在学会里担任重要职务。他上百次登上长城，深入考察研究，推动保护维修。他积极参与世界文化遗产的考察、研讨、评审工作，还以专家身份代表中国参加联合国教科文组织世界遗产委员会的评审会议。1990年8月，罗哲文任中国文物研究所所长、教授级高级工程师。

1998年离休后，罗哲文担任国家文物局古建筑专家组组长、中国文物学会会长。此后，他又兼任中国文物学会名誉会长，中国长城学会名誉会长，中国紫禁城学会名誉会长，全国历史文化名城专家委员会副主任委员，住房和城乡建设部风景名胜、风景园林专家顾问等职务。

离休后的罗哲文仍然心系文物保护工作。2005年，罗哲文与城市规划专家郑孝燮、建筑大师朱炳仁三人，首次联名向京杭大运河沿岸17座城市的市长发出书面呼吁：加快京杭大运河申报物质文化和非物质文化两大遗产的工作进程。2006年2月，58位全国政协委员响应罗哲文等人的呼吁，共同提交大运河申报世界文化遗产的提案。在此推动下，国家文物局牵头联合运河沿线35个城市共同参与的全国大运河资源调查工作启动，拉开中国保护大运河的大

幕，大运河申遗也日渐提上日程。经过各方努力，由罗哲文等人倡议的大运河申报世界文化遗产终于获得圆满成果，2014年6月，联合国教科文组织审议通过大运河为世界文化遗产。

罗哲文著有《长城》《长城史话》《中国名园》《中国著名佛教寺庙》《中国古塔》《中国名窟：石窟寺、摩崖石刻与造像》等。

罗哲文是第六、七、八届全国政协委员，是第一批享受国务院政府特殊津贴的专家。

2009年文化部、国家文物局授予罗哲文"中国文物、博物馆事业杰出人物"荣誉称号。

2012年5月14日，罗哲文在北京逝世。

欧阳琳 女，四川彭县人。民国13年（1924年）出生。敦煌壁画研究专家。

民国32年（1943年）9月，欧阳琳进入四川成都省立艺术专科学校学习。同年，张大千在成都举办"临抚敦煌壁画展览"，从四川省立艺术专科学校借调部分学生进行短暂培训后充实为展览的讲解员，欧阳琳便在其中，从此与敦煌艺术结下不解之缘。民国36年（1947年）9月，欧阳琳从四川成都省立艺术专科学校毕业，适值常书鸿在四川院校招聘人员，经导师沈福文推荐，欧阳琳与四名同学长途跋涉一月余到敦煌莫高窟，成为敦煌艺术研究所的美术工作者，从事敦煌壁画临摹和研究。

欧阳琳初到敦煌时，当时的敦煌艺术研究所全部工作人员只有十几个人，主要的工作就是壁画临摹。20世纪40年代交通不便，画师们从莫高窟到敦煌县城只有坐牛车，而且一到

冬天就吃不上蔬菜。住房是洞窟外寺院的土坯房，洞窟阴冷，进洞临摹时，即使夏天也要穿棉衣，长年累月，很多临摹者得了关节炎。绘画颜料更是稀缺，他们的颜料基本上都是自己加工的。土黄色用莫高窟前大泉河水冲下来的细泥加胶水研制而成，红色则用刷墙的红土。冬天颜料冻住，放在火炉上烤化；洞窟光线暗，便用白纸来反光。欧阳琳在这样的条件下开始了其在敦煌的事业，且一干就是40年。40年的工作就是临摹壁画，她也经历过"反右""文化大革命"等政治运动，养过猪，放过羊，种过菜，栽过树。她为敦煌研究院临摹敦煌壁画大小计1000余件，许多临摹作品曾在日本、法国、苏联等国以及北京、上海、兰州、台湾等地展览，一些临摹壁画还被收入日本、法国出版的图录《中国敦煌壁画展》中。在繁忙而又紧张的壁画临摹工作的间隙，欧阳琳按照自己的方式从事敦煌艺术，特别是敦煌图案的研究工作，先后发表和出版《敦煌图案》《敦煌纹样零拾》等一系列研究成果，在学术界和美术界都有较大影响。

从1986年退休，到1999年的十余年中，欧阳琳继续临摹敦煌壁画，在临摹中有了更多的思考和新的尝试。无论是在敦煌还是后来移居兰州，她的画室就在卧室旁，随时会拿起画笔，整日站在画板旁边握笔画图，不停地放稿、修改、印稿、描稿、上色，再描最后一道提色线或定稿线描，完成每一幅画的所有工序，年复一年，日复一日。她大型、中型、小幅的敦煌壁画都有涉猎；从宣纸到布画再到绢上作画都进行尝试。其绘画面积超过100平方米，是真正的研究性临摹。在临摹的同时，她

继续进行研究工作，出版合著《敦煌图案》《敦煌壁画线描集》《敦煌图案临摹本》《史苇湘、欧阳琳敦煌壁画选》《敦煌壁画复原图》等。

1999年，欧阳琳不慎摔伤左腿。在治疗和恢复期间，她开始思考和总结一生临摹壁画的感受和心得，并以小品文的形式对壁画进行更深一层的探索和解释。这些短文记述她在敦煌的经历、对敦煌艺术的认识、对自己工作和生活的感受。同时分别就敦煌的地理环境与石窟艺术、敦煌壁画的内容和风格、敦煌壁画图案的种类与规律性等问题，进行系统的诠释，发表独到的见解，先后分类编辑为《感悟敦煌》《敦煌壁画解读》《敦煌图案解析》等著作出版。

2012年，甘肃省委、省政府授予欧阳琳"甘肃省文艺终身成就奖"。

2016年2月，欧阳琳在兰州逝世。

李其琼　女，四川三台人。民国14年（1925年）2月10日出生。中共党员，画家，敦煌学研究专家。

1949年，李其琼于西南美术专科学校西画专业毕业后，参加中国人民解放军，在第二野战军战斗剧社美术队工作，其后在西南军区文化部战斗文工团美术队从事部队美术工作。1952年转业到敦煌文物研究所美术组工作，与民国35年（1946年）就到敦煌工作的孙儒僩结为夫妻。这段时间，她努力适应壁画临摹工作，参加敦煌文物研究所组织的第285窟完整洞窟临摹及各种单幅画的临摹工作。1954年，她参加辽阳汉墓壁画的临摹工作，并研究潮湿环境中

的临摹效果。其后，她回到敦煌，临摹以藻井为主的图案专题。1956年，李其琼参加安西榆林窟第25窟整窟临摹，完成大型壁画《文殊变》《南方天王》《观音》，又与人合作临摹榆林窟第4窟西夏壁画《释迦多宝说法图》一铺。1957年参加编撰《敦煌艺术画库》，承担其中的《敦煌壁画·初唐》《敦煌壁画·中唐》的编撰工作。1958年，敦煌文物研究所为中国历史博物馆临摹莫高窟中唐第159窟西壁窟龛原大作品，李其琼负责临摹龛内外部分屏风画。1959年为国庆十周年献礼，李其琼为人民大会堂甘肃厅临摹榆林窟第25窟壁画《观无量寿经变》。

20世纪50年代至60年代初，李其琼临摹了大量壁画，并且致力于研究不同时代不同壁画的风格和技法特征，对敦煌壁画的画法达到得心应手的程度，尤其擅长画色彩复杂、构图宏大的画面。这一时期她完成了一些莫高窟重要壁画的临摹，如第98窟《于阗王后供养像》、第159窟《吐蕃赞普供养像》、第220窟《维摩诘经变》中各国王子图等，都成为敦煌研究院临摹品中的经典之作。

"文化大革命"中，李其琼被剥夺工作的权利。1969年，下放到四川省新津县农村当农民。1972年10月，李其琼回到敦煌文物研究所工作。1973年，李其琼受敦煌文物研究所派遣到陕西省博物馆临摹章怀、懿德太子墓部分壁画。1974年，她临摹莫高窟第220窟《帝王图》，并主持莫高窟第220窟《阿弥陀净土变》大型壁画的临摹，这两件作品也成为敦煌文物研究所临摹品的代表作。1978年，她又参加莫高窟第217窟盛唐壁画的整窟临摹。

1980年，李其琼承担《中国石窟·敦煌莫高窟》第二卷的撰写，完成论文《隋代的莫高窟艺术》及部分图版说明，其后又陆续为第四卷、第五卷撰写图版说明，此书由日本平凡社与中国文物出版社联合出版。1982年，"敦煌艺术展"在日本展出后，日本创价学会要收藏当年展品中的四幅壁画摹本，李其琼应邀再临第220窟《帝王图》一幅作为敦煌文物研究所赠送日方的礼品。20世纪80年代，在改革开放的形势下，敦煌学研究发展迅速，李其琼也投入到研究工作中，对长期临摹的实践进行分析总结，并进一步探讨敦煌壁画的风格特点和技法特征。1983年以后，她先后完成论文《敦煌唐代壁画技法试探》《再谈莫高窟隋代艺术》《论吐蕃时期的敦煌壁画艺术》。1986年，李其琼任敦煌研究院美术研究所副所长。她率领美术研究所的工作人员根据研究和对外展览的需要，对敦煌壁画进行有计划的临摹。1991年，李其琼主持敦煌研究院优秀临本的编选出版工作，编成《敦煌壁画摹本珍藏本》《敦煌壁画摹本选集》和《敦煌图案摹本集》。20世纪90年代，她参加《敦煌学大辞典》的撰写，承担"敦煌壁画技法"部分词条。

1993年退休后，李其琼仍然坚持壁画临摹和绘画创作。1994年应邀为中国历史博物馆临摹北魏第254窟《萨埵饲虎本生》故事画。1998年香港志莲净苑尼寺落成，邀请敦煌研究院为寺院绘制壁画。李其琼应邀主持壁画绘制工作，率美术研究所工作人员前往香港绘制，壁画于1999年完成。2004年7月，《李其琼临摹敦煌壁画选集》出版。2008年，她创作的风景画《春》被中国美术馆收藏。同年3月，被国家文物局、中国文物学会授予"中国当代文博专家"称号。2009年荣获中共甘肃省委、省政府颁发的"甘肃省第六届敦煌文艺终身成就奖"。

2012年10月26日，李其琼在兰州逝世。

 **朱伯谦**　浙江诸暨人。民国14年（1925年）2月出生。中共党员，考古学家，浙江省文物考古研究所副所长、研究馆员，浙江青瓷考古领域的开拓者、组织者、实施者与领导者。

1953年，朱伯谦参加工作，任职于浙江省文物管理委员会。同年参加由文化部社会文化事业管理局、中国科学院考古研究所、北京大学联合举办的考古工作人员训练班第二期学习。训练班结业后，朱伯谦回到浙江省文物管理委员会。20世纪50年代，朱伯谦先后主持绍兴漓渚汉墓、新安江水库考古、黄岩秀岭水库六朝墓地等一系列重要考古工作。1960年，朱伯谦主持龙泉大窑、金村考古发掘，这是龙泉窑历史上首次正式考古发掘，对龙泉窑研究、龙泉青瓷恢复生产影响深远。1962年，朱伯谦至浙江省博物馆工作。1979年，朱伯谦任职于浙江省文物考古研究所，历任浙江省文物考古研究所考古室主任、副所长等职，享受国务院政府特殊津贴。

1979年，朱伯谦作为紧水滩工程考古队的副队长，协助队长杨晨钟协调浙江省文物管理委员会、上海博物馆、中国社会科学院考古研究所、中国历史博物馆、故宫博物院等单位共同完成紧水滩工程库区龙泉青瓷窑址发掘任务，紧水滩工程考古成为多单位合作发掘的成功实例。在杭州南宋官窑老虎洞窑、郊坛下窑的考古发掘和研究中，朱伯谦发挥了重要指导作用。朱伯谦长期关注并实际从事越窑、龙泉窑、南宋官窑的发掘与研究工作。为调查、发掘浙江古代青瓷窑址，其足迹遍及浙江的山山水水，是浙江省青瓷考古领域的开拓者、组织者、实施者与领导者。

朱伯谦治学平实谨严，注重实证，紧紧抓住资料的发掘、辨析，阐释考古发现。在扎实严谨的田野工作之余，朱伯谦勤于著述，他是《中国陶瓷史》主编之一。他还主编《龙泉青瓷研究》《南宋官窑》《龙泉窑青瓷》《越窑》等著作，出版著作还有《朱伯谦论文集》《揽翠集——朱伯谦陶瓷考古文集》等。其中《揽翠集——朱伯谦陶瓷考古文集》选取朱伯谦陶瓷考古专题性和综合性研究论述30篇，包括《战国秦汉时期的陶瓷》《三国两晋南北朝的陶瓷》《唐、五代的青瓷》《中国黑瓷的起源及其影响》《试论中国古代的龙窑》《浙江古代瓷器的研究》《中国陶瓷·越窑》《古瓷中的瑰宝——秘色瓷》《龙泉青瓷简史》等，基本反映了朱伯谦在陶瓷考古方面的学术成就。

1979年，中国考古学会成立，朱伯谦当选为第一届理事，并先后担任中国古陶瓷学会副会长、名誉副会长，浙江省考古学会副会长。1988年退休后，他仍致力于文物考古事业，先后担任杭州市文物考古研究所名誉所长、杭州南宋官窑博物馆名誉馆长、杭州大学兼职教授等职。

2010年6月1日，朱伯谦在杭州逝世。

张云鹏 山东济南人。民国14年（1925年）8月出生。考古学家。

民国35年（1946年），张云鹏就读于山东师范学院史地系，1949年入华康大学教育系，后转入浙江大学人类学系深造，1952年，张云鹏获浙江大学人类学硕士学位，后至中国科学院考古研究所工作。

工作之初，张云鹏跟随夏鼐在河南辉县、郑州、荥阳、渑池一带从事调查与发掘工作。1953年参与发掘安阳大司空遗址并编写《一九五三年安阳大司空村发掘报告》。

1955年后，张云鹏先后任中国科学院考古研究所湖北考古队队长，长江考古队副队长、队长，将工作重心从黄河流域转移至长江中游的江汉地区。他带领考古队常驻湖北，主持田野考古工作，先后于1955～1957年在京山屈家岭、天门石家河新石器时代遗址，1957年在黄冈螺蛳山新石器时代遗址，1958年在蕲春毛家嘴西周遗址主持发掘工作。1959～1960年，为配合丹江口水利工程，他带领队员在郧县青龙泉、大寺，均县朱家台、乱石滩等新石器时代遗址主持发掘。基于屈家岭等新石器时代遗址的发掘，张云鹏认识到长江中游地区史前考古学文化不同于同时期的黄河流域考古学文化。在主编的《京山屈家岭》专题考古报告中，他较好地利用地层学和类型学等方法，充分剖析这一典型遗址的文化内涵及出土器物的类型，找出江汉地区新石器时代的文化特征，并提出它有别于中原仰韶文化和龙山文化，是一种具有地域特色的原始文化的观点。在报告中他首次提出"屈家岭文化"的单独命名，并就其文化面貌进行论述，得到学术界认同，为推动长江中游地区史前考古奠定坚实基础。石家河遗址所获一批有别于中原地区龙山文化的遗存，为之后"石家河文化"命名的提出提供了重要依据。鄂东南的黄冈螺蛳山与鄂西北丹江库区一系列新石器时代遗址的发掘，进一步扩展了对屈家岭文化分布范围及其内涵的认识。

1961年，因工作需要，张云鹏从中国科学院考古研究所调至湖北省博物馆担任文物考古研究室负责人。到湖北后，他把楚文化研究列为重要课题。1961～1963年，他主持发掘江陵太晖观、张家山等楚墓，并对纪南城、郢城等多处楚国城址及楚国墓地进行调查。1963年，他完成《江汉地区考古收获》论文，将江陵地区已获得的楚墓资料，与鄂城、大冶、松滋、郧县等地的东周墓进行比较，总结江陵楚墓的特征、各期楚墓陶器的组合及其文化特征，为进一步开展楚文化研究奠定基础。1963年，他主持发掘黄陂盘龙城楼子湾商代遗址及墓地，商代贵族墓地的发掘引起学术界极大反响，打破学术界长期以来形成的商人未过黄河的学术观点。1965年，他主持发掘武昌放鹰台遗址，获得屈家岭文化早期、屈家岭文化晚期与石家河文化早晚叠压的地层关系，也进一步确定屈家岭文化和石家河文化向东分布范围已至长江南岸的鄂东南地区。

张云鹏特别注重对考古专业人才的培养。在天门石家河遗址发掘期间，他利用发掘契机，采取知识授课与田野实习相结合的方式，组织培训荆州地区30多名文化干部。在郧县青龙泉遗址发掘期间，他为襄阳地区文化干部普及考古基础知识，举办考古培训班。在他带领、培养下的文物干部，很多成为长江中游地区新石器时代考古、商周考古、楚文化考古领域的知名学者。一批受过培训的文化干部具备了考古知识背景，在大小水利工程和各项动土工程中积极开展文物古迹保护工作。

在田野考古发掘中，他坚持边发掘边整理资料，做到随时掌握各层文化遗存的变化，并及时整理编写发掘报告和简报，先后发表《京山屈家岭》《湖北京山、天门考古发掘简报》《湖北黄冈螺蛳山遗址的探掘》《一九六三年湖北黄陂盘龙城商代遗址的发掘》《湖北圻春毛家咀西周木构建筑》《江汉地区考古收获》和《由湖北石家河遗址发掘方法的主要错误谈学习苏联先进经验》等成果。

1966年"文化大革命"开始后，张云鹏被打成"反动学术权威"，备受侮辱与折磨。

1970年6月，张云鹏于武汉逝世。

王仲殊　浙江宁波人。民国14年（1925年）10月15日出生。考古学家。

民国35年（1946年）夏秋之际，王仲殊先后考取厦门大学、北京大学、武汉大学、复旦大学和浙江大学等国内第一流大学，却就近选择最后考取的浙江大学，攻读历史学。中华人民共和国成立后，浙江大学院系调整，王仲殊转学到北京大学。

1950年7月，王仲殊从北京大学历史学系毕业，进入中国科学院考古研究所工作。1950年10月初，王仲殊跟随夏鼐到河南辉县，参加中华人民共和国成立后第一次大规模的考古调查发掘工作。1951年4～7月，夏鼐还带领王仲殊到河南省，从郑州到渑池的中西部地区对各个时代遗址进行调查发掘。

1956年12月，云南晋宁石寨山西汉滇国墓出土一枚"滇王之印"金印，引起学术争论。1959年，王仲殊在《考古》杂志上发表《说滇王之印与汉委奴国王印》，确认"滇王之印"金印应如《史记·西南夷列传》所记，为汉武帝于元封二年（公元前109年）所赐。王仲殊以"滇王之印"印纽亦作蛇形，印文亦出于刻凿为主要依据，指明日本志贺岛出土的"汉委奴国王"金印为真品而非伪作。

1956～1962年，王仲殊主持汉长安城遗址发掘，所获成果为以后该都城遗址的长期发掘打下坚实基础。1958～1965年，王仲殊被委任为中国科学院考古研究所学术秘书，又任汉唐考古研究组副组长。1964年春秋两季，王仲殊主持吉林敦化六顶山渤海墓葬和黑龙江宁安渤海镇渤海上京龙泉府遗址的发掘，收获丰富。《六顶山与渤海镇——唐代渤海国的贵族墓地与都城遗址》发掘报告由王仲殊主编，出版后荣膺"国家社会科学基金项目优秀成果奖"和"郭沫若中国历史学奖"等重要奖项。

"文化大革命"期间，王仲殊受命主持考古研究所的工作，凭借其与中国科学院院长郭沫若之间的亲密交往关系，尽力保护遭受迫害的老一辈学者，尤其是将下放在外省农村劳动的夏鼐、安志敏等调回北京，恢复他们在考古研究所的职务。

1971年夏，王仲殊还与夏鼐一同为郭沫若起草致国务院总理周恩来的请示报告，恳请《考古》《考古学报》等复刊以应国内外需要，得到周恩来批准，两刊于1972年1月正式复刊。

1972年3月，日本奈良县高市郡明日香村发掘高松冢古坟。古坟石室内有着保存良好的壁画，其内容包含四神图、天象图和男女人物像等，绘描优美，装饰精良，色彩鲜明，实属空前大发现，轰动日本全国。王仲殊在郭沫若处得见快速送来的日本报纸关于高松冢古坟的详细报道，乃执笔撰《日本高松塚古坟简介》一文，发表在复刊不久的1972年第5期《考古》上，立即引起日本学术界的注意。九州大学教授冈崎敬迅速将此文译为日文，转载在同年12月初出版的日本有名的《朝日杂志》。此后，王仲殊又连续写作《关于日本高松塚古坟的年代问题》《关于日本高松塚古坟的年代与被葬者——为高松塚古坟发掘十周年而作》等论文，皆被日本学者译为日文，刊登在日本出版的书刊上。

1973年，王仲殊被聘为秘鲁国立库斯科大学名誉教授；1978年任中国社会科学院考古研究所副所长；1979年被破格提升为研究员；1979～1988年任中国考古学会常务理事兼秘书长。

1980～1985年，王仲殊担任中国大百科全书总编辑委员会《考古学》编辑委员会副主任兼秦汉考古部分主编，承担"中国古代墓葬制度""秦汉考古"等20多个条目的撰写，字数近20万。特别是卷首《考古学》序目为王仲殊与夏鼐共同撰写。

1981年起，王仲殊在《考古》等刊物上先后发表《关于日本三角缘神兽镜的问题》《关于日本的三角缘佛兽镜——答西田守夫先生》《日本三角缘神兽镜综论》《景初三年镜和正始元年镜的铭文考释》《景初三年镜和正始元年镜铭文补释》《论日本出土的景初四年铭三角缘盘龙镜》《从日本出土的铜镜看三世纪倭与中国江南的交往》《论日本出土的吴镜》《论日本"仿制三角缘神兽镜"的性质及其与所谓"舶载三角缘神兽镜"的关系》等专题论文。这些论文与《论吴晋时期的佛像夔凤镜》《吴县、山阴和武昌——从铭文看三国时代吴的铜镜产地》《"青羊"为吴郡镜工考》《"黄初""黄武""黄龙"纪年镜铭辞综释》《建安纪年铭神兽镜综论》《黄龙元年镜与嘉兴元年镜铭辞考释——试论嘉兴元年镜的年代及其制作地》等可作参证的关于中国铜镜研究的论文约20篇,大都由日本学者译成日文,编集成《三角缘神兽镜》一书,于1992年在日本东京出版,1998年再版。

1981年,王仲殊被聘为中国社会科学院研究生院教授,并由国务院学位委员会直接评定为博士生导师。1982年,王仲殊任中国社会科学院考古研究所所长,兼任学术委员会主任,并任《考古学报》和《考古学集刊》主编。

1988年,德国考古学研究院授予王仲殊通讯院士称号。1990年,亚洲史学会推举王仲殊为评议员(相当于常务理事)。从1991年开始,他享受国务院政府特殊津贴。1995年,日本冲绳学研究所又聘请其为客座研究员。1996年,继巴金、费孝通之后,王仲殊被日本方面授以"福冈亚洲文化奖"大奖。1996～1999年,他任《辞海》编辑委员会委员兼考古学分科主编,2002年又任《大辞海》考古学分科主编。王仲殊是第七、八届全国政协委员。

1999年,中国社会科学院考古研究所西安唐城工作队,在唐长安外郭城南面正门明德门外发掘了唐代圆丘的遗址,引起各方面的重视。王仲殊以此为契机,撰《论唐长安城圆丘对日本交野圆丘的影响》一文。此后一直到2004年,王仲殊就中日两国都城、宫殿的比较研究完成多篇论文,对中日两国古代都城、宫殿制度进行了比较全面、系统的研究。

2015年9月24日,王仲殊于北京逝世。

万依 曾用名光宗、宜、无园。山东聊城人。民国14年(1925年)11月出生于河北固安。中共党员,明清宫廷史、音乐史专家。

1949年,万依毕业于华北文法学院中文系,同年4月参加工作,任北京市西二区(西单区)人民政府科员、秘书、副科长,后任西城区二龙路人民公社副主任兼文化卫生部部长、办事处主任。1972年11月,万依任西城区丰盛街道办事处副主任。1978年12月,万依调任故宫博物院研究室宫廷研究组组长。万依调入故宫博物院时已50多岁,他凭着年轻时对文史的爱好,坚持自学,无论是在地方政府还是在故宫博物院工作期间,他都克服困难,经常利用节假日赴图书馆查找资料,进行明清宫廷史和清代宫廷音乐研究。

1985年3月,万依任故宫博物院图书馆副馆长,1989年3月,调至故宫博物院研究室工作。期间曾任故宫博物院研究馆员、院网页编辑指导委员会委员、院高级职称评委会委员、故宫修缮工程专家咨询委员会委员。

万依到故宫后承担的第一项工作就是编写《故宫博物院导引》,他是编写组的负责人。当时是"文化大革命"结束不久,过去对故宫的介绍不乏极"左"内容,所以这本小册子要正确、全面地介绍故宫博物院。过去人们对故宫的介绍多侧重于绘画、陶瓷、雕塑、金石、工艺、织绣、青铜器等古代艺术品的收藏研究,却没有人去研究宫廷史。万依受单士元《故宫史话》一书的启发,认为明清宫廷史研究大有可为。在这本导引中,他增加明清宫廷史的一些内容,以宫廷建筑为依托,详细客观地介绍与建筑相关的历史事件,使这本《故宫博物院导引》能够较全面、通俗地介绍故宫博物院。

当时,明清宫廷史研究是一项开创性工作,他与其他人合作专著《清代宫廷生活》大型图录,成为该领域一部有影响力的著作。之后,万依又与人合作编著《清代宫廷史》,并获"辽宁省优秀图书奖"一等奖和"北方十五省、市、自治区哲学社会科学优秀图书奖"。除此之外,他还从理论上对宫廷史进行深入探讨研究,发表《清宫史研究丛谈》《宫廷史研究初探》《清代宫俗与民俗》《乾隆时期宫中政治经济措置》《试论弘历的经济政策思想》《供宫廷及税官染指的"崇文门"》《乾隆皇帝出生地考实》《"壬寅宫变"的地点、起因和事后》《清朝宫廷的最后时刻》等论文。万依通过对明清宫廷史的研究,总结出两点经验:一是要重视资料收集,二是要重视史料鉴别。关于史料鉴别,他凡有疑惑,一定要查个水落石出。

万依在从事清代宫廷史研究的过程中,发现清代宫廷音乐也是一个需要挖掘的课题,早年他曾经学过音乐,通过查清宫档案、研究曲谱,发现清代宫廷音乐具有历史价值,可以进行系统研究。当时故宫专业人员没有做过此类研究,故宫之外研究的人也很少。万依在研究宫廷史的基础上对清代宫廷音乐进行细致研究,与人合作出版专著《清代宫廷音乐》。此外,他对宫廷音乐进行研究考证,发表《宋代黄钟的改作及大晟黄钟的影响》《明宫音乐源流考述》《清宫律制及律管》《清中和韶乐考辨》《清代编钟与中和韶乐》《清代紫禁城坤宁宫祀神音乐》《上古宫廷雅乐的载体——清代中和韶乐》《中国民族民间器乐曲集成·北京卷》等论文和著作。

万依在担任中国紫禁城学会副会长期间,提出研究紫禁城皇宫不能仅局限于研究古建筑,而是要研究皇宫内的诸多方面,其中宫廷史是研究紫禁城皇宫的重要领域,不可或缺。在他的提议下,宫廷史被纳入紫禁城皇宫的研究范畴,从而拓宽了紫禁城皇宫的研究范围。万依从退休后一直在紫禁城学会工作十余年,为学会的学术发展出谋划策,发挥重要作用。

1996年,万依主编的《故宫辞典》由文汇出版社出版,此书一经面市,即受到社会各界的广泛关注。2012年,他又接受《故宫辞典(增订本)》的编写工作。从接稿到2016年1月完成,中间约4年时间。此外,他还编辑《北京志·世界文化遗产卷·故宫志》。

万依曾任中国紫禁城学会副会长、北京满学会副会长、中国书法家协会会员、中国音乐史学会会员、中国文物保护基金会第三届理事会专家、中国绿色基金会中国艺术家生态文化工作委员会资深委员,享受国务院政府特殊津贴。

2016年5月,万依在北京病逝。

孙太初 名天夏，字太初，号石公、梦雨楼主人，以字行。白族。云南鹤庆人。民国14年（1925年）12月18日生于云南昆明。考古学家，书画篆刻家，曾任云南省博物馆研究部主任。

孙太初先世数代出身科举，家学渊源。他聪明而有恒心，勤学各类典籍，潜心书法篆刻，旁及金石考据之学。幼时，孙太初在其父指导下学习作诗，授以赵明城《金石录》、冯登府《金石综例》、叶昌炽《语石》等。中学时，因躲避日机轰炸，孙太初返回故里鹤庆，入丽江中学就读，并从画家周霖习国画，写山水花鸟，清逸有致，简约明快。17岁时，孙太初因黄疸辍学在家，返回昆明以书画自遣。民国33年（1944年），孙太初任职于昆明市国民政府秘书室，此间与胡小石、沈从文多有交往，并广泛收藏古书碑帖。抗战胜利后，孙太初曾随国民革命军第一方面军入越南接受日军投降。1949年8月，孙太初在昆明昆华女中任国文教师时加入中国共产党的外围组织"新民主主义青年联盟"。1951年，孙太初调云南省戏剧改革办公室任指导员。

1952年，孙太初作为云南省唯一学员参加由文化部社会文化事业管理局、中国科学院考古研究所和北京大学联合举办的全国第一期考古工作人员训练班。结业后，孙太初调入云南省博物馆文物工作队工作。1953年，孙太初带队赴滇西近20个县进行文物普查征集，发现并征集到乾隆原刻《丽江府志略》等数百件重要文物。在剑川全面调查、测绘、记录了石宝山

石窟并有新发现。在昆明地区主持三次文物普查工作，发现并征集到"李定国刻经"等重要文物。在土改期间从没收的地主官员财物中选出大批珍贵文物、图书。1953～1956年，孙太初多次在云南大学历史系作学术报告，介绍云南考古方面的主要成就。

1955～1956年，孙太初参加晋宁石寨山古墓群的发掘，确认石寨山属于青铜时代墓群，出土古滇国特有的贮贝器，其中有两件铸有纺织场面和杀人祭柱场面的铜鼓形贮贝器，形象地再现了奴隶社会面貌。1956年11月，他在第二次发掘中，因"滇王之印"的出土而广受关注，确定秦汉时期滇国的统治中心在晋宁一带，执笔完成《云南晋宁石寨山古墓群发掘报告》，对滇池区域青铜文化的器物特征、器物组合与墓葬分期断代，器物形制、纹饰演变，文化性质及与外地其他文化的关系等问题作初步探讨。石寨山遗址的发掘，揭示了古滇文化面貌，拉开了滇文化研究的序幕。孙太初还主持发掘昭通、鲁甸、昆明、姚安等地的"梁堆"墓群，他的《云南"梁堆"墓之研究》对云南"梁堆"墓进行了较为系统的研究，对这种墓葬的葬式、墓室结构、分期断代、文化特征、墓主身份和族属等问题提出了自己的看法，认为它是东汉至唐代中叶"南中大姓"的墓葬。他还主持发掘昭通闸心场、鲁甸马厂新石器时代文化遗址，大理邓川火葬墓群等。孙太初还参加了安宁太极山、江川李家山、呈贡石碑村、小松山土坑墓群，呈贡吴家营明墓，祥云大波那木椁铜棺墓，元谋大墩子新石器时代文化遗址等的发掘。

1957年以后，孙太初潜心对古代碑刻进

行整理，收集整理散于云南各地的文物，对云南所存明代以前碑刻大部分皆亲手拓制抄录，其中发现的"建初九年三月戊子造"石座为云南已知最古汉代石刻。1983年，孙太初收集、校勘、整理、出版《云南古代石刻丛考》，该书成为探求古代云南碑刻的索引指南。他还发表《云南古代官印集释》《朱提堂狼铜洗考》《云南西部的火葬墓》《梦雨楼金石文字跋》《陈圆圆遗事、遗迹考》《鸭池梦痕》等云南地方文化遗产论文及专著。

孙太初自幼潜心学习书画篆刻艺术。他书法学"二王"（王羲之和王献之），并从《大盂鼎》《散氏盘》《张迁碑》《石门颂》等金石文字中汲取营养，四体皆能，尤精于篆、隶创作；他还以深厚的书法功力，手不辍刀，勤于耕耘，篆刻成就享誉一方；他国画初学丽江周霖，后又习齐白石、吴昌硕，并上溯八大山人，形成自己的笔墨情趣。他曾将自己的书画作品160余幅无偿捐赠给云南省博物馆、云南省文史研究馆和云南民族博物馆收藏。1996年丽江地震时，他还捐出自己的书法作品进行义卖。

孙太初曾任中国考古学会第一届理事，中国书法家协会会员，云南省书法家协会副主席、名誉主席，云南省文史研究馆馆员。

2012年4月25日，孙太初逝世于昆明。

苏赫 又名乌明玉。蒙古族。内蒙古喀喇沁人。民国14年（1925年）出生。昭乌达盟文物工作站站长、副研究馆员。

苏赫出生于内蒙古自治区昭乌达盟喀喇沁右翼旗王爷府，为清代喀喇沁右翼旗"札萨克"（相当于旗长）家族的后裔。苏赫幼年丧父，在喀喇沁右翼旗第14任札萨克亲王贡桑诺尔布的王爷府度过少年时代，具有文化修养、刺绣技艺很高的祖母把他抚养成人，使他从小得到文化艺术熏陶。苏赫曾就读于哈尔滨农业大学、长春建国大学，毕业后于民国35年（1946年）2月参加工作，他精通蒙、汉、日三种语言，曾在多地多个机关单位供职。

1963年10月，昭乌达盟行政公署批准组建昭乌达盟文物工作站，苏赫被调到文物工作站任副站长并主持工作。当时工作条件非常简陋，仅有一间20平方米的平房办公室，两名工作人员。苏赫带领工作人员，走遍当时的昭乌达盟，经过耐心协调，全盟11个旗、县、市的11个文化馆普遍建立了文物组并指定至少1名工作人员，初步形成全盟的文物工作体系和队伍。为使文物工作协调发展，他亲手创办《昭乌达盟文物通讯》，用蜡纸刻版，油墨印刷，定期发行到11个旗、县、市的文化局、文化馆（文物组），宣传和普及文物法规政策，沟通和交流文物保护信息。1964~1967年，他坚持开展文物调查摸底，初步掌握全盟重要文化遗址的分布情况，写出调查报告，呈送盟文化局、盟公署领导。之后，由他起草，经盟公署审定，印发《昭乌达盟关于加强文物保护和管理工作的措施》，并付诸实施。

1968~1972年，昭乌达盟文物工作站被撤销，合并到新组建的"毛泽东思想宣传站"，苏赫成为该站内设文物组的组长。在异常艰难的情况下，他一方面潜心于辽金文化特别是契丹文字的研究，一方面为保护文物而尽心竭力。突出的事例是抢救和保护珍贵文物《甘珠尔经》。巴林左旗昭慈寺四世"葛根"（住持）吉光梅特来嘉木措，于清光绪三十二年（1906年）到西藏、青海的佛教圣地进修佛学，宣统元年（1909年）被十三世达赖封为"法王堪布"，他从青海塔尔寺归来时，随身带回一套金粉手书藏文《甘珠尔经》，具有很高的历史文献价值和文化艺术价值。吉光梅特来嘉木措带回来的这套《甘珠尔经》珍藏于巴林左旗昭慈寺。1969年"文化大革命"掀起高潮之时，一些"造反派"以"破四旧"，砸烂"封、资、修"为名闯进昭慈寺。就在《甘珠尔经》面临破坏、焚毁的危急时刻，苏赫冒着被批斗的风险，立即赶往巴林左旗，与当地的文化部门及文物工作者一起找领导、找公安干警，通过依法据理的劝说等方式方法，及时制止破坏行为，抢救出全套《甘珠尔经》并予以妥善保管。这套《甘珠尔经》系国内孤品，后转入赤峰博物馆珍藏，是国家一级文物。

1973年，昭乌达盟划归辽宁省管辖。1974年，重新恢复昭乌达盟文物工作站，苏赫任工作站站长。他通过努力搞好文物普查、管理等各项工作，很快与辽宁省文化厅所属的文物处、博物馆、文物商店建立良好关系。他积极主动争取上级文物主管机关及业务单位的指导和支持，经当地党政领导和文化主管部门批准，苏赫牵头创建昭乌达盟的文物商店，并在全盟11个旗、县、市建立流散文物收购站。苏赫在组织全盟收购流散文物的过程中，一方面聘请专家讲习授课、进行实践指导，为赤峰

地区培养一批文物专业人才；另一方面组织专家认真鉴定，从收购的文物中遴选精品，留下珍藏。赤峰博物馆展出的红山文化玉佩、玉圭，明代仇英《高士图》以及清代官窑瓷器等20多件珍贵文物，都是由当时文物商店提供的。经过几年辛勤努力，昭乌达盟文物工作站在办公场所、设施设备、专业人员编制等方面得以向好发展。到1980年，文物工作站不仅有适宜开展工作的业务办公室、行政办公室、经营性的文物商店，还建起70平方米的文物库房和300平方米的文物陈列室，为筹建博物馆奠定基础。

1983年，经国务院批准，昭乌达盟撤盟建市，原昭乌达盟文物工作站更名为赤峰市文物工作站。1984年，苏赫任赤峰市政协常务委员，继而任赤峰市政协副主席并分管文史委员会。苏赫不忘初心，继续为赤峰市文博事业的繁荣发展贡献力量。他参与运筹策划赤峰博物馆、喀喇沁旗王府博物馆的筹建，为赤峰市民族歌舞团挖掘研制北方少数民族古老乐器胡笳、筚篥、火不思等工作提供资料。他还参与率团进京演出，展示古乐新声，并获得"国家文化科技创新奖"。

苏赫为第六届全国政协委员、第七届全国政协常务委员。他还曾先后当选赤峰市社会科学联合会副主席、内蒙古自治区考古学会副理事长、中国辽金史学会副会长。由他牵头组织，在赤峰召开两届中国北方古代文化国际学术研讨会，为扩大赤峰文化的影响力发挥了积极作用。苏赫著有《赤峰史话》以及辽金史研究、契丹小字研究等方面的著作。

1999年1月25日，苏赫于赤峰逝世。

贾峨 河南光山人。民国14年（1925年）出生。中共党员，河南省文物考古研究院研究室主任，研究馆员。

贾峨毕业于西北师范学院地理系。民国37年（1948年）12月，贾峨到中原解放区参加革命工作，1949年10月，贾峨被安排在新华社陕州支社当记者。1950年支社撤销，他被调到洛阳专署文教科工作。不久，洛阳文物组成立，贾峨调至该组当队员，从事田野发掘工作。此后，洛阳专署和洛阳市的文物组机构一分为二，贾峨到专署文物组工作。1954年，河南省文化厅将贾峨调至河南省文物工作队当队员。

1957年3月，贾峨与裴明相等在信阳长台关发掘1座战国楚墓，出土文物800多件，其中有编钟、竹简等珍贵文物。出土的竹简为《墨子》佚篇，这是中国首次发现战国竹书。编钟也是中国考古发现的第一套完整青铜编钟，编钟出土后仍能准确演奏乐曲。1970年，中国的第一颗人造地球卫星成功发射，在卫星上不断地向太空播放着的乐曲《东方红》，就是用这套青铜编钟演奏。1958年3月，贾峨调查临汝县北宋瓷窑址9处，并发掘严和店窑。同年5月，他又与裴明相等在信阳发掘二号楚墓。10月与游清汉、裴明相等在南召鸭河口水库库区内发掘古遗址和古墓葬。1960年2月，贾峨与安金槐等发掘密县打虎亭2座汉代墓冢，墓壁均绘有色彩绚丽、内容丰富的石刻画像和壁画，是研究东汉时期中原地区民生风俗的重要资料。1961年11月，贾峨与安金槐到密县和登封，对两县的古瓷窑址进行调查，采集了一批瓷片和窑具，并在《文物》上发表《河南省密县、登封唐宋窑址调查简报》，在全国引起很

大反响。1963年4月，贾峨与赵世纲在襄城县茨沟发掘1座东汉永建七年（132年）画像石墓，发表《河南襄城茨沟汉画象石墓》。

1978年，贾峨下放西华、密县参加体力劳动，接受贫下中农再教育。

1980年12月，河南省考古学会在郑州成立，贾峨为副秘书长。1981年2月，河南省文物工作队更名为河南省文物研究所，贾峨任编辑室主任。此后，他历任综合研究室主任、第三研究室主任。1987年6月《华夏考古》创刊，贾峨担任主编。

贾峨曾发表《关于河南出土东周玉器的几个问题》《关于登封王城岗遗址几个问题的讨论》《关于东周错金镶嵌铜器的几个问题的探讨》《陶瓷之路与丝绸古道的连接点》《关于新干大墓几个问题的探讨》等论文。他还参与了《中国玉器全集3·春秋战国》《河南出土商周青铜器》《信阳楚墓》等大型图书及考古报告的编写。

贾峨还曾任中国文物学会玉器研究会理事。

2015年，贾峨在郑州逝世。

姚迁 原名宪昌。江苏如东人。民国15年（1926年）3月出生。中共党员，南京博物院院长。

姚迁出生于贫苦农民家庭，民国20年（1931年）就读于双甸镇小学，民国28年（1939年）在私塾研读古文，民国29年（1940年）考入邱升中学。其间，他参加青年先锋队，并任队长，战乱之际，校址迁徙不定，遂改名"姚迁"。民国33年（1944年），姚迁参加革命工作，同年加入

中国共产党，后从事文化教育工作。1949年后，姚迁担任江苏兴化、邗江、江都等县文教科科长，苏北行署教育处小教科副科长，江苏省文化局文化科科长、处长等职。1958年，姚迁调任江苏省历史研究所副所长。1962年，姚迁到南京博物院任副院长，1964年任南京博物院院长，全面领导博物院和江苏省文管会办公室的工作。

在博物馆的行政管理方面，他组织制定《关于南京博物院性质、任务、组织机构的意见》文件，为南京博物院的行政机构设置打下基础。恢复南京博物院一年一度的院庆科学报告会，出版院刊、图集。

在可移动文物收集和保存方面，他和同事们一起卓有成效地工作，使南京博物院近40万件藏品始终保存完好。他重视不同时期流散文物的调查、征集，从废纸、废铜中拣选文物，从方志、旧书中收集善本或抄本，复制与江苏历史有关的重要文物，以充实馆藏与陈列。

在学术研究方面，他鼓励并参与文博事业的科学研究工作，在考古学、博物馆学、历史学、民俗学、艺术史和文物保护技术等方面，都取得了显著的学术成果。1979年8月和11月，姚迁组织南京博物院员工就博物馆学及中国博物馆学的概念和发展问题展开讨论，他针对这些问题在会上作长篇发言。自1980年9月起，在姚迁的倡议和推动下，江苏省先后成立考古学会、博物馆学会、红楼梦学会和太平天国历史学会等。而后，他还以高度的事业心，参与组织和领导了一些全国性、区域性的学术交流活动和学术探讨活动，举办一系列的科学讲座，如长江中下游新石器时代考古座谈会、

太平天国学术讨论会、扬州唐城考古学术讨论会、红楼梦学术讨论会等。他提出、组织、推动《江苏省文物志》《博物馆学概说》《江苏博物馆年鉴》的编写和出版。他主持编写20余篇/本介绍珍贵藏品的文章和目录，具有很高的学术价值和资料作用。

在田野调查方面，他组织人员到苏北、苏南开展民族学专题调查和征集工作，包括生产工具、服饰、房屋等，编写发表调查报告。并在1984年8月，成立江苏民俗学会。

他还积极推动江苏全省文物保护单位的申报和档案建设工作。对江苏省第一、二批文物保护单位的复查，第三批的审核公布，全国重点文物保护单位的"四有"档案资料的收集，投入力量督促、检查。

姚迁还曾兼任国际博物馆理事会会员、中国博物馆学会副理事长、中国考古学会理事、江苏省博物馆学会理事长、江苏省红楼梦学会会长、江苏省文物保管委员会副主任、南京太平天国史学会副会长。其著作有《南朝陵墓石刻》《六朝艺术》《中山陵》《太平天国壁画》《桃花坞年画》《江苏文物总录》等。

1984年11月8日，姚迁在南京逝世。

姚孝遂　湖北武汉人。民国15年（1926年）4月出生。中共党员，古文字学家，吉林大学教授。

民国35年（1946年），姚孝遂进入华中大学中国语言文学系学习，1950年毕业。1957年，姚孝遂赴长春就读于吉林大学历史系甲骨文、金文专业，师从古文字学家于省吾。1961年，姚孝遂

研究生毕业，获副博士学位，留校任教，同时担任于省吾的学术助手。

20世纪60年代伊始，姚孝遂发表《"人牲"和"人殉"》一文，运用大量的古文字和考古资料，第一次区分开祭祀所用人牲与埋葬所用人殉这两种不同制度，并区分开人牲与人殉的对象中俘虏和奴隶为两种不同身份，从而破除学术界广为流行的人牲与人殉的对象都是奴隶，商代是发达的奴隶制社会这一传统认识，为科学地解释商代社会开拓新途径。在随后发表的《〈曶鼎〉铭文研究》一文中，姚孝遂论证铭文中"臣"的身份是奴隶，而"众"的身份是"寇禾"的罪犯，是自由民。这篇文章为正确通读曶鼎铭文，搞清错综复杂的诉讼关系，进而探讨西周的法律制度做出了贡献。1965年，姚孝遂完成《商代的俘虏》一文，从数万片甲骨中筛选出所有的有关资料，运用唯物史观，对远古时代人吃人现象，到社会发展到一定阶段之后"以人作祭品的风俗"，再到俘虏转化为奴隶的社会条件和过程，进行系统地考察和科学地论述。该文考释俘虏的名称，指出俘虏主要来源于战争，其次是贡纳和田猎牧兽。在俘虏的用途一节中，详细考证俘虏作为祭祀牺牲的15种不同用法和部分俘虏转化为奴隶，用于田猎、当兵、耕种等情况。最后，揭示俘虏用作祭祀牺牲的现象随着时代的进步而急剧减少，商代晚期"生产力的提高，为役使大批的奴隶提供条件"的史实。

姚孝遂致力于中国古文字、古文献和先秦史研究的同时，积极参加文物的发掘与整理。1973年，姚孝遂参加小屯南地甲骨的发掘。根据公布的甲骨材料，完成《小屯南地甲骨考释》一书（与肖丁合作），对小屯南地出土的殷代甲骨文，进行深入、系统地研究。1975年，姚孝遂主持湖北江陵凤凰山127号汉墓的发掘与整理，对出土资料特别是汉简资料进行精心整理和研究。

1978年以来，姚孝遂就古汉字的性质和发展阶段先后撰写多篇文章，其中有《古文字研究工作的现状及其展望》《古汉字形体结构及其发展阶段》《再论古汉字的性质》《古汉字的符号化问题》《说"一"》《甲骨文字形体结构分析》《论文字形体的整体性》《形符与声符的相对性》及其专著《许慎与说文解字》等。在这些文章与专著中，姚孝遂指出文字形体结构的来源和文字记录语言的功能和作用是两个不同层次上的问题，就形体结构的来源说，古汉字是来源于图画，属于象形文字体系，而就其发展阶段和功能来说，从甲骨文开始汉字就已属于表音文字的体系。这一论点打破传统文字学的旧认识，引起古文字学界和语言学界的共鸣。

1983年，姚孝遂受命组建吉林大学古籍研究所，成为该所第一任所长，并统筹安排古文字、先秦文献、古籍整理三个研究室的教学和科研工作。

1985年，姚孝遂带领吉林大学古籍研究所古文字教研室的学术团队南下杭州，在浙江省博物馆等单位的支持下，组成由他任主编的研究队伍，三易寒暑，编写出近千万字的反映甲骨文资料，整理和研究当代水平的《殷墟甲骨刻辞摹释总集》《殷墟甲骨刻辞类纂》两部大型工具书。这两部书出版后，不仅成为古文字研究，尤其是甲骨学研究的案头必备著作，也为多学科利用甲骨资料提供极大方便。完成这两部大型工具书后，姚孝遂又组织完成《甲骨文字诂林》的编撰任务。《甲骨文字诂林》是于省吾生前制定的研究计划，并任主编，姚孝遂具体负责编务并加写按语。该书对甲骨学90余年的研究成果进行科学的总结，姚孝遂所作按语对各种观点进行评断，是其几十年甲骨文研究的结晶，提出许多独到的见解。

姚孝遂曾任吉林大学哲学社会科学学术委员会副主任委员，全国高等院校古籍整理研究工作委员会第一、二届委员会委员，中国古文字研究会理事，中国殷商文化学会理事，吉林省钱币研究会副理事长。1991年被国务院评定为首批有特殊贡献的专家学者，1993年荣获"吉林省英才奖"。

1996年11月15日，姚孝遂在长春病逝。

赵迅 北京人。民国15年（1926年）10月出生。中共党员，北京市文物研究所研究员。

民国24年（1935年），赵迅的父亲兴办一所小型综合性陈列馆，用中南海怀仁堂的正厅和耳室作为展室，以"教育群众，启发民智"为目的，不收门票。陈列室和中南海就成为幼年赵迅的课余和假日游憩场所，这是他对展陈事业的最初接触。

1949年7月22日，华北高等教育委员会批准北京大学正式成立博物馆学科，由韩寿萱任主任并正式招生，招收学生近20名，赵迅作为学生之一入学，师从韩寿萱，系统学习博物馆学，成为北京大学培养的第一批博物馆专业人才。

1951年，赵迅分配到北京文物组工作。1956年，定陵发掘后，出土文物急切要求保护。1957年文物组请市第二轻工业局协助解决

化学保护工作，第二轻工业局派化学工程师祝福祥负责化学保护试剂的研制和应用。祝福祥是赵迅从事文物化学保护工作的启蒙良师，此后化学保护石刻成为赵迅的业务方向之一。在北京市文物局成立后，曾将全市的重要石刻文物全部进行过一次常规性保护。

1961年，国务院公布第一批全国重点文物保护单位名单，同时要求各省（自治区、直辖市）做好文物保护单位的"四有"工作。为此，文化部文物管理局举办一期古建测绘班，由于在学校时有莫宗江所教的画图基础，赵迅参加学习并取得理想成绩。

1971年，北京市海淀区正白旗38号发现"题壁诗"。有人把它和曹雪芹联系起来，并在香港《明报月刊》发表文章，纷起指责北京不重视有关《红楼梦》的文物。赵迅撰写文章反驳"曹雪芹故居"之说，澄清这一问题，推测"题壁诗"应是清代末叶住在当地的一个小官吏借旧小说里的诗句来发泄自己的牢骚。文章写毕，经周汝昌、冯其庸、周绍良等红学家和《红楼梦》版本学家的修改后，也在香港《明报月刊》发表，争论一时平息。通过此事，赵迅对清代的人物事迹发生浓厚兴趣，后来海淀区皂荚屯出土多方墓志，赵迅经过整理考证，出版康熙朝词人纳兰成德的专集，跻身于纳兰研究的行列。他在大量文物调查的基础上，出版《纳兰成德家族墓志通考》等著作。

1978年北京市文物事业管理局成立后，设置古建修缮处，赵迅被任命为副处长（正处长暂缺），任职期间，他经手修缮的重点项目有德胜门箭楼、东南城角楼、五塔寺塔、孔庙等。在古建修缮的实践过程中，赵迅针对涉及

的具体问题曾撰写过一些考证和辨伪文章，发表于各报刊上。

20世纪60～80年代，赵迅负责很多文博相关工作，特别是在文物调查方面，花费大量精力。为调查万佛堂孔水洞，他在查阅大量文献资料后，特意从北海公园借船，和同事一起长途跋涉到房山地区，划船进入山洞，发现北京最早期的隋代刻经。

赵迅爱好摄影。20世纪80年代初，文物保护工作刚刚起步，赵迅很早意识到影像资料（照片）对于文物考古工作有着极其重要的意义。1982年，《中华人民共和国文物保护法》公布，北京市政府为加大对《中华人民共和国文物保护法》的宣传，发布两张海报，一张是文物保护法的全文，另外一张是北京地区重要文物保护单位的图片，如天安门、故宫等，这些图片都是赵迅亲自拍摄的。他还指导单位的年轻人："文物照片拍下来后一定要做好记录，比如哪天在什么地方拍的什么文物。如果不记录清楚，这个照片就是'死'的材料。"这是赵迅的思考，也是他在文博工作中的独到见解。

1981年赵迅调回文物工作队，不久任队主任。1984年，赵迅到奥地利进行文化交流，回国后，发表有关奥地利文物、博物馆方面的介绍文章《奥地利文物保护工作概述》。

1987年，赵迅参加考察团前往西德考察石刻文物的保护。当时德国应用丙烯酸材料，已经能使朽坏的石刻经过处理，经受得住锤砸，经破坏性试验，证明可以保持300～500年有效。回国后，赵迅翻译有关操作过程、设备和用材资料的《应用丙烯酸树脂全浸渍法保护石质文物的经验》一文，在刊物上发表。

1987年退休后，赵迅社会活动渐多。他应邀到北京的高等院校（北大一分校、中央民族大学等）授课、辅导毕业生论文并到国家图书馆、首都图书馆、北京市文保协会、北京市文物局下属单位等组织讲座。同时兼任一些文博单位的顾问。在1997年东岳庙的大修工程中，他从内部构件和工程做法、用材上，脉络分明地解决了元、明、清的断代，这是以前建筑史学家们在书本上难以说明的问题。此外他主要参与整理、改正、增删和继续完成的书刊包括《北京名胜古迹辞典》（修订版）、《北京名胜古迹图话》及《中国文物地图集·北京分册》《北京文物地图集》等。

赵迅晚年仍然有坚持收集各类文博工作相关资料的习惯，并制作成资料卡，清楚标明时间、出处等重要信息，严谨的治学风范和治学规范，给后人留下宝贵的文字资料。赵迅生平对所拍摄的大量古建筑照片均作精准描述，为北京文物研究提供大量素材。

2016年1月23日，赵迅在北京逝世。按照赵迅遗愿，他去世后捐献遗体用于临床医学研究。他的儿女们遵照父亲遗愿，将其生前的藏书、手稿等一批资料捐赠给北京市文物局图书资料中心，中心为这些捐赠资料设立"赵迅先生学术档案"，永久保存，并供学术研究和参考之用。

林文明　福建晋江人。民国15年（1926年）11月19日出生。中共党员，曾任泉州海外交通史博物馆馆长。

林文明出生在贫农家庭，幼年丧父，初中肄业后务农。1950年，林文明参加工作，先后做支前民工、农会干部，由于工作出色，很快被提升为民工中队长、乡长、小学校长。1953年加入中国共产党。此后，先后任区文教干事、副区长、区长、晋江县水利办公室主任、县文教科长、教育局局长，泉州师范专科学校办公室主任，晋江地区文教局副局长、文化局副局长、文管会副主任等，开始从事文物考古及博物馆工作。1973年，泉州市文物工作人员与厦门大学教师在泉州湾进行调查时发现宋代沉船，开始研究如何进行发掘。当年11月，林文明向省文化组领导汇报古船工作时，明确表达应"先提出保护方案，后研究发掘方案"。随后，泉州市成立泉州湾古船发掘领导小组，林文明任副组长，主持古船发掘工作。在发掘前，他组织调查收集古代海船文献资料、了解中外发掘古船经验、研究出土海船保护等各项准备工作。1974年3月，完成《泉州湾古船发掘保护工作计划》，报经福建省文化局和国家文物事业管理局批准。1974年6～8月，开始对沉船进行发掘，在缺乏发掘经验和工地设备简陋不足的情况下，作为现场负责人，林文明在各级部门支持下，做了大量协调工作，争取到来自全国各地几十个单位的专家学者和老船工、老药工、老香工的支持，使发掘工作得以顺利完成。随后，林文明又主持古船发掘报告编写工作，编写《古船资料辑录》。

1976～1977年，林文明主持开展晋江地区所属六县一市的文物普查工作，并担任德化县屈斗宫窑址发掘领导组成员。这次普查使泉州地区的文物数量有大幅增加，仅新发现古窑址就由原来的200多处增加到430多处，还收集到大量实物标本，为窑址的分布、年代，器物的器形、生产与外销以及烧造技术等方面的科学研究提供丰富的实物资料，同时培养一批基层文物考古人员。

1978年2月，林文明任泉州海外交通史博物馆馆长，从此，他全身心投入到该馆的建设中。他带领全馆人员因陋就简完成泉州外销瓷陈列馆和泉州宗教石刻陈列馆的展陈工作。1979年9月，泉州海外交通史博物馆的3个专题馆泉州湾古船陈列馆、泉州外销瓷陈列馆和泉州宗教石刻陈列馆对外开放。1980年，国家提出落实华侨政策，以调动华侨积极参加"四化"建设，他第一个提出在华侨之乡泉州召开华侨史学术讨论会，并为此筹备泉州华侨史陈列馆。

20世纪80年代初，中国的水下考古尚为空白，而国外开展水下考古工作已有100年历史，林文明意识到水下考古的重要性，大胆在泉州湾进行海湾考古的尝试。1981年，他带领博物馆人员会同有关部门在泉州湾一带进行充分调查，探明法石古船位置。1982年5～9月，他任泉州湾法石古船发掘领导组副组长，联合中国科学院自然科学史研究所等单位对法石沉船进行局部试掘，并取得一定成果，确认法石古船为又一艘宋代沉船。

林文明始终关注学术前沿，注重博物馆的研究工作，他领导开展一系列科研活动。在他的倡议下，1978年12月，泉州海外交通史博物馆联合中国社会科学院历史研究所宋辽金元研究室，共同创办中国第一个以海外交通历史为主题的学术期刊《海交史研究》。1979年3月26日至4月4日，他主持召开泉州湾宋代海船科学讨论会，期间联合与会的国内高等院校、研究机构的专家学者，共同发起成立中国海外交通史研究会，他被推选为第一任秘书长。为促进其他古港的海外交通史研究和学术交流，林文明还倡议并参与主持或筹备宁波、扬州、月港等地的海外交通史学术讨论会。林文明还担任《泉州港与古代海外交通》编写组组长，先后撰写27篇文章，内容包括涉海碑文考释、宗教文化交流、市舶司研究、海交史分期、港口史、外销陶瓷史、海外华侨史、郑成功研究、海交史动态等。

林文明还任中国古外销瓷研究会理事等。

1982年12月28日，林文明因劳累过度，病逝于泉州。

林钊 福建仙游人。民国15年（1926年）11月出生。中共党员，考古学家，曾任福建省博物馆副馆长、文博副研究馆员。

1952年，经福建省文物管理委员会推荐，林钊参加文化部社会文化事业管理局、中国科学院考古研究所、北京大学联合举办的首期全国考古工作人员训练班。训练班结业后，林钊回到福建参加1954年4月闽侯县昙石山遗址的首次发掘，执笔完成《闽侯昙石山新石器时代遗址探掘报告》。1955年，作为福建省文物管理委员会的文物干部，林钊参与第一次全国文物普查工作，对全省文物展开大范围调查，并对调查结果进行鉴别、编列和介绍。其中，1955年，他参加福建光泽新石器时代遗址的考古调查，发表《福建光泽新石器时代遗址的调查》一文，初步探讨光泽新石器时代遗址的类型和特点。1956年，他对福州屏山南麓的华林寺展开调查，发表《福州华林寺大雄宝殿调查

简报》，首次向全国介绍这座南方最古老的木构建筑寺院。1957年，他又与人一起对华安县仙字潭进行全面调查，共同发表《华安汰内仙字潭摩崖的调查》，认为仙字潭摩崖为少数民族的"原始图像文字"。此外，他还陆续发表《福建省四年来古墓葬清理简况》《在福州、邵武、南平、沙县进行普查的收获》《福州市发现宋代砖墓一座》《莆田元妙观三清殿调查记》《泉州开元寺石塔》《介绍两块有关中外交通史的碑刻》《同安县汀溪水库古瓷窑调查记》等文章。在此基础上他协助整理首批省级文物保护单位名单，并逐一撰写文物保护说明，积极宣传文物保护的意义。1957～1961年，他利用自己扎实的专业知识和丰富的考古经验，为省、市、县各级文物管理干部举办文物知识学习班。1959～1963年，林钊连续负责昙石山遗址的第二到第五次考古发掘，系统梳理昙石山文化的源流及与海峡对岸新石器时代文化的紧密联系，论证昙石山文化在中国新石器时代文化中的独特地位。昙石山遗址对史前海峡两岸文化交流、闽台古文化渊源以及南岛语族的起源等课题研究具有重要意义。以昙石山遗址命名的昙石山文化也成为福建省首个被定名的考古学文化。1975年，他参加福州南宋黄昇墓的考古发掘，该墓出土多达354件宋代服饰、丝织品，有袍、衣、背心、裤、裙、围兜、鞋、被衾等，丝织品包括纱、绉纱、罗、绮、绫、缎、绢等7种，品种十分齐全，是1949年以来国内宋代丝织品发现最多的一次，也是福建考古工作的一项重大收获。随后，福建省博物馆在清理简报的基础上，由林钊主要执笔完成《福州南宋黄昇墓》一书的编写，为

研究南宋社会文化提供珍贵资料。他还发表了《福建考古概况》《福建新石器时代和青铜文化时期考古概况》等论文。

林钊曾任福建省考古博物馆学会副理事长、第四至六届福建省政协委员。

2014年4月，林钊在福州逝世。

赵其昌　河北安国人。民国15年（1926年）12月出生。考古学家。

1949年，赵其昌考入北京大学历史学系，师从考古学家夏鼐教授，长期从事北京地区考古学、历史学的研究。1953年，赵其昌从北京大学历史学系考古专业毕业后，分配到北京市文教委员会文物调查研究组工作。

1955年，赵其昌担任考古队队长，率工作队赴京北十三陵开始定陵的考古发掘，第一次用考古学的方法发掘帝王陵墓。发掘前，赵其昌跑了多家图书馆，查阅大量史料，有些史料还是首次发现。同时，他跑遍十三陵所有陵寝实地勘察，寻找遗迹、遗物，然后归纳分析，为正式发掘做准备。定陵地宫打开后，除对一道石门及地宫结构进行测量记录外，对随葬品清理更要科学慎重，赵其昌事必躬亲，从照相、记录、写工作日志，都有序安排，一丝不苟。定陵的考古发掘及大量的出土文物，为明代历史研究提供重要实物证据。1979年4月，定陵发掘报告的编撰被列为国家"六五"社科重点项目，赵其昌主持这一艰辛而浩繁的工程，他与同事们夜以继日整理编写，从十三陵概况、定陵的规模形制，一直到各类出土珍品

的形态及来源背景，一边守着资料实物测量、绘图，一边查阅文献，请专家鉴定并进行化验分析，同时联系昔日同事寻访当年的考古资料。1991年，由赵其昌主持撰写的《定陵》出版，并获得"国家社会科学奖"与"夏鼐考古学研究成果奖"优秀奖。

《明实录北京史料》是赵其昌完成的另一部重要著作。《明实录》是明代历朝官修的编年体史书。定陵发掘工作结束后，他受副市长吴晗委托，开始整理《明实录》中的北京史料。由于受到政治运动冲击，在整理过程中大部分文稿遗失，但是他毫不灰心，坚持整理，直到退休以后仍笔耕不辍。就是在这样的背景和心态下，直到1989年，200多万字的《明实录北京史料》最终完成。

1985～1988年，赵其昌担任首都博物馆馆长，主持首都博物馆工作期间，他广泛吸纳人才，策划主持"北京简史陈列""李大钊展览"等重大展览，推行陈列、保管二部合并，设计、陈列"一条龙"的做法。他还创办《首都博物馆丛刊》，为业务人员开辟耕耘园地；组建专门机构，成立民俗组，征集民俗文物。

赵其昌一生坚持学术研究，多年来他根据自己的文物考古实践和潜心研究，编写《京华集》《明实录北京史料》等专著，写下多篇论文。在北京史的研究领域，赵其昌独树一帜，为该领域的研究作出重要贡献。

赵其昌一生对文物考古职业操守恪守不渝，遵循着夏鼐所讲的，搞文物考古"一不买卖文物，二不收藏文物，三不做商业性的鉴定文物"的教诲，家里没有一件文物，也从未去过文物市场。

1988年，赵其昌退休后曾先后任北京石刻艺术博物馆、首都博物馆学术委员会主任。他曾任北京市政协第六、七届委员，担任中国博物馆学会理事、北京史研究会副会长、十三陵明代帝陵研究会名誉会长等职务，并享受国务院政府特殊津贴待遇。

2010年12月14日，赵其昌在北京逝世。

文浩　蒙古名赛·文都素。蒙古族。民国16年（1927年）1月11日出生于内蒙古归绥。中共党员，内蒙古自治区文物博物馆事业的奠基人和创建者之一，曾任内蒙古博物馆馆长兼党委书记、研究馆员。

文浩刚出生便随父皈依佛门，剃度于归绥无量寺。幼年时，每逢初一、十五，尚在蹒跚学步的文浩就被抱进大召寺大殿练习打坐，4岁左右开始学经礼佛。8岁进入土默特小学学习。民国31年（1942年），不满16岁的文浩东渡日本，前往京都净土宗寺院学习释迦哲学。那时的日本亟待补充人口，招考留学生是策略之一，而身在日本的文浩渐渐明白祖国被侵略的原委。为此，文浩痛苦、不安，常徘徊在京都街头及各种文史馆中。民国33年（1944年），文浩归国，在张家口蒙疆政府教育股任小职员。这期间受中共地下党党员丁一民、戴凌飞爱国主义思想的影响和引导，于民国34年（1945年）8月在张家口参加革命，次年加入中国共产党。民国35年（1946年），文浩调入内蒙古文艺工作团任美术组长、剧务主任；1948年6月调入新成立的内蒙古自治区画报社，任编辑组长；1955年为总编审。

1956年春，文浩奉调筹建内蒙古博物馆，任筹建处副主任兼总体设计。在筹建工作中，不但主持、组织博物馆的展出设计工作、文物征集工作等，还带队赴已有博物馆的城市进行取经学习。针对所有工作人员进行专业培训。设计雕塑了博物馆上方的白马，突出民族地方特色，寓意内蒙古自治区吉祥。

1957年5月1日，内蒙古博物馆落成开放。1960年以后，文浩历任副馆长、馆长。在博物馆工作期间，他主持设计了"内蒙古自治区成立十周年成就展览""内蒙古自治区成立十五周年成就展览""内蒙古自治区成立三十周年成就展览"等十余次大、中型展览。其中"少数民族流动展"参加了北京举办的"全国民族工作展览"。1980年，为提高、规范和系统展示内蒙古地理历史、民族历史文化及革命史，他主持筹备了内蒙古博物馆的四个基本陈列："内蒙古古生物与人类陈列""内蒙古历史文物陈列""内蒙古民族文物陈列""内蒙古革命文物陈列"。陈列得到国家文物局和各大博物院有关专家的充分肯定，《文博通讯》称之为"独具风格的博物馆基本陈列"。由此内蒙古博物馆进入了先进博物馆行列。此后在此基础上又发展出"内蒙古文物展""成吉思汗文物展"等。

1983年应日本经济新闻社和日中友好协会的邀请，文浩主持筹备了"中国内蒙古北方骑马民族文物展"，并率代表团访问日本。"中国内蒙古北方骑马民族文物展"于1983年10月至1984年10月在日本东京、大阪、京都、名古屋和九州等地展出，受到日本民众和学术界的欢迎。

自1956年进入文博行业直到离休，文浩对雕塑艺术和博物馆学的理论研究深入浅出，颇有建树。博物馆筹建初期，需要制作历史人物及革命烈士塑像，为节省开支，他自己动手摸索着塑造展览需要的人物雕像。一个从未进过专业学校、没受过一天专业培训的文博人，用比别人更多的努力和付出，塑造出《王若飞烈士》《婚礼之前》《草原英雄小姐妹》《还俗老喇嘛》《劳动模范——莫尔格策》《接羔归来》《盅碗舞》《铁木真像》等近百件作品。30年中作品参展从没有收取过任何费用，后期他又将作品全部无偿捐出。从1957到1966年"文化大革命"前，为征集文物、记录生活现状、研究民族历史等，内蒙古草原的牧区、沙漠和森林都留下了他的足迹和汗水。夏季，在烈日炎炎的阿拉善，沙漠中没有车没有路，为了把征集到手的清代云龙纹鹿角扶手王爷宝座顺利运回，他独自一人头顶肩背，硬生生走了十几里沙地到有长途车的旗，将文物亲自运回博物馆。内蒙古博物馆从建馆之初的一无所有，到1988年已有馆藏文物近4万件，另有古钱币8.4万枚。馆藏文物中绝大部分是出土的各北方民族文物和近现代民族文物，也有古生物化石和革命文物。

"文化大革命"期间，文浩被扣上"走资派""日本特务"和"民族分裂分子"的帽子，遭受迫害，被禁止工作，博物馆楼顶上的白马也于"文化大革命"初期被红卫兵砸毁。若不是博物馆内部人员给予强力保护，他险些跟白马一起被从楼顶推下去。1976年，组织给予了全部平反，恢复文浩的党籍和所有职务。

30多年来，文浩无论逆境还是顺境始终坚持文博、雕塑两种专业一体化探索，并将雕塑艺术融入博物馆学的应用范畴。也因此应邀出访过苏联8座城市及博物馆，赴日本专访国立民族学博物馆，赴美国加利福尼亚大学讲学。文浩已出版《文浩雕塑作品集》《文浩历史人物雕塑注释》，发表《论民族地区博物馆的陈列》《谈陈列艺术上的形式与内容的统一问题》《元朝的佛像崇拜与内蒙古雕塑艺术的发展》等文章。他以《立足内蒙古实际，建立各种类型博物馆》一文，参加1990年在美国举行的"中亚高原上的主人"学术讨论会，文中就建立"佛教博物馆""高利贷博物馆""民俗博物馆""斯诺纪念馆"和"丝绸之路博物馆"进行了翔实的论证。

为了更好研究民族民俗学，1988年离休后，文浩与夫人荷云携儿女用自己的积蓄创办敕勒川民俗博物馆。为了这个博物馆，他搜集这一地区许多行将消亡的器物，小到针头线脑，大到石槽、石碾、石磨等，并复制这一地区的生活场景，还采访当地老人。书写展览文字、整理文物、布置展览等，他全部亲力亲为。博物馆终于在1990年7月8日落成开幕，向社会公众免费开放。尽管只有5间平房，却布置了"历史渊源""生活用具""生产资料""丝绸之路"四个单元的展览。其中南院内是大型生产交通工具和宗教信仰等方面的实物。博物馆总占地面积3000平方米，共收藏、展出历史文物和民俗实物700余件。

文浩曾任内蒙古自治区文化局副局长，内蒙古自治区文联副主席，中国美术家协会第三届理事、内蒙古分会主席，中国博物馆学会名誉理事等。

1994年6月5日，文浩病逝于呼和浩特。文浩去世后，其夫人荷云将敕勒川民俗博物馆捐赠给呼和浩特博物馆。2005年文浩的儿女将父亲的最后一批雕塑遗作捐赠给内蒙古自治区档案馆。

王建　山西原平人。民国16年（1927年）1月18日出生。考古学家，山西省旧石器时代考古学开拓者，山西省考古研究所副所长、研究员。

王建幼年时，在父亲和祖父的指导下，开始读《三字经》《百家姓》和"四书"等传统国学书籍，10岁在村里上小学。民国32年（1943年），王建考取崞县初中的公费生，民国35年（1946年）考入山西省立国民师范学校，但由于连年战乱，学业时断时续。1950年，王建考入山西大学中文系，后因经济拮据没能完成学业。1951年，他投考中国人民银行山西省分行，正式参加工作。1953年5月，王建调入山西省文物管理委员会工作。

1953年，因发现丁村遗址，王建受单位派遣到北京师从裴文中、贾兰坡学习旧石器时代考古，同时到北京大学历史学系考古专业学习有关课程，并参加1954年丁村遗址首次发掘。学习期间，王建与贾兰坡共同发表《人类用火的历史和火在社会发展中的作用》《泥河湾期的地层才是最早人类的脚踏地》，后者首次从理论上提出"中国猿人不是最早的，在他之前的泥河湾期的地层中应有人类及其文化存在"。1958年，王建返回山西后，立即投入考古调查中，发现并报道《太原古交工矿区旧石器的发现》和《山西阳城固隆旧石器的发现》。1960年贾兰坡、王建等在山西芮城匼河发掘中，发现"三块具有人工破碎痕迹的石块"，证明他们的理论推断，由此拉开中国旧石器时代考古界一场持续两年多的关于"曙石器"问题的大讨论。1961年和1962年，王建两度主持山西芮城西侯度遗址的发掘，与贾兰坡、王泽义共同完成出版《匼河——山西西南部旧石器时代初期文化遗址》。1972～1975年，刚刚走出"牛棚"的王建主持山西沁水下川遗址调查发掘，在沁水、垣曲、阳城三县交界的中条山区发现近20个以细石器为特征的石器地点。1976～1977年，王建参加中国社会科学院考古研究所与山西省文物工作委员会共同组成的考古队，对下川遗址进行第二阶段考古发掘。1978年，王建等发表《下川文化——山西下川遗址调查报告》，对此次调查发掘资料进行详细研究。确定以锥状、半锥状、柱状、楔状等各种形制的细石核和细石叶、尖状器、雕刻器、琢背小刀、石镞、石锯、锥钻、石核式石器和各种式样刮削器等典型器物为特征的下川文化。1977～1980年，王建主持丁村遗址群的调查发掘，使丁村遗址由原来的汾河东岸11个旧石器时代中期地点，扩展为分布于汾河两岸，地点达24个，包括旧石器时代早、中、晚三期的遗址群。王建参加和主持这些旧石器时代遗址的发现与研究，确定了西侯度文化、匼河文化、丁村文化（早、中、晚三期）和下川文化的存在与特征，这些文化类型成为华北乃至全国旧石器时代文化序列中最重要的一批成员，为建立中国旧石器时代文化发展序列和研究原始社会史提供了重要资料。

1986年以后，王建等人合作发表的《石片形制探究》《下川细石核形制研究》《下川雕刻器研究》多篇论文，摆脱传统旧石器时代考古类型学单纯以石器分类为目的的研究，转而以石器打制技术和形制特点为主要研究对象，为探讨原始人类在石器打制过程中的智能状态和挖掘远古人类信息开辟新的途径。

1991年，王建领导的课题组获得国家社科基金的资助，对1976～1980年丁村遗址群调查发掘的资料进行进一步的系统整理研究，1994年完成的《丁村旧石器时代遗址群调查发掘简报》中，认为丁村文化是以大石片、三棱大尖状器、大尖状器、斧状器、宽型斧状器、双阳面石刀、石球等典型器物为代表的一种区域性文化。21世纪初，王建等人曾对山西省旧石器时代考古的发现与研究进行了系统回顾，梳理了20世纪山西省旧石器时代考古事业的发展历程。

王建在裴文中、贾兰坡引领下走进旧石器时代考古领域，他视野开阔，勤于观察，敏于思考，理论联系实践，在山西乃至中国旧石器时代考古学发展方面贡献良多。撰写大量有独到见解的学术论文和论著，并多次获奖。其中《西侯度——山西早更新世古文化遗址》获1982年山西省科技成果二等奖；《下川文化——山西下川遗址调查报告》获1982年山西省科技成果三等奖。《上新世地层中应有最早的人类遗骸及文化遗存》获1983年"山西省科技成果奖"四等奖，《下川雕刻器研究》获2004年"山西省社会科学研究奖"二等奖。2002年王建获"裴文中科学贡献奖"。王建是《文物季刊》主编，享受国务院政府特殊津贴。

2009年9月15日，王建在太原逝世。

邹衡 本名绍权，字衡。湖南澧县人。民国16年（1927年）1月30日出生。考古学家，北京大学教授。

邹衡9岁始入小学读书，次年抗日战争爆发，因此，其小学和中学时代是在战乱中度过的。邹衡13岁高级小学毕业后，初中先后就读于澧县中学、津市私立津兰中学、益阳私立芷兰中学、益阳私立育才中学和益阳私立蛇山中学。高中先在大庸私立兑泽中学就读，后迁往四川，就读于三台国立十八中学。民国35年（1946年），邹衡中学毕业。次年，邹衡考取北京大学法律系，1949年9月，邹衡由法律系转入史学系，从此正式走上史学研究之路。在史学系学习期间，他参加北京大学学生执委会，任学生自治会秘书长。1952年，他攻读考古专业副博士研究生，1955年9月，研究生毕业后，邹衡被分配到兰州大学历史系任教，同时兼任西北师范学院教师。1956年9月，调回北京大学历史学系，除主讲商周考古外，更重要的是负责田野考古实习的筹备工作。1957年，北京大学考古专业本科生（53级）第一次独立的田野考古实习在河北省邯郸地区进行，邹衡是主要辅导教师之一。此后一直在北京大学任教。

邹衡研究夏商周考古是从认识郑州二里冈商文化开始的，他从攻读副博士学位的1952年开始，连续三年参加郑州二里冈商文化遗址的发掘和整理工作，对二里冈文化进行系统研究，在此基础上完成他的学位论文《试论郑州新发现的殷商文化遗址》，并于1956年发表。此后他又先后对殷墟晚商文化和先商文化进行研究，建立完整的商文化分期编年系列。至今，这一系统分期仍然是唯一的，并得到学界赞同。在此基础上，结合其他方面的有关发现和研究，邹衡对夏商周文化的认识形成自己的体系，提出诸多重大学术问题，部分问题引发学术界的广泛讨论。如首次提出郑州商城是成汤之亳都，二里冈文化是早商文化；首次论证二里头文化是夏文化；首次论述先周文化。这些研究成果集中收录在《夏商周考古学论文集》一书中，该书于1995年获"全国高等学校首届人文社科优秀成果奖"一等奖。在探讨各种考古学文化时，邹衡形成了自己的研究模式，此模式被不少学者效仿。

对周代考古，研究重点放在周代诸侯国始封地及其早期都城的探讨方面。最初选定的对象是齐国。1965年秋冬，邹衡和俞伟超带领北京大学考古专业61级本科生在山东临淄实习，除对临淄故城进行发掘外，还在临淄、寿光和昌乐等县进行大范围调查，在该地区第一次发现二里冈上层商文化遗存，初步建立该地区商代、周代和汉代各时期考古学文化的分期。此后，邹衡把探讨西周时期诸侯国早期都城的重点先后转移到燕国和晋国。1972年，邹衡与其他老师一起带领北京大学考古专业72级学生到北京琉璃河遗址进行发掘实习，发现该遗址范围超出原先的推断，在当时已知的西周遗址中亦属较大者，而且出土过青铜器，因而认为它可能就是燕国始封地。这一推断得到后来考古成果的证实。

邹衡从踏上考古学之路开始，一直非常重视田野考古实践，大凡他主持或参加的考古发掘，都要前往现场自己动手，从发掘到整理，各个环节一丝不苟。从事学术研究时，他广泛收集资料，厚积薄发，仅制作的资料卡片就数以万计。1976年唐山大地震，凡住楼房的人家都搬进临时防震棚以防不测。可他舍不下自己的书房，舍不下自己的研究，一到夜晚，全楼时常唯他一户亮着灯光。

1979年，邹衡出版教材《商周考古》，这是北京大学考古专业在20世纪出版的唯一一本关于中国考古学的教材，被全国高校广泛使用，还被译成外文在国外出版。1988年，《商周考古》获"全国高等学校优秀教材奖"。

从1979年开始，他把研究重点放在晋国早期都城的探讨上，经过1979年的调查和试掘，初步判断天马—曲村遗址可能是晋之始封地。此后，在他的倡导下，对该遗址进行连续多年的大规模发掘，并于20世纪末到21世纪初对晋侯墓地也进行了发掘。这些发现已充分证明，天马—曲村遗址确是晋国的早期都邑。

由于邹衡在夏商周考古和田野考古方面成就突出，1982年，哈佛大学教授张光直邀请他到哈佛大学讲学半年。此后还到加拿大、日本、法国、英国、意大利、希腊等国进行学术交流或讲学。

从1988年开始，邹衡组织和参加天马—曲村遗址发掘资料的整理和发掘报告的编写。他自己负责西周墓葬主要随葬品部分，长期住在曲村，甚至有一年春节都没回家。1994年，报告初稿完成，转回北京修改。因报告规模大，资料多，且不宜分散，只能放在教研室。为避免每天因往返学校与住所而耽误时间，他干脆住在教研室，一日三餐均在学校食堂解决，如此长达两年有余。2000年，《天马—曲村（1980～1989）》发掘报告正式出版，前后历时十多年，其规模之大，资料之全，在国内出版的考古发掘报告中很少见。2001年，《天马—曲村（1980～1989）》获美国沙可乐艺术馆、弗利尔美术馆以及日本京都大都会远东艺术研究中心颁发的"岛田奖"。

邹衡曾任中国考古学会常务理事，中国殷商文化研究会副会长，河南大学和郑州大学名誉教授，武汉大学兼任教授，安徽、河南洛阳和陕西宝鸡等地文物部门学术顾问。

2005年12月27日，邹衡在北京病逝。

侯良 原名寅秋、国良。河南林县人。民国16年（1927年）4月1日出生。中共党员，湖南文博事业发展的重要开拓者和组织者。

侯良少年时代正值日本侵华、民族危亡之时，他立志读书报国，9岁入私塾，先后在河南省新安县、灵宝县、郑县和陕西省岐山县读书。民国36年（1947年）1月，侯良进入河南开封师范学校学习。

1949年5月25日，侯良从河南开封师范毕业即和同学一起赶到浙江兰溪第二野战军军政大学第三分校第四总队驻地，报名参加中国人民解放军。短暂培训后，他被分配到第十二军政治部新成立的军文工二团文艺队从事文艺宣传创作，转战浙江、安徽、河南。10月下旬，第二野战军奉命向西南进军，侯良随部队从湖北沙市出发，经湖南进入四川酉阳、秀山，于12月底到达重庆。在此，他加入中国共产主义青年团。1950年成为川东军区《战斗报》和第二野战军《人民战士报》的通讯员，先后两次被评为模范通讯员。

朝鲜战争爆发后，侯良随所在的第12军于1951年3月入朝作战，1952年6月，侯良被批准为副连级干部，1953年2月加入中国共产党，同年7月在朝鲜战场荣立三等功一次，先后两次被《志愿军报》评为模范通讯员，两次荣获朝鲜民主主义人民共和国军功章。1954年4月，侯良回国。

1956年11月，侯良转业到湖南地方工作，成为一名文化干部，相继担任湖南省文化局党总支秘书，湖南艺术学院人事科副科长，湖南省戏剧学校党支部书记。1960年，侯良出席湖南省文化系统先进工作者代表大会，受到表彰奖励。1966年，侯良下放到湖南靖县甘棠公社建国大队二队劳动。

1969年11月，侯良作为"摘帽走资派"，从下放地被调回长沙，相继担任湖南省博物馆业务副馆长、湖南省博物馆革命委员会副主任。侯良上任之时的湖南省博物馆与全国其他文博单位一样，由于被斥为"为封、资、修、黑线藏污纳垢之所"以及实施"清理阶级队伍"等原因，陈列展览等业务工作被迫停顿，工作人员大量下放江永等地农村劳动。侯良到职后，与其他馆领导一起在征得湖南省革命委员会文化组批准后，调回部分下放农村劳动的职工，共同维持着日常工作正常运转，并使博物馆各项工作从低谷中蹒跚前行。

1972年2月至1974年初，湖南省博物馆以侯良为主，组织领导长沙马王堆汉墓的发掘及其后续展陈、整理、研究的组织联络工作。发掘过程中，除了值班的炊事员和身体条件不允许的同志以外，湖南省博物馆全员参与发掘工作。在当时的特殊环境下，考古发掘不被社会认可，发掘人员不仅缺乏设备和器材，还承受着巨大的精神压力。下雨天，他们想去医院礼堂吃午饭的要求都被拒绝，只能蹲在屋檐下吃饭。1973年，修建马王堆汉墓文物厅时，侯良又到处求援，由于展陈条件高，许多问题难以解决。侯良多次作马王堆汉墓的主题报告，介绍马王堆汉墓的价值，获得多方面支持。1974年7月，当时亚洲最先进的恒温恒湿、带仓库性质的马王堆汉墓陈列馆建成。侯良在湖南省博物馆负责人及其后其他领导岗位上，一直坚持马王堆汉墓及其出土文物的科普推介工作，撰写大量马王堆汉墓文物方面的文章著述，其中代表性著作有《神奇的马王堆汉墓》《尘封的文明——神秘的马王堆汉墓》等。

1977年11月，侯良调任湖南省艺术学校副校长。1980年1月，他被任命为湖南省文化局文物处第一副处长。上任伊始，他就按文物局的要求采用多种形式，大力开展文博干部的教育培训工作，先后培训700余人，其中湖南文博学员200余人。还促成湖南省文化厅与湖南师范大学、湘潭大学、武汉大学分别联合举办两年制文博干部专修科各一期，共培养湖南文博干部120人。1981年11月，侯良任湖南省文化局文物处处长，全面主持全省文物博物馆工作。1982年3月，他组织对"文化大革命"期间公布的100处省级文物保护单位进行重新调查、调整，将51处革命文物保护单位保留29处，恢复黄兴故居、刘少奇故居等17处，增加罗荣桓故居等11处，加上调整、增补的97处历史文物保护单位，总计154处，由湖南省人民政府于1983年10月10日重新公布。同时，他还

组织岳阳楼、南岳大庙祝圣寺等重点文保单位的修缮保护工作。1984年10月按照文化部《关于进一步做好文物普查工作的通知》要求，侯良组织全省开展文物普查工作。到1987年完成全省文物普查，共发现古文化遗址4412处、古城址156处、古窑址813处、古墓葬6117处、古建筑2260处、历代碑刻2825处、革命遗址121处，合计达16700多处。针对当时文物犯罪活动猖獗，侯良组织在全省开展打击文物犯罪活动。影响较大的有三起，其中1983年，他协助查处湖南省工艺品进出口公司走私文物案件，并因此荣获中华人民共和国武汉海关颁发的奖章，并在文化部和湖南省人民政府联合召开的查处湖南省工艺品公司走私案表彰大会上被授予二等奖。1985年，侯良被文化部评为全国文物博物馆系统先进工作者。

在全省博物馆建设方面，到1988年，湖南省的博物馆（纪念馆），由1978年的19所发展到42所，博物馆职工由1978年的399人，增加到2578人。

1989年9月，侯良离休。离休之后，他笔耕不辍，相继编写《博物馆学纲要》《考古学纲要》《文物保护管理学纲要》三部专业内部教材，共约80万字，由湖南省文物局印发给全省文博单位，供大家学习参考。1995年，由侯良任主编的《湖南省志·文物志》由湖南人民出版社出版，全志110万字，1997年获湖南省地方志编纂委员会"全省地方志优秀成果奖"一等奖。由于视力衰退不能继续写作，2003年，他到湖南省博物馆从事义务讲解工作，直至2009年。他风趣、博学的讲解，赢得来自全国各地观众的称赞，留给他们深刻的印象。

侯良曾担任湖南省博物馆学会第一届副理事长、第二届理事长。

2011年8月24日，侯良在长沙逝世。

王健群 曾用名起先、鹏飞。辽宁海城人。民国16年（1927年）8月1日出生。中共党员，历史学家、考古学家。

王健群1950年毕业于东北师范大学历史系，1957年考取江苏师范学院历史系研究生，专攻史学史和史学目录学，毕业后又师从古文字学家于省吾教授学习甲骨文四年。1962年到吉林省博物馆工作，到馆后从事东北史的研究和考古工作。

1971年3～6月，王健群对集安万座古墓进行调查，逐个进行分类、记录、登记造册，为日后的发掘保护提供依据。1971年8月，他主持发掘和龙八家子镇河南村渤海1、2号墓，出土一批金饰，包括金龙首饰、金带扣、金带具、金花饰件，以及金钏、金钗、金耳环等。1972年6月，他主持库伦旗一号辽墓的发掘工作。对墓室、墓道进行清理发掘，发现大量精美壁画，他组织考古人员对壁画进行清理、著录、临摹、揭取。1974年发掘库伦旗2、3、4号辽墓，这些墓年代久远又几经盗掘，随时都有坍塌的危险，但他不顾安危，总是第一个爬进去进行清理，发现大量描绘契丹社会生活的精美壁画。

1978年，王健群被任命为吉林省考古研究室副主任。1983年11月吉林省文物考古研究所成立，王健群被任命为所长。他加强领导班子建设，落实知识分子政策，人尽其才，培养干部，力求结构合理化，建立健全规章制度。经过几年的努力，考古所的科学研究工作、考古发掘工作、文物志的编写工作、信息和情报工作、文物保护管理工作都取得很大成绩。

王健群的考古学研究，注重获取考古的第一手资料。1981年为了揭开《好太王碑》之谜，他一连四个多月吃住在集安，每天来往二十多里地，成天爬上七米多高的脚手架辨识碑文。在几十年的考古实践中，他撰写了60多篇学术价值很高的论文和10部专著，包括《库伦辽墓发掘报告》《库伦旗二号辽墓发掘散记》《贞惠公主墓碑考释》《好大王碑乙未年条考释》《对集安古墓分期的意见》《好太王碑的发现与捶拓》《好太王碑研究》《环日本海文化》《如何评价历史人物》《渤海国的经济结构和社会性质——兼谈古代中国东北地区少数民族的社会发展》《好大王碑和高句丽的遗迹》等。王健群对《好太王碑》的研究成果尤为突出，他新识读出碑文89字，重新认定62字，查出过去认为有字而实际上是阙字29个，总共解决180字，重新释读碑文，第一次使碑文基本上能够顺利通读。他还弄清碑文所述的一些重要史实，补充了历史资料，并对碑文提出许多创造性的、具有说服力的新解释。他所著《好太王碑研究》一书被译成多种文字在日本、韩国、美国出版发行，并获"吉林省社会科学优秀成果奖"一等奖。

王健群的一些研究为维护中国主权提供了坚实的学术依据，如《所谓间岛问题的发生和经过》《长白山、延边地区领属的历史事实》等十余份专题报告等。王健群还组织人员编译一批国外文章和资料，如《古朝鲜》《德兴里壁画墓》《渤海文化》《为了渤海史的研究》《西伯利亚古代文化》《渤海国及其在滨海的遗存》等。

王健群曾担任吉林省考古学会副理事长，吉林省史学会、东北史学研究会理事，日本东亚史学会理事，国际亚细亚史学会评议员，东北亚研究中心特邀研究员。

1983年，王健群当选为吉林省劳动模范；1985年受吉林省文化厅通令嘉奖；1986年被评为全国文物博物馆系统先进工作者；1988年在振兴吉林立功活动中获一等功，获文化部金质奖章，事迹列入吉林省英才馆；1992年享受国务院政府特殊津贴。

1996年11月23日，王健群在长春逝世。

王步毅　又名步艺。安徽滁县人。民国16年（1927年）8月18日出生。安徽省文物考古研究所研究馆员。

王步毅少年时，日本全面侵华，家乡沦陷，王步毅进难童教养院读书，辗转于皖西大别山。民国36年（1947年）秋，王步毅毕业于霍山师范学校。1949年2月参加工作，在滁县中心小学任教师。1950年，王步毅调到滁县中心文化馆做宣教工作。1952年夏，王步毅调到定远县炉桥文化馆任馆长。

1953年，王步毅调到安徽省博物馆筹备处工作，同年8月，他参加文化部社会文化事业管理局、中国科学院考古研究所和北京大学联合举办的第二届考古工作人员训练班学习。学习结束后，王步毅回到省里，曾参加郑州二里冈商代遗址、寿县柏家台战国大型建筑遗址的发掘。此后，主要是配合治淮工程进行文物保护工作，在沿淮、淮北地区进行田野考古工作。1956年春，宿县褚兰镇"九女坟"古墓遭到破坏，安徽省博物馆派王步毅到褚兰进行实地调查，并提出保护措施。王步毅主持对两座破坏较为严重的汉画像石墓进行发掘，获得一批有关墓室结构、墓上建筑设施、画像石等的考古资料和32块画像石。尤其是墓垣、祠堂、墓碑同时出土，在全国都属罕见。墓碑的明确纪年，使两座画像石墓成为研究安徽、江苏徐州、山东等地同类墓葬的典型资料。

1969年春，王步毅下放到舒城农村锻炼6年。1974年10月，王步毅调到安徽省考古研究所从事考古工作，并兼《文物研究》编审工作。1975年6月，王步毅参加在屯溪弈棋公社弈棋大队土墩墓发掘工作。这是1959年以来对屯溪弈棋土墩墓群进行的第四次发掘，出土印纹陶器、原始瓷器、铜剑等20件春秋时期文物。1980年10月，王步毅主持发掘舒城凤凰咀两座土坑竖穴墓。其中1号墓为战国晚期墓，有棺椁，并有熟土二层台，出土遗物有陶质彩绘的鼎、豆、壶、盘、勺等；2号墓为西汉早期墓，出土遗物有鼎、盒、钫、罐、瓿、盘等陶器。

1981年2月，王步毅发掘清理芜湖市贺家园西汉木椁墓3座，是皖南地区首次发现汉代墓葬，出土有铜器、陶器、铁器、玉器、滑石器，计2596件。1号墓和2号墓的器物中刻有"曹君""曹金"字样，可以推定系曹姓之墓。其中一件蟠螭纹铜钫铭刻重量、容量，是研究汉代计量制度的珍贵实物资料。

1986年12月，王步毅在天长县安乐乡北岗村发掘清理汉代早期木椁墓10座，其中8座为大型木椁墓，陪葬物为鼎、豆、壶或鼎、盒、壶。最珍贵的是9号墓发现玻璃璧残片一块，璧为模制，璧体平薄，深绿色，透明，一面饰凸起的涡纹，色泽光亮，另一面无纹饰。璧直径约15厘米、厚2.5厘米。这块玻璃璧的发现，为研究中国古代玻璃工艺提供了珍贵实物资料。

1993年，王步毅享受国务院政府特殊津贴。1994年，经国家文物局文博专业高级职务委员会评审为研究馆员。1995年，受聘为国家文物出境鉴定安徽站鉴定员。

王步毅从事考古工作以来，对皖北和江淮之间的定远、霍山等地进行调查，发现相当数量的汉画像石，内容十分丰富。应《中国画像石全集》编辑委员会之邀，他负责编撰安徽卷。王步毅发表学术文章多篇，主要有《芜湖赭山古墓清理简报》《安徽太和县汉墓出土的石砚等文物》《芜湖市贺家园西汉墓》《安徽霍山县出土吴蔡兵器和车马器》《安徽宿县褚兰汉画像石墓》等。

王步毅曾任中国考古学会会员、中国汉画学会理事、安徽省考古学会名誉理事等。

2011年9月27日，王步毅在合肥逝世。

马承源　曾用名楚原。浙江镇海人。民国16年（1927年）11月3日出生。中国古代青铜器学、古文字学和博物馆学专家，研究馆员，曾任上海博物馆馆长。

民国30年（1941年），马承源赴上海求学进入上海光实中学、建承中学。不久之后，为躲避战乱，马承源回到浙江。在宁波读书期间，他放学路上必进古玩店，课余时间学习书画和篆刻，并显露出在文物研究方面极高的悟性和鉴定方面独到的眼光。抗日战争胜利后，

马承源回到上海，进入建承中学继续读高中。民国35年（1946年）5月，马承源加入中国共产党，不久担任上海建承中学中共地下党支部书记。

民国36年（1947年），马承源考入上海大夏大学社会历史系，同年9月起任系党分支委员，继续开展党组织活动。民国37年（1948年）9月，国民党白色恐怖日益浓重，在党组织的安排下马承源辗转至苏北解放区，在华中党校学习工作，期间任党校解放区党委学习组长。1949年，马承源跟随解放大军南下回到上海，先后任上海市军事管制委员会中学教育处和上海市政府教育局研究室科员、上海新华电器厂公方厂长。

1954年12月，马承源调入上海博物馆工作，任保管部副主任，开始他一生热爱的青铜器研究。

1955年，马承源与蒋大沂、黄宣佩赴山西省考察石造像并进行征集工作。从太原出发，经晋祠、平遥、洪赵、襄汾、运城、永济直达风陵渡黄河边，穿越晋南，行程500多千米，新发现十余件唐代造像，并经当地文物行政部门同意，调拨其中3件给上海博物馆。1956年秋，马承源又赴山西、河南、陕西等省参观考察，并对仰韶文化遗址进行调查，采集标本。次年，他就这次调查写成专著《仰韶文化的彩陶》。1959年3月底至8月，马承源等赴甘肃、青海、新疆、陕西、河南等地征集彩陶和藏族、维吾尔族等少数民族文物。

为了掌握青铜器辨伪的技能，马承源利用每个星期四干部参加劳动的机会，到文物修复部门跟师傅们一起修复青铜器。这段经历，

使他鉴定青铜器的能力，特别是识别假锈的能力有很大提高。在"大炼钢铁"的运动中，马承源和同事们从冶炼厂抢救出西周早期的鄂叔簋、春秋时期的鲁原钟等大批险被回炉的文物。1961年，马承源被特聘为上海市文物图书鉴定委员会委员。

1966年，"文化大革命"爆发，私人收藏家和公共机构的文物在"破四旧"中遭到损毁。马承源与馆长沈之瑜商议后，以上海博物馆名义向政府打报告建议派专人配合清点历史文物，并由上海博物馆代为管理。得到批准后，他和同事们24小时轮流值班，一得到消息就出发，从抄家现场将文物抢运回博物馆。他们以市政府名义同红卫兵组织联络接洽，同时向藏家说明情况，当面清点、鉴定文物，并出具详细文物清单和代管收据。"文化大革命"结束后，抄家文物物归原主，收藏家们看到自己的藏品在上海博物馆不仅躲过劫难，还得到精心保管，很多人作出变委托代管为直接捐献的决定。收藏家李荫轩所藏全部青铜器、安徽合肥收藏家龚氏所藏商鞅方升因此入藏上海博物馆。

1975年，马承源在北京筹办赴日本"中国出土文物精品展"，于陕西送展的一件1963年出土、但一直认为无铭文的青铜尊内底发现有笔道痕迹，遂清理出一篇12行共122字的铭文，这件青铜尊即为何尊。何尊铭文记载成王五年营建成周洛邑之事，对研究西周早期文字、词义、历史等极具价值。其中"宅兹中国"是关于"中国"一词最早的文字记载。

1977年底，马承源率工作人员赴陕西、河南等省，开始考察全国各地青铜器，收集有关资料，并进行铭文拓墨工作。经过一年多的各地访缉，共收集青铜器铭文拓本2000余张，为《商周青铜器铭文选》的编撰打下坚实基础。此书同他主编的《商周青铜器纹饰》是青铜器研究者和爱好者必备的工具书。同年11月，他当选中国古文字研究会理事会理事。

1979年1月，马承源赴湖北省为随县曾侯乙墓出土的青铜编钟测音。同年，他当选为中国考古学会第一届理事会理事。1980年4月，马承源任国家文物局组织的赴美国"伟大的中国青铜时代"展览随展组组长，在美国工作近8个月。这次经历，萌发马承源建设一座新馆的梦想。

1985年2月，马承源被任命为上海博物馆馆长。他将上海博物馆原先设置的陈列、保管、群工、办公室三部一室的结构，变为青铜、陶瓷、书画、工艺等研究部门，陈列部改为陈列设计部，强调陈列设计的重要性。这种改制，在当时全国的博物馆界是极具创新精神的。

1986年3月，马承源被文化部聘为国家文物鉴定委员会委员。8月，他开始对上海博物馆"中国青铜器陈列"实施全新的改造。在他的主持下，青铜馆的陈列体系确定为以中国青铜工艺的发展史为线索，按青铜工艺发展过程中的阶段性特点分为五个时期，在每一时期内以器类排列的框架结构。次年4月，改建后的"中国青铜器陈列"重新对外开放。接下来陶瓷、雕塑和书画陈列室的出新改造也陆续完成。上海博物馆四个陈列馆的改造成功，使之成为当时全国水平最高的陈列展览，打破1949年以来以社会发展史为根据的陈列体系，在全国起到示范的作用。1988年出版的《中国青铜器》是马承源受国家文物局委托编写的教材，此书多次再版，成为海峡两岸共用的大学教材。

在马承源多次申请、奔走呼吁下，1991年12月，上海博物馆新馆建设正式立项。他以花甲之躯参与新馆从规划到设计施工的全过程，一丝不苟，精益求精，并与副馆长汪庆正一起完成自筹数千万建馆款项的任务。

1996年4月，马承源受聘为中华人民共和国国家科学技术委员会"夏商周断代工程"专家组成员。同年10月，上海博物馆新馆正式对外开放。此时，上海博物馆馆藏文物已从建馆之初的1.8万件，增加到21个门类60万件文物，其中珍贵文物12万件。

改革开放之后，征集海外流失文物成为文博工作者的一项新任务。马承源注意到内地流失向境外的文物会经过香港这个集散地，遂多次前往香港，所获甚丰。他为国家征集了大量的珍贵文物，除青铜器外，还有石刻、玉器、印章、陶瓷以及战国楚竹书。

1997年7月，马承源赴美国纽约接受亚洲文化委员会授予的1996年度"洛克菲勒奖"，该奖表彰他以杰出的领导才能在上海建成一座世界一流的博物馆，以及他在中国古代青铜器研究方面所取得的卓越成就，马承源是首位获得该奖的中国学者。

1998年9月，马承源参加中法文化交流活动，在爱丽舍宫接受法国总统希拉克授予的"法兰西共和国国家荣誉勋章"。同年12月，耗时7年，由马承源担任主编的《中国美术分类全集·中国青铜器全集》第1～16卷全部出齐，这套书的编辑出版工作是对中国古代青铜器一次系统整理，并于1999年获得"国家图书奖"。

1999年3月，马承源任上海市文物管理委

员会顾问、上海博物馆顾问，2000年被评为全国文化系统先进工作者，2002年9月获美国纽约上海博物馆之友基金会授予的"卓越学者奖"。2003年10～12月，他应邀赴美国纽约、华盛顿、克里夫兰、圣路易斯、堪萨斯、明尼阿波利斯以及芝加哥等地访问，考察各地收藏的中国青铜器。

马承源长期从事青铜器和古文字、楚简研究，主要论文有《商鞅方升和战国量制》《何尊铭文和周初史实》《商周青铜双音钟》《晋侯稣编钟》《长江下游地区土墩墓出土青铜器的研究》等。编撰的专著有《上海博物馆藏青铜器》《中国古代青铜器》《中国玺印篆刻全集》《上海博物馆藏战国楚竹书》等。2002年出版的《中国青铜器研究》一书，是马承源一生专注青铜器研究的集大成之作。

马承源曾任中国博物馆学会副理事长、中国古文字研究会理事、中国考古学会理事、国家文物鉴定委员会委员、上海文物博物馆学会理事长、上海市文物鉴定委员会主任、复旦大学及华东师范大学兼职教授等职，1984年，被国务院评为"有突出贡献的中青年专家"。马承源曾当选为中共上海市第六次代表大会代表和上海市第十届人大代表。

2004年9月25日，马承源在上海去世。

吕遵谔 字中言。山东福山人。民国17年（1928年）2月28日出生。旧石器时代考古专家，北京大学教授。

1949年，吕遵谔高中毕业，同年考入北京大学历史学系。1952年中国高校第一个考古专业在北京

大学历史学系创立，吕遵谔即为这个专业的第一批学生。1953年，吕遵谔毕业后留校任教，主讲旧石器时代考古。他讲授的课程主要有"旧石器时代考古学""古人类学""人体骨骼鉴定""第四纪哺乳动物""欧洲旧石器"等。留校伊始，吕遵谔去中国科学院新生代研究室（即古脊椎动物与古人类研究所的前身）进修，师从裴文中教授，并参加山西垣曲和河南渑池新生代地质调查、山西丁村旧石器时代遗址发掘和广西洞穴调查。

吕遵谔一直主持北京大学中国考古学的旧石器时代考古部分的教学。他花费大量时间与精力，不断增加和完善教学内容与讲义，并且多方努力，收集教学标本，包括石制品、人体骨骼与动物化石标本等。这期间，他多次带领学生到各地进行发掘实习。在带学生在地方实习期间，他为地方培养旧石器时代考古人才。1976～1980年，吕遵谔先后应邀赴内蒙古、山西、河北、辽宁、山东、湖北以及四川等地，考察新发现的旧石器时代遗址，指导地方同行的旧石器时代考古发掘。他还曾受邀在相关高校考古专业或地方文物考古机构组织的旧石器时代考古培训班讲授旧石器时代考古学。期间，他先后几次应内蒙古博物馆邀请，赴呼和浩特市东郊大窑考察并指导发掘大窑二道沟和四道沟遗址，确定大窑二道沟遗址为旧石器时代晚期的石器制作场。1978年，吕遵谔开始招收研究生，先后有20多位硕士研究生和5位博士研究生师从吕遵谔学习旧石器时代考古与古人类学，成为旧石器时代考古科研与教学以及文物考古事业管理等领域的骨干力量。20世纪80年代以后，吕遵谔投入更多的时间与精力，

指导研究生赴辽宁、山西与山东等地考察实习。1980年12月至1981年1月，他担任领队并指导研究生，与四川省博物馆合作发掘资阳鲤鱼桥旧石器时代遗址。1981年10～11月，他到山东发掘沂源猿人化石地点，新发现猿人牙齿化石。次年5～6月，他带考古专业学生继续发掘沂源猿人化石地点，并在附近调查，发掘8个化石地点。随后到烟台市长岛县进行第四纪地质调查。1983年10月，他再赴呼和浩特大窑村指导研究生发掘四道沟遗址。次年3月，他在大窑村正式创立北京大学旧石器时代考古教学和野外实习基地。

1984年，吕遵谔带研究生到辽宁营口金牛山实习，发现著名的金牛山古智人化石。同年吕遵谔晋升为教授。1985年，国家教育委员会向吕遵谔领导的北京大学考古学系旧石器考古实习队，颁发中华人民共和国成立以来高校人文社会科学领域的首次重大奖励。20世纪80年代以后，他还同北京动物园签订协议，利用动物园的条件，建立起比较完善的动物骨骼标本室。1986年，他成为博士生导师。在此后的十余年间，吕遵谔连续多次组织发掘金牛山遗址，为进行该遗址的综合研究积累丰富的田野考古资料。在金牛山遗址A点，首先发现金牛山人的髋骨和手、足骨化石，随后又发现头骨、脊椎、肋骨和髋骨化石等。在不到一周的时间内相继发现同属一个个体，包括一个保存完整的头骨在内的50多件骨骼化石。这一重要发现引起国内外学术界与公众的轰动。随着研究工作的逐渐深入，金牛山人化石对于人类演化研究的重要性得到进一步认识。生存时代与中、晚期北京猿人相当的金牛山人的头骨却表

现出与前者截然不同的进步特征，对于传统的人类演化模式提出挑战。同时，他也多方呼吁，积极参与组织对金牛山遗址进行保护。20世纪80～90年代，吕遵谔还主持两项非常重要的考古发掘工作。1988年7～8月，与河北省保定地区文管所合作，吕遵谔两度到河北涞水北边桥村人化石发现地点，收集保存在当地村民手中的部分人类化石，并在一村民家的窖穴发掘到剩余的涞水人化石及部分石制品。这具距今5万年左右的人类化石保留相当多的原始特征，成为认识东亚地区现代人类起源问题非常重要的实证。1993年12月至1994年1月，他与南京市博物馆合作，正式发掘南京汤山葫芦洞古人类遗址，发现一枚南京直立人牙齿化石和南京人第2号头骨化石。1996年吕遵谔主持撰写的《南京人化石地点（1993～1994）》一书正式出版。

从沂源人、南京人到金牛山人、涞水人等一系列古人类化石的发现，丰富了中国古人类化石宝库，扩展了学术界对于东亚地区远古人类演化的复杂历程的认识。尤其重要的是金牛山人与涞水人的发现与研究，改写关于中国远古人类直线演化发展的传统认识，使得多元复杂的中国古人类演化图景得以逐渐清晰。以多处火塘为中心的金牛山人活动面的揭露，更清楚地记录金牛山人的行为特点与生活细节。

在领导上述重要田野考古发掘工作的同时，吕遵谔还多次受邀，先后赴安徽、湖南、湖北、河南、陕西以及山东等地考察新发现的旧石器时代遗址，并对这些新发现的发掘与保护工作提出非常重要的指导意见与建议。吕遵谔还受到美国与法国相关高校与研究机构的邀请，先后赴美国特拉华大学与法国国家自然历史博物馆访问和进行合作研究。

1999年底，吕遵谔退休后仍坚持旧石器时代考古发掘与研究工作。2001年4～5月，他应邀去法国国家自然历史博物馆，合作研究南京人头骨复原。2004年10月，他参加由北京大学考古文博学院、南京市博物馆与法国国家自然历史博物馆合作进行的南京人化石地点的研究工作，任中方负责人。2006年5月，他应邀去香港考察黄地峒旧石器地点。2006年9～11月，他到广西崇左发掘生态园大洞，发现巨猿牙齿和动物化石。吕遵谔直至去世前仍笔耕不辍，主持金牛山遗址等重大考古发现的综合研究工作。

50多年来，吕遵谔长期努力促进学科发展。早在20世纪80年代初，随着中国旧石器时代文化编年框架的逐渐完善，吕遵谔就意识到传统石器类型学研究的局限性，力主石器的分类要注重使用功能，并开始指导研究生展开石器制作与使用的实验研究与微痕分析。在当时国家与学校经费条件都还很困难的情况下，吕遵谔多方奔走，争取获得学校的支持，拨出专门外汇，购买高倍显微镜与配套的照相设备。吕遵谔还争取到内蒙古博物馆的支持，在呼和浩特东郊大窑遗址附近的大窑村建立起实验基地。在吕遵谔的精心指导下，先后有多名研究生完成骨器与石器的制作与使用实验，并进行系统的微痕观察，完成相关学位论文。在指导研究生的同时，吕遵谔还自己动手对发现于辽宁海城仙人洞的骨角制品进行实验研究，完成《海城小孤山仙人洞鱼镖头的复制和使用研究》等论文，推动实验考古学与微痕分析在中国旧石器时代考古学研究领域的应用。

"水平方格法"是自20世纪30年代以来，中国旧石器时代考古一直沿用的发掘方法。这种发掘方法的局限性，随着学科的发展逐渐显露出来。鉴于此，吕遵谔在其主持的发掘工地坚持采用按自然层位逐层揭露的田野考古操作规程，在金牛山遗址成功揭露出以火塘为中心的金牛山人的活动遗迹。这种发掘理念的指导与培养训练，深刻地影响参加金牛山考古发掘工作的学生，为旧石器时代考古学科的发展做出了贡献。

吕遵谔曾任北京大学考古学系副系主任，北京大学学术委员会委员，中国考古学会理事等。

2015年8月20日，吕遵谔在北京逝世。

吴震 江苏睢宁人。民国17年（1928年）4月出生。新疆维吾尔自治区博物馆研究馆员。

1949年4月，吴震参加革命工作，1951年起从事文物考古工作。1954年，吴震参加文化部社会文化事业管理局、中国科学院考古研究所、北京大学合办的第三届全国考古工作人员训练班，并参加西安半坡仰韶文化遗址首次发掘。同年秋至次年春，吴震奉派支援郑州考古工作，先后主持郑州金水河大道战国至汉代墓群、碧沙岗春秋战国墓群及遗址的发掘工作。此后，他先后任职于华东文物工作队、南京博物院。1959年，吴震进入新疆维吾尔自治区博物馆考古工作队，主要致力于吐鲁番阿斯塔那古墓群的发掘、整理和研究，先后主持并参加吐鲁番阿斯塔那—哈拉和卓古墓群发掘13次，发掘墓葬400余座。该墓群出土大量文物及文书，为吐鲁番学的开拓与建立奠定了坚实的基础。1975～1987年，根据工作需要，他代表新疆维吾尔自治区博物馆参加国家文物局古文献研究室吐鲁番出土文书整理组，研究、整理、编辑出版吐鲁番出土文书。1975年起出版手抄平装释文（录文）本10册，由文物出版社于1991年全部出齐，同时吴震参与编辑原件释文、图版文图对照精装本。此后他应中国社会科学院法律研究所之邀编著《中国珍稀法律典籍集成》第四册甲编《吐鲁番出土法律文献》；同时撰写了吐鲁番出土文书有关军事、政治、经济、历史、地理、典章制度以及文化艺术等各个领域的论文数十篇，包括《唐碎叶镇城析疑》《麴氏高昌国史索隐——从张雄夫妇墓志谈起》《寺院经济在高昌社会中的地位》等。其中《近年出土高昌租佃契约研究》一文，获1986年"新疆维吾尔自治区哲学社会科学优秀成果奖"论文二等奖。吴震还兼治敦煌学，研究敦煌遗书，撰写逾12万字的论文《敦煌石室写本唐天宝初年〈郡县公廨本钱簿〉校注并跋》等，其相关研究论文已编为《吴震敦煌吐鲁番文书研究论集》由上海古籍出版社出版。吴震还对高昌故城、交河故城进行数次考察，撰写《火焰山下访古城》这篇集历史、考古、文学于一身的考察报告；同时对新疆的石器时代文化考古进行研究与探索，尤其对木垒七角井、吐鲁番阿斯塔那的细石器文化遗址，哈密巴里坤新石器时代文化遗址进行了详细勘察，采集极为珍贵的各类型的细石器及打制、磨制石器标本，撰写《新疆新石器时代文化的初步探讨》。

1996年，吴震应邀参加北京大学与美国耶鲁大学合作的"重聚高昌宝藏"项目（1996～1998年），并于1998年赴美，出席在耶鲁大学召开的第三届丝绸之路学术研讨会，并作论文主旨讲演；1997年应邀访日，先后在早稻田大学、龙谷大学作学术讲演；2000年应邀访韩，先后在韩国中央大学、淑明女子大学作学术讲演；2003年5月赴台湾逢甲大学历史与文物管理研究所研究生班，讲授"丝路考古概论"课程。

吴震对新疆考古后备力量的培养尽心尽力。最早为新疆维吾尔自治区文化艺术干部学校、新疆大学文博班以及新疆维吾尔自治区博物馆举办的考古训练班学员讲授考古学通论和考古发掘技术与方法。曾领队指导西北大学历史系考古专业本科毕业班，在吐鲁番古墓地发掘实习。经吴震授课培训的学员后均成为本专业的骨干力量。吴震还对博物馆学的研究和实践进行了有益探索，为新疆维吾尔自治区博物馆首度正式开放历史文物展出，创造性地结合发掘出土文物资料，设计了"南北朝隋唐时期的高昌封建社会"专题陈列。其后负责"新疆历史文物"两汉部分的陈列设计，并撰写理论探索文章《博物馆与美学》。在担任新疆第六、七届政协委员（教文卫体委员会副主任）期间，他积极参政议政，多次赴南北疆进行文物考察，对文物被盗情况极为关切，数度提案呼吁加强文物保护管理，建立省级文物保护机构。新疆维吾尔自治区文物局终于在他任政协委员期间挂牌实现。吴震是中国考古学会会员、中国博物馆学会会员、中国敦煌吐鲁番学会理事。

2008年1月，吴震逝世。

王承礼 辽宁兴城人。民国17年（1928年）11月28日出生。中共党员，历史学家、考古学家和博物馆学家，吉林省社会科学院副院长、研究员。

王承礼幼年时跟随当店员的父亲，辗转生活于吉林省磐石县、永吉县等地，至民国31年（1942年）考回兴城国民高等学校。抗日战争胜利后，王承礼又辗转到吉林省求学，于民国36年（1947年）10月，考入吉林市的长白师范学院史地系。吉林市解放后，王承礼随学校一起并入从东北解放区迁来的东北大学，1949年随学校迁到长春。

1950年，东北大学改名为东北师范大学，因学习成绩优异和工作急需，王承礼在1951年提前从东北师范大学历史系毕业，调入东北师范大学附属中学，历任历史教师、历史教研组长、副教导主任。1956年王承礼调任长春市中学教师进修学院任副教务主任，后又调至吉林师范专科学校任历史科主任。同年由于建设吉林省博物馆的需要，调任吉林省博物馆副馆长。在吉林省博物馆期间，他依靠各方的支持，收集历史文物、革命文物和自然标本5万余件，自唐代至现代的书法、绘画作品5000余件，为博物馆开展业务活动和科研活动奠定基础。从20世纪60年代开始，吉林省博物馆举办吉林省自然、历史、社会主义革命和建设等大型展览，并对博物馆学理论建设进行开拓性研究，成为全国省级博物馆的典型，受到文化部的表彰。他参加和主持吉林市西团山古墓葬发掘、长蛇山古遗址发掘，集安高句丽遗址与墓葬的调查与发掘，集安五盔坟4号墓、5号墓和12号墓的清理，渤海遗址和墓葬尤其是敦化六顶山渤海墓的发掘，榆树老河深鲜卑墓的发掘，舒兰金完颜希尹墓群的调查与发掘。"文化大革命"中哲里木盟划归吉林省，王承礼又组织哲里木盟的文物普查与考古发掘、库伦辽墓的发掘等。

1972年，由于外交的需要，国家筹备"中华人民共和国出土文物展览"，因王冶秋、夏鼐的推荐，王承礼被借调到北京参加出国文物展览的筹备工作，任业务组组长。1973年4～10月，王承礼作为随展组组长被派至法国、英国。

1974年，王承礼重新回到吉林省博物馆工作，1978年调任吉林省文物局副局长，1981年调任吉林省社会科学院副院长。

通过多年的文物与考古工作实践，王承礼积累丰富的资料，并专注于高句丽、渤海、辽代历史与文化等方面研究，他先后撰写并发表了论文与专著50余部/篇。

在渤海史研究方面，通过《敦化六顶山渤海墓清理发掘记》《唐代渤海〈贞惠公主墓志〉和〈贞孝公主墓志〉的比较研究》《渤海的儒学和佛教》《渤海的政治制度》等多篇论文，王承礼提出，渤海文化源自中原文化，是唐文化的组成部分，揭示了渤海文化的内涵。1984年，他的专著《渤海简史》面世。该书阐明渤海国史是中国史的一部分，渤海文化是具有民族特点的唐代文化，渤海国是以粟末靺鞨人，为主建立的唐朝地方民族政权等重要观点。《渤海简史》荣获"吉林省政府第一届社会科学优秀成果奖"，韩国、日本的学者也纷纷翻译出版这部专著。此后，王承礼又相继发表了多篇论著，并在1994年赴香港中文大学进

行合作研究时完成了《中国东北的渤海国与东北亚》这部书稿，2000年这部遗著由吉林文史出版社出版。《中国东北的渤海国与东北亚》进一步论证了渤海国是中国唐王朝的一部分，渤海国历史是中国民族史的重要篇章，回答了渤海国的族属、政权地位等问题，得到了学术界的高度评价，并在国际上产生巨大影响。

除渤海史外，在东北考古与西伯利亚考古方面，王承礼也有所建树。他与人合著《吉林省历史概要》，撰写《东北考古的主要收获》《吉林省的考古发现与研究》，编写《东北考古与历史》《东北史研究》《西伯利亚古代文化》《朝鲜考古学》等，对东北考古文化的分期、类型、文化内涵等问题进行论述。高句丽考古、辽史研究方面，王承礼也进行深入研究，取得丰硕成果。在东北沦陷十四年史研究方面，编有《东北沦陷十四年史研究》《东北抗日斗争史论丛》和"东北沦陷十四年史丛书"等。

王承礼先后兼任吉林省文物管理委员会副主任、吉林省社会科学界联合会副主席、中国考古学会理事、中国民族史学会常务理事、中国辽金暨契丹女真史研究会副理事长、吉林省考古学会理事长、东北史研究会会长，以及东北沦陷十四年史编委会秘书长兼总编室主任、主编等职，享受国务院政府特殊津贴。

1996年12月24日，王承礼在长春病逝。

胡渐宜　江苏盐城人。民国18年（1929年）1月17日出生。古代陶瓷修复专家，上海博物馆副研究馆员。

胡渐宜12岁即从家乡

盐城到上海学生意，起初学糊扎彩灯，后来改学人体模型制作。这两个行当都与造型、粘接、雕刻、饰色、书画等一系列技艺有关，胡渐宜也具有很强的模仿塑形能力。中华人民共和国成立后，上海筹建中共一大会址纪念馆，胡渐宜被选中复制革命文物。在复制过程中，他以前学到的技艺都派上用场，也因此爱上文物修复这一行。胡渐宜最擅长修陶瓷器，多年的经验积累，他的技术日益精进，无论是唐代的三彩陶器、宋以前的青釉器，还是元、明、清的官窑青花瓷器，不管碎成几块，胡渐宜都能让它们再现昔日光彩，而且多年后都不会显现修复的痕迹。20世纪60年代初，胡渐宜转入上海博物馆，从事古陶瓷修复工作。上海博物馆的馆藏文物大多来自民间收藏家的捐赠，但不少古陶瓷已有破损，需要修复。他克服设备差、材料缺的困难，修复数不清的古陶瓷，使上海博物馆的文物修复水平处于同行前列。胡渐宜还为外省市博物馆修复大量瓷器、铜器和玉器等。

1986年10月，香港大学冯平山博物馆三件明代宣德青花瓷碗，被盗贼偷窃，在仓皇逃离现场时摔成碎片。该博物馆的工作人员提着几包碎瓷片，跑了许多国家找那些著名的修复大师设法复原，却无人敢接。后来，他们向上海博物馆求助，由胡渐宜完成修复任务。一年后，委托方如期到上海博物馆取货，三件器物完好如初，竟找不到弥合之处。时过数年，这几件修复的明瓷依然不露修复痕迹，而该馆另几件由英国和中国香港修复师复原的文物，时间稍久，便显出黄色痕迹和破绽。

大阪日中恳谈会会长生驹邦夫收藏一件13世纪的朝鲜白釉盘口壶，在1995年日本阪神大地震中，碎成20余块。为修复这件心爱的宝物，生驹邦夫找遍日本和香港的专家，但无人敢接下这笔单子。最后通过上海博物馆找到胡渐宜。胡渐宜先是将碎瓷片清洗、消毒，干燥后分成几组，编上号码，用高分子材料粘接成几大组，最后完成总装。如果有残缺，还得用高分子材料加瓷粉倒模后补上。拼接的程序完成后，得打磨平整、做色，最后釉面抛光，有土沁的地方还得做出来。这件朝鲜瓷器修好后，生驹邦夫上门一看，大为吃惊，似乎这件宝贝从来就没有损坏过，激动得向胡渐宜深深鞠了一躬。

胡渐宜修复瓷器在粘接、打底、着色和接笔等方面，均以风格精细著称，历年来他为上海博物馆修复的馆藏陶瓷珍品达千件之多，一件元代枢府窑青白釉缠枝莲印花瓷盆已碎成17片，最小的几片只有黄豆大小，因该盆系印花纹饰，更增加其修复难度。但胡渐宜通过精心研究和细致操作，终于将这件不易接合的瓷盆修复好。

胡渐宜相继任上海博物馆高级文物修复师、上海博物馆文物修复组组长。他还为兄弟省市博物馆培养大批的文博系统从业人员，还承担国家文物局古陶瓷培训班的教学任务。退休之后，胡渐宜还是不断地从事古陶瓷修复，为收藏家们圆梦。胡渐宜还开拓出传统与现代修复相结合的新路。相较传统的全手工修复，胡渐宜走出一条手工与机械相结合的道路。他不断磨合创新，将中国古陶瓷修复的传统技艺与国外的先进技术有机地结合起来。如他采用的微喷手绘法，就与国外最新修补瓷器的技术极为相近。又如在色彩的使用上，他也引进新原料、新材料和新工艺，这样就可保证修补上去的釉色，在一般保存较好的情况下，经久不会变色。他还倡导可逆修复文物，使用的黏合材料可复原，以便后人发现更好的修复材料后，将器物修复得更好。

2009年，胡渐宜获国家文物局颁发的"文物博物馆工作从业30年"荣誉证书。

2015年1月28日，胡渐宜在上海逝世。

麦英豪 广东番禺人。民国18年（1929年）3月26日出生。中共党员，考古学家，广州博物馆馆长、研究员。

麦英豪出生在一个农民家庭。不到11岁，父母相继去世，麦英豪只能与姐姐一起干农活谋生，闲时到其堂叔开设的私塾免费学习"四书"。15岁时，到广州兆丰园茶楼当学徒一年，失业后回乡种地、做帮工，这期间，麦英豪也没有放弃学习。17岁那年被招入广州南华补习学校当校务员，后当教员。他对地理、历史、国文有着浓厚的兴趣，这几年他利用业余时间如饥似渴地阅读了大量书籍，知识水平得以较快提高。1949年，20岁的麦英豪以优异成绩考上广州大学教育系，在校学习两年后，由于生活极度困难，被迫中止了学业。

1952年9月，一个偶然的机会，麦英豪被招入广州市文物管理委员会（以下简称文管会）工作。1953年8～11月，他和同时进入文管会工作的黎金一同被派到北京参加文化部社会文化事业管理局、中国科学院考古研究所、

北京大学联合举办的第二届全国考古工作人员训练班学习。学习期间，他接受了郭沫若、郑振铎、梁思永、夏鼐、苏秉琦、宿白等历史和考古学家的面授、指导，还参加了山西侯马晋国铸铜遗址的考古发掘，这为他日后的田野考古发掘和研究等打下坚实的基础。训练班结束后，麦英豪回到广州，踏上广州考古发掘和研究之路，一干就是60年。

20世纪50年代的广州，刚经历长时期的战乱，百废待兴。1953年起，随着国家第一个五年计划实施，广州和全国其他城市一样，掀起了城市建设的高潮，由此也揭开了配合城市各项建设工程开展大规模田野考古发掘的序幕。从考古工作人员训练班学成归来的麦英豪，立即和广州市文物管理委员会考古组其他同事一起奔走于市郊各个基建工地，抢救和保护地下文物。从1953年至20世纪80年代，他和同事发掘各时期古墓葬700余座，并在从化、白云、增城等地调查先秦时期遗址，在广州城区西郊发掘北宋西村窑址，1975年，在广州历史城区核心地带中山四路北侧发现秦代造船工场遗址。这些考古发现极大地丰富了广州古代史研究的实物资料，也使广州的考古工作在全国产生了重要影响。

1975年，"中华人民共和国出土文物展览"作为中美大型文化交流活动的重要内容在美国举办，国家文物局任命麦英豪为随展组组长。1978年4月，"中华人民共和国出土文物展览"在香港展出，轰动一时。1980年，他第三次作为随展组长，第二次赴美主持"伟大的中国青铜器时代"展览工作。随后，他两次应邀在南加州大学进行"新中国的考古现状"和

"南越王墓的发现与研究"专题演讲。

1981年，麦英豪和夫人黎金共同执笔的《广州汉墓》由文物出版社出版，这是广州第一本田野考古发掘专刊，1983年获"广东省社会科学研究成果奖"二等奖。

1983年6月，在广州市解放北路的象岗山顶发现南越国时期大墓。经国务院批准发掘，文化部文物事业管理局任命麦英豪为考古发掘队长，经过一个半月的发掘，确认墓主人就是南越国第二代王——赵眜，这是广州第一次发现汉代诸侯王陵，在全国引起轰动。

1991年，他主编的《西汉南越王墓》考古发掘报告正式出版，详细公布了南越王墓的全部发掘资料。该报告荣获1995年"夏鼐考古学研究成果奖"一等奖。

20世纪90年代以后，麦英豪年近七十，不再担任一般考古发掘项目的领队，但他仍然坚持参加田野考古实践，指导了几乎所有广州地区重要考古项目如南越国宫署遗址和木构水闸遗址、南汉二陵、北京路千年古道遗址等的发掘和保护工作。特别是南越国宫署遗址，1995年发现以来，他为该遗址的发掘、论证和保护倾注了大量心血，使该遗址最终得到原址保护，并建立遗址博物馆，在全国树立了城市考古与文物保护的又一典范。

除了继续从事田野考古实践和研究工作外，20余年来，麦英豪还担任国家历史文化名城保护委员会委员和广东省、广州市文物保护专家委员会成员，几乎走遍了广东省各地县，参与广东省、广州市各级文物保护单位的论证和保护工作。同时，在他的直接推动下，西汉南越王博物馆、南越王宫博物馆先后建成开放，成为广州的历史文化名片。

因为勤恳的工作和出色的业绩，1985年他被评为广东省劳动模范，1991年享受国务院政府特殊津贴，1992年被授予广州市优秀专家称号，1993年获广东省人民政府通令嘉奖，1998年被评为全国文物系统先进工作者，2000年获得"郑振铎、王冶秋文物保护奖"个人奖，2003年获全国五一劳动奖章。

麦英豪是广州现代考古事业的主要开拓者。他长期实践在田野考古第一线，主持和指导了广州地区几乎所有的考古项目。在几十年的考古发掘和研究工作中，麦英豪写有多部著作，如《广州出土汉代陶屋》（1958年）、《广州汉墓》（1981年）、《穗港汉墓出土文物》（1983年）、《广州西村窑》（1987年）等；主编《广州市文物志》（1990年）、《西汉南越王墓》（1991年）、《南越王墓玉器》（1991年）、《广州秦汉考古三大发现》（1999年）、《广州文物志》（2000年）、《岭南之光——南越王墓考古大发现》（2002年）等，发表具有较高学术价值的论文数十篇。

"文物保护宣传群众重要，但宣传领导更重要"，这是麦英豪常说又身体力行的格言。每遇重要考古发现，他都利用各种机会向省、市领导宣传，邀请他们到现场考察，并向他们提出保护建议。同时，他平易近人、诲人不倦，积极提携后辈。年轻一代的考古工作人员，每在重要考古发现或发掘中碰到难题，都会请他到现场指导，而他几乎逢请必到，在考古发掘现场与工作人员一起研究，解决问题。正是在他的鼓励和带动下，广州的文物考古队伍保持稳定发展，逐步培养出一批业务骨干，人才梯队较为合理，推动了广州文化遗产保护事业的可持续发展。

麦英豪还曾任广州市文物管理委员会副主任、西汉南越王墓博物馆顾问、香港中文大学文物顾问、中国考古学会理事、中国古陶瓷学会理事、广州市文物博物馆学会会长等职。

2016年11月28日，麦英豪因病于广州逝世。

 **岳邦湖**　河南温县人。民国18年（1929年）11月出生。中共党员，文博研究馆员，考古学家，曾任甘肃省博物馆文物工作队队长，甘肃省文物考古研究所书记兼所长。

1950年10月，岳邦湖参加工作，是甘肃省文物管理委员会文物组成员。1953年，岳邦湖毕业于兰州培黎学校（高中），同年7月，他参加文化部社会文化事业管理局组织的甘肃天水麦积山石窟勘察团对麦积山石窟进行调查，24岁的他腰系70多米长的绳索冒险坠入洞窟进行调查登记，成为麦积山石窟考察史中的一段佳话。

1954年，岳邦湖参加文化部社会文化事业管理局、中国科学院考古研究所、北京大学联合举办的第三届全国考古工作人员训练班；1957年，他又参加中国科学院古脊椎动物与古人类研究所举办的学习班。

1958年，甘肃省文物管理委员会与甘肃省博物馆合署办公，同年成立甘肃省博物馆文物工作队，岳邦湖担任队长。1963年，岳邦湖在甘肃永靖炳灵寺石窟的调查中，也采取绳索吊坠的方法冒险进入第169窟，发现中国已知

最早的石窟寺造像纪年即西秦建弘元年（420年）发愿文墨书题记，成为判断十六国时期佛教艺术的重要标尺，也是20世纪中国石窟寺考古的重大发现。1964年，岳邦湖主持发掘甘肃秦安杨家沟唐代墓葬，清理出文物300余件，其中一批三彩俑填补了甘肃省博物馆藏品的空白。1973年2月，甘肃省革命委员会政治部组建居延考古队，岳邦湖任领队，对额济纳河流域的汉长城进行了全面调查，并先后主持发掘肩水金关、破城子和地湾城等汉代遗址，获汉简2.3万枚，其中《甘露二年丞相御史书》《塞上烽火品约》等简牍后被鉴定确认为一级文物。

1983年，甘肃省博物馆文物工作队从甘肃省博物馆分出，成立甘肃省文物考古工作队，岳邦湖任副馆长兼队长，隶属甘肃省文化局。1984～1986年，岳邦湖主持调查了甘肃肃北马鬃山黑山岩画，发现岩画点15处，计500余幅画面，为甘肃岩画的研究奠定了基础。1986年甘肃省文物考古工作队改建为甘肃省文物考古研究所，岳邦湖为首任书记兼所长，并任中国长城学会理事、中国中亚文化研究协会理事等职。20世纪80年代，甘肃秦安大地湾遗址归甘肃省文物考古研究所代管期间，岳邦湖积极组织实施了大地湾遗址的保护工作。

岳邦湖还参与并组织一系列重要的考古调查与发掘工作，如炳灵寺石窟、麦积山石窟、河西石窟、河西岩画、居延汉代金关、破城子遗址、悬泉置遗址、秦直道、疏勒河流域汉长城、甘肃音乐文物等，涉猎广泛。

1993年，岳邦湖主持陇东秦直道及玉门、瓜州、敦煌汉长城的考察，调查遗址170余

处，基本了解秦、汉长城及古道走向。

岳邦湖喜好文物摄影，经过多年的考古调查与实践，积累、保留了大量珍贵的第一手图像资料。主要研究及摄影成果体现在其主持或参与完成的《敦煌汉简》《居延新简——甲渠侯官》《中国音乐文物大系·甘肃卷》《中国岩画全集》甘肃部分，以及《遥望星宿——甘肃考古文化丛书·岩画及墓葬壁画》《秦直道考察》《疏勒河流域汉代长城考察报告》《马蹄寺、文殊山、昌马诸石窟调查简报》《河西石窟》《拉卜楞寺》《炳灵寺一六九窟》等专著和图录，以及《甘肃永昌牛娃山岩画调查与研究》《我国发现的西夏文字典〈音同〉残篇的整理复原与考释》等文章中。

2013年7月24日，岳邦湖在兰州逝世。

张庸 曾用名橹。辽宁开原人。民国18年（1929年）11月出生。中共党员，曾任中国对外文物展览公司经理。

民国36年（1947年）秋，张庸考入东北大学经济系，次年随大学迁至北平，在此，张庸结识中共地下党员，受到马列主义思想影响。此后，张庸加入中国进步民主青年同盟。

北平解放后，张庸由中共地下党组织介绍参加工作，并于1949年2月考入华北大学政治班学习。同年3月，张庸由中国进步民主青年同盟转入新民主主义青年团。5月，张庸留校任校部注册科干事；9月，调至华北大学文化艺术工作委员会工作。中华人民共和国成立后，张庸在文化部办公厅主任办公室任秘书干事。

1950年10月，张庸参加志愿军，被分配至热河军事部任办公室秘书。1952年以后，张庸历任沈阳军区司令部参谋、办公室秘书（正连级）。1955年7月，张庸转业，于次年3月调回北京任文化部人事司科员。1957年，张庸加入中国共产党。此后直至1969年先后在文化部干部司、政治司任干部。

1969年10月至1972年11月，张庸在湖北咸宁干校劳动。

1972年12月，张庸调入中华人民共和国出土文物展览工作委员会办公室工作。1973年9月，他任国家文物事业管理局出国文物展览工作室办事组组长，参与"中华人民共和国出土文物展览"的筹备与组织工作。1973～1978年，"中华人民共和国出土文物展览"先后在法国、日本、英国、美国、菲律宾等15个国家和地区展出16场，共有650多万人次参观展览。

1979年10月，张庸任国家文物事业管理局出国文物展览工作室副主任。1984年4月6日，张庸任文化部文物事业管理局直属中国对外文物展览公司经理，主持公司对外展览组织筹备工作。期间，成功举办赴美国的"伟大的中国青铜时代"和"天子——中国古代帝王艺术"展览，赴丹麦、瑞士、联邦德国、比利时的"中国古代艺术珍宝展"，赴澳大利亚、日本、瑞典、挪威、奥地利、英国、爱尔兰"中国秦代兵马俑"展览，赴法国"中国西藏艺术珍宝——唐卡文物展"，赴日本"黄河文明展"等一系列在国际上颇具影响力的中国文物展览。

1990年12月，张庸任中国文物交流中心顾问。1991年9月，张庸任国家文物局驻深圳办事处主任。1993年12月，张庸离休。

2014年11月25日，张庸在北京逝世。

王士伦 浙江黄岩人。民国18年（1929年）12月出生于黄岩城关镇。中共党员，考古学家、文物保护专家。浙江省文物考古事业的开拓者、组织者、领导者之一。

王士伦肄业于温岭师范学校，在黄岩村校短暂教书。民国37年（1948年）8月，报考绍兴专署人民警察训练班，加入革命队伍。1951年从绍兴专署公安处借调华东人民革命大学浙江分校，任教育干事和团支部书记。1953年调到浙江省文管会工作，师从邵裴子、朱家济等，自此投身到中国文物事业中。

1954年，王士伦参加由文化部社会文化事业管理局、中国科学院考古研究所、北京大学联合举办的第三届全国考古工作人员训练班，接受严格的考古专业培训。回到浙江后，他随即参加全省部分地区的考古与地面文物调查，主持调查发掘金华万佛塔、杭州铁佛寺东汉墓葬、绍兴漓渚汉墓和龙泉青瓷窑址；参加调查清理萧山进化区古代窑址、崇德县崇福寺拆卸东西两塔遗址、嘉兴徐婆桥发现印纹陶遗址等。与此同时，王士伦开始对浙江出土铜镜进行开创性的考古调查和研究，取得丰硕成果。1957年，他完成《浙江出土铜镜选集》，1987年出版《浙江出土铜镜》。

1962～1979年，浙江省文管会与浙江省博物馆合署办公，王士伦任职于浙江省博物馆。他先后从事博物馆陈列与地面文物保护工作，主要开展吴越史与文物调查研究。他曾经主持浙江省阶级教育展览陈列文字工作，引起极大社会反响。1979年，王士伦任职于浙江省文物考古研究所，先后任文保室主任、副所长；1983年王士伦加入中国共产党；1984年，王士伦任浙江省文物考古研究所所长。这一时期，王士伦身兼行政、学术领导双肩挑的重任，倾尽全力，对浙江省文物考古研究所的事业发展架构、组织建设与全省的文物保护发展方向作出战略规划、制定工作目标。在业务工作方面，王士伦首先提出建立浙江文物史迹网的构想，并完成全省文物史迹网的建设任务，基本上完成文保单位的公布工作以及全省文保单位的"四有"工作；建立文物保护单位的维修保护与利用工作规程与路线，基本上完成全省文保单位的维修工作并使之转入经常性的保养；创造出一套切实可行的有关如何充分发挥全省文保单位作用的经验。在队伍建设方面，努力帮助文保单位工作人员学习和提高专业知识，培养出一支合格的文保专业队伍，并努力帮助各县、市文保干部掌握专业知识。王士伦还参与、主持浙江省一至四批全国重点文物保护单位和一至五批省级文物保护单位的调查与推荐工作，抢救一大批文物古迹，培养了一支合格的文保专业队伍，推动浙江文物考古事业提升了一大步。这期间他与领导班子成员团结合作，所发掘遗址多次获评年度"全国十大考古新发现"，河姆渡文化、良渚文化、瓷窑址考古发掘连续获得重大发现；浙江省文物考古研究所多次获评全国、全省文物考古先进单位，所内人员获评先进个人。同时，他在业务上进行拓展，加强了历史时期考古与越国文化研究的布局与发展工作，组建浙江省古建筑维修技术服务部；在人才奇缺的年代，培养了一批文物保护设计、施工力量。在个人学术研究方面，王士伦也取得丰硕成果，共发表92篇论文、13部专著，代表作有《金华万佛塔出土文物》《西湖石窟艺术》《杭州史话》《浙江文物简志》《金华天宁寺大殿的构造及维修》《湖州飞英塔的构造及维修》等。

王士伦于1989年当选为浙江省政协委员，享受国务院政府特殊津贴。他还先后当选为中国考古学会理事，中国文物保护学会理事，浙江省考古学会副会长、会长。1993年离休后，他仍致力于文物考古事业，先后担任多地政府文物保护顾问、杭州大学兼职教授等。

1998年11月29日，王士伦在杭州逝世。

张学正 甘肃景泰人。民国19年（1930年）2月27日出生。中共党员，考古学家，文博研究馆员。

1951年7月，张学正毕业于兰州师范学校师范科，次年8月参加工作，是甘肃省文物管理委员会文物组成员，也是甘肃省第一批参加全国考古工作人员训练班的文物考古工作者，23岁的他结业后开始从事文物考古工作。

1956年开展第一次全国文物普查后，张学正积极投入到普查之中。在对甘肃省史前时期古代文化遗存基本掌握的情况下，以及陆续公布的考古发掘及调查简报的基础上，张学正对甘肃省文物普查和发掘的大量资料进行了仔细认真地研究，于1960年完成了《甘肃古文化遗存》，对于甘肃新石器时代至周代的文化遗存进行系统概括，梳理甘肃古文化从甘肃仰韶文化（马家窑期、马厂期）、齐家文化到辛店文化、寺洼文化、沙井文化以及四坝式、骟马式、安国式诸遗存的时空范围，基本厘清甘肃史前文化的时空序列，在夏鼐等研究的基础上，进一步纠正民国时期安特生对甘肃古文化认识上的一些谬误，引起学术界的瞩目。1958年甘肃省文物管理委员会与甘肃省博物馆合署办公，同年成立甘肃省博物馆文物工作队，张学正任副队长。20世纪50～60年代，张学正参与甘肃第一批重点文物保护单位的遴选和配合工农业生产建设清理发掘工作，对甘肃省内文物的分布情况、保存现状都有了非常深入的掌握和了解。同时发现许多古文化遗址，清理大批墓葬，抢救大量珍贵文物，为以后的文物保护、科学研究工作奠定了良好的基础。1969年10月，甘肃省武威县雷台汉墓在当地群众挖防空洞时被发现，甘肃省文化厅责令甘肃省博物馆派张学正、魏怀珩等前往配合清理，并收回了群众挖出的一批青铜马、马车、人俑及一些陶器等文物。之后张学正等人以甘肃省博物馆的名义于1974年发表了《武威雷台汉墓》清理发掘报告，并对该墓葬的墓主人及年代进行了初步的探讨。其中一件"马踏飞燕"铜马，于1983年10月，被国家旅游局选定为中国旅游标志。

1975年在永登县连城铝厂、蒋家坪等遗址的发掘中清理了一座马家窑类型的残墓，出土了一组马家窑类型的代表性陶器，为研究者掌握马家窑文化马家窑类型的陶器组合提供了材料。同时撰写发表《从马家窑类型驳瓦西里耶夫的"中国文化西来说"》。

1983年，甘肃省博物馆文物工作队从甘肃省博物馆分出，成立甘肃省文物考古工作队，张学正任副队长，隶属甘肃省文化局。1986年甘肃省文物考古工作队改建为甘肃省文物考古研究所，张学正任副所长，并主持、指导甘肃省第二次全国文物普查。20世纪90年代初，他组织发掘的敦煌汉代悬泉置遗址，荣列"1991年度全国十大考古新发现"。1993年，张学正撰写发表的《辛店文化研究》对辛店文化的分布、类型、特征、来源以及与其他文化如卡约文化、寺洼文化、先周文化的关系等进行深入探讨。

通过多年的考古实践，张学正在学术研究上取得丰硕成果，主要有《甘肃古文化遗存》《武威雷台汉墓》《从马家窑类型驳瓦西里耶夫的"中国文化西来说"》《谈马家窑、半山、马厂类型的分期与相互关系》《辛店文化研究》《略论陕甘青地区几种主要文化的源流》《兰州新石器时代的文化遗存》《渭河上游天水、甘谷两县考古调查简报》《甘肃临洮、临夏两县考古调查简报》《甘谷汉简考释》《甘肃文物考古工作三十年》等。合著的《甘肃彩陶》一书，第一次对甘肃出土的史前时期彩陶精品进行系统著录，是研究甘肃彩陶最早的基础性图录。

张学正退休后，仍然热爱和关心甘肃省的文物考古事业，带病坚持整理手头多年来搜集的资料，并满腔热情地指导年轻人钻研业务。他还担任甘肃省政协委员、中国考古学会第三届理事会理事，并作为有突出贡献的专家享受国务院政府特殊津贴。

2002年11月23日，张学正在兰州配合中央电视台制作"铜奔马"专题节目时，突发脑出血，倒在采访现场。两天后不幸逝世。

汪宁生 江苏灌云人。民国19年（1930年）5月8日出生于江苏南京。民族考古学家，云南民族大学教授。

汪宁生7岁时就读于南京建邺路小学。抗日战争爆发后，汪宁生父亲因供职于当时国民政府经济部商标局而随迁至重庆，汪宁生随祖母辗转逃难于灌云西南地区农村各地。因灌云县士绅不愿自家子弟入日伪学校，10岁的汪宁生进入私塾，学习《论语》《孟子》《古文观止》等古籍，同时接受英文等课程的启蒙教育。民国31年（1942年），汪宁生就读于灌云县初级中学，民国35年（1946年）7月，汪宁生考取国立社会教育学院附中高中部。1949年6月，汪宁生进入中共苏南新闻专科学校，经短期培训后即被派往无锡农村工作。1952年10月，汪宁生在华东水利学院任职员，1954年，他考取北京大学历史学系考古专业。1959年，汪宁生毕业，留校担任苏秉琦"秦汉考古"课程的助教。一个学期后，系里通知他报考隋唐史方向研究生，对自己的研究方向不能自己决定而要由学校决定，他以考试交白卷的方式表示不接受。在被领导批评后，1960年，汪宁生被分配到中央民族学院历史系任助教。同年5月，汪宁生参加云南民族调查组，到四川凉山彝族、茂汶县羌族，以及滇黔很多民族地区进行调查。边疆民族地区田野调查中充满艰辛，他在1960年6月8日的日记中写道："这几天饥一顿，饱一顿，常挨饿赶路。从盐塘动身时，购得黄豆一斤，请老乡炒熟，饿时抓吃。连日行路，少见行人，万山寂静，只有自己及一小孩，不免心生恐惧。"考察途中经常险象环生。1960年8月12日，他搭乘客车至昭通，途中车子差点坠崖。同年9月4日清晨，他沿金沙江边小路步行，该路宽不过尺余，上有沙石，且向外倾斜，稍一滑足便会坠落江中，险恶处只好手脚并用爬行而过，或坐于路上，两腿下悬，双手撑地才勉强过去。在此期间，他读到顾颉刚抗日战争期间在昆明写的《浪口村随笔》（出版时名《史林杂识》），书中用少数民族的习俗，考证一系列古史上的问题，并提出新颖的见解。他得到很大启发，认为少数民族地区的材料能用以研究考古学上存在的问题。

1961年9月至1962年，他先后在云南大理、丽江、中甸、德宏和永胜调查。1963年，他回中央民族学院开始大量阅读国外人类学著作，学习民族学基础知识及调查方法。1964年5～7月，他带领学生到西双版纳实习，开始调查傣族制陶问题，同年10月，他调到云南省历史研究所工作。这期间，汪宁生已连续在《考古》《文物》等刊物上发表自己第一批的调查研究成果。1965年1月起，他开始在滇西南进行长期调查，发现沧源崖画。沧源崖画直接反映古代这一地区居民放牧、狩猎、战争、舞蹈和祭祀等生活场面，尤其是其中一幅村落图，可以看出当地人过着定居生活的情景。1967年，汪宁生开始搜集云南考古发现的资料，写作《云南考古》。1968年，汪宁生下放到弥勒县"五七干校"，1972年5月，他调入云南省博物馆工作，1979年10月，他调入云南民族学院。此后几年，汪宁生相继往大凉山、永德、西双版纳、沧源等进行调查。

从20世纪60年代初起，除"文化大革命"初期，汪宁生几乎没有一年不做田野工作，有时一年有几个月在田野工作，一直到60多岁还带学生赴野外实习。1980年，《云南考古》出版，书中将云南地区的经济文化发展划分为几个阶段，不仅概括地介绍每一阶段的重要文物和重大发现，而且参考历史文献，指出该阶段的历史特点和考古学上的空白与缺环。1983年后，汪宁生有机会到欧美很多国家访问考察，所到之处，常与国外同行交流经验，请教问题，并收集购买大量图书。归国之后，他结合自己几十年经验，写成《文化人类学调查——正确认识社会的方法》一书。该书为在中国从事民族调查或社会调查的人员具体开展工作（如何发问、如何记录、应注意的事项等）提供了一套科学的程序和方法，成为一本调查工作手册，被很多大学有关专业指定为教材或报考研究生的必读教科书。1985年，汪宁生的《云南沧源崖画的发现和研究》一书出版，这是中国研究崖壁艺术的第一本专著。1987年，他发表《谈民族考古学》一文，第一次对民族考古学的定义、研究范围、研究方法、中国古人早有的认识及当前中国民族考古学不足之处等方面进行系统讨论。以后他又陆续发表《再谈民族考古学》《三谈民族考古学》，介绍西方同行的经验，发展和扩展自己的认识。这三篇文章结合起来，堪称是一本"中国民族考古学"的纲要，反映汪宁生对这门学科总的认识和方法论。

汪宁生还对云南一些重要考古发现和文

物，特别是以云南晋宁石寨山滇人墓为代表的云南青铜文化（包括铜鼓），进行深入系统地研究。他根据青铜器及器物上的图像，对其所反映的民族关系、社会经济生活及政权形成、艺术成就等分别进行探讨。2006年，汪宁生被云南民族大学聘为民族研究首席科学家。2010年11月，他赴泰国清迈、清莱及金三角地区开展口述民族史工作；2012年，他组织民族研究中心人员赴广西、贵州等地开展口述民族史的调查和整理工作；2013年，他组织民族研究中心人员对中国南方古代生态碑刻资料进行整理和研究。2014年1月，四卷本的《汪宁生集》出版，共收论文、专著、日记11种，400万字。

汪宁生曾任云南省民族研究所研究员兼副所长、云南民族学院教授兼历史系主任，他还曾任中国人类学会、中国民族学会、中国考古学会等学术团体的理事，国家民族事务委员会学术委员会委员，联合国教科文组织下属崖壁艺术国际委员会成员和美国费城人类社会问题研究所荣誉研究员等。

2014年2月1日，汪宁生在昆明逝世。

唐云明 天津宁河人。民国19年（1930年）6月26日出生。中共党员，考古学家，曾任河北省文物考古研究所副所长、研究馆员。

1949年8月，唐云明高中毕业，到原河北艺校梆子剧团工作。1954年，唐云明参加文化部社会文化事业管理局与中国科学院考古研究所、北京大学联合举办的第三届全国考古工作人员训练班，并于同年8月调入河北省文物管理委员会文物工作队。训练班结业后，唐云明回到河北，开始其考古生涯。他参加多项河北省重要遗址和墓葬的发掘工作，如唐山大城山龙山文化遗址、望都二号汉墓、邢台曹演庄遗址、井陉柿庄宋墓、平山北齐崔昂墓、磁县下潘汪遗址、藁城台西商代遗址、元氏西张村西周遗址和墓葬、正定南杨庄仰韶文化遗址的调查与发掘等。1973年，唐云明参加藁城台西商代遗址发掘，取得丰硕成果，特别是出土器物铁刃铜钺的发现，将中国铁器的使用提早到商代。为了解铁刃的成分，他将原件带到北京，奔走于冶金方面的科学研究机构。同时，他也查阅大量中外资料，连续撰文就这一发现进行深入探讨，在学术界引起热烈讨论。他还经常同各学科学者合作研究新的考古发现，在《藁城台西商代遗址》发掘报告的结语中，论及商代的铁器、房屋建筑、医药、纺织、漆器、酿酒、陶文，同书附录还有对遗址所出兽骨、龟甲、植物、酵母残骸、原始瓷片的科学鉴定。整部报告都体现出考古学与其他多种学科综合研究的成果。

1978年，唐云明参加元氏县西张村西周墓发掘，分别从1号、2号墓葬中出土一组完整的青铜礼器，其中两件臣谏簋，其铭文揭示周初軧国的地理位置，证实周初始封邢侯之国的地域，以及邢国与北戎的关系。铭文确切记载戎人大举出兵于今元氏县境的泜水流域，邢侯出兵搏战，证明邢的初封就在今河北邢台。

唐云明在长期田野考古的基础上，将研究重点集中到河北的新石器时代和商代考古，他的许多论作均围绕此重点展开。如《略论"磁山"和"裴李岗"的有关问题》《试谈有关河

北仰韶文化中的一些问题》《试谈豫北冀南仰韶文化的类型与分期》《也谈仰韶文化下潘汪类型》《关于龙山文化的一些问题的讨论》等。藁城台西遗址是河北已发掘的一处最重要的商代遗址，由他编写的发掘报告《藁城台西商代遗址》于1985年出版，并荣获1988年"河北省第二届社会科学研究优秀成果奖"著作类一等奖。

唐云明治学态度严谨，每遇问题，常常求教于有关专家，与专家交流各种学术信息。他家至今保存着装订成册的夏鼐、李学勤、邹衡、安金槐等专家给他的来信。

唐云明长期坚持在田野考古第一线，扎实的考古功底，加上勤于笔耕，使他在整理出许多报告、简报之余，写下许多高水平的研究论文，他的学术成就集中体现在《藁城台西商代遗址》和1990年编辑出版的《唐云明考古论文集》中。

唐云明曾担任中国考古学会会员、河北省文物考古学会副理事长。

1992年5月18日，唐云明在石家庄去世。

赵生琛　青海西宁人。民国19年（1930年）9月23日出生。中共党员，考古学家，青海文博事业奠基人和开拓者之一。

1950年赵生琛高中毕业即在青海省图书馆工作。1952年参加由文化部社会文化事业管理局、中国科学院考古研究所和北京大学联合举办的全国考古工作人员训练班，学习考古专业知识。1960年进入文化部文化学院文博班进修，取得大学专科学历。

20世纪50年代，随着兰青铁路等基础建设的全面展开，赵生琛投身于青海省文物调查和田野考古发掘工作中。赵生琛作为考古领队，于20世纪50年代和70年代分别主持发掘青海省三处重要古文化遗址和墓地。1959年，他率队发掘青海省都兰县诺木洪乡塔里他里哈遗址，取得重要成果，并命名为"诺木洪文化"。从该遗址所揭示的各种资料分析，诺木洪文化为西周时期，中国西部羌人部族的一支所创造，该文化已进入青铜器时代。遗址中发现的房屋土坯围墙、畜圈、皮靴、骨耜、结绳、石器、陶器等文物，为研究诺木洪文化时期人们在生产生活、手工业等方面的情况，特别是研究中国古代羌族历史提供了极其重要的资料。为此，赵生琛执笔以青海省文物管理委员会的名义，在《文物》1960年第6期发表《青海柴达木盆地诺木洪、巴隆和香日德三处古代文化遗址调查简报》；以青海省文物管理委员会、中国科学院考古研究所青海队的名义，在《考古学报》1963年第1期发表《青海都兰县诺木洪搭里他里哈遗址调查与试掘》。

20世纪70年代，赵生琛先后主持和参与大通上孙家寨新石器时代及汉魏晋时期墓葬遗址、乐都柳湾遗址等几十个古代遗存的考古发掘工作，取得非凡的成就。上孙家寨遗址于1972年开始发掘，历时8年，发掘出新石器时代、青铜时代、汉魏晋墓葬千余座。赵生琛根据青铜时代墓葬出土的随葬品分类排比，提出"上孙类型"说。在遗址发掘过程中，赵生琛亲手挖出了马家窑类型舞蹈纹彩陶盆、汉代"匈奴归义亲汉长"铜印及汉"马良"木简等稀世珍品。舞蹈纹彩陶盆的口沿内侧，用黑彩绘有3组、每组各5个的手拉手舞蹈人物纹饰，这是中国首次考古发现的有关新石器时代人类舞蹈的形象，对原始社会人体艺术、美术及原始宗教巫舞等研究，提供了珍贵的实物资料；汉代"匈奴归义亲汉长"铜印，证实汉代政府对周边少数民族政权首领给予封号、颁发印信，从而建立关系的一种政治制度；遗址出土的汉代木简，记载了汉代军队条律等内容。这几件重要文物的出土，引起了学界的高度重视和不同角度的深入研究。后马家窑类型舞蹈纹彩陶盆和汉代"匈奴归义亲汉长"铜印被调入中国国家博物馆收藏展出。

1974年，赵生琛等人开始发掘位于乐都县城以东约17千米处的柳湾墓地，共发掘出半山、马厂、齐家、辛店等不同文化类型墓葬1500座，出土器物3万余件。其中马厂类型裸体彩塑人像壶等一些文物，被定为国家一级文物，裸体彩塑人像壶收藏于中国国家博物馆。通过对该墓地的发掘、整理、研究，为解决马家窑文化不同类型的特点、分期及彼此之间关系提供了科学的依据。同时从出土器物中找出了半山类型经马厂类型到齐家文化的特征及其转化规律，并建立起本地区古文化发展序列。通过重点对甘青地区齐家文化资料的分析，搞清了柳湾齐家文化的独特性，赵生琛与同仁们共同提出"齐家文化柳湾类型"的命名。20世纪70年代末期，曾以柳湾墓地所揭示的墓葬资料和出土文物筹办了"阶级起源"展览，引起社会各界的关注。

赵生琛为了解省内的可移动文物以及不可移动文物，几十年来不辞辛劳与同事们踏遍了青海的每个州县，填补了许多空白，为青海省不可移动文物的保护工作打下了坚实的基础。1981年5月，青海省文物考古队组成青海湖环湖文物调查组，赵生琛率队调查了青海湖周边的古代文化遗址8处、古代城堡9处，取得第一手资料。

赵生琛自20世纪50年代起，共在相关学术刊物上发表青海地区文物考古论述、发掘简报及科普文章百余篇，如《青海乐都东郊古墓的清理》《西宁哆吧乡指挥庄汉墓》等，以及《青海乐都瞿昙寺文物调查记》《青海省文物考古工作大事纪略》等。由谢端琚、赵生琛、赵信合编大型考古发掘报告《青海柳湾》，于1986年荣获中国社会科学院"夏鼐考古研究成果奖"及1993年中国社会科学院"优秀科学成果奖"。赵生琛还与谢端琚、赵信合著《青海古代文化》《西北五省（区）考古学文献目录》《文物考古学文献目录》等专业学术论著。

赵生琛长期担任青海考古工作队队长、青海省文化局文物管理处处长等职务，还担任青海省考古学会副理事长、青海省历史学会理事长、青海省史志研究会理事、青海省文物专家组专家等。

2007年11月，赵生琛在西宁逝世。

徐苹芳 山东招远人。民国19年（1930年）10月4日生于山东济南。考古学家。

1950年，徐苹芳考入燕京大学新闻系，一年后转入历史系。1952年，全国院系调整后，徐苹芳入北京大学历史学系考古专业，1955年，徐苹芳毕业后入南开大学历史系任助教，成为史学家郑天挺的助手。1956年，徐苹芳转入中国科学院考古研究所工作。

徐苹芳长期致力于中国历史考古学的研

究，以兼通历史文献学著称于学界。20世纪50年代起，徐苹芳跟从清华大学建筑系赵正之对北京城作系统研究，这奠定他毕生致力于古代城市研究的基础。20世纪60年代，在赵正之勘察和研究元大都的基础上，徐苹芳主持北京元大都的勘察和发掘，1964～1974年，元大都考古队勘察元大都的城垣、街道、河湖水系等遗迹，发掘十余处不同类型的居住遗址和建筑遗存，为复原元大都的城市规划奠定基础。这是中国第一次系统地对一座古今重叠式的古代城市进行的田野调查和考古发掘，所取得的重要成果反映在由徐苹芳执笔完成的《元大都的勘查和发掘》中。期间，徐苹芳还主持对金中都遗址的勘察工作。此后，徐苹芳开始关注宋元明地方城市研究，对一些重点城市的考古工作予以策划和指导。1983年和1987年，中国社会科学院考古研究所与地方文物部门合作，先后组建临安城考古队和扬州城考古队，徐苹芳任队长。1985年，徐苹芳任中国社会科学院考古研究所研究员。1986年，徐苹芳完成《明清北京城图》并出版。书中收录徐苹芳在前辈工作的基础上，结合最新考古材料与古代地图和文献，绘制出的元、明、清三代的北京城历史地图。它是把考古材料和历史文献相互结合并以科学方法绘制的古代城市历史地图，使北京成为古今重叠式城市考古学研究的一个范例。在宋元明城市考古这一领域中，徐苹芳在前辈学者探索的基础上，确立古今重叠型城市考古的基本方法和工作程序，总结都城规划的特点及发展规律，分析地方城市的类型及形成原因，由此构建宋元明城市考古的基本体系。

1988年，徐苹芳任中国社会科学院考古研究所所长。自20世纪70～80年代开始，以若干重要的考古发现为契机，在学术界形成探索中国文明起源的热潮。但这类研究在初起阶段还处于零散和自发的状态。1989～1991年，作为中国社会科学院考古研究所所长兼《考古》杂志主编，徐苹芳适时组织文明起源课题组，通过主持召开座谈会、组织学术考察、发表笔谈等形式，开始有组织、有计划地探索中国文明起源的研究工作。他通过文明起源研究等重大课题，积极加强与地方的联系，进一步扩大考古研究所在中国考古学领域的影响。徐苹芳在相当长的时间内，在规划主持这一大的学术活动的同时，就对有关中国文明起源研究的方法、途径等提出指导性意见。嗣后，他又通过对中国史前时代至秦代的考古学研究，形成对中国文明起源与发展及其特点的系统认识。在《中国文明的形成》一书他与张光直合作的结语中，阐述中国文明的独特性及其对世界文化的贡献，这些观点产生广泛的学术影响。

徐苹芳退休后，作为国家文物局考古专家组专家、全国历史文化名城保护专家委员会委员、北京市历史文化名城保护委员会专家组专家，将更多的精力投入到文物保护事业中。1998年9月，国务院三峡建设委员会办公室召开《三峡淹没区及迁建区文物古迹保护规划报告》论证会，专家组由27位专家组成，徐苹芳作为专家组组长主持会议。报告包括地面、地下、水下保护项目计1087项，经过反复论证，克服重重困难，形成九条专家论证意见。根据论证意见，报告经修改后上报，于2000年获得批准。这是中国第一部大型基本建设工程中的文物保护规划报告，对之后大型基建工程中的文物保护规划编制工作，具有重要参考价值。

作为全国历史文化名城保护专家委员会的委员，徐苹芳凭借其深厚的中国古代城市考古研究的功底，对历史文化名城的保护一直给予高度关注。他为北京四合院的保护奔走呼吁，为北京旧城的整体保护进言献策，对名城保护中出现的违法事件直言极谏。2000年，徐苹芳与中国工程院院士傅熹年提出《抢救保护北京城内元大都街道规划遗迹的意见》；2002年，徐苹芳发表《论北京旧城的街道规划及其保护》；2004年7月，徐苹芳再次对改造旧鼓楼大街发表反对意见。

徐苹芳长年在北京大学考古文博学院兼任教授，担任"宋元考古学"等历史考古学主干课程的教学和研究，研究领域涵盖中国历史考古学诸多领域和重大课题，特别是在中国古代城市考古、汉代简牍和宋元考古研究上成就卓著。徐苹芳还曾担任中国考古学会理事长，中国社会科学院荣誉学部委员，全国政协第七、八届委员。全国哲学社会科学考古学科规划小组组长，全国古籍整理出版规划小组成员，中国世界文化遗产专家委员会委员，全国历史文化名城保护专家委员会委员，中国文物学会顾问，中国古迹遗址保护协会顾问，北京市文物古迹保护委员会委员，《燕京学报》副主编等职。他曾任美国普林斯顿大学东亚系和考古美术系访问教授（1986～1987年），台湾大学历史系客座教授（1999年）。

徐苹芳一生著作丰富，著有《居延汉简甲乙编》（合著）、《明清北京城图》和《中国历史考古学论丛》等著作。徐苹芳还曾领衔主编《中国古代天文文物图集》《十世纪前的丝绸之路和东西文化交流》和《中国文明的形成》等书；担任《二十世纪中国社会科学·考古学卷》《中国陶瓷史》和《元大都》等大型论著、报告的主编。

2011年5月22日，徐苹芳在北京去世。

沈竹 曾用名君安、赞璆、卓琪。浙江宁波人。民国19年（1930年）10月25日出生。中共党员，中华人民共和国文物博物馆事业管理者之一。

民国36年（1947年），沈竹就读于上海安心中学，同年9月，考入上海光华大学外文系。民国37年（1948年）9月，沈竹转入上海中华工商专科学校读书。同年11月，在上海地下党安排下撤退至华中党校学习。1949年，沈竹随解放大军南下，担任上海市委组织部干事。中华人民共和国成立后，他历任上海市静安区委宣传部干事、副科长，上海市政府人事局干事、副科长，上海市委宣传部学习室组长、理论处副处长等职务。1955～1964年，沈竹主要从事干部理论教育工作，拟订上海市全市干部理论学习计划，组织辅导、培训兼职理论教员1000余人。1965年1月，沈竹调至文化部政策研究室，1969年9月，沈竹赴湖北文化部咸宁干校学习。

1973年1月，国务院批准王冶秋《关于增加出土文物展览工作领导小组成员》和《组织中华人民共和国出土文物展览工作委员会》的报告，沈竹受组织选派参与中华人民共和国出土文物展览工作委员会相关工作，任工作室副组长，主持筹办赴日文物展览和全国新发现文物的展览。1973年6月，"中华人民共和国出土文物展览"在日本东京国立博物馆开幕，展品236件。日本首相田中角荣出席开幕式并讲话，国家文物事业管理局局长王冶秋率代表团参加开幕式。

1973年11月，沈竹任国家文物事业管理局文物处副处长，他协助王冶秋审查讨论中国通史陈列，组织银雀山竹简《孙膑兵法》、马王堆帛书老子《道德经》研究，审阅各期《文物》月刊，同时起草相当一部分关于文物保护和考古发掘管理的文件。

1975年10月，沈竹为国家文物事业管理局副局长，开始负责全国文物保护和考古发掘的管理。他支持和组织促进秦陵兵马俑遗址、铜绿山古矿冶遗址等重大考古发掘及其博物馆建设工作，推动地震考古以及水下考古的开拓工作和文物市场的统一管理。

1979年12月，沈竹主持召开全国文物系统计划财务工作会议，讨论文物事业在做好文、博、图本职工作的前提下，如何大力开展增产节约；研究1980年国家财政体制改为中央与地方"划分收入，分级包干"（"分灶吃饭"）后，文物事业经费的预算划分以及安排1980年重点文物维修计划等问题。

改革开放以后，文物保护工作迫切需要规范化、法制化，1979年以后，沈竹主持草拟并参加修改定稿一批文物保护的重要文件、法律法规。其中，沈竹主要参与撰写、制定1980年5月17日国务院《关于加强历史文物保护工作的通知》、1981年4月10日国务院办公厅转发文化部、国家文物事业管理局《关于长城破坏情况的调查报告的通知》，并在《中华人民共和国文物保护法》的制定、修改和完善过程中参与大量工作。1986年11月，沈竹主持全国文物保护法宣传工作会议，在全社会推广、宣传《中华人民共和国文物保护法》。他还积极参与1987年11月24日国务院发出的《关于进一步加强文物工作的通知》的制定。

20世纪80年代，沈竹具体组织为期10年的第二次全国文物普查工作，从1981年普查开始，沈竹共主持两次全国文物普查会议，四次编纂会议。在第二次文物普查成果的基础上，国务院先后公布三至六批全国重点文物保护单位。1986年3月，文化部文物事业管理局在云南昆明召开全国考古发掘与文物普查工作会议，会议决定编写《中国文物地图集》。同年7月，《中国文物地图集》编辑委员会成立，沈竹任编委会主任。沈竹还参与修改拟定《关于打击盗掘和走私文物活动的通告》，该通告于1987年5月26日由国务院正式发出。1987年6月，文化部文物事业管理局改为国家文物事业管理局，沈竹任副局长。1987年8月，沈竹主持国家文物事业管理局在吉林召开的《中国文物地图集》编辑工作座谈会，研究编辑工作中的具体问题。同时讨论文物保护法实施细则草案框架。1988年6月，国家文物事业管理局改为国家文物局，沈竹任副局长。

沈竹还积极促进国家文物局、美国盖蒂保护研究所、敦煌研究院建立长期的伙伴关系。1989年6月，沈竹率代表团赴美国，在洛杉矶与盖蒂保护研究所，就敦煌和云冈石窟的科学技术保护问题进行协商并签订了细则。1990年，中国文物研究所开始与美国盖蒂保护研究所合作保护敦煌莫高窟、云冈石窟项目，进行治理莫高窟的风沙和洞窟内环境监测。

沈竹还组织领导编写《中国历代名人胜迹大辞典》《中国文物精华大辞典》《中国历史文化名城手册》和《中国名胜词典》（第二版），参加编辑《中国大百科全书·文物博物馆》，任编辑委员会副主任。此外，沈竹还积极促进《中国文物报》的筹组工作。

2015年2月22日，沈竹在北京逝世。

吴浩坤 江苏宜兴人。民国19年（1930年）12月20日出生。甲骨学史专家，复旦大学文物与博物馆专业人才培养的开拓者，复旦大学教授，博士生导师。

1951年，吴浩坤考入东北师范大学中文系，后因身体原因退学。次年，他考入复旦大学历史系。1956年毕业，同年考取复旦大学历史系研究生，师从历史学家周予同教授攻读中国古代史。1958年，吴浩坤被错划为右派，5月进入复旦大学图书馆编目室工作，1959年5月起在复旦大学历史系资料室工作。1960年6月，吴浩坤被调到复旦大学历史地理研究室，从事由谭其骧主编的《中国历史地图集》的资料编绘工作十余年，该套历史地图集获"上海市哲学社会科学成果奖"特等奖。

1978年8月，吴浩坤平反后，进入复旦大学历史系中国古代史教研组任教，晋升讲师。其间合作完成《文史工具书的源流和使用》《中国古代史论文资料索引（1949～1974）》《中国近代史论著目录》和《五十二种文史资料篇目分类索引》等数部工具书的编写。其中《文史工具书的源流和使用》受到广泛好评，

再版多次。《五十二种文史资料篇目分类索引》荣获"庆祝中华人民共和国成立40周年、中国图书馆学会成立10周年二次文献成果奖"优秀成果奖。

1983年冬，复旦大学与文化部文物事业管理局协议，共同创办第一届两年制文博干部专修班。吴浩坤担任复旦大学历史系文博教研室主任，在十分困难的条件下，主持各项教学、科研工作。当时全国文博界专业人员青黄不接，从业者普遍缺乏学历培训，由复旦组织的考试，最终从上千报名者中录取59名学员，于1984年春季入学。学员中大多是省级以上文博单位的业务骨干，毕业以后在各自的岗位上发挥了非常好的作用。这是全国第一个文博干部专修班，也是复旦大学文博专业的起点。与此同时，复旦大学文博专业研究生的招生方案也随之出台，招收的学生主要为文物和考古方向，首届研究生招收了9名学生，于1984年秋季入学。基础课师资依靠复旦大学，专业课师资来自博物馆、图书馆和上海市社会科学院，并聘请资深文博专家为导师。

1985年，吴浩坤晋升为副教授。同年秋天，首届复旦大学文博专业33名本科生入学。吴浩坤陆续主持制定从大专、本科至硕士的教学计划，突出利用现代科技作为文物研究的新方法，创立"文理结合"的复旦特色，不仅开全国之先河，还得到国家教委和文化部文物事业管理局的认可。

吴浩坤师从甲骨学家胡厚宣研习甲骨文和殷商史。1985年12月，吴浩坤与夫人潘悠合著的《中国甲骨学史》出版，此书以丰富翔实的资料介绍了甲骨文的发现、搜集与流传，殷

墟发掘和其他地区甲骨的考古发现，甲骨的类别、数量与出土地点，甲骨占卜方法与甲骨文文例、文法，甲骨文字的形体结构、考释与断代，甲骨文字的辨伪与缀合，甲骨文与诸学科的关系等。该书甫一问世，深受欢迎，几番再版，还发行了繁体字版和韩国韩文版，在中国甲骨学研究领域具有重要地位。吴浩坤在甲骨文和商周历史研究的其他成果有《商朝王位继承制度论略》，从历史记载入手，研究商代王位的继承问题，指出"父子相继"是商代王位继承的主要实质，为众说纷纭的学术争讼提供有力的考论；《从青铜器铭文看西周的战争》，收集、爬梳青铜器铭文资料，指出西周时期战争的频繁和残酷；《甲骨文所见商代的水上交通工具》，通过卜辞材料，指出商代已有木板船、舵桨和风帆类的水上交通工具。

1986年，吴浩坤邀请日本博物馆学专家鹤田总一郎教授到上海，在国内首次举办全国性的博物馆学培训班，参加者多为各地博物馆的领导。同年吴浩坤被复旦大学记大功一次。

1987年，复旦大学文博专业在全国招收首届文物保护研究生班，该班学员后成为国内文物保护领域的中坚力量。同年，吴浩坤获复旦大学先进工作者称号。1987年复旦大学文博专业在吴浩坤的领导下，开始筹办复旦大学博物馆作为专业实习基地。吴浩坤和相关老师一起积极努力，在国家文物事业管理局、上海博物馆和学校的支持下，尽可能充实博物馆馆藏。先后从上海博物馆获赠整套中国历代钱币；从洛阳文物考古工作队等河南文博机构获赠古代陶瓷器；从复旦生物系借调20世纪30年代人类学教授刘咸，在台湾征集的当地少数民族民俗

文物。这些文物最终正式入藏复旦大学博物馆。1989年3月，复旦大学文博学院成立时，国内文化界名家泰斗纷纷送来墨宝以表庆贺，沪上著名书画家也创作了祝贺作品，这些作品也成为复旦大学博物馆现代书画的珍贵收藏。复旦大学博物馆于1992年元旦正式开馆，成为当时国内屈指可数的高校博物馆。

1988年，吴浩坤被聘为教授。在繁重的教学管理工作外，还担任《战国会要》《西周史》《春秋史》《文物学与博物馆管理学》等书的主编。

1991年，吴浩坤担任复旦大学文博学院副院长，1996年1月退休。

吴浩坤曾任复旦大学文物与博物馆学系主任，兼任中国先秦史学会理事、上海文物博物馆学会副理事长、中国徐福研究会理事、阳羡历史文化研究会顾问等职。他发表学术论文20余篇，其中《从青铜器铭文看西周的战争》一文，获"上海市哲学社会科学优秀成果奖"三等奖；出版专著和参编著作主要有《古史探索与古籍研究》《中国甲骨学史》《文博研究论集》《战国会要》等十余种。

2017年11月12日，吴浩坤病逝于上海。

黄宣佩 浙江宁波人。民国19年（1930年）出生。中共党员，考古学家，研究馆员，曾任上海博物馆副馆长。

黄宣佩出生于一个船员之家，父亲和叔父都是货轮的技术工人，儿时随父辗转多地，在香港、上海等地上小学、初中。民国36年（1947年），他以初中优等的成

绩越两级考入江苏省立水产学校，立志成为一名海员。1949年，黄宣佩从水产学校毕业时，中华人民共和国刚刚成立，海运事业尚无发展，他暂时无法实现志向，待业在家。不久，黄宣佩参加上海市文物管理委员会的招聘考试并被录用。1952年5月，他被分配到上海博物馆筹备处。1954年，黄宣佩参加文化部社会文化事业管理局、中国科学院考古研究所和北京大学联合举办的第三届全国考古工作人员训练班。1956年，上海博物馆成立考古组，黄宣佩任小组长，此后历任上海博物馆历史部副主任、考古部主任、副馆长，上海市文物管理委员会委员，上海大学文学院兼职教授等。1992年获国务院政府特殊津贴，1993年获国务院颁发的"为我国文化艺术事业做出突出贡献"专家证书。

1959年底至1960年初，黄宣佩主持对马桥遗址进行发掘，发现良渚文化、马桥文化、吴越文化的地层关系，经过进一步研究，对这批遗存的年代有更科学的认识，将其命名为"马桥文化"，并得到全国同行的认同。马桥文化的发现为上海地区成陆年代的研究提供科学依据。

1961年，黄宣佩主持发掘崧泽遗址，在马家浜文化层之上，发现另一种新石器时代文化，出土大量典型器物，经过黄宣佩的研究与考证，并及时发表考古报告，这种新的文化类型获得"崧泽文化"的命名。通过对崧泽遗址的发掘，发现上海最早的古人，使研究上海史的年代推前到距今约6000年。

1984年，黄宣佩主持青浦福泉山遗址的发掘，第一次揭开良渚高台贵族墓地并非利用天然土山，而是人工堆筑高台的秘密，在学术界引起巨大反响。

长期的考古发掘与学术研究中，黄宣佩对良渚文化玉器的用途、制作工艺、玉器变白以及玉器刻符、玉琮、玉锥形器等都进行深入研究。关于良渚玉器的用途，他统计90余座墓葬的出土玉器，认为应该综合器物的出土位置、纹饰、墓主性别等多方面信息，进行统计分析，并对玉钺、玉琮、玉璧、玉锥形器、玉冠形器、玉三叉形器、玉璜等的用途提出自己的看法。

黄宣佩任上海博物馆副馆长期间，主管文物管理委员会工作，与各区县积极协商，多方筹措资金，对上海地区现存的、因年久失修而濒临损毁的许多古塔进行抢救性保护。1992～1994年，黄宣佩主持西林塔的修缮，并对该塔天宫和地宫进行发掘，发现玉器400余件，数量之多、制作之精，都属罕见，是研究明代民间玉器的一大收获。1994年，他主持对严重倾斜的嘉定法华塔进行抢修，发掘塔底的地宫和6层塔室的壁龛，清理出大量宋元明时期文物。此外，他还主持对青浦青龙塔、万寿塔、泖塔等地面文物进行修缮，并主持筹建青浦、嘉定、松江、奉贤等区县博物馆。

黄宣佩以严谨的学风，经数十年研究，出版《崧泽——新石器时代遗址发掘报告》《福泉山——新石器时代遗址发掘报告》《上海古代历史文物图录》等学术专著，发表论文60余篇。

2013年6月13日，黄宣佩在上海病逝。

李逸友　四川高县人。民国19年（1930年）出生。考古学家，内蒙古自治区文物考古研究所副所长、研究员。

李逸友出生于四川高

县的一个中医世家，初中毕业之前，跟随父亲学习了一些中医的常识，日常帮助父亲打理自家的中药铺。民国34年（1945年），李逸友考入成都建国中学上高中，开始显露出对文科的浓厚兴趣。民国36年（1947年）春，李逸友转学到重庆巴蜀中学。在巴蜀中学学习期间，李逸友每天下午到校图书馆帮助图书管理员借阅图书，借此机会，李逸友广泛涉猎大量文学和历史方面的书籍，培育了一定的文史素养。

1949年夏天，已高中毕业的李逸友与几位同学一起去成都报考大学，祖母要他继承祖业去学医，父母要他去学财经，而他凭着对文科的浓厚兴趣，选择报考四川大学历史系，并被成功录取。在四川大学历史系读完一年级后，李逸友于1950年7月到北京并考入北京大学历史学系学习。次年初，由于生活困难，李逸友从北京大学肄业，考入华北人民革命大学二部。1951年夏，李逸友被分配到绥远省人民政府学习委员会工作。1952年夏，李逸友参加文化部社会文化事业管理局、中国科学院考古研究所、北京大学合办的第一届全国考古工作人员训练班学习。当年冬天学习结束后，到绥远省文教厅从事文物考古工作。

1952年冬天，李逸友冒着风雪到东四中心旗调查二兰虎沟鲜卑墓地被盗情况。1954年，绥远省与内蒙古自治区合并，在内蒙古自治区文化局下设内蒙古文物工作组，负责全区的文物保护管理、田野调查和发掘等工作，李逸友担任副组长。1955年，在李逸友等的建议下，内蒙古自治区政府开始筹建内蒙古博物馆，由内蒙古文物工作组负责调集筹建人员。1956年，内蒙古博物馆动工兴

建，并于1957年5月1日内蒙古自治区成立10周年之际正式开馆。1958年，内蒙古文物工作组与内蒙古博物馆合署办公，李逸友仍为副组长。1959～1960年，李逸友主持对宁城县辽中京遗址进行发掘。此次发掘探明遗址辽、金、元、明四个时代的遗存及四个不同时代的城市布局，初步分辨出辽、金、元、明四个不同时期遗物的特征及其组合关系，探索出一套全面考察古代城址的田野考古学方法。1961年，内蒙古文物工作组改称内蒙古文物工作队，李逸友继续担任副队长。

1966年"文化大革命"开始后，内蒙古文物工作队的业务工作被迫停顿。李逸友于1971夏天被下放到乌拉特前旗小余太公社务农。1973年夏天返城后，李逸友到内蒙古大学蒙古史研究室工作5年。期间，李逸友利用内蒙古大学蒙古史研究室的丰富藏书，阅读大量有关北方民族史方面的史料和相关论著。1978年8月，李逸友重回内蒙古文物工作队工作，继续担任副队长主持全队工作。1983～1984年，李逸友主持对额济纳旗黑城遗址进行发掘，探明黑城内西夏黑水城和元代亦集乃路的层位关系，搞清元代城市布局，发掘元代各种类型的建筑基址及墓葬，出土大量文书、纸币及其他重要文物。1986年内蒙古文物工作队改称内蒙古自治区文物考古研究所，李逸友担任副所长并主持全所工作，主管全区的考古业务。1987年，李逸友获评研究员，1989年卸任副所长职务，1993年退休。

退休之后，李逸友仍然继续活跃在田野考古工作第一线。在内蒙古自治区第二次全国文物普查的成果《中国文物地图集·内蒙古自治

区分册》的编写工作中，李逸友负责其中的长城部分。为搞清内蒙古地区各时代长城的分布与走向，1996～1999年，李逸友不顾年迈，行程2.5万余千米，调查内蒙古及相邻省区的许多长城段落，为《中国文物地图集·内蒙古自治区分册》画出有分量的全区长城分布图，撰写《中国北方长城考述》一文，为后来国家文物局开展全国性的长城资源调查工作提供非常有价值的第一手资料。

李逸友一生勤勉著述，编撰有《黑城出土文书·汉文文书卷》和《内蒙古历史名城》两部专著，与魏坚合作主编了《内蒙古文物考古文集》第一辑，发表考古简报、报告和论文90余篇，晚年部分结集为《北方考古研究（一）》，其中《辽代城郭营建制度初探》《辽代契丹人墓葬制度概说》《元丰州甸城道路碑笺证》《元代草原丝绸之路上的纸币——内蒙古额济纳旗黑城出土的元钞及票券》和《中国北方长城考述》等论文均为经典之作。《辽代城郭营建制度初探》一文，曾获"内蒙古自治区哲学社会科学优秀论文奖"二等奖；《黑城出土文书·汉文文书卷》一书，曾获"内蒙古自治区哲学社会科学优秀著作奖"二等奖；《元代草原丝绸之路上的纸币——内蒙古额济纳旗黑城出土的元钞及票券》《元代中期的钞法制度》二文分别于1993年、1998年获得中国钱币学会第一届、第二届"金泉奖"优秀论文奖。

李逸友一直注重对文物考古人才的培养。他主办过各种形式的文物干部培训班，为学员授课，手把手传授田野考古发掘方法。此外，还应邀为内蒙古大学历史系和蒙古史研究所的学生讲授"考古学通论"等课程。

2002年5月6日，李逸友在呼和浩特逝世。

黄高谦 安徽歙县人。民国20年（1931年）5月出生于上海。中共党员，原中国革命博物馆代馆长兼临时党委副书记，研究馆员。

1951年3月，黄高谦考入长春东北商业专门学校对外贸易系，次年11月调至沈阳中共中央东北局党校理论班学习，1954年9月，在校期间加入中国共产党，1955年6月毕业。同年，黄高谦被分配至哈尔滨师范学院马列主义教研室担任助教。1956年8月，黄高谦进入中国人民大学马列主义研究班学习党史。1959年3月研究生毕业后，黄高谦到中国革命博物馆工作，并参与"中国革命史陈列"的筹备工作，对陈列中"中国共产党的创立时期""第一次国内革命战争时期""抗日战争时期"等部分进行了内容研究、陈列方案设计、调查访问、文物征集和鉴选工作。

1963年10月至1966年1月，黄高谦参加对延安革命纪念馆陈列的调整修改，主要负责陈列指导思想原则和方案的制定、部分内容设计与文字说明的编写工作。1967年11月至1968年4月，黄高谦随团赴毛里塔尼亚，参与援建当地"文化之家"博物馆项目考察谈判、设计实施等工作，这是中国首个援外建设博物馆项目。1975年，黄高谦任党史陈列部副主任。"文化大革命"结束后，黄高谦主持参与对党史陈列的拨乱反正、抢救党史资料等工作。1983年，黄高谦为中国革命博物馆临时领导小组成员；1984年任中国革命博物馆副馆长；1986年任中国革命博物馆临时党委副书记。1986年7月至1989年9月，辽沈战役纪念馆建设新馆，黄高谦应邀多次参加建馆委员会会议，讨论建馆方案与陈列方案。1992年黄高谦任中国革命博物馆代理馆长。

黄高谦是中国近现代史类博物馆学术带头人和博物馆业务的组织领导者之一，他长期从事党史陈列工作，具有坚实的理论基础与丰富的党史知识。多年来，他参与主持筹办的主要展览有"抗日战争胜利20周年纪念展览""伟大领袖毛主席纪念展""朱德同志纪念展""从整风到七大展""十一届三中全会以来的伟大成就展""中国革命史陈列""纪念中国共产党成立70周年展""新民主主义革命时期文化史料展"等，这些展览在社会上均有较好反响，其中"十一届三中全会以来的伟大成就展"获得文化部"成绩优异"奖。

黄高谦的主要论文有《国统区民主运动的高涨》等；主编的大型图册有《中国共产党70年图集》《光辉的历程——中国共产党七十年历史图集》《创业之路——中华人民共和国40年历史图集》等。其中，《中国共产党70年图集》获第一届"国家图书奖"提名奖。

黄高谦曾任第八、第九届全国政协委员，中共党史学会常务理事、副秘书长，文化部党史资料征集委员会委员，国家文物局党史资料征集委员会领导小组成员，国家文物局高级职称评审委员会委员。1991年当选中共国家文物局直属机关党委常务委员。1992年被文化部评为"有突出贡献的专家"，享受国务院政府特殊津贴。2004年8月退休。

2013年9月，黄高谦病逝于北京。

张森水 浙江仙居人。民国20年（1931年）8月21日出生。古人类学家、考古学家，中国科学院古脊椎动物与古人类研究所研究员。

1956年，张森水毕业于北京大学历史学系考古专业，进入中国科学院古脊椎动物研究室工作，师承裴文中从事旧石器时代考古研究。他在参加工作伊始即在内蒙古清水河等地区发现30余处旧石器地点，发现一批形制特殊的石制品，并写有《内蒙古中南部和山西西北部新发现的旧石器》。1958年起，他参加北京猿人（当时称为中国猿人）石制品研究小组，对周口店第1地点出土的石制品开展整理和分析工作。1962年，他发表《对中国猿人石器性质的一些认识》一文，提出周口店遗址第1地点的石器文化可以划分为早、晚两期，从早期到晚期在不同原料的比例、尺寸变化、形态规范化、加工技术和类型等方面呈现渐变的趋势。1963年，他发表《周口店第22地点的旧石器》一文，通过对出自第22地点的石英标本重新进行研究，指出标本不是以前认为的"人工痕迹不甚清楚"而是人工痕迹十分清楚，并撰文发表研究成果，进一步完善周口店遗址的文化序列。1985年，张森水与裴文中合作出版专著《中国猿人石器研究》，成为中国旧石器时代考古学的一座里程碑。

张森水还参与丁村、观音洞等旧石器时代遗址的野外科考和室内研究。"文化大革命"后期他到东北考察，参与和主持对辽宁鸽子洞与金牛山、内蒙古扎赉诺尔等遗址的发掘，成为东北地区旧石器时代考古的主要开拓者。"文化大革命"后,他主持对四川富林、贵州穿洞与马鞍山、陕西大荔甜水沟、河北孟家泉等旧石器时代遗址的发掘与研究,指导对河北四方洞、四川铜梁与猫猫洞、安徽人字洞、福建万寿岩、云南大河和重庆三峡库区诸多旧石器时代遗址的调查、发掘与研究。晚年他主持浙江省旧石器时代考古的调查与研究工作,指导天津旧石器时代考古调查。

张森水对丁村等石器工业进行重新分析,并较系统地应用数理统计方法,促进中国旧石器时代考古从定性到定量的转变和方法的成熟。他倡导对石器和骨器的制作与使用实验并身体力行,指导中国首次针对石器功能的系统微痕研究,最早将"区系类型"的概念引入中国旧石器时代考古学,提出中国存在以小型石片石器为代表的北方主工业和以大型砾石石器为代表的南方主工业的理论。他提出中国北方旧石器时代文化的"区域渐进与文化交流"学说和"继承延缓发展、交流促进创新"的认识。2004年,香港西贡发现一处疑似旧石器时代的古人类遗址。他不顾年迈,专程前往,跋涉于野外,对发现的遗物、遗迹和地层进行观察和论证,认为是一项重要发现,有可能改写香港地区乃至中国东南人类生存的历史,而且基于其特殊的文化面貌提出了新的课题。

张森水先后发表160多篇/部学术论文、专著,还以"路石"和"一丁"等笔名发表了大量的科普文章和杂记。其中《西藏定日新发现的旧石器》《富林文化》《贵州省旧石器的新发现》《河北迁安县爪村地点发现的旧石器》《漳州莲花池山旧石器时代文化地点的新材料及再研究》,是他考察大江南北的印记;《繁昌人字洞旧石器遗址1998年发现的人工制品》,是他在年近七旬时承担的一项重大课题成果,在学术界对人字洞材料的一片争议声中,他对其进行客观描述和分析,并在材料的人工属性界定方面亮出鲜明的观点;《浙江旧石器调查报告》则浸透着他为消除中国旧石器时代考古空白省份所付出的心血和汗水。他曾获得"中国科学院自然科学奖"一等奖、二等奖和"郭沫若中国历史学奖"二等奖、荣誉奖以及"裴文中科学奖"等奖项,是继裴文中、贾兰坡之后中国旧石器时代考古学的重要领航者。

张森水在培养考古人才方面不遗余力,桃李遍天下。他是中国科学院古脊椎动物与古人类研究所较早的研究生导师之一,并在晚年积极协助年轻学者培养隔代学生。他因人施教,根据学科需求培养紧缺人才,选定研究生从事微痕分析、碎骨分析等专题研究,致力培养分支领域学术带头人。在吉林大学成立考古专业之初,他欣然应邀担任兼职教授,承担旧石器时代考古的教学工作,从课程设计、教材编写到标本收集,都亲力亲为,一教数年。他在全国许多大专院校和文博单位进行过授课和讲学,传授古人类学与旧石器时代考古学的专业知识。他参与过周口店系列古人类学和旧石器时代考古学培训班的授课工作,主持河北省首届旧石器时代考古培训班和三峡地区旧石器时代考古训练班。

张森水作为国家文物局考古专家组的成员,他对中国旧石器时代考古的发掘和研究工作提出过许多重要意见和建议,为许多遗址的发掘和研究项目把关、定向、指导。在20世纪

90年代中后期的三峡水利建设工程中，他规划、组织野外调查，在库区内发现60余处石器时代遗址和脊椎动物化石地点，并指导其中一些重要地点的发掘和研究。21世纪初，福建三明万寿岩遗址面临被毁坏的危险，他亲临现场指导考古人员进行抢救性发掘并及时发表研究报告，组织专家学者研讨论证，向国家相关部门和地方政府提出保护建议，终于获得重视。遗址得以保全，成为国家重点文物保护单位。他还指导北京周口店、内蒙古大窑和萨拉乌苏、湖北建始龙骨洞等许多重要旧石器时代遗址保护规划的编制和论证工作，指导过很多古人类与旧石器专题博物馆的设计和展陈工作。

张森水曾任中国科学院古脊椎动物和古人类研究所古人类学研究室主任和科学指导与咨询委员会成员、《人类学学报》副主编、国家文物局考古专家组成员和中国考古学会常务理事。

张森水在离世前的数年里一直被腿部疾患困扰，但他却依然东奔西走，上山下乡。为调研旧石器时代遗址的保护和管理状况，他在两年中穿行半个中国。在去世前的两个月中，他先飞到长春，然后乘车赶往延边，考察论证新发现的含黑曜石制品的几处地点；回京后旋即乘火车赴浙江，利用国庆长假观察研究七里亭遗址出土的石制品；随后又一路颠簸赶往山东沂源，考察论证沂源人遗址的研究与保护。在沂源期间张森水发生便血现象；在乘车从沂源前往济南的途中，他在下车休息时腿部疾病发作，跌坐在地上。回京后到人民医院检查治疗月余，切除胃中的一个肿瘤，但对腿上的问题未诊断出结果。回到家中静养时他突然晕厥，急送人民医院。

2007年11月27日，张森水在北京人民医院逝世。

黄启权 福建福州人。民国20年（1931年）9月11日出生。中共党员，福州市文史专家。

黄启权几乎是在战火中长大的，特别是抗战时期，他深刻感受到国土沦陷之耻，从小立志报效祖国。从学生时代开始，他就参与抗日宣传活动，参加过爱国游行。

1951年8月，黄启权参加工作，历任福州市总工会文教干事、宣传干事，中共福州市委文教部干事。1956年10月，黄启权加入中国共产党。1958年5月，黄启权任福州日报社记者、编委兼副刊组组长。1970年，黄启权被下放到三明市莘口公社。

1978年5月，黄启权调入中共福州市委办公室，期间，他广泛查阅资料，访问知情人，撰写中共早期领导人王荷波的传记《王荷波传》，该书纠正了几项以讹传讹的记载，获"全国中共党史人物传优秀成果奖"，被收入《中共党史人物传》第12卷。

1983年6月，黄启权先后任中共福州市委办公室主任、中共福州市委办公厅主任。1989年2月，改任中共福州市委党史研究室主任，兼福州市文物管理委员会常务副主任、福州市地方志编纂委员会副主任、福州市博物馆馆长。在分管福州市党史、方志、文物工作的岗位上，黄启权搞调查、做规划、抓修缮、编著述。1989年福州市杨桥路拓宽，位于杨桥路黄金地段的市级文保单位林觉民故居、冰心故居被个别开发商看中，准备建设商品房。消息传出，引起社会各界广泛关注。1991年3月，福州市领导在林觉民故居召开现场办公会议，讨论林觉民故居的保护、维修和利用问题，使这处重要旧址得以保存。1991年11月9日，林觉民故居修复竣工，并辟为福州市辛亥革命纪念馆正式开放，成为全省首家辛亥革命纪念馆。黄启权先后主持、参与修复于山大士殿、邓拓故居、华林寺、琉球馆等，并策划在邓拓故居内陈列布展。在修复邓拓故居的过程中，为解决收回困难、拆迁困难、修复困难等问题，黄启权四处奔波，一件件解决问题，一步步推进工作。同时他还广泛收集图片、文字资料，将邓拓这位闽籍英才的事迹在展厅中呈现。1991年，福州启动实施紧急保护措施，首次对全市64处名人故居、历史纪念地和代表性建筑，比照市级文物保护单位予以挂牌，到次年1月，这64处场所全部完成挂牌。黄启权深知立法对保护历史文化名城的重要作用，从1989年4月开始，他积极推动制定《福州市历史文化名城保护条例》，经8年努力，九易其稿，于1997年由福建省人大批准公布实行。1991年，黄启权给市委领导写信，提出保护福州历史文化名城风貌的建议书，很快获批示。为保护名城，黄启权组织召开多次研讨会，发表文章，举办陈列展览，提出"保护三山，使名城增色；保护水面，使左海延泽；保护绿地，使榕城风流；保护温泉，使地热传宝"，推动福州历史文化名城保护进入实质性阶段。1992年6月，黄启权退休后被聘为福州市政府文化顾问，后来又担任福州市博物馆名誉馆长、《福州市志》副主编等。

三坊七巷是福州城市人文底蕴与基本内涵的重要构成。从2004年保护修缮三坊七巷的呼声传出开始，黄启权便经常夹着公文包，不辞辛劳地深入群众，广泛调查，挖掘坊巷文化内涵，为配合三坊七巷的保护修复工作与抢救文物资料做了大量前期工作。2009年，500多页的《三坊七巷志》出版，全面记述三坊七巷的历史风貌，突出三坊七巷的书香文化和民俗文化。

在从工作岗位退休后，黄启权一如既往地为福州文史事业忙碌，如指导陶铸故居修复工作，指导中共福州市委旧址等的修复展陈工作。此外，黄启权还悉心指导县（市）区党史等书稿的编撰，关心、指导各地开展场馆建设，并亲自挖掘史料撰写文章。他还参与审阅"纪念中国共产党成立95周年暨中共福州组织建立90周年专题图片展"的展陈稿等。

黄启权先后编著《王荷波传》《翁良毓》《方尔灏》《陈任民》《峃溪集》，主编或合编有《福州四十年》《福州乡土文化汇编》《东岐村志》《福州史话》《三山揽胜》《福州市志》《福州市三坊七巷人物勤政廉政故事》《三坊七巷志》《辛亥革命与福州》等著述20多部。黄启权曾任国家历史文化名城研究会理事、福建省党史人物传研究会理事、福建省地方志学会常务理事、福州市文管会专家组成员、福州市党史研究会会长、福州市地方志学会会长。他曾获"全国中共党史人物传优秀成果奖"、两次"福州市社会科学优秀成果奖"一等奖，被列为福州市社会科学专家库专家。

2017年9月8日，黄启权在福州逝世。

陈柏泉 江西清江人。民国20年（1931年）10月8日出生。九三学社成员，江西省博物馆研究馆员。

20世纪40年代后期，陈柏泉考入江西省高安师范专科学校，1951年，陈柏泉从该校毕业后到新建县生米中学担任校长。1954年，他考入天津南开大学历史系，1958年毕业后被分配到江西省文物管理委员会工作。报到不久，便赶往新建县参加明太祖第十六子宁献王朱权墓的发掘工作。一年后，陈柏泉主持发掘清江县潭埠地区汉至隋代古墓群和南昌、新建地区东汉墓葬。针对江西省墓葬分期断代不清的问题，陈柏泉在主持清江县古墓群的发掘之后，接连在《考古》杂志上发表江西清江隋墓、晋墓、南朝墓等墓葬遗址的考古发掘简报，提出这些墓葬所属朝代的划分标准。20世纪60年代初，他通过剖析清江古墓出土青瓷的胎质、釉色、造型，初步阐明江西青瓷发展史上各个时期的特点。1963年，陈柏泉任江西省文物考古队负责人。在工作中，他注意调查和发现散落的文物珍宝，明代著名清官况钟家藏明人墨迹手卷《况知府复任苏州赠行倡和诗卷》《秋江送别图诗卷》以及隋代青瓷军持（净水瓶）、古吉州窑白地铁绘奔鹿纹炉、元代青花四季花卉纹八方瓶、明代吴昊十瓷墓志和曾公墓碑等，都是他历经艰难考证、发现、护存的。

他撰写的《吉州窑艺术名瓷》《宋代制瓷艺师舒翁与舒娇》，经中国新闻社发往香港，引起国际考古学界的重视。他的论文《从明吴昊十墓志谈昊十九》和《制瓷艺师舒翁、舒娇事迹考》曾两次被台湾《故宫月刊》转引；《江西乐平明代青花窑址调查》一文在《文物》1973年第3期刊出后，日本《陶说》杂志于1981年全文译载，后又被美国、英国、新加坡等国家和中国香港等地区的多种论著转引。

陈柏泉相继参与和主持江西省和国家的几部大型图书的整理和编辑出版，如《江西通志稿》《江西历代人物辞典》《江西风物志》，以及《江西省文物志》《中国文物地图集·江西分册》和国家科研规划项目《全宋文》的编纂工作。

陈柏泉致力于江西的墓志研究。1982年，陈柏泉开始在《中华文史论丛》上刊登他的《江西出土碑志选考》，一气连载20篇。1984年，《文献》杂志全文发表他长达1.5万字的《江西出土墓志录》。1991年4月，他又出版专著《江西出土墓志选编》，全书35万字，共收录江西出土唐至清代墓志志文220篇。考古学家徐苹芳认为："这本书不仅是作者的研究成果，也是他向历史考古学界提供的一份珍贵资料。"

陈柏泉曾任中国古陶瓷研究会理事、江西省历史学会理事、江西省考古学会副理事长、江西省收藏学研究会副会长，获"有突出贡献的专家"称号，享受国务院政府特殊津贴。

2001年3月22日，陈柏泉在南昌逝世。

汪庆正 别名振芝。江苏苏州人。民国20年（1931年）11月6日出生。中国古代陶瓷、钱币、碑帖研究和鉴定专家，研究馆员。曾任上海博物馆副馆长，上海市文物管理委员会副主任。

汪庆正出身书香门第，父母皆出自名门，

祖父是当地有名的收藏家，父亲也喜欢舞文弄墨，把玩古董，家里藏有瓷器、古钱币、青铜器、碑帖、书画等，因此他自幼对文物兴趣浓厚。汪庆正先后于苏州振声小学、光华中学毕业后，于民国37年（1948年）9月，入上海新中国法商学院司法系学习。1949年2月，汪庆正转东吴大学法学院，先后在司法、会计二系学习。这一时期，他就已开始对中国货币进行专题研究。1952年7月，汪庆正于东吴大学毕业，9月进入上海市文物保管委员会工作，并开始对古钱币和古代经济史进行研究。

1958年8月，汪庆正任上海市文物保管委员会图书整理部业务组组长，兼上海博物馆馆长徐森玉的学术秘书，开始涉猎碑版、善本目录之学。因一次偶然机会，在上海市市长陈毅的提议下，汪庆正拜徐森玉为师。

1959年，汪庆正在《关于我国古代货币发生和发展的研究中存在的问题》一文中，提出了比较完整的中国货币发展体系，即从没有货币开始，经物物交换，到实物货币、金属称量货币、金属铸币，建构起中国货币研究的学术框架。1965年，他发表《十五年以来古代货币资料的发现和研究中的若干问题》，运用马克思主义的经济观，结合考古发掘出土的新资料与传世品，对中国贝币、金属铸币、纸币等进行概括与精辟的研究，同时亦提出应继续探讨和存在的问题等。

1972年，他参加上海博物馆"中国陶瓷展"的筹备工作。他根据良渚文化、马桥文化、河姆渡文化等遗址的考古发现，大胆首创分南北两部分揭示中国古文明的两个源头，黄河流域与长江流域并行不悖的古陶瓷展览思路。以后长江流域大量考古发现都证实了这一思路。

1974年，受上海科技出版社的委托，汪庆正参加组织编写《陶瓷史话》，先后调查江西景德镇窑和吉州窑，湖南的长沙窑和醴陵窑等著名窑场，并与当地的古陶瓷研究学者进行学术交流。这是上海博物馆成立以来进行的第一次陶瓷窑址考古调查。1975年6月，他参加对甘肃和青海的彩陶、陕西耀州窑、四川邛崃窑址的考古调查。1977年，汪庆正为《中国陶瓷史》五人主编小组成员之一，负责战国至清代各章的审核修订工作，以及明、清两章的撰写工作。仲春起，为编写《中国陶瓷史》，他考察四川、江苏、浙江、江西、湖南、青海、甘肃等地窑址。全书历五年而成，于1982年9月出版后，即成为当时最全面、最权威的陶瓷研究专著。

1982年6月，中国钱币学会在北京成立，汪庆正被推举为常务理事。1983年10月，他参加酝酿"中国历代货币大系"系列书籍的编撰，后为该套书编委。1985年3月起，他担任上海博物馆副馆长。1986年3月5日，国家文物鉴定委员会正式成立，汪庆正成为第一批受聘委员。

宋代汝窑窑址的发现是中国陶瓷史研究上的重大突破。1986年10月下旬，古陶瓷研究会西安年会期间，河南宝丰瓷厂工程师王留现向汪庆正展示一件采集所得汝窑瓷器，汪庆正敏锐地察觉到其采集地宝丰清凉寺就是汝窑窑址的推测应可得以证实，回沪后遂派馆内业务人员于11月初和12月两次赴实地调查，在连绵数十里的遗址上找到器物残片、窑具及用来做釉的玛瑙。此后，经过河南省文物考古研究所的发掘，终于证实汝窑窑址就在清凉寺。

在古陶瓷研究方面，他先后撰写和主编《中国陶瓷史》（明清部分）、《上海博物馆藏瓷选集》《汝窑的发现》以及《中国陶瓷全集》（元代卷和清代卷）、《青花釉里红》等专著，发表《中国陶瓷史研究中若干问题的探索》《官、哥两窑若干问题的探索》等重要论文。他还较早在古陶瓷研究中引入科学检测手段。在他的支持下，上海博物馆在热释光测定和陶瓷成分无损检测方面的水平一直处于国内外同行的前列。

1988年，汪庆正主编的《中国历代货币大系1·先秦货币》出版，全书实物资料丰富，资料翔实，总论在综合前人研究成果的基础上，以考古出土物加以补充，以甲骨文、金文、文献记载，结合马克思主义货币学观点综合论证，补充诠释先秦货币史。

1993年，上海市委、市政府决定在人民广场建设上海博物馆新馆，汪庆正与马承源奔波于海内外，开展募款工作，为新馆建设募集资金1000万美元。同年，汪庆正兼任上海市文物管理委员会副主任。

2001年，汪庆正任中国古陶瓷学会会长，此后一直领导学会开展古陶瓷研究与学术交流。他任职期间，推进改革，针对陶瓷史上重大问题召开一系列学术会议，中国古陶瓷学会的国际交往也日益增多。同时，他致力于杜绝利用学术交流获取商业利益的现象，提高中国古陶瓷学会的国际地位。

2002年，为庆贺上海博物馆建馆50周年，汪庆正带领上海博物馆员工，策划、举办一系列重大文物精品展览和学术研讨活动。5月，辽宁省博物馆承办沈阳艺术节的历代书画展，汪庆正提出由上海博物馆、辽宁省博物馆、故宫博物院联合举办"晋唐宋元书画国宝展"的构想。他与陈燮君、单国霖北上联络，最终成就这一盛事。此次展览盛况空前，掀起民众走近中国传统书画的文化热潮。参观者数以万计，竟有绕馆三周排队购票的盛景，白天时间不够，天天开夜场，最后一晚入场到子夜。

自担任上海博物馆副馆长以来，经汪庆正负责征集的流散文物，有宋高宗赵构《养生论》，元代卵白釉堆花加彩戗金瓷器，香港庄贵仑捐赠明清家具，景德镇清雍正粉彩蝠桃纹瓶，杜维善、谭端言夫妇捐赠中亚钱币，翁氏善本书籍，菲律宾儒商庄万里"两塗轩"所藏中国古代书画，胡惠春所藏"暂得楼"瓷器，《淳化阁帖》四卷本等，都是极其珍贵的精品。

汪庆正曾任国家文物鉴定委员会委员、中国古陶瓷学会会长、中国钱币学会常务理事、中国古陶瓷研究会副秘书长、上海文物博物馆学会理事、上海钱币学会副理事长，以及复旦大学、上海大学、南京大学兼职教授，美国宝尔博物馆名誉馆长，他还是上海市第八、九届政协委员。1992年获国务院政府特殊津贴并获国务院颁发的"为我国文化艺术事业做出突出贡献"专家证书，2004年获"上海市优秀专业技术人才"荣誉称号，并获评2001～2003年度上海市劳动模范。2005年，汪庆正被法国文化部授予文学艺术勋章。

2005年10月27日，汪庆正在上海去世。

孙守道 辽宁大连人。民国20年（1931年）12月21日出生。考古学家，辽宁省文物考古研究所名誉所长。

民国34年（1945年），孙守道入大连南满商业学校读书。民国37年（1948年）9月，孙守道从大连关东文法专科学校毕业，同年11月，被旅大行署文物保管委员会招工录取，开始从事文物考古工作。1950年4月，由旅大行署文物保管委员会调到沈阳东北文物管理处后转入东北博物馆工作。1955年赴北京参加文化部社会文化事业管理局举办的第四届全国考古工作人员训练班学习。

从20世纪50年代初开始，孙守道在李文信指导下，在辽阳汉魏晋墓群的发掘中掌握了田野考古的基本功，并担任辅导员，很快成为领队，长年累月工作在田野考古第一线，足迹遍及东北三省，每次带队发掘，他除做好档案外，还记录大量笔记，积累丰富第一手资料和个人学习心得记录。

1956年，西丰县西岔沟古墓群遭到大规模盗掘，时年25岁的孙守道临危受命，担任当时考古现场清理抢救领队的重任，不仅清理发掘残存的古墓，还将散落在当地村民手里的文物逐件核实，使之恢复共存关系，抢救大批考古资料。他写信向上级部门汇报此事，《人民日报》发表了这次古墓群遭严重破坏的事件，引起社会各界关注，成为文物考古界的一件大事。他撰写的《"匈奴西岔沟文化"古墓群的发现》和由此引起的有关西岔沟墓群族属的争论，使他在国内考古学界崭露头角。

1959年，孙守道受辽宁省博物馆委派赴北京参加中国历史博物馆陈列工作，这使他有机会与诸多考古文博界的前辈学者接触请教，受到最高水平学术氛围的熏陶，为此后在许多课题的研究中能站在学术前沿打下基础。

实事求是，是孙守道做学问一贯坚持的作风。辽宁许多重要的考古发现都与他密切相关，这与他缜密的治学思维和深厚的治学功底密不可分。

孙守道勤于实践和思考。1965年，他在喀左县大凌河畔进行古生物化石调查时，注意到位于河西岸陡壁之上的鸽子洞无论是结构方向还是周围环境都适于古人类居住，从而发现鸽子洞旧石器时代遗址，并采用垂直分层与平面揭露遗物分布两者相结合的方法进行小面积试掘，获得珍贵的第一手资料。这是辽宁省首次发现的旧石器时代遗址，引起学术界的高度重视与关注。

1973年春，在喀左县平房子公社北洞村发现商周青铜器窖藏1号坑时，孙守道前往现场清理调查，由于他的建议与坚持，2号坑也被发现，出土多件重要的带有铭文的商周之际青铜器。

20世纪70年代起，孙守道首先分析鉴别出红山文化的大型玉龙和其他一些红山玉器。1983年秋，由孙守道领队对凌源、建平两县交界的红山文化遗址，开始有计划地大规模科学发掘，其中女神头塑像的发现，成为辽宁红山文化考古发掘不朽的传奇。

20世纪80年代初，为编写辽宁省文物志，在查阅文物普查档案时，发现在绥中县墙子里村海边曾采集到"千秋万岁"瓦当，他抓住这个信息不放，在1983年秋冬之际，到现场复查，采集到与陕西秦始皇陵上夔纹大瓦当相似的夔纹瓦当残段，从而发现与确定姜女石秦行宫建筑群遗址的性质和重要的学术价值，也为文献记载的"碣石"找到考古证据，使这处重要遗址得到及时抢救并保护下来。

1984年，孙守道任辽宁省博物馆副馆长；1987年，辽宁省文物考古研究所成立后先后任副所长（主持工作）、名誉所长。孙守道长期从事田野考古调查、发掘和研究工作，他经常到考古工地现场考察指导发掘工作，阜新查海遗址、北票康家屯遗址、建昌东大杖子墓地、北票喇嘛洞墓地、桓仁五女山城、朝阳北塔塔基遗址等大凡重要的考古发掘工地，都留下他的身影和足迹，他是辽宁省田野考古的开拓者之一。

孙守道学术研究领域广泛，对旧石器时代文化、新石器时代文化尤其红山文化以及玉器、商周青铜器的鉴定和陈列设计等都有深入研究。他熟悉十六国时期到辽代的考古资料，是辽宁省少有的能够对其进行全方位深入研究的专家学者。他提出的中国史上的"玉兵时代"的学术观点，受到学术界的高度重视。直到晚年，他仍然笔耕不辍，学术成果十分丰硕，发表数十篇论文，主要研究成果有《汉代辽东长城列燧遗迹考》和《论辽河流域的原始文明与龙的起源》（合著）、《牛河梁红山文化女神头像的发现与研究》（合著）。此外，他还参与编辑《关东文化大辞典》《中国考古文物之美Ⅰ文明曙光期祭祀遗珍——辽宁红山文化坛庙冢》等书；主编《东北文化——白山黑水中的农牧文明》《红山文化玉器新品新

鉴》，并著有《孙守道考古文集》。

孙守道还是辽宁省文化厅文物保护专家组成员，辽宁省政协第六、七届常务委员，辽宁省考古学会理事长，获辽宁省劳动模范称号，享受国务院政府特殊津贴。

2004年7月26日，孙守道在沈阳逝世。

孙德海 辽宁新金人。民国21年（1932年）10月出生于天津。考古学家，曾任河北省文物研究所第一、二研究室主任，副研究馆员。

孙德海出生于一个职员家庭，1951年考入河北省艺术学校，1952年进入河北省文工团工作，1953年调入河北省文物管理委员会。1953年，孙德海参加文化部社会文化事业管理局、中国科学院考古研究所和北京大学联合举办的第二届全国考古工作人员训练班。20世纪60年代初，孙德海主持对易县燕下都遗址进行长期、全面的考古调查、勘探和试掘，在此基础上，完成燕下都的"四有"工作。上述成果得到相关部门的肯定和重视。1964年，全国大型古城遗址"四有"工作现场会在易县召开，燕下都的"四有"工作经验为全国大遗址的保护提供了成功案例。

1968年，由中国科学院考古研究所和河北省文物工作队联合进行满城汉墓的发掘，孙德海任发掘领导小组副组长。他与考古人员一起克服条件艰苦、物资匮乏、政治环境复杂等诸多困难，为备受关注的满城汉墓的顺利发掘付出大量努力。

1974年，孙德海主持发掘磁县下七垣遗

址，发现较为丰富的先商时期遗存，1979年孙德海等发表《磁县下七垣遗址发掘报告》。

1976年以后，孙德海主持对磁山遗址进行多次发掘。首次发掘1000余平方米，为搞清这批前所未见的古文化遗存的年代和性质，孙德海带着文物标本进京向苏秉琦、安志敏请教。1977年他发表《河北磁山新石器时代遗址试掘》，指出出土大量陶盂和支架的磁山遗址与中原地区其他新石器时代遗址有着明显的不同。1977年，孙德海主持发掘磁山遗址2000余平方米，并于1979年对磁山周边区域进行专题调查，在西万年遗址发现与磁山遗址相近的古文化遗存。1981年，孙德海等人发表《河北武安磁山遗址》，文中提出磁山遗址的新石器时代文化遗存，是目前中国中原地区新石器时代的一个新的文化类型，暂定为磁山文化，以及磁山文化早于仰韶文化的观点。上述考古材料及观点的公布，得到文物考古界的高度关注。1986年，磁山文化学术研讨会在邯郸召开。会上对磁山遗址的文化命名问题进行充分讨论，其中孙德海等研究者认为磁山与裴李岗属不同的文化共同体，应分别命名为"磁山文化"和"裴李岗文化"的观点得到大多数学者的认可。

1984年，孙德海随"中国古代文明展"赴南斯拉夫。他在克罗地亚共和国大学等地进行多次题为"满城汉墓的发掘"的讲座。

从事文物考古工作期间，孙德海独自或与他人合作发表《河北石家庄市市庄村战国遗址的发掘》《河北邯郸涧沟村古遗址发掘简报》《河北邯郸百家村战国墓》《河北易县燕下都第十六号墓发掘》《磁县下七垣遗址发掘报告》《河北武安磁山遗址》《赵国邯郸故城调查报告》《磁山

与裴李岗》等多篇学术报告和论文。

孙德海曾任第六届河北省政协委员，河北省文物考古学会理事，中国考古学会会员。

1990年8月6日，孙德海在石家庄逝世。

穆舜英 女，上海人，民国21年（1932年）12月7日出生。中共党员，曾任新疆维吾尔自治区文物考古研究所所长、研究馆员。

民国28年（1939年）9月起，穆舜英先后在上海市和安小学、中华职业学校、复兴中学学习。1949年4月加入中国共产党。1949年7月至1955年9月参军，先后在华东军大、第三高级步校、总高级步校（南京市）保卫部工作。1955年9月至1960年7月，穆舜英在北京大学历史学系考古专业学习，担任历史学系党总支委员、学生班党支部书记。大学毕业后主动要求赴边疆工作，被分配到中国科学院新疆分院考古研究所工作。

1979年9月至1992年12月，在新疆社会科学院考古研究所工作，先后任副所长、所长、名誉所长。1988年6月25日，被评为文博研究馆员。

穆舜英在新疆从事考古工作40余年，始终致力于新疆的考古和文物保护工作，足迹遍布天山南北。她先后组织全疆重点地区古代文化遗址的调查和发掘工作，主要有伊犁地区乌孙古墓的调查、对吐鲁番阿斯塔那-哈拉和卓墓群和若羌县米兰遗址的发掘工作等。

1979~1980年，穆舜英两次主持罗布泊地区楼兰古城和古丝道的考察，是"楼兰美女"的主要发现者。面对已有50年没有人考察过的

346

罗布泊荒原和楼兰古城，为了确保探险考察的成功，由穆舜英、彭加木分别率队进行两次探查和尝试性先遣考察。正式考察于1980年4月从敦煌开始，穆舜英率考察队进入罗布泊荒漠无人区腹地，为了寻找《水经注》里记载的失踪的"龙城"，考察队在罗布泊北端的铁板河河湾停留了4天。在这里，他们发掘了一处已开露的古墓，发现"楼兰美女"。本次考察还在楼兰古城内进行了一系列调查工作。

罗布泊考察之后，穆舜英利用参加国际学术讨论会之机，又先后考察喀喇昆仑山脉巴基斯坦一侧、法国中西部旧石器时代原始文化遗址和巨石文化、米兰和威尼斯古文化、哈萨克斯坦江布尔和塔什干等大量古遗迹文化。发表论文《丝绸之路和新疆古代文明》。

穆舜英编著和发表大量的学术著作和学术论文，其中公开出版的主要有：《吐鲁番出土文书》（四卷本，合著）、《新疆考古三十年》（合著）、《新疆古代民族文物》（合著，曾获1985年"新疆维吾尔自治区社会科学优秀著作奖"一等奖）、《神秘的古城楼兰》（合著）、《隋唐五代墓志汇编·新疆卷》（合著）、《中国新疆古代艺术》（合著）、《西域艺术》（合著）、《楼兰文化研究论集》和《新疆彩陶》。

穆舜英曾应邀承担了联合国教科文组织的《中亚文明史》第三卷第十五章撰稿工作，此章英文稿后为联合国教科文组织采用，刊于《HISTORY OF CIVILIZATIONS OF CENTRAL ASIA》（Volume Ⅱ）一书中。此章的中文稿以《唐代统治下的西域》为题，被收入《新疆古代民族文化论集》中。

她还致力于新疆文物考古学科的重要课题研究，离休后负责整理吐鲁番哈拉和卓墓地考古报告，还主持出版了《新疆文物志资料》（1～5辑），约80万字。2007年完成了《新疆文物志》的编著，全书145万字，是新疆文物考古工作的一项重要的基础性成果。

2008年2月27日，穆舜英在上海病逝。

张德勤 安徽萧县人。民国21年（1932年）12月出生。中共党员，中华人民共和国文物博物馆事业领导者之一。

1957年8月，张德勤毕业于复旦大学中文系汉语言文学专业，进入中央广播事业局工作，先后在国际台、国际部、国内部任编辑、记者。1978年9月，张德勤调入中国社会科学院新闻研究所工作。1981年6月，张德勤调入中共中央办公厅工作，先后任秘书局综合处负责人、中央领导人秘书、办公厅办公室副主任等。1985年9月，张德勤任经济日报社副总编辑；1986年6月任文化部办公厅主任；1988年4月任国家文物局局长。

张德勤初任国家文物局局长时，文物保护经费极为短缺，一些重要文物保护单位连"不塌不露（雨）"的基本维护都做不到；文物犯罪活动猖獗；经济建设过程中对文物的破坏等问题十分严重。张德勤一方面争取国家支持，一方面向社会宣传文物工作的重要性。为了更好地依靠专家、团结专家，1989年，张德勤与局班子成员反复研究决定，在文物局设立3个专家组：考古专家组、古建专家组、科技专家组。3个专家组和文物局内部相关业务处室的工作运转密切挂钩，需要局里决策的业务工作，都经过专家组论证，由此，大大提高了工作效率，增强了决策的科学性。

1989年10月，布达拉宫维修工程开工，在长达6年的西藏布达拉宫维修过程中，张德勤按照中央提出的"精心设计、精心施工、加强领导、万无一失"和"尊重传统、尊重科学、尊重民族风格、尊重宗教需要"的指导方针，严格遵守《中华人民共和国文物保护法》所规定的"不改变文物原状"的原则，做到"整旧如旧"，使这项艰巨的工程如期完成。西藏僧俗群众称赞这一工程是共产党和人民政府的功德，许多专家和技术人员也认为这一工程是文物保护的成功之作。

1990年6月，经过半年的筹备，国家文物局在故宫举办第一届"中国文物精华展"，中共中央总书记江泽民、全国人大常委会委员长乔石、国务院总理李鹏、中共中央政治局常务委员李瑞环和宋平等先后参观展览。展览从全国精选245件各类文物精品，特别是最新的考古发掘成果，在社会上引起极大轰动。从展品的遴选，到确定陈列大纲和陈列设计，张德勤全程领导和参与筹划。1992年、1993年，国家文物局又分别在故宫和上海博物馆举办第二、三届"中国文物精华展"，获得广泛赞誉，起到很好的宣传作用。举办"中国文物精华展"，为发展中国的文物保护事业提供了一条新的思路。

在文物保护理念方面，张德勤总结1949年以来文物工作的经验，认真研究改革开放以来，文物工作所面临的大环境和自身特点，对提出新时期文物工作方针作出贡献。1992年5月，在全国文物工作会议上，中央政治局常务委员、书记处书记李瑞环代表党中央、国务院正式提出"保护为主，抢救第一"的文物工作方针（简称"八字方针"），张德勤也参与起草这一重要讲话。在1995年全国文物工作会议上，中共中央政治局委员李铁映发表重要讲话，进一步提出"有效保护、合理利用、加强管理"的"十二字指导原则"。"八字方针"和"十二字指导原则"准确把握当时文物工作所处的客观形势，正确回答文物工作如何加强管理、文物工作必须坚持的原则与工作途径等问题，为文物事业发展开拓了新的局面（后来，国务院副总理李岚清对"八字方针"和"十二字指导原则"进行整合，形成了"保护为主、抢救第一、合理利用、加强管理"的十六字方针，写入2002年修订的《中华人民共和国文物保护法》）。时任国家文物局局长的张德勤在这一系列方针、原则的起草以及贯彻实施中都做了大量工作。

鉴于文物保护经费的严重短缺，张德勤奔走呼吁，一方面争取中央领导支持，一方面赢得地方的理解，在李瑞环的大力支持和积极协调下，国家文物保护投入有了大幅度的增加，从1993年起，文物保护专项经费从每年5000万元增加到每年1.3亿元。同时，地方也有相当的配套资金，大大缓解文物保护经费的紧张状况。

1992年4月，全国人民代表大会通过兴建长江三峡水利枢纽工程的决议，从而掀起1949年以来中国规模最大的文物保护抢救工程。国家文物局于1992年8月成立三峡工程文物保护领导小组，张德勤任组长。1993～1994年，国家文物局组织全国30多个文物考古、建设、地质学和人类学等科研机构和高等院校的300多名科研人员，深入三峡库区进行文物调查，查清坝区、库区的地面、地下文物。至1996年，第一次系统摸清三峡工程库区文物资源的家底，确定重点发掘保护的文物点1282处，为文物保护规划编制提供了科学的依据。同时，抓紧组织论证地面文物的迁移与保护，制定保护方案；全面进行库区地下文物的发掘工作，最大限度地抢救和保护了库区文物。在文物保护工作中，他积极贯彻"保护为主，抢救第一"的方针和"有效保护，合理利用，加强管理"的原则。在此期间，张德勤多次陪同领导人到三峡库区考察，了解文物保存状况。他还多次同三峡工程建设委员会研究、协商库区文物保护工作，使三峡库区文物保护项目以及预算经费得到较好保证。

张德勤还为全国许多地方兴建博物馆奔走倡议。法门寺地宫发掘出土唐代皇室供奉法门寺文物和佛教文物，张德勤力主建立法门寺博物馆。20世纪90年代上海博物馆建新馆，原本没有在国家立项，张德勤知道后，主动邀请上海博物馆领导到北京向国家计划委员会汇报立项，得到计委领导高度重视，一次性拨给经费3000万元。1996年上海博物馆基建完成，计委派人考察，高度评价建设成果，第二次又拨款3000万元。同样的情况，还发生在他为兴建徐州博物馆向国家计划委员会申请经费的事情上。

在文物市场开拓方面，张德勤被誉为"文物拍卖行业的领路人"。他批准举办的1992年北京国际拍卖会，是中国文物艺术品拍卖的"起点"，自此，文物艺术品交易有了一个公平、公正、公开的市场途径。他高瞻远瞩，深刻认识到文物拍卖行业对中国文化市场发展的重要意义，在他的推动与促进下，朵云轩、嘉德、瀚海、荣宝等拍卖公司相继成立，文物艺术品向市场化迈出了坚定的步伐。他坚持的文物艺术品市场化，让广大民众逐渐认识到文物艺术品的经济价值、历史价值和艺术价值，民间文物收藏热逐步兴起。2002年修订的《中华人民共和国文物保护法》，"民间收藏文物""文物艺术品拍卖"等内容被纳入其中，在这一成果的背后，张德勤注入了大量心血。

在文物交流方面，为防止香港回归后，香港文物外流，张德勤主持与香港文物收藏界名流携手，开展内地与香港的文物交流与合作。1994年11月，张德勤带领大陆文物代表团赴台，实现两岸文物交流的"破冰之旅"，释放善意，化解隔阂，推动两岸在"同有、同享、同保"原则上实现文物交流。

1996年，张德勤从国家文物局局长岗位上离任，作为全国政协委员的他依旧为文物博物馆事业的发展奔走呼吁、建言献策。2004年，张德勤退休，仍然满腔热情地关心文物博物馆事业发展，为文化遗产保护事业发挥作用、奉献余热。

2015年8月5日，张德勤在北京病逝。

苟相全 甘肃人。民国21年（1932年）出生。中共党员，青海省文物商店第一任经理。

苟相全毕业于西北民族大学，1956年，在青海省文物管理委员会工作，是当时文管委仅有的3名工作人员之一。在此期间，藏区发生寺院遭到破坏的情况，苟相全等人得知情况后，赶赴现场抢救保护了一大批以藏传佛教铜造像和唐卡为主的珍贵文物。

1958年，苟相全到青海省博物馆工作，担任库房保管员。在此期间，他和中国科学院考古研究所赵信完成青海省海西蒙古族藏族自治州都兰县诺木洪农场元代干尸和元代纸钞的发掘及鉴定，并将这些文物运回西宁保存。1959年1月13日《光明日报》刊载《柴达木发掘出一具干尸和一批古物》的报道，蜚声全国。诺木洪出土的元代纸币时间跨越了中统、至元、至正三个时期。这三个时期中币值最稳定的是中统钞。诺木洪农场出土的元代纸币为中统、至元年间发行的，带有鲜明的元代纸币的特点，在已发现的元代纸币中十分罕见。根据原青海省社会科学院副院长王煜《青海简史》一书，元代时青海交通已经十分发达，商业贸易也较兴盛，货币在青海广为流通。这样的考古发现，从一个侧面印证了这段历史。在远离中原的青海柴达木地区能发现如此多的元代纸币，不仅说明了当时青海与中原王朝的紧密关系，见证了丝路贸易的兴盛，更为研究中国钱币历史及元代社会提供了重要物证。

1963年，苟相全到青海省文教厅文物组工作。"文化大革命"期间，他为保护文物免遭破坏付出极大的心血和努力。他曾为保护全国重点文物保护单位塔尔寺据理力争，多次遭红卫兵的殴打，但终使这座古刹得以完整保留。为避免"破四旧"冲击，他曾雇用牛车将青海省博物馆库房文物转运到藏区躲藏，事后再将这些文物全部运回西宁，确保博物馆馆藏文物虽经浩劫却保存完好。当获悉乐都瞿昙寺明代永乐鎏金观音铜站像将被熔炼后，他多方奔走，向省委有关领导陈情，将这一珍贵文物运到西宁，并在"文化大革命"结束后交瞿昙寺妥善保管。这件观音铜站像后收藏于青海省博物馆。

1973年，苟相全到青海省文物考古研究所工作。他参与青海省西宁市大通县上孙家寨古墓的发掘工作，发掘出马家窑文化舞蹈纹彩陶盆（后藏于中国国家博物馆）。彩陶盆出土时只有一半碎片，经与同事李恒年共同分析有可能是分开陪葬，故再次对旁边的古墓进行发掘，结果与他们的猜想是一致的，另一半彩陶盆的碎片也被发现，使这件文物得以完整呈现给世人。在此期间，他还被派往湖南参加马王堆的发掘。1974年始，以赵生琛为队长，苟相全、李恒年、卢耀光、赵浦等为组员的柳湾考古队，在青海省乐都县高庙镇柳湾村先普及文物知识，再征集散落于村民家的文物（彩陶、玉器、石器等），然后陆续开展柳湾墓地的考古挖掘工作。

1978年，苟相全到青海省文物商店工作。文物商店筹建之初，作为商店经理，他以收购方式抢救、保护流散在民间的文物5000多件，其中一部分珍贵文物在以后陆续提供给省内外博物馆、大专院校和有关科研单位等。

2014年4月，苟相全在西宁逝世。

俞伟超　江苏江阴人。民国22年（1933年）1月4日出生于上海。中共党员，考古学家，原中国历史博物馆馆长。

1950年9月，俞伟超进入北京大学历史学系考古专业学习。1954年春，俞伟超先后参与中国科学院考古研究所组织在陕西宝鸡、西安地区的调查试掘及河南洛阳烧沟汉墓资料整理，同年7月毕业，成为中华人民共和国成立后第一批考古专业毕业生。

1954年9月，俞伟超进入中国科学院考古研究所工作，工作之初就参与西安东郊白鹿原汉唐墓葬发掘并发表第一篇学术文章《西安白鹿原墓葬发掘报告》。1956年秋，他先后参与河南陕县刘家渠汉唐墓葬群的发掘和黄河三门峡古栈道的勘察工作。1957年，参与发现公元前8至前7世纪河南上村岭虢国墓地。

1957年2月，俞伟超回到北京大学历史学系考古专业攻读研究生，师从苏秉琦；1959年7月加入中国共产党；1961年1月获副博士学位。

毕业后，俞伟超留校任教，历任北京大学历史学系考古教研室讲师、副教授、教授，先后讲授"战国秦汉考古""田野考古学""秦汉史""中国古籍概要"等课程，并作"先秦宫室制度""先秦两汉的墓地""楚文化发展的新探索"等一系列专题讲座，并于1978年起担任硕士研究生导师，为国家培养大批优秀考古专业人才。为科研和教学实习需要，他长期从事田野考古工作，先后主持北京昌平雪山遗址、山东临淄齐故城遗址、湖北黄陂盘龙城遗址、湖北江陵楚都纪南城遗址、陕西岐山和扶风周原遗址、青海大通上孙家汉晋墓葬群、湖北当阳季家湖遗址、青海循化苏志卡约文化墓群、湖北沙市周梁玉桥等遗址的调查和发掘。在北大期间，俞伟超开始探寻通过出土资料来阐明社会问题的考古学方法，自觉把考古资料和文献资料结合起来探讨早期社会组织发展史。《汉代的"亭""市"陶文》，以及与人

合作的《周代用鼎制度研究》是他此时期的重要文章。1983年，俞伟超受张光直邀请，在美国哈佛大学工作半年，在此期间进行美国考古学理论与方法的研究。

1985年5月，俞伟超调至中国历史博物馆考古部，负责三峡地区考古调查，1986年9月出任副馆长。1987年3月起，俞伟超担任中国历史博物馆馆长。同年，国家水下考古协调小组和中国历史博物馆水下考古学研究室在他的努力下相继成立，并选派人员到国外接受专业培训，1991～1997年，水下考古学研究室已能独立开展辽宁绥中三道岗沉船发掘工作。

1988～1989年间，俞伟超主持修改"中国通史陈列"，吸收许多新的学术研究成果，充实大量新展品，陈列内容在科学性和学术性上都得以增强，以崭新面貌呈现在观众面前。

俞伟超致力于发展国际学术交流和友好交往，与国外博物馆学界建立广泛的联系。1989年，他亲自带队与日本水中考古研究所组成中日联合南海沉船调查发掘队，调查广东台山宋元时期沉船南海一号；1990年及1995年，同澳大利亚合作在福建连山进行水下考古调查。

此外，俞伟超对最新科学技术方法和成果，在考古学中的应用同样给予极大关注。1992年，俞伟超以河南渑池班村遗址的发掘为样板，对多学科考古发掘与研究进行大胆实践和探索，通过与中国科学院遗传与发育生物学研究所的合作，在中国考古学史上第一次使用DNA技术，对班村出土资料进行分析研究，通过对古人类骨骼DNA鉴定，探讨古代社会血缘集团与文化圈之间的关系。同时，他把班村作为一个多学科合作项目，吸引来自地质学、地

理学、土壤学、植物学、动物学、体质人类学、物理学和化学等诸多领域的专家共同参与研究，这一举措充分体现出俞伟超思想上的开放性与前瞻性。

三峡工程上马后，俞伟超从1993年起为库区文物保护工作奔走呼吁。他于1994年起担任国家文物局三峡库区文物保护规划组组长、三峡文物保护专家组成员、重庆市政府文物保护顾问等职，主持三峡库区文物保护规划的编纂工作。面对三峡工程文物保护经费不足的问题，俞伟超多次找到相关部门负责人并上书中央领导同志，协调关系，解决实际问题。他组织三峡库区及迁建区的文物普查、规划与抢救性发掘工作。经过全国30所院校和科研单位300多名文物工作者历时3年多的精心排查和细心勘测，将三峡库区22个县、区的文物家底全部摸清，汇总成册。之后，俞伟超又与规划组成员一同对文物资料进行编排整理，形成一部能够详尽、系统地反映文物状况、保护措施和经费概算的规划报告，并最终获得国务院三峡建设委员会的通过。该规划报告的完成和通过，填补了三峡淹没和迁建区文物总量和文物状况的空白，使1087处文物得到有效保护，达到"最大程度地抢救，力争把损失减少到最小"的目的。俞伟超对三峡文物的保护和考古工作任劳任怨、不计回报，这种无私奉献的精神让俞伟超在2001年获得重庆市人民政府颁发的"重庆市三峡库区文物保护工作先进个人"称号。

1996年，在俞伟超争取下，中国历史博物馆成立航空摄影考古工作小组，俞伟超担任组长。当年4~5月，航空摄影考古工作小组开始启动并在河南洛阳实施中国首次航空摄影考

古试飞，次年与内蒙古文物单位合作，对当地多个大型古代遗址进行调查，并在2002年出版《内蒙古东南部航空摄影考古报告》。1998年3月退休之后，俞伟超继续受聘担任中国历史博物馆学术委员会主任。

作为考古学家，俞伟超的学术思想具有开放性与前瞻性，他学识渊博，涉猎广泛，见解深刻，在秦汉考古学研究领域卓有建树，在新石器时代考古、楚文化研究、中国古史分期、商周礼制、早期佛教和道教等诸多考古学重大问题上也都取得重要研究成果。俞伟超发表的专著有《中国古代公社组织的考察》（1988年）等；代表性学术论文集有《先秦两汉考古学论集》（1984年）、《考古学是什么——俞伟超考古学理论文选》（1996年）、《古史的考古学探索》（2002年），收录了他几十年来的学术论文共计80余篇；他主编的考古报告有《三门峡漕运遗迹》（1959年）等；他主编的大型图录有《华夏之路》（1997年）、《中国通史陈列》（1998年）等。

俞伟超曾任国家文物委员会委员、中国考古学会副理事长、国家文物局考古专家组成员、"夏商周断代工程"专家组成员、中国文物学会副会长、中国长城学会理事、保利艺术博物馆名誉馆长等职。

2003年12月5日，俞伟超在广州病逝。

干志耿 浙江余姚人。民国22年（1933年）1月10日出生。中共党员，北方民族历史学家，曾任黑龙江省文物管理委员会副主任。

干志耿在上海接受初、

中等教育；1957年毕业于东北人民大学历史系，先后在黑龙江省博物馆、黑龙江省文物出版编辑室、黑龙江省文物管理委员会等单位工作。

在整风运动和"文化大革命"中，干志耿都受到过冲击，但他不怨天尤人，对自己、对社会始终有着正面评价，努力做好本职工作。改革开放后，干志耿参与创办《黑龙江文物丛刊》（后改为《北方文物》）。干志耿任黑龙江省文物管理委员会副主任后，主要精力放在文博事业的行政管理、业务基础建设及专业研究水平的提升和专业队伍的组织发展上。他要求刚刚步入文博行业的青年人，在学术研究上要实事求是，不能浮躁、投机。10年间，他培养出一批专业功底扎实、热爱文博事业、熟悉田野工作的专业人才。干志耿经常深入文物调查第一线、考古发掘现场和博物馆展陈场所。在他的参与下，在第二次全国文物普查的基础上，黑龙江省公布两批省级文物保护单位，向国家文物局推荐两批全国重点文物保护单位，并为编辑出版《黑龙江省文物地图集》整理、积累了大批资料。他组织并参加阿城巨源乡城子村金齐国王墓的考古发掘工作，抢救保护了一批保存完好的宋金时期高等级丝织品；将东北地区最大的文庙——哈尔滨文庙收归文物部门；举办黑龙江省博物馆阵地展陈和流动展览，年接待观众100余万人次。黑龙江省文物管理委员会还分别与加拿大阿尔伯塔省博物馆、日本北海道开拓纪念馆建立了业务联系，实现了人员、展览和考古发掘的交流。由黑龙江省文物管理委员会组织制定、省人大常委会于1986年颁布的《黑龙江省文物管理条例》，是中国第一部省级文物保护法规，对推进全国省级文物立法工作起到了示范作用。

干志耿曾先后担任沈阳东北亚研究中心副主任、吉林省社会科学院特邀研究员、哈尔滨师范大学历史系教授、中国辽金契丹女真史研究会副会长并金史专业委员会主任等学术职务。干志耿较早地、系统地将考古成果与文献记载相结合，提出经得住时间检验的学术见解。他单独或与人合作发表论文60余篇，出版专著和参编的类书20余部。这些论著对东北亚地区上迄旧石器时代末期、下至中国近代的一些学术问题均有论述，探讨黑龙江古代各族居民在中国统一多民族国家形成过程中的贡献以及中国东北边疆形成史，继而探讨中华文明起源。在黑龙江古代民族史研究方面，他对东胡系统的研究有《关于鲜卑早期历史及其考古遗存的几个问题》《室韦史研究》等，对濊貊系统的研究有《古代橐离研究》等，对肃慎系统的研究有《女真史》《"通古斯"与通古斯的起源》《"楛矢石砮"探源》《论渤海族的形成与归向》《靺鞨族及黑龙江流域的靺鞨遗存》《绥滨三号辽代女真墓群清理与五国部文化探索》《论辽代五国部及其物质文化特征》等，在考古学方面有《黑龙江区域考古学》等。他与人合著的专著《黑龙江古代民族史纲》于1984年获得首届黑龙江省社会科学优秀科研成果二等奖。在红山文化内涵有了新发现之后，干志耿又与人合作《商先起源于幽燕说》《黑龙江古代玉器文化问题的提出与研究》，这两篇文章分别于1986年和1996年获"黑龙江省社会科学优秀科研成果奖"二等奖、三等奖。干志耿撰写与参编的论文集和类书有《东北历史地理》第一卷、《黑龙江百科全书》《中国东北考古》《古代东北亚细亚的民族与文化》《东北亚文化研究》《中国历史大辞典·民族卷》《黑龙江省志·文物志》《探赜索隐》等。

1992年，干志耿主动提前退出领导岗位，被黑龙江省委宣传部特聘为研究员，专职进行研究工作，并被聘为黑龙江省博物馆名誉馆长，黑龙江省文化厅文博专家组组长、顾问。

2015年5月8日，干志耿在哈尔滨逝世。

铁玉钦 回族。辽宁沈阳人。民国22年（1933年）6月15日出生。中共党员，沈阳故宫博物院院长。

1950年12月，铁玉钦加入中国人民志愿军；1961年毕业于辽宁大学历史系，同年到沈阳故宫博物馆工作。

在沈阳故宫博物馆工作期间，铁玉钦曾任陈列部历史组组长、研究室副主任，参与主持宫廷史迹和清代文物陈列，在沈阳故宫早期建筑和文物研究、清入关前遗迹考察、满族历史和文化研究等方面，取得一系列丰硕成果。1984年12月，铁玉钦加入中国共产党。1985年，他任沈阳故宫博物馆馆长，相继完成轿马场、南朝房区回收，使沈阳故宫恢复了清中期的整体布局。同年，他被评为全国文物博物馆系统先进工作者。1986年，沈阳故宫博物馆改称为沈阳故宫博物院，铁玉钦任院长，他主持沈阳故宫西路、后苑和东宫、西宫、太庙及东西朝房等的保护工程，使之正式对外开放。他

还调整和改进部分原状陈列，主持一系列院藏文物专题展览，并将清宫文物专题展览多次推向海外博物馆，取得较大影响和赞誉。

1992年，铁玉钦被评为文博研究馆员，享受国务院政府特殊津贴。1993年，铁玉钦任沈阳市文物管理办公室主任、沈阳故宫博物院名誉院长。

铁玉钦长期从事沈阳故宫建筑历史、宫廷史、清入关前文物等方面的研究，主持清前史迹考察。在学术研究方面，他多次主持召开清史、清代宫廷史学术研讨会，主编《盛京皇宫》《清帝东巡》《沈阳故宫博物院文物精品荟萃》《清实录教育科学文化史料辑要》《沈阳故宫博物馆文集》等一大批高水平学术专著，主编《沈阳故宫轶闻》《沈阳故宫》《沈阳漫游》等书，发表《沈阳故宫早期建筑年代考》《论清入关前都城城郭与宫殿的演变》《清太祖御用剑和清太宗盟书考》《沈阳太平寺锡伯碑考略》《信牌、印牌考释》《信牌、印牌再考释》等论文数十篇。

1999年1月6日，铁玉钦在沈阳逝世。

冯承柏 天津人。民国22年（1933年）7月23日出生。中共党员，历史学家、图书馆学家，南开大学历史学院教授，西方博物馆历史与理论研究的开拓者。

冯承柏出生于教育世家，幼承家学，自学成才。父冯文潜，中学时代与周恩来同窗，留学美、德十余年后回国，受聘于南开大学哲学系任教授，曾任南开大学文学院院长、图书馆

馆长。冯承柏在家学熏陶下，自幼喜欢读书。抗日战争全面爆发后，遭日军炸毁的南开大学被迫南迁。民国28年（1939年），冯承柏随父母移居昆明，在西南联大附小、附中就读。抗战胜利后举家返津，冯承柏入南开中学学习。1950年12月，冯承柏加入中国共产党，1951年到天津市委党校学习，1953年3月正式参加工作，先后在天津女七中、天津市马列业余学院、天津市委文教部科研处、天津《历史教学》杂志社任职。1963年6月，冯承柏被调至南开大学历史系资料室工作，任美国史专家杨生茂教授的科研助手，由此步入美国史研究领域，同时也成为南开大学美国史研究室的创始成员之一。冯承柏的研究兴趣广泛，长期从事美国历史、西方文化史、史学理论与方法、高等教育、西方博物馆学、图书馆学等多个领域的研究。

在冯承柏的学术活动中，西方博物馆学研究是十分重要的组成部分。他先后10次赴美国访学，在访学期间，他参观访问费城、华盛顿、波士顿、纽约等地的图书馆和博物馆。20世纪80年代，中国博物馆学研究开始复兴，1979年，南开大学率先恢复成立博物馆学专业。1983年，冯承柏从美国访学归来，为南开大学博物馆学专业的学生讲授"西方博物馆"课程，该课程是中国高等院校首门较为系统地介绍西方博物馆历史与现状的博物馆学专业课程。1985年，冯承柏出任历史系副主任，借助对西方博物馆的了解，冯承柏在南开大学博物馆专业开设"西方博物馆的历史与理论""西方社会与文化"等课程，进一步完善博物馆专业的学科体系，壮大博物馆专业的力量。在此

期间，冯承柏对西方博物馆的起源、博物馆与西方社会、西方博物馆的社会功能与社会效益、西方博物馆学研究及人才培养，以及中西博物馆比较等方面进行深入研究，并在《中国博物馆》等刊物上发表一系列学术论文。其研究成果系统介绍西方博物馆历史及博物馆学的发展变化，拓宽中国博物馆界的视野。从1986年起，冯承柏先后两次为国家文物局培训中心的学员讲授"西方博物馆理论与实践""博物馆与现代化"等课程。

1989年，冯承柏培养出中国首批专门从事博物馆理论研究的硕士生。1990年，冯承柏任南开大学图书馆馆长，同年9月，他作为富布莱特学者到美国华盛顿史密森研究院国家历史博物馆从事研究工作，为期一年，与史密森研究院建立了良好的关系。1993年8月，冯承柏在南开大学筹办并主持中美博物馆学国际学术研讨班，这是中国高等院校首次博物馆学国际研讨会。参加研讨班的美国博物馆学家多来自于美国史密森研究院，时任中国博物馆学会理事长吕济民、《中国博物馆》主编苏东海与会，国内主要博物馆都派代表参加会议。研讨班就博物馆学的许多问题进行了广泛的讨论。会后，冯承柏选取部分美国博物馆学者的论文，以及其他具有代表性的新博物馆学文章，指导部分研究生翻译发表于《中国博物馆》1993年第3期。

冯承柏对西方博物馆学的研究和传播得到中国博物馆学界的关注和肯定。1993年，冯承柏参与《中国大百科全书 · 文物博物馆》博物馆学史部分的编纂工作，与苏东海共同完成"外国博物馆史"词条的编写。1997年，他全

身心投入到天津市高校网络信息化建设工作中。2001年，天津市高校数字化图书馆建设管理中心成立，冯承柏任中心主任，他积极探索新的管理模式，组织构建天津高校联合自动化集成管理系统，全面推动天津市高校数字图书馆建设的进程。

2002年，冯承柏受国家文物局和中国国家博物馆的委托，与南开大学历史学院文物与博物馆学系和天津大学建筑学院的几位学者共同承担课题"国家博物馆功能与选址项目研究"，在身患重病的情况下依然坚持工作，于次年年初完成项目报告，其研究成果得到国家文物局和中国国家博物馆的肯定。

2006年，冯承柏主持筹建的天津高等教育文献信息中心荣获教育部CALIS"'十五'建设突出贡献奖"一等奖。

2007年1月10日，冯承柏在天津逝世。

傅连兴　北京人。民国22年（1933年）7月出生。古建筑保护专家。

傅连兴出生于北京的一个普通职员家庭，幼年曾读私塾，民国36年（1947年）随父亲到故宫，先后在太庙图书馆、故宫图书馆任管理员。1949年3月，他到故宫博物院测绘室做技工。1952年6月起，他先后在故宫博物院工程科、设计组、建研室和研究设计组任技术员。

傅连兴长期从事古建筑维修设计工作，参加和主持过多项故宫古建筑修缮保护的重要工程，1963年他主持完成午门正楼加固工程设计。1972年10月，他任古建部（工程办公室）

设计组技术员。他还参与国内多处重要古建筑的维修。1976年，他曾加入北大红楼抢险加固设计小组，与罗哲文、崔兆忠等人一起，运用新材料、新技术，以创新的设计思路精心施工，圆满完成北大红楼抢险加固工程。该工程被业内专家认为是一个维修近现代文物建筑的范例。1978年，苏州虎丘塔进行地基基础加固，傅连兴参与虎丘塔地基基础加固的主要工序排桩工程的设计，绘制排桩的施工图纸。在施工中，他善于将国家的文物保护政策、方针等化为切实可行的操作，将科学精神和求实做法结合起来，多次解决施工难题，最终虎丘塔工程通过国家文物局验收。1985年，他主持扎伊尔共和国总统府中国园林工程设计工作。1985～1986年，他主持山海关长城第一期修复工程设计。1987年1月，他取得高级工程师职称。1988年，傅连兴担任故宫博物院古建部主任，他主持制定1989～1995年故宫古建筑修缮7年规划。1990年，正值紫禁城落成570周年之际，他主持筹办"紫禁城宫殿建筑展"和首届紫禁城建筑学术讨论会。古建界、历史界、艺术界诸多著名专家、学者就紫禁城的建筑历史沿革、规划设计思想、建筑艺术与技术、古建保护维修等课题，从建筑学、历史学、美学等多方面进行广泛探讨和研究，发表许多新的见解，提出许多积极的建议。同年，故宫博物院古建部与天津大学建筑学院签署协议，合作进行故宫古建筑测绘工作。

1992年8月，国家文物局成立三峡文物保护领导小组，傅连兴既是领导小组成员，也是领导小组的顾问。他进三峡，走库区，参加几乎所有与三峡文物保护有关的会议和活动，并为《长江三峡工程淹没区及迁建区文物保护大纲》的编制出谋献策。他提出，三峡文物保护成功的关键在于规划。1994年3月，长江三峡文物保护规划组成立，傅连兴为规划组成员，参与三峡地面文物保护规划的编制工作。他对古代民居有着深厚的感情，更有着超前的保护意识。他认为，三峡古民居有着地域性的特点，是祖先留下的宝贵财富，具有不可再生的特殊属性，毁一处就少一处，对于这些文物能保的尽量保，能搬的尽量搬；搬迁的古建筑原构件不能丢弃，尽量全部使用；要选择与原环境相似的地点集中复建；搬迁后的古民居，最好由原居民居住，他认为有人居住的民居可减少昆虫鸟兽的侵扰，是最好的保护方式。对于张桓侯庙的搬迁，他不同意地方政府提出的搬至新县城的方案，坚持搬至与原环境相近的盘石镇龙安村，并找到清华大学进行专项规划。对于白鹤梁水文题刻保护，他反对有关领导提出的切割搬迁，认为白鹤梁水文题刻是因水而生，因水才有了题刻，离开水的环境，题刻的价值会大打折扣。他主张建设水下博物馆，并力荐天津大学做专项保护规划。就三峡文物保护经费概算依据问题，傅连兴召集有实践经验的地面文物保护专家，根据北京、湖北、四川、重庆地区的工程定额和物价指数，结合这些地区建筑材料价格和人工费用，按照文物类别进行单位价格的核算，形成《三峡工程库区地面文物保护规划经费概算细则》。1996年，该细则获国家文物局批准，并在三峡地区实施。1996年3月，280万字的《三峡工程淹没及迁建区文物古迹保护规划》编制完成，傅连兴没有停歇，为使规划尽快获得批复，他借陪同相关部门领导参观故宫的机会，阐述三峡文物保护的重要性和紧迫性，并与56位知名专家联名上书，吁请尽快审批规划。

除此之外，傅连兴担任国家文物局古建专家组成员后，多年来还参加和完成30多项送交国家文物局的全国重点文物保护单位设计方案的制定、审查、工程验收、项目论证等。特别是他在身体状况不佳的情况下，还三次赴西藏拉萨，参加布达拉宫维修方案的修正和工程验收。

傅连兴还致力于文物古建的保护研究工作，他认为古建保护工作者就像古建医生，在工作方法、工作步骤上与医生为病人诊断、治疗十分相似。对一座古建筑进行维修保护，首先需认真地勘察其整体结构有无走闪，瓦顶有无塌陷，木架是否脱榫，构件是否糟朽以及砖墙、地面、装修、石活的残坏程度等，对这座建筑的健康状况作出判断并查阅这一建筑的历次维修档案，在这一基础上才能制定维修方案。他还主张将现代科学技术运用于古建筑保护，仅仅依据《营造法式》《清史营造则例》和传统技术是远远不够的。过去古建研究工作大都着重于历史沿革的考证，文献、法式的探讨，而对于研究运用现代科学原理去分析、认识、保护、修复古建筑就显得不够。比如在进行工程勘察时，经常遇到大木构件的糟朽、劈裂等现象，对于这一类问题，要想作出准确的判断和估量，就必须对结构、构件进行分析，掌握构件受力的情况，并运用力学公式进行验证。他认为古建保护工作是多学科的工作，也是综合性很强的工作，对新材料、新工艺要慎重使用。同时对传统工艺、材料也不能盲目废除。如过去油漆用桐油，厚度大，刷上之后可保持二三十年，而化学漆，刷上后只可保持三五年。所以无论是使用新材料和新工艺，还是传统材料和传统工艺都不能一概而论，应当具体问题具体分析，慎重使用新材料、新工艺和抢救传统工艺、传统材料是古建工作者义不容辞的责任。

他的工作心得、成果在其论述中得到充分体现，诸如《建福宫花园遗址》《三大殿及其建筑艺术》《养心殿建筑》《忆原北京大学红楼的抗震维修工程》《古建修缮技术中的几个问题》等。

傅连兴还兼任中国文物学会常务理事、中国文物学会传统建筑园林委员会副会长、紫禁城学会副会长、国家文物局古建专家组成员，享受国务院政府特殊津贴。

1998年8月23日，傅连兴在北京去世。

商志𩴃 广东番禺人。民国22年（1933年）12月出生于北京。考古学家、人类学家。

商志𩴃的父亲为中山大学教授商承祚。商志𩴃1953～1957年在中山大学历史系学习，毕业后留校，在中山大学历史系、人类学系工作。

商志𩴃在商代都城亳的研究方面很有成就，也是国内较早从事吴文化研究的学者之一。他还引入化学、物理等现代科学技术进行历史考古研究，例如通过对青铜器碎片的化学分析提出吴国青铜器的构成与中原地区大为不同的观点。

1972年9月，商志𩴃在《马王堆一号汉墓"非衣"试释》中首先提出"T"形帛画在遣策中的名称为"非衣"。

20世纪80年代前期，商志𩴃致力于吴文化研究，尤其着重于宁镇地区青铜器的研究。他和中山大学考古专业师生与江苏文物考古工作队一起，在镇江发现春秋时期吴国王室墓葬群，出土大批珍贵文物，填补吴文化研究的空白，引起国内外学术界的广泛关注。

商志𩴃还积极推动内地和香港文物考古界的合作与交流。从20世纪80年代开始，他多次利用赴港访问的机会，同香港文物界广泛接触，多方寻找合作机会。他先后组织联系中山大学、广东省文物考古研究所、深圳博物馆等单位同香港文物考古机构合作，开展香港考古调查工作，并建立深厚的友好关系。

1989年，商志𩴃率考古队在香港南丫岛大湾遗址进行发掘，开创内地考古机构赴港发掘的先河。考古队在大屿山、南丫岛等地进行野外挖掘，按照自然地层，将时代顺序排列清楚，取得商代牙璋、香港古代墓葬、住址等重要发现。同时，他又运用器物类型学方法，将香港的新石器时代文化分为六期，青铜文化分为三期，纠正过去外国学者以人工分层得出的错误结论。在工作中，他把内地考古的程序及方法带到香港，改变以往香港考古界由英国和日本方法主宰的局面。其《香港考古论集》收录论文19篇，是他香港考古工作的阶段性总结。1997年，香港马湾东湾仔遗址被评为"全国十大考古新发现"。商志𩴃还开拓了港澳考古方向的研究生培养，指导研究生做港澳环珠三角方面的研究。商志𩴃指导的研究生的论文覆盖香港考古的各个方面，从沙丘遗址的自然环境到铜器、玉器、石器；从新石器时代到明清时期，各个阶段都有涉猎。

1997年受国家文物局的委托，商志馥和香港收藏家、敏求学会前会长钟华培共同发起并资助成立"郑振铎、王冶秋文物保护基金会"，设立"郑振铎、王冶秋文物保护奖"，以表彰老少边穷地区对文物保护工作作出突出贡献的基层单位和个人。

从1964年开始，商志馥与姐姐、兄长先后无偿向国家捐献1200多件珍贵文物，惠及故宫博物院、中国国家博物馆、广东省博物馆、中山大学图书馆、香港中文大学、广东省民间工艺博物馆等多家单位。2007年，商家捐给深圳博物馆五批共571件文物，其中有商代青铜钺、战国铜环权、清郑板桥《水墨四面风竹图》轴，以及特别珍贵的是唐代经卷《大般若波罗蜜多心经》。在这1200多件文物中，一、二级文物超过60%。2004年，商志馥还与家人在中山大学人类学系设立了"商承祚人类学奖学金"，从自己的退休金中每年拿出1万元，奖励品学兼优的人类学系学子。

2005年的一天，商志馥给正在外地出差的中山大学党委书记李延保打电话，告诉他党委楼后面的一个小屋子里面装满了文物，为1929年父亲商承祚受中山大学委派赴北京琉璃厂采购，当时共200多件魏晋南北朝时期的石雕、碑刻存在中山大学校园。1941年日军曾破坏过这批文物，"文化大革命"中又遭破坏，最后只剩20多件，被"遗弃"在这栋不起眼的小房子里，无人问津。在商志馥的建议下，这批文物已经被安放在中山大学图书馆，供人研究和参观。

商志馥晚年潜心于文献整理与研究。他定期编辑父亲的文集，重新校点祖父晚年著作《清代科举考试述录》，根据家藏文物对清代科举考试制度进行深入研究。

商志馥曾担任中山大学人类学系考古教研室主任、人类学系副主任、教授，以及中山大学人类学博物馆馆长、中国文物学会副会长、中国考古学会理事、中国殷商研究会副会长。

2009年7月1日，商志馥在广州去世。

王金鲁 河北定县人。民国23年（1934年）2月15日出生。中共党员，北京市文物局党组书记、局长。

1952年8月，王金鲁在北京辅仁附中参加工作，1953年4月加入中国共产党。1953年8月，王金鲁调至中共北京市西四区委宣传部工作。1955年11月至1964年2月，王金鲁在北京市委宣传部任讲师团教员、宣传部干事。1964年2月至1964年秋，王金鲁任北京顺义县委宣传部部长，后调至中共中央华北局办公厅工作。1969年秋至1973年10月，王金鲁在天津塘沽下放劳动。1973年10月至1979年12月，王金鲁在北京市委工作，历任农林组干事、组长、市委农村工作部宣传处处长。1979年12月，王金鲁调北京市人大常委会，历任北京市人大常委会文教办公室副主任，北京市人大常委会教科文委员会副主任、主任，北京市人大常委会委员。在此期间，王金鲁参与主持制定有关文物保护的地方性法规，他主持制定的《北京市文物保护管理办法》于1981年11月10日公布施行。

1988年5月30日，王金鲁任北京市文物事业管理局党组书记，同年7月7日任北京市文物事业管理局局长。当时，北京市文物工作面临诸多困难，王金鲁带领班子成员积极改革，勇于探索。在全市进行大规模"危改"的情况下，他及时组织制定文物及古建筑保护方案，对全市文物及古都风貌的保护发挥重要作用。在此期间，包括卢沟桥、先农坛在内的多处古建筑得到修缮，正阳门城楼、大觉寺等一些著名古迹对外开放。

王金鲁大胆创新北京市文物工作思维，积极推进文物工作改革。1989年，针对旧货市场大量涌现、经营无序的状况，王金鲁认为，随着改革开放的深入、人民经济生活的改善和社会文化活动的日益丰富，民间收藏将会快速发展，这是一个群众性的文物保护的新生力量，是国家收藏的重要补充，作为政府文物主管部门不应只采取查抄的单一行政手段，而应积极关注、热情扶植，采取疏堵结合的方式。1989年北京市成立全国第一家由文物部门实施监管的旧货市场——北京市潘家园旧货市场，既活跃了文物流通状态，又使旧货市场得到有效监管，这一做法在全国引起很大反响。1990年，北京市文物局在智化寺筹备举办"京沪首届民间收藏联展"，这在北京民间收藏发展的初期引起不小的轰动。由此，北京市文物局将全国重点文物保护单位智化寺开辟为全国第一个民间收藏活动中心，成立第一个由国家主管部门主持创办的民间收藏社团——北京东方收藏家协会，被当时新闻界称为国家收藏单位创办的"民间收藏家之家"。

王金鲁倡议并组织1991年北京文物节和1993年北京古都文物博览会，开全国先河，引起广泛关注，极大提升群众文物保护意识及对文物工作的关注度。1991年，在北京市第四次文物工作会议上，王金鲁提出新时期做好文物工作必须处理好的五个关系，即文物保护与城市建设的关系、科学保护与合理利用的关系、社会效益与经济效益的关系、依靠国家投资与社会集资的关系、加强管理与调动各方面积极性的关系，确定了"八五"期间文物工作的总目标。1992年，首届民间收藏学术研讨会在北京市文物局召开。同年，北京民间收藏界的第一份内部刊物《东方收藏家》创刊。1992年10月，王金鲁力排众议，在北京举办首场国际拍卖会，在全国率先尝试开展文物拍卖，这场拍卖活动对此后文物拍卖市场的发展产生深远影响。

为解决文物保护经费短缺的难题，王金鲁想方设法化解矛盾、克服困难，推出试行市、区（县）两级投资保护文物的举措，让各区、县政府共同拿钱保护文物，改变以往单纯依靠国家或上级拨款的单一投资模式，扩大文物保护资金来源，在弘扬民族文化的同时，也发挥集体、个人的积极性。王金鲁还积极推进文物管理权限的下放和对地上文物实行分级、分类管理，合理利用，为以后的文物工作打下坚实的基础。与此同时，他把目光投向社会、投向企业。他挑选一些适合向社会开放和承包的文物单位，提出"谁保护，谁投资，谁使用，谁受益"的文物保护和利用原则，吸引和动员社会力量参与文物保护。凡是实行这种方式的单位，北京市文物局都与使用单位签订协议，明确规定文物保护的义务和责任，在使用过程中严格执行。一方面保护文物建筑，另一方面落实保护资金，解决一批缺乏政府文物保护资金的文物单位长期无人过问的难题。

1994年，王金鲁退居二线，继续任北京市政协委员、北京市政协城建委副主任；1997年和1998年分别被聘为北京市人民政府专家顾问团文化艺术顾问组组长、北京市人大常委会法制建设顾问，并担任北京市文物保护基金会常务副会长、北京市收藏家协会会长。

2007年1月17日，王金鲁在北京逝世。

 **张忠培** 湖南长沙人。民国23年（1934年）8月5日出生。考古学家。

张忠培童年正值抗日战争时期，小学只上了五年半，被迫转换六所学校，这使他体悟到"有国才有家"的道理。中学期间，他开始关心国家大事。1949年，14岁的张忠培组织全班同学参加长沙和平解放的游行活动。

1952年，张忠培从湖南长沙长郡中学考入北京大学。1955年在西安半坡原始社会遗址参加实习，这是他第一次接触遗存材料；后又对客省庄西周墓葬进行分期，他领悟到考古不仅要靠马克思主义一般原理，更要扎实地占有资料的道理。

1956年大学毕业，张忠培被选拔留校攻读副博士学位，跟随考古学家苏秉琦和民族学家林耀华攻读"原始社会史及少数民族地区考古"。1958～1959年，张忠培参与带领北京大学本科生在陕西华县、渭南进行区域性考古调查，取得诸多成果。他在发掘元君庙仰韶文化墓地时，改变过去以一个遗迹为单位的做法，把整个墓地作为一个研究单元，开创中国考古学全面揭露和研究墓地的新理念和新方法。

在整理元君庙墓地发掘资料和编写发掘报告时，他厘清了墓地的社会组织及社会性质，即整个墓地是一个部落，一个墓区是一个氏族墓地。从此，他将"以物论史，透物见人，替死人说话，把死人说活"作为考古追求。其所著《元君庙仰韶墓地》考古报告也终于在1983年面世，学者称之打破"硬套社会发展规律教条的怪圈"，是研究中国史前亲族组织的典范。

1961年，张忠培被分配到吉林大学历史系任教师。1972年他主持创办考古专业，先后任考古专业主任、历史系主任和研究生院常务副院长，参与创办吉林大学研究生院。

张忠培既关注区域课题，又在整个中国范围内做教学科研的谋篇布局。他通过挖遗存、建框架、解文化、续谱系、求真理、寻规律、修国史、创学说等发现与研究过程，对中国古今之变做贯通式的集大成研究，得出许多符合中国历史发展实际的科学结论。

张忠培早年在黄河中游和东北做大量系统性考古工作，发现老官台文化和吉林市郊的左家山下层文化等新考古学文化，得出西阴文化是半坡文化继承者的认识，基本搞清这些地区汉以前的考古学文化序列，认识到这些区域诸考古学文化之间既存在文化联系，又各有渊源，自有续脉。1975年，苏秉琦应他之邀为吉林大学考古专业作学术报告，提出影响深远的考古学文化区系类型论。自此，张忠培的认识也发生飞跃，成为区系类型论的积极实践者和推动者。1980年，他在研究中开始使用"谱系"一词，1984年他又指出区系类型论的实质是文化谱系论。及至1987年，他从考古学文化谱系的角度进行思考，将一定时期的考古学文化"区"，分为"亲族文化区"和"历史文化区"。

张忠培致力于探索构建中国北方地区，黄河上游、中游、下游地区，长江中游、下游地区等的先秦考古学文化时空框架体系。陶鬲是中国早期文化谱系的活化石，张忠培系统分析探寻其谱系，从而分辨诸种考古学文化发展系列及源流，澄清中国古代文化发展脉络。《客省庄文化单把鬲的研究》《杏花文化的侧装双鋬手陶鬲》《滹沱河上游和桑干河流域的正装双鋬鬲》《中国陶鬲谱系研究》等学术成果，是其中国考古类型学研究理论与实践的结晶。

在考古学文化序列和谱系研究中，张忠培善于将实践成果转化为理论成果。他在1984年出版和俞伟超合作的《苏秉琦考古论述选集》的编后记中指出，区系类型论的实质就是考古学文化的谱系研究。在1984年成稿的《研究考古学文化需要探索的几个问题》一文中又提出，任何一种考古学文化都是不同谱系的多元结构，谱系分析是按考古学文化的本来面貌，观察、研究考古学文化的一种重要研究方法。他的这些观点形成了新的考古学文化理论——"谱系论"。

1985年，苏秉琦应《中国通史》总主编白寿彝邀请，担任《中国通史·第二卷·远古时代》主编，组织张忠培、严文明等历经5年左右撰写完成，把史前考古学转化为史前史，实现几代学者修国史的夙愿。

1987年，张忠培被国务院任命为故宫博物院院长。短短两年多的时间里，他在博物馆的制度建设、体制改革、文物保护和总体规划等方面提出许多新理念和新方法，推动故宫博物院的科学化和规范化管理，提出"完整故宫、安全故宫、历史故宫、学术故宫"的概念，为故宫博物院的长远发展作出规划，也为中国博物馆界提供可供借鉴的宝贵经验。

1990年后，张忠培把长期秉持的史前社会制度变迁研究理念，延展到苏秉琦倡导的中国文明起源与形成的大课题中，陆续发表《中国古代文明之形成论纲》《中国古代文明形成的考古学研究》《窥探凌家滩墓地》《晋陕高原及关中地区商代考古学文化结构分析》《夏商周三代及其前期考古学的进展与前瞻》《中国古代的文化与文明》《良渚文化的年代和其所处社会阶段——五千年前中国进入文明的一个例证》《文化·人物·考古——贺宿白先生九十华诞》《良渚文化墓地与其表述的文明社会》等新作，对中国国家形态的演变过程进行详细的考察，形成中国古代文明历经神王之国、王国、帝国、党国四个阶段的"国家论"学说。

张忠培先后担任国家文物局考古专家组成员、长江三峡工程验收委员会委员、南水北调工程考古专家组组长等，主持和参与大量国家和地方重大工程建设中的文物保护、规划、国家文物保护单位保护方案论证、国家考古遗址公园建设规划论证、考古发掘计划审批咨询和考古工地检查与验收等工作。

张忠培是中国考古学会第一、二届理事会理事，第三届理事会常务理事，第四届理事会副理事长，第五届理事会理事长；第七届全国人大代表。

2017年7月5日，张忠培于北京病逝。

柴泽俊 山西临汾人。民国23年（1934年）10月出生。中共党员，古建筑专家，山西省古建筑保护研究所所长，山西省文物局总工程师。

柴泽俊幼年家境贫寒，民国30年（1941年）在参峪村读小学，小学毕业后初中只读3个月即辍学。1952年在临汾参加建筑、经济、成本等专门知识的培训。1954年参加工作，在晋祠文管所修缮献殿的工程中做临时工。通过在献殿工作的出色表现，柴泽俊成为晋祠文管所正式职工。初入行时，为掌握建筑史、测绘方法、施工技术等多学科专业知识，他向身边的专家和技术工人求教，同时积极参与古建筑的实地调查研究，并且对照实物研读《营造法式》和清工部《工程做法则例》等古建筑历史典籍。经过近3年的刻苦钻研和实践，柴泽俊成为能够独立承担简单施工的古建筑修缮工作者。

1958年，治理黄河工程即将开始，由于绘有精美元代壁画的永乐宫恰好位于黄河淹没区内，文化部文物管理局请示国务院获准将之迁移保护。同年8月，柴泽俊正式调到永乐宫工地，负责新址考察、测定，完成《关于新址问题》的报告。1959年3月，永乐宫搬迁委员会正式成立办公室，下设工程股，以及设计、施工、材料、财务、业务等组，柴泽俊担任施工组组长。至1966年8月，永乐宫迁移工程全面竣工，历时8年，期间，柴泽俊通读《元史》，整理笔记，记录卡片近万张。通过施工和对资料的收集和研究，柴泽俊掌握了永乐宫这座元代官式建筑的形制、结构和时代特点，以及元代壁画的画题内容、人物造型、衣饰特点和画风画韵、绘画技法，对以后认识和鉴别历代建筑的变化与特征，全面考察寺院壁画奠定坚实的基础。

"文化大革命"期间，万荣东岳庙、祁县乔家大院、大同善化寺被武装部占用，在里面喂养牲口。为此，柴泽俊闯军区找政委，结果一年之内占用这三处文物的单位全部搬迁。

1972年，国务院批准对山西大同云冈石窟、五台南禅寺、洪洞广胜寺三处重点文物保护单位进行抢险修缮。同年，柴泽俊与同事扛着行李、背着米面赴五台南禅寺考察，进行修缮设计，参与施工工程，至1975年竣工验收。此后，柴泽俊开始对山西古代建筑及其壁画、彩塑等附属文物进行全面系统调查，经数年，走遍山西百余个市县，行程数万千米，记录整理数万张卡片，于1979年发表《三十年来山西古建筑及其附属文物调查保护纪略》，公布山西宋辽金以前的木结构古建筑106座，占全国同时代木构古建筑的72.6%，以及元代木构古建筑350多座、古代彩塑1万余尊、寺观壁画保存较好者7000余平方米，数量居全国首位。

1984年，柴泽俊担任山西省古建筑保护研究所所长。任所长期间，他带领全所业务人员，完成永济普救寺、临汾尧庙、霍州署、平遥镇国寺、榆次城隍庙、长子法兴寺、高平崇明寺、阳泉关王庙、繁峙岩山寺、大同华严寺等近300个项目的勘察、设计、规划、抢修、搬迁、复建、修缮以及壁画、彩塑等附属文物的保护工作。他本人还主持了临汾魏村牛王庙戏台、稷山青龙寺、朔州崇福寺弥陀殿和太原晋祠圣母殿等重要和大规模的古建筑修缮保护工程。特别是后两项工程，是他从业以来所积累的文物研究能力和木构古建筑保护科技水平的集中展现，成为山西地上文物科技保护和科学保护的典范。1988年，柴泽俊受国家文物局委托，带领山西、河南、河北三省古建专家组赴西藏考察布达拉宫残损情况，制定了总体修缮方案。方案经中央七部委商讨报国务院审批，于同年10月批准实施。1995年成立平遥古城申报世界文化遗产领导小组时，柴泽俊担任副组长。他审核材料，陪同检查，平遥古城终于在2007年底申遗成功。

1996年3月，已经62岁的柴泽俊卸任山西省古建筑保护研究所所长，至山西省文物局任总工程师。任职期间，审批并指导太原双塔寺宣文塔纠偏方案及保护工程，制定代县鼓楼施工方案，撰写《广胜下寺后大殿修缮工程说明书》，指导晋城青莲寺、万荣东岳庙、长治城隍庙、高平崇明寺、丁村16号院等十多项文物保护修缮工程。柴泽俊参与和主持的古建筑维修项目，获"全国科技大会奖"2项，"山西省科技成果奖"一等奖3项、科技奖5项、优秀论文奖2项。

柴泽俊积极培养和提携后辈，为山西文物保护事业的发展培养了一大批年轻的业务骨干。他主持办过几期专业培训班，与山西大学联合主办文物大专班，为各大学、研究生培训班和中专班授课，共计1394课时，培养文物保护专业人才80多名。

2012年1月，山西省文物局授予柴泽俊"文博大家"荣誉称号，并由山西省委、省政府相关领导授匾。2015年8月4日，中央电视台新闻联播《我的座右铭》系列报道了柴泽俊的座右铭——"守得住清贫，耐得住寂寞，勤奋耕耘，默默奉献"。这就是柴泽俊的古建人生。

柴泽俊集理论研究与实际操作于一身，撰写出版了大量古代建筑、琉璃、壁画、彩塑相关论文和工程技术报告等，主要有重点文物保护专题研究，如《朔州崇福寺》《繁峙岩山寺》《解州关帝庙》《洪洞广胜寺》等；古代建筑附属文物研究，如《山西琉璃》《山西古代彩塑》《山西寺观壁画》等；重点文物修缮保护施工技术研究，如《太原晋祠圣母殿修缮工程报告》《朔州崇福寺弥陀殿修缮工程报告》等；综合类研究，如《三十年来山西古建筑及其附属文物调查保护纪略》《山西古建筑文化综论》《柴泽俊古建筑文集》《柴泽俊古建筑修缮文集》《山西古建筑木结构模型》《山西古建筑通览》等。其中《三十年来山西古建筑及其附属文物调查保护纪略》《山西古建筑通览》为摸清山西古建筑家底和认知重要古建筑的价值提供重要资料；《朔州崇福寺弥陀殿修缮工程报告》是中国文物建筑保护方法和技术方面的第一部著作，开创大型寺庙在落架大修施工中将各环节、程序完整记述研究的范例；《山西佛寺壁画》《山西琉璃》《山西古代彩塑》为山西壁画、琉璃、彩塑的研究方法奠定了基础。柴泽俊将传统保护修缮技术进行了科学总结，留下很多精品工程，如五台南禅寺大殿，洪洞广胜寺弥陀殿、毗卢殿，朔州崇福寺弥陀殿，太原晋祠圣母殿维修，以及灵石资寿寺十八罗汉头像归安和应县木塔残损测量及加固等。

2015年初，柴泽俊在体能已极度衰弱的情况下开始撰写《山西永乐宫迁建亲临纪实》，期间几度病危，写写停停，直到2016年3月书稿完成并出版。

2017年1月5日，柴泽俊在太原去世。

舒之梅 湖北沔阳人。民国23年（1934年）11月出生。湖北省博物馆馆长。

1950年，舒之梅毕业于湖北省仙桃中学。1951年1月，舒之梅入伍，在南京中国人民解放军军事学院担任书记员、结算员。1955年8月，舒之梅在北京大学历史学系学习。1962年，舒之梅毕业后在武汉中南民族学院历史系任助教。1970年11月，舒之梅在湖北省洪湖县解放公社下放劳动。1972年2月，舒之梅调到湖北省博物馆工作，历任陈列部副主任、主任，湖北省文物考古研究所筹备负责人，湖北省博物馆党委书记、馆长等。1999年4月退休。1995年享受国务院政府特殊津贴。

舒之梅对历史学、考古学、民族学有深入的研究。从事文博工作后，又在古文字学、楚国文化研究和博物馆学方面作出重要贡献。1973年，他参与云梦睡虎地秦简的整理。1978年，他又参与曾侯乙墓竹简及钟磬铭文的整理，并积极组织编写并出版《云梦睡虎地秦墓》《随县曾侯乙墓》等考古报告。1983年，他参与张家山247号汉墓竹简的整理和研究，并于2001年出版《张家山汉墓竹简（二四七号墓）》，此书是研究西汉早期历史和文化的重要著作。

在担任湖北省博物馆领导期间，舒之梅在无新馆舍、无充裕资金的困难情况下，提出以引进学术人才、狠抓特色科研项目、与社会分享本馆的研究成果、开展文化外交的建馆思路，成效显著。舒之梅推进漆器脱水项目的国家鉴定和成果外展，使木漆器成为湖北省博物馆的重要展品门类。他积极与香港利氏基金会、东京国立博物馆等方面联系，为湖北省博物馆争取资金资助，开展文物保护科技攻关，使楚墓出土的、在水中浸泡保存数十年的木漆器成功脱水。舒之梅大胆起用青年才俊，为湖北省博物馆的改革发展注入了活力。他还积极促进文物对外交流，以文物展览促进国际友谊。如卢森堡的"周代文物展"（1989年）、日本东京的"曾侯乙墓文物展"（1992年）和"中国古代漆器展"（1997年）等都产生巨大影响。其中日本东京的"曾侯乙墓文物展"是日本天皇首次参观的中国文物展，卢森堡的"周代文物展"为中国在西方的文化宣传打开了局面。这两个展览都受到外交部通报嘉奖。

舒之梅在促进湖北省文物学术研究和博物馆建设方面作出许多贡献。在他和有关学者的共同努力下，《江汉考古》创刊，湘鄂豫皖四省楚文化研究会成立。他发表的《五十年来楚族源研究综述》《楚同各诸侯国关系的古文字资料简述》等论文，以及主编的《楚文化——奇谲浪漫的南方大国》一书，推动了楚文化研究。舒之梅共发表学术论文50余篇，参与编撰和主编的考古报告、展览图录20余种，其中由香港商务印书馆出版的《楚文化》被香港商务印书馆作为百年纪念的重点项目。

舒之梅曾担任中国先秦史学会理事、中国百越史研究会理事、湘鄂豫皖四省楚文化研究会副理事长、湖北省楚史研究会常务理事长。

2007年9月6日，舒之梅在武汉逝世。

陈佩芬 女，浙江鄞县人。民国24年（1935年）4月12日出生于上海。中共党员，青铜器专家。

陈佩芬出生于上海一个普通家庭。民国36年（1947年）7月，她毕业于上海景瑞小学。1951年7月，她毕业于上海静文女中，进入上海中国女中读高中，高三时由于父亡辍学。

1952年10月，陈佩芬进入上海博物馆，先接受业务培训，由杨宽、蒋大沂、蒋天格讲授历史、文化和文物专业课程。培训结束后，她被分配在陈列室做保管工作，不久又到保管部编目组。1959年，编目组改为征集编目组，陈佩芬任副组长。

1960年，陈佩芬被列为上海博物馆重点培养青年之一，师从蒋大沂，每天一小时，一对一授课，所授内容有《史记》《两周金文辞大系图录考释》等。按照老师的要求，陈佩芬手抄《两周金文辞大系图录考释》及临摹《金文编》，从而打下坚实基础。同时，她又师从马承源学习青铜器鉴定，对青铜器的铸造技术、器形、铭文、纹饰、锈蚀等进行广泛研究。她还参与编纂工具书《中国青铜器形制》。1962年，陈佩芬参与编纂《上海博物馆藏青铜器》。该书收录商至汉代青铜器数百件，陈佩芬负责收集数据，撰写商和东周的器物说明。

1966年"文化大革命"开始。红卫兵大扫"四旧"，上海博物馆征得市政府同意代管抄家文物，由征集编目组承办，陈佩芬作为副组长实际负责接收抄家文物。期间，陈佩芬保管并整理209户15万件抄家文物和图书，对其分户上架、造清单、制卡片、拍照片，为文物配盒子，为书画做布套，并对数百件青铜器进行真伪鉴定、编目和定级。1972年，陈佩芬参与马承源主持的上海博物馆中国青铜器陈列，负责挑选展品，撰写陈列说明。1974年，陈佩芬主持研究西汉透光镜原理并试验复制。随后上海成立文物清理小组，陈佩芬将15万件各类文物、图书准确无误地移交有关部门。由于文物、图书保管妥善，藏家均十分感动，不少藏家又把文物回捐上海博物馆。这些珍贵文物丰富了上海博物馆的馆藏，使得当时上海地区的馆藏文物，在数量上和质量上都属全国前列。1975年陈佩芬任青铜研究组副组长。

1982年，陈佩芬被复旦大学分校历史学系文博专业聘请讲授中国青铜器相关课程。1984年，她编著的《商周青铜器纹饰》一书出版。该书汇集夏、商、西周、春秋至战国出土和传世的主要青铜器纹饰，把青铜器纹饰，据纹样的特征分为10个大类，每类下根据其结构的差异又分为若干式样，每一式样又分为若干种，以时代排列先后为准则，每一纹饰标明其所属的器名和部位，所有纹饰均用中国传统的墨拓方法，并加以托裱。1985年，陈佩芬任上海博物馆青铜器研究部主任。

1988年6～9月，陈佩芬参加"灿烂的中国青铜时代"展览，赴意大利考察各地博物馆，并以"中国青铜艺术"为题演讲三次。10月～12月，应法国里昂高卢罗马博物馆邀请，随"灿烂的中国青铜时代"展赴法国里昂考察博物馆、古代建筑及考古发掘现场，并进行业务交流。1991年，陈佩芬应美国普林斯顿大学邀请作"中国青铜器铸造技术"学术报告。次年，她任上海博物馆副馆长。陈佩多次应邀赴国外参加学术会议，并在会上宣读论文。1998年9月，她参加法国巴黎池努奇博物馆"中国古代青铜器展"开幕式，被法国总统授予"法兰西共和国国家功勋勋章"。

2013年，陈佩芬编著的《中国青铜器辞典》出版，该书共收词目2830条，图片2900幅，按青铜器论述，青铜器分类，青铜器器名，青铜器纹饰，青铜器铭文及释文，重要青铜器，青铜器铸造技术，出土青铜器主要遗址、墓葬和窖藏，金石学家，青铜器书目等大类编排，是首部全面、系统的青铜器辞典。

陈佩芬长期致力于青铜器研究与鉴定，潜心学术。她以文献资料与铭文相结合，解读许多历史疑案。她编著或参与编著出版了《商周青铜器铭文选》《上海博物馆藏青铜镜》《中国古代青铜器》《夏商周青铜器研究》等多部在学术界有影响的专著；发表《殷墟以外的商代晚期青铜器》《上海博物馆藏青铜镜概论》等论文几十万字。尤其是大型研究类工具书《夏商周青铜器研究》（全六册），对中国古代艺术精华青铜器的造型、纹饰、铭文、断代、分类等提出独创见解，为系统学习研究青铜器提供翔实丰富的资料。

陈佩芬是上海博物馆研究馆员，曾任国家文物鉴定委员会委员、中国考古学会会员、上海市文物鉴定委员会委员、复旦大学文博学院兼职教授、上海大学文物考古研究中心顾问等。1993年陈佩芬享受国务院政府特殊津贴，并获国务院"为我国文化艺术事业做出突出贡献"专家证书；2009年获国家文物局颁发的"文物博物馆工作30年"荣誉证书。

2013年11月10日，陈佩芬在上海逝世。

童恩正 湖南宁乡人。民国24年（1935年）8月27日出生于江西庐山。考古学家、科幻作家。

童恩正生于书香门第，自幼喜好学习，曾在私塾读书数年。抗战结束后，童恩正进入成智小学学习。民国36年（1947年），童恩正考入长沙雅礼中学，因患肺结核休学两年，除自学俄语外，还阅读大量文学名著。1956年，童恩正考入四川大学历史系。刚进大学，童恩正就凭过去自学俄语的底子，通过考试，获得免修俄语资格。1959年夏，童恩正随考古学家冯汉骥参加长江三峡的考古调查与发掘，开始对考古学产生浓厚兴趣。调查结束后，他创作的小说《古峡迷雾》在上海少儿出版社出版。该小说曾影响很多青少年报考考古专业。

1961年，童恩正大学毕业，分配至峨眉电影制片厂，次年调回四川大学历史系，担任冯汉骥教授的助手，从事考古学的教学与研究工作。他参加四川大学历史系考古教研室对四川广汉中兴公社的考古调查与发掘，曾只身赴茂县、理县、汶川地区，对岷江上游的石棺葬进行调查，发掘20余座受损石棺墓，获得大量第一手资料。与此同时，他仍未能忘情于文学创作和科普创作，除参加《十万个为什么》一书的撰写外，还创作大量内容丰富、题材广泛的文学作品，其代表作为《珊瑚岛上的死光》。"文化大革命"时期，他被视为"白专"典型，在困难的处境中，仍参加和主持西昌大石墓的考古发掘。之后，他埋头整理考古发掘资料，除与导师冯汉骥合作发表《岷江上游的石棺葬》，又撰写《从四川两件铜戈上的铭文看秦灭巴蜀后统一文字的进步措施》《中国西南地区青铜剑的研究》《关于使用电子计算机缀合商代卜甲碎片的初步报告》等论文。遵从冯汉骥教授的安排，他自修英语，阅读和翻译美国人类学家乔治·彼得·穆达克所著《我们当代的原始民族》一书。

"文化大革命"结束后，童恩正相继发表《四川西北地区石棺葬族属试探——附谈有关古代氐族的几个问题》《四川西南地区大石墓族属试探——附谈有关古代濮族的几个问题》《古代巴境内民族考》《记广汉出土的玉石器》《我国西南地区青铜戈的研究》《谈甲骨文 伐 字并略论殷代的人祭制度》等论文，出版学术专著《古代的巴蜀》。期间，童恩正率学生赴西藏，主持昌都卡若遗址的大规模考古发掘，《昌都卡若》一书即为此次考古发掘成果。

1980年，童恩正赴美考察，在美国加州大学与哈佛大学进行为期一年的研究工作。在哈佛大学期间，他将哈佛大学人类学系图书馆所藏极为丰富的有关东南亚民族考古学的文献搜罗殆尽，又在哈佛大学考古实验室里埋头工作，研习石器微痕等考古实验技术。在美期间，他撰写《近年来中国西南民族地区战国秦汉时代的考古发现及其研究》《中国西南地区民族研究在东南亚区域民族研究中的重要地位》等论文。归国后，他相继发表一系列重要学术论文，如《试论早期铜鼓》《人类可能的发源地——中国的西南地区》《西藏昌都卡若新石器时代遗址的发掘及其相关问题》《试论

古代四川与东南亚文明的关系》《略论东南亚及中国南部农业起源的若干问题——兼谈农业考古研究方法》等。他还倡导和主持六江流域民族考古综合调查，完成《雅砻江上游考察报告》《雅砻江下游考察报告》等。1985年，童恩正任四川大学博物馆馆长，同时创办并主编大型学术辑刊《南方民族考古》。期间，他又发表《中国西南地区的奴隶社会》《再论早期铜鼓》《从出土文物看楚文化与南方诸民族的关系》《中国西南的旧石器时代文化》《试论我国从东北至西南的边地半月形文化传播带》《摩尔根的模式与中国的原始社会史研究》《中国南方农业的起源及其特征》《论南中国与东南亚的中石器时代》等论文，同时出版重要专著《文化人类学》。

1989年末，童恩正赴美，先后受聘于加利福尼亚州立大学、宾夕法尼亚大学、密歇根州立大学、华盛顿州立大学，从事教学和研究。在美期间，他在学术领域中不断吸收国内外最新成果，开拓新的研究领域。他相继撰写发表《中国北方与南方古代文明发展轨迹之异同》《中国西南地区古代的酋邦制度——云南滇文化中所见的实例》《中国古代的巫、巫术、巫术崇拜及其相关问题》《中国考古学三十年（1949～1979）》等论文。由于成绩卓著，他被美国匹兹堡大学和威斯里安大学聘为客座教授，并担任德国科学院考古研究所通讯院士。

童恩正曾任中国铜鼓学会理事长、中国考古学会理事，以及中国科学文艺委员会主任委员等。

1997年4月20日，童恩正在美国康涅狄克州逝世。

余家栋 祖籍安徽歙县。民国24年（1935年）8月出生于江西清江。中共党员，陶瓷考古学家，研究馆员，江西省文物考古研究所副所长。

余家栋出生于一个小业主之家，父母靠经营一个小作坊维持一家的生计，徽商勤俭、勤奋、耕读传家的文化基因自小即在他身上烙下印记，且伴随一生。余家栋就读于江西省立樟树中学时，恰逢江西考古先驱饶惠元执教于该校，青少年时代的余家栋，经常在饶老师的带领下，前往筑卫城遗址进行考古调查，正是这段经历，使其对考古学产生了浓厚的兴趣，促成了他日后报考历史类专业，立志成为一名考古工作者。1954年，他顺利考入河南大学历史系。

1958年大学毕业，余家栋先后在河南省滑县第一中学、江西省樟树中学和洋湖中学任历史教员。1964年初，余家栋在樟树市洋湖镇青山垴发现被雨水冲刷暴露的东晋古墓群有面临垮塌的危险。出于保护的需要，他将这一情况写信报告给江西省文物管理委员会，并随信寄去墓砖拓片两张。不久，江西省文物管理委员会派员对该古墓群进行考古发掘，发掘期间，余家栋利用业余时间，参加劳动和学习。因为吃得苦、爱学习，又是相近专业毕业，加上余家栋自己迫切提出希望能从事考古工作，在时任江西省博物馆馆长张汉诚的支持和努力下，1964年7月，余家栋如愿调入江西省博物馆考古队。此后，他一直坚持在考古一线工作。

1975年3～7月，余家栋参加湖北纪南城文物考古训练班学习。同年7～9月，余家栋参加吴城遗址的发掘。吴城遗址田野发掘结束后，余家栋又转战筑卫城遗址与北京大学李仰松老师共同主持发掘工作。筑卫城遗址的发掘，将江西的新石器时代晚期文化、商代文化和东周文化等三个时期的遗物加以区分，为进一步了解长江以南地区文化的全貌，提供了确切的地层依据和重要的实物资料。

1979年，余家栋主持丰城洪州窑遗址发掘，基本解决洪州窑悬而未决的问题，洪州窑所在地得到学界公认，瓷器品质问题亦得到认可。《争鸣》杂志、中国考古学会的年会论文集、《三上次男博士喜寿纪念论文集》和《中国古代窑址调查发掘报告集》分别刊用他撰写的相关文章。

1980～1991年，余家栋先后主持吉安吉州窑遗址发掘、景德镇龙珠阁御窑遗址发掘、赣州七里镇窑址发掘、万安水库淹没区考古发掘、向吉铁路沿线考古调查和发掘工作。1992～1995年，余家栋主持丰城洪州窑专题考古调查与发掘工作，获重大收获，证实罗湖窑为唐代洪州窑的中心窑场，洪州窑是中国成熟青瓷的发祥地之一。该考古项目被评为1993年度"全国十大考古新发现"。相关学术成果分别在《南方文物》《中国文物报》《中国古陶瓷研究》上发表。

1997年，余家栋退休后，仍然坚持从事学术活动，笔耕不辍，出版和发表了一系列论著和论文。1999年，应香港中文大学邀请，余家栋参加香港大埔碗窑青花瓷窑址发掘。相关学术成果刊载于《香港大埔碗窑青花瓷窑址——

发掘及研究》。

2002年夏，为充实洪州窑报告内容，余家栋冒着高温主持调查新发现的曲江郭桥缺口城和梅林镇大江村鹅头山洪州窑遗址，证实赣江西岸的洪州窑窑场从东汉晚期至三国吴，一直延烧到晚唐五代，中间无缺环，自成体系，再一次证实洪州窑是中国青瓷的发源地之一。相关学术成果刊载于《南方文物》。

余家栋先后主持一系列重要瓷窑的考古调查、发掘和研究工作。基本搞清了江西瓷窑的面貌、内涵和时空关系，每个瓷窑内部各窑厂的关系亦日渐清晰。

在几十年的考古实践和研究中，余家栋的主要著作有《江西陶瓷史》《中国陶瓷全集·吉州窑》《中国历代景德镇瓷器·明代卷》和《中国文物精华辞典》（江西部分）；主要论文有《洪州窑的历史地位及其与唐代各名窑的相互关系》《关于吉州临江窑几个问题的探讨》《香港大埔碗窑试析》《大埔碗窑的发掘与研究》。其中《中国文物精华辞典》荣获1995年第二届"国家图书奖"和首届"国家辞书奖"一等奖，《江西陶瓷史》获得"江西省社会科学优秀成果奖"一等奖。

余家栋曾当选为中国古陶瓷学会副秘书长、常务理事，江西省文物鉴定委员，江西省考古学会常务理事，《南方文物》编委，中国文物保护修复鉴定专项基金管委会专家组成员；被聘为河南大学历史系文博专业兼职教授、北京大学中国考古学研究中心专职研究员、上海社会经济发展研究中心学术顾问、上海市南汇博物馆终身顾问。

2013年2月22日，余家栋在南昌逝世。

朱国忱　蒙古族。吉林大安人。民国24年（1935年）9月2日出生。中共党员，考古学家、历史学家，黑龙江省文物考古研究所研究馆员。

1950年朱国忱进入黑龙江省博物馆工作，1953年参加文化部社会文化事业管理局、中国科学院考古研究所、北京大学联合举办的第二届全国考古工作人员训练班学习。1956年，朱国忱参加中国科学院黄河水库考古队的调查发掘工作。1960年毕业于辽宁大学历史系。1967～1975年任黑龙江省宁安县文物管理所所长。期间，他主持渤海国文物石灯塔维修，使倾斜已久的石灯塔被扶正。1979年调入黑龙江省文物考古工作队工作，曾任第二研究室主任。1979～1984年，他参与渤海上京宫城正门和1号宫殿遗址的发掘，并对清理后的文物本体进行保护，为大遗址的保护工作提供了可资借鉴的范例。1985年2～11月，朱国忱任黑龙江省文物考古工作队副队长；1985年12月至1994年6月任黑龙江省文物考古研究所副所长，主持业务工作。期间，朱国忱十分注重业务建设，参与规划、组织多项大型考古工作项目，经常深入田野一线指导工作，如配合黑龙江流域水电站建设的考古调查，配合牡丹江莲花水库工程建设的考古调查发掘等。他还是一些重大考古发掘工作的主持者，如1988年参与主持黑龙江省阿城市城子村金齐国王墓发掘；1991～1992年主持黑龙江省宁安市渤海国王陵区大型石室壁画墓（三陵2号墓）发掘，该项目入选1991年度"全国十大考古新发现"，为渤海史研究提供了葬俗、埋葬制度、人种、建筑、艺术、服饰、礼制等诸多方面的宝贵实物资料。

朱国忱研究领域广泛，涵盖中国北部边疆考古、历史、民族、宗教及历史地理等，发表论文数十篇，在学术界影响深远。他作为第一作者撰写的《渤海史稿》是国内最早出版的渤海史专著，见解独到，论考精深，国内外渤海学术界予以很高评价；其后与人合著的《渤海国史》被认为是"渤海史研究上最规范、最完备的第一部渤海通史"。

兼治历史、考古学，是朱国忱治学的一大特点。其不但文献资料考据精深，同时结合大量文物考古资料进行研究。尤其在黑龙江省内渤海、金代古都与遗迹研究方面成果显著，影响较大。他所著的《渤海故都》一书，使用文献研究和考古调查相结合的方法，研究全国重点文物保护单位——唐代渤海国上京龙泉府的历史与地理环境、建制规模、规划布局及重要遗迹，其成果多为后来的考古发掘所证实；《金源故都》一书，是国内较早出版的研究金上京会宁府的专著，对推进该遗址的保护与研究起到重要作用；《渤海遗迹》被收入"20世纪中国文物考古发现与研究"丛书，是对1949年以后渤海文物考古发现与研究成果的全面总结；合著《谜中王国探秘——渤海国考古散记》一书，虽为考古笔记，但对渤海历史、考古的一些重大问题，都进行了诸多有益探索。

朱国忱在退休以后仍笔耕不辍，不断有新作发表，直至去世前仍在潜心研究相关课题，筹划出版研究成果，并对年轻学者进行指导。他作为黑龙江省文化厅文博专家组专家、顾问，一直在为黑龙江省文物保护事业的规划与

发展而殚精竭虑、献计献策。

2014年10月14日，朱国忱在哈尔滨逝世。

陈文华　福建厦门人。民国24年（1935年）10月出生。考古学家、茶文化学家，中国民主促进会成员。

陈文华出生于厦门一个小手工业者家庭，兄弟四人，他排行老大。在他4岁时日本侵略军攻陷厦门，他们举家逃回祖籍地霞浦县三沙镇，靠其父亲做木匠活和租种两亩农田维持生计。抗战胜利后，全家回到厦门，陈文华在厦门读完初中、高中。1954年，他考入厦门大学历史系，1958年1月被划为右派。1958年7月，陈文华从厦门大学历史系毕业后，分配到江西省博物馆工作。

在江西省博物馆，陈文华主要从事考古工作，先后作为主要发掘者之一，参加抚州南城明代益王墓、南昌明代宁王墓、万年仙人洞等的考古发掘，并相继在《考古》《文物》等杂志发表发掘简报。

"文化大革命"开始后，1968年江西省博物馆被划为"封、资、修"单位，全部人员下放到农村当农民，接受贫下中农"再教育"。1968年10月，陈文华和妻子带着孩子被下放到宁都县石上公社当社员。1971年，陈文华被借调回南昌从事文物展览工作。1973年，江西省博物馆正式恢复，陈文华调回博物馆。1975年，江西省博物馆讨论"博物馆如何为农业服务"，陈文华认为，农民不会对文物下乡巡回展览有多大兴趣，建议搞一个历代农业科技成就展览，下乡巡回。1976年，陈文华参与筹备

"中国古代农业科技成就展览"，从全国各地文物考古单位收集各种实物、图片和文献资料。到1978年秋，展览首先在南昌展出，很快引起学术界和有关方面的关注和重视，《光明日报》长篇报道，农业部、国家科学技术委员会先后派人到南昌考察。中央提出向科学进军的口号之后，全国掀起学科学的热潮，中央组织部、国家科学技术委员会、国家农业委员会联合举办高级领导干部研究班，陈文华前后6次被邀请到研究班讲课。当时，安徽已开始搞"包产到户"，全国对此正在争论，陈文华从农业史的角度在课堂上公开表态：包产到户是符合历史规律的，是可行的。并鲜明地提出：中国的小农经济没有走完它的路程，现在搞包产到户就是继续走完这个历史进程。陈文华的讲课在当时引起了强烈的反响，因当时全国各地正在推行联产承包责任制，遇到了很多阻力，陈文华从农业历史角度阐释农业的发展规律，让听者感到很有说服力，于是，参加听课的学员纷纷邀请他到当地去讲课。1980～1982年，他先后应邀到浙江、江苏、湖南、河北、四川、青海等省讲课100多场。

1980年，国家农业委员会拨专款支持陈文华创办《农业考古》杂志。1981年《农业考古》杂志正式创刊，立即引起国际学术界的重视。1985年，陈文华调入江西省社会科学院；1989年任江西省社会科学院副院长。陈文华边办刊边从事农业考古学的研究，撰写一系列著作和论文，有《论农业考古》《中国古代农业科技史图谱》《中国农业考古图录》《农业考古》《中国古代农业文明史》《中国农业通史·夏商西周春秋卷》等。陈文华最重要的论文是《豆腐起源于何时？》。中国和国际学术界对中国的豆腐到底起源于何时，一直难下定论。豆腐传说是汉代淮南王刘安发明，史料可查到的关于豆腐的记载止于唐代晚期。陈文华通过对河南密县打虎亭汉墓壁画的研究，认为其中一幅壁画是生产豆腐的图像，并作出中国豆腐起源于东汉晚期的判断。1990年8月他在英国剑桥召开的第五届中国科技史国际学术讨论会上宣读此论文，引起与会代表的强烈反响。《农业考古》1991年第1期刊发此文后，陈文华的观点和他所描摹的打虎亭汉墓生产豆腐图被一些国内外学者引用。

《农业考古》期刊的创办和陈文华的诸多研究成果，使"农业考古学"真正成了一门独立的学科，并得到国际学术界认可。1991年、1998年、2000年、2003年，陈文华在江西省社会科学院的帮助下，四次召开农业考古国际学术研讨会，先后有美、日、韩等国学者和国内学者与会，对扩大农业考古学科的影响和深化中国农业史的研究起到很好的作用。陈文华还应邀到英国和法国讲学，先后出访德国、意大利、法国、奥地利、瑞典、丹麦、挪威、芬兰等国，对扩大农业考古学科的影响起到一定作用。

基于其学术成就和在国内学术界较高的知名度，陈文华于1987年、1993年、1998年三度当选为中国农业历史学会副会长；1994年当选为中国科技史学会副理事长。此外，他还是中国先秦史学会、中国经济史学会、中国百越民族史研究会的理事，并先后被厦门大学、郑州大学、南昌大学、江西师范大学聘为兼职教授，还被国务院农村发展研究中心、吴文化研究所、法门寺博物馆等单位聘为特约研究员。

1987年，陈文华被授予"江西省先进科技工作者"称号，1988年被人事部授予"有突出贡献的中青年专家"称号，1991年享受国务院政府特殊津贴。

陈文华为中国民主促进会成员，1988年、1993年、1998年三次当选为中国民主促进会中央委员。1991年、1997年两次当选为江西省侨联副主席。他还是第七、八届全国政协委员。

2014年5月14日，陈文华在大庆逝世。

徐祖蕃 字椒升，号务本。山西五台人。民国24年（1935年）11月21日生于北京。书法家、博物馆专家。

徐祖蕃出生于书香世家，曾祖徐继畲。孩童时期的徐祖蕃由于时局动荡，随父母迁居至兰州。1952年4月，徐祖蕃就读于兰州师范文艺类，同年参加工作。1956～1958年在甘肃省美术服务社就职，1959年调入甘肃省博物馆工作。

徐祖蕃主持并完成多项大型陈列展览的设计，如1984年4月担任"甘肃历史文物展览"总设计、总施工，该展受到国内外的广泛赞誉。同年他与人共同编选的《淳化阁帖选》（明代肃府本）出版，该书获"中国美术图书奖"。1985年8月，徐祖蕃编撰的《汉简书法选》（武威仪礼简、王杖诏令册、医药简牍）出版。同年10月，他参与编选的《敦煌遗书书法选》出版，书中从汉代简牍和十六国及北朝初期的敦煌写经中，寻找到其隶、楷书体的衔接点，该书获"甘肃省优秀图书奖"。1989年他主持设计的"甘肃丝绸之路文物展"在中国历史博物

馆展出，在展览座谈会上得到专家高度评价。同年10月，徐祖蕃承担《中国书法鉴赏大辞典》中的"汉简"和"敦煌遗书书法选"词条的撰写。1993年6月，徐祖蕃任文博研究馆员，并享受国务院政府特殊津贴。1999年9月，徐祖蕃担任《甘肃藏敦煌文献》第4、5卷副主编，并参与撰稿工作和该书的装帧设计。

1999年徐祖蕃退休后，仍然参与许多社会工作。在2000年举办的"丝绸之路甘肃文物精品展"中试探性地引进"丝绸之路"的自然环境。2006年，承担《石佛沟丛帖》主编，并撰写总序。2003年，徐祖蕃任全国博物馆陈列精品评委；2004年5月任《中国博物馆陈列精品图解（三）》编辑委员会委员，并任中国公益美术学会展示设计艺术委员会专家组成员。

徐祖蕃对甘肃地区书法的历史发展有深入研究，并多次参与对外交流。他曾赴日本为全日本书道联盟和秋田县、秋田市的书法研修会讲授"武威书法体系之我见"，在一些国际简牍学术研究会议作"甘肃书法史"专题讲座。1996年，徐祖蕃以"甘肃八千年书法源流展"学术负责人身份赴日本京都与著名书史学家九旬老人中田勇次郎研讨中国书史研究的新领域，与敦煌学者藤枝晃对敦煌写经的书写笔进行探讨和交流。

2013年10月10日，徐祖蕃在北京逝世。

张其海 福建闽侯人。民国25年（1936年）1月出生。中共党员，考古学家，曾任福建省博物馆考古部副主任、副研究馆员。

张其海最初在山东省

博物馆工作。1964～1966年，他参与当时山东省规模最大的考古工程——临淄齐故城的勘探试掘工作，初步探明该城的形制与布局，为后续确定遗址保护范围奠定基础。1969年，他协助发掘济南无影山西汉墓地，出土大批西汉文物，其中尤以一组彩绘杂技俑最为珍贵，为研究中国杂技艺术发展提供宝贵资料。1970年，他参与发掘曲阜九龙山西汉崖墓，再次出土大批珍贵的西汉文物。1973年，他与苍山县文化馆合作，共同清理苍山县南朝刘宋元嘉元年画像石墓，并撰写《山东苍山元嘉元年画象石墓》发表于《考古》杂志上，该墓是首次发现有明确纪年的南朝画像石墓，为研究东汉以后的画像石提供了纪年标尺。1975年，山东莒南县发现两座莒国殉人墓，张其海对其进行清理发掘，并与人共同发表《莒南大店春秋时期莒国殉人墓》一文，为研究古代莒国历史文化提供重要资料。1977～1979年，他参加曲阜鲁国故城考古工作队，负责全城普探工作，并参与撰写《曲阜鲁国故城》一书，全面介绍鲁国故城的年代、范围、形制、布局及地层关系，对于研究鲁国历史，古代城池建筑等问题具有重要意义，该书也荣获1986年首届"夏鼐考古学研究成果奖"。

1979年，张其海调到福建省博物馆工作。1980年，他担任福建省博物馆汉城考古工作队队长，对崇安城村汉代城址进行系统勘探和重点发掘。此次工作累计勘探面积达200万平方米，钻探面积91万平方米，探明城内外汉代遗迹35处，基本查明城址范围、形制和城内外文物遗迹的分布状况及地层堆积情况，出土大批秦汉文物。随后，他又负责撰写《崇安城村汉城探掘简报》，为福建秦汉时期地方史和古代南方城址的考古研究增添丰富资料。在探掘过程中，张其海带领考古工作队形成一套系统规范的大遗址勘探试掘方法，培养了一批专业技术人才和一支大遗址勘探技工队伍。1985年2月，张其海被文化部评为全国文物博物馆系统先进工作者。1988年起，为使崇安城村汉城遗址能够发挥更大的社会效益，进而丰富学术研究、发展旅游事业，张其海主持该遗址的复原保护工作，为后续建立福建闽越王城博物馆创造有利条件。

张其海曾任福建省文物考古博物馆学会理事，被评为福建省职工劳动模范、福建省文物工作先进工作者、文化部优秀专家。

2001年11月，张其海在福州逝世。

陈娟娟 女，北京人。民国25年（1936年）6月出生。中国古代织绣及服饰研究专家，故宫博物院研究馆员。

陈娟娟出生于工商业爱国人士家庭，1956年毕业于北京市女十一中，9月任职于故宫博物院陈列部织绣组，师从文学家和文物研究专家沈从文，对织绣文物进行清点、编号和登记排架。她在工作中博览丰富的馆藏，从事中国古代织绣文物的陈列、分析、鉴定和研究工作。她虚心好学，常向单士元、唐兰、魏松卿和徐邦达等老前辈请教，并和织绣生产界专家不断交流业务心得。她先后参与故宫织绣馆和历代艺术馆的展陈、维护和改建，接待来自国内苏州工学院、西藏自治区社会科学院和国外匈牙利博物馆等单位的专家。她还帮助鉴定新疆、北京定陵和上方山等地出土的大量织绣文物，还曾协助分析定陵出土的衮服龙袍服饰与丝绸文物，与丝绸织绣科研及生产单位共同攻关复制原件，将原件妥善保存。复制件展览引发强烈反响并获国家多项殊荣。1982年，她调往故宫博物院研究室工作；1994年12月取得研究馆员职称。

陈娟娟长期从事研究工作，在中国古代织绣科技及工艺发展、中华服饰艺术源流等方面形成自己独到的见解。她对织物的研究，一直根据纺织材料学、织物组织学、机织学的原理，用放大镜进行分析，绘制出人人能看懂的织物组织结构图。这种方式获得国内和国际同行的认可和尊重。她先后应英国伦敦大学亚非学院大维德艺术馆、美国华美协进社中国艺术馆、澳大利亚和中国香港文博界邀请，前去讲学和参加学术研究。她还应荷兰皇室之邀鉴定文物；应美国耶鲁大学出版社之邀，合著《中国丝绸艺术》。陈娟娟先后在《文物》《故宫博物院院刊》《紫禁城》《中国文物报》《文物天地》《工艺美术》《历史教学》和澳大利亚《EVOLUTION & REVOLUTION》等杂志发表专业论文约50篇，计40余万字。她与黄能馥合作著有《中华服饰艺术源流》《中华历代服饰艺术》《中国丝绸科技艺术七千年——历代织绣珍品研究》和《服饰中华——中华服饰七千年》等十余部著作。这些有关中国丝绸科技艺术及中华服饰文化史的著作，曾荣获"国家图书奖"等奖项。这些著作根据考古学和文化人类学的研究成果，以大量具体的考古材料、传世文物资料与中国历代文献相结合，把中华服饰织绣文化的研究推向深入，为学术界所珍视。

陈娟娟虽然大半生都在与病魔斗争，但仍取得丰硕的学术成果，她曾任国家文物鉴定委员会委员，清华大学美术学院数字博物馆建设工程项目专家委员会委员，中国古代丝绸文物复制中心副主任，中国丝绸博物馆筹建处、中国服饰艺术博物馆筹建处、苏州丝绸博物馆、南京云锦研究所顾问等职务。2002年3月，她被《中国文物报》评选为全国文博考古界百位学术成就显赫、治学经验丰富、极具创新精神的专家学者之一。

2003年2月，陈娟娟在北京逝世。

徐启宪　山东菏泽人。民国25年（1936年）9月出生。明清宫廷史专家，故宫博物院研究馆员。

1961年，徐启宪毕业于山东大学历史系古代史专业，同年考上山东大学历史系研究生，师从明史专家黄云眉教授，攻读明清史和明清思想史。1965年8月，他研究生毕业后到故宫博物院工作。

徐启宪刚到故宫便参与恢复储秀宫原状的工作，在老专家指导下，他查阅大量有关储秀宫、长春宫、慈宁宫的原始档案，基本厘清从乾隆结婚到慈禧太后去世百余年间储秀宫的使用和文物陈设情况。再通过储秀宫所存文物的调查，发现家具、用品等基本上是慈禧太后在1885～1894年这10年期间所使用。根据文献档案记载和文物收藏的实际情况，最后研究确定恢复1884年慈禧太后生活时的原状。通过这些具体的陈列工作，徐启宪很快步入故宫研究领域，完成从学校所学的明清思想史向故宫档案文物研究的转变。他认识到宫廷原状陈列所要展示的时代、事件、陈设、内容等都要有充分的历史依据，而档案、文物和文献正是故宫学术研究的三驾马车，缺一不可。这为他日后长期坚持文物、档案、文献相结合的研究路径奠定坚实的基础。他的诸多学术成果如《"御赏""同道堂"章与慈禧篡权》《〈大禹治水图〉玉山》《话说太上皇帝》《清代宝玺略谈》《明清帝后宝玺》《故宫珍藏人物照片荟萃》《故宫珍宝》《清宫珍宝》《故宫武备》等，就是这一学术思想下具体研究实践的结果。

"文化大革命"期间，徐启宪下放文化部湖北咸宁"五七干校"。1970年，在故宫博物院筹备重新开放工作中，徐启宪于该年7月回到故宫，专门从事宫殿的清理和原状布置，成为宫廷历史研究和原状陈列的骨干力量。

改革开放初期，随着中国与世界的交流日益扩大，故宫博物院也向海外推出系列大型文物展览，徐启宪筹备并参与此项工作，先后数次赴美、日等国举办"清代万寿庆典展""紫禁城帝后生活文物展""紫禁城宫廷文物展"等综合性文物大展并进行学术交流。

1989年9月，中国史学会清代宫史研究会成立，徐启宪是主要发起人之一，并一直担任学会常务理事兼秘书长，承担起学会组织、管理和联络工作。他坚持每两年举办一次学术研讨会、编辑出版会议论文集，组织撰写编辑出版"清宫史研究丛书"，推动有关档案、园林、宫殿和匾额研究著作的出版，使学会在各博物馆间馆际交流、文物研究，培养中青年专业人才方面发挥积极作用。

1989年1月至1994年5月，徐启宪任故宫博物院图书馆馆长。他认为，要使图书馆更好地为学术研究和院内各项工作服务，其本身就必须向规范、专业、高效转变，其中馆藏和人才是关键。他积极采取措施，强化专业人员的队伍建设。在他的推进下，开展宫廷藏书的再整理、馆藏图书的整理编目、健全藏书目录等工作，初步建立和完善馆藏图书卡片目录体系和分类体系。期间，他还对原图书库房进行升级改造，达到防火、防尘、防潮的标准；增加图书购置经费，拓展图书采购渠道，使馆藏图书体系大为扩展，并采用先进电脑设备加强对图书藏品资料的管理。为使馆藏皇家图书珍本被社会充分利用，他还促成故宫博物院和海南出版社达成"故宫珍本丛刊"的合作出版项目，组织馆内专业人员精心遴选佳本，在确保图书安全、原状不受损坏的前提下全力配合逐页扫描，分类整合。经过10年的努力，最终将730册全部出齐。该丛书共收录故宫图书馆所藏1100余种珍本图书和1700余种清代升平署剧本和档案，为社会广泛利用。

1994年5月，徐启宪调任故宫博物院研究室主任，专门从事学术研究和组织协调《故宫博物院藏文物珍品全集》的编辑出版工作。《故宫博物院藏文物珍品全集》是故宫博物院成立以来最大的馆藏文物出版工程，全集共60卷，从院藏180余万件文物中精心挑选不同历史时期具有代表性的文物1.2万余件，分类或分主题出版。徐启宪一直担任全集的总编办公室主任之职，作为项目的统领协调者，在院内外各部门间穿针引线，从商定体例、确定各卷主编到文物遴选、出库、影像摄制等，事无巨细都要参与或过问，使琐碎繁杂的各项工作按计划有条不紊推进。凭借对故宫馆藏各类文物的熟悉了解，对文物涉及的历史、制度、文化尤其是宫廷历史、典章制度和日常生活的深入研究和认识，徐启宪在全集编纂过程中，对所有稿件都严格把关，尤其是学术性较强的各卷总论和文物说明都要和作者反复审读、讨论、修改，直到完全满意才交付出版社出版。2008年60卷全部出版，受到社会各界的广泛好评，成为故宫学术的典范和代表性成果。

徐启宪曾兼任故宫博物院学术委员会委员、文物征集委员会委员、网页编辑指导委员会委员、高级职称评委会委员，以及中国史学会清代宫史研究会常务理事及秘书长等。

2011年3月2日，徐启宪在北京逝世。

陈应祺　江苏苏州人。民国25年（1936年）11月出生。考古学家，河北省文物研究所文博研究馆员。

1958年，陈应祺毕业于厦门大学历史系，同年分配到河北省文化局文物工作队从事考古研究工作。工作第一年他参加张家口、保定、邯郸等地区文物普查，并参与编写张家口及保定地区文物普查报告。1959年，他参与磁县岳城水库下潘汪、界段营文物抢救性发掘。1961～1965年他参与燕下都遗址全面勘探，独立测绘燕下都遗址20多平方千米的地形遗迹分布图，编写的《燕下都第22号遗址发掘报告》是燕下都遗址内工作坊区的首个科学发掘报告。1965～1974年，他主持发掘定县三盘山3座大型西汉王墓，测绘封氏墓群分布情况和发掘涿

县南关两座近代中型仿木结构砖室墓，参与发掘台西商代遗址。

陈应祺从事田野考古工作逾30年，多年担任考古发掘领队，并在一些大型考古发掘项目中担任总领队。

1974年10月，陈应祺率队进驻平山县三汲乡进行古墓抢救发掘工作，经过十余年的调查、勘探和发掘，重现"千乘之国"战国中山国的风貌，在20世纪80年代初的学界引起研究中山国的热潮。他主持战国中山王𫖳墓及两座陪葬墓和3～6号（中山成公墓）墓葬的发掘。发掘中他意识到，王墓附近残缺不全的城墙及垣基，可能就是《史记·赵世家》中记载的中山国"中山桓公徙灵寿"的城址。1980年，他主持全面勘探战国中山灵寿城址，测绘城址遗迹分布图，发掘50多座春秋至战国的中小型墓葬。发掘报告《河北平山三汲古城调查与墓葬发掘》获"河北省第二届社会科学研究优秀成果奖"论文类三等奖。通过发掘和研究，证实平山县三汲古城址是中山国后期都城灵寿城址，推翻历来认为中山国没有自己铸造货币的观点，纠正以往货币著录中将中山国的"成帛"刀币归为赵国货币的错误。中山古城遗址先后被公布为河北省和全国重点文物保护单位，战国中山王𫖳墓被列入"中国20世纪100项考古大发现"。

1981年3月，陈应祺作为中国文物代表团成员访问日本，参加中国在日举办的文物展览开幕式、讲演活动等，考察与交流日本的文物保护技术和考古发掘，代表中国文物界参加日本日中文化交流协会成立25周年大会及活动。1984年为执行中法两国政府签订的1984～1985

年文化交流项目，他作为中方委员之一赴巴黎参加筹备中国文物展，谈判中坚持中国的立场和原则，维护中国文物的资料权。

1986年，陈应祺主持北戴河金山嘴遗址勘探及地层解剖，及时保护了这一重大遗址。该遗址经专家论证确认为秦行宫遗址，被国务院公布为第四批全国重点文物保护单位。1988年，陈应祺任第一研究室主任；1989年配合唐山市坨王铁路建设进行勘探发掘，同年10月主持发掘开滦东欢坨矿战国遗址；1988年和1990年分别发掘迁西县西寨新石器时代遗址及母系社会的祭祀遗迹，发现具有地层关系的滦河流域兴隆洼—赵宝沟类型的早期新石器时代遗址，该遗址被国务院公布为第五批全国重点文物保护单位。

陈应祺还致力于学术研究，发表论文20余篇，包括《战国中山国"成帛"刀币考》《论中国战国时期中山国货币与经济》和《论中国战国时期中山国崇山思想的物质反应》等，后两文先后发表于《历史与考古》（法文版）。他筹备并参与1992年石家庄环渤海考古国际学术讨论会，参会论文《战国中山国文化综论》引起学者广泛兴趣和深入交流。离开考古一线后，他整理毕生成果，完成战国中山国灵寿城址考古报告、河北唐山东欢坨战国遗址发掘报告、梳理迁西县西寨新石器时代祭祀遗址资料等，为后续研究留下一批完整而珍贵的考古资料。2005年《战国中山国灵寿城——1975～1993年考古发掘报告》出版，获得"河北省第十届社会科学优秀成果奖"二等奖，这部书树立了鲜虞族墓葬分期标尺，是通过考古手段研究中山国都灵寿城的集大成者，从许多方面勘正以

往的错误观点，填补战国史的一段空白。

陈应祺曾任中国考古学会会员、河北历史学会会员、河北省文物考古学会理事、河北省科教文委文化艺术组专家成员、河北省钱币学会理事、河北省文物局考古专家组成员、河北省文物鉴定委员会委员等。

2014年12月1日，陈应祺在石家庄逝世。

封绍柱　广西容县人。民国25年（1936年）12月9日出生。中共党员，曾任容县博物馆馆长、副研究馆员。

民国32年（1943年），封绍柱从泰国回到容县，念完初中一年级就因家庭困难失去上学机会，依靠自学不断地获取知识。1954年，封绍柱参加工作，1956年加入了中国共产党，他先后任农村小学教师、公社团委书记。1971年，封绍柱进入容县文化馆工作，当过通讯员、资料员，从事过剧本创作，期间获得单位委派到扬州、长沙、南宁、桂林等地参加文物考古培训学习。依靠勤奋自学和众多文物鉴定专家的指点，封绍柱在古陶瓷鉴定方面的专业知识技能获得较大提升。1979年，封绍柱任容县文物管理所所长。当时，人们的文物保护意识普遍比较淡薄，文物保护状况堪忧。封绍柱多次向县人民政府申请经费征集散落在民间的文物，他与同事骑单车下乡进村、走家串户，跑遍容县城乡旧富商别墅、地主大屋、乡村祠堂、民国将领故居、废旧品收购站等，在乡镇集市摆摊向赶圩群众宣传文物知识，鼓励、劝说人们捐赠或以较低价格将文物交给文管所。他们在艰苦的环境条件下，征集各种文物6000多件。他

发现县里一些机关单位保存有古代文物时，就三番五次上门向有关领导宣讲文物政策，一直动员到他们愿意将文物移交到县文管所收藏保存为止。封绍柱每次到外地开会、学习，总是带着调查发现的古窑址瓷片标本或照片去向行家求教，结交专家学者；每次出差回到单位，都会带回他从外地采集到的古瓷片标本或文物研究资料。那时，容县城区的每一处开挖的工地都有封绍柱采集文物标本的身影。1985年，封绍柱被文化部评为全国文物博物馆系统先进工作者。1988年在进行文物普查时，封绍柱随玉林地区文物普查组发现博白县宴石山摩崖造像，这是广西已知年代最早的隋唐佛教造像之一，封绍柱为此撰写文章《广西博白宴石山摩崖造像》在《文物》上发表。1989年，封绍柱任容县博物馆馆长，此后他更是把采集文物标本作为一项重要工作。20世纪80～90年代，他走遍广西大部分窑址，出差到每一地都采集当地窑址的标本带回馆里，他一生采集文物标本3万多件。他的征集工作大大丰富了容县博物馆的馆藏，为容县成为广西文物大县奠定坚实基础。封绍柱曾先后主持调查文物点146处，举办文物展览60多个（次）。他还帮助确认横县在施工中出土的元青花尉迟恭单鞭救主图罐，此罐后被定为一级文物。

他独自或与别人合作在全国专业报刊发表论文20多篇，如《广西出土的青白瓷堆塑瓶及相关问题》《广西青白瓷的装饰与探源》《广西容县、藤县、北流三个青白瓷窑出土印模浅探》《广西出土的波斯陶及其相关问题探讨》《辛亥纪念瓷见证百周年——赏介几件辛亥藏瓷缩之》《广西上林出土佛教铜造像》

等，其中《容县城关窑宋瓷特点及兴衰原因探讨》，提出"容县宋代城关窑址出土的红、绿釉瓷器是中国最早创烧的高温铜红、铜绿釉瓷之一"，1992年9月，在上海召开的古陶瓷科学技术国际研讨会上得到专家的认同。他主持编印《容县文史资料选辑》6辑，共28万字；主编经略台、真武阁论文资料集3辑，共15万字；编写陶瓷讲义10万余字。他6次为玉林地区文博工作人员培训班授课，还多次应邀在玉林地区及外地授课。2011年，身患多种疾病的封绍柱，用8个月时间为容县博物馆策划并编写"南国名郡，容州记忆——容县历史文物展"展览方案。

封绍柱曾任中国博物馆学会会员、中国陶瓷学会会员，

2012年12月24日，封绍柱在容县逝世。

刘炳森 字柏邨，号树盦、海村。河北武清（后属天津市）人。民国26年（1937年）8月17日出生。书法家、画家、艺术教育家，故宫博物院研究员。

1956年，刘炳森进入北京艺术师范学院美术系预科，两年后转入本科。大学本科二年级时，为支援中国历史博物馆的建设，刘炳森先协助王振铎绘制浑天仪和地动仪等古代科学仪器的图像，后被调到书写组，负责协助展馆展牌标识的书写等工作，在此期间结识其书法业师何二水。

1962年9月，刘炳森毕业后到故宫博物院文物修复厂工作，主要负责古书画临摹、复制、修复。期间他临摹复制《巴船下峡》《山腰楼

观》《修竹幽亭》《寒山飞瀑》《高阁寒林》《瑶台飞升》等宋人册页，以及唐代敦煌壁画《地藏菩萨像》、明代陈老莲大幅花鸟画《荷花鸳鸯》等。1972年夏，为创作人民大会堂台湾厅巨幅山水画《双潭烟霭图》（与金仲鱼合作），他赴福建写生，搜集素材，同年完成创作。1973年夏，刘炳森完成《长沙马王堆西汉帛画》的复制，该件复制品曾在日本展出。

刘炳森的隶书创作，从20世纪70年代就开始产生社会影响力，先后创作并出版书法作品《国际歌》《三大纪律八项注意》《鲁迅诗歌选》。

1974年秋，刘炳森修复清代左宗棠驻守新疆边防地图，临摹复制甘肃出土东汉铭旌。1977年，刘炳森临摹完成《山东金雀山西汉帛画》。1979年，刘炳森在《故宫博物院院刊》上发表论文《书画装裱技术中的"蒸馏法"》。

1982年3月，刘炳森到故宫博物院研究室工作，此后工作重点转向书画的创作研究与艺术教育。刘炳森的成就主要在于中国书法研究中的隶书和楷书，既有承古，更善创新，能博采众长，其中隶书影响广泛。在隶书的表现方面，自然将行草书的灵动融入隶书，熔《乙瑛碑》《礼器碑》《石门颂》等汉碑于一炉，最终形成"刘炳森隶书的形式语言"体系。刘炳森的楷书主要宗法颜真卿，得益于《颜勤礼碑》《多宝塔碑》《东方朔画赞碑》《大唐中兴颂》等。刘炳森于20世纪80年代初，为上海印刷技术研究所书写照相排字机用的汉字隶书字样（近7000字），成为后来电脑字库中的"华文隶书"字体。1985年，刘炳森出版隶书作品字帖《历代游记选》，同时期还有楷书创作《滕王阁序并诗》《包公神道碑》等。

1988年，刘炳森当选为第七届全国政协委员，后连任第八、九、十届全国政协常务委员。

1990年，刘炳森获得日本创价学会颁发的"富士美术奖"。他还先后出访南美洲、北美洲、欧洲和东南亚的许多国家，举办展览和讲学，其中30余次出访日本，受到各国书界的尊敬。在国外的活动间隙，他争取尽可能多的机会参观当地的博物馆，并积极为中国博物馆的建设和发展建言献策。

1991年，刘炳森当选中国书法家协会副主席，先后创作并印行数十部书法字帖，总发行量达数百万册。20世纪90年代以后，刘炳森创作并出版隶书字帖《千字文》《百家姓》《岳阳楼记》等作品，创作并出版的楷书作品有《千字文》《曹州书画院碑记》《百家姓》《妙法莲花经观世音菩萨普门品》《金刚般若波罗蜜经》。

1998年，刘炳森出资50万元，在家乡天津市武清县以其书法业师何二水之名，设立"何二水教育文化奖励基金"，用以奖掖家乡品学兼优且家庭经济困难的大、中、小学生。

2003年，刘炳森获得日本创价学会颁发的"世界和平文化奖"。

2004年4月，刘炳森捐款100万元给中国人民大学徐悲鸿艺术学院，设立书法教育奖学金——"何二水奖学金"，用以资助有志于书法事业但又家境困难的青年学者。刘炳森重视书法的基础教育，曾以多种形式参与和组织中国书法的教育和普及工作。

刘炳森还曾任中国文联副主席、中华海外联谊会副会长、中国佛教协会副会长、中日友好二十一世纪委员会委员、北京市文史研究馆副馆长等职。

2005年2月15日，刘炳森病逝于北京。

胡寄樵　安徽绩溪人。民国26年（1937年）11月1日出生于安徽安庆。中共党员，文博研究馆员，安庆市博物馆馆长。

胡寄樵为胡开文六世孙。少时受家学熏陶，喜金石书画，5岁便开始描红，10岁学楷书，15岁习篆书、隶书、行书。他少年时代就读于芜湖、南京等地中小学。

1956年10月，胡寄樵参加工作，先后在安庆市玉琳路小学、旗杆小学、十里小学和安庆市总工会职工业余学校任教。1964～1968年在安庆市税务局、安庆市红星服务队工作。"文化大革命"期间，胡寄樵为安庆市革委会起草安庆市第一份文物保护通告，由此保护了迎江寺历代碑刻。1973年在安庆市博物馆工作。1976年，文化部在全国遴选书画篆刻作品赴日本展出，胡寄樵的一方"劳动创造世界"白文印经层层筛选脱颖而出，最终成为入选的六方佳印之一。

胡寄樵致力于古陶瓷研究。他师从王志敏，完成了理论、实践、再理论的过程，尤其是对"空白点"瓷的研究有独到之处。所谓"空白点"瓷，据《明实录》等文献记载，明正统、景泰、天顺三朝都在景德镇设置御窑厂烧制瓷器，由于战争频繁，这一时期的瓷器不便书写年款，以至于人们辨识不清，故将这一时期称为中国瓷器史上的"空白期"。1983年，文化部文物事业管理局在江苏扬州开设中国古陶瓷鉴定班，胡寄樵应邀前往讲学，受到局领导和广大学员的高度好评。他摒弃传统的教学模式，以书法审视为切入点展开阐述，同时注重实践与理论的相互对应。数年中，胡寄樵连续五次授课，反响热烈。他所讲授的"中国古陶瓷概论""中国历代瓷器款识辨识""中国青花瓷鉴定""明'空白点'瓷研究与鉴定"等课程给人们留下深刻的印象，并多次被评为优秀教师。

1985年，胡寄樵担任安庆市城乡文物普查领导小组副组长，带队奔赴安庆城乡，基本摸清安庆文物分布情况，先后发现古文化遗址、古建筑、古碑刻、古墓葬和太平军营垒以及太平天国火炮等。他考证发现的任家坡英王府及熊成基安庆起义会议旧址，被安徽省人民政府公布为省级文物保护单位。他主持并参与基建工程中清理发掘黄花村春秋墓、安庆市第一人民医院春秋墓、王家山战国墓等重要墓葬，保护了一批青铜器、陶瓷器及金银器等珍贵文物。他在文化部文物事业管理局扬州培训中心讲学期间，还留心征集到明代安庆卫夜巡令牌和太平天国画家虞蟾、陈若木等的作品。他发现并及时追缴国家一级文物太平天国圣库砝码。为保护英王府、陈独秀故居及墓地、赵朴初故居、探花第、太平天国望楼及古城墙等，他不遗余力，各方奔走。

1992年5月，胡寄樵任安庆市博物馆馆长。1994年，国家文物出境鉴定安徽站成立，聘请七名专家为鉴定员，胡寄樵入列。1995年12月，胡寄樵被国家文物局评为全国文物安全保卫工作先进工作者。1997年12月胡寄樵被评定为文博研究馆员，2001年任安庆市博物馆名誉馆长。

故宫博物院藏有一件明崇祯御押，此押系叠字文，且为草书，让人难以辨识，几百年来其押文内容一直悬而未决，很多专家学者的释文都差强人意。朱家溍为编纂《明清帝后宝玺》一书，特在《中国文物报》撰文以期得到合理解读。胡寄樵借瓷器款识研究之利，做了认真破解，将此押解读为"国主由检"四字，在2003年7月26日《中国文物报》刊出《崇祯御押试解》，由此引发学界长达数年的争鸣。不少学者也纷纷提出自己的释文，胡寄樵又从历史、书法的角度加以进一步考述，并旁征博引，连续刊发《崇祯御押真相》《再辨明崇祯御押》《明崇祯"国主由检"御押释文争辩的驳议》《科学审视崇祯御押》等文，解开了这一谜题，《中国文物报》以胡寄樵的考证结束了这场备受关注的学术争鸣。

2005年，胡寄樵撰文《〈散氏盘铭〉左书考辨》刊于《中国文物报》，对该铭以全新视角审视。2008年8月《胡寄樵书法篆刻集》出版，2016年《胡寄樵玉瓷斋艺文集》出版。

胡寄樵还将其个人收藏的部分陶瓷器、钱币、书法等珍藏无偿捐献给国家。

2015年5月24日，胡寄樵于安庆逝世。

韩伟 陕西西安人。民国26年（1937年）11月30日出生。中国农工民主党员，考古学家，陕西省考古研究所所长。

韩伟高中时就读于西安尊德中学。1960年，韩伟毕业于西北大学历史系考古专业，毕业后留校任教一年，1961年调入陕西省考古研究所工作。1973年，担任雍城考古队队长的韩伟带领考古队对雍城进行考古发掘，经过十余年不懈努力，基本探明秦统一前的国都雍城的具体位置、形制规模以及城内与城郊宫殿区域；调查发现祈年宫、棫阳宫等城郊宫殿；确认城内以姚家岗、马家庄、铁丰高王寺为中心的三大宫殿区及城郊宫殿等建筑遗址；发掘国内目前保存完好，且与古文献记述相吻合的先秦礼制性建筑——马家庄秦宗庙遗址，以及姚家岗凌阴遗址、建筑构件窖藏和高王寺铜器窖藏等，获得丰硕的考古成果。特别是在城南三畤原上探查出秦公陵园及秦公一号大墓，不仅确认雍城秦公陵园的地望，而且对早期秦国社会架构与标型学有了全新认识，对于研究秦国的政治、经济、文化以及秦人发展历史、丧葬制度等具有无可替代的重要价值。他利用考古资料，力证"秦人东来说"，论述"屈肢葬"的渊源和意义，并根据雍城众多墓葬打破关系及器物形态演变特征，对春秋早期至秦代的陕西秦墓进行科学分期，在学术界引起广泛关注。此外，为保护秦雍城这一重要的大遗址，他多次主动向政府建议，将原凤翔城区规划"南扩东移"的方针改为"北扩西移"，使城镇化建设避开雍城重点保护区，对遗址的保护起到至关重要的作用。

20世纪70年代初期，西安市南郊何家村唐长安城兴化坊内发现唐代金银器窖藏，韩伟有幸参加这次发掘清理工作，并承担其后的资料整理、简报撰写等工作。他以此为契机，并结合此后江苏省镇江市丹徒镇出土的大批金银器，开始对唐代金银器进行系统深入研究。在长期研究过程中，有感于众多古代金银器流失欧美及日本这一令人痛心的现实，他决心将流失海外的金银器资料也收集成册，以改变"物在他邦，文归海外"的现象。经过数十年不懈的资料收集整理工作，1989年，他首次在国内出版《海内外唐代金银器萃编》一书，不仅收录中华人民共和国成立后历次重大考古发现中出土的唐代金银器，还收录了欧美及日本诸博物馆珍藏的中国唐代金银器。更为重要的是，该书通过对唐代金银器图案的系统整理和对唐代金银器工艺流程的认真梳理，探析唐代金银器的图案、工艺以及与外来文化的关系，首次全面系统地论证唐代各个时期金银器的器形及纹饰变化规律，从而开创性地建立起唐代金银器的编年谱系。

1987年，韩伟担任考古队副队长，实际主持法门寺唐代地宫的考古发掘工作。这次考古发掘，不仅使珍贵的佛指舍利重现人间，而且地宫中还出土大量金银器、琉璃器、瓷器、珠宝、漆木器、古钱币以及丝织品等珍贵文物，是20世纪中国乃至世界佛教文化与唐文化最为重大的考古发现之一。而在之后的数十年里，韩伟锲而不舍地跟进研究，完成一系列相关论著，不仅对法门寺唐代地宫出土器物的渊源、特征、用途以及古代饮茶制度等问题提出自己的见解，还积极参与阐释法门寺金刚界大曼荼罗成身会图像，揭开失传千年的唐密之谜。

1990年，韩伟任陕西历史博物馆副馆长，1993年被评为研究员。1994~2001年，韩伟任陕西省考古研究所所长。在担任陕西省考古研究所所长期间，他提出了创建和培养"名所、名人、名刊、名著"的发展目标，为陕西省考古研究所的基本建设、人才培养、学术研究以

及国际交流作出积极努力。

韩伟一生著述甚丰，出版有《海内外唐代金银器萃编》《中国石窟雕塑全集5陕西·宁夏》《中国考古文物之美10佛门秘宝大唐遗珍（陕西扶风法门寺地宫）》《天涯足痕——海外考古访问录》《陕西新出土唐墓壁画》《磨砚书稿——韩伟考古文集》等多部专著，主持编写了《法门寺考古发掘报告》并发表考古简报和学术论文90余篇，其中多篇获得"陕西省社会科学优秀成果奖"。他尤精于唐代金银器的研究，被欧美学界誉为"国际性的中国金银器研究专家"。

韩伟曾兼任陕西省文物鉴定组组长、西北大学文博学院教授、中国科技大学冶金史所博士生导师、国家哲学社会科学研究考古学学科规划组成员、中国考古学会理事、全国历史文化名城保护专家委员会委员；曾当选为第八届全国政协委员、第九届全国人大代表、中国农工民主党中央委员和陕西省委员会副主委、陕西省人民政府参事、西安市文史馆馆员；享受国务院政府特殊津贴，且被评为陕西省有突出贡献专家、首届陕西省社科名家；曾获法国总统希拉克授予的荣誉骑士勋位。

2011年5月26日，韩伟于西安病逝。

李经汉 河北深泽人。民国26年（1937年）出生于天津。考古学家，天津市历史博物馆馆长、研究馆员。

1957年，李经汉考入北京大学历史考古专业，1962年毕业后到中国科学院考古研究所工作，随后参加二里头

遗址的发掘。1972年，他第二次参与二里头遗址的发掘，主持一号宫殿主体殿堂发掘和台基切剖；参与二里头遗址四期的论证和提出，并被学术界接受，为二里头文化研究提供重要材料。此后，他参与《偃师二里头——1959年～1978年考古发掘报告》的编写，主要撰写其中的第三章"二里头文化一期遗存"和第四章"二里头文化二期遗存"部分。1975年冬，李经汉跟随赵芝荃等对河南沙汝河流域、颍河流域、贾鲁河及双洎河流域的许昌、平顶山、郑州三地区进行考古调查，发现和确认一系列新石器时代至二里头文化时期的遗址，包括平顶山的寺岗（贾庄）、禹县的花石镇（阎寨）、谷水河、崔庄，临汝的柏树圪垯，襄城的纸段、黄柳遗址和郏县的太仆砦遗址，登封的八方、石羊关、北庄，新郑的望京楼、裴李岗、唐户，中牟的业王，密县的曲梁、大范庄、古城寨（古桧城）、新砦，许昌的灵井、泉店、禹王城，鄢陵的三里侯家、刘庄、鄢陵故城，长葛的石固、太平店、画匠王、小徐庄等近30处。

20世纪70年代中期，李经汉被调到天津市文物管理处考古队。1977年、1979年，他两次参加天津围坊遗址的发掘，在天津首次发现新石器时代遗址；据考古资料研究，确认分布在京、津和冀北的这种考古学文化，是一种新的考古学文化，并命名为"围坊三期文化"，发表《天津蓟县围坊遗址发掘报告》，受到学术界关注。不久，李经汉调到天津市历史博物馆考古队。1979年4月，他主持蓟县张家园遗址第二次发掘，发表《天津蓟县张家园遗址第二次发掘》。他全面调查并综合研究天津全

市现存碑刻，撰写《天津地区现存碑刻目录》《续天津市现存碑刻目录》。李经汉对中国北方地区夏家店文化有较深入的研究，在《试论夏家店下层文化的分期和类型》一文中，将夏家店下层文化分为燕南类型和燕北类型，前者指燕山以南的京津唐地区，后者包括辽宁西部、河北承德地区和吉林的西南部，两地生产力水平有一定差距，物质、精神生活习俗也不尽相同。他认为夏家店下层文化分早、中、晚三期。李经汉还参与主持天津市历史博物馆藏《北洋军阀史料》4卷32册的编纂和出版工作。该书分袁世凯卷、黎元洪卷、徐世昌卷、吴景濂卷，所收的资料，包括他们的家书、文稿、批示、圈阅文件、函电、条陈、说帖、呈单、报告、译呈等公私文件，大部分都是第一次公开披露，为研究者提供了第一手资料。

李经汉还著有《天津古代建筑》（古建碑刻部分）等，发表《河南偃师二里头早商宫殿遗址发掘简报》《郑州二里岗期商文化的来源及相关问题的讨论》《河南陕县七里铺遗址内涵的再分析》《关于博物馆科研工作探索》等20余篇论文，主持《天津考古四十年资料汇编（1956～1996）》编纂工作。

李经汉曾任天津市文物博物馆学会第一届理事会副理事长兼秘书长。

2009年，李经汉在天津逝世。

朱非素 女，浙江温州人。民国26年（1937年）出生。考古学家，广东省文物考古研究所副所长、研究馆员。

朱非素在家乡完成

了小学学业，1951年底以不满15周岁的年龄参军，赴朝鲜参加抗美援朝战争，期间历任护士、卫生员、所在师文工团歌唱演员。1955年，朱非素复原返乡，1956年考入北京大学历史学系考古专业学习，1961年毕业后，被分配至广东省博物馆文物工作队工作。

"文化大革命"期间，朱非素被下放到英德煤矿。"文化大革命"后期，随着各项工作的恢复，朱非素于1973年返回文物工作队，并被派往石峡遗址参加发掘工作，一直到1978年。在此期间，朱非素还承担为广东省文博干部培训的工作，她教授新石器时代考古和古代碑刻等科目，同时从事广东史前和先秦考古研究。1983年，朱非素任文物工作队副队长。1984年，朱非素发表《广东新石器时代考古若干问题的探讨》一文，在梳理广东地区新石器时代早中期遗存的同时，还明确将广东新石器时代晚期遗存划分为四个区域——粤北、粤东、珠江三角洲、雷州半岛和海南岛地区。在广东考古研究史上，朱非素第一次以区系文化类型的角度，对各个遗存的面貌和相互关系进行了较为系统的阐述。关于浮滨文化，朱非素认为，以粤东地区为中心的浮滨类型的年代上限相当于商代中期，下限相当于商代晚期至西周初年，而浮滨文化与夔纹陶遗存的器物群还存在着缺环，有待未来的发现或认识。关于珠江三角洲地区，朱非素提出河宕类型文化遗存的概念。她认为，深圳赤湾沙丘遗址、鹤地山遗址、增城金兰寺B层代表了河宕类型的早期阶段，而河宕、茅岗等代表了其晚期阶段。关于雷州半岛和海南岛地区，朱非素认为，器表装饰蓝纹、刻划纹的夹砂粗红陶罐、

泥质红陶豆及双肩石锛同珠江三角洲新石器时代中期的遗存有相似之处，推测其年代为距今6000～5000年。

1990年，朱非素任广东省文物考古研究所副所长。1991年，她领衔的课题"珠江三角洲地区新石器时代晚期和早期青铜文化研究"成果发表。此后，她又参与对三水银洲贝丘遗址的发掘，进而成立专门课题组，对珠江三角洲地区的佛山、南海、三水、肇庆、高明、高要、新会、中山、珠海、深圳和东莞等地的其他几处史前遗址进行了考古调查。通过这次系统调查，并结合对三水银洲贝丘遗址等具体例子的分析，得到初步认识——珠江三角洲地区文化的发展，主要是通过对天然食物资源深度开发的方式达到的。

1997年前后，她全身心地投入到了石峡遗址发掘报告的整理与编写中，直至退休后的2008年完成了该报告。报告对石峡遗址进行详细分期：石峡遗址第一期文化将早于石峡文化的陶器群区分了出来，并认为它们与石峡文化并非有承袭关系的遗存；石峡遗址第二期为石峡文化阶段的墓葬，将百余座墓葬分为早、中、晚三期，指出石峡文化中期墓葬代表石峡文化最为兴盛的阶段，其墓地的分布及随葬的玉器，显示出广东地区该阶段社会复杂化进程与良渚文化类似，文化上受到了良渚文化的强烈影响，但社会发展程度并未达到良渚文化那样的水平；石峡遗址第三期即原来所称石峡中层遗存，依据地层关系和器物的比对，建立不仅是粤北地区，而且是影响到整个广东地区，从石峡文化结束后至商周之际或西周早期的陶器编年；石峡遗址第四期的部分遗物与博罗横

岭山墓地出土者同时，即处于春秋早期。

在数十年的文物考古工作过程中，朱非素先后主编和撰写并出版了《珠海考古发现与研究》《岭外求真——朱非素考古论集》《石峡遗址——1973～1978年考古发掘报告》等专著，发表论文30余篇。1993年获国务院政府特殊津贴。2016年，《石峡遗址——1973～1978年考古发掘报告》获首届中国考古学大会研究成果"金鼎奖"。

2015年6月1日，朱非素因病在广州逝世。

田广金 辽宁大连人。民国27年（1938年）9月15日出生。九三学社成员，考古学家，内蒙古自治区文物考古研究所所长、研究馆员。

田广金出生于辽宁复县一个贫苦农民家庭。民国32年（1943年）在父母带领下逃荒到吉林省东丰县，靠开荒种地维持生计。1949年，12岁的田广金才有机会上小学。1957年父母举家返乡，留下正在梅河口初中读书的田广金，他靠打杂工挣学费和伙食费，励志苦读，以优异成绩考上高中。1959年，田广金转学回老家在复县高中继续读书，次年高中毕业并考入北京大学历史学系。大学二年级分专业时，田广金选择了考古专业，并与考古学结缘一生。1965年，田广金大学毕业，同年分配到内蒙古文物工作队工作。1972年田广金被委派调查、征集杭锦旗阿鲁架柴登墓散失文物，征集到一批以鄂尔多斯式青铜器为主体的文物，其中包括国宝级文物匈奴金冠等。1973年，他调查并发掘桃红巴拉匈奴墓地，这是内蒙古地区首次科学发掘的先秦

时期北方民族墓葬，此后，他又清理准格尔旗玉太、西沟畔等墓葬。同时，他还奔波于农村基层供销社和小城市的废品收购站，拣选征集青铜器，使得一大批鄂尔多斯式青铜器得以保存下来。通过对这些青铜器的系统分类研究，并对其时代特征、性质用途及与周边文化的关系等进行深入探讨，他编著完成《鄂尔多斯式青铜器》一书，此书后成为研究北方式青铜器和匈奴文化的必读书目。

1974年，田广金在伊克昭盟举办文物干部培训班期间，带领学员调查发现朱开沟遗址。朱开沟所在地沟壑纵横，交通闭塞，人烟稀少，自然环境十分恶劣，他带队于1977年、1980年、1983年和1984年进行四次发掘工作，揭露面积近4000平方米，发现成片居址和墓地，朱开沟遗址对于北方地区早期青铜时代文化谱系、鄂尔多斯式青铜器起源、农业经济向畜牧业经济转化、与中原王朝关系等方面的研究有十分重要的意义。田广金在《鄂尔多斯式青铜器的渊源》一文中，以朱开沟遗址的重要发现为出发点，通过对鄂尔多斯式青铜器分布的时空范围、分布区内部各文化类型及其陶器谱系的考察，确认鄂尔多斯式青铜器应起源于鄂尔多斯及其临近地区。该遗址由于文化因素的多样性和文化面貌反映出的北方地区早期青铜时代的文明曙光，被命名为"朱开沟文化"。

20世纪80～90年代，田广金对内蒙古中南部岱海地区开展区域性的考古调查和发掘工作。先后主持发掘老虎山、石虎山、西白玉、王墓山坡、园子沟等遗址。通过对这些遗址的发掘，田广金对岱海地区乃至于整个内蒙古中南部的先秦文化进行谱系、聚落等多方面的综

合研究，完成《论内蒙古中南部史前考古》一文，从对典型遗址的分析入手，对内蒙古中南部仰韶时期、龙山时代和青铜时代的文化谱系进行较为细致的分析，初步建立内蒙古中南部先秦时期文化谱系，揭示诸多考古学文化的发展过程和演变规律。

不仅如此，田广金通过对岱海地区进行全方位的考古调查、试掘和发掘工作，尤其是石虎山仰韶文化遗址的发掘，在内蒙古首先开始进行聚落考古。他的《环岱海史前聚落形态研究》一文，总结岱海地区多年来的聚落考古工作，分析岱海地区史前时期各聚落的空间结构及其所反映的社会状况，探讨岱海地区聚落演变及其与环境变迁的关系。他还将动物考古、植物考古、人骨鉴定、环境考古等纷纷纳入田野考古的工作中，成为内蒙古多学科综合考古研究的先行人。他主要参与编著的《岱海考古》（第1～3辑），对岱海地区1万年来的环境与文化关系，岱海地区仰韶文化以来聚落的分布、规模、发展演变以及聚落内人地关系和社会组织等问题均进行探讨，成为该地区早期考古、历史文化研究的经典著作。1995～1998年，他主持了内蒙古自治区文物考古研究所与日本中国考古学研究会8位专家教授合作开展的"岱海地区文明形成发展的考古学研究"，期间率团三次赴日本进行学术考察和交流。

在学术交流方面，1992年他主持召开了中国北方民族考古学文化国际学术研讨会，有14个国家和地区的70名专家学者与会。他与北京师范大学地理系合作开展环境考古学的综合研究，1992年参加了国家基础研究重大项目资助课题"中国生存环境历史演变规律研究"。其研究成果被专家评价为"一个成功的范例""经验带有启示作用"。

他十分关注内蒙古文博考古人才的培养。1972～1989年，他负责了10次文物考古干部培训班的讲课、田野调查、发掘实习任务，言传身教，为内蒙古文博考古界培养大批专业人才。他还从农民工中培养出一批调查、发掘、修复、资料整理等方面业务水平较高的技术人员，他们不仅成为内蒙古文物考古的骨干，还支援北京大学、吉林大学和中国社会科学院考古研究所等单位的田野考古发掘工作。

2000年以后，田广金退休，但他仍致力于内蒙古考古事业的发展，晚年缠绵于病榻之上仍笔耕不辍地与夫人郭素新出版了《北方考古论文集》《北方文化与匈奴文明》等专著。

2006年11月27日，田广金在大连逝世。

钟侃 江西定南人。民国27年（1938年）9月出生。中共党员，考古学家，宁夏回族自治区博物馆馆长、宁夏回族自治区文物考古研究所所长，是宁夏回族自治区文物博物馆事业的主要奠基人和开拓者之一。

1956年，钟侃考入西北大学历史系，学习考古专业。1960年，22岁的钟侃大学毕业后被分配到正在筹建中的宁夏回族自治区博物馆。当时宁夏的考古事业是一片空白，文物考古工作要从零开始，钟侃投身其中，成为宁夏文物考古的拓荒者之一。后来在他的主持下，创出了宁夏文物考古领域的许多"第一"。1961年，钟侃调查了青铜峡广武新田的细石器遗址，紧接着调查发现了中卫铁路沿线和陶乐县高仁镇等处的新石器时代遗址；1964～1965年，钟侃两次配合中国科学院地球物理研究所在宁夏进行地震考察活动，试掘了石嘴山西夏城址，这是宁夏城址考古的首次尝试；1965年钟侃调查清理了固原店河齐家文化墓群。这一系列紧凑密集的工作拉开了宁夏文物考古工作的序幕，引起国内考古学界的关注。

1971年，钟侃发现举世闻名的重要遗址——西夏王陵。有一次钟侃与人闲聊时听闻，在贺兰山下有许多有高大封土的"唐墓"。这一说法让他心生疑惑。他向领导提出要尽快到贺兰山下实地考察。获准后，钟侃随即与其他3位同志开始了认真细致的调查工作。不久以后，西夏王陵的考古发现震惊中外。1972年，钟侃和他的同事们开始对西夏王陵进行发掘。西夏田野考古在当时学术界中鲜有人知，钟侃、李范文等一批宁夏历史、考古学界的中坚力量，在4年多的时间里，完成了8号陵和4座陪葬墓的发掘，以及2号陵碑亭的清理工作，收集了大批西夏文、汉文残碑等重要考古资料，初步揭开西夏王陵的基本面貌，填补了中国西夏考古的空白。

1980年，钟侃主持对灵武水洞沟旧石器时代遗址的发掘工作。灵武水洞沟遗址是中国最早被发现和研究的旧石器时代遗址之一。早在1963年夏天，中国科学院古脊椎动物与古人类研究所就对水洞沟遗址进行过发掘，钟侃参与了这次发掘工作。这次考古发掘历时一月有余，出土的新石器时代器物，推翻了1923年德日进认为"水洞沟文化遗址里只有旧石器"的论断，将水洞沟的考古工作推向一个新阶

段。1980年钟侃再次主持了对水洞沟遗址的发掘工作，取得了重大成果。此次发掘第一次发现磨石，第一次采用了地质地貌、孢粉分析、碳十四测定等多种综合手段，证明了中国学者关于水洞沟遗址属旧石器时代晚期的推断的正确性，把水洞沟遗址的研究水平推向一个新阶段，受到贾兰坡的高度赞誉，被学界称为"水洞沟历次发掘中最成功的一次"。

1984年，钟侃担任宁夏回族自治区博物馆馆长，1986年担任刚刚组建的宁夏回族自治区文物考古研究所所长，繁忙的行政事务并没有使他轻疏业务工作，而是以更大的精力投入进去。

1985年，钟侃主持发掘了同心倒墩子墓地。同心倒墩子汉代匈奴墓的发掘，使中国考古界第一次较深入地了解了汉代匈奴墓的特点及匈奴文化的内涵，具有重要的考古价值。

1986年，钟侃主持发掘彭堡于家庄墓地。彭堡于家庄墓地是宁夏青铜文化的重要遗存。墓葬数量多，出土文物丰富，文化特征明显。这次发掘出土文物1400余件，较全面地揭露了宁夏青铜文化遗存的内涵。从而可将宁夏这类文化遗存与周边邻近地区的相似文化遗存联系起来进行对比研究，为进一步推测这类文化遗存所代表的族属提供了依据。

1997年，钟侃又转任宁夏回族自治区博物馆馆长，直到2001年退休。

钟侃从大学毕业后就来到宁夏，从事文物考古工作50余年。他在这片热土上用手铲书写着自己精彩的人生华章，同时笔耕不辍，科研成果丰富，在国内外发表考古文物方面的论文30余篇。其著作有《宁夏文物述略》

《宁夏古代文物》《宁夏古代历史纪年》《西夏简史》《宁夏通史》《中国文物地图集·宁夏回族自治区分册》等，为宁夏的文物考古事业发展作出重大贡献。1988年钟侃获得文化部颁发的优秀专家称号，1991年享受国务院政府特殊津贴。

2013年7月9日，钟侃因病在银川逝世。

王仁波 福建晋江人。民国28年（1939年）3月19日出生。考古专家、文物博物馆专家，曾任陕西省博物馆馆长、上海博物馆副馆长。

王仁波1957年考入北京大学历史学系考古专业，1962年考取考古专业研究生，师从宿白、阎文儒。1965年，北京大学历史学系隋唐考古方向研究生毕业后，他在北京大学从事文物整理和社教工作。

1968年8月，王仁波就职于陕西省文物管理委员会和陕西省博物馆，从事考古发掘、调查，文物保护与考古研究工作。20世纪70年代初，王仁波参与并主持唐懿德太子墓的发掘工作，对于壁画的揭取，他制定方案，亲手操作，确保安全。1973年，他在《考古》上发表文章《唐懿德太子墓壁画题材的分析》。1974年，他编著的《唐李贤墓李重润墓壁画》由文物出版社出版。1975年，他在《西北大学学报（哲学社会科学版）》上发表文章《遣唐使和中日文化交流》。1979年，他在《文物》上发表《唐三彩骑马狩猎俑》。20世纪80年代初，王仁波又主持唐东渭桥遗址发掘。

1984年，王仁波任陕西省博物馆馆长。担任馆长期间，他始终坚持以业务建设为中心，主持对"周秦汉""隋唐"两个基本历史陈列展厅的多次调整工作，指导举办"陕西省博物馆珍贵文物展""法门寺珍宝展""龙史文物展""契丹女尸展""碑林九百年书法展""佛教艺术展"等数十个非常有影响力的临时展览。1984年，他在《文博》第1～2期发表《陕西唐墓壁画之研究》（合作）一文，获得"陕西省社会科学优秀论文奖"二等奖。

王仁波把保管部的文物清库工作作为一项重要任务来抓，解决多年来馆藏文物底数不清的问题。他采取各种办法为博物馆征集有价值的藏品，经常询问征集情况，提供文物信息，动员他人把文物捐赠给博物馆，并通过为公安机关鉴定文物的机会，为馆里购回不少有价值的文物。期间他发表文章《西安地区北周隋唐墓葬陶俑的组合与分期》，载于《中国考古学论文集》，获"陕西省社会科学优秀论文奖"三等奖。1987年，王仁波被评为研究馆员。1990年，为纪念张骞出使西域两千年，王仁波主持策划与筹办"汉唐丝路文物展"，并赴宁夏、甘肃、青海、新疆等地挑选、借调文物。他还组织专业人员开展丝绸之路专题文物研究，刊于《文博——汉唐丝绸之路专号》，并出版《汉唐丝绸之路文物展》大型图册。他主编的《隋唐文化》，1990年由学林出版社、中华书局（香港）有限公司联合出版，1991年获第五届"中国图书奖"一等奖。

1991年，在陕西省博物馆所收藏的文物部分转移到新成立的陕西历史博物馆，原陕西省博物馆改为西安碑林博物馆的情况下，王仁波立即考虑碑林博物馆未来的发展问题。在他的主持下，几经研讨、论证，终于完成关于碑林博物馆未来发展的《西安碑林博物馆规划方案》，对碑林博物馆的性质、类型、名称和规模，以及藏品范围都作出明确的界定，对基本陈列和展览、建筑及设施都作出详细的近期和远期规划。

1993年，因工作需要，王仁波调任上海博物馆青铜研究部研究员。1995年，他担任上海博物馆副馆长、上海市文物管理委员会委员、上海市文物管理委员会办公室副主任。在他主管的文物管理工作中，他推动并全面指导上海地区的古建筑修复保护工作，以及区县博物馆和行业性博物馆的建设。期间，他对秦汉隋唐考古、古代中日文化交流史、古代丝绸之路历史及博物馆学进行深入研究，单独发表或与人合作《论云冈、龙门石窟北魏主要造像题材与佛教史诸问题》《日本法隆寺佛教造像艺术源流的探索》《上海市博物馆事业的历史、现状和发展趋势》等论文。2001年，由王仁波主编的《秦汉文化》出版，这是"中华五千年文化系列丛书"继《隋唐文化》之后的第二本。王仁波将最新的考古成果与文献资料相结合，论证了秦文化承袭周文化的渊源脉络。

王仁波编著的图书有《中国美术全集·墓室壁画》《陕西省博物馆》《汉唐丝绸之路文物精华》《博物馆学论丛》《陕西陶俑精华》等。

王仁波曾任中国博物馆学会理事、中国中日关系史学会理事、中国海外交通史研究会副会长。1992年享受国务院政府特殊津贴，并获国务院颁发的"有突出贡献的专家"荣誉称号。

2001年12月18日，王仁波在上海逝世。

马世长 河北承德人。民国28年（1939年）3月22日出生。佛教考古专家，北京大学教授。

马世长自幼在北京长大，就读于在当时文科优势显著的北京二中。1958年考入北京大学历史学系考古专业。1962年，他跟同学一起到敦煌莫高窟，在宿白的指导下展开学习、调查活动。昏暗、残破的洞窟里，马世长独自一人带着卡尺、背着梯子，几乎测量了敦煌莫高窟所有北朝洞窟雕塑、壁画中的佛像。他参考清代译出的《造像量度经》，通过对造像实例的对比、分析，完成本科毕业论文《敦煌莫高窟魏窟佛像比例实测报告》。该文从过去较少被人关注的造像量度角度出发，找出变化规律，归纳年代特征，至今仍有相当高的参考价值。1963年，马世长从北京大学历史学系考古专业毕业后到敦煌文物研究所工作。

马世长刚到敦煌，就赶上敦煌从1962年就开始的崖面加固工程和窟前地面建筑遗址的发掘。他立即投入到洞窟、窟前殿堂遗址发掘的工作中，进行洞窟清理、窟前地层发掘、出土遗物整理等，完成《莫高窟窟前殿堂遗址》，该书在1985年出版，是为数不多的一部石窟寺窟前遗址发掘专业报告。

正确的年代是石窟研究的基础，恰当的分期是首先要解决的问题。马世长在敦煌莫高窟工作之初，最紧要的任务也正是敦煌北朝洞窟分期。他与同事樊锦诗、关友惠等人一起，根据窟龛形制、造像组合、个体形象特征、洞窟装饰纹样等因素的变化，归纳出早晚各期，并联系其他材料，完成《敦煌莫高窟北朝洞窟的分期》一文，该文将莫高窟北朝洞窟分为四期，这一结论已经被广泛引用，成为敦煌石窟更多方面研究得以继续推进的重要基础。

马世长还与樊锦诗一起合作研究，发表《莫高窟290窟的佛传故事画》《莫高窟北朝洞窟本生、因缘故事画补考》等论文，为敦煌壁画的释读作出有益探索。此外，他还参与《中国石窟·敦煌莫高窟》五卷本的编写工作；独立撰写发表《新发现的北魏刺绣》《关于敦煌藏经洞的几个问题》《敦煌县博物馆藏地志残卷——敦博第五八号卷子研究之一》《〈敦煌星图〉的年代》《〈父母恩重经〉写本与变相》等多篇有关敦煌文物研究的论文。马世长还以敦煌地志为主题，深度挖掘敦煌文献的史料价值，写出长达17万字的专题论文。

1978年，马世长回到北京大学历史学系攻读佛教考古方向研究生，师从宿白和阎文儒。

入学之后，马世长的主要工作多集中在新疆地区，在导师宿白的指导下，他在新疆石窟寺进行考察、测绘工作，由此建立克孜尔石窟的基本档案，并完成高质量的专题论文，后被收入《中国石窟·克孜尔石窟》《中国石窟·库木吐喇石窟》诸卷中。工作告一段落后，宿白、马世长等又继续同新疆石窟单位的同仁们合作，整理、编写《新疆克孜尔石窟考古报告》第一卷，并在1997年出版问世。

1982年，马世长研究生毕业后留校任教。他参与中国文物出版社和日本平凡社合作出版的"中国石窟"系列丛书中的《敦煌莫高窟》《安西榆林窟》《库木吐喇石窟》《克孜尔石窟》《龙门石窟》的编写工作。这套书是了解

和研究中国石窟特别是北方大型石窟寺的重要书籍，书中收录的论文在材料性、研究性等方面代表当时学术界最高水平，至今仍具有相当高的参考价值。

马世长在佛经流传和题材的考证方面也著作颇丰，他将经义考证与石窟雕塑和壁画相结合的研究方法，也源于其多年来石窟调查、记录的实践积累，这表现在对敦煌、克孜尔石窟壁画题材内容的考证上，他关于《父母恩重经》的考证研究也属于这个方面。

20世纪80～90年代，马世长任北京大学考古系汉唐考古教研室副主任。时值考古系筹划单独成立学院，马世长积极推动院系各部门的调整，特别是积极推进博物馆学科的建设，为北京大学考古取得中国考古学的领军地位贡献良多。马世长力促意大利留学生魏正中留校任教，增强北京大学考古文博学院外国考古、中外文化交流考古的力量，推动北京大学国际化科研团队的建设。

马世长积极推进北京大学考古系学生在石窟方向的调查与研究。1984年、1986年、1987年，他带领学生进行敦煌莫高窟、固原须弥山、洛阳龙门、天水麦积山等多处石窟的调查和测绘。培养一批从事石窟考古的专业人才。

在国家文物局举办的首届石窟考古专修班培训讲义基础上，结合20世纪90年代以来石窟考古的新成果，马世长与他人合作，于1993年出版《佛教石窟考古概要》一书，对中国石窟寺的分布状况、年代特征进行较全面的介绍，该书是第一本佛教石窟考古学习的专门书籍。马世长任教北京大学考古文博学院期间，对石窟寺考古教学的理论与实践也有总结和思考。

从1989年开始，马世长多次出访、交流，1989~1990年赴德国海德堡大学东亚艺术史研究所；1992年应美国赛克勒基金会和美国新闻总署的邀请，考察美国博物馆；1998年赴台湾台南艺术大学艺术史与艺术评论研究所；1995年赴美国哈佛大学参加佛教中的净土与艺术形象国际学术研讨会，并在多所美国知名大学作演讲；1996年、1997年，赴韩国参加丝绸之路与韩国文化国际学术研讨会、韩国美术史和中国美术史关系研讨会等国际学术会议；1999年11月参加中国与美国芝加哥大学、哈佛大学合作的"汉唐之间"学术研究项目，为中方主持人之一；1999年赴日本成城大学；2007年赴香港大学讲学，受聘为客座教授，同年赴日本京都参加国际交流美术史学会第九届研讨会。

马世长曾任北京大学考古系副主任、北京大学赛克勒考古与艺术博物馆副馆长、博士生导师。他参与并主持北京大学承担的国家重点科研项目"西北地区佛教石窟研究"，主持北京大学与云南省合作的"剑川石宝山石窟调查"项目的考古测绘与记录，主持北京大学承担的国家重点科研项目"响堂山石窟调查与考古报告"。

2013年6月25日，马世长于北京逝世。

方起东 浙江仙居人。民国28年（1939年）6月出生。中共党员，考古学家、书法家，吉林省文物考古研究所所长。

1960年，方起东毕业于西北大学历史系考古专业，同年到吉林省博物馆工作。期间，他参加十余次历史陈列的筹备工作，负责设计、布展、编撰解说词和版面书写等。1978年，方起东调到吉林省考古研究室，参加长蛇山、良

民、奈曼等多个较大型遗址的考古发掘和研究工作，编写考古汇刊、发掘报告等。方起东专注于高句丽考古研究，为配合好太王碑的调查研究，常年在条件比较艰苦的野外工地单独生活、工作。他跋山涉水，对高句丽时期的山城、交通、建筑、墓葬等进行全面、细致、科学的调查和研究，在高句丽墓葬、壁画及好太王碑研究上，获得一系列重要研究成果。其中，论文《集安东台子高句丽建筑遗址的性质和年代》获得1979年"吉林省社科庆祝建国三十周年学术会优秀论文奖"。1980年以来，方起东参加《东北历史与考古》的组稿、编辑、版面设计、联系印刷等一系列工作，参加对集安重点文物的整理和编写等工作。

1983年，方起东任吉林省文物考古研究所副所长。1984年，方起东创办《东北亚历史与考古信息》（后更名为《历史与考古信息·东北亚》）期刊并担任主编。该刊收集研究日本、朝鲜、韩国、俄国考古学术成果，信息及时、内容丰富，打开了中国考古界了解周边国家有关科研成果和学术动态的窗口。1989年，方起东任吉林省文物考古研究所所长。

1985年，方起东应邀参加在日本东京召开的国际学术讨论会，并作"高句丽石墓的演进"演讲，在日本考古学界和国外学者中引起了很大反响，受到中国外交部、驻日使馆和吉林省文化厅的嘉奖。其讲稿和发言稿在日本出版。日本东京大学和京都大学多次邀请他为客座教授。

20世纪90年代以来，在高句丽墓葬的类型和动态演变、高句丽王陵考证、高句丽文化和社会生活等方面，方起东提出了诸多独创性的学术见解。如他于1993年完成的《高句丽的墓

别和葬俗》一文，发现并论证高句丽两种墓别的性质，在高句丽考古方面取得新的突破；主编出版的《洞沟古墓群——1997年调查测绘报告》，为后辈学者开展高句丽墓葬考古工作和学术研究搭建了不可动摇的坚实平台；《千秋墓、太王陵、将军坟墓主人的推定》《高句丽古墓的演进》等多项研究成果，被考古发现和后续研究所不断证明。

多年来，方启东除业务方面的任务外，还承担很多行政方面的工作。他经常工作到深夜，节假日也得不到很好的休息。有时为赶任务，他往往在旅途中或招待所里也坚持工作。他关注考古学的新思想、新技术，常年在大学和一些学习班中授课，并参与吉林大学研究生的指导和毕业论文的答辩工作。除考古专业以外，他在旅游、舞蹈和书法艺术领域也有一定影响，是吉林省旅游学会常务理事、中国舞蹈家协会会员、吉林省舞蹈家协会会员、吉林省书法家协会会员兼书法理论研究会秘书长。

1985年方起东被评为吉林省直文化系统模范工作者和吉林省拔尖人才，1991年获"吉林省有突出贡献的中青年管理技术专家"称号，1993年10月享受国务院政府特殊津贴。方起东是吉林省文物考古研究所的学术带头人和科研工作的组织者。他主编的《中国文物地图集·吉林分册》和独著的《吉林省文物概述》获1994年首届"吉林省文博优秀成果奖"一等奖。方起东对吉林省考古学的区系类型理论研究有重大建树，撰写过许多论文及专著，在国内外学术界产生了重大影响。一些论文和专著被译为多种文字，受到日、韩等国考古学界的推崇。

方起东曾任中国考古学会会员，吉林省考古学会副理事长、名誉理事长，吉林省东北史学会副秘书长。

2005年3月，方起东在长春逝世。

辛占山 辽宁开原人。民国29年（1940年）2月20日出生。中共党员，考古学家，辽宁省文物考古研究所所长、研究员。

辛占山原本出生于曾姓家庭，早年在养父母辛氏的精心呵护下，受到良好的教育，并于1959年考入北京大学历史学系考古专业，1964年毕业后分配到辽宁省博物馆文物工作队工作。期间，辛占山参与辽宁省多处重要考古项目的发掘，如朝阳辽代耶律延宁墓、法库辽代萧袍鲁墓、沈阳郑家洼子青铜短剑墓、北票北燕冯素弗墓、义县辽代耶律庶几墓等。1970年，辛占山回到家乡开原县做插队干部，1972年调到铁岭地区群众艺术馆，任文物组组长，主持铁岭文物工作。期间，他组织对该地区所属六个县进行文物普查，基本摸清区域文物分布的底数。同时对各县文物干部进行培训，培养了一批专业人才，被誉为铁岭地区文博考古工作的奠基者与开拓者。

1978年辛占山先调回辽宁省博物馆文物工作队，不久又调至辽宁省文化厅文物处工作。1979年作为辽宁省文物普查领导小组成员，参与组织领导辽宁省第二次全国文物普查工作。辛占山担任辽宁省文化厅文物处副处长并主持工作后，协助省文化厅分管副厅长精心安排调拨专项经费，协调各地落实文物保护机构及人员编制，促成全省各县区普遍建立文物管理所。他还推动与辽宁大学合作，连续几年开办考古培训班，为全省培养大批专业干部；倡导并建立专门的考古工作站，购置文物保护用地，全面促进全省文物工作的开展。

1987年以后，辛占山先后任辽宁省文物考古研究所副所长、所长，领导组织辽宁省多项重要遗址的主动发掘和科研项目的攻关，在全国范围内具有重要影响。他主持发掘康平顺山屯青铜时代遗址，确立一种新的考古学文化类型。在担任姜女石遗址发掘领队期间，采取全面勘探的方法弄清建筑布局，通过大面积发掘并采用各种科技手段研究遗存，获得重要的研究成果。这处遗址1996年获"田野考古奖"二等奖，1997年被评为"全国十大考古新发现"。同时，辛占山还对姜女石遗址进行科学系统的保护与展示工作，该遗址1999年被国家文物局列为首批大遗址展示园区之一，全面提升了辽宁文化遗产保护工作的水平。1996年北票喇嘛洞十六国墓地、1998年北票康家屯夏家店下层文化石城址、1999年桓仁五女山高句丽山城，也分别被评为各年度"全国十大考古新发现"之一。上述工作不仅使辽宁省的考古研究取得丰硕的成果，桓仁五女山高句丽山城更是为此后的高句丽王城与王陵申报世界文化遗产的工作奠定坚实的基础。

辛占山非常重视文物保护工作，原则问题从不让步，以"黑脸"著称。在职期间，他参与了辽宁多处重大遗址保护范围及建设控制地带的划定。以姜女石遗址保护为例，他向省政府打报告并与部队数次协调，将黑石头遗址划归文物部门管理；连续数年与地方政府联合检查、处理建设控制地带内的违章建筑；同时，作为辽宁省文化厅、建设厅、旅游局，乃至国

家文物局的特邀专家参与了辽宁省多项文化遗产及浙江良渚、广州南越王宫园林、吉林集安高句丽王陵及贵族墓葬申遗等项目的规划、设计论证及验收工作。他在工作中重视考古的特殊作用，特别强调遗址整体及环境的保护，严格执法，不徇私情。2000年退休以后，辛占山继续参与各项文物保护工程及考古工地检查验收工作。2007年第三次全国文物普查开始后，作为辽宁省文化厅文物保护专家组成员、特聘专家，他建议强化普查组织，为各市、县、区文物干部授课，亲临现场指导文物普查工作，对普查成果认真验收把关，恪尽职守。

辛占山的考古学研究视野开阔，对旧石器、红山文化、汉晋壁画、高句丽山城、辽金墓葬和文物保护等领域均有涉猎，尤其是对高句丽山城的研究颇有造诣，是辽宁省高句丽考古的学科带头人之一。他学术成果丰硕，除发表数十篇论文外还曾参与编辑《东北文化》《东北亚古代文化研究》等书，主编《中国民族建筑（三）》和《中国文物地图集·辽宁分册》，并出版《辛占山考古文集》。

辛占山曾任中国考古学会理事、中国殷商文化协会理事、辽宁省考古学会理事长；辽宁省文化厅文物保护专家组成员、第八届辽宁省政协委员，享受国务院政府特殊津贴。

2011年5月4日，辛占山在沈阳逝世。

廖国华 福建将乐人。民国29年（1940年）7月1日出生。将乐县博物馆副馆长。

民国35年（1946年），廖国华进入将乐县实验小学读书，1953年考入将乐初

级中学，1956年考入南平师范学校。1959年7月，廖国华从南平师范学校毕业后回到将乐，先后在县内的18所山村小学任教。在担任教师期间，他常常跋涉在偏远的高山村庄，为山区人民办学执教，多次被评为县、乡先进教师。

1986年，因工作需要，廖国华从教育部门调入县文化馆担任文物干部，在新成立的将乐县博物馆主持工作。他从担任这一工作的第一天起，就立下"人在文物在，我与文物共存亡"的誓言。为确保馆藏文物的安全，他制定制度到岗、措施到位、责任到人的24小时值班制度，在技防、物防条件还不具备的情况下，努力加强人防。博物馆人员少，他就带头值班，别人有事，他就主动顶班，每年大年三十晚上的班也几乎是他一个人值。他的妻子对此有些怨言，他不仅劝说妻子，动员她与自己一起值夜班，还教会她如何使用报警器和强光手电筒等。

博物馆刚成立时没有合适的场所，在资金紧张的情况下，他建议利用宋代理学家杨时后裔的杨氏节孝坊作为县博物馆馆舍，并承担馆舍改造工作。福建省古建筑设计研究所推算改造至少要10万元，然而他认真核算，精心组织施工，一个人承担几个人的工作量，放弃节假日休息，连续工作10个月，不仅顺利完成建馆工作，还为国家节省近7万元资金，工程还被省、市作为范本加以推广。将乐县博物馆落成之后，他以馆为载体，完成"将乐县历史文物陈列展"，先后举办"将乐历史名人暨杨时文物展"和"将乐县精神文明建设展"等。

廖国华积极开展《中华人民共和国文物保护法》的宣传，配合公安等有关部门打击文物

犯罪活动。1987年，存放在将乐县文化馆的一件国家二级文物被盗窃，他积极配合公安部门立案侦查。有人给他传话，暗示作案人有一定背景，要他手下留情，被他一口回绝，案犯最终被判10年有期徒刑。1988年，省、市考古队在将乐开展文物普查，廖国华带头参加。由于风餐露宿，廖国华染上风寒，队员们劝他回家看病休息，他认为这是一次难得的学习机会，执意不肯离开。修复杨时墓工程中，包工头为图私利，加大预算，送钱送物，均遭廖国华拒绝，硬是把造价压到最低。

1992年11月，廖国华被任命为将乐县博物馆副馆长，全面负责博物馆工作。他积极带领全馆人员开展全县文物调查、征集、整理、归档和文物保护等工作。在他任职期间，将乐文物家底基本摸清，馆藏文物增加近千件，其中国家珍贵文物多达百余件，将乐也因此成为福建三明地区的文物大县。

1992年底，廖国华向县有关领导提出，利用中国科学院古脊椎动物与古人类研究所和福建省博物馆联合发掘的福建省发现年代较早的哺乳动物群化石点——岩仔洞遗址，开发建设一座洞穴博物馆，使珍贵文物得到进一步保护和利用。1993年，将乐县委、县政府将建设岩仔洞洞穴博物馆列入为民办实事项目之一，廖国华具体负责筹建工作。他多次用绳索绑在身上，深入到从没有人进入的洞底岩缝进行探查，并且日夜加班加点，经过7个月的努力，福建省首家洞穴博物馆——岩仔洞洞穴博物馆对外开放。

1995年7月6日凌晨，在将乐县博物馆值班的廖国华奋不顾身与翻墙入馆企图盗窃文物的

犯罪分子展开殊死搏斗，身负31处刀伤，在自己的工作岗位上壮烈牺牲，保护了馆藏文物的安全。

廖国华殉职后，将乐县人民政府为其召开隆重追悼大会，国家文物局授予他"文物卫士"的称号，福建省文化厅党组号召全省文化系统干部职工向其学习，福建省公安厅追授其"福建省见义勇为先进分子"荣誉称号，三明市人民政府追授其二等功。2008年12月15日，福建省人民政府追认廖国华为革命烈士。

陈跃钧 湖南桃源人。民国30年（1941年）7月出生。中共党员，湖北省荆州博物馆副馆长、研究馆员。

1966年7月，陈跃钧毕业于北京大学历史学系考古专业，并留在北京大学考古专业任教。在邹衡等教授的指导下，他参加商周考古课程教材的编写和教学工作，对商周考古进行较为深入的学习和研究。留校任教的10年，他曾多次带学生到全国各地实习，专业知识和业务水平等方面均得到较大的提高。同时，他丝毫未放松政治理论和个人思想上的学习，并于1970年8月加入中国共产党。

1975年12月，陈跃钧因需照顾妻子儿女调至荆州博物馆工作。他刚调到荆州博物馆时，正好遇上龙桥河改道工程，雨台山大量楚墓即将暴露出来。他放弃安家事宜，立刻投入到紧张的考古发掘工作中，30多名考古训练班学员在他及其他人的带领下，连续几个月风餐露宿，日夜奋战。当时，因为他的家属也刚迁至荆州（原江陵），很需要他回家安顿，可他并

未因此而分心，全心全意地和学员们一起工作在田野，科学有序地发掘清理550多座楚墓，取得一批完整、有价值的学术资料和大量珍贵文物。这让博物馆上下对他强烈的事业心和高度的责任感留下深刻的印象。

1975年12月，陈跃钧任荆州博物馆考古部主任。第二次全国文物普查期间，1982年5～7月和1984年4～7月，他分别主持了荆门县、江陵县的文物普查工作。在两次普查工作中，他兢兢业业，以身作则，每日步行五六十里，带领工作人员跋山涉水、克服困难，踏遍荆门、江陵两县的村和队，共发现古墓葬近2000座/处、古遗址100余处。荆门、江陵两县的文物普查不仅质量最好，而且速度最快，被评为全地区文物普查的先进县。同时，对荆门、江陵两个重点文物县的普查让他不仅对该区域内的文物保护工作有了进一步了解，而且对该区域内的文物分布情况、特点、规律有更全面地认识。1986年5月，陈跃钧任荆州博物馆副馆长并兼湖北省考古学会理事，1989年6月被聘为研究馆员。

在荆州工作的30多年里，他先后主持或参与主持的考古工地有近百处，影响重大的考古发掘项目有雨台山、天星观、马山、荆（门）沙（市）铁路、荆江大堤、龙湾章华台等。2006年，66岁的陈跃钧参与主持熊家冢墓地考古发掘工作，为熊家冢考古项目的审批、现场勘探、考古发掘、文物保护等工作作出重要贡献。

陈跃钧曾在文物考古界有影响力的《考古》《江汉考古》《考古与文物》等刊物上发表过《江陵雨台山楚墓发掘简报》《江陵天星

观1号楚墓》《试论江陵楚墓的特点》《"镇墓兽"略考》《江陵张家山汉墓的年代及相关问题》等多篇论文。他于1985年12月全国文物博物馆系统先进工作者；1986年6月被湖北省文化厅评为湖北省文物博物馆系统先进工作者。1986年9月，他主编的《江陵雨台山楚墓》获中国社会科学院考古研究所"夏鼐考古学研究成果奖"二等奖；1986年12月，与彭浩合著的《江陵马山一号楚墓》获"湖北省社会科学优秀成果奖"三等奖。他于1988年5月被评为荆州地区专业技术拔尖人才；1991年被评为湖北省有突出贡献的中青年专家，享受国务院政府特殊津贴；1993年主持的"楚国音乐文物系列的研制与开发"项目获"湖北省科技进步奖"二等奖。

2011年8月11日，陈跃钧在荆州病逝。

王振镛　福建连江人。民国31年（1942年）8月出生。中共党员，考古学家，曾任福建博物院副院长、研究馆员。

1966年，王振镛毕业于北京大学历史学系，到福建省博物馆工作。1975年，王振镛主持发掘闽侯县造纸厂南朝砖室墓，清理出土一批器类多样、造型精美的青瓷器，为研究福建陶瓷史提供重要资料。1978年，王振镛主持发掘闽侯县黄土仑遗址，发表《略论福建黄土仑类型遗存》，论证黄土仑类型文化是构建闽江下游地区史前考古年代学框架的重要依据，该遗址的发掘也是20世纪福建商周时期考古的最大收获。同年底，他还前往建瓯县小桥公社黄科山调查一件西周青铜大

铙，并将它护送回福建省博物馆。这件大铙体量巨大、造型浑厚、纹饰精美，在福建省是首次发现，在全国范围内亦属罕见。从1980年起，他多次应邀为福建省文物培训班，福建省文物局局长轮训班及各地、市、县文物培训班授课，并多次到邵武、三明、柘荣、顺昌等地及福州海关和火车站等部门进行文物调查、清理、鉴定等工作。1981年，王振镛参与主持福建省第二次文物普查工作，参与《中国文物地图集·福建分册》的编撰工作。1985年，王振镛主持发掘建阳将口唐代窑址，发现一座残长超过52米的窑炉，出土遗物数百件。该窑是当时已知全国唐代龙窑中最长的一座，不仅填补福建唐代瓷窑遗址的缺环，更对福建制瓷业发展史的研究有着重要意义。1990年，王振镛主持发掘浦城县牛鼻山新石器时代遗址，出土300多件石器、玉器、陶器等文化遗物，对于探讨福建地区史前文化的发展序列及同浙、赣地区的文化关系具有重要价值。

王振镛先后发表数十篇学术论文及调查报告。在史前考古、陶瓷考古方面，他曾发表《试论福建贝丘遗址的文化类型》《关于福建史前考古若干问题的初步分析》《闽江下游印纹陶遗存的初步分析》《闽东史前文化初探》《略论旧石器时代遗存的考古调查》《浅谈福建旧石器时代遗存的发现与研究》《略论华安仙字潭岩刻研究》等；在南方古代民族史考古、闽越考古方面，他曾发表《百越考辨》《壮侗语诸族探源》《南方铜鼓的类型学考察》《越南玉缕鼓考略》《蛙鼓源流考》《福建闽越遗存的初步考察》《汉闽越国都城考》《论闽越研究》《闽越史新探五题》等，其中

《百越考辨》一文，被评为"福建省文博考古优秀成果奖"一等奖。王振镛还协助编辑出版《福建文博》学术期刊。

王振镛曾被评为福建省文物先进工作者，是中国考古学会第一、二届理事。

2014年4月，王振镛在福州逝世。

 **谭伊孝** 女，湖南长沙人。民国32年（1943年）8月12日出生。北京市东城区文物管理所所长、研究馆员。

1958年8月，谭伊孝于北京第二十八中学毕业后参加工作。1981年底，北京市东城区文物管理所建立之初，谭伊孝从教师改行开始从事文物工作。为尽快熟悉业务，她放弃已坚持数年的大学中文函授学习，转而全力学习古建专业，攻读所需的文物知识。为了解东城区文物，她深入东城区的街巷、院落、皇宫衙署、宅第、学府、坛庙、祠寺等古建筑及众多革命斗争发生地遗址，踏勘实物。她白天多方查询，并进行详细记录，夜间核对资料。当时文物相关古籍出版物稀少，她到北京各大图书馆查询史料，凡有用又能找到的文献，她都逐一研读，笔录文献资料20余万字，并将书本与踏察结果相对照。遇到问题，她再去走访居委会、住户中的知情者，登门求教于学者、专家，倾听他们的见解。通过普查，她发现并纠正许多记载中的错误，使文物还原本来面目。其中，她主持核定东堂子胡同75号为蔡元培故居，考证帽儿胡同9号"可园"并非清末代皇后婉容娘家而是大学士文煜花园，纠正麻线胡同3号梁敦彦宅误为梁士诒宅的原认定等。1981～1987年，谭伊孝和东城区文物管理所工作人员对东城区内文物进行两次大规模普查。1982年上级批准东城区文物管理所上报的区内文保单位50个，1984年新升级20个，1986年又升级10个。期间，她还完成《北京名胜古迹词典》（东城部分）等的撰写。她好学不倦，持之以恒，一边积极工作，一边勤奋学习，先后在北京第三师范学校、首都师范学院夜大历史系进修，获大学本科学历和研究馆员职称。

1988年夏末秋初，谭伊孝手术后在家养病时，编写出十余万字的介绍东城区文物全貌的《东城文物》初稿。该书稿在东城文物古迹保护委员会评审时受到一致好评和赞扬。以后的两年中，她又在繁忙工作之余反复修改该书稿，并增加几万字的庙宇部分，此书后定名为《北京文物胜迹大全·东城区卷》，于1991年出版。该书被读者誉为"东城胜迹寻访的忠诚导游，文物遗存研究的翔实资料，爱国主义教育的生动教材"。

1990年的春节，白天最高气温低于0℃。谭伊孝作为新任东城区文物管理所所长，和全所工作人员一起在他们举办的国子监文化文物庙会上，一连10天，向游人宣传文物知识和《中华人民共和国文物保护法》。她左腋下长了个直径5厘米的大疖子，已化脓，致使左臂完全抬不动，高烧40℃。大年初五，在同事的催促下她去了医院，当时做手术，又当即返回文物庙会，说："我这就是上战场啊！"

谭伊孝任所长期间，想方设法开拓进取，改革创新，深入发掘文物优势，对群众特别是青少年进行历史唯物主义和爱国主义教育。春节文物庙会刚结束，谭伊孝就带领全所人员投入在鼓楼举办的"90东城文物展"的筹备工作。该展览用大量图片、实物，突出近代史上东交民巷的耻辱记录，革命者在东城的足迹及东城区内各级文物古建等内容，使人们参观后，不仅了解到东城文物数量多、品质高、种类丰富的特点，而且还能了解到近现代发生在北京东城的重大历史事件。"90东城文物展"获得很大成功，观众人次逾万，东西城政协数百人进行座谈，交流观感。中共北京东城区委员会更是将该展览列为1990年全区进行爱国主义教育的重要教材。

为开展"让文物说话"的教育活动，1991年春季，谭伊孝带领全所人员勘察东交民巷原使馆区建筑遗存，历时3个多月，获得许多重要发现。面对东交民巷"使馆界"一段近200米长、6米高的残存界墙，以及界内马厩遗址锈蚀斑驳的铁环，谭伊孝提出"要变遗迹为课堂，用事实来教育人民，教育青少年"的以文物进行爱国主义教育的新途径。

谭伊孝动员全所人员为大、中、小学生和党政机关宣讲文物课，确定"文物与爱国主义""东交民巷的耻辱历史"两大主题。当谭伊孝给首都师范大学88届历史系同学讲课时，受到同学们的热烈欢迎。在东交民巷"使馆界"界墙遗址，一批又一批中小学生来到现场上这别开生面的一课。东城区文物管理所共讲文物课20多场，听众达1.2万人次。1991年夏季，首届北京文物节上，谭伊孝带领东城区文物管理所把"90东城文物展"展板移到文化宫、地坛展出，一些学校当场提出预定要求，申请将展览送到自己学校去展出。于是一连数

月，展览不间断地在区内中小学巡回展出，各学校一致认为，这是对学生进行国情教育的好教材。

此外，建立由小学生参加的文物保护小分队共16个，谭伊孝将著书报酬中的1000元献出作为奖励基金，激励孩子从小热爱中华、热爱文物。

谭伊孝参加编写出版《可爱的东城（上卷）》，参与撰稿《京城拾贝》录像带以及利用文物进行爱国主义教育的录像片素材，并在《时事手册》《北京文物报》《燕都》等报刊发表文章数十篇，在病中还积极编写14万字的爱国主义教育的长篇文稿——《东交民巷话沧桑》。2008年5月，遗稿由天津大学出版社出版，定名为《北京东交民巷》，成为"人文奥运·文化北京建筑旅游丛书"之一。

谭伊孝先后担任过北京市东城区政协第八、九届委员，文史委员会副主任。1985年被评为北京市东城区文化文物局系统先进工作者、北京市文物普查先进工作者，1989年被评为东城区文教口优秀工作者、全国文物安全保卫先进工作者，1990年被评为北京市文物系统先进个人，1991年被评为全国文化系统先进工作者。

1996年2月，谭伊孝在北京去世。

秦公 字旭，号陶然。山东蓬莱人。民国32年（1943年）9月13日出生于北京。中共党员，文物鉴定专家、书法家。

秦公上中学时体育成绩出色，中学时代的很多时光都是在什刹海业余

体校度过。1963年，他进入北京市文化局系统所属的文化艺术干部学校，进入文物鉴定班。当时的授课教师皆为大家，启功教碑帖、徐邦达教书画、耿宝昌教瓷器。经过一年基础学习之后，秦公选择专攻碑帖鉴定。

1964年，秦公到北京市文物公司工作。工作期间，他业务精益求精、潜心钻研，先后发表《碑帖书丹与镌刻》等学术论文51篇，约20万字；撰写出版《碑别字新编》等专著5部，约100万字。其代表作《中国石刻大观》共36卷，图文并茂，上起商周，下迄隋唐，所收石刻作品600余种，校勘拓本先后，鉴别真假、优劣，并评论其书法艺术特点。

1977年他受国家文物事业管理局委托，考察全国11个省市30多个县，勘察逾万座石碑、石雕、经幢等石刻状况。1979年，他参与起草国家文物事业管理局关于《拓印古代石刻的暂行规定》。秦公撰写《碑帖鉴定讲义》约15万字，成为国家文物事业管理局培训中心和中国书法函授电视大学确认的应用教材。他所著《广碑别字》收录字头3450余个，重字、别字21300余个，较清代赵之谦《六朝别字记》多出2万余字，较罗振玉《增订碑别字》多出1.5万余字，是自唐代颜元孙《干禄字书》、宋代洪适《隶释》以来，同类书籍中收字最多的一种，是考古、证史、校正语言文字、了解中国历朝文字的使用，以及中国文字的形成、演变、发展和从事书法理论研究极具参考价值的书籍。

秦公一生为国家征集的文物不计其数，仅为故宫博物院等大型博物馆征集的一、二级文物就有100余件，经他鉴定征集的一般文物

更是不计其数。其中《玉版十三行》宋刻原石等一、二级文物已进入博物馆收藏。经他征集鉴定的碑帖珍品有宋拓《长沙帖》（有傅山、王铎、翁方纲等人长跋）、宋拓《智永千字文》（有董其昌、文彭、张维屏等人长跋）、宋拓《游相兰亭》（有高士奇、翁方纲、张珩等人长跋）、明初拓《史晨碑》（有王澍、黄易、沈树镛等人长跋）、明拓水前本《瘗鹤铭》（有改琦、赵魏、王秋畹、陈宝琛等人长跋）、明万历出土初拓本《曹全碑》（有端方、邵章等人长跋）等。另外，秦公从民间征集的张炯伯、尹润生等收藏家的藏墨名品300余锭。其中尤精逸者有明隆庆官墨"金锭宝"、明万历官墨"万岁迎天"、明方于鲁"九子墨"、明程君房"研式墨"、明胡显聚漱金"竹节墨"、明汪时茂"太平有象墨"、清初汪次侯"九华流彩墨"、清初吴天章"天露墨"以及清乾隆御制墨"七香图"等，都是不可多得的精品。宋拓《长沙帖》（孤本）、《智永千字文》及方于鲁"九子墨"已收藏于首都博物馆，并被北京市文物局鉴定委员会确认为一级文物。1992年，秦公任北京市文物公司总经理。1994年初，经过两年的国内外市场考察，他创立北京翰海艺术品拍卖公司并任总经理。1994年以来，秦公慧眼识金石，先后从境外征集到元鲜于枢《石鼓歌》手卷、北宋富弼等书札五通、元赵子昂《归去来辞》手卷等价值数千万元的国宝级珍品。

秦公是文博研究馆员，曾任国家文物鉴定委员会委员、中国历史博物馆文物鉴定顾问、中国艺术研究院鉴定研究员。1992年，秦公被文化部授予"优秀专家"称号，享受国务院政

府特殊津贴；1995年被北京市人民政府评为北京市劳动模范；1996年成为首都精神文明建设奖章获得者；1997年当选为第十一届北京市人大代表；1998年被评为全国文物博物馆系统先进个人。

2000年5月10日，秦公在北京逝世。

甲央 藏族。西藏亚东人。民国32年（1943年）10月出生。中共党员，西藏自治区文化厅副厅长兼文物局局长。

甲央于1956年4月参加工作；同年进入北京中央民族学院学习，并于1962年加入中国共产党；1965年毕业后到西藏革命展览馆工作；1971年到西藏自治区文教局教材编译处工作。1972年，甲央到西北大学历史系考古专业学习，1975年毕业，获大专学历。毕业后，甲央到西藏自治区文物管理委员会办公室工作；1986年到西藏自治区文化厅工作，先后任文化厅党组成员、副厅长兼文物局局长、文化厅巡视员。

在甲央主持西藏自治区文物工作期间，西藏的文物保护事业正处于恢复和发展时期，甲央认真贯彻执行《中华人民共和国文物保护法》和《西藏自治区文物保护条例》，坚持文物工作方针。他废寝忘食地工作，兢兢业业地落实每一件事情。为布达拉宫的维修立项，甲央多次深夜召集工作人员开会研究问题；他还奔走呼号、历尽坎坷，在国家文物局的关心与支持下，促成这一1949年后西藏自治区第一个古建筑维修重大文物保护工程项目的落实。1989年，国家投资5500万元及大量黄金、白银实施布达拉宫一期保护维修工程，甲央任布达拉宫维修工程施工办公室主任。工程期间，甲央几乎每天都坚守在维修工程的第一线，并对工程的每一处细节把关。在维修过程中，还涉及大量文物的搬迁，工作量非常大。为避免文物的丢失和损坏，甲央组织布达拉宫管理处的人自己动手，先给文物编号定位，然后用棉花、海绵、棉布等包装后搬移；不能搬移的就先用海绵、棉被包裹后，再裹上铁皮进行保护。由于工作细致入微，至工程竣工的5年间，布达拉宫没有丢失、损坏一件文物，维修过程中也没有发生任何伤亡事件。1994年，布达拉宫维修项目工程圆满竣工的这一天，甲央激动万分，与大家一起在德央厦广场载歌载舞。中央有关领导宴请工程全体人员时，他搓着手，谦虚地说："我只做了一点点事，功劳是大家的，更是中央对西藏人民关怀的结果！"这一年甲央被西藏自治区人民政府、国家文物局评为布达拉宫维修工程先进工作者。

甲央还主持参与对甘丹寺、扎什伦布寺、昌珠寺、桑耶寺、江孜宗山抗英遗址、夏鲁寺、强巴林寺、托林寺、白居寺等古建筑、遗址进行的重点维修保护，对昌都小恩达遗址、拉萨曲贡遗址、林芝朗县列山墓地、山南昌果沟遗址等进行的科学发掘、调查等工作。在这些工作中，甲央常常是身体力行，爬木梯、下地垄，满身灰、一脸汗，头戴安全帽，巡查在每个文物施工现场。在一次赶往白居寺途中发生车祸，甲央差点连人带车掉进雅鲁藏布江，他伤痛未愈便立即投入工作。在西藏第一、二次文物普查期间，甲央组织协调多省文物工作者爬冰卧雪、跋山涉水，开展全区文物普查、盘点西藏文物家底。

1997年和2001年两次全国文物援藏工作会议的召开和援藏资金与项目的落实，以及1999年国家投资近1亿元新建的西藏博物馆正式开馆等工作都包含了甲央的心血和劳动。甲央还主持制定《西藏自治区人民政府关于进一步加强文物管理工作的决定》《关于加强文物保护的布告》《西藏自治区流散文物管理暂行规定》《西藏自治区文物保护管理条例》《西藏自治区寺庙文物保护管理暂行条例》《西藏自治区布达拉宫保护管理办法》《西藏自治区文物保护单位消防安全管理办法》等十几个文物保护文件或法规。为全区文博队伍的壮大和整体素质的提高，甲央注重培养年轻人，经他培养的许多人都成为西藏各级文物单位的栋梁。1999年，甲央荣获中央电视台"东方之子"称号。

2002年甲央退休。2003～2009年，他受聘为西藏三大重点文物保护维修工程领导小组办公室副主任，重点负责专家咨询组的工作并兼任专家咨询组组长。他经常带领专家咨询组或检查组到布达拉宫、罗布林卡、萨迦寺和其他文物保护维修工程施工现场检查、指导工作，整理、汇报咨询和检查材料，受到了国家文物局和三大重点文物保护维修工程领导小组办公室的充分肯定和表扬。

2017年10月3日，甲央在拉萨病逝。

黄纲正　湖南长沙人。民国36年（1947年）4月12日出生。中共党员，长沙市博物馆馆长，研究馆员，文物考古专家，湖南省劳动模范。

黄纲正出生于湖南省长沙市望城县白若乡光明村一个小知识分子家庭。1964年12月，高中毕业后，他积极响应号召，到长沙县朗犁镇高塘公社插队。期间，他种过地、养过猪、开过抽水机、当过民办教师。1976年3月，黄纲正经长沙县文化部门推荐，进入由省、市文化部门举办的第一期工农考古训练班，在短短3个月的文物考古培训学习后，他与文物考古工作结下长达28年的不解之缘。

1981年9月，经组织推荐，黄纲正到北京大学考古专业进修。他十分珍惜这来之不易的学习机会，惜时如金、如饥似渴，用一年的时间学完普通本科生需要两年半才能学完的考古学课程。

从北京学成归来后，黄纲正立即投入到实际的文物考古工作中。1979～1983年，黄纲正多次对长沙铜官窑遗址进行调查和考古发掘。1983年，他参加省、市文物部门联合组织的对长沙铜官窑遗址的大型考古发掘工作。作为长沙市文物工作队考古现场负责人，他主持发掘一座完整的长达41米的唐代龙窑。黄纲正和一批文物专家对长沙铜官窑科学的考古发掘和调查研究，不仅修正了过去陶瓷史专家对长沙铜官窑的调查结论，更把中国釉下彩瓷发明时间提到中唐以前，确定长沙铜官窑是中国釉下彩瓷发源地。1988年，长沙铜官窑遗址被公布为全国重点文物保护单位。1986年，黄纲正主持长沙县南托乡大塘遗址的考古发掘工作。该遗址的发掘将长沙地区新石器时代人类活动的历史向前推进了2000多年，对研究湘中地区新石器时代文化具有十分重要的意义。

1985～1987年，黄纲正参与主持长沙市第二次全国文物普查工作。在这次文物普查中，他与所有普查队员一道，披星戴月，跋山涉水，走遍长沙地区四县五区，发现、清理和抢救大量文物，基本摸清长沙地区文物分布情况。在此基础上，他参与完成《长沙地区文物普查资料汇编》《中国文物地图集·湖南卷》《长沙市文物名胜志》的编撰工作。

1988年，黄纲正被聘任为长沙市博物馆馆长兼长沙市文物工作队队长。在他的带领下，1994年，长沙市博物馆被国家文物局评为全国优秀社会主义教育基地。1997年，长沙市博物馆举办的"长沙三国吴简暨历年出土文物精品展"入选国家文物局组织评选的首届"全国博物馆十大陈列展览精品"。他还主持修建毛泽东诗词对联书法艺术碑廊、长沙市博物馆文物库房、湘楚文化艺术品市场，并修建宿舍两栋，解决了馆内绝大部分职工的住宿问题。他任馆长期间，长沙市博物馆的固定资产由200多万元增加到1000多万元。自20世纪90年代以来，长沙市博物馆始终保持长沙市文明卫生单位、长沙市花园式单位的称号。

1993年，长沙宁乡县老粮仓一次出土10件青铜编铙，黄纲正独具慧眼，对其进行科学的研究保护和开发利用，于1998年隆重推出了"中国南方青铜大铙古乐"表演项目。

黄纲正具有十分丰富的考古学理论知识和实践经验，对长沙地方史有着深入的研究。20多年来，他先后在国家级、省级与海外刊物发表具有较高学术价值的论文30余篇，主编和参与编撰重要学术专著6部，并作为重要考古专家参加国家重点社科课题"长沙铜官窑""长沙楚墓"的研究工作，是课题出版成果《长沙铜官窑》的编委

和《长沙楚墓》的主要撰稿人之一。

1996年，黄纲正主持编写的《湘城沧桑之变》一书，对长沙名城的渊源，长沙古城的建城时间，南、北津城之谜的破解，明代长沙王城规模等问题作出科学的论述，获得长沙地方史研究专家的一致认可。其中许多观点至今仍为一批专家、学者所采用。

为表彰黄纲正为发展长沙文物、文化事业所作出的贡献，1989年他被评为湖南省劳动模范；1999年，长沙市委、市政府授予他"长沙市首届社科优秀人才"荣誉称号。多年来，他一直兼任湖南省博物馆学会常务理事、湖南省考古学会常务理事等职。

2003年5月5日，黄纲正在长沙逝世。

李朝远 安徽阜阳人。1953年出生于北京。青铜器专家、古文字学专家及先秦史专家，研究馆员，曾任上海博物馆副馆长。

1970年，17岁的李朝远于江西生产建设兵团二团八连务农，7年后被调往江西南昌铁路配件厂工作。1979年9月，李朝远考入华东师范大学历史系。求学期间，他师从历史学家吴泽研究先秦史，并主攻西周史方向，逐步形成缜密严格的学术风格。在吴泽的指导下，他在学术研究中借鉴王国维的"二重证据法"，重视将出土文物及出土文献同传世的先秦文献结合考察，通过互相比对印证，得出较为客观的研究结论。他对青铜器的研究涵盖铭文、器形、器类各个方面。在博士论文《西周领主制封建土地所有制研究》（出版时更名为《西周土地关系论》）中，李朝远

援引大量青铜器资料作为论据，论证西周封建领土关系的等级性及其等级的内涵与实质，并首次提出"土地交换是等级土地所有制的润滑剂"的观点，在学术界引起强烈反响。

1990年7月，李朝远从华东师范大学史学研究所博士研究生毕业。上海博物馆馆长马承源当即邀请李朝远加入上海博物馆，希望他可以依靠上海博物馆丰富的青铜器馆藏，在青铜器研究领域进一步深挖创新。

在博物馆工作后，凭借丰富的青铜器文物馆藏，李朝远得以接触大量第一手材料，并结识许多青铜器研究领域的前辈学人。为了尽快熟悉和融入研究工作，他向马承源馆长虚心请教，马承源则要求李朝远翻阅文物资料卡片。这些资料卡片上记载着文物的来源、尺寸、重量、破损程度、修补记录，凝结前辈学者数年来研究和管理文物的成果。同时李朝远在工作中接触了大量的青铜器，很快掌握青铜器和考古学的研究理论，并迅速将学习成果投入到文物研究和保护工作的实践中。1994年，上海博物馆自香港购回流失战国楚简并入藏本馆。李朝远在这批楚简的整理过程中，不但负责一部分简牍释读工作，还承担起简牍整理团队的管理与联络工作。正是由于他积极协调各个部门与众多学者之间的工作进程，这批楚简最终得以顺利与社会公众见面。

1997年，李朝远任上海博物馆副馆长，他将自己对于青铜器时代与青铜器文化的研究成果运用到文化传播与交流的过程中，将中国文化的种子播撒到世界各地。1998年，曾任外交学院院长的吴建民出任中国驻法大使，为了与熟悉中国青铜器文化的时任法国总统希拉克进行友好交流，吴建民在向希拉克总统递交国书前特意向李朝远请教有关二里头文化与二里冈文化的相关问题。李朝远十分重视上海博物馆馆藏文物的整理保护工作，他强调对新出土器物的研究整理，包括青铜器的分期、断代和辨伪工作。李朝远非常重视团队的学术创新与科技创新能力，并积极培养人才。他要求各专业研究人员密切关注国内外文博领域的最新动态，从中汲取前沿成果并运用到研究与实践中，同时还要求研究团队将学术课题放到社会文化背景下思考，学术课题的立意要新奇高远，努力生产创新性的、处于学科领先地位的成果。通过系列馆藏特展，李朝远逐步培养出一支具有社会影响力、学风踏实严谨的青铜器研究团队。在任上海博物馆副馆长期间，他组织举办"中国古代青铜乐器展"和"山西晋侯墓地出土青铜器展"等展览及国际学术研讨会，并带领青铜器研究团队推出"上海博物馆藏甲骨文精品展"和"上海博物馆藏铜镜精品展"。其中，"上海博物馆藏铜镜精品展"是上海博物馆自20世纪60年代便规划筹备的展览，但由于多方面原因未能实现。在李朝远的推动下，上海博物馆足足筹备两年时间，最终成功举办此次铜镜展，这也是上海博物馆首次大规模公开展出馆藏铜镜。

在李朝远的带领下，团队编撰完成上海博物馆藏学术专著40余本。在长年累月的钻研中，李朝远本人也不断发表突破性成果。他致力于中国古代史、先秦文化、青铜器、古文字学、考古学的研究，出版的专著有《西周土地关系论》《先秦史学步集》等，并撰写《试论中国私有制起源》《青铜器火纹象征意义的原型及其转换》《礼制与中国古代青铜器》《先秦诸子的人的价值观的亚细亚特性》等论文。李伯谦评价他的治学特色是融文献史学、传统金石学和现代考古学为一体，且不迷信权威，不囿于成说，敢于提出不同于前辈学者的创新见解。这种多维的治学方法与大胆的创新精神，使得李朝远在青铜器与先秦史的研究领域中不断进取。此外，他也是上海市文博系列中级职称考试和上海市文物经营水平认证大纲的主要设计者之一，并多次应邀在美国、法国、俄罗斯等国家及中国台湾、香港的大学进行学术访问和讲学。2006年，时任台湾中国国民党主席的连战访问上海博物馆，李朝远将馆藏精品青铜器介绍给连战夫妇。同年，他获得"上海市领军人才"称号。

2007年，李朝远获"文化部优秀专家"称号。不久，他罹患癌症。在积极配合治疗的同时，他仍没有放下手中的笔和心中的学术理想，不但时刻关注博物馆事业的发展和学术界的前沿动态，甚至在刚刚做完癌症切除手术后便在博物馆中埋头工作，笔耕不辍。凝聚他15年研究心血的《青铜器学步集》正是其在病中完成的，这本书收录了李朝远1991～2006年创作的学术论文。2009年，他写成生命中最后一篇论文《舀鼎诸铭文拓片之比勘》，发表于《上海文博论丛》。以学术为志业，李朝远坚持到了生命的最后一刻。

李朝远曾任上海博物馆青铜研究部副主任、主任，华东师范大学、复旦大学文物博物馆学院兼职教授，中国先秦史学会副理事长，中国古文字学会理事，中国殷商文化学会理事，上海市历史学会理事，上海文物博物馆学会副理事长等职。

2009年4月26日，李朝远于上海逝世。

后 记

编修方志是我国悠久的历史文化传统，党和政府十分重视志书的编修工作。为贯彻习近平总书记"要在展览的同时高度重视修史修志"的指示精神，2014年7月21日，国家文物局召开中国文物志编纂委员会第一次会议，正式启动《中国文物志》编纂工作。时任国家文物局局长励小捷指出，编纂《中国文物志》既是落实党中央、国务院关于志书编纂战略部署的具体举措，也是填补文物行业志书空白、促进文物事业发展的时代要求。

为保证编纂工作顺利开展，国家文物局将《中国文物志》编纂工作纳入《国家文物事业发展"十三五"规划》；成立中国文物志编纂委员会，由国家文物局局长任编纂委员会主任，副局长任副主任，机关各司室、各直属单位和省市自治区文物行政部门主要负责人，中国国家博物馆、故宫博物院、文化部恭王府博物馆、中国历史研究院考古研究所、北京大学考古文博学院负责人为编委会委员；聘请在世的国家文物局历任局长、顾问和中国国家博物馆馆长、故宫博物院院长为中国文物志编委会顾问；编纂委员会设立办公室，由分管局领导任主任，局办公室和政策法规司、文物出版社等单位主要负责同志任副主任，负责日常编纂管理工作。8月4日，经局党组研究决定，聘请时任国家文物局党组副书记、副局长董保华任总编纂，主持全志编纂工作；聘请地方志专家田嘉、齐家璐为特邀专家，全程指导志书编纂工作；聘请张自成、李季、刘小和、董琦任副总编纂，后根据编纂工作需要，增聘黄元、乔梁、何洪任副总编纂，其中李季负责《文物管理编》《文物事业编》，刘小和、乔梁负责《不可移动文物编》，董琦负责《可移动文物编》，黄元负责《大事记》，何洪负责《人物传》《文献辑存》编纂工作，张自成协助总编纂负责日常管理保障工作。编委会办公室依托文物出版社人文图书编辑中心设立秘书处，由许海意负责，协助总编纂承担日常文秘等工作。

《中国文物志》编纂工作先后经历工作计划编制与篇目设置、开展资料收集与志稿撰写、组织统稿修改与审定工作三个阶段。2014～2015年，编委会办公室建章立制，先后制定《〈中国文物志〉编纂出版项目管理办法》《〈中国文物志〉会议制度》《〈中国文物志〉项目调研、督办及差旅管理办法》等制度，保障编纂工作规范有序开展；根据志书"横分门类，事以类从"的体例要求，结合文物工作实际和行业特点，在广泛征求文博专家、志书专家意见的基础上，设计篇章节目，确定总述、大事记、文物管理编、文物事业编、不可移动文物编、可移动文物编、人物、文献辑存八大部类，明确主要记述内容；编制《〈中国文物志〉编纂工作手册》《〈中国文物志〉编纂项目实施方案》及《〈中国文物志〉行文通则》。2016～2021年，编委会办公室组织开展编纂工作，包括收集整理资料与集中撰稿工作，编制各篇《撰写说明》，审订初稿示例，作为撰稿工作的一般遵循；国家文物局直属单位、各省（自治区、直辖市）文物局、中国国家博物馆、故宫博物院、中国历史研究院考古研究所、中国科学院古脊椎动物与古人类动物研究所等参编单位根据要求承担撰写初稿、提供资料及配图工作。2019年，编纂工作进入审改阶段。文博专家负责专业内容，确保记述完整、重点突出、评价准确；方志专家负责规范行文、统一体例。几经审改后，志稿质量基本达到编辑出版要求。2021年3月1日，国家文物局召开《中国文物志》终审会，时任国家文物局党组书记、局长刘玉珠充分肯定编纂工作取得的成绩，指出编纂《中国文物志》是一项重大文化典籍工程，是国家文物局党组的重要决定；《中国文物志》编纂完成是全国文物系统共同参与、密切配合的结果；全体编纂人员付出了极大的辛苦努力，各有关部门及单位给予了有力的支持与配合。经过评议，全部志稿通过终审。2022年起，交由文物出版社开展编辑出版工作。

《中国文物志》编纂工作历时七年，由于各编记述内容不同、工作基础不同、具体要求不同，编纂方式和推进方法也不尽相同。为此，参编单位，特别是诸多专家和参编人员克服重重困难，通过不懈努力，终于完成了全部编纂任务。下面以各编为单位，以重要节点和难点为主要内容，简要回顾令人难忘的艰辛与收获。

《总述》是《中国文物志》的总纲，源于主体志，高于主体志，具有国家高度、时代背景、部门职责和行业特征，立足于中华文明进程记述文物资源价值，立足于依法行政记述文物管理工作，立足于经济社会发展记述文物事业成就，对全志有着总括内容、彰明因果、评量得失的作用。在总编纂董保华主持下，秘书处多次组织文博专家、方志专家研讨，吸取其他志书的优秀成果和撰写经验，深刻认识和把握文物工作普遍规律，基于其他各篇具体内容，明确了资源、管理、事业三部分的撰稿思路。由长期与国家文物局合作编写《文化遗产蓝皮书——中国文化遗产事业发展报告》的国务院发展研究中心研究员苏杨以及浙江大学博士研究生蒋凡承担资料收集和初稿撰写任务，形成28万字资料初稿。为避免与主体志的综述内容重复，总编纂确定秘书处胡奥千、王海东两位同志承担资源部分示例撰写任务，分别选择新石器时代、宋元时代文化艺术两部分作为撰写"文物资源"的总述示例内容；为了确定"文物管理""文物事业"的重大事件和重要节点，突出重要举措和重要成果，董保华、何洪、胡奥千、王海东在初稿的基础上，查阅多方面资料，汇集各领域专家意见，最终完成20万字总述送审稿。资源部分通过以物说史、以物证史，彰显中华文明进程；管理部分重点记述不同历史阶段文物管理工作的重点与成效；事业部分通过记述中国文物事业取得的成就，彰显文物工作在国民经济社会发展中的地位和作用。审稿过程中，国家文物局老领导、老同志、老专家纷纷以书面、电话、座谈等形式提供修改意见和资料。吕济民局长年过九旬，仍坚持通读并审改总述全文，提出10余条修改建议；张德勤、张文彬、单霁翔、励小捷局长和谢辰生顾问多次提出修改意见；闫振堂、马自树、彭卿云副局长均提出书面修改意见；李晓东同志着重审改了文物法律体系构建相关内容，认真核对史实，指出了25处存疑内容；夏燕月、刘庆柱、朱凤瀚、张廷皓、彭常新、王军、李耀申等专家分别在专业表述和价值阐述上提出了有重要价值的意见；李耀申同志重点审改总述的小序与结语，润饰文字、阐幽抉微，使文章增色不少。

《大事记》以编年体为主，纪事本末体为辅，纵向记录文博行业古今大事。2015年，国家文物局政策法规司陈培军、王汉卫编制《大事记入志标准》，分8类24项，拟定事条入志标准、记述体例初稿，明确记述文物事业发展历程中的大事、要事，并收集以1990～2009年为例整理的大事、要事的事条，约30万字。2016年，编委会办公室确定北京鲁迅博物馆马海亭同志承担资料收集工作，参照《中华人民共和国文物事业纪事（1949～1999）》，以《中国文物报》《中国文物事业60年》《春华秋实》《中国文物年鉴》等为资料来源，编成约170多万字资料长编。2017年，副总编纂黄元修订完善入志事条标准，并参考《中华人民共和国大事记》《改革开放四十年大事记》编写方法，精简语句，突出要点、精准用语，十易其稿，完成约49万字的《大事记》志稿。审稿过程中，编委会各位顾问以及马自树、彭卿云、刘曙光、孟宪民、杨志军、彭常新、王军、李耀申等专家都提出颇具价值的修改意见。

《不可移动文物编》和《可移动文物编》荟萃我国珍贵文化遗产，传承民族历史记忆，是本志的精华所在。这两部分以文物调查成果、全国重点文物保护单位为基础。《不可移动文物编》主体部分为全国重点文物保护单位，分"古遗址""古墓葬""古建筑""石窟寺与石刻""近现代重要史迹和代表性建筑""世界文化遗产""历史文化名城名镇名村"七章，其中以前五章记述的全国重点文物保护单位为主体。2015年，副总编纂刘小和负责编制《条目要素表》，明确资料提供基本内容；董保华、刘小和、田嘉、齐家璐一行专程到河南、甘肃两地，开展资料收集和初稿撰写试点工作调研，确定委托两地文物专家撰写"大地湾遗址""龙门石窟"等八篇样稿；秘书处在解析研讨的基础上编制初稿撰写说明，作为志稿撰写的基本遵循。其后，各地文物局根据《不可移动文物资料要素表和初稿示例》审订条目遴选、报送资料初稿并审核志稿，参与人员200余人。2016年，针对各地资料与初稿内容参差不齐、质量不一问题，在时任北京市文物局舒小峰局长支持下，委托北京市文物局图书资料中心主任祁庆国组织承担稿件梳理工作。2018年进入统稿阶段，副总编纂乔梁会同陈光、侯兆年、魏文斌、安莉等文博专家分别对各章稿件统稿修改，补充资料，核对史实，规范表述。其间，北京大学考古文博学院李崇峰教授修改的"麦积山石窟"条目、古建专家沈阳修改的"古建筑"章简述，完善了统稿示例，明显提升了相关章节的学术含量。夏燕月、信立祥、李裕群等文博专家对《不可移动文物编》相关章节提出了重要修改意见。尤其是兰州大学教授魏文斌，面向全国确定统稿团队，按照统稿示例和专家函审意见统改"石窟寺与石刻"章志稿；世界文化遗产专家郑军根据申遗资料撰写统改"世界文化遗产"章志稿，均表现出深厚的专业素养。

《可移动文物编》以馆藏一级文物和近年考古新发现的珍贵文物为基础，分"青铜器""陶瓷器""玉石器""金银器""书法绘画""石雕与文字石刻""甲骨简牍文献文书印信""钱币漆木器杂项""近现代文物""旧石器人类化石及文化遗存"十章，收录3100多条目。编纂工作得到中国国家博物馆吕章申、王春法两任馆长高度重视，以中国国家博物馆专家为主联系中国科学院古脊椎动物与古人类研究所、北京大学考古文博学院等单位专家组建了《可移动文物编》编纂团队。副总编纂董琦组织编制《可移动文物初稿示例和撰写说明》，带领10位专家组成的编纂团队有序开展撰稿工作，保障了初稿的基本质量。推进过程中注重发挥专家作用：北京大学教授朱凤瀚在整个编纂过程中不仅提出明确的指导性意见，并亲自修改重点内容；许忠陵、王宇信、夏燕月、肖贵洞、胡平生、赵超、杨晶、李凯等专家在条目内容完整、专业表述和价值记述等方面提出了多条重要修改意见。2018年进入统稿阶段，编辑专家冯广裕、于采芑做了大量修改工作。中国国家博物馆王永红，不仅承担"石雕与文字石刻"章撰稿工作，还协助副总编纂做了大量组织与统稿工作；于成龙独立承担内容繁博的"甲骨简牍文献文书印信"章撰稿统稿工作，表现出攻坚克难的精神和独立的学术品格。

《文物管理编》《文物事业编》是编纂工作中的重点与难点。两部分独立设篇是行业类志书的创新之处。总编纂董保华、副总编纂李季先后组织数十次研讨，反复辩难推求，认为管理和事业两部分具有明显区别，应该分别设篇：《文物管理编》注重工作过程，设"管理机构""法治建设""重要会议""安全监管与行政执法""不可移动文物保护管理""可移动文物保护管理""博物馆管理""科技信息化标准化管理""文物保护经费管理与使用"九章，旨在通过重要工作事例，记述各时期重点工作的决策依据、执行主体、工作过程和管理成果，展现中国文物工作自身规律、文物理论政策的创新和文物工作改革实践的探索，反映中国文物管理工作的法治化、科学化、规范化进程；《文物事业编》反映事业发展、体现成就，设"文物事业发展规划""文物保护工程""考古工作""博物馆工作""科技与信息化、标准化工作""国家文物局直属单位与社会组织""与港澳台地区文物交流合作""国际文物交流合作""教育培训工作""文物宣传工作"十章，通过记述文物事业发展过程中的重大事件、重要节点、重要人物和重要成果，体现出文物事业是中国特色社会主义事业的重要组成部分和在社会主义经济建设、政治建设、文化建设、社会建设、生态文明建设"五位一体"总体布局中的地位和作用，并根据国家文物局各司室职能、工作重点草拟节级设置和记述条目，后在局责任司室指导下和根据专家意见不断修订完善。

《文物管理编》《文物事业编》资料由国家文物局档案室和各地文物部门提供；撰稿工作得到了国家文物局各直属单位的大力支持，纳入单位年度重点工作和绩效考核。各位撰稿人均是相关领域的业务骨干，但由于资料基础相对薄弱，加之缺少撰写经验，撰稿工作遇到极大的困难。为破解这一难题，总编纂董保华、副总编纂李季采取"对接研讨"方式，组织专家和撰稿人员逐章逐节反复讨论，通过编制撰写说明和初稿示例，明确要求，突出重点，规范体例，从根本上解决了撰稿难题。2016～2020年，总编纂就《文物管理编》《文物事业编》编写问题先后主持召开了95次专题研讨会，甚至到撰稿单位现场办公，以条目为单位明确体例、以节为单位确定内容、以章为单位进行调整，确保撰稿质量。其中，2017年上半年撰稿工作全面铺开之前，仅"博物馆机构"一章，在方志专家齐家璐指导下，先后组织中国国家博物馆、故宫博物院、北京鲁迅博物馆、首都博物馆、北京自然博物馆、中国人民抗日战争纪念馆六家试点单位专家开展6次研讨，明确博物馆等业务机构类条目的定性定位、历史沿革、目前状况等基本内容构成，文博专家李学良全程参与该章撰稿统稿工作。由于文物收藏单位性质复杂、多头管理，单独设章难以组织，故早期缺设"文物收藏单位"。总编纂董保华认为博物馆管理是文物工作中不可或缺的重要内容，提出增设"博物馆管理"章的建议，得到国家文物局博物馆司的充分肯定。针对其中"藏品管理""展览管理"撰写难点，在两年多时间里，总编纂率队先后赴上海博物馆、首都博物馆实地调查，多次研讨，力图理清条目要点，完成撰写示例。由于种种原因没能写出理想的示例，正在举步维艰的时候，总编纂提出查阅故宫博物院郑欣淼、单霁翔两任院长组织开展的文物登记工作的总结报告。正是在单霁翔院长《博物馆藏品架起沟通的桥梁——来自故宫博物院文物普查的报告》中，清晰地提出藏品来源、藏品构成、藏品保管是藏品管理工作的基本构成，总编纂当即与娄伟副院长联系，确定请故宫博物院许凯同志撰写初稿示例。真可谓"山重水复疑无路，柳暗花明又一村"！为了解决"展览管理"初稿条目参差不齐的问题，则按基本陈列、原状陈列、临时展览、出境展览、进境展览类别各选一个最具代表性的事例，分别由中国国家博物馆王永红、故宫博物院王建涛、首都博物馆张杰、中国文物交流中心钱卫和樵鑫蕊承担撰写任务，经过讨论修改形成规范示例，为此项撰写工作全面开展给予了有力支持。

《文物管理编》《文物事业编》志稿约250万字。其中，陈同滨、乔梁、李春玲、郑军、彭蕾、刘爱河、叶倩等同志率先完成志稿，获得方志专家和文博专家一致认可，确定作为初稿示例，为其他撰稿人提供了宝贵经验。"文物保护经费管理"章专业性强，资料繁乱，专门借调南京博物院沈骞同志，承担撰稿工作；董保华、李季与国家文物局办公室及相关专家反复研讨形成初稿提纲与修改建议，沈骞同志几易其稿，终于将50万字繁杂资料梳理成章，较好地形成约5万字的初稿。中国社会科学院考古研究所研究员白云翔，对"重大考古发现"节编纂工作给予具体指导，遴选出167项具有重大价值和意义的考古发现，以点代面反映工作成就，并根据考古过程和价值影响分为长、中、短三类条目，平衡体量，有效推动撰稿工作。董保华、何洪协助李季对《文物管理》《文物事业》两编做了全面统改，乔梁完成了"重大考古发现"一节的统稿工作。彭常新、王军、李耀申、刘超英、柴晓明、许言、刘铭威等专家在审稿过程中，提出了很多有价值的修改意见。

《人物传》遵循生不立传的原则，收录在中国文物博物馆事业中做出重要贡献的已故人物。2015年，在国家文物局人事司的指导下，编委会办公室经多次研讨，确定《人物传》入志人物标准和名单，收录267名重要人物。北京鲁迅博物馆撰稿团队在齐家璐老师指导下，撰写出40篇传记初稿。何洪在黄元协助下，反复研读修改稿件，编制《人物传》撰写说明，作为人物传记资料整理和初稿撰写的指南。各省（自治区、直辖市）文物局、中国国家博物馆、故宫博物院、中国历史研究院考古研究所、中国国家图书馆、北京大学、清华大学、复旦大学、吉林大学等单位负责撰写227名人物传记初稿。何洪以确凿事实为依据，以组织评价为标准，寓观点于记事之中，高质量地完成了全部统稿工作。

《文献辑存》主要收录与《中国文物志》主体志有关的重要文献及资料，包括法律、行政法规、地方性法规、中共中央国务院文件、部门文件、国家文物局文件、重要讲话等内容。在方志专家田嘉和国家文物局政策法规司的指导下，秘书处许海意、王海东完成《文献辑存收录标准》的编制和300余万字资料的收集工作。副总编纂何洪按照有关要求，补充了相关资料，对全文进行系统梳理和全面审核，并根据李晓东、彭常新、刘曙光、李耀申等专家的建议，增补了若干内容、规范了编纂方法，在文化和旅游部办公厅、国家文物局办公室等有关部门支持下，补充了新中国初期的重要资料。

《中国文物志》编纂工作历时七年，撰写任务十分艰巨。中国国家博物馆馆长吕章申、王春法，故宫博物院院长郑欣淼、单霁翔、王旭东在全力支持的同时，亲自修改稿件，及时反馈审核意见。特邀方志专家田嘉、齐家璐全程参与。田嘉在全志的筹备、撰稿、统稿、审稿工作阶段发挥了重要指导作用。齐家璐不辞劳苦，查阅群书，浏览资料，阐规则，订体例，调结构，理行文，答疑解惑，言传力行，七年如一日，在编纂工作各个方面、各个阶段发挥了关键作用。经他亲自修改的"大地湾遗址""后母戊鼎""长城专项督察""文物普查与调查""尼雅遗址考古发现""陶寺遗址考古发现""中国国家博物馆机构"等条目，成为保证编纂质量的重要示例；各编各章的指导更是不惮其繁乱细琐，仅单独反馈的修改意见就多达40余万字。方志专家王国庆带领秘书处胡奥千、沈骞、王海东完成《可移动文物编》大部分统稿，并独自承担《文物管理编》《文物事业编》全部统稿工作。方志专家王卫明、吕书红承担《不可移动文物编》统稿工作，颜小忠、苏炎灶、王雨亭等对《总述》《大事记》《文物管理编》《文物事业编》提出重要统改意见。

编纂工作始终在国家文物局有力领导下开展。励小捷、刘玉珠、李群三任局长先后主持志书编纂启动工作、编纂修改及终审工作和编辑出版工作；先后分管志书工作的董保华、顾玉才、关强三位副局长，兼任编纂委员会常务副主任和办公室主任，及时听取有关情况，审定工作方案，推动工作如期完成。局机关各司室履职尽责，从撰稿审稿人员推荐、资料收集整理到内容重点确定，再到稿件审核，提出明确意见；每次专题研讨会，各司同志亲临指导。政策法规司为主管司室，李耀申、朱晓东、陆琼等几任司长恪尽职守，在政策把关、执行程序和工作落实方面发挥了主导作用。文物出版社有限公司作为项目管理单位，社长张自成（编委会办公室常务副主任）召开社务会议，明确将志书编纂出版项目作为重点工作，专门以人文图书编辑中心为主体负责编纂委员会办公室秘书处日常工作，全程参与编纂例会、前期调研、项目推进、出版结项，为整个编纂工作给予了有力保障。副社长何洪、副总编辑刘铁巍先后分管编纂工作，在不同工作阶段，他们及时组织秘书处讨论具体方案，为落实各项工作发挥重要作用。编纂过程中，张自成社长自始至终参加每周例会，掌握进展情况，解决实际困难。文物出版社坚持规范管理，坚持勤俭办事，严格执行预决算制度，保障编纂工作依法合规顺利完成。

编纂团队秉持坚韧不拔、勇于担当的精神，同心协力、攻坚克难。总编纂董保华勤勉敬业，带领编纂团队积极探索，充分发挥每个人的作用，广泛听取各方面意见，形成集体智慧，理清编纂思路。副总编纂黄元、乔梁、刘小和、董琦、李季、何洪兢兢业业，发挥各自专业优势，对各篇内容进行统改和分纂。秘书处在许海意带领下，胡奥千、王海东、沈骞、周小玮、马莉萍等，克服时间紧、任务重、人员少等重重困难，完成了会议组织、资料图片收集整理、日常服务保障等大量工作；积极参与业务工作，参加各篇章撰写示例、撰写说明的起草和专题研讨。在攻克《总述》、信息化工作、博物馆藏品管理、重大考古发现、文物保护经费管理等撰写难点过程中，许海意和胡奥千、王海东不畏艰难、认真负责，经过不懈努力，很好地完成了颇有难度的总述示例撰写和重大考古发现条目修改任务。秘书处诸同志"谦虚谨慎、任劳任怨，勤奋学习、勇于担当"的优良作风，得到参编单位和众多领导、专家的一致好评。文物出版社编辑孙霞、张晓曦、孙漪娜、王媛等同志坚持出席编纂例会，听取专家意见、认真编辑稿件，为保证志书质量付出辛勤汗水。

《中国文物志》编纂工作还得到了中国历史研究院考古研究所所长陈星灿，北京大学考古文博学院两任院长杭侃、孙庆伟，中国科学院古脊椎动物与古人类研究所前副所长高星等人的大力支持，中国地方志指导小组办公室原书记田嘉给予全程指导。张德勤、张文彬、单霁翔、励小捷、谢辰生、郑欣淼、吕章申等顾问以及马自树、彭卿云、李晓东等老同志悉心评议，提出许多重要建议。

由于水平有限、时间紧迫，本志难免重复、疏漏、错讹之处，诚恳期望各界人士给予批评指正。

值此《中国文物志》出版之际，衷心感谢所有关心、支持、帮助编纂工作的各位专家、同志们、朋友们！与此同时，我们深切缅怀与世长辞的张德勤、张文彬、谢辰生顾问和齐家璐老师，他们为祖国的文物事业贡献了毕生精力，为《中国文物志》的诞生倾注了最后的心血。最后，我们由衷地希望通过这部记述中华民族悠久文化，伟大祖国宝贵遗产，文物工作艰辛历程，文物事业辉煌成就，新中国几代文物工作者忠于事业、无私奉献崇高精神的鸿篇巨制，为新时期文物事业谱写新的篇章，为实现中华民族的伟大复兴做出应有的贡献！

《中国文物志》编纂委员会办公室

2023年5月